[清] 谭继洵 著
贾维 谭志宏 编

谭继洵集

（上）

岳麓書社·长沙

湖湘文库
续编

序

《谭继洵集》出版是一件很值得称赞、很有意义的事情。

今年3月，中国近代思想家、伟大的爱国维新志士谭嗣同诞辰150周年。在这个重要的纪念日子，我们能读到《谭继洵集》应当是一种对先贤最深切的怀念和心灵仰慕，也是对谭嗣同最好的纪念。

大家知道，谭嗣同年轻时就著有《仁学》，他特别强调，“仁以通为第一义”，“通之象为平等”，“仁为天地万物之源。故唯心，故唯识”，从以“通”释“仁”或认为“仁为天地万物之源”的独见来看，正体现了谭嗣同的一贯主张：“道非圣人所独有者，尤非中国所私有者。”正因为谭嗣同重“道”贵“仁”，因此他才能不畏生死，参与戊戌变法，并在变法失败后，英勇就义。在就义前，他发出了惊天地、泣鬼神的呐喊：“各国变法，无不从流血而成，今日中国未闻有因变法而流血者，此国之所以不昌也。有之，请自嗣同始！”这就充分证明他是居德行仁的最忠实践行者和捍卫者，也足见他的热血肝胆、爱国情怀，有如昆仑气壮山河，光耀日月！

然而，人们不一定更多地知道，谭嗣同能具有这种驰骋宇宙的仁道大义之心，其父谭继洵对他的教诲和影响也是极为重要的。知子莫若父。我们读《谭继洵集》，就可以较全面地了解谭继洵从政生涯的所作所为和他的思想品格、道义感情走向与家教，对谭嗣同的言传身教有着极其重要的引导作用。谭继洵官至湖北巡抚，先后为官40年，他是一个推崇程朱理学，为官勤勉、清正，肃腐安民，废除苛政，廉洁慎独，爱国图强的晚清重吏。他也是提倡改革科举制度，支持兴办新学，同情维新变法，向往大同盛世，参透家国沉浮和荣辱人生的士大夫。这一切都可从《谭继洵集》中所收入的奏议、布告、书函、电文、日记、笔记中看得清清楚楚。可谓心迹所显，字里行间亦可见“居庙堂之高，则忧其君；处江湖之远，则忧其民”的担当情怀。于此就能知道以谭继洵为代表的谭氏家族，对谭嗣同成长发展所形成的重要的文化背景，更进一步认识湖湘文化及其浏阳乡学，对谭嗣同的滋养所具有的特殊意义。

九曲浏河向西流，从来志士怀国忧。

肝胆昆仑碧血剑，声名不须为己留。

在《谭继洵集》付梓之际，编者嘱我写序，我的心情非常复杂。捧稿拜读，曙色临窗，仿佛又闻蕉雨声泣，崩琴弦鸣。霎间，如见谭继洵父子并肩徐行，头顶一袭明霞，神态庄重，似有风云烟雨在心头激荡。我为之惶恐、茫然。以我之才情岂能为此序。但因我同是谭氏家族之后，而对先辈久仰铭心，须臾未敢弃怀，故不揣浅陋，写上如许感想，以为序，敬祈读者诸君指正。

谭仲池

2015年1月30日于湘江之滨淡泊书斋

作者为原湖南省政协副主席，现任湖南省文联主席

序

《谭继洵集》在人们的期待下，经过两位编者长期不懈的努力，广泛收集资料，终于编辑出版了。这不能不说是对中国近代史研究的一个贡献。

大家关心对谭继洵的资料收集和生平、思想研究，不仅因为他是谭嗣同这位开启我国近代化的启蒙思想家、维新运动的中坚、为改革英勇献身的伟大爱国主义者的父亲，希望通过了解谭继洵及谭氏家族以研究他们对谭嗣同成长过程的影响；还因为谭继洵是晚清重臣，先后在道光、咸丰、同治、光绪四朝为官达40年之久，历任户部员外郎、户部郎中、甘肃巩秦阶道、甘肃按察使、布政使、湖北巡抚，在任期间颇有建树，其一生经历和性格、政见也有一定特色。

谭继洵（1823—1901），湖南浏阳人。父亲谭学琴幼年因父病家贫而辍学，后在县衙当小吏。他“自奉简约，独喜儒术”，又乐于助人之急，故在乡里颇有声望。不幸的是，谭继洵6岁时，父亲病逝，抛下夫人和7个儿女，家道骤然中落，景况非常凄惨。13岁的长子谭继升被迫放弃学业，担当起维持全家生计的重担，奉养母亲，照顾弟妹，为他们延师教读。他在三弟继洵身上倾注的心血最多，把自己未能实现的科举功名希望都寄托在聪明勤奋的继洵身上，严格督促其功课，从而使谭继洵较早受到比较系统的传统文化教育，为后来完成科举、走上仕途起了重要作用。谭继洵20岁补县学附生，27岁在长沙乡试考中举人，37岁赴京参加会试，中贡士，次年补殿试，考中三甲八十六名，赐同进士出身。学习期满后，补授户部司主事。由此开始了官僚生涯。

清代户部是管理全国户籍和财政经济的机关，谭继洵在户部任职 17 年。此时正值清王朝镇压太平天国和捻军起义后出现“同治中兴”时期。经过长期战乱，社会经济破坏严重，民生凋敝，财政枯竭。来自社会基层的谭继洵知道时事人生的艰难，处世谨慎，办事勤勉，他努力熟悉所管业务，收集数万卷书籍资料，多方了解形势舆论，很快“博综掌故，精熟食货”，因此深受上司信任，被倚为左右手，得到逐级提拔，先后在户部多部门任职，官至户部郎中。此后简放到南北漕运的终点通州任坐粮厅监督，监管办理繁重漕运事务。谭到任后，不避繁难，勤于任事，整顿贪腐，督促部下按时完成粮米钱银交卸，连续 3 年因办运得力而受到嘉奖，奉旨专以道员用，赏加二品衔。

光绪三年（1877）八月，54 岁的谭继洵补授甘肃巩（巩县）秦（秦州）阶（阶州）道，监管甘肃咽喉之地的茶马屯田等事务。此时正值左宗棠率军镇压陕甘回民起义、收复新疆、平定西北不久，甘肃地区城乡残破，经济凋敝，民众困苦不堪。他上任之后，勤慎任事，不避劳怨，采取一系列发展经济、治理社会的措施：整饬吏治，对官员黜劣扬善；减免厘税、严禁私罚商民；禁种罂粟，严禁鸦片；奖励种桑养蚕；兴修水利；赈济灾民。面对复杂的民族关系，实施安抚政策，尽量避免矛盾激化。1883 年，谭继洵升任甘肃按察使，掌管全省司法和吏治。他力避严刑峻法，而代之以宽松政策。是年新疆设省，甘肃是连接内地与新疆的枢纽，承担向新疆转运粮饷的任务，战略地位非常重要。谭继洵努力筹措军费，改善运输，加强管理，以保证军粮供应。他在甘肃任内所采取的一系列措施，对于妥善解决战后遗留问题，恢复遭到破坏的经济，稳定西北局势，起了重要作用。

1889 年底，谭升任湖北巡抚。在此后 9 年任内，他依旧关注国计民生，注重对民教养，提倡农桑经济，经常派员密访州县，了解何者当兴，何者当革，对危害商贾和百姓的胥吏必以法惩处。他派得力人员修筑堤防，治理水患。甲午战争期间，他积极征调兵力、筹措军饷、供应弹药。对于民众与教会的矛盾慎重处理，防止酿成大案。

谭继洵自幼服膺孔教，推崇程朱理学，践履笃实，做事谨慎，按部就班，“凡事不愿为天下先”。虽然其子在光绪皇帝的支持下是戊戌运动的骨干，但他对维新变法抱消极态度。他在40年的官场生涯中是一位忠于职守、克己奉公，又因循守旧、偏于保守的代表性人物。

谭继洵的一生留下的文稿（包括奏议、文告、信函、日记等）无数，但由于从未辑录成册，加之时间久远，许多都已散失，现存的又分散各地，因此，收集起来决非易事。1996年湖南省谭嗣同研究会成立后，研究会成员贾维、谭志宏二先生出于历史责任感，一直注重收集谭继洵及谭氏家族的资料，在至今的18年时间里，他们历尽艰辛，查阅了京、沪、宁、甘、湘、鄂等地档案馆、图书馆馆藏，并采访不少有关人士，作了大量实地调查，收集到许多前所未见的资料。在此基础上，经过精心整理编辑，终于编出这本近70万字的《谭继洵集》，现在由岳麓书社出版。二位先生的勤奋执着精神是值得赞赏的。

关于戊戌维新运动相关人物的研究，一般认为，经过学术界多年的努力，似乎已经比较充分了，很难有新的材料。现在看来并非如此。而且这些年来，学术界流行一种急功近利的浮躁风气，不少人不愿下功夫深入挖掘新的资料，往往停留在现有资料、二手资料的抄引上，也不愿作踏踏实实的研究工作。有的则喜欢提出一些脱离历史实际、不符合逻辑、哗众取宠的观点。这些必然在学术界和青少年中造成贻害。我们应提倡和鼓励在做学问上下功夫，做艰苦细致的第一手资料收集工作，鼓励在正确思想指导下做扎扎实实的研究工作，鼓励进行科学的学术创新。

《谭继洵集》的出版，填补了谭继洵研究的资料空白，它对于湖湘重要历史人物谭继洵、谭嗣同父子的研究，对于戊戌维新运动的研究，对于晚清政治史、社会史的研究，也对于湖湘文化的研究都具有重要的价值。为此，这里要对贾维、谭志宏先生表示感谢和祝贺，并将此书向大家推荐。

田伏隆

2014年12月3日

作者为谭嗣同研究会副会长，湖湘文化研究会执行常务副会长，湖南省政协文史和学习委员会原主任

序

今年3月，著名维新志士谭嗣同诞辰150周年。由贾维、谭志宏二先生辑校的《谭继洵集》将由岳麓书社出版，这是一件非常值得庆贺的好事，也是对学界进一步深入研究谭氏父子和浏阳谭氏家族一件很有意义的事。

谭氏是清代浏阳第一望族，谭氏故居“大夫第”至今为全国重点文物保护单位。谭氏的祖先原居江南西路洪州新建县。北宋靖康末年，谭孝成为避战乱，率族由江西新建迁往福建路汀州长汀县，谭孝成也就是谭氏迁鄞江的始祖。三传至谭承新，又迁居清流县，谭氏又为福建清流人。南宋至元，谭氏皆为闽西普通农耕之家，未成望族。明代初年，第十一世祖谭如嵩“宦游北平”，官燕山右护卫副千户。其子谭渊，字溥泉，号时庵，继承父职，跟随燕王朱棣征战。他身躯修长，膂力过人，骁勇善战，引两石弓，射无不中，以功累进都指挥同知。后在夹河之役中阵亡，而追封崇安侯，入《明史》列传。其子谭忠，随明成祖朱棣攻南京，力战有功，封新宁伯，其后历代世袭。嘉靖年间，十六世祖谭宗纶，佩平蛮将军印，充总兵，镇守湖广。故谭氏“以武功著望于有明，二百余年间，位侯伯者九世十人”。

谭宗纶的第四个儿子谭功安，后来迁居长沙府长沙县，立宅于四方塘，他便是谭氏迁湖南之祖。至天启年间，谭功安的重孙——第二十世祖谭逢琪、逢琳、逢琅、逢玓四兄弟和逢梧之子谭世贤，先后由长沙迁往浏阳定居，是为谭氏迁浏之祖。谭逢琪为明末诸生，谭氏家族亦自逢琪始弃武习文就儒业。其子谭世昌（号濬轩）为府学生，“始以诗礼启厥家”。父子俩创修族谱，为家族创著家训八则、家戒四则、家规十则，为谭氏家族的人才成长制定了行为准则，并明确提出了要走耕读起家的道路。后来谭嗣同作《濬轩府君家传》评价说：“其学盖出程、朱，故训辞深厚”，“率是而吾族乃有问学之士，则府君教泽深远焉”。

至逢琪公房世系第十派的谭继洵，是一位重振家族雄风的重要人物。谭继洵（1823—1900），字子实，号敬甫。其祖父谭文明是县学附生，宁静淡泊，很有文人气概。他“笃学固穷，文行有斐，所居深山，人间绵隔，荣垂不翦，箪瓢宴如。阶下植松一，出入抚弄，遂署楹曰：‘数间茅屋蔽风雨，一个松兜傲雪霜。’”谭继洵的父亲谭学琴，虽未能成为一个有功名的读书人，而是在县衙做了一名管理簿记的小吏，“久之，家渐裕”，但他仍然自奉俭约，独喜儒术，常与读书人往来，并留下遗言：“勿令儿子废学。”谭继洵虽六岁而孤，但幸有长兄继升能“愤而弃学”，“养亲当大事，佽诸弟诵读，完婚姻，遣嫁诸妹”。谭继升还为弟继洵延师授课，促其学成。

谭继洵于道光二十二年（1842）考入县学，二十九年中举，咸丰九年（1859）成贡士，次年补殿试，授户部主事。同治十三年（1874）官户部员外郎，次年转户部郎中，简放监督坐粮厅，驻通州。他主办验收漕粮、催督转运等“天庾正供”事务，“秉明廉之姿，治之以至正无私，由是涓滴归公，举向日积习为之一新”。

光绪三年（1877）因谭钟麟荐于左宗棠，谭继洵得由京官外放，补授甘肃巩秦阶道，加二品衔。谭继洵西行治甘肃，“下车即以整饬吏治为本，叨愤爽侮者黜之，夙夜浚明者扬之”，并“躬亲种植，以率官民勤为蚕桑”，加之以工代恤、以工代赈，故“陇南居民赖以生活者亿万计”。当时左宗棠为陕甘总督，最看重谭继洵的实心为民，尝谓人曰：“敬甫天性严重，胸中纯是爱民之忱。”

故密疏推荐谭继洵，说他“器识闳深，吏畏民怀”。光绪九年，谭继洵改任甘肃按察使。十年，升任甘肃布政使，“掌一省行政，总全省之钱谷出纳，并承宣政令，考核所属州县”。

光绪十五年，谭继洵升任湖北巡抚，总理一省民政。他“量时度宜，勤求教养之方，用人行政之要。首撰《告诫》十六条，反复详究，至为亲切。廉得胥役之尤蠹民者，尽法治之。时时使人密侦州县，何者当兴，何者当革，一符之下，牧令肃然，相惊以神明”。（谭传赞《敬甫公传》）光绪十九年十月，谭继洵奉上谕驰驿前往成都查办四川总督刘秉璋等人贪腐案，“严密详查，一秉大公，罢苛政，禁非刑，劾文武之贪酷不职者，自监司、镇将至州县数十员弁，刘公亦获罪革职”。该案之查处，获得当时舆论好评。刘人熙读谭氏复奏后，称“庶几不欺矣，大吏中之翘楚也”；但因此案，谭继洵也得罪了朝中权贵，此后的仕途受到影响。光绪二十年，谭继洵回湖北巡抚任，后因张之洞改署两江总督，而以继洵兼护湖广总督。

中日甲午战争爆发后，形势日趋紧张，维新变法思潮激荡，一生“办事唯谨”的谭继洵则显得思想偏于保守，以致与锐意维新的儿子谭嗣同之间也多有意见不合。如谭嗣同和唐才常倡导变法，计划在浏阳设立算学馆推广新学，唐才常与刘善涵曾婉请谭继洵出名首倡，借以号召变革科举。谭继洵本拟疏请，由其子嗣同草拟奏章，稿已定，既而却以“守老氏之宝，不欲为天下先，迟回未发”。后张之洞复任湖广总督，条陈新政，谭继洵也不予会衔。因而“百日维新”期间，曾被山东道监察御史杨深秀参劾“守旧迂拘，虽人尚无他，要非能奉行新政者。此等即不逢裁缺，亦当分别罢斥，或优之，听其告休”。戊戌政变发生后，谭嗣同遇害，谭继洵被连坐革职，勒令回籍浏阳，交地方官管束。谭氏回故里府邸后，闭门谢客，隐居度日，于光绪二十六年（1900）九月病卒，终年 78 岁。

谭继洵自幼服膺礼教，推崇程朱理学，为人谨慎，任职勤勉，却也颇富文才，与“浏阳三先生”欧阳中鹄、刘人熙、涂启先是至交好友，与当时一大批湘籍官员、士人始终保持联系，这些都对随侍左右的儿子谭嗣同之成长影响很大。谭继洵所作诗联虽存世不多，但吉光片羽亦足见其文采。如兰州西关萃英门内的甘肃贡院，系光绪七年陕甘总督左宗棠所建，时任甘肃布政使的谭继洵撰题联曰：“边塞起风云，喜紫气东来，会有辎轩随雁度；苍生盼霖雨，问黄河远上，此中多少化龙才。”上联歌颂朝廷，赞扬左宗棠经略西北之功，为朝廷即将在甘肃开科取士叫好。下联着重提出左宗棠建贡院，沾溉一方，深合民望，将在西北边塞涌现出多少一登龙门的治国之才。联语气象开阔，文句典雅，其爱国忧民思想与对考生的激励、爱护之情溢于言表。他还题兰州西园内的蔬香馆云：“几树棠甘，荫少难胜分陕任；一溪烟扑，飞花时起望湘心。”上联以德政自勉，下联发思乡之情，全联借景抒情，清健质朴，尤以“望湘心”对“分陕任”，烘托其治陇的责任心，十分得体。

谭继洵作为近代杰出思想家、戊戌维新志士谭嗣同之父，以其为代表的谭氏家族，是谭嗣同成长和思想变化的重要背景。要深入研究谭嗣同，就不能不了解谭继洵及其家族。因此，系统整理出版谭继洵的文集，是深入研究谭嗣同及其维新运动的当务之急。中国社会科学院近代史研究所研究员、谭嗣同研究著名学者贾维博士①有鉴于此，自1996年湖南谭嗣同研究会成立起，就与谭继洵第五代孙、湖南省政协委员、现任国信中联汽车投资管理有限公司董事长、谭嗣同爱国公益基金会理事长的谭志宏先生一道，系统搜集整理谭继洵及其谭氏家族的资料。历经18年的努力，

---

①贾维博士系浏阳谭氏姻亲之后，其母谭吟瑞女士为谭嗣同孙女，年近百岁犹精神爽健；父贾亦斌先生（1912—2012）为谭烈士孙女婿，原民革中央副主席、名誉副主席，全国政协常委。贾维君兼为湖南谭嗣同研究会理事，一直潜心致力于谭嗣同研究和中华民国史研究，出版有《谭嗣同与晚清士人交往研究》、《谭嗣同研究著作述要》、《三民主义青年团史稿》、《十年内战史话》等著作嘉惠学林。

终于辑校成了这部约70万字的《谭继洵集》交岳麓书社出版，并问序于我。我认为这是纪念谭嗣同诞辰150周年最好的礼物，也是对谭烈士父子最虔诚的祭奠，它必将促进谭嗣同生平及其思想研究迈上一个新的台阶。我作为一名一直心系家乡且对谭烈士伟大人格无比敬仰的浏阳人，难辞二位之请，谨述浏阳谭氏宗族和谭继洵生平事功梗概于卷首，以充序言，并祝贺该书的整理出版。

夏剑钦

作者系岳麓书社原社长、编审，船山学社副社长，谭嗣同研究会理事，《湖湘文库》编委会副主任

自序

谭继洵（1823—1900），原名继淳，字子实，号敬甫，又号剑芙，湖南浏阳人。清道光二十九年（1849）中举人，咸丰十年（1860）成进士，授户部主事。在户部历任主事、员外郎、郎中。同治十三年（1874），简放坐粮厅监督，驻通州。光绪三年（1877），由京官外放，补授甘肃巩秦阶道。后擢任甘肃按察使、布政使。光绪十五年（1889），升任湖北巡抚，在职8年，曾两度署理湖广总督。光绪二十四年夏，清廷裁撤湖北巡抚，奉旨卸任候命。同年八月，戊戌政变发生，其子谭嗣同殉难，谭继洵遭撤职回籍。光绪二十六年（1900），在浏阳病卒，终年78岁。

谭继洵从事科举17年，先后为官40年，历经道光、咸丰、同治、光绪四朝，是晚清重要的封疆大吏。他自幼服膺礼教，推崇程朱理学，为人谨慎，任职勤勉。在任期间，整顿吏治，减免厘税；禁种罂粟，严禁鸦片；兴修水利，提倡蚕桑；赈济灾民，抚恤善后；慎重处理民族关系，注意安抚回、藏等少数民族；查办权贵，弹劾贪腐，废除苛政，获得当时舆论好评，是一位始终关注国计民生的封建官员。甲午战争期间，谭继洵殚心竭虑，征调兵力，供应军饷、弹药，安定地方；又与其他数省督抚联名致电总理衙门，要求尽量延迟签订《马关条约》，力图挽救，这都体现了他的爱国之情。由于传统观念的束缚及各种条件的限制，谭继洵在新政方面缺乏建树。但在戊戌维新期间，他曾起草了关于变通科举的奏折，支持成立浏阳算学馆，推荐通达人才出任驻外使节等，这也反映了他在某种程度上同情维新变法的态度。谭继洵是湖南浏阳人，一生深受湖湘文化和浏阳之学的影响，他与“浏阳三先生”欧阳中鹄、刘人熙、涂启先都有密切关系，与当时一大批湘籍官员和湘籍人士始终保持联系。特别需要强调的，谭继洵是近代著名启蒙思想家、戊戌维新烈士谭嗣同之父，以谭继洵为代表的谭氏家族，构成了谭嗣同成长和发展的重要背景。欲了解谭嗣同，就不能不了解谭继洵及谭氏家族。因此，研究谭继洵，无论是对于了解晚清历史，认识湖湘文化及其浏阳之学，还是对于研究谭嗣同及其维新运动，都具有相当重要的意义。

由于时间久远，谭继洵的许多资料已经佚失；现存资料又分散各处，收集不易。所以，迄今为止，还未曾出版过一部关于谭继洵的集子，使得有关研究难以开展和深入，这是学术上的一个很大遗憾。编者忝为谭氏姻亲和宗亲，深感对此负有特殊的责任与义务。为了弥补这一空白，我们自 1996 年湖南谭嗣同研究会成立，开始从事谭嗣同研究以来，就一直注意搜集谭继洵及谭氏家族的资料，为此查阅了京、沪、宁、湘、鄂等地图书馆、档案馆的大量资料，多次到谭氏家乡浏阳等地搜集材料，采访有关人士。所搜集的内容，包括奏议、布告、书函、电文、文牍、县志、族谱、碑文、日记、史传、笔记、回忆录等，并在此基础上加以精心整理和编辑。历经 18 年的努力，终于编成了目前这本《谭继洵集》。全书分为正文和附录两个部分，正文分为五卷，前四卷为奏议，卷五为电稿、书信及杂件；附录分为三部分，包括函禀、书信，日记、传记资料及谭继洵年谱简编。全书近 70 万字，其中奏议约 50 万字，占全书七成。

书中所收入的奏议，大多为谭继洵就任湖北巡抚期间（即光绪十五年至光绪二十四年）所拟，原件保存于故宫档案。光绪十五年之前的谭氏奏禀较为罕见，多半已经散失了。书中奏议主要取自以下三个来源：第一，中国第一历史档案馆所编《光绪朝朱批奏折》，第二，台北“故宫博物院”编印的《宫中档光绪朝奏折》，第三，北京撷华书局于清末编印的《谕折汇存》；除此之外，还有少量谭氏奏议摘自《光绪朝东华录》及中华书局出版的《戊戌变法档案史料》。上述奏议涉及财政、税赋、吏治、刑法、军事、关税、洋务、新政、教案、粮食收成、赈灾及地方民情，内容十分广泛，是研究晚清两湖地区历史的重要资料。湖广总督与湖北巡抚同驻武汉，故张之洞与谭继洵经常联名上奏。《张之洞全集》已经出版，为避免重复，凡是以张之洞领衔，张、谭二人联名所上的奏折，本书皆删略不录。

卷五电稿、书信及杂件，收入了谭氏函稿 28 封，电稿 79 封。这些函稿大多保存在浏阳《谭氏家书》中。《谭氏家书》由长沙古籍书店于上世纪 50 年代初从浏阳谭家购得，一直收藏在湖南图书馆，从未对外公开，此次为首次全文发表。谭氏电稿大多录自新近出版的《近代史所藏清代名人稿本抄本》第二辑《张之洞档案》。卷五还收入了谭氏在甘肃时期的若干文告，及为《慎甫先生文集》、《秦州志》所写的序言，为伯兄谭继升及其他亲友写的墓志铭，以及为浏阳胡氏、娄氏族谱所写的赞语与赠序，文字虽然不多，但皆为谭氏亲笔所书，反映了其生平经历和思想感情。上述资料都具有重要史料价值，弥足珍贵。

附录一函稿、书信，收录了谭氏亲属书信 24 封，及欧阳中鹄、刘人熙、涂启先等人上谭继洵书，以及谭氏任职甘肃期间，其朋友僚属所上部分函禀。附录二为日记、传记资料。谭继洵本人日记，久已遗失，虽经编者多方搜寻，仍未发现其下落。本书日记资料，乃指晚清若干重要日记（如郭嵩焘日记、曾纪泽日记、翁同龢日记、王闿运湘绮楼日记、李兴锐日记，及刘人熙未刊日记等）中所记录的谭氏言行，它反映了谭继洵的交往情况。本书传记资料收集了清末民国以来关于谭继洵的各种传记及其他资料。书末，我们根据目前所收集的资料，整理编写了附录三《谭继洵年谱简编》，目的是为读者了解谭继洵提供一个大致的线索。

在本书杀青之际，谭仲池主席、田伏隆主任、夏剑钦社长分别慷慨赐序，使本书为之增色，我们在此表示最衷心的感谢！谭主席担任长沙市领导期间，曾坚拒将谭继洵墓迁移的方案，为保护历史文物作出了重要贡献，这是浏阳家喻户晓的一段佳话。谭继洵墓地现为湖南省重点文物保护单位，与烈士祠、谭嗣同墓和谭氏故居大夫第一起，成为浏阳重要的历史人文景观，受到人们的参观与瞻仰，这一切都应当归功于当地领导和文物部门为此所付出的心血与努力。岳麓书社对于本书出版十分重视，曾德明总编辑亲自过问，指定刘文同志担任责任编辑，并邀请夏剑钦老师担任特约编辑。为了解决书中存在的疑难问题，夏老师还亲自到湖南图书馆去逐字核对原稿，这种认真负责的精神令我们感动，更值得我们学习！此书编校之中，又承浏阳汤锐同志补充其所搜集的谭氏所作墓志铭、书信若干件，使全书内容更为完善。上述努力使本书得以更高质量及时出版，在此我们谨向岳麓书社领导和有关同志表示诚挚的谢意！

这些年来，我们在从事研究、搜集资料的过程中，一直得到有关方面的大力支持。如湖南谭嗣同研究会的田伏隆副会长、朱汉民院长和王兴国教授，湖南图书馆刘志盛先生和寻霖主任，中国社会科学院近代史所的段梅馆长、马忠文和李玉刚教授、汝静同志、浏阳政协潘信之先生，以及浏阳市文物局与博物馆的各届领导和同志们，都给了我们各种形式的重要帮助，使本书编辑工作得以顺利完成，对此我们深为感激，永志难忘！在此谨向所有曾经为本书提供过支持和帮助的领导、朋友和同志们，再次表示深切的谢意！

今年3月，中国近代重要启蒙思想家、“戊戌六君子”之一、伟大的爱国维新志士谭嗣同诞辰150周年，届时湖南将举办各种纪念活动。为了表示纪念，我们特在庆典前夕将《谭继洵集》一书出版，以飨广大读者，并为谭嗣同研究增添新的资料，这也是我们两人的一点微薄心意。由于我们才疏学浅，书中肯定存在不足乃至错误之处，加之谭继洵资料散佚已久，遗漏在所难免，希望有关专家学者和广大读者不吝指教，使本书在今后得以补充完善！

贾维　谭志宏

2015 年 1 月 15 日

贾维系中国社会科学院近代史研究所研究员、湖南谭嗣同研究会理事。谭志宏系谭继洵第五代孙，湖南谭嗣同研究会副会长、谭嗣同爱国公益基金会理事长、湖南海联汽车投资管理有限公司董事长

目 录

上 册

卷一 奏议一光绪三年至光绪十九年

卷二　奏议二光绪二十年至光绪二十一年闰五月

下　册

卷四　奏议四光绪二十二年至光绪二十四年

卷五　电稿　书信　杂件

附录一　函禀书信

附录二　日记传记资料

卷一 奏议一 光绪三年至光绪十九年

新授甘肃巩秦阶道谢恩折 光绪三年八月八日

三品衔新授甘肃巩秦阶道臣谭继洵跪奏，为恭谢天恩、仰祈圣鉴事。本月初六日内阁奉上谕：“甘肃巩秦阶道员缺着谭继洵补授。”钦此。窃臣楚南下士，知识庸愚，农部分曹，愧乏度支之术，漕仓供职，未谙储积之方，莫补涓埃，弥深兢惕。兹复渥承恩命，畀任监司，闻命自天，负惭无地。伏念甘肃地居边要，道员职重分巡，梼昧如臣，深惧未能胜任，惟有吁求宸训，敬谨遵循，俾到任后于地方一切事宜，矢慎矢勤，以期仰答高厚鸿慈于万一。所有微臣感激下忱，谨缮折叩谢天恩，伏乞皇太后、皇上圣鉴，谨奏。中国第一历史档案馆编《光绪朝朱批奏折》第2辑，第391页，中华书局，1995年

附录：巩秦阶谭道继洵禀甘南厘务不敷供支，请裁撤岷州文县西固所募防勇并拟赴阶州与龙道筹商抚绥事宜由

左宗棠批示：“番匪滋事一案，逆首古旦巴等已就擒获，番境肃清，所有抚绥善后各事宜已责成刘道一手经理。据禀甘南厘局收支不敷，请将岷州、文县、西固所募防勇一律裁撤，以节糜费，所见甚是。已饬刘道酌察情形妥为办理，并候咨请帮办甘肃、新疆善后事宜杨核饬遵照。”《左宗棠全集·札件》第458页，岳麓书社，1986年

附录：左宗棠密陈陕甘两省镇司道府年终考语清单光绪五年正月二十三日

二品衔甘肃巩秦阶道谭继洵，实心任事，勤慎有为。《左宗棠未刊奏折》第565页，岳麓书社，1987年

附录：陕甘总督谭钟麟关于甘肃现任实缺司道府各员考语光绪八年十二月

甘肃巩秦阶道谭继洵：该员器识深沈，才具稳练，地方民事吏治均能切实讲求，不避劳怨，至综核精详，尤各司道所不及。《光绪朝朱批奏折》第3辑，第901页

宫中档谭继洵履历单光绪九年

谭继洵，现年五十四岁，系湖南浏阳县人。由附生中式，道光二十九年己酉科本省乡试举人，咸丰九年报捐主事，签分户部。是年己未科会试中式进士，十年庚申恩科补行殿试，引见，奉旨俟学习期满后作为候补主事以该部主事即补。同治七年七月，补广西司主事。九年三月，因办理捐铜局出力，奉旨赏加道衔。十一年十月，升补山西司员外郎。十二年京察一等，加一级。十三年二月，升补山东司郎中；三月捐免历俸截取，奉旨记名以繁缺知府用；十月奉旨简放坐粮厅监督。光绪元年，因全漕告竣，办运出力，奉旨俟升四品，后加三品衔。二年京察一等，奉旨记名以道府用，是年因全漕告竣，办运出力，奉旨专以道员用。三年八月，奉旨补授甘肃巩秦阶道；是年十一月，因全漕告竣，办运出力，奉旨赏加二品衔。四年八月，到巩秦阶道任。九年三月初一日，奉旨补授甘肃按察使，当经奏请陛见；四月十六日，奉旨："着来见"，接奉批旨，遵即起程，现已到京。中国第一历史档案馆藏

附录：陕甘总督谭钟麟关于甘肃现任实缺司道府各员考语光绪十年十二月

甘肃巩秦阶道谭继洵：该员器识深稳，综核精详。《光绪朝朱批奏折》第4辑，第399页

附录：陕甘总督谭钟麟关于甘肃新疆现任实缺司道府各员考语光绪十一年十二月

甘肃布政使谭继洵：该员才明心细，综核精详，守经达权，能顾大局。《光绪朝朱批奏折》第4辑，第578页

附录：陕甘总督谭钟麟奏折附片光绪十三年十月廿一日

再据甘肃布政使谭继洵详称："继洵于光绪十年十月蒙恩补授甘肃布政使，十一月初二日到任，至十三年十一月，三年任满，应请陛见，以伸犬马依恋之忱，请代奏前来。"臣查藩司谭继洵在任三载，用人理财廉明公正，经理关外新饷，综核精详，兼管营务，与将弁声气联络，力求整顿。臣六年俸满，例当展觐，如蒙圣慈，准臣入都，则藩司责任綦重，未便遽易生手，可否仰恳天恩，准藩司谭继洵暂缓陛见，恭候命下遵行。

朱批："着照所请。"《光绪朝朱批奏折》第5辑，第385—386页

附录：谭钟麟请委藩司代办监临折光绪十四年

查各省文乡试例系由督抚入闱监临，甘肃本年举行戊子正科乡试，新任督臣杨昌濬尚无到甘消息，例应臣入闱监临，惟臣目视不明，……本科乡试臣拟援案请委藩司谭继洵入闱代办监临。《谭文勤公（钟麟）奏稿》，沈云龙主编《近代中国史料丛刊》第三十三辑，第848—849页

恭报接印任事日期叩谢天恩折光绪十六年四月二十日

头品顶戴湖北巡抚臣谭继洵跪奏，为恭报微臣接印任事日期叩谢天恩仰祈圣鉴事。窃臣钦奉谕旨补授湖北巡抚，当经具折谢恩、吁恳入都陛见，奉旨：“着来见。”钦此。遵即趋诣阙廷，渥蒙召见二次，训诲周详，莫名钦感！陛辞后束装起程，由天津航海至沪，溯江而上，于四月十八日行抵湖北省城。二十日，准升任抚臣奎斌饬委武昌府知府李有棻、署府标中军参将宝麟，将湖北巡抚关防并王命旗牌文卷等件赍送前来。臣当即恭设香案望阙叩头，祗领任事。伏念臣湘水庸材，农曹微秩，嗣膺外任，洊领专圻。查湖北为上游扼要之区，巡抚有全省统辖之责，用人行政积弊须除，筹饷整军当务尤亟。如臣梼昧，深惧弗胜，惟有恪遵圣训，殚竭愚诚，随事体察情形，与督臣和衷商办，实力讲求，不敢稍避劳怨，以冀仰答高厚鸿慈于万一。所有微臣接印任事日期，并感激下忱，除恭疏题报外，理合缮折叩谢天恩，伏乞皇上圣鉴。再：臣经过江苏、安徽一带地方，雨水调匀，二麦中稔，民情均属安谧，堪以上慰宸廑，合并附陈，谨奏。

朱批：“知道了。”《宫中档光绪朝奏折》第5辑，第267页，台北国立“故宫博物院”印行，1973年

道员李寿蓉与臣姻亲例应回避折光绪十六年五月十八日

头品顶戴湖北巡抚臣谭继洵跪奏，为道员与臣姻亲例应回避恭折具陈仰祈圣鉴事。窃查定例：外官有关系刑名钱谷考核纠参者，外姻亲属中本身儿女姻亲，应令官小者回避；又回避人员如原系报捐指省者，准其另指一省等语。今署湖北汉黄德道候补道李寿蓉之女系臣第三子之妻，分属至亲，同官一省，应令回避。

该道原系报捐指省人员，现据遵例呈明改指安徽，核与定例相符。除已会同督臣委员接署汉黄德道篆务另行附奏，并令该道依限交代清楚即行给咨赴补暨咨部查照外，所有道员与臣姻亲回避改省缘由，理合恭折具奏，伏祈皇上圣鉴，谨奏。

朱批："吏部知道。"《宫中档光绪朝奏折》第5辑，第330页

饬江麟瑞署理汉黄德道及江汉关监督片

光绪十六年五月十八日

再：现署湖北汉黄德道监督、江汉关税务李寿蓉因与臣继洵系属儿女姻亲，应行遵例回避，业经另行恭折具奏陈请该省，所有汉黄德道及江汉关监督各篆，务亟应先行委员接署，以专责成。查有湖北候补道江麟瑞，老成历练，稳慎精详，堪以署理。除檄饬遵照外，谨合词附片具陈，伏祈圣鉴，谨奏。

朱批："吏部知道。"《光绪朝朱批奏折》第6辑，第859页

委署麻城知县片光绪十六年五月十八日

再：署麻城县知县陈瑞澜调省另有差委，所遗该县篆务亟应委员往署，以重职守。查有崇阳县知县黄承清，识敏才优，讲求吏治，堪以调署；递遗崇阳县知县篆务，查有竹溪县知县夏时泰，心精力果，公事认真，堪以调署。据布政使王之春、署按察使朱其煊会详前来。除分檄饬遵外，理合附片具陈，伏乞圣鉴。再：湖广总督系臣兼护，毋庸列衔，合并陈明，谨奏。

朱批："吏部知道。"《宫中档光绪朝奏折》第5辑，第330页

恭报湖北省光绪十六年四月分雨水粮价地方情形折光绪十六年五月十八日

头品顶戴湖北巡抚臣谭继洵跪奏，为恭报湖北省光绪十六年

四月分雨水粮价地方情形仰祈圣鉴事。窃照本年三月分各属雨水粮价地方情形，业经前抚臣奎斌恭折奏报在案。兹据武昌等十府暨荆门直隶州所属各州县将本年四月分雨水粮价开具清单呈报，由湖北布政使邓华熙汇造清折前来。臣复加查核，是月分晴雨相间，江汉水势正长，二麦登场，秧苗秀发，粮价较上月互有增减，地方民情悉臻安谧，堪以仰慰宸廑，谨缮粮价清单，恭折具奏，伏乞皇上圣鉴，谨奏。

朱批："知道了。"《宫中档光绪朝奏折》第5辑，第331页

查明湖北省征收光绪十五年钱粮漕南银米比较上届完欠实数开列清单折光绪十六年五月二十二日

头品顶戴湖北巡抚臣谭继洵跪奏，为查明湖北省征收光绪十五年钱粮漕南银米比较上届完欠实数开列清单恭折仰祈圣鉴事。窃照前准户部咨：奏令各直省征收丁漕统于各该年底开具比较清单专折奏报一片，于同治八年二月初五日奉上谕："着自同治八年为始，督饬藩司将全省一年上下两忙征收丁漕各实数及上届征收总数，开具比较清单，详明专案奏报。"等因。钦此钦遵。转行遵办在案。兹据湖北布政使邓华熙详称：湖北省光绪十五年额征起运存留驿站屯饷耗羡等款，共银一百二十二万七千九百九十四两一钱九分六厘，内除渍淹挖压沙压坍没坍占挖废并被水豁免蠲缓，共银三十二万九百三两三钱三厘，应征银九十万七千九十两八钱九分三厘，已完银六十四万一百三十六两九钱一分三厘，未完银二十六万六千九百五十三两九钱八分；再查光绪十四年征收各款钱粮除缓征外，实征银一百三万一千四百七十四两五钱七分七厘，已完银七十三万七千八百三两九钱二分七厘，未完银二十九万三千六百七十两六钱五分，核计光绪十五年征数比较光绪十四年，计少银一十二万四千三百八十三两六钱八分四厘，收数计少银九万七千六百六十七两一分四厘，实因上年夏秋雨多水涨，低洼田

地概被淹没，民力拮据，是以征收各数俱较十四年短绌。又据湖北督粮道恽祖翼详称：湖北省光绪十五年额征漕粮正耗米一十六万三千八百三十一石九斗三升五合，折银二十一万二千九百八十一两五钱一分七厘，内除沙压坍占挖废挖压渍淹及被水豁免缓征，共银四万四千六百五十七两八分六厘，实应征正耗米折银一十六万八千三百二十四两四钱三分一厘，已完正耗米折银九万六千二百七十七两六分四厘，比较光绪十四年多完银二千四百七十二两八钱二分九厘，未完正耗米折银七万二千四十七两三钱六分七厘，现在催提。又十五年额征南粮正耗米一十三万八千五百九十三石七斗一升一合四勺，折银二十万七千八百九十两五钱六分六厘，内除沙压挖压渍淹及被水豁免蠲缓，共银五万三千八百八十七两二钱三厘，实应征正耗米折银一十五万四千三两三钱六分三厘，已完正耗米折银一十二万三千四百四十九两八钱六分一厘，比较光绪十四年少完银二万五千六百五十三两一钱二分九厘，未完正耗米折银三万五百五十三两五钱二厘，现在催提。又十五年额征随漕浅船军三安家正耗并闲丁帮津资役等款，共银九万二千五百八十一两三钱七分五厘零，内除渍淹挖压沙压挖废坍占逃亡故绝及被水豁免缓征，共银二万一千九百七十五两三分二厘零，实应征正耗银七万六百六两三钱四分三厘，已完正耗银四万八千四十六两六钱四分四厘，比较光绪十四年少完银一千四百二十八两四钱三分三厘零，未完正耗银二万二千五百五十九两六钱九分九厘，现在催提。又十五年额征升科驴脚南折正耗，共银四万一千二百九十五两四钱八分一厘，内除沙压渍淹挖压坍占挖废及被水豁免缓征，银二千九百五十四两九钱四分七厘，实应征驴脚南折正耗银三万八千三百四十两五钱三分四厘，已完正耗银三万三千二百五十八两三钱五分五厘，比较光绪十四年少完银一千六百三十五两七钱一分四厘，未完正耗银五千八十二两一钱七分九厘，现在催提。以上已未完各款，统俟该年奏销册内声明造报各等情，开单详请奏咨前来。臣复核无异，除咨户部外，所有湖北省征收光绪十五年钱粮漕南银米截至年底比较上届完欠实数，理合会同湖广督臣张之洞恭折具奏，并缮清单敬呈御览，伏乞皇上圣鉴，谨奏。

朱批：“户部知道，单五件并发。”《宫中档光绪朝奏折》第5辑，第331—333页

查明各属应征光绪十五年地丁等款钱粮下忙已未完数目折光绪十六年五月二十二日

头品顶戴湖北巡抚臣谭继洵跪奏，为查明各属应征光绪十五年地丁等款钱粮下忙已未完数目恭折仰祈圣鉴事。窃照上下两忙钱粮例应将额征坐支及已未完数目分款造报，咸丰二年部议藩司功过章程，丰年以额征数目为准，蠲缓之年以应征数目为准，均按八成计算，责成藩司督催。上忙匀为三分征收，下忙匀为五分征收，其余二分归于奏销前扫数全完，随案议予功过等因，历经照办在案。兹据湖北布政使邓华熙详称，湖北省光绪十五年分额征起运存留驿站屯饷正项，共银一百一十万六千四百九十二两八钱三分八厘，内除坍没渍淹挖压沙压坍占挖废缓征豁免，共银一万五千一百六十七两二钱七分二厘外，实应催银一百九万一千三百二十五两五钱六分六厘；内除上忙三分银两外，下余银七十六万三千九百二十七两八钱九分六厘，内除各属被水成灾蠲免银二千六百一十九两九钱六分一厘，蠲剩缓征银一万四百七十九两八钱四分三厘，勘不成灾缓征银二十六万八百三十八两三钱五分五厘外，应完银四十八万九千九百八十九两七钱三分七厘，内除奏销应催二分银一十三万九千九百九十七两六分八厘，实应催下忙五分银三十四万九千九百九十二两六钱六分九厘，已完银二十七万二千二百五十二两六钱五分七厘，未完银七万七千七百四十两一分二厘。计已完分数三分八厘八毫九丝零，未完分数一分一厘一毫零。所有未完职名系前任湖北布政使、调补福建台湾布政使蒯德标。又额征光绪十五年压征十四年芦课正银一万二千一百三

十三两五钱六分，内除上忙三分银两外，下余银八千四百九十三两四钱九分二厘，内除汉川县被水成灾蠲免银五十五两二钱一分四厘，蠲剩缓征银二百二十两八钱五分六厘，又除江夏、嘉鱼、汉阳、黄冈、蕲水五县并蕲州卫被水缓征银三千三百六十一两九钱三分四厘外，应完银四千八百五十五两四钱八分八厘；又除奏销应催二分银一千三百八十七两二钱八分二厘，实应催下忙五分银三千四百六十八两二钱六厘，今连上忙未完之项，共已催完银五千一百四十三两九钱七厘；又额征光绪十五年分田房牙茶黄柏等税银九千一百五十一两七钱五分七厘，内除上忙三分银两外，下余银六千四百六两二钱三分；又除奏销二分银一千八百三十两三钱五分一厘，实应催下忙五分银四千五百七十五两八钱七分九厘，已完银一千二百一十四两四钱六分七厘，未完银三千三百六十一两四钱一分二厘等情，造册具详前来。臣复核无异，除饬藩司严督各属迅将未完银两赶紧催征，扫数全完，并将各册咨送户部外，理合会同湖广总督臣张之洞恭折具陈，伏乞皇上圣鉴，谨奏。

朱批："户部知道。"《宫中档光绪朝奏折》第5辑，第334—335页

委署大冶知县片 光绪十六年五月二十二日

再：大冶县知县孙克勤现经调署利川县知县，所遗大冶县知县印务，自应委员往署，以重职守。查有襄阳县知县梅冠林堪以署理，据布政使邓华熙、按察使觉罗成允会详前来。除分饬遵照外，谨会同督臣张之洞附片具陈，伏祈圣鉴。再：臣到任未及三月，例不出考，合并陈明，谨奏。

朱批："吏部知道。"《宫中档光绪朝奏折》第5辑，第335—336页

湖北省光绪十五年额征驴脚南折正耗片

光绪十六年五月二十二日

再：据湖北督粮道恽祖翼详称，湖北省光绪十五年额征驴脚南折正耗，共银四万一千四百七十五两零，内除挖压渍淹沙压缓征豁免共银三百九十六两零；并上忙应征银二万五百三十九两零，外应征下忙银二万五百三十九两零，内除黄梅等州县坍占挖废沙压并被水缓征共银二千七百三十八两零。计已完银一万五千六百一两零，未完银二千一百九十九两零。又上忙原报未完银八千六两零，续完银五千一百二十三两零，尚未完银二千八百八十二两零，上下忙共未完银五千八十二两零。又额征随漕浅船军三安家正耗并闲丁帮津资役等款，共银九万二千六百八两零，内除渍淹挖压沙压逃亡事故缓征豁免银三千七百四十二两零，并上忙应征银四万四千四百三十三两零外，应征下忙银四万四千四百三十三两零，内除黄梅等州县卫沙压挖废坍占并被水缓征共银一万八千二百五十九两零，计已完银一万七千二十两零，未完银九千一百五十二两零；又上忙原报未完银二万六千八十八两零，续完银一万二千六百八十一两零，尚未完银一万三千四百七两零，上下忙共未完银二万二千五百五十九两零等情前来。臣复核无异，除仍饬严催各属将未完银两赶紧催征完解外，理合会同督臣张之洞附片具陈，伏乞圣鉴，谨奏。

朱批："户部知道。"《宫中档光绪朝奏折》第5辑，第336页

查明湖北省征收光绪十五年钱粮截至奏销止比较上三年完欠各数循例开单折光绪十六年六月十七日

头品顶戴湖北巡抚臣谭继洵跪奏，为查明湖北省征收光绪十五年钱粮截至奏销止比较上三年完欠各数循例开单恭折具陈仰祈

圣鉴事。窃照征收钱粮部议三年比较之法开单奏报，历经遵办在案。兹据湖北布政使邓华熙于光绪十五年奏销截数后开单具详请奏前来。臣复加查核，湖北省光绪十五年新赋项下额征民屯地丁起运，共银一百一十万六千六百九十八两九钱一分四厘，内除坍没渍淹挖压沙压展缓豁免共银一万五千一百六十七两二钱七分二厘；又除汉川县并武昌、武左二卫被水成灾，蠲免银二千六百一十九两九钱六分一厘，蠲剩缓征银一万四百七十九两八钱四分三厘；又除江夏、武昌、咸宁、嘉鱼、汉阳、黄陂、孝感、沔阳、黄冈、蕲水、黄梅、广济、钟祥、京山、潜江、天门、云梦、应城、江陵、公安、石首、监利、松滋、枝江、荆门等州县，并武昌、武左、沔阳、黄州、蕲州、荆州、荆左、荆右等卫，被水勘不成灾，缓征银二十六万八百三十八两三钱五分五厘，实应征银八十一万七千五百九十三两四钱八分三厘，以十分计算，已完九分三厘，银七十五万九千九百四十八两五钱八分八厘；未完七厘，银五万七千六百四十四两八钱九分五厘。比较光绪十二年征数，少征银一十二万五百二十一两四分八厘；比较十二年完数，少完银一十三万二千三百七十六两四钱七分一厘；比较十三年征数，多征银二万九千三十七两六分五厘；比较十三年完数，多完银二万六千二百七十五两一钱四分三厘；比较十四年征数，少征银一十一万二千四十三两五钱五分二厘；比较十四年完数，少完银一十万六千四十七两七钱四分九厘。除饬司严催各属赶紧全完，并咨明户部户科外，理合缮具清单，会同湖广总督臣张之洞恭折具奏，伏祈皇上圣鉴，谨奏。

朱批："户部知道，单并发。"《宫中档光绪朝奏折》第5辑，第379—380页

查明湖北省光绪十五年奏销案内未完一分以上各员职名缮具清单折光绪十六年六月十七日

头品顶戴湖北巡抚臣谭继洵跪奏，为查明湖北省光绪十五年

奏销案内未完一分以上各员职名缮具清单恭折仰祈圣鉴事。案照光绪六年二月准户部咨具奏筹备饷需折内严核各项奏销一条内开：钱粮奏销各依定限，令各该督抚一面具题、一面先将未完一分以上各员名，开具简明清单专折奏报，由部核定处分先行复奏，仍各于题本内将业经具奏各员声明备核，其有奏后续完者，准其续行奏请归本案开复等因，历经遵办在案。兹值查办光绪十五年奏销，据湖北布政使邓华熙、督粮道恽祖翼，查明开单具详前来。臣复核无异，所有经征未完一分以上各职名，已于题本内声明备核，谨开具简明清单，恭呈御览。惟奏单应照题本开列，题本缮成后，未完各处有据续报完解者，仍注明请免议减议。除咨户部外，理合会同湖广总督臣张之洞恭折具奏，伏乞皇上圣鉴，敕部核议施行，谨奏。

朱批："户部议奏，单并发。"《宫中档光绪朝奏折》第5辑，第380—381页

施南宜昌等府禀乞拨款赈恤片 光绪十六年六月十七日

再：据施南府知府额勒恒额禀称，该府所属地方山多田少，民间向种杂粮以资糊口，本年春夏以来，阴雨过久，二麦被渍，收成甚属歉薄，约计不过三四分，所种杂粮悉皆霉烂，民食匮乏，情形极为困苦，禀乞拨款赈恤。又据署宜昌府知府逄润古禀称，该府所属巴东、归州、长阳等州县，与施南壤地相接，亦以雨多麦收甚歉，杂粮霉烂，民食维艰，情形相同，恳予赈济各等情前来。臣等伏查该府等所属地方，素称贫瘠，上年秋霖为患，杂粮歉收，民间本鲜盖藏，今复因阴雨过多，春苗伤损，民困愈深。虽此时节候尚早，可冀补种，而相距秋收较远，亟宜速筹补救，以拯穷黎。臣等已于所收赈捐项下拨银八千两，以五千两发交施南府，三千两发交宜昌府，饬令督饬各州县酌量情形，分别轻重，妥为抚恤，俾免失所，并饬查明各属现存仓谷，分别平粜，以资

接济。至此外滨临江汉各属，现当夏汛，水势盛涨，低洼之区亦间被淹，臣等业饬各该州县督饬农业人等赶紧设法疏消，期早涸复补种，统俟秋后复勘，再行分别轻重情形，照例办理。所有施南、宜昌两府属地方，因久雨春苗受伤，民情困苦，现已拨款分别抚恤缘由，谨合词附片具陈，伏祈圣鉴，谨奏。

朱批："着饬属认真查勘赈抚以恤灾黎，余依议。"《宫中档光绪朝奏折》第5辑，第381—382页

恭报湖北省光绪十六年五月分雨水粮价地方情形折光绪十六年六月二十二日

头品顶戴湖北巡抚臣谭继洵跪奏，为恭报湖北省光绪十六年五月分雨水粮价地方情形仰祈圣鉴事。窃照本年四月分各属雨水粮价地方情形，业经臣恭折奏报在案。兹据武昌等十府暨荆门直隶州所属各州县将本年五月分雨水粮价开具清单呈报，由湖北布政使邓华熙汇造清折前来。臣复加查核，是月分晴多雨少，江汉水势盛涨，早稻结实，杂粮畅茂，粮价较上月互有增减，地方民情悉臻安谧，堪以仰慰宸廑，谨缮粮价清单，恭折具奏，伏乞皇上圣鉴，谨奏。

朱批："知道了。"《宫中档光绪朝奏折》第5辑，第382页

光绪十五年耗羡银款收不敷支借项作收造报折光绪十六年六月二十二日

头品顶戴湖北巡抚臣谭继洵跪奏，为光绪十五年耗羡银款收不敷支借项作收造报恭折具陈仰祈圣鉴事。窃查湖北省额征起存驿站屯饷芦课等项耗羡暨田房商膏关税盈余并南漕脚耗等款，每年约计收银一十七万余两，以供一岁应支廪工祭品孤贫囚食暨各部饭食并文职各官养廉等项之用，如遇水旱缓征，耗羡随正俱缓，年例支款有常，不得不借动杂款供支，历届查办奏销时，均将借

动缘由奏咨在案。兹据湖北布政使邓华熙详称，光绪十五年分除总督、巡抚并布政、按察二司，武昌、汉阳二府养廉归于军需案内造销外，其道府以下各官养廉及廪工等杂款，共实应支银一十一万九千七百四十八两零，各属额征光绪十五年起存驿站屯饷等款耗羡除缓征坐支外，仅应解司银八万九千四百九十七两零，今只解收银七万一千二百七十三两零；又十五年芦课耗羡暨田房商膏盈余，及节年耗羡并粮道移解南折随漕驴脚等款耗羡银二万五千四百五十两零；又十四年奏销册报存银一十二两零，通共收银九万六千七百三十五两零，实属收不敷支。现值查办十五年奏销，册内既难登造而例支之款不能不发，应请援案在于库存洋药税款内借支银一万三千一百两，减平款内借支银一万两，共银二万三千一百两，收入耗羡款内以供支用，即于十五年耗羡四柱册内作收造报，一俟本款续收有项即行归还等情，详请奏咨前来。臣复核无异，除咨户部外，理合会同湖广总督臣张之洞恭折具陈，伏乞皇上圣鉴，谨奏。

朱批："户部知道。"《宫中档光绪朝奏折》第5辑，第382—383页

湖北公安县光绪十五年被水缓缺秋冬二季驿站坐支银两援案拨补折光绪十六年六月二十二日

头品顶戴湖北巡抚臣谭继洵跪奏，为湖北公安县光绪十五年被水缓缺秋冬二季驿站坐支银两援案拨补恭折仰祈圣鉴事。窃照湖北州县额设驿站夫马，所需工食、工料向在征收驿站钱粮项下按数坐支，遇有展缓之年征不敷支，奏明拨补，由臬司造具应补细册，移送藩司于查办是年奏销时核实给领，历经办理在案。兹据湖北布政使邓华熙、按察使觉罗成允会详称，光绪十五年公安县驿站项下照额应支银五千五百三十两九钱八分八厘，已征银三千六百九十三两九钱四分四厘，尽数坐支，余因被水缓征，计缺银一千八百三十七两四分四厘，该县地本瘠苦，又当孔道，驿递文报最关紧要，坐支既缺，应为拨补等情，详请具奏前来。臣复

核无异，合无仰恳天恩俯准查照往届成案，所有公安县不敷坐支银两，于该年驿站本款内拨补，除造具细册咨送户、兵二部外，理合会同湖广总督臣张之洞恭折具陈，伏乞皇上圣鉴训示，谨奏。

朱批：“该部知道。”《宫中档光绪朝奏折》第5辑，第384页

知府余肇康留省补用片光绪十六年六月二十二日

再：准部咨道府州县无论何项劳绩保奏归于候补班人员，令该督抚即以此项人员到省之日起，予限一年，详加察看，认真考核，如系为守兼优，堪膺民社之员，出具切实考语，奏明分别繁简补用等因。兹查补用知府余肇康，于光绪十五年六月十一到省之日起，连闰扣至十六年五月十一日，试看一年期满。据湖北布政使邓华熙、按察使觉罗成允取具履历清册，声明该员才具明干，有守有为，堪以繁缺留省补用等情，请甄别具奏前来。臣随考验无异，除清册咨送吏部查核外，谨会同督臣张之洞附片具陈，伏乞圣鉴，敕部查照施行。再：臣到任未及三月，例不出考，合并陈明，谨奏。

朱批：“吏部知道。”《宫中档光绪朝奏折》第5辑，第384—385页

恭报湖北省光绪十六年六月分雨水粮价地方情形折光绪十六年七月二十二日

头品顶戴湖北巡抚臣谭继洵跪，奏为恭报湖北省光绪十六年六月分雨水粮价地方情形仰祈圣鉴事。窃照本年五月分各属雨水粮价地方情形，业经臣恭折奏报在案。兹据武昌等十府暨荆门直隶州所属各州县将本年六月分雨水粮价开具清单呈报，由湖北布政使邓华熙汇造清折前来。臣复加查核，是月分晴多雨少，江汉水势仍涨，早稻登场，中稻吐穗，杂粮畅茂，粮价较上月增多减少，地方民情悉臻安谧，堪以仰慰宸廑，谨缮粮价清单，恭折具

奏，伏乞皇上圣鉴，谨奏。

朱批："知道了。"《宫中档光绪朝奏折》第5辑，第469页

湖北省光绪十五年奏销案内未完一分以上职名续据全完恳请免议折光绪十六年七月二十二日

头品顶戴湖北巡抚臣谭继洵跪奏，为湖北省光绪十五年奏销案内未完一分以上职名续据全完恳请免议恭折仰祈圣鉴事。窃照光绪六年二月准户部咨：钱粮奏销各依定限，令各该督抚一面具题，一面先将未完一分以上各员，开具简明清单专折奏报，由部核定处分，先行复奏；其有奏后续完者，准其奏请归本案开复等因。臣于查办光绪十五年奏销时，已将南粮米石项下未完一分以上各员专折奏报在案。兹据湖北督粮道恽祖翼详称，十五年奏销案内南粮米石项下原报经征未完一分以上之本任监利县知县诸可权，现据续完清楚等情，详请奏咨免议前来。臣复核无异，除咨明吏部、户部查照外，理合会同湖广总督臣张之洞恭折具陈，伏乞皇上圣鉴，敕部核复施行，谨奏。

朱批："户部议奏。"《宫中档光绪朝奏折》第5辑，第469—470页

恭报湖北省光绪十六年七月分雨水粮价地方情形折光绪十六年八月二十日

头品顶戴湖北巡抚臣谭继洵跪奏，为恭报湖北省光绪十六年七月分雨水粮价地方情形仰祈圣鉴事。窃照本年六月分各属雨水粮价地方情形，业经臣恭折奏报在案。兹据武昌等十府暨荆门直隶州所属各州县将本年七月分雨水粮价开具清单呈报，由湖北布政使邓华熙汇造清折前来。臣复加查核，是月分晴多雨少，江汉水势稍退，中稻登场，粮价较上月互有增减，惟晴霁日久，高阜之区间有受旱，现在设坛祈祷，但冀早沛甘霖，晚稻杂粮尚堪补救；地方民情悉臻安谧，堪以仰慰宸廑，谨缮粮价清单，恭折具

奏，伏乞皇上圣鉴，谨奏。

朱批："知道了。"《宫中档光绪朝奏折》第5辑，第546—547页

知府乔联宝留省补用片光绪十六年八月二十日

再：查定例捐纳试用道府到省一年期满，该督抚认真察看，出具切实考语，分别繁简，奏明补用等因，兹查有试用知府乔联宝，现年二十四岁，系山西徐沟县人，由正二品荫生蒙恩赏主事，遵海防例报捐知府花翎，指发湖北试用，并于贵州黔捐局加捐三品衔，于光绪十三年八月初九日到省，十四年二月初九日闻讣，丁本生父降服忧回籍守制，服满起复，于十五年十二月二十一日回省，前后接算连闰应扣至光绪十六年五月二十日，试用一年期满。据布政使邓华熙、按察使觉罗成允取造履历清册，详请具奏前来。臣查该员乔联宝，才识稳练，条理详明，堪以繁缺留省补用，除清册咨送吏部查核外，理合会同湖广总督臣张之洞附片具陈，伏祈圣鉴，敕部查照施行，谨奏。

朱批："吏部知道。"《宫中档光绪朝奏折》第5辑，第547页

查明湖北光绪十六年二麦收成分数折光绪十六年八月二十日

头品顶戴湖北巡抚臣谭继洵跪奏，为查明湖北光绪十六年二麦收成分数恭折具陈仰祈圣鉴事。窃照湖北省光绪十六年二麦登场，现据布政使邓华熙查明各属收成分数汇开清折，具详请奏前来。臣逐加查核，湖北省共计六十八州县，内收成九分者一县，八分有余者二县，七分有余者九县，七分者四州县，六分有余者十一州县，六分者七州县，五分有余者十六州县，五分者四州县，四分有余者五县，四分者五州县，三分有余者四县，合计通省收成六分，谨缮清单会同湖广总督臣张之洞恭折具奏，伏乞皇上圣

鉴，谨奏。

朱批：“知道了。”《宫中档光绪朝奏折》第5辑，第547—548页

查明湖北省光绪十五年征收旧赋钱粮比较上三年完欠分数折 光绪十六年八月二十日

头品顶戴湖北巡抚臣谭继洵跪奏，为查明湖北省光绪十五年征收旧赋钱粮比较上三年完欠分数恭折具奏仰祈圣鉴事。窃准户部咨令将征收旧赋分数仍于比较案内奏报，又准部咨仿照河南比较清单将灾缓尚未届限启征银两数目详细扣除，开列实应带征银数，与上三年分别比较等因，遵办在案。兹届造送光绪十五年递带册籍之际，据湖北布政使邓华熙详称，湖北省光绪十五年分旧赋项下，自光绪六年起至十四年止，各属共缓征地丁等银一百八十五万五千五百一十九两七钱五分五毫，内除各属已完未届启征银八千六百八十六两四钱八分七厘；又除豁免银一百六十七万一千七百九十七两三钱一分六厘五毫，又除各属因灾展缓银一十七万二千九百一十二两八钱九分九厘外，实应启征银二千一百二十三两四分八厘，全数未完。比较光绪十二年，计少完银十分；光绪十三年并无启征之项，无从比较；又比较光绪十四年，计少完银六分零等情，请奏前来。臣复核无异，除咨户部户科外，理合会同湖广总督臣张之洞恭折具奏，并缮清单，敬呈御览，伏乞皇上圣鉴，谨奏。

朱批：“户部知道，单并发。”《宫中档光绪朝奏折》第5辑，第548—549页

审明故杀胞兄身死复听从烧尸灭迹凶犯按律定拟折 光绪十六年八月二十日

头品顶戴湖北巡抚臣谭继洵跪奏，为审明故杀胞兄身死复听从烧尸灭迹凶犯按律定拟恭折仰祈圣鉴事。窃据天门县知县邵世

恩通详，民人张汶蓢故杀胞兄张芳徽身死，复听从出嫁胞姊夏张氏烧尸灭迹一案，经该县会同京山县先后拿获张汶蓢等，审拟解府。署安陆府知府存厚提讯，犯供翻异；报委署钟祥县知县钟桐山会审，供仍狡展，由府禀经前抚臣奎斌，以案情重大，批司提省，发委武昌府知府李有棻审办，因犯供游移，报明移委候补通判黄文桂前往密查，复府核讯。兹据该府李有棻审明议拟，由湖北按察使觉罗成允复讯解勘前来。臣提犯亲讯，缘张汶蓢、张蕊鸞均籍隶天门县，张蕊鸞系县学武生，同胞弟兄四人，长张秉哲已故，次张芳徽，三即张蕊鸞，四即张汶蓢，夏张氏系张芳徽等出嫁胞姊，张汶蓢等弟兄均分居各爨，每人分田百余亩，其母张李氏另提养膳田五十亩，常依张蕊鸞过度。光绪十五年二月初，闻张芳徽私将其母膳田八亩售卖，三月初五日午后，张李氏闻知其事，嘱令张汶蓢往向查问。张汶蓢至张芳徽家，维时张芳徽之妻张余氏与子各因探亲，有事外出，张汶蓢当向张芳徽问及卖田之事，张芳徽不服，扑向张汶蓢抓殴，张汶蓢拾柴抵格，殴伤张芳徽头颅，经张芳徽之雇工张定元上前解劝，张汶蓢当即跑回，张芳徽追至张汶蓢家寻闹，适值夏张氏先至张汶蓢家探望，问明情由，劝散。张芳徽独自一人在张汶蓢家正屋左房坐歇，初更时分，张汶蓢进房查看，张芳徽生气叫骂，并扭张汶蓢拼闹，张汶蓢用手向推，张芳徽仰跌倒地，骂称将来定将张汶蓢全家杀害，张汶蓢畏害，顿起杀机，拔出身带尖刀戳伤张芳徽咽喉，划伤其右手指，张汶蓢之年甫十四雇工张子儿及夏张氏闻闹趋救不及，张芳徽伤重，登时殒命。夏张氏虑恐张汶蓢破案治罪，起意商令烧尸灭迹，张汶蓢应允，即往邀张蕊鸞及鲁怔先至家，央允相帮，同将尸身抬至旁屋砖砌空屋，架柴烧毕。张汶蓢扫起烧剩灰烬、零碎骨炭，装入箩筐，同鲁怔先挑至距屋半里许管业麦田，装成粪田形迹，复将各房血迹烧迹刨挖平治，分途逃散。初六日，张余氏闻张定元告知张芳徽与张汶蓢殴追情事，归家访寻，不知张芳徽下落，控经天门县知县邵世恩，饬差拘起无获。旋据保正张吉升帮同尸妻张余氏，在张汶蓢正屋、旁屋、麦田查见杀人血污、烧尸移弃各迹，报经该县勘明属实，并在麦田灰烬内检出零碎骨炭四十三件，烧黑起花铜扣四颗，光面铜扣三颗，据张余氏认，系伊夫张芳徽生前身穿衣扣。饬据仵作禀称，烧尸之处地已挖翻平治，实难烧检，当将骨炭用桶装盛，交给尸亲具领，详报差缉，并将张蒕鸗衣顶咨革。旋据会同京山县先后拿获张汶蓢、张蒕鸗、夏张氏到案，讯供通详，批饬审解，该县讯拟解府，经署安陆府知府存厚提讯，犯供翻异，报委署钟祥县钟桐山会审，供仍狡展，由府禀经前抚臣奎斌，以案情重大，批司提省发委武昌府知府李有棻审办。该犯妇夏张氏先在钟祥县因病身故，验讯伴妇并无陵虐情弊，详经批饬武昌府归案拟办。该府提讯各犯，供亦游移，报明移委候补通判黄文桂前往密查，并补提人证解府质讯，据各供认前情不讳。兹该府李有棻审明，议拟声明张芳徽尸被烧毁，仅存零碎骨炭；烧尸之地复经刨挖尺许，无凭检验。现有见证张子儿供报杀烧情形历历如绘，核与委员黄文桂查复情节相符，应请据供定谳，由司复讯转解前来。臣复讯无异。

查律载：弟殴胞兄故杀者，陵迟处死；又残毁他人死尸及弃尸者，杖一百，流三千里；毁弃缌麻以上尊长死尸者，斩监候；毁弃缌麻以上卑幼死尸，依凡人毁弃依服制递减一等；又一家共犯侵损于人，以凡人首从论，若首从本罪各别者，各依本律首从论各等语。此案张汶蓢因其母嘱令往向胞兄张芳徽查问私卖膳田之事，将张芳徽殴伤，旋因被骂畏害，顿起杀机，用刀戳伤张芳徽身死，实属故杀，自应按律问拟张汶蓢，除听从胞姊夏张氏烧尸灭迹轻罪不议外，合依弟殴胞兄故杀者陵迟处死律，拟陵迟处死；事犯虽在光绪十五年三月十六日恩诏以前，系故杀期亲尊长，在部议条款不准援免之列，应不准其援免照例，先行刺字。夏张氏于其弟张汶蓢故杀张芳徽身死后，虑恐张汶蓢破案治罪，起意商同张汶蓢并张蒕鸗及在逃之鲁怔先，将张芳徽尸身烧毁灭迹，亦应按律问拟。查夏张氏系张芳徽出嫁胞姊，降服大功，夏张氏合依毁弃缌麻以上卑幼死尸，依凡人毁弃依服制递减一等律，应照凡人毁弃为首满流罪上按大功服制递减三等，拟杖八十，徒二年，业已病故，应与讯无陵虐之伴妇均毋庸议。张藕鸞听从胞姊夏张氏，将胞兄张芳徽尸身烧毁灭迹，应按本律减等问拟；已革武生张藕鸞合依毁弃缌麻以上尊长死尸者斩监候律上为从减一等，杖一百，流三千里，拟杖一百，流三千里；事犯在光绪十五年三月十六日及十六年三月二十二日恩诏以前，虽不在不准援免之列，惟卑幼毁弃尊长死尸，较卑幼诬告尊长情节尤重，应不准其援免解配折责安置。张子儿年甫十四，且系张汶蓢雇工，律得容隐，应毋庸议，无干省释。逸犯鲁怔先听从毁尸，罪止满徒，应准援赦免罪，并免缉拿。凶刀供弃，免起。所有拿获邻境陵迟重犯一名，应叙职名，系京山县知县张麟定，相应随案开报。除供招送部外，理合会同湖广总督臣张之洞恭折具陈，伏乞皇上圣鉴，敕部核复施行，谨奏。

朱批："刑部速议具奏。"《宫中档光绪朝奏折》第5辑，第549—552页

知府陈宗濂留省补用片光绪十六年八月二十日

再：准部咨道府州县无论何项劳绩保奏归于候补班人员，令该督抚即以此项人员到省之日起，予限一年，详加察看，认真考核，如系为守兼优，堪膺民社之员，出具切实考语，奏明分别繁简补用等因。兹查尽先补用知府陈宗濂，于光绪十五年七月初四到省之日起，连闰扣至十六年六月初四日，试看一年期满。据湖北布政使邓华熙、按察使觉罗成允取造该员履历清册，详请甄别具奏前来。臣随考验该员陈宗濂年强才裕，稳慎安详，堪以繁缺留省补用，除清册咨送吏部查核外，谨会同督臣张之洞附片具陈，伏祈圣鉴，敕部查照施行。谨奏。

朱批："吏部知道。"《宫中档光绪朝奏折》第5辑，第552—553页

恭报湖北省光绪十六年九月分雨水粮价地方情形折光绪十六年十月十八日

头品顶戴湖北巡抚臣谭继洵跪奏，为恭报湖北省光绪十六年九月分雨水粮价地方情形仰祈圣鉴事。窃照本年八月分各属雨水粮价地方情形，业经臣恭折奏报在案。兹据武昌等十府暨荆门直隶州所属各州县将本年九月分雨水粮价开具清单呈报，由兼署湖北布政使觉罗成允汇造清折前来。臣复加查核，是月分晴多雨少，江汉水势渐退，晚稻登场，因雨少稍形歉薄，粮价较上月互有增减，地方民情悉臻安谧，堪以仰慰宸廑，谨缮粮价清单，恭折具奏，伏乞皇上圣鉴，谨奏。

朱批："知道了。"《宫中档光绪朝奏折》第5辑，第691—692页

委署云梦石首知县片光绪十六年十月十八日

再：署云梦县知县胡成均调省，所遗该县印务，自应委员往署，以重职守。查有新选应山县知县管燠龢，才具明通，老成稳练，堪以署理。又石首县知县范树香，因病出缺，查有当阳县知县李元才，心地明白，勤慎办公，堪以调署。据兼署布政使、按察使觉罗成允具详前来。除分檄饬遵外，谨会同督臣张之洞附片具陈，伏祈圣鉴，谨奏。

朱批："吏部知道。"《宫中档光绪朝奏折》第5辑，第692页

饬黄彭年赴任片光绪十六年十月十八日

再：新授湖北布政使黄彭年，前因来鄂需时，所有藩司篆务经臣等奏明，饬委按察使觉罗成允兼署。兹黄彭年业已到省，应即饬赴新任，以重职守。除檄饬遵照外，谨合词附片具陈，伏祈圣鉴，谨奏。

朱批："知道了。"《宫中档光绪朝奏折》第5辑，第692—693页

滇省委员领运九起头批京铜到鄂发给水脚银两换附轮船开行日期折光绪十六年十月十八日

头品顶戴湖北巡抚臣谭继洵跪奏，为滇省委员领运九起头批京铜到鄂发给水脚银两换附轮船开行日期恭折仰祈圣鉴事。窃照滇省委员、另补知县吴光汉，领运九起头批正余京铜五十一万五千斤，于光绪十六年五月二十八日入湖北境，六月二十六日全数运抵汉阳城河，报经饬委代理汉阳府知府沈保祥、署汉阳县知县朱滋泽，会同该运员吴光汉，于六月二十八日将运到铜斤逐一盘验过称，并无短少，换附轮船眼同过载，于七月初六日由汉口开行，取具运员无亏，钤结由该府县加结转详，其应领水脚在于藩库地丁项下动支银一千八百两，发给该运员具领。据兼署湖北布政使、按察使觉罗成允具详请奏前来。除将册结咨送户、工二部暨钱法堂查照外，理合会同湖广总督臣张之洞恭折具奏，伏乞皇上圣鉴，谨奏。

朱批："该部知道。"《宫中档光绪朝奏折》第5辑，第693页

湖北省光绪十五年奏销案内未完一分以上职名续据全完恳请免议折光绪十六年十月二十一日

头品顶戴湖北巡抚臣谭继洵跪奏，为湖北省光绪十五年奏销案内未完一分以上职名续据全完恳请免议恭折仰祈圣鉴事。窃照光绪六年二月准户部咨：钱粮奏销各依定限，令各该督抚一面具题，一面先将未完一分以上各员，开具简明清单专折奏报，由部核定处分，先行复奏；其有奏后续完者，准其奏请归本案开复等因。臣于查办光绪十五年奏销时，已将南粮米石驴脚南折钱粮项下未完一分以上各员专折奏报在案。兹据湖北督粮道恽祖翼详称，十五年奏销案内南粮米石项下原报经征未完四分以上之现任沔阳

州知州陆祐勤；又驴脚南折钱粮项下原报未完四分以上之现任沔阳州知州陆祐勤，原报未完一分以上之前署汉阳县事、本任崇阳县知县陈彰五，现均续完清楚等情，详请奏咨免议前来。臣复核无异，除咨明吏部、户部查照外，理合会同湖广总督臣张之洞恭折具陈，伏乞皇上圣鉴，敕部核复施行，谨奏。

朱批："户部议奏。"《宫中档光绪朝奏折》第5辑，第703—704页

部选人员领凭到省委署别缺折光绪十六年十月二十一日

头品顶戴湖北巡抚臣谭继洵跪奏，为部选人员领凭到省委署别缺恭折仰祈圣鉴事。窃照部选应山县知县管燠龢，于光绪十六年八月二十六日到省，现经臣等委署云梦县知县印务，附片奏明在案。兹据兼署湖北布政使、按察使觉罗成允详，该员管燠龢到省后委署别缺，未赴本任，请照章奏咨立案前来。除将文凭咨送吏部查销外，理合会同湖广总督臣张之洞恭折具陈，伏祈皇上圣鉴，敕部查照施行，谨奏。

朱批："吏部知道。"《宫中档光绪朝奏折》第5辑，第704页

拿获强劫拒捕盗犯审明照章惩办折光绪十六年十月二十一日

头品顶戴湖北巡抚臣谭继洵跪奏，为拿获强劫拒捕盗犯审明照章惩办恭折具陈仰祈圣鉴事。案据代理云梦县知县司徒裒详报，监生罗长裕布行被盗行劫拒伤铺伙、邻佑一案，当经该县会营勘验，督率兵役追捕，拿获王亮、郭三二犯，讯供通详，经前抚臣奎斌与督臣张之洞批司饬府提犯复审明确，照章就地正法在案。兹该署县胡成均比缉逸犯无获，录叙全案供招，议拟由德安府知府汪元庆详经湖北按察使觉罗成允核明转详前来。臣复加查核，缘王亮、郭三分隶山东濮州、金乡县，彼此素识，均先未为匪。

光绪十六年二月二十五日，王亮、郭三各来至云梦县属地方，与素识在逃之李二传、江彦良、刘长、李长柱、江五、马三会遇，共道贫难，李二传起意邀约行劫得财分用，众俱允从。即于是日，先后混入县城，初更时分，各携洋枪、短刀、木棍、油捻，一共八人，齐抵罗长裕布行门首。门尚未关，李二传令郭三、刘长在外把风接赃，自同王亮等一齐拥进。罗长裕同铺伙王应、余永昌、安平、金家驹、徐和尚喊捕，王亮放枪拒伤王应头面，李二传、江彦良、李长柱、江五、马三，各用刀棍刀背混行殴砍，致伤余永昌右胳膊，安平右胳肘，金家驹右胳膊，徐和尚偏左，吓禁声张，劫得银钱、布匹、烟土等物，时邻佑杨玉珊、杨昆山、彭七斤闻声趋至帮捕，郭三在外放枪，拒伤杨玉珊左右腿、杨昆山左脚面，刘长用刀拒伤彭七斤右胁，李二传等将所抢赃物递交郭三等，分携跑走，爬出城外逃逸。适该代理县司徒衮在堤防工次，闻知赶回，会同营讯典史督率兵役跟踪追捕，拿获郭三、王亮，拾获贼遗洋枪火药到案。并据事主罗长裕同保报县，会营勘验，讯供通详。经前抚臣奎斌与督臣张之洞批司转饬德安府知府汪元庆提犯复审明确，禀经批饬照章就地正法在案。兹该署县胡成均比缉逸犯无获，提验王应等伤均平复，应即拟结。

查律载："强盗已行但得财者，不分首从皆斩"；又例载："盗劫之案，把风接赃等犯，亦系同恶相济，照为首一律问拟"；又湖北省奏定章程："盗案如有执持火枪、刀械强劫者，地方官获犯讯明后，解府复审明确，即行就地正法"；又光绪十三年刑部奏定通行："嗣后强劫之案，但有一人执持洋枪在场者，不论曾否伤人，不分首从，均拟斩立决枭示"各等语。此案王亮等听从李二传纠约，执持洋枪刀械入城行劫罗长裕布行得赃，拒伤铺伙邻佑平复，实属凶暴昭著，郭三在外把风接赃，曾经拒捕，亦属同恶相济犯，系当时追获正盗无疑，自应按律问拟。王亮、郭三均合依"强盗已行但得财者，不分首从皆斩"律，拟斩立决，业已遵章就地正法枭示，应毋庸议。该犯等讯无父兄，其在外为匪，原籍牌保无从觉察，应免置议。逸犯李二传等同未获，赃物缉追另结。此案首伙八人，仅获伙盗二名，获犯尚未及半，盗首亦未拿获，疏防职名仍应开报，除供招送部外，理合会同湖广总督臣张之洞恭折具陈，伏乞皇上圣鉴，敕部核复施行，谨奏。

朱批："刑部知道。"《宫中档光绪朝奏折》第5辑，第704—706页

知县任彤光留省补用片光绪十六年十月二十一日

再：准部咨道府州县无论何项劳绩保奏归入候补班人员，以到省之日起，予限一年，详加察看，认真考核，如系为守兼优，堪膺民社之员，出具切实考语，奏明分别繁简补用等因。兹查候补班补用知县任彤光，系河南郑州人，由拔贡考取八旗教习，光绪八年传补正黄旗官学教习，三年期满，奉旨以知县用，遵章留学三年，二次期满，奉旨以知县分省归候补班补用，签分湖北，于十五年九月十五日到省，连闰扣至十六年八月十五日，试用一年期满。据兼署湖北布政使、按察使觉罗成允取造该员履历清册，详请甄别具奏前来。臣随考验该员任彤光，识见明通，志趣端正，堪以繁缺留省补用，除清册咨送吏部外，谨会同督臣张之洞附片具陈，伏祈圣鉴，敕部查照施行。谨奏。

朱批："吏部知道。"《宫中档光绪朝奏折》第5辑，第706—707页

湖北省各州县卫光绪十六年额征片光绪十六年十月二十一日

再：据湖北督粮道恽祖翼详称，湖北省各州县卫光绪十六年额征驴脚南折正耗，共银四万一千四百七十五两零，内除挖压渍淹沙压被水豁减缓征共银三百九十六两零；并下忙应征银二万五百三十九两零，实应征上忙银二万五百三十九两零，已完银一万二千三百三十三两零，未完银八千二百六两零。又额征随漕浅船

军三安家正耗并闲丁帮津资役等款，共银九万二千六百八两零，内除渍淹挖压沙压逃亡故绝被水豁减缓征共银三千七百四十二两零，并下忙应征银四万四千四百三十三两零，实应征上忙银四万四千四百三十三两零，已完银一万六千三百四十三两零，未完银二万八千八十九两零等情前来。除饬该道严催各州县卫迅将未完银两赶紧征解外，理合会同督臣张之洞附片具陈，伏乞圣鉴，谨奏。

朱批：“户部知道。”《宫中档光绪朝奏折》第5辑，第707页

委署襄阳黄梅等县知县片光绪十六年十月二十一日

再：署襄阳县知县舒善庆、黄梅县知县李毅现经调省，所遗各该县印务，亟应委员往署。查有保康县知县陈树菱，操履端方，才识明练，堪以调署襄阳县印务。现署大冶县事本任襄阳县知县梅冠林稳练精明，实心任事，堪以调署黄梅县印务，递遗大冶县印务，查有沔阳州知州陆祐勤，才具开展，明干有为，堪以调署。据兼署布政使、按察使觉罗成允具详前来。除檄饬遵照外，谨会同督臣张之洞附片具陈，伏乞圣鉴，谨奏。

朱批：“吏部知道。”《宫中档光绪朝奏折》第5辑，第707—708页

查明各属应征光绪十六年地丁等款上忙钱粮已未完数目折光绪十六年十月二十四日

头品顶戴湖北巡抚臣谭继洵跪奏，为查明湖北省各属应征光绪十六年地丁等款上忙钱粮已未完数目恭折具陈仰祈圣鉴事。窃照上下两忙钱粮例应将额征坐支及已未完各数目分款造报，嗣于咸丰二年接准部咨议奏藩司功过章程，拟请丰年以额征数目为准，蠲缓之年以应征数目为准，均按八分计算，责成藩司督催。上忙匀为三分征收，下忙匀为五分征收，其余二分归于奏销前扫数全

完，随案议予功过等因在案。兹据湖北布政使黄彭年详称，湖北省光绪十六年分额征起运屯饷存留驿站正项，共银一百一十万七千三百六十八两七钱一分八厘，内除坍没渍淹挖压沙压坍占挖废缓征豁免，共银一万五千一百六十七两二钱七分二厘，实应征银一百九万二千二百一两四钱四分六厘；核计上忙应征三分银三十二万七千六百六十两四钱三分四厘，已完二分一厘零，银二十三万三千五百六十八两七钱四分二厘，未完八厘零，银九万四千九十一两六钱九分二厘，所有未完职名系前任湖北布政使、调补江苏布政使邓华熙。又额征光绪十六年芦课正银一万二千一百三十三两五钱六分，核计上忙应征三分银三千六百四十两六分八厘，已完银九十九两三分六厘，未完银三千五百四十一两三分二厘。又额征光绪十六年分田房牙茶黄柏等税银九千一百九十五两一钱七厘，核计上忙应征三分银二千七百五十八两五钱三分二厘，已完银二百二十六两三钱二分五厘，未完银二千五百三十二两二钱七厘等情前来。臣复核无异，除仍饬严催各属赶紧催征，务于下忙期内扫数完解外，理合会同湖广总督臣张之洞恭折具奏，伏乞皇上圣鉴，谨奏。

朱批："户部知道。"《宫中档光绪朝奏折》第5辑，第710—711页

恭报湖北省光绪十六年十月分雨水粮价地方情形折光绪十六年十一月十八日

头品顶戴湖北巡抚臣谭继洵跪奏，为恭报湖北省光绪十六年十月分雨水粮价地方情形仰祈圣鉴事。窃照本年九月分各属雨水粮价地方情形，业经臣恭折奏报在案。兹据武昌等十府暨荆门直隶州所属各州县将本年十月分雨水粮价开具清单呈报，由湖北布政使黄彭年汇造清折前来。臣复加查核，是月分晴多雨少，江汉水势退落，二麦播种，菜蔬畅茂，粮价较上月互有增减，地方民情悉臻安谧，堪以仰慰宸廑，谨缮粮价清单，恭折具奏，伏乞皇上圣鉴，谨奏。

朱批："知道了。"《宫中档光绪朝奏折》第5辑，第788页

查报早稻收成分数折光绪十六年十一月十八日

头品顶戴湖北巡抚臣谭继洵跪奏，为查报早稻收成分数恭折仰祈圣鉴事。窃照湖北省光绪十六年分各属早稻登场，据湖北布政使黄彭年查明收成分数，开折呈报前来。臣复加查核，除德安府属之应山，郧阳府属之郧西、保康、竹山、竹溪，荆门直隶州属之远安等县，向不种植早稻外，核计通省九分有余者一县，九分者一县，八分有余者一县，八分者四县，七分有余者七州县，七分者八州县，六分有余者十一州县，六分者八州县，五分有余者七州县，五分者九县，四分有余者二州县，四分者二县，三分有余者一县。通省合计收成六分有余，谨另缮清单，恭折具奏，伏乞皇上圣鉴，谨奏。

朱批："知道了。"《宫中档光绪朝奏折》第5辑，第788—789页

查明各州县额设马匹并无缺额疲瘦折光绪十六年十一月二十一日

头品顶戴湖北巡抚臣谭继洵跪奏，为查明各州县额设马匹并无缺额疲瘦恭折仰祈圣鉴事。窃准兵部咨同治元年闰八月二十日奉上谕："各直省驿站额设马匹接递公文，均关紧要，并着各该管大臣确切查核，年终具奏，如查有缺额及疲乏等弊，即着从严参办。"等因。钦此钦遵。办理在案。兹据湖北按察使觉罗成允详称，查明江夏等州县光绪十五年分额设驿站马匹，均系膘壮足额，在站应差并无亏缺及疲瘦等弊，各具印结由该管道府层递加结，请奏咨前来。臣复查无异，除印结咨送兵部外，理合恭折具陈，伏乞皇上圣鉴，敕部查核施行，谨奏。

朱批："兵部知道。"《宫中档光绪朝奏折》第5辑，第790—791页

湖北省光绪十六年春夏二季收支牙帖厘金银钱数目折光绪十六年十一月二十一日

头品顶戴湖北巡抚臣谭继洵跪奏，为湖北省光绪十六年春夏二季收支牙帖厘金银钱数目恭折具陈仰祈圣鉴事。恭照同治七年十月钦奉上谕："厘金报部章程着照两淮盐厘格式，每年分两次奏报。"等因。钦此钦遵。办理历经前督抚臣恭折奏报至光绪十五年十二月底止在案。兹据湖北布政使黄彭年会同牙厘局司道详称，光绪十六年正月起至六月底止，除洋药税厘银两应另案造报外，货厘旧管项下实存市平荆沙银八万三千四百五十六两二钱六分六厘零，新收项下实收牙厘及药土坐票捐共市平荆沙银二十九万五千七百四十五两二钱三分五厘零；又收牙厘钱九十万零七千六百五十一串八百八十八文，开除项下实解湖北盐道转发长江水师本年春夏二季分共库平库色新宝银八万七千两，合市平荆沙银九万一千四百三十三两五钱二分，实解湖北善后总局市平荆沙银十一万八千七百九十九两一钱五分四厘零；又遵奉奏准拨解本年春夏二季连闰善后总局委员薪水杂用共银五千九百五十四两二钱，巡防保甲员弁薪水经费银一万三千一百九十一两五钱，发审委员薪水经费银一千八百九十两，武职操练弓箭月课奖赏银三千二百六十九两，救生红船水手口粮经费银三千三百六十两；又提牙厘各局局用八分经费银二万三千六百五十九两六钱一分八厘零，共支市平荆沙银二十六万一千五百五十六两九钱九分三厘零，实解湖北善后总局钱八十三万五千三十九串七百三十七文，给牙厘各局局用八分经费钱七万二千六百十二串一百五十一文，除解支外，钱款无存，实在项下存货厘市平荆沙银十一万七千六百四十四两五钱八厘零，归入下半年造册报销等情，造具清册详请奏咨前来。臣复核相符，除将清册咨送户部户科外，理合会同湖广总督臣张之洞恭折具奏，伏乞皇上圣鉴，谨奏。

朱批："户部知道。"《宫中档光绪朝奏折》第5辑，第791—792页

拿获强劫拒捕盗犯审明照章惩办折光绪十六年十一月二十一日

头品顶戴湖北巡抚臣谭继洵跪奏，为拿获强劫拒捕盗犯审明照章惩办恭折具陈仰祈圣鉴事。案据石首县知县范树香详报，客民屈贵泊船被盗强劫拒伤船户吴名声平复一案，先经该县会营勘验详缉，旋获姚老九、陶明、谢老四三犯，并起获原赃，讯供通详，经前抚臣奎斌与前督臣裕禄批司饬府提犯复审明确，照章就地正法在案。兹据该县录叙供招，议拟由荆州府知府舒惠详经湖北按察使觉罗成允核明，转详前来。臣复加查核，缘姚老九、陶明、谢老四，分隶湖南溆浦、贵州铜仁等县，俱受雇帮人驾船度日，先未为匪。光绪十四年十月二十八日，姚老九、陶明、谢老四各至石首县属雁沟子地方，会遇素识在逃之杨麻子（即杨发开）、宋老三（宋癞子），共道贫难。适有武昌县人屈贵由四川回籍，雇坐吴殿魁船只，是日湾泊该处。杨麻子探知，料有银钱，起意邀约行劫，得财分用，众俱允从。即于是夜，杨麻子、宋老三、陶明各携短刀，余俱徒手，一共六人，驾划荡拢屈贵船只，一齐上船，杨麻子撞开舱门，屈贵同船户吴殿魁、吴名声惊起喊捕，陶明用刀背拒伤吴名声偏左左手腕、右手心二指中指，宋癞子顺拾船上铁尖短篙戳伤吴名声右臂膊、左腋肷、左乳；陶明、宋癞子复将吴名声发辫捆在船头柱上，吓禁声张。杨麻子、谢老四在船头把风接赃，姚老九、陶明、宋老三、宋癞子进舱，劫得钱文烟土衣物，递交杨麻子、谢老四，分携过划荡至僻处查点，按股俵分各散。该犯等各将所分赃物卖与不知姓名人，得钱同分花用。事主屈贵投保，报经该县会营勘验详缉，旋据兵役会同长江水师营勇暨义顺营弁兵，先后拿获姚老九、陶明、谢老四，并起获原赃眼镜、烟袋、字钱到案，饬传事主认领查明。吴名声伤已平复，提犯讯供通详，经前抚臣奎斌与前督臣裕禄批司饬府提犯复审明确，照章就地正法在案。兹比缉逸犯杨麻子等无获，应即议结。

查律载："强盗已行但得财者，不分首从皆斩"；又例载"盗劫之案把风接赃等犯亦系同恶相济，照为首一律问拟"；又湖北省奏定章程："盗案如有执持刀械、强劫聚众至五人以上者，地方官获犯讯明后，禀请解府复审明确，即行就地正法"各等语。此案姚老九等听从杨麻子纠约，执持刀械行劫客民屈贵泊船，得赃拒伤船户平复，实属凶暴昭著；谢老四在船头把风接赃，亦属同恶相济，自应按律问拟；姚老九、陶明、谢老四均合依"强盗已行但得财者，不分首从皆斩"律，拟斩立决；事犯虽在光绪十五年三月十六日恭逢恩诏以前，系强盗重情，毋庸查办，已遵章就地正法，应毋庸议。该犯等在外为匪，原籍牌保父兄无从觉察禁约，均免置议。获赃给主认领，未获赃物同逸犯杨麻子等，缉追获日另结。此案首伙六人，仅获伙盗三名，获犯及半，未获盗首，应议职名仍照例开参。除供招送部外，理合会同湖广总督臣张之洞恭折具陈，伏乞皇上圣鉴，敕部核复施行，谨奏。

朱批："刑部知道。"《宫中档光绪朝奏折》第5辑，第792—794页

道员试用期满堪以繁缺留省补用折光绪十六年十二月初七日

头品顶戴湖北巡抚臣谭继洵跪奏，为道员试用期满堪以繁缺留省补用恭折具陈仰祈圣鉴事。窃查定例捐纳试用道府到省一年期满，该督抚认真察看，出具切实考语，分别繁简奏明补用等因。兹查三品衔湖北试用道、世袭骑都尉兼一云骑尉赵滨彦，现年三十五岁，浙江归安县人，缘故父布政使衔、原任福建督粮道赵景贤于同治二年在江苏殉难，钦奉上谕："照巡抚阵亡例从优议恤，其子赵滨彦着俟及岁时交吏部带领引见。"等因。钦此。经吏部议给骑都尉兼一云骑尉世职，袭次完时给予恩骑尉世袭罔替，于光绪元年三月二十一日带领引见，奉旨："着以主事用。"钦此。签分工部都水司行走。是年十月初一日钦派王大臣验放请旨，准袭

骑都尉兼一云骑尉世职。六年五月奉旨补授户部山西司主事。七年九月恭送孝贞显皇后梓宫永远奉安，奉特旨赏随带加一级，旋经户部出考保送截取。九年六月二十二日奉朱笔圈出记名，“以直隶州知州用”。钦此。嗣因法夷犯顺，呈请开缺从军，经户部据情代奏。十年八月初五日奉上谕：“主事赵滨彦着发往广东差遣委用。”是年九月二十六日到粤听候差委。十五年六月，在广东郑工捐局捐升道员，指省分发湖北试用；是年十一月十六日吏部带领引见，奉旨：“着照例发往。”钦此。十二月十七日到省，先于广东琼州肃清案内保加三品衔，经吏部核准，于十五年十二月二十二日奉旨：“依议。”钦此。兹自到省之日起，连闰扣至光绪十六年十一月十七日试用一年期满，据布政使黄彭年、按察使觉罗成允取具履历清册，会详请奏前来。臣复查该道赵滨彦，明干有为，任事勇敢，堪以繁缺留省补用，除清册咨送吏部查照外，理合会同湖广总督臣张之洞恭折具奏，伏祈皇上圣鉴，敕部查照施行，谨奏。

朱批：“吏部知道。”《宫中档光绪朝奏折》第5辑，第846—847页

蒋珣留省补用片 光绪十六年十二月初七日

再：准部咨道府州县无论何项劳绩保奏归入候补班人员，令各该督抚即以此项人员到省之日起，予限一年，详加察看，认真考核，如系为守兼优，堪膺民社之员，出具切实考语，奏明分别繁简补用等因。兹查二品顶戴尽先补用道蒋珣，于光绪十五年十二月初七到省之日起，连闰扣至十六年十一月初七日，试看一年期满，据布政使黄彭年、按察使觉罗成允取具履历清册，加考会详请甄别具奏前来。臣随考验该道蒋珣，稳练精明，办事奋勉，堪以繁缺留省补用，除清册送部外，谨会同督臣张之洞附片具陈，伏乞圣鉴，敕部查照施行。谨奏。

朱批：“吏部知道。”《宫中档光绪朝奏折》第5辑，第847页

湖北省光绪十六年分实缺教职佐杂均未参劾据实陈明折光绪十六年十二月初七日

头品顶戴湖北巡抚臣谭继洵跪奏，为湖北省光绪十六年分实缺教职佐杂均未参劾据实陈明恭折仰祈圣鉴事。窃查定例："甄别教职佐杂，各按该省缺额以百之二、三为率参劾，及数者免议；如该省果无应行参劾之员，令该督抚学政切实声明"等因。湖北省教职一百四十缺，每年应甄别去任三、四员；佐杂二百零五缺，每年应甄别去任四、五员。兹查光绪十六年分实缺教职佐杂各员均尚循分供职，是以未经参劾，据布政使黄彭年、按察使觉罗成允会详前来。除仍饬随时确查，如有衰庸不职之员另行参办外，理合会同湖广总督臣张之洞、湖北学政臣赵尚辅恭折具陈，伏祈皇上圣鉴，谨奏。

朱批："吏部知道。"《宫中档光绪朝奏折》第5辑，第848页

湖北省司道知府等官循例年终密考谨缮清单折光绪十六年十二月初七日

头品顶戴湖北巡抚臣谭继洵跪奏，为湖北司道知府等官循例年终密考谨缮清单恭折仰祈圣鉴事。窃查定例："各省司道知府等官，由督抚年终出具切实考语，密行陈奏一次。"臣仰荷恩纶，擢膺疆寄，虽自惭知识梼昧，不足以鉴别群才，然自莅任以来，日与僚属讲求治理，察其言论，观其设施，凡器识之大小，才力之优绌，志虑之公私，心术之邪正，切实推求，细心考核，而又旁参舆论，博采官声，业已名实相符，言行可据，除布政使黄彭年因病出缺，按察使、现署布政使陈宝箴，安襄郧荆道朱其煊甫饬赴任，汉黄德道孔庆辅尚未到省，襄阳府知府钟壎因病呈请开缺均例不注考外，盐法武昌道瞿廷韶虽甫经奉文补授而署事已及一年，自应一律注考；其由实任调署他缺者，仍于本任加考，谨密

缮清单恭呈御览。臣仍认真查核，如有改行易辙之员，即当随时参劾，断不敢稍存徇庇，理合恭折密陈，伏乞皇上圣鉴训示，谨奏。

朱批："知道了，单片留中。"《宫中档光绪朝奏折》第5辑，第848—849页

恭报湖北省光绪十六年十一月分雨水粮价地方情形折光绪十六年十二月初八日

头品顶戴湖北巡抚臣谭继洵跪奏，为恭报湖北省光绪十六年十一月分雨水粮价地方情形仰祈圣鉴事。窃照本年十月分各属雨水粮价地方情形，业经臣恭折奏报在案。兹据武昌等十府暨荆门直隶州所属各州县将本年十一月分雨水粮价开具清单呈报，由湖北布政使黄彭年汇造清折前来。臣复加查核，是月分晴雨相间，江汉水势消退，二麦长发，菜蔬畅茂，粮价较上月互有增减，地方民情悉臻安谧，堪以仰慰宸廑，谨缮粮价清单，恭折具奏，伏乞皇上圣鉴，谨奏。

朱批："知道了。"《宫中档光绪朝奏折》第5辑，第854页

委署随州知州松滋知县片光绪十六年

再：署随州知州蓝佩青调省，所遗该州印务，查有现署汉阳县事、本任崇阳县知县陈彰五才具明晰，心地慈祥，堪以调署；递遗汉阳县知县印务，查有现署崇阳县事、本任罗田县知县朱滋泽明干有为，果于任事，堪以调署。又松滋县知县陈庆祉调省，所遗该县印务，查有公安县知县余彬，年富才明，庶务整饬，堪以调署。据布政使蒯德标、按察使觉罗成允会详前来。除分檄饬遵外，谨会同督臣张之洞附片具陈，伏乞圣鉴，谨奏。

朱批："吏部知道。"《光绪朝朱批奏折》第7辑，第209页

叩谢天恩折光绪十七年正月十二日

头品顶戴湖北巡抚臣谭继洵跪奏，为恭折叩谢天恩仰祈圣鉴事。窃臣赍折差弁回鄂，钦奉恩赏福字一方，臣当即恭设香案望阙叩头祗领。伏惟皇建有极，用敷锡厥庶民，帝省乃成，俾永膺于多福。一人有庆，百工惟时。臣猥以菲材，仰承嘉宠。大观在上，天章倬汉而常昭；茀禄尔康，圣泽如春而可乐。释《尔雅》祓禧之诂，受祉既多；衍《尚书》寿富之畴，厥德攸好。桐生湛露，葵向当阳，实愧能贤，妄叨非分。臣惟有冰渊若涉，夙夜惟寅，敬介时熙，益修疆事。敢拟经营庶定，江汉之肇敏扬休；聊援戬穀罄宜，日月之升恒归美。所有微臣感激下忱，理合恭折叩谢天恩，伏乞皇上圣鉴，谨奏。

朱批："知道了。"《宫中档光绪朝奏折》第6辑，第8—9页

拿获纠众执械强抢得赃首犯审明照章惩办折光绪十七年正月十七日

头品顶戴湖北巡抚臣谭继洵跪奏，为拿获纠众执械强抢得赃首犯审明照章惩办恭折具陈仰祈圣鉴事。案据署随州知州陈彰五详报，山西职员范悦会行至该州地方被匪强抢银两一案，当经该州唐县镇州判督率兵役拿获匪犯王溵沅，搜获原赃，解州讯供通详，经臣与督臣批司饬府提犯复审明确，照章就地正法，枭示在案。兹该州陈彰五录叙全案供招，由德安府知府汪元庆详经湖北按察使觉罗成允转详前来。臣复加查核，缘王溵沅籍隶河南镇平县，先未为匪。光绪十五年十二月二十一日，王溵沅来至随州瀤潭地方，先后与素识在逃之河南南阳县人胡老大即胡溵渼、胡老四、张老大即张大喜、张老四即张四喜会遇，共道贫难。适有山西职员范悦会携带银两，雇夫挑送前往枣阳县买布，是日行至该处落住饭店。经王溵沅探知行装沈重，料有银两，起意邀约拦途

强抢得赃分用，众俱允从。即于二十二日早，王溵沅、胡老四各带洋枪，胡老大、张老大、张老四分携短刀，一共五人，先至中途皂角墩僻处等候。迨范悦会同挑夫踵至，王溵沅点放洋枪，与胡老大等一齐上前吓禁声张，挑夫弃担同范悦会躲避，王溵沅等打开箱担，抢得银两逃跑，范悦会投知保邻追捕，并经该州唐县镇州判杨光杰督率兵役拿获王溵沅，搜出原赃银三百两解州，值前署州蓝佩青先期因病出缺，代理州胡维祺到任后会营诣勘赃银给主认领，接署州陈彰五提犯讯供通详，经臣与督臣批司饬府复审明确，禀经批饬照章就地正法，枭示在案。兹比缉逸犯无获，应即拟结。

查例载："抢夺之案聚众三人以上，持械威吓事主者，为首照强盗律拟斩立决"；又光绪十三年刑部奏定通行，"嗣后结伙三人以上抢夺案内，执持洋枪之人系首犯，拟斩立决枭示"各等语；又湖北省奏定章程："盗案如有执持刀械、聚众至五人以上者，地方官获犯讯明，解府复审明确，即行就地正法"等因，历经遵照在案。此案王溵沅起意纠约在逃之胡老大等首伙五人，执持洋枪刀械，在途强抢范悦会银两，实属凶暴昭著，自应按例问拟。王溵沅合依抢夺之案"聚众三人以上、执械威吓事主者，为首照强盗律拟斩立决"例，拟斩立决，加拟枭示。业已遵章就地正法枭示，应毋庸议。该犯在外为匪，原籍牌保及其父王有均无从觉察禁约，应免置议；获赃已给主领，未获各赃与逸犯胡老大等缉追获日另结。洋枪供弃，免起。此案首伙五人，仅获首犯一名，获犯尚未及半，疏防职名仍应开报，除供招送部外，理合会同湖广总督臣张之洞恭折具奏，伏祈皇上圣鉴，敕部核复施行，谨奏。

朱批："刑部议奏。"《宫中档光绪朝奏折》第6辑，第9—11页

委署汉阳知县片 光绪十七年正月十七日

再：署汉阳县事、本任罗田县知县朱滋泽现丁母忧，除另行题报开缺外，所遗汉阳县印务，应即拣员往署，以重职守。查有

本任蕲水县知县陈夔麟，干练明达，吏治素优，堪以署理。据署布政使陈宝箴、署按察使恽祖翼会详前来。除檄饬遵照外，谨会同督臣张之洞附片具陈，伏祈圣鉴，谨奏。

朱批：“吏部知道。”《宫中档光绪朝奏折》第6辑，第11页

查报湖北省光绪十六年中晚二稻收成分数折光绪十七年正月十七日

头品顶戴湖北巡抚臣谭继洵跪奏，为查报湖北省光绪十六年中晚二稻收成分数恭折仰祈圣鉴事。窃照湖北省光绪十六年早稻收成分数业经臣恭折奏报在案。兹据署湖北布政使陈宝箴查明各属中晚二稻收成分数，开单详报前来。臣复加查核，除武昌府属之咸宁、大冶，黄州府属之黄安、蕲州、广济，荆州府属之石首、松滋、枝江、宜都等州县不产晚稻，施南府属之宣恩、来凤二县不产中稻外，其种植各属业已登场，收成九分者一县，八分有余者四县，八分者五县，七分有余者七州县，七分者十一州县，六分有余者十三州县，六分者五州县，五分有余者八州县，五分者六县，四分有余者四县，四分者二县，三分有余者二县，合计通省收成六分有余，谨缮清单，会同湖广总督臣张之洞恭折具奏，伏乞皇上圣鉴，谨奏。

朱批：“知道了。”《宫中档光绪朝奏折》第6辑，第11—12页

恭报湖北省光绪十六年十二月分雨雪粮价地方情形折光绪十七年正月十七日

头品顶戴湖北巡抚臣谭继洵跪奏，为恭报湖北省光绪十六年十二月分雨雪粮价地方情形仰祈圣鉴事。窃照光绪十六年十一月分各属雨水粮价地方情形，业经臣恭折奏报在案。兹据武昌等十府暨荆门直隶州所属各州县将光绪十六年十二月分雨雪粮价开具清单呈报，由署湖北布政使陈宝箴汇造清折前来。臣复加查核，

是月分晴雨相间，江汉水势消退，各属普律得雪二三寸不等，二麦借以滋培，菜蔬亦皆畅茂，粮价较上月互有增减，地方民情悉臻安谧，堪以仰慰宸廑，谨缮粮价清单恭折具奏，伏乞皇上圣鉴，谨奏。

朱批：“知道了。”《宫中档光绪朝奏折》第6辑，第12页

恭报湖北省光绪十七年正月分雨水粮价地方情形折光绪十七年二月二十一日

头品顶戴湖北巡抚臣谭继洵跪奏，为恭报湖北省光绪十七年正月分雨水粮价地方情形仰祈圣鉴事。窃照光绪十六年十二月分各属雨雪粮价地方情形，业经臣恭折奏报在案。兹据武昌等十府暨荆门直隶州所属各州县将光绪十七年正月分雨水粮价开具清单呈报，由署湖北布政使陈宝箴汇造清折前来。臣复加查核，是月分晴雨相间，江汉水势消退，二麦青葱，菜蔬畅茂，粮价较上月互有增减，地方民情悉臻安谧，堪以仰慰宸廑，谨缮粮价清单恭折具奏，伏乞皇上圣鉴，谨奏。

朱批：“知道了。”《宫中档光绪朝奏折》第6辑，第104—105页

简缺知县照例拟补折光绪十七年二月二十一日

头品顶戴湖北巡抚臣谭继洵跪奏，为简缺知县照例拟补恭折仰祈圣鉴事。窃照宣恩县知县杨寿昌准调黄冈县知县遗缺，接准部复坐光绪十六年五月初八日行文，按照限减半计算扣至六月初三日为开缺日期，归六月分截缺，前经题请，以海防新班即补用知县宗继增拟补。现准部咨湖北省病故休知县内出有巴东县知县一缺，应归六月分截缺，亦系海防即到班，与升调遗之宣恩县知县一缺，系属同月之缺，轮用同班之人，按照历办成案，应掣定缺之先后再行按班请补，专折具奏等因。臣随会同督臣宰同藩、

臬两司，当堂掣得宣恩县知县第二缺，查湖北省升调遗知县一项上，次用至海防新班先止，今宣恩县知县员缺应接用海防即人员，查有海防即补用知县王志章，年三十三岁，山东诸城县人，由监生于光绪三年在滇捐局遵筹饷例报捐知县，不论双单月选用五年；复在黔捐局加捐本班尽先补用，免试用指省直隶，因停止分发，改指湖北，七年十一月初十日蒙钦派王大臣验放，八年五月初十日领照到省；旋遣丁在广东海防捐局遵海防例加捐新班即补用，接到加捐过班部文，坐光绪十三年三月二十日行文，该员先于是年二月闻讣丁父忧，十五年五月服满起复，十一月初七日回省，十六年正月接到部文，准其起复。查该员王志章，年力富强，才具明晰，名次轮值顶补所有宣恩县知县员缺，应即以该员奏补。再：该员系捐纳海防新班即补用知县，请补知县衔缺相当，毋庸送部引见，仍令试俸三年。据署布政使陈宝箴、署按察使恽祖翼会详前来。除咨吏部查照外，谨会同湖广总督臣张之洞恭折具奏，伏祈皇上圣鉴，敕部核复施行，谨奏。

朱批：“吏部议奏。”《宫中档光绪朝奏折》第6辑，第105—106页

简缺知县照例拟补折光绪十七年二月二十一日

头品顶戴湖北巡抚臣谭继洵跪奏，为简缺知县照例拟补恭折仰祈圣鉴事。窃照巴东县知县李保澂于光绪十六年六月二十九日病故，经臣题报开缺，声明扣留外补，现准部咨巴东县知县一缺与升调遗之宣恩县知县一缺，均应归六月分截缺，按班核计均系海防即到班，系属同月之缺轮用同班之人，按照历办成案，应掣定缺之先后，再行按班请补，专折具奏等因。臣随会同督臣率同藩、臬两司，当堂掣得巴东县知县第一缺，查湖北省病故休知县一项上，次用至海防新班先止，今巴东县知县员缺，坐补原缺、裁缺即用、回避即用、留省另补均无人，按班应用海防即人员海防即班内正途出身及曾任知县、曾任实缺、应升知县亦无人，应

用各项出身之人。查有海防新班即补用知县宗继增，年六十一岁，河南鲁山县人，由廪贡生报捐训导，选授卫辉府训导，咸丰十年三月到任，嗣因随同剿匪，于历年团防案内保奏以知县在任候选；同治九年在河南陕甘米捐局捐指湖北，十二年八月十二日引见，奉旨："照例发往。"钦此。十二月十八日到省试用期满，咨明留省补用；复在京捐局加捐海防新班即补用，免试用，接到加捐部文，坐光绪十四年三月二十日行文，按照限减半计算，应扣至四月十五日为新班到省日期。查该员宗继增，老成持重，办事勤能，名次轮值顶补，所有巴东县知县员缺，应即以该员奏补。再：该员系捐纳海防新班即补用知县，请补知县衔缺相当，毋庸送部引见，仍令试俸三年。据署布政使陈宝箴、署按察使恽祖翼会详前来。除咨吏部查照外，谨会同湖广总督臣张之洞恭折具陈，伏祈皇上圣鉴，敕部核复施行，谨奏。

朱批："吏部议奏。"《宫中档光绪朝奏折》第6辑，第106—107页

委署光化知县片 光绪十七年二月二十一日

再：光化县知县叶树南在任病故，另行恭疏题报开缺，所遗该县印务，应即委员往署，以重职守。查有黄陂县知县林元烾，精明稳慎，吏治素娴，堪以调署。据署布政使陈宝箴、署按察使恽祖翼会详前来。除檄饬遵照外，理合会同督臣张之洞附片具陈，伏祈圣鉴。再：所遗光化县知县员缺，湖北省现有应补人员请扣留，容另拟员请补，合并陈明，谨奏。

朱批："吏部知道。"《宫中档光绪朝奏折》第6辑，第107—108页

拿获强劫盗犯审明照章惩办并将临时因病不行事后分赃之伙盗按例定拟折 光绪十七年二月二十四日

头品顶戴湖北巡抚臣谭继洵跪奏，为拿获强劫盗犯审明照章

惩办并将临时因病不行事后分赃之伙盗按例定拟恭折仰祈圣鉴事。案据房县知县欧阳烜详报，民人戴永盛铺内被盗强劫一案，当经批饬缉究，该县旋会同四川大宁县获犯刘起浤等，并起获原赃，讯供通禀，经臣与督臣札饬安襄郧荆道报委补用知县张彪前往会同提犯复审明确，禀经批饬分别照章就地正法，按例拟办在案。兹该县欧阳烜提犯审拟，由郧阳府知府许有麟解经安襄郧荆道魏纲复审议拟，详经批行署湖北按察使恽祖翼复核转详前来。臣复加查核，缘刘启浤、成崇潮、刘得禄、刘老幺即刘导沅，分隶湖北竹山、四川大宁、云阳、开县等县，彼此素识，均先未为匪。光绪十五年九月初三日，刘启浤、成崇潮、刘得禄先后在房县所属地方会遇，素识已获之秦世明、唐老三、钟老幺，在逃之向从得、杨五元，各道贫难。秦世明探知该县贸民戴永盛家有钱，起意行劫，众俱允从。唐老三又转邀刘老幺及在逃之刘老九、蒲春亭、熊老五、陈正礼入伙。即于是夜，秦世明、唐老三、钟老幺、向从得、杨五元、刘老九、蒲春亭、熊老五、陈正礼、刘老幺，分携木棍、火把、扁担、绳索，刘启浤、成崇潮、刘得禄俱系徒手，一共十三人，行至中途，刘老幺陡患腹泻落后，秦世明等十二人偕抵戴永盛门首，用棍撞开便门，点燃火把，一齐拥进。戴永盛之母戴陈氏与雇伙戴永贵喊捕，秦世明等用绳一并捆缚，吓禁声张，搜劫银钱、首饰、衣物，分携逃逸；寻获刘老幺，告知行劫情由，同至僻处查点赃物，俵分各散。该犯等各将分得衣物卖与不知姓名人，得钱同分，得银钱花用；刘启浤等各剩有衣物未卖。事主戴永盛投保报县，会营勘验详缉，该县兵役旋获刘启浤、刘得禄，并起赃到案；复会同四川大宁县兵役先后拿获秦世明、唐老三、钟老幺、成崇潮、刘老幺，经大宁县提讯，秦世明于被获时畏罪私服身带洋药，于取供后毒发殒命。唐老三、钟老幺因在大宁县另犯有强劫覃姓之案，应归另案审办。将成崇潮、刘老幺同起获赃物解经房县，传主认领；提同刘启浤等研讯，悉与大宁县所讯秦世明等供词相符，禀经臣与督臣札饬安襄郧荆道报委补用知县张彪驰往会审，该犯成崇潮、刘得禄已先在监病故，该县禀府檄委保康县知县陈树菱验讯，禁卒并无凌虐，详经批饬归案拟办。该委员会提该犯刘启浤等复审明确，禀经批饬，将刘启浤就地正法，刘老幺照例解勘。兹该县比缉逸犯无获，复提刘老幺讯供，议拟由府解道复讯，详经批司复核转详前来。

查律载："强盗已行但得财者，不分首从皆斩"；又例载："共谋为盗伙犯临时因病不行，事后分赃者，发新疆给官兵为奴"各等语；又湖北省奏定章程："盗犯执持刀械、聚众至五人以上者，地方官拿获讯明后，禀请委员会审明确，即行就地正法"等因，遵照在案。此案刘启浤等听从秦世明，起意行劫戴永盛家，得赃捆缚事主，实属凶暴昭著，同恶相济，自应按律问拟。刘启浤、成崇潮、刘得禄均合依"强盗已行但得财者，不分首从皆斩"律，拟斩立决。刘启浤已遵章就地正法，成崇潮、刘得禄各在监病故，应与讯无凌虐之禁卒，均毋庸议。刘老幺听从行劫，临时因病不行，事后分赃，亦应按例问拟，刘老幺即刘导沅，合依"共谋为盗伙犯，临时因病不行，事后分赃者，发新疆给官兵为奴"例，拟发新疆给官兵为奴。按照名例，改发极边烟瘴充军，仍以足四千里为限。事犯在光绪十六年三月二十二日恩诏以前，系强盗拟遣，不准援减，解配后锁带铁杆石礅二年，照例刺字。秦世明已在大宁县畏罪自尽，应毋庸议。唐老三、钟老幺应归大宁县另案惩办。刘启浤等各在外为匪，原籍牌保父兄无从觉察禁约，亦免置议。获赃已给主领，未获各赃同逸犯向从得等缉追另结。买赃人不知姓名，无从拘追。此案首伙十三人已于二参限内获犯四名，首犯自尽，一名另案惩办，二名获犯过半，兼获盗首，疏防职名邀免开报；监毙斩决盗犯二名，管狱官例得免议。所有拿获邻境斩决盗犯二名，遣犯一名，应叙职名，系四川大宁县知县高维岳。相应开报除供招送部外，理合会同湖广总督臣张之洞恭折具陈，伏祈皇上圣鉴，敕部核复施行，谨奏。

朱批："刑部议奏。"《宫中档光绪朝奏折》第6辑，第115—117页

恭报湖北省光绪十七年二月分雨水粮价地方情形折光绪十七年三月二十日

头品顶戴湖北巡抚臣谭继洵跪奏，为恭报湖北省光绪十七年二月分雨水粮价地方情形仰祈圣鉴事。窃照光绪十七年正月分各属雨水粮价地方情形，业经臣恭折奏报在案。兹据武昌等十府暨荆门直隶州所属各州县将光绪十七年二月分雨水粮价开具清单呈报，由署湖北布政使陈宝箴汇造清折前来。臣复加查核，是月分晴雨相间，江汉水势稍长，二麦畅茂，油菜扬花，粮价较上月互有增减，地方民情悉臻安谧，堪以仰慰宸廑，谨缮粮价清单恭折具奏，伏乞皇上圣鉴，谨奏。

朱批："知道了。"《宫中档光绪朝奏折》第6辑，第162—163页

委署孝感知县片光绪十七年三月二十日

再：孝感县知县亢廷镛调省，所遗印务，自应委员往署，以重职守。查有本任云梦县署理罗田县知县刘秉彝，明练有为，志趣向上，堪以调署。据署湖北布政使陈宝箴、署按察使恽祖翼会详前来。除檄饬遵照外，谨会同督臣张之洞附片具陈，伏祈圣鉴，谨奏。

朱批："吏部知道。"《宫中档光绪朝奏折》第6辑，第163页

委署蕲州知州片光绪十七年三月二十日

再：蕲州知州封蔚礽，现经调署鹤峰州事，所遗蕲州印务，查有归州知州毕大琛，稳慎老成，勤求治理，堪以调署；递遗归州印务，查有鹤峰州知州丁国桢，才具明晰，办事勤能，堪以调署。据署湖北布政使陈宝箴、署按察使恽祖翼会详前来。除分檄饬遵外，谨会同督臣张之洞附片具陈，伏祈圣鉴，谨奏。

朱批："吏部知道。"《宫中档光绪朝奏折》第6辑，第163页

循例动拨文闱乡试经费折光绪十七年三月二十二日

头品顶戴湖北巡抚臣谭继洵跪奏，为循例动拨文闱乡试经费恭折具陈仰祈圣鉴事。窃据署湖北布政使陈宝箴详称，本年湖北省举行辛卯正科文闱乡试，所需经费循例先行动拨光绪十五、十六、十七等年编征科举钱粮银二千八百余两，地丁银一千四百七十两，耗羡银一千一百两，以备支用；又查湖广乡试南北分闱，本届辛卯正科，湖北轮应中式举人四十七名，四次加广永远中额十名，共应中举人五十七名，例给牌坊银两，遵照部章以五成支放，每名给银十两，计需银五百七十两，照案于所拨科场经费内支银二百一十二两，计不敷银三百五十八两，亦应在于地丁款内动拨，仍俟各举人赴京复试接准礼部开单知照，再行按名支给，其未复试者概不准支。至荆州驻防旗生，中式名数不能豫定，俟取中后，与翻译中式举人应支牌坊银两，一并另行动拨，俟科场事竣照例报销等情，具详前来。臣复核无异，除咨户部查照外，谨会同湖广总督臣张之洞恭折具陈，伏乞皇上圣鉴，谨奏。

朱批："户部知道。"《宫中档光绪朝奏折》第6辑，第175—176页

奉拨湖北省光绪十七年第一批地丁京饷片

光绪十七年三月二十二日

再：查光绪十七年京饷湖北省奉拨地丁银四十五万两，应即分批委解。兹据署湖北布政使陈宝箴详称，在于地丁项下动拨第一批银五万两，查有试用同知方藻、试用通判魏庆昭，堪以委解，详请奏咨前来。除缮咨转给该委员等妥速起解并饬将应解银两续筹委解外，谨会同督臣张之洞附片具陈，伏乞圣鉴，谨奏。

朱批："户部知道。"《宫中档光绪朝奏折》第6辑，第176页

委员代防万城大堤折光绪十七年四月十六日

头品顶戴湖北巡抚臣谭继洵跪奏，为委员代防万城大堤恭折具陈仰祈圣鉴事。窃照湖北荆州府万城堤滨临荆江，为阖郡及下游各属民田庐舍保障，每届夏秋二汛例应督抚轮年赴堤督防，如省城有应办要事未克前往，奏委该管道府就近驻工代防，历经办理在案。本年轮应臣前往督防，惟正值辛卯科举行乡试，科场事宜应豫为备办，京协各饷亦关紧要，必得在省率同司道局员随时商筹，不克分身前往。夏汛已临，自应委员代防以专责成。查荆州府知府舒惠于堤工近在咫尺，尚能悉心讲求，堪以委令代防，现经檄委该府会同文武员弁亲驻工所，昼夜梭巡，豫备守水器具，遇有险要工段，随时抢护；并札饬荆宜施道方恭钊随时查察督办，务臻稳固。所有委员代防万城大堤缘由，谨会同湖广总督臣张之洞恭折具陈，伏祈皇上圣鉴，谨奏。

朱批："知道了。"《宫中档光绪朝奏折》第6辑，第211页

奉拨湖北省光绪十七年第二批地丁京饷片

光绪十七年四月十六日

再：查光绪十七年京饷湖北省奉拨地丁银四十五万两，业经委解第一批银五万两，奏报在案。兹据署湖北布政使陈宝箴详称，在于地丁项下动拨第二批银五万两，查有补用知县陈光斗、补用知县任彤光，堪以委解，详请奏咨前来。除缮咨转给该委员等妥速起解并饬将应解银两续筹委解外，谨会同督臣张之洞附片具陈，伏乞圣鉴，谨奏。

朱批："户部知道。"《宫中档光绪朝奏折》第6辑，第212页

恭报湖北省光绪十七年三月分雨水粮价地方情形折光绪十七年四月十六日

头品顶戴湖北巡抚臣谭继洵跪奏，为恭报湖北省光绪十七年三月分雨水粮价地方情形仰祈圣鉴事。窃照光绪十七年二月分各属雨水粮价地方情形，业经臣恭折奏报在案。兹据武昌等十府暨荆门直隶州所属各州县将光绪十七年三月分雨水粮价开具清单呈报，由署湖北布政使陈宝箴汇造清折前来。臣复加查核，是月分晴雨相间，江汉水势稍长，秧苗播种，二麦结实，菜蔬畅茂，粮价较上月互有增减，地方民情悉臻安谧，堪以仰慰宸廑，谨缮粮价清单恭折具奏，伏乞皇上圣鉴，谨奏。

朱批："知道了。"《宫中档光绪朝奏折》第6辑，第212—213页

恭报湖北省光绪十七年四月分雨水粮价地方情形折光绪十七年五月二十六日

头品顶戴湖北巡抚臣谭继洵跪奏，为恭报湖北省光绪十七年四月分雨水粮价地方情形仰祈圣鉴事。窃照光绪十七年三月分各属雨水粮价地方情形，业经臣恭折奏报在案。兹据武昌等十府暨荆门直隶州所属各州县将光绪十七年四月分雨水粮价开具清单呈报，由署湖北布政使陈宝箴汇造清折前来。臣复加查核，是月分晴雨相间，江汉水势正长，二麦登场，秧苗秀发，粮价较上月互有增减，地方民情悉臻安谧，堪以仰慰宸廑，谨缮粮价清单恭折具奏，伏乞皇上圣鉴，谨奏。

朱批："知道了。"《宫中档光绪朝奏折》第6辑，第297页

湖北省光绪十六年秋冬二季收支牙帖厘金银钱数目折光绪十七年五月二十六日

头品顶戴湖北巡抚臣谭继洵跪奏，为湖北省光绪十六年秋冬二季收支牙帖厘金银钱数目恭折具陈仰祈圣鉴事。恭照同治七年十月钦奉上谕："厘金报部章程着照两淮盐厘格式，每年分两次奏报。"等因。钦此钦遵。办理历经前督抚臣暨臣恭折奏报至光绪十六年六月底止在案。兹据署湖北布政使陈宝箴会同牙厘局司道详称，光绪十六年七月起至十二月底止，除洋药税厘银两应另案造报外，货厘旧管项下实存市平荆沙银十一万七千六百四十四两五钱八厘零，新收项下实收牙厘及药土坐票捐共市平荆沙银二十八万一千四百八十五两六钱八厘零；又收牙厘钱九十三万六千三串五十七文，开除项下实解湖北盐道转发长江水师十六年秋冬两季分共库平库色新宝银八万七千两，合市平荆沙银九万一千四百三十三两五钱二分，实解湖北善后总局市平荆沙银十二万八千三百八十两四钱九分九厘零；又遵奉奏准拨解十六年秋冬二季善后总局委员薪水杂用银五千一百三两六钱，巡防保甲员弁薪水经费银一万一千三百七两，发审委员薪水经费银一千六百二十两，武职操练弓箭月课奖赏银二千八百二两，救生红船水手口粮经费银二千八百八十两；又提牙厘各局局用八分经费银二万二千五百十八两八钱四分八厘零，共支市平荆沙银二十六万六千四十五两四钱六分八厘零，实解湖北善后总局钱八十六万一千一百二十二串八百十二文，给牙厘各局局用八分经费钱七万四千八百八十串二百四十五文，除解支外，钱款无存；实在项下存货厘市平荆沙银十三万三千八十四两六钱四分八厘零，归入十七年上半年造册报销等情，造具清册详请奏咨前来。臣复核相符，除将清册咨送户部户科外，理合会同湖广总督臣张之洞恭折具奏，伏祈皇上圣鉴，谨奏。

朱批："户部知道。"《宫中档光绪朝奏折》第6辑，第298—299页

道员试用期满堪以繁缺留省补用折光绪十七年五月二十六日

头品顶戴湖北巡抚臣谭继洵跪，奏为道员试用期满堪以繁缺留省补用恭折具陈仰祈圣鉴事。窃查定例捐纳试用道府到省一年期满，该督抚认真察看，出具切实考语，分别繁简奏明补用等因。兹查花翎湖北试用道刘保林，现年三十二岁，四川华阳县人，由监生遵例报捐通判，指分广东试用并加盐提举衔，光绪九年五月初十日蒙钦派王大臣验放，十二月二十四日到粤，因转运援台军械粮饷案内出力保奏，十二年五月初八日奉上谕："着免补本班，以直隶州知州仍留原省，归候补班前补用，并赏戴花翎。"钦此。旋经部议，所保翎枝与定章不符，改奖四品衔。十三年委署崖州知州，因攻克全琼客黎各匪案内出力保奏，请免补本班，以知府仍留原省补用，并请赏给勇号，经部议驳，改奖军功，加一级，纪录二次。复因勘界出力保奏，十四年四月十九日奉上谕："着以知府尽先补用。"钦此。十五年在苏皖捐局报捐花翎，十月请咨赴部。十六年三月在户部遵新海防例加捐道员，指分湖北试用；四月十四日由吏部带领引见，奉旨："着照例发往。"钦此。五月十三日到省。兹自到省之日起扣至十七年五月十三日，试用一年期满，据署布政使陈宝箴、署按察使恽祖翼取具履历清册，会详请奏前来。臣复查该道刘保林，年力富强，才识明练，堪以繁缺留省补用，除清册咨送吏部查照外，理合会同湖广总督臣张之洞恭折具奏，伏乞皇上圣鉴，敕部查照施行，谨奏。

朱批："吏部知道。"《宫中档光绪朝奏折》第6辑，第300—301页

奉拨湖北省光绪十七年第三批地丁京饷片

光绪十七年五月二十六日

再：查光绪十七年京饷湖北省奉拨地丁银四十五万两，业经

先后委解二批共银十万两，奏报在案。兹据署湖北布政使陈宝箴详称，在于地丁项下动拨第三批银五万两，查有补用知县汪元澂、补用知县王如松，堪以委解，详请奏咨前来。除缮咨转给该委员等妥速起解并饬将应解银两续筹委解外，谨会同督臣张之洞附片具陈，伏乞圣鉴，谨奏。

朱批："户部知道。"《宫中档光绪朝奏折》第6辑，第301页

知县黄建藩留省补用片光绪十七年五月二十六日

再：准部咨道府州县无论何项劳绩保奏归于候补班人员，令各该督抚即以此项人员到省之日起，予限一年，详加察看，认真考核，如系为守兼优，堪膺民社之员，出具切实考语，奏明分别繁简补用等因。兹查候补班补用知县黄建藩，于光绪十六年四月十六日到省起，扣至十七年四月十六日，试看一年期满，据署湖北布政使陈宝箴、署按察使恽祖翼取造该员履历清册，详请甄别具奏前来。臣随考验该员黄建藩，才具明干，办事勤能，堪以繁缺留省补用，除清册咨送部吏部查核外，谨会同督臣张之洞附片具陈，伏乞圣鉴，敕部查照施行，谨奏。

朱批："吏部知道。"《宫中档光绪朝奏折》第6辑，第301—302页

查明各属应征光绪十六年地丁等款钱粮下忙已未完数目折光绪十七年五月二十七日

头品顶戴湖北巡抚臣谭继洵跪奏，为查明各属应征光绪十六年地丁等款钱粮下忙已未完数目恭折仰祈圣鉴事。窃照上下两忙钱粮例应将额征坐支及已未完数目分款造报，咸丰二年部议藩司功过章程：丰年以额征数目为准，蠲缓之年以应征数目为准，均按八分计算，责成藩司督催。上忙匀为三分征收，下忙匀为五分征收，其余二分归于奏销前扫数全完，随案议予功过等因，历经

照办在案。兹据署湖北布政使陈宝箴详称，湖北省光绪十六年分额征起运存留驿站屯饷正项，共银一百一十万七千三百六十八两七钱一分八厘，内除坍没渍淹挖压沙压坍占挖废缓征豁免，共银一万五千一百六十七两二钱七分二厘外，实应催银一百九万二千二百一两四钱四分六厘；内除上忙三分银两外，下余银七十六万四千五百四十一两一分二厘，内除各属被水受旱缓征银二十三万五千二百七十三两三钱八分五厘外，应完银五十二万九千二百六十七两六钱二分七厘，内除奏销应催二分银一十五万一千二百一十九两三钱二分二厘外，实应催下忙五分银三十七万八千四十八两三钱五厘，已完银二十七万八千六百九十七两八钱四分七厘，未完银九万九千三百五十两四钱五分八厘；计已完分数三分六厘八毫零，未完分数一分三厘一毫零，所有未完职名系前任湖北布政使、因病出缺黄彭年。又额征光绪十六年、压征十五年分芦课正银一万二千一百三十三两五钱六分，内除上忙三分银两外，下余银八千四百九十三两四钱九分二厘，内除各属被水缓征银三千七百七十六两五钱五分二厘外，应完银四千七百一十六两九钱四分；又除奏销应催二分银一千三百四十七两六钱九分七厘，实应催下忙五分银三千三百六十九两二钱四分三厘，今年上忙未完之项共已催完银四千四百八十八两八钱八分五厘。又额征光绪十六年田房牙茶黄柏等税银九千一百九十五两一钱七厘，内除上忙三分银两外，下余银六千四百三十六两五钱七分五厘；又除奏销应催二分银一千八百三十九两二分一厘，实应催下忙五分银四千五百九十七两五钱五分四厘，已完银七百六十七两九钱二厘，未完银三千八百二十九两六钱五分二厘等情，造册具详前来。臣复核无异，除饬藩司严督各属迅将未完银两赶紧催征、扫数全完，并将各册咨送户部外，理合会同湖广总督臣张之洞恭折具奏，伏乞皇上圣鉴，谨奏。

朱批：“户部知道。”《宫中档光绪朝奏折》第6辑，第302—303页

湖北黄梅公安二县光绪十六年被水缓缺秋冬二季驿站坐支银两援案拨补折光绪十七年五月二十七日

头品顶戴湖北巡抚臣谭继洵跪奏，为湖北黄梅、公安二县光绪十六年被水缓缺秋冬二季驿站坐支银两援案拨补恭折仰祈圣鉴事。窃照湖北州县额设驿站夫马所需工食工料，向在征收驿站钱粮项下按数坐支，遇有展缓之年征不敷支，奏明拨补，由臬司造具应补细册移送藩司，于查办是年奏销时核实给领，历经办理在案。兹据署湖北布政使陈宝箴、署按察使恽祖翼会详称，光绪十六年黄梅县驿站项下照额应支银五千五百六十两七钱九分九厘，已征银五千二百一十六两九钱五分八厘，尽数坐支，余因被水缓征，计缺银三百四十三两八钱四分一厘；又公安县驿站项下照额应支银五千九百一十五两五钱九分二厘，已征银四千二十五两七钱四分七厘，尽数坐支，余因被水缓征，计缺银一千八百八十九两八钱四分五厘。该二县地本瘠苦，又当孔道，驿递文报最关紧要，坐支既缺，应为拨补等情，详请具奏前来。臣复核无异，合无仰恳天恩俯准查照往届成案，所有黄梅、公安二县不敷坐支共银二千二百三十三两六钱八分六厘，于该年驿站本款内拨补，除造具细册咨送户、兵二部外，理合会同湖广总督臣张之洞恭折具陈，伏乞皇上圣鉴训示，谨奏。

朱批："着照所请，该部知道。"《宫中档光绪朝奏折》第6辑，第303—304页

查明湖北省征收光绪十六年钱粮漕南银米比较上届完欠实数开列清单折光绪十七年五月二十七日

头品顶戴湖北巡抚臣谭继洵跪奏，为查明湖北省征收光绪十

六年钱粮漕南银米比较上届完欠实数开列清单恭折仰祈圣鉴事。窃照前准户部咨：奏令各直省征收丁漕统于各该年底开具比较清单专折奏报一片，于同治八年二月初五日奉上谕：“着自同治八年为始，督饬藩司将全省一年上下两忙征收丁漕各实数及上届征收总数，开具比较清单，详明专案奏报。”等因。钦此钦遵。转行遵办在案。兹据署湖北布政使陈宝箴详称：湖北省光绪十六年额征起运存留驿站屯饷耗羡等款，共银一百二十二万八千九百六十六两四钱一分四厘，内除渍淹挖压沙压坍没坍占挖废并被水受旱豁免缓征，共银二十七万七千九百九十五两六钱一分一厘，应征银九十五万九百七十两八钱三厘，已完银六十五万八千九百九十九两七钱六分八厘，未完银二十九万一千九百七十一两三分五厘。再查光绪十五年征收各款钱粮除缓征外，实征银九十万七千九十两八钱九分三厘，已完银六十四万一百三十六两九钱一分三厘，未完银二十六万六千九百五十三两九钱八分。核计光绪十六年征数比较光绪十五年，计多银四万三千八百七十九两九钱一分，收数计多银一万八千八百六十二两八钱五分五厘，所有十六年应征应完各数比较十五年有盈无绌。又据署湖北督粮道恭钊详称：湖北省光绪十六年额征漕粮正耗米一十六万三千八百三十一石九斗三升五合，折征银二十一万二千九百八十一两五钱一分七厘，内除沙压坍占挖废挖压渍淹及被水豁免缓征共银三万九千五百八十七两五分七厘，实应征正耗米折银一十七万三千三百九十四两四钱六分，已完正耗米折银七万三千五百一十五两九分五厘，比较光绪十五年少完银二万二千七百六十一两九钱六分九厘，未完正耗米折银九万九千八百七十九两三钱六分五厘，现在催提。又十六年额征南粮正耗米一十三万八千五百九十三石七斗一升一合四勺，折征银二十万七千八百九十两五钱六分六厘，内除沙压挖压渍淹及被水豁免缓征共银四万五千一百三十四两九钱三分三厘，实应征正耗米折银一十六万二千七百五十五两六钱三分三厘，已完正耗米折银一十三万四千四百一十六两九钱三分六厘，比较光绪十五年多完银一万九百六十七两七分五厘，未完正耗米折银二万八千三百三十八两六钱九分七厘，现在催提。又十六年额征随漕浅船军三安家正耗并闲丁帮津资役等款，共银九万二千五百八十一两三钱七分五厘零，内除渍淹挖压沙压挖废坍占逃亡故绝及被水豁免缓征，共银二万二千一十两四钱八分二厘零，实应征正耗银七万五百七十两八钱九分三厘，已完正耗银四万二千三百五十两九钱九分，比较光绪十五年少完银五千六百九十五两六钱五分四厘，未完正耗银二万八千二百一十九两九钱三厘，现在催提。又十六年额征升科驴脚南折正耗共银四万一千二百九十五两四钱八分一厘，内除沙压渍淹挖压坍占挖废及被水受旱豁免缓征，共银五千二十一两四钱二分四厘，实应征正耗银三万六千二百七十四两五分七厘，已完正耗银三万三百四十四两一分一厘，比较光绪十五年少完银二千九百一十四两三钱四分四厘，未完正耗银五千九百三十两四分六厘，现在催提。以上已未完各款，统俟该年奏销册内声明造报各等情，开单详请奏咨前来。臣复核无异，除咨户部外，所有湖北省征收光绪十六年钱粮漕南银米截至年底比较上届完欠实数，理合会同湖广总督臣张之洞恭折具奏，并缮清单敬呈御览，伏乞皇上圣鉴，谨奏。

朱批："户部知道，单五件并发。"《宫中档光绪朝奏折》第6辑，第304—306页

奏报湖北省光绪十六年额征片光绪十七年五月二十七日

再：据署湖北督粮道恭钊详称，湖北省光绪十六年额征驴脚南折正耗，共银四万一千四百七十五两零，内除挖压渍淹沙压缓征豁免共银三百九十六两零；并上忙应征银二万五百三十九两零外，应征下忙银二万五百三十九两零，内除黄梅等州县坍占挖废沙压并被水缓征共银四千八百四两零，计已完银一万二千六百三两零，未完银三千一百三十两零。又上忙原报未完银八千二百六

两零，续完银五千二百一十两零，尚未完银二千九百九十五两零；上下忙共未完银六千一百二十六两零。又额征随漕浅船军三安家正耗并闲丁帮津资役等款，共银九万二千六百八两零，内除渍淹挖压沙压逃亡事故缓征豁免共银三千七百四十二两零，并上忙应征银四万四千四百三十三两零外，应征下忙银四万四千四百三十三两零，内除黄梅等州县卫沙压挖废坍占并被水缓征共银一万八千一百八十四两零，计已完银一万三千七百六十八两零，未完银一万二千四百八十两零；又上忙原报未完银二万八千八十九两零，续完银八千三百九十二两零，尚未完银一万九千六百九十七两零，上下忙共未完银三万二千一百七十七两零等情，具详前来。臣复核无异，除仍饬严催各属将未完银两赶紧催征完解外，理合会同督臣张之洞附片具陈，伏乞圣鉴，谨奏。

朱批："户部知道。"《宫中档光绪朝奏折》第6辑，第307页

拿获强劫拒捕杀人盗犯审明照章惩办折

光绪十七年六月十八日

头品顶戴湖北巡抚臣谭继洵跪奏，为拿获强劫拒捕杀人盗犯审明照章惩办恭折仰祈圣鉴事。案据房县知县欧阳烜详报，民人黄先有、朱自金两家先后被盗强劫拒伤，事主朱自金身死各案，当经批饬缉究，嗣因黄先有案疏防限满开列职名题参，该县旋获犯蔡洸恺等讯供通禀，经臣与督臣批行安襄郧荆道报委补用知县张彪驰往，会同提犯复审明确，禀经批饬照章就地正法在案。兹该县欧阳烜录叙全案供招议拟，由郧阳府知府许有麟详，经署湖北按察使恽祖翼核明转详前来。臣复加查核，缘蔡洸恺、夏老幺即夏楚堂、陈老五即陈兆谦又即陈玉山，各籍隶竹溪、竹山、均州等州县，彼此素识，均先未为匪。光绪十五年六月二十六日，蔡洸恺会遇已获之夏老幺、陈老五，并在逃之邬帼栋即乌帼栋、费帼，均各道贫难，蔡洸恺稔知黄先有家积有银钱，起意邀约行劫，得财分用，众俱允从。即于是夜分携刀棍、油捻、绳索，一

共五人偕抵黄先有门首，撞开大门，点燃油捻，一齐拥进。黄先有之妻黄张氏惊起喊捕，蔡洸恺等用绳将黄张氏及其子黄继宝、媳黄王氏一并捆缚，吓禁声张，搜劫银钱布匹，分携至僻处查点俵分各散。又是年九月二十九日，蔡洸恺起意邀允夏老幺及在逃之依老六、何盛全行窃，即于是夜分携刀棍绳索洋火线香，一共四人，齐抵朱自金屋后，蔡洸恺用刀撬门，朱自金闻响惊起，开门查看。蔡洸恺料难行窃，复起意商允夏老幺等行强，即令依老六点燃线香，一齐拥进。朱自金喊捕，何盛全抽取头上挽辫竹签戳伤朱自金左眼睛，朱自金用手搪护何盛全，扭脱其左手中指。蔡洸恺用木棍殴伤其左腮颊，朱自金侧跌倒地，垫伤右胁，擦伤左臁肕，夏老幺与依老六赶拢，同将朱自金两手用绳捆缚。朱自金大声喊救，依老六用木棍殴伤其顶心，吓禁声张，搜劫钱布衣物，分携至僻处查点，按股俵分各散。朱自金伤重，越日殒命。该犯等各将分得衣布银两卖与不知姓名人，得钱同分，得钱文花用。事主黄先有暨朱自金之侄朱炳章先后投保，报经该县会营勘验详缉，嗣因黄先有案疏防限满先行开参，旋据兵役先后拿获蔡洸恺、夏老幺、陈老五，并起获存剩未卖银钱衣布到案，传主分别认领，提犯讯供通禀，经臣与督臣批行安襄郧荆道报委补用知县张彪驰往会审明确，禀经批饬将该犯蔡洸恺照章就地正法枭示。该犯夏老幺、陈老五各因带病进监，先已身故。该县禀府檄委保康县知县陈树菱、竹山县知县成槐验讯禁卒，均无陵虐，详经批饬归案拟办。兹该县比缉逸犯无获，应即拟结。

查律载："强盗已行但得财者，不分首从皆斩。"又："共谋为窃、临时行强以共为强盗者，不分首从论。"又例载"强盗杀人斩决枭示"各等语；又光绪九年湖北省奏定章程："盗案如有执持刀械强劫拒伤事主者，地方官获犯讯明后，禀请委员复审明确，即行就地正法"等因，遵照在案。此案蔡洸恺起意纠伙先后强劫黄先有、朱自金家，得赃捆殴事主，致朱自金被在逃伙犯拒伤身死，夏老幺、陈老五各听从行强，入室搜赃，帮同捆缚事主，实属凶暴昭著，同恶相济，赃经主认正盗无疑，查事主朱自金虽系被依老六殴伤致命，顶心骨损致毙，惟蔡洸恺、夏老幺亦各在场捆殴，自应按例问拟。蔡洸恺、夏老幺均合依“强盗杀人斩决枭示”例，拟斩决枭示；陈老五合依“强盗已行但得财者，不分首从皆斩”律，拟斩立决。蔡洸恺已遵章就地正法枭示，夏老幺已在监病故，仍应戮尸枭示；陈老五亦已病故，应与讯无陵虐之禁卒，均毋庸议。该犯等在外为匪，原籍牌保父兄无从觉察禁约，均免置议。已获赃物给领，未获各赃同逸犯依老六等缉追另结，买赃人不知姓名，无从拘究。夏老幺等系带病进监身故，管狱官例无处分。黄先有案首伙五人已于二参限内拿获首伙三人，获犯过半，兼获盗首，所有原参限缉之案应请查销。朱自金案首伙四人，已于二参限内拿获首伙二人，获犯及半，兼获盗首，疏防职名邀免开送。除供招送部外，理合会同湖广总督臣张之洞恭折具陈，伏乞皇上圣鉴，敕部核复施行，谨奏。

朱批：“刑部速议具奏。”《宫中档光绪朝奏折》第6辑，第333—335页

委署武昌知府片 光绪十七年六月十八日

再：武昌府知府李有棻俸满卓异，并案请咨引见，所遗该府篆务应即委员署理，以重职守。查有黄州府知府李方豫，持躬正直，办事精详，堪以调署；递遗黄州府知府篆务，查有现署汉阳府事、本任宜昌府知府存厚，稳慎安详，留心吏治，堪以调署；递遗汉阳府知府篆务，查有补用知府沈保祥，办公勤能，心精力果，堪以署理。据署布政使陈宝箴、署按察使恽祖翼会详前来。除分檄饬遵外，谨会同督臣张之洞附片具陈，伏祈圣鉴，谨奏。

朱批：“吏部知道。”《宫中档光绪朝奏折》第6辑，第336页

恭报湖北省光绪十七年五月分雨水粮价地方情形折光绪十七年六月十八日

头品顶戴湖北巡抚臣谭继洵跪奏，为恭报湖北省光绪十七年五月分雨水粮价地方情形仰祈圣鉴事。窃照光绪十七年四月分各属雨水粮价地方情形，业经臣恭折奏报在案。兹据武昌等十府暨荆门直隶州所属各州县将光绪十七年五月分雨水粮价开具清单呈报，由署湖北布政使陈宝箴汇造清折前来。臣复加查核，是月分晴雨相间，江水盛涨，早稻结实，杂粮畅茂，粮价较上月增多减少，地方民情悉臻安谧，堪以仰慰宸廑，谨缮粮价清单恭折具奏，伏乞皇上圣鉴，谨奏。

朱批："知道了。"《宫中档光绪朝奏折》第6辑，第336页

光绪十六年耗羡银款收不敷支借项作收造报折光绪十七年六月二十日

头品顶戴湖北巡抚臣谭继洵跪奏，为光绪十六年耗羡银款收不敷支借项作收造报恭折具陈仰祈圣鉴事。窃查湖北省额征起存驿站屯饷芦课等项耗羡暨田房商膏关税盈余并南漕脚耗等款，每年约计收银一十七万余两，以供一岁应支廪工祭品孤贫囚食暨各部饭食并文职各官养廉等项之用，如遇水旱缓征，耗羡随正俱缓，年例支款有常，不得不借动杂款供支，历届查办奏销时，均将借动缘由奏咨在案。兹据署湖北布政使陈宝箴详称，光绪十六年分除总督、巡抚并布政、按察二司，武昌、汉阳二府养廉归于军需案内造销外，其道府以下各官养廉及廪工等杂款，共实应支银一十一万七千六百二十七两零，各属额征光绪十六年起存驿站屯饷等款耗羡，除缓征坐支外，仅应解司银八万三千五百五十六两零，今只解收银七万四千二百二十七两零；又十六年芦课耗羡暨田房商膏盈余，及节年耗羡并粮道移解南折随漕驴脚等款耗羡银二万

二千二百二十九两零；又十五年奏销册报存银八十七两零，通共收银九万六千五百四十三两零，实属收不敷支。现值查办十六年奏销，册内既难登造而例支之款不能不发，应请援案在于库存洋药税款内借支银一万一千二百两，减平款内借支银一万两，共银二万一千二百两，收入耗羡款内以供支用，即于十六年耗羡四柱册内作收造报，一俟本款续收有项即行归还等情，详请奏咨前来。臣复核无异，除咨户部外，理合会同湖广总督臣张之洞恭折具陈，伏乞皇上圣鉴，谨奏。

朱批："户部知道。"《宫中档光绪朝奏折》第6辑，第340—341页

查明湖北省征收光绪十六年钱粮截至奏销止比较上三年完欠各数循例开单折光绪十七年六月二十日

头品顶戴湖北巡抚臣谭继洵跪奏，为查明湖北省征收光绪十六年钱粮截至奏销止比较上三年完欠各数循例开单恭折具陈仰祈圣鉴事。窃照征收钱粮部议三年比较之法开单奏报，历经遵办在案。兹据署湖北布政使陈宝箴于光绪十六年奏销截数后开单具详请奏前来。臣复加查核，湖北省光绪十六年新赋项下额征民屯地丁起运，共银一百一十万七千五百七十四两七钱九分四厘，内除坍没渍淹挖压沙压展缓豁免共银一万五千一百六十七两二钱七分二厘；又除江夏、武昌、咸宁、嘉鱼、蒲圻、大冶、汉阳、汉川、黄陂、孝感、沔阳、黄冈、蕲水、黄梅、广济、钟祥、京山、潜江、天门、应城、江陵、公安、石首、监利、松滋、枝江、荆门等州县，并武昌、武左、沔阳、黄州、蕲州、荆州、荆左、荆右等卫，被水受旱缓征地丁等款，正银二十三万五千二百七十三两三钱八分五厘外，实应征银八十五万七千一百三十四两一钱三分七厘，以十分计算，已完九分二厘零，银七十九万五千六百一十三两六钱二分；未完七厘零，银六万一千五百二十两五钱一分七厘。比较光绪十三年征数，多征银六万八千五百七十七两七钱一

分九厘；比较十三年完数，多完银六万一千九百四十两一钱七分五厘；比较十四年征数，少征银七万二千五百二两八钱九分八厘；比较十四年完数，少完银七万三百八十二两七钱一分七厘；比较十五年征数，多征银三万九千五百四十两六钱五分四厘；比较十五年完数，多完银三万五千六百六十五两三分二厘。除饬司严催各属赶紧全完，并咨明户部户科外，理合缮具清单，会同湖广总督臣张之洞恭折具奏，伏祈皇上圣鉴，谨奏。

朱批："户部知道，单并发。"《宫中档光绪朝奏折》第6辑，第342—343页

查明湖北省光绪十六年奏销案内未完一分以上各员职名缮具清单折 光绪十七年六月二十日

头品顶戴湖北巡抚臣谭继洵跪奏，为查明湖北省光绪十六年奏销案内未完一分以上各员职名缮具清单恭折仰祈圣鉴事。案照光绪六年二月准户部咨具奏筹备饷需折内严核各项奏销一条内开：钱粮奏销各依定限，令各该督抚一面具题、一面先将未完一分以上各员名，开具简明清单专折奏报，由部核定处分先行复奏，仍各于题本内将业经具奏各员声明备核，其有奏后续完者，准其续行奏请归本案开复等因，历经遵办在案。兹值查办光绪十六年奏销，据署湖北布政使陈宝箴、署督粮道恭钊，查明开单具详前来。臣复核无异，所有经征未完一分以上各职名，已于题本内声明备核，谨开具简明清单，恭呈御览。惟奏单应照题本开列，题本缮成后，未完各处有据续报完解者，仍注明请减议免议。除咨户部外，理合会同湖广总督臣张之洞恭折具奏，伏乞皇上圣鉴，敕部核议施行，谨奏。

朱批："户部议奏，单并发。"《宫中档光绪朝奏折》第6辑，第343页

查明湖北光绪十七年二麦收成分数折光绪十七年七月二十四日

头品顶戴湖北巡抚臣谭继洵跪奏，为查明湖北光绪十七年二麦收成分数恭折具陈仰祈圣鉴事。窃照湖北省光绪十七年二麦登场，现据署布政使陈宝箴查明各属收成分数汇开清折具详请奏前来。臣逐加查核，湖北省共计六十八州县，内收成九分者一县，八分有余者四县，八分者一县，七分有余者十三县，七分者七县，六分有余者十九州县，六分者十四州县，五分有余者二县，五分者三州县，四分有余者一县，四分者二县，二分有余者一县，合计通省收成六分有余，谨缮清单会同湖广总督臣张之洞恭折具奏，伏乞皇上圣鉴，谨奏。

朱批："知道了。"《宫中档光绪朝奏折》第6辑，第411—412页

恭报湖北省光绪十七年六月分雨水粮价地方情形折光绪十七年七月二十四日

头品顶戴湖北巡抚臣谭继洵跪奏，为恭报湖北省光绪十七年六月分雨水粮价地方情形仰祈圣鉴事。窃照光绪十七年五月分各属雨水粮价地方情形，业经臣恭折奏报在案。兹据武昌等十府暨荆门直隶州所属各州县将光绪十七年六月分雨水粮价开具清单呈报，由署湖北布政使陈宝箴汇造清折前来。臣复加查核，是月分晴雨相间，江汉水势盛涨，早稻登场，中稻吐穗，杂粮畅茂，粮价较上月互有增减，惟低洼处所间有被淹，高阜之区因雨泽愆期，亦间有受旱。现饬各属赶紧分别设法疏消灌溉，以冀补种有收，统俟秋后复勘情形再行分别办理。地方民情悉臻安谧，堪以仰慰宸廑，谨缮粮价清单恭折具奏，伏乞皇上圣鉴，谨奏。

朱批："知道了。"《宫中档光绪朝奏折》第6辑，第412—413页

乡试帘官现任州县不敷调充循例考选科甲出身之候补人员折光绪十七年七月二十六日

头品顶戴湖北巡抚臣谭继洵跪奏，为乡试帘官现任州县不敷调充循例考选科甲出身之候补人员恭折仰祈圣鉴事。窃查湖北省乡试历用内帘房考十员，嗣由庚午科为始，奏明添设二员，共计十二员，应于科甲出身之现任州县先期调考承充。本年举行辛卯正科乡试，臣与署藩司陈宝箴于现任州县中逐加遴选，仅能征调数员，其余州县或现居要地，或办理堤防，均未便遽易生手致滋贻误，应遵照定例于科甲出身之候补人员详加遴选，与实缺人员一体充当，由臣认真考试，择其文理优长者派充内帘房考，其次无论现任候补派充外帘差使，以慎衡才而重试事。据该署藩司陈宝箴具详请奏前来。所有内帘房考以科甲出身之候补人员一体调充缘由，理合恭折具陈，伏乞皇上圣鉴，谨奏。

朱批："知道了。"《宫中档光绪朝奏折》第6辑，第423页

查明湖北省光绪十六年征收旧赋钱粮比较上三年完欠分数折光绪十七年七月二十六日

头品顶戴湖北巡抚臣谭继洵跪奏，为查明湖北省光绪十六年征收旧赋钱粮比较上三年完欠分数恭折仰祈圣鉴事。窃准户部咨令将征收旧赋分数仍于比较案内奏报；又准部咨仿照河南比较清单将灾缓尚未届限启征银两数目详细扣除，开列实应带征银数，与上三年分别比较等因，遵办在案。兹届造送光绪十六年递带册籍之际，据署湖北布政使陈宝箴详称，湖北省光绪十六年分旧赋项下，自光绪十四年起至十五年止，各属共缓征地丁等银四十七万四千七十二两三钱八分一厘，内除各属已完尚未届启征银三千三百四十八两三钱六分五厘；又除各属因灾展缓银四十七万七十二两八钱四分二厘外，实只云梦县光绪十六年秋后应启征十五年

银六百五十一两一钱七分四厘全完讫。查光绪十三年并无启征之项，无从比较。比较光绪十四年，计多完银三分九厘零，比较光绪十五年，计多完银十分等情，请奏前来。臣复核无异，除咨户部户科外，理合会同湖广总督臣张之洞恭折具陈，并缮清单，敬呈御览，伏祈皇上圣鉴，谨奏。

朱批："户部知道，单并发。"《宫中档光绪朝奏折》第6辑，第424页

恭报湖北省光绪十七年七月分雨水粮价地方情形折光绪十七年八月二十七日

头品顶戴湖北巡抚臣谭继洵跪奏，为恭报湖北省光绪十七年七月分雨水粮价地方情形仰祈圣鉴事。窃照光绪十七年六月分各属雨水粮价地方情形，业经臣恭折奏报在案。兹据武昌等十府暨荆门直隶州所属各州县将光绪十七年七月分雨水粮价开具清单呈报，由署湖北布政使陈宝箴汇造清折前来。臣复加查核，是月分晴多雨少，江汉水势稍退，中稻登场，粮价较上月互有增减，地方民情悉臻安谧，堪以仰慰宸廑，谨缮粮价清单恭折具奏，伏祈皇上圣鉴，谨奏。

朱批："知道了。"《宫中档光绪朝奏折》第6辑，第479页

奏报湖北省光绪十六年交代各案片光绪十七年八月二十七日

再：据湖北清查交代局署布政使陈宝箴、署按察使恽祖翼、署督粮道恭钊详称，湖北省各州县卫光绪十五年十二月以前各案交代，业经详请分别奏咨在案。兹查光绪十六年正月起至十二月底止，共计交代各案三十七起，应造册结，均已详咨达部；谨将十六年交代清结缘由，详请具奏前来。臣复核无异，除咨明户部查照外，理合会同督臣张之洞附片具陈，伏祈圣鉴，谨奏。

朱批："户部知道。"《宫中档光绪朝奏折》第6辑，第479页

部选人员领凭到省派充帘差折光绪十七年八月二十七日

头品顶戴湖北巡抚臣谭继洵跪奏，为部选人员领凭到省派充帘差恭折仰祈圣鉴事。窃照部选罗田县知县孟滢于光绪十七年六月初六日到省，现经派充本届辛卯正科文闱乡试帘差，应照章奏咨立案并将文凭缴销。据署湖北布政使陈宝箴、署按察使恽祖翼会详前来。除将文凭咨送吏部查销外，理合会同湖广总督臣张之洞恭折具奏，伏乞皇上圣鉴，敕部查照施行，谨奏。

朱批："吏部知道。"《宫中档光绪朝奏折》第6辑，第480页

乡试内帘房考官实任州县不敷调充循例遴选候补即用试用人员调派折光绪十七年八月二十七日

头品顶戴湖北巡抚臣谭继洵跪奏，为乡试内帘房考官实任州县不敷调充循例遴选候补即用试用人员调派恭折仰祈圣鉴事。窃照湖北省辛卯正科文闱乡试，臣循例于八月初六日入闱监临，因内帘考官实任州县不敷调充，奏明照例于科甲出身之候补即用、试用人员内一律调考选取在案。随据署藩司陈宝箴酌调科甲出身各员详送考选前来。臣传集入署扃门认真考校，入闱之日择其文理较优，于实任人员中录取内帘房考官：署兴国州事、随州知州濮文昶，黄冈县知县杨寿昌，调补利川县知县黄世崇，新选罗田县知县孟滢，题署光化县知县梁沛英五员；又选取即用知县党献寿，大挑试用知县司徒衮、罗葆熙，教习试用知县郭光煇，即用知县梁葆仁、刘延坦，新海防试用知县何厚康，均系进士举人出身，文理俱优，派令同实缺各员一体充当内帘，余俱派充外帘差使，理合恭折具奏，伏祈皇上圣鉴，谨奏。

朱批："知道了。"《宫中档光绪朝奏折》第6辑，第480—481页

滇省委员领运十起头批京铜到鄂发给水脚银两换附轮船开行日期折光绪十七年八月二十七日

头品顶戴湖北巡抚臣谭继洵跪奏，为滇省委员领运十起头批京铜到鄂发给水脚银两换附轮船开行日期恭折仰祈圣鉴事。窃照滇省委员、试用同知罗振雯领运十起头批正余京铜五十一万五千斤，于光绪十七年五月初十日入湖北境，六月初六日全数运抵汉阳城河，报经饬委署汉阳府知府沈保祥、署汉阳县知县陈夔麟，会同该运员罗振雯于六月初八日将运到铜斤逐一盘验过秤，并无短少，换附轮船眼同过载，于六月二十日由汉口开行，取具运员无亏钤结，由该府县加结转详，其应领水脚在于藩库地丁项下动支银一千八百两，发给该运员具领。据署湖北布政使陈宝箴具详请奏前来。除将册结咨送户、工二部暨钱法堂查照外，理合会同湖广总督臣张之洞恭折具奏，伏乞皇上圣鉴，谨奏。

朱批："该部知道。"《宫中档光绪朝奏折》第6辑，第481页

恭交翻译乡试钦命题目片光绪十七年八月二十七日

再：翻译乡试钦命题目例应恭缴，本年举行辛卯正科乡试，准荆州将军咨送翻译乡试士子来省，臣谨遵旧例，俟民生三场考试完竣后，于八月十七日点名入场，实到旗生五十一名，随准湖北正考官刘启端、副考官张嘉禄恭交钦命题目，臣跪领之下，谨择严密处所刊刻刷印，十八日发题考试，亲督提调官盐法武昌道瞿廷韶、监试官补用道黎嘉兰暨旗汉委员等认真巡查，十九日各士子交卷后均各出场，除将试卷同题目纸封固、委员解交礼部外，所有钦命题目理合敬谨封送军机处恭缴，伏乞圣鉴，谨奏。

朱批："知道了。"《宫中档光绪朝奏折》第6辑，第482页

部驳京控命案审明议拟折光绪十七年八月二十九日

头品顶戴湖北巡抚臣谭继洵跪奏，为部驳京控命案审明议拟恭折仰祈圣鉴事。窃照湖北应城县民人李慈臣等京控蔡宗一等主使蔡大庆将伊兄李汉臣杀毙，买使龚老三等顶凶串朦贿和等情一案，前准都察院咨文经前抚臣奎斌行提人卷到省，审明李慈臣等京控各情概涉子虚，将正凶龚老三仍照原拟依律拟绞监候，余人杨双乐拟以杖徒，李慈臣、李虞臣依律分别拟以军流，因李慈臣等固执原呈，狡不承招，叙具众证情状，照例请旨定夺，奉朱批："刑部议奏。"钦此。经刑部查核，案情未确，奏驳复审，奉旨："依议。"钦此。咨行到鄂，查李慈臣已于前次案结后发回，行至汉阳县病故，当经行司饬提犯证到案，发委武昌府知府李有棻悉心研审去后。兹据该府审明议拟解由署湖北按察使恽祖翼复审转解前来。臣亲提犯证逐加研讯，缘李慈臣、李虞臣、杨双乐均籍隶应城县，龚老三即三十籍隶钟祥县，李万氏之夫李汉臣即李翰臣，胞兄已故，并无胞弟，系李惠臣大功服兄，李慈臣、李虞臣均系李惠臣、李汉臣小功服弟。龚老三、杨双乐均在应城县属黄晴峰盐行帮贸，李汉臣系陶步青盐行雇伙，彼此素识无嫌。光绪十二年十月二十九日，龚老三、杨双乐与在逃之段三负称赴盐峒代客称盐，路遇李汉臣亦往峒称盐。李汉臣称欲先称，龚老三等答称分匀过称，李汉臣不允，杨双乐斥言李汉臣恃强，李汉臣不服混骂，杨双乐等回詈，李汉臣拔出身带尖刀向杨双乐殴戳，杨双乐接住刀柄彼此扭夺，段三赶拢用秤锤连殴伤李汉臣右臂膊偏右跑走，李汉臣松手，杨双乐将刀夺过戳伤李汉臣顶心偏右，李汉臣弯身拾石，杨双乐复用刀戳伤其脑后，弃刀走开。李汉臣拾起石块掷殴，致伤龚老三右乳，龚老三拾刀戳伤李汉臣左胯，李汉臣扑拢夺刀，龚老三情急闪至李汉臣身旁，用刀吓戳，适伤李汉臣右腰眼倒地，经过路之张新志趋拢喝住，讵李汉臣伤重，旋即殒命。报验获犯，将龚老三依律拟绞监候，杨双乐依律拟杖八十，徒二年，解勘具题，接准部复在案。

当李汉臣被杀之时，陶步青行伙董元三，查有蔡宗一在黄晴峰行内管事，又查出蔡宗一有侄蔡大庆曾向陶步青告知，陶步青不知蔡宗一、黄晴峰有无主殴，蔡大庆有无帮殴，当于报呈内声请传究，免致正凶漏网。嗣经其父陶举查实蔡宗一等并无主殴助殴各情事，代子呈明，经县讯取供结。李慈臣、李虞臣遂借端诬指蔡宗一挟仇与黄晴峰主使蔡大庆同龚老三、杨双乐将李汉臣杀毙；又借黄晴峰于具诉时误将所闻闵恺、程家经主使张丹山、杨其才拖尸讹传叙入旋即呈悔之事，诬指书役受贿，纵凶不拿，朦县任听龚老三、杨双乐受贿顶凶；并以尸妻李万氏于该县相验后领棺，陶步青怜贫曾薄助抬埋之费，即诬指蔡宗一、闵恺等畏罪出钱六百串串通万宏超等，贿和李万氏、李惠臣领尸结案，迭次赴德安府暨司院衙门控，经批饬该县传证审明，李慈臣、李虞臣控词失实，于招解前详复，未及反坐。讵李慈臣、李虞臣复照上控各情，又添砌刑仵减伤改供偏详等无据空言，私联尸叔李新顺之名作就呈词，由李虞臣抱词进京赴都察院衙门控告，咨解回鄂。行提人卷到省委审，佥称龚老三实系戳毙李汉臣正凶，蔡宗一、黄晴峰、蔡大庆均不在场，委无主殴助殴买使顶凶串朦贿和各情事，惟原告李慈臣、李虞臣犹复固执原词，坚不承招，饬指证据，亦无可指，一味空言搪塞，无非为京控审虚畏罪狡赖。既经屡审，众供确凿，未便任其逞刁拖累，将龚老三仍照原拟依律拟绞监候，杨双乐拟以杖徒，李慈臣、李虞臣分别拟以军流，仍具众证情状照例请旨定夺，声明事犯均在光绪十五年三月十六日恩诏以前，龚老三、杨双乐系因共殴人致死，分别问拟绞徒，应准援免释放；李慈臣、李虞臣系因诬告尊长，分别问拟军流，不在准免之列，均不准援免。

解经前抚臣奎斌勘奏，经刑部查核案情未确，奏驳复审咨行到鄂。时李慈臣已于前次案结后发回，行至汉阳县病故，经该县验讯押解兵役，均无陵虐，详报在案。当经行司饬提原案犯证李虞臣等，并补提张丹山等到案，饬武昌府知府李有棻审明拟解，经臣复讯各供，均与原审相同，并据李虞臣供认，系由李慈臣起意借端诬告，该犯因迫于兄命吓逼勉从，联名具呈到案，亦不敢实招等情不讳。复按部驳各节再三研鞫，如部驳李汉臣被杀之时，陶步青既不知蔡宗一、黄晴峰有无主殴，蔡大庆有无帮殴，呈请传究，黄晴峰既于具诉时将所闻闵恺、程家经主使张丹山、杨其才拖尸一层叙入，尸妻李万氏既得受陶步青助伊抬埋之费，均系案内紧要关键，该县并不传集一干人证研讯确供，检阅龚老三正案揭帖内并未声叙一语，是该省承审各员任意删减供招一节。诘据陶步青、黄晴峰供称：伊陶步青前以不知蔡宗一、黄晴峰有无主殴、蔡大庆有无帮殴等疑词，赴县呈请传究，随经其父陶举查明蔡宗一等并无主殴帮殴情事，不敢牵累，赴县呈明。至助李万氏抬埋之费，实因念李汉臣系伊行伙，李万氏又无力殓埋，怜贫薄予资助，别无他故。伊黄晴峰前赴县具诉，误将讹传闵恺、程家经主使张丹山、杨其才拖尸之语叙入，随即查明呈悔。李慈臣借端诬指上控，批行到县，该县曾经传到闵恺、程家经、张丹山、杨其才、万宏超、李万氏、李惠臣等，讯明取结，谕令李慈臣等听候反坐等语。检查县卷均属相符，是该县先已传集人证质讯明确，谕候另办。故正案内未经声叙，迨李慈臣京控审结，即经查卷补入，并非任意删减。

又部驳京控呈内所称，起衅根由系因蔡宗一挟仇，乘李汉臣赴刘缵勋家贺喜回归，路过蔡宗一熬棚主使龚老三等杀毙，事后贿买龚老三等顶凶，与原题所叙赴峒秤盐起衅不同一节。查案内先后提到犯证佥供李汉臣系赴峒代客秤盐与龚老三等口角起衅，并无赴刘缵勋家贺喜回归路过蔡宗一熬棚之语，即李虞臣现供起衅根由亦与众供无异，并称刘缵勋实无其人，其为李慈臣任意捏砌可知。又部驳咨送供招内，仅取有陶步青、蔡宗一、黄晴峰数人供词，原呈所叙万宏超等均未取供，是李汉臣被杀根由既未再行追究详细推求，而原告所指证据亦未传齐质讯，其为回护原题但图销案显然一节。查李汉臣被杀根由先本已据尸亲犯证供明，嗣因京控发审又提到陶步青等，再三研讯，各供均无异词，其详细推求实已不遗余力；至原告所指证据虽未传齐质讯，但从前提审时业已众证明白，该原告狡不承招，一味空言搪塞，饬指证据，并无可指，似不能按照词列多名逐一传审，遂其拖累之计。现又补提张丹山、万宏超、李斗山、李连山四名到案，复加推鞫，仍与陶步青等所供相同，是李汉臣之被杀根由，委因赴峒秤盐口角起衅确凿无疑，尚非回护原题。

又部驳向来办理案件，如尸属俱无异词，仅止一人狡执，原不得任听妄扳，故案外干连可以免传省累，今李慈臣、李虞臣二人均未输服画供，未到人证均未传质，与众证明白之条殊觉不相吻合一节。查李慈臣、李虞臣二人均未输服画供，虽与向办众供确凿之案仅止一人狡执者不同，惟李慈臣、李虞臣系属有服兄弟，均系出名京控之人，情事本与一人无异，既经讯明尸妻李万氏及报案之尸弟李惠臣，俱无异词，即不得任听妄扳，致案外干连人证，徒滋拖累，故照例叙具众证情状，请旨定夺。且现讯李虞臣已据供认系李慈臣起意借端诬告，该犯先因迫于李慈臣之命不敢实招等语，是此案当日据众证定谳时，该犯李虞臣心已隐服，狡执者仍只李慈臣一人，其援引众证明白之条，尚无不合。又部驳李惠臣先称李汉臣系胞兄，继称李汉臣系大功服兄一节。诘据李惠臣供称，初以呈报命案必须死者切近亲属，是以称李汉臣为胞兄，其实本系大功服兄；后因京控提审已据实供明等语，查核赍呈宗图相符。

又部驳李万氏之得受资助，安知非蔡宗一买凶贿和，情虚畏罪，巧卸为陶步青义助，以为弥缝之计一节。诘据陶步青供称，李汉臣系伊行伙，其被杀后，伊曾报案，原为伸雪，如蔡宗一果有买凶贿和情事，伊必据实供明请究，何肯任其巧卸，反为弥缝？又部驳黄晴峰系凶犯雇主，其初次呈称闵恺等主使拖尸，必非平空叙入，嗣以讹传呈悔，安知非事后串通巧为掩饰一节。诘据黄晴峰供称，前呈所称闵恺等主使张丹山等拖尸一层，原系误听讹传，本非平空叙入，后因查无其事，虑恐审虚坐诬，是以据实呈悔，如果闵恺等实有其事，伊既赴县诉明，正可听官究办，何肯反为掩饰？又部驳李慈臣等之由府而省控、京控，均属有因，迥非挟嫌平空有心诬陷者可比一节。查陶步青前呈系称不知蔡宗一、黄晴峰有无主殴，蔡大庆有无帮殴，声请传究，而李慈臣控词即捏以蔡宗一挟仇与黄晴峰主使蔡大庆等将李汉臣杀毙，并以尸妻李万氏得受陶步青资助，捏作蔡宗一贿和，且诬及小功堂兄李惠臣一同受贿钱至六百串之多，是已捏砌情节，即属有心诬告，似难以事出有因怀疑控诉，曲为开脱；且就李虞臣现供而论，是李慈臣之平空诬告实已确凿。又部驳龚老三等系杀人正凶，恭逢恩赦俱可免罪，而死者有服亲属转因怀疑控诉，仍应问拟军流，实行发配，亦未为情法之平一节。查凶犯龚老三等系因共殴人致死，分别问拟绞徒，在部议条款准免之列，应准援免。李慈臣所犯罪名系因诬告小功尊长，在条款不准援免之列，似未便因系死者有服亲属即置本身干犯于不问，是以不准援免，反复推求似无遁词饰，应即拟结此案。

李汉臣被龚老三、杨双乐与在逃之段三，因赴峒秤盐口角起衅共殴身死。查李汉臣先被段三用秤锤殴伤右臂膊偏右，杨双乐刃伤顶心等处，均尚轻微，惟后被龚老三刃伤右腰眼，深至透内肠出，当时倒地为重，应以龚老三当其重罪。前于李慈臣等京控审明，将龚老三、杨双乐按律分别拟以绞徒，兹因部驳复审，各供均与原审无异，应请仍照原拟，龚老三即三十合依“共殴人致死下手致命伤重者绞监候”律，拟绞监候；杨双乐合依“刃伤人杖八十，徒二年”，恭逢光绪十五年三月十六日恩诏，核其情罪系在准免之列，均准援免释放，后再有犯，加一等治罪。仍于龚老三名下追埋葬银两给尸亲具领。李慈臣借陶步青、黄晴峰各已呈悔之事，并尸妻李万氏得受陶步青薄助抬埋之费，起意诬告，添捏情节，吓逼李虞臣联名递呈，查所诬各事应以指告蔡宗一等主使蔡大庆将李汉臣杀毙，及尸妻李万氏、尸堂弟李惠臣受贿私和两事为重，如果得实，蔡宗一等应得死罪，李万氏、李惠臣罪应满流。前经审属虚诬，因该犯李慈臣等狡不认供，请具众证定罪；现经复审，已据该犯李虞臣供认听从诬告，亦应仍照原拟，以诬告小功堂兄李惠臣为重，按律反坐。李慈臣合依“诬告小功尊长，加所诬罪三等”，拟发边远充军，业已病故，应与讯无陵虐之押解兵役均毋庸议。李虞臣听从李慈臣诬告小功尊长，系属为从，应于所诬李惠臣，满流罪上先照凡人减一等，拟杖一百，徒三年，再加三等，拟杖一百，流三千里。现讯该犯供系迫于兄命吓逼勉从，衡情酌断，似与甘心听从诬告者有间，恭逢恩诏，应请援免。余人段三在逃，应得杖罪，援赦准免，并免缉拿；张新志救阻不及，应与蔡宗一等均毋庸议，无干省释。李慈臣尸棺传属领埋。除全案供招分送刑部、都察院外，理合会同湖广总督臣张之洞恭折具奏，伏乞皇上圣鉴，敕部核复施行，谨奏。

朱批：“刑部议奏。”《宫中档光绪朝奏折》第6辑，第491—497页

拿获在途抢劫拒捕盗犯审明照章惩办折

光绪十七年八月二十九日

头品顶戴湖北巡抚臣谭继洵跪奏，为拿获在途抢劫拒捕盗犯审明照章惩办恭折仰祈圣鉴事。案据房县知县欧阳烜详报廪生徐贤栋在途被盗抢劫拒伤一案，先经该县会营勘验通详，批饬缉究详参，该县旋派兵役会同襄阳县兵役拿获黄莛瑞等三犯，并起获失赃到案，讯供通禀，经臣与督臣批司檄府委员前往会审明确，照章就地正法在案。兹据该县欧阳烜录叙全案供招议拟，由郧阳府知府许有麟详经署湖北按察使恽祖翼复核转详前来。臣复加查核，缘黄莛瑞、栾学汶、韩学仪分隶河南叶县、南阳、裕州等州县，彼此素识，先未为匪。光绪十五年十月十八日，黄莛瑞、栾学汶、韩学仪与素识在逃之翟沅、胡老四、冯老四、王老大、张

起澄、李老三、王荿、张老六、刘老四、海老板，先后在房县所属地方会遇，共道贫难，黄莛瑞起意纠约在途抢夺过客财物分用，众俱允从。即于是日，黄莛瑞、翟沅、海老板、张起澄、王荿各带洋枪，栾学汶等分携铁尺、短刀，一共十三人，前至县属黄连树垭偏僻地方等候。适有该县廪生徐贤栋带同雇工章昌泰，由襄阳县樊城地方收帐转回，携带银两洋钱钱文首饰衣物，雇夫周廷银、靳东茂等挑送。是日中午行抵该处，黄莛瑞等击见，一齐上前抢劫，章昌泰等喊救，栾学汶等各用铁尺短刀拒伤章昌泰偏左接连额颅、左胳膊、左右臂膊、右后胁，周廷银左膁肕、右后胁，靳东茂左后胁。因一时人众，不知何人拒伤何人何处。吓禁声张，抢得银钱衣物携至僻处，将洋钱衣物俵分，余赃经王荿等携去，各散。事主徐贤栋投保报县，会营勘验详缉，旋经襄阳县知县舒善庆会同提标右营守备田占鳌督同该县暨房县兵役，拿获黄莛瑞、栾学汶、韩学懩，并起获洋钱首饰衣物，讯供禀报。韩学懩旋在襄阳县监病故，验讯禁卒并无陵虐情弊，详经批饬归案拟办，并将黄莛瑞、栾学汶同起获赃物解由房县欧阳烜传主认领，查明章昌泰等伤均平复，提讯黄莛瑞、栾学汶各供悉与襄阳县所讯韩学懩供词相符，禀经臣与督臣批司檄府报委郧阳府白河同知赵锡光前往会同提犯复审明确，禀经批饬照章就地正法枭示在案。兹比缉逸犯无获，应即拟结。

查例载："抢夺之案如结伙持械并聚众至十人以上倚强肆掠凶暴众著者，无论白昼昏夜及在途在野，均照强盗律不分首从拟斩"；又光绪十三年刑部奏定通行："嗣后结伙十人以上抢夺之案，但有一人执持洋枪在场者，不论曾否伤人，不分首从，均拟斩立决枭示"各等语；又湖北省奏定章程："盗案如有执持火枪刀械强劫者，地方官获犯讯明后禀请委员会审明确，即行就地正法"等因，遵照在案。此案黄莛瑞起意纠伙十三人，执持洋枪刀械在途抢劫徐贤栋银钱衣物，拒伤雇工人等平复，实属凶暴昭著，栾学汶、韩学懩听从同抢拒捕伤人，亦属同恶相济，自应按例问拟。

黄莛瑞、栾学汶、韩学㬢均合依“抢夺之案如结伙持械并聚至十人以上倚强肆掠凶暴众著者，无论白昼昏夜及在途在野，均照强盗律不分首从拟斩”例，拟斩立决，加拟枭示。黄莛瑞、栾学汶已遵章就地正法枭示，应毋庸议；韩学㬢罪应斩枭，已在监病故，仍照例戮尸。该犯等在外为匪，原籍牌保及黄莛瑞之父均无从觉查禁约，应免置议。获赃已给主领，未获各赃同逸犯翟沅等，获日另结。此案首伙十三人，仅获首伙三人，获犯尚未及半，疏防职名仍应开报；所有拿获邻境斩枭盗犯三名，应叙职名，系署襄阳县事、本任宜城县知县舒善庆，提标右营守备田占鳌相应开报。除全案供招送部外，理合会同湖广总督臣张之洞恭折具陈，伏祈皇上圣鉴，敕部核复施行，谨奏。

朱批：“刑部议奏。”《宫中档光绪朝奏折》第6辑，第497—499页

动支司库耗羡银两造办火药折光绪十七年九月十三日

头品顶戴湖北巡抚臣谭继洵跪奏，为动支司库耗羡银两造办火药恭折仰祈圣鉴事。窃照湖北荆州满营每年常操需用火药铅弹工料脚价，循例动支司库耗羡银两给发荆州城守营具领制备，历经照办在案。兹据署湖北布政使陈宝箴详准荆州城守营请领光绪十七年常操火药一万一百五十四斤三两二钱，需硝八千一百二十三斤五两七钱六分，例价银三百八十九两三钱九分三厘；需磺一千一十五斤六两七钱二分，例价银四十七两三钱八厘；柳炭器具工料价值银七十一两五钱八分七厘；又应用黑铅三千五百三十三斤四两，例价银一百三十三两九钱一分五厘；工料银一十二两四钱二厘；又例定水脚银六两三钱八分七厘，共银六百六十两九钱九分二厘，已于司库耗羡款内动支，并就平扣收硝磺二项价银移知善后局分别支给余银给领制造，俟造办事竣由营造册报销等情，详请具奏前来。臣复核无异，除咨明户、兵、工部暨荆州将军查照外，理合会同湖广总督臣张之洞恭折具陈，伏乞皇上圣鉴，

谨奏。

朱批："该部知道。"《宫中档光绪朝奏折》第6辑，第527页

湖北正副考官请假回籍省亲片光绪十七年九月十三日

再：准湖北正考官翰林院编修刘启端、副考官掌云南道监察御史张嘉禄咨称，本年钦奉恩命典试湖北，于九月初九日揭晓，现已事竣，应即回京复命，惟启端自通籍后未尝回籍，亲闱定省久疏；嘉禄在京供职，离乡愈久，亦因上年浙江大水，先人茔地适当山麓，恐有浸损，均深悬系，拟即自备资斧，就近各回江苏、浙江原籍省亲省墓，除往返程途不计外，各拟请假一个月，一俟假满即行起程北上，不敢久延，咨请代奏前来。理合据情代陈，伏祈圣鉴训示，谨奏。

朱批："刘启端、张嘉禄均着赏假一个月。"《宫中档光绪朝奏折》第6辑，第527—528页

湖北省光绪十六年奏销案内未完一分以上职名续据全完恳请免议折光绪十七年九月十三日

头品顶戴湖北巡抚臣谭继洵跪奏，为湖北省光绪十六年奏销案内未完一分以上职名续据全完恳请免议恭折仰祈圣鉴事。窃照光绪六年二月准户部咨：钱粮奏销各依定限，令各该督抚一面具题，一面先将未完一分以上各员，开具简明清单专折奏报，由部核定处分，先行复奏；其有奏后续完者，准其奏请归本案开复等因。臣于查办光绪十六年奏销时，已将南粮米石项下未完一分以上各员专折奏报在案。兹据署湖北督粮道恭钊详称，十六年奏销案内南粮米石项下原报经征未完一分以上之署监利县事、本任麻城县知县张集庆，现据续完清楚等情，详请奏咨免议前来。臣复核无异，除咨明吏部、户部查照外，理合会同湖广总督臣张之洞

恭折具陈，伏乞皇上圣鉴，饬部核复施行，谨奏。

朱批："户部议奏。"《宫中档光绪朝奏折》第6辑，第528页

恭报湖北省光绪十七年八月分雨水粮价地方情形折 光绪十七年九月十三日

头品顶戴湖北巡抚臣谭继洵跪奏，为恭报湖北省光绪十七年八月分雨水粮价地方情形仰祈圣鉴事。窃照光绪十七年七月分各属雨水粮价地方情形，业经臣恭折奏报在案。兹据武昌等十府暨荆门直隶州所属各州县将光绪十七年八月分雨水粮价开具清单呈报，由署湖北布政使陈宝箴汇造清折前来。臣复加查核，是月分晴多雨少，江汉水势渐退，晚稻成熟，菜蔬畅茂，粮价较上月互有增减，地方民情悉臻安谧，堪以仰慰宸廑，谨缮粮价清单恭折具奏，伏祈皇上圣鉴，谨奏。

朱批："知道了。"《宫中档光绪朝奏折》第6辑，第529页

开办武闱偶感风寒未能校阅谨援案暂委藩司代办主考折 光绪十七年十月十九日

头品顶戴湖北巡抚臣谭继洵跪奏，为微臣开办武闱偶感风寒未能校阅谨援案暂委藩司代办主考恭折仰祈圣鉴事。窃照湖北省本年举行辛卯科武闱乡试，例应臣主考，督臣监临，业经恭折奏报在案。臣谨遵例定期十月初七日开考，时因风雨大作，马道积水泥滑，不堪骑射，至十六日天气晴霁，考试外场弓马，臣正督同司道等官悉心校阅，讵意湖北本年气候严寒异常，臣先以布置场事往来校厂，因而伏寒于内，尚不自觉，迨经开考，猝冒外感，寒热交作，难于支持，自揣病势虽不甚剧，而调理恐需时日，武闱业已开考，未便停待，因与督臣商酌，督臣以鄂省正值洋务殷繁之际，未能常川在厂校阅，查湖北光绪十四年戊子科武闱乡试，前抚臣奎斌因猝受感冒不能考试，曾经奏委藩司代办有案。湖北

藩司王之春现已到任，臣谨查照前案，檄行藩司王之春暂行代办主考，接续校阅。臣俟调理少痊，仍行接办，以重功令。所有微臣开办武闱偶感风寒未能校阅，援案暂委藩司代办主考缘由，谨会同湖广总督臣张之洞恭折由驿具陈，伏祈皇上圣鉴训示，谨奏。

朱批："知道了。"《宫中档光绪朝奏折》第6辑，第615—616页

恭报湖北省光绪十七年九月分雨水粮价地方情形折光绪十七年十月二十一日

头品顶戴湖北巡抚臣谭继洵跪奏，为恭报湖北省光绪十七年九月分雨水粮价地方情形仰祈圣鉴事。窃照光绪十七年八月分各属雨水粮价地方情形，业经臣恭折奏报在案。兹据武昌等十府暨荆门直隶州所属各州县将光绪十七年九月分雨水粮价开具清单呈报，由署湖北布政使陈宝箴汇造清折前来。臣复加查核，是月分晴雨相间，江汉水势渐退，晚稻登场，粮价较上月减多增少，地方民情悉臻安谧，堪以仰慰宸廑，谨缮粮价清单恭折具奏，伏祈皇上圣鉴，谨奏。

朱批："知道了。"《宫中档光绪朝奏折》第6辑，第624页

查明湖北省各属应征光绪十七年地丁等款上忙钱粮已未完数目折光绪十七年十月二十一日

头品顶戴湖北巡抚臣谭继洵跪奏，为查明湖北省各属应征光绪十七年地丁等款上忙钱粮已未完数目恭折具陈仰祈圣鉴事。窃照上下两忙钱粮例应将额征坐支及已未完各数目分款造报，嗣于咸丰二年接准部咨议奏藩司功过章程，拟请丰年以额征数目为准，蠲缓之年以应征数目为准，均按八分计算，责成藩司督催。上忙匀为三分征收，下忙匀为五分征收，其余二分归于奏销前扫数全完，随案议予功过等因在案。兹据湖北布政使王之春详称，湖北省光绪十七年分额征起运屯饷存留驿站正项，共银一百一十万六

千四百九十二两八钱三分八厘，内除坍没渍淹挖压沙压坍占挖废缓征豁免，共银一万五千一百六十七两二钱七分二厘，实应征银一百九万一千三百二十五两五钱六分六厘。核计上忙应征三分银三十二万七千三百九十七两六钱七分，已完二分四厘零，银二十六万三千六百八十五两三厘；未完五厘零，银六万三千七百一十二两六钱六分七厘，所有未完职名系前署湖北布政使、按察使陈宝箴。又额征光绪十七年芦课正银一万二千一百三十三两五钱六分，核计上忙应征三分银三千六百四十两六分八厘，已完银二千一两七钱二厘，未完银一千六百三十八两三钱六分六厘。又额征光绪十七年分田房牙当茶黄柏等税银九千三百四十四两六钱五分七厘，核计上忙应征三分银二千八百三两三钱九分七厘，已完银三百一十二两二分三厘，未完银二千四百九十一两三钱七分四厘等情前来。臣复核无异，除仍饬严催各属赶紧催征，务于下忙期内扫数完解外，理合会同湖广总督臣张之洞恭折具陈，伏乞皇上圣鉴，谨奏。

朱批："户部知道。"《宫中档光绪朝奏折》第6辑，第625—626页

湖北省光绪十七年额征片光绪十七年十月二十一日

再：据湖北督粮道恽祖翼详称，湖北省各州县卫光绪十七年额征驴脚南折正耗，共银四万一千四百七十五两零，内除挖压渍淹沙压被水豁减缓征共银三百九十六两零；并下忙应征银二万五百三十九两零，实应征上忙银二万五百三十九两零，已完银一万三千四百三十二两零，未完银七千一百六两零。又额征随漕浅船军三安家正耗并闲丁帮津资役等款，共银九万二千六百八两零，内除渍淹挖压沙压逃亡故绝被水豁减缓征共银三千七百四十二两零，并下忙应征银四万四千四百三十三两零，实应征上忙银四万四千四百三十三两零，已完银一万七千八百一十九两零，未完银二万六千六百一十三两零等情前来。除饬该道严催各州县卫迅将

未完银两赶紧征解外，理合会同督臣张之洞附片具陈，伏乞圣鉴，谨奏。

朱批："户部知道。"《宫中档光绪朝奏折》第6辑，第626页

请饬陈宝箴恽祖翼各回本任片光绪十七年十月二十一日

再：新授湖北布政使王之春现已到省，应即饬赴新任，署布政使、本任按察使陈宝箴，署按察使、本任督粮道恽祖翼，应饬各回本任，以重职守。除檄饬遵照外，谨合词附片陈明，伏祈圣鉴，谨奏。

朱批："知道了。"《宫中档光绪朝奏折》第6辑，第626—627页

荆江三汛安澜万城大堤防护稳固折光绪十七年十月二十一日

头品顶戴湖北巡抚臣谭继洵跪奏，为荆江三汛安澜万城大堤防护稳固恭折具陈仰祈圣鉴事。窃照荆州府万城大堤滨临荆江，为阖郡及下游民田庐舍保障，最关紧要。本年轮应臣前往督防，时值辛卯科举行乡试，不克分身，奏明饬委荆州府知府舒惠代防，并饬荆宜施道方恭钊随时查察督办在案。兹据荆州府知府舒惠禀称，本年自夏徂秋，川江及沮漳河诸水迭次盛涨，建瓴直下，势甚汹涌，加以襄南二水同时并发，顶阻下游，以致荆江之水停滞难消，最大之时，高过杨林洲石矶九尺，兼之南风时作，波涛撞击，各堤节节危险，间有冲刷崩矬及残缺浸漏之处，均经该府亲驻堤所，不惜重资，督率在工文武汛委员弁昼夜梭巡抢筑防护，幸得化险为平，现已节逾霜降，水渐消退，全堤稳固，普庆安澜等情，具禀前来。除仍饬实力防护，俟水落归槽即将应修各工详细履勘，照章派土兴修，以御来年汛涨外，所有本年防护荆州万城大堤三汛安澜缘由，理合会同湖广总督臣张之洞恭折具陈，伏

乞皇上圣鉴，谨奏。

朱批："知道了。"《宫中档光绪朝奏折》第6辑，第627页

查明各州县额设马匹并无缺额疲瘦折光绪十七年十月二十四日

头品顶戴湖北巡抚臣谭继洵跪奏，为查明各州县额设马匹并无缺额疲瘦恭折仰祈圣鉴事。窃准兵部咨同治元年闰八月二十日奉上谕："各直省驿站额设马匹接递公文，均关紧要，并着各该管大臣确切查核，年终具奏，如查有缺额及疲乏等弊，即着从严参办。"等因。钦此钦遵。办理在案。兹据署湖北按察使恽祖翼详称，查明江夏等州县光绪十六年分额设驿站马匹，均系膘壮足额，在站应差并无亏缺及疲瘦等弊，各具印结由该管道府层递加结，请奏咨前来。臣复查无异，除印结咨送兵部外，理合恭折具陈，伏乞皇上圣鉴，敕部查核施行，谨奏。

朱批："兵部知道。"《宫中档光绪朝奏折》第6辑，第640页

朱瑜留省补用片光绪十七年十月二十四日

再：准部咨丞倅佐贰杂职劳绩保举分发补用人员，应以到省之日起试看一年，期满详加甄别等因，兹查补用同知朱瑜，于光绪十六年八月十二日到省起，扣至十七年八月十二日，试看一年期满，据署湖北布政使陈宝箴、署按察使恽祖翼取造该员履历清册，详请甄别具奏前来。臣随考验该员朱瑜，事理通达，办公勤能，堪以留省补用。除清册咨送吏部外，理合会同湖广总督臣张之洞附片具陈，伏祈圣鉴，谨奏。

朱批："吏部知道。"《宫中档光绪朝奏折》第6辑，第641页

委署云梦知县片光绪十七年十月二十四日

再：署云梦县知县程恩培，现经调署襄阳县事，所遗云梦县印务，亟应委员往署，以重职守。查有新选罗田县知县孟滢，性情质实，事理明通，堪以署理。据署湖北布政使陈宝箴、署按察使恽祖翼会详前来。除檄饬遵照外，谨会同督臣张之洞附片具陈，伏祈圣鉴，谨奏。

朱批："吏部知道。"《宫中档光绪朝奏折》第6辑，第641页

拿获抢夺良家幼女已成首犯照章惩办从犯按例定拟折光绪十七年十月二十四日

头品顶戴湖北巡抚臣谭继洵跪奏，为拿获抢夺良家幼女已成首犯照章惩办从犯按例定拟恭折具陈仰祈圣鉴事。案据署沔阳州知州张茂时详报，客民刘信运家被匪执械入室抢去伊女刘美英，并将伊妻王氏拒伤一案，先经该州会营勘验详缉，旋据访拿匦匪委员、候补知县包鹏飞带同该州兵役拿获曾幺儿、张义详、陈相三犯，并起出刘女美英解司报委。前任武昌府知府李有棻讯供，禀经督臣与臣批饬将首犯曾幺儿照章就地正法，从犯张义详、陈相仍饬照例审解去后。兹据署武昌府知府李方豫提犯审拟录叙供招，由署湖北按察使恽祖翼复审转解前来。臣随提犯亲讯。缘曾幺儿、张义详、陈相俱籍隶沔阳州，先未为匪。光绪十七年五月二十二日，曾幺儿与素识在逃之杨姓会遇，共道贫难，曾幺儿起意抢卖幼女得钱分用，杨姓稔知该州客民刘信运家有一幼女，年约十岁，向曾幺儿告知。曾幺儿商令杨姓引路伙抢，杨姓允从。曾幺儿又邀允现获之张义详、在逃之萧银狗、刘三林入伙，约定二十四日会齐。曾幺儿携带洋火铁尺尖刀，萧银狗、刘三林各执木棍，杨姓、张义详俱系徒手，一共五人，于是日夜半齐抵刘信运门首。曾幺儿令张义详、杨姓在外等候，自与萧银狗、刘三林

三人推门进内，时刘信运先往天门县原籍探亲未归，仅其妻刘王氏及女刘美英在家同床睡歇。曾幺儿擦燃洋火照看，刘王氏等惊喊，曾幺儿用刀吓禁声张，抓起刘女向外跑走，刘王氏上前拦阻，萧银狗、刘三林各用棍拒伤刘王氏右胳肘、左右膝，一同将刘女抢获出门，与张义详、杨姓轮流负至僻处藏匿。次日，刘王氏信知刘信运赶回投保，报经该署州张茂时会营勘验详缉。曾幺儿等随商定将刘女用船装赴汉镇地方转卖，得钱俵分，刘三林、杨姓适各因事走散，曾幺儿雇就不知姓名人船只，同张义详、萧银狗将刘女背负上船。是月二十八日行抵汉镇，同引刘女上岸，张义详、萧银狗分路探寻买主，曾幺儿带同刘女会遇同乡素识之陈相，查询来历，曾幺儿当将伙抢情由告知，央求藏匿寻主转卖，许俟卖后酬谢。陈相贪利应允，随隐瞒抢情，代为租定王姓房屋，将刘女藏匿楼上，尚未寻获买主，即经派赴襄河一带访拿囤匪委员、候补知县包鹏飞带同该州兵役购线追至汉镇，拿获曾幺儿、张义详、陈相三犯，并起出刘女美英解司，饬据沔阳州传到刘信运、刘王氏，一并饬发前任武昌府知府李有棻讯供开折，禀经督臣与臣批饬将曾幺儿照章就地正法，张义详、陈相二犯照例拟解。兹饬缉逸犯无获，由现署武昌府知府李方豫提犯审拟招解，臣复讯无异。

查例载："聚众伙谋于素无瓜葛之家入室抢夺妇女已成，为首斩立决，为从绞监候"；又湖北省光绪九年奏定章程："拿获平空抢夺良家妇女已成，为首者讯明后即行就地正法"；又律载："受寄所卖人口之窝主，知情者与犯人同罪至死减一等"；又断罪无正条援引他律比附定拟各等语。此案曾幺儿起意纠众持械，于素无瓜葛之刘信运家强抢刘女美英已成，自应照例问拟，曾幺儿合依"聚众伙谋抢夺妇女已成，为首斩立决"例，拟斩立决，业已遵章就地正法，应毋庸议。张义详听纠同抢，虽未入室，惟既在门外等候，帮同将刘女背负上船，商定转卖，即属为从，张义详合依"伙抢妇女已成，为从绞监候"例，拟绞监候，秋后处决，照例刺字。陈相于曾幺儿抢获刘女事后知情，贪利代租房屋藏匿，应比依略诱案内“受寄所卖人口之窝主，知情者与犯人同罪，至死减一等”律，于曾幺儿等死罪上减一等，拟杖一百，流三千里；据供嗣母年逾七十，是否属实，饬州查明取结办理。刘女美英给属领回。逸犯萧银狗等饬缉获日另结。房主王姓不知抢情，应与不知姓名之船户免传省累。此案首犯已获，疏防印捕各官例得免议；所有首先拿获罪应斩决绞候满流人犯各一名，应叙职名，系候补知县包鹏飞，相应随案开报。除供招送部外，理合会同湖广总督臣张之洞恭折具奏，伏祈皇上圣鉴，敕部核复施行，谨奏。

朱批：“刑部议奏。”《宫中档光绪朝奏折》第6辑，第641—644页

查报早稻收成分数折光绪十七年十月二十四日

头品顶戴湖北巡抚臣谭继洵跪奏，为查报早稻收成分数恭折仰祈圣鉴事。窃照湖北省光绪十七年分各属早稻登场，据署湖北布政使陈宝箴查明收成分数，开折呈报前来。臣复加查核，除德安府属之应山，郧阳府属之郧西、保康、竹山、竹溪，荆门直隶州属之远安等县，向不种植早稻外，核计通省九分者一县，八分有余者四县，八分者一县，七分有余者七州县，七分者五州县，六分有余者十二县，六分者十三州县，五分有余者七州县，五分者七州县，四分有余者一县，四分者三县，三分有余者一县。通省合计收成六分有余，谨另缮清单，恭折具奏，伏祈皇上圣鉴，谨奏。

朱批：“知道了。”《宫中档光绪朝奏折》第6辑，第644页

恭报湖北省光绪十七年十月分雨水粮价地方情形折光绪十七年十一月初十日

头品顶戴湖北巡抚臣谭继洵跪奏，为恭报湖北省光绪十七年

十月分雨水粮价地方情形仰祈圣鉴事。窃照本年九月分各属雨水粮价地方情形，业经臣恭折奏报在案。兹据武昌等十府暨荆门直隶州所属各州县将本年十月分雨水粮价开具清单呈报，由湖北布政使王之春汇造清折前来。臣复加查核，是月分晴雨相间，江汉水势退落，二麦播种，菜蔬畅茂，粮价较上月减多增少，地方民情悉臻安谧，堪以仰慰宸廑，谨缮粮价清单恭折具奏，伏乞皇上圣鉴，谨奏。

朱批："知道了。"《宫中档光绪朝奏折》第6辑，第695页

湖北省光绪十七年春夏二季收支牙帖厘金银钱数目折光绪十七年十一月初十日

头品顶戴湖北巡抚臣谭继洵跪奏，为湖北省光绪十七年春夏二季收支牙帖厘金银钱数目恭折具陈仰祈圣鉴事。恭照同治七年十月钦奉上谕："厘金报部章程着照两淮盐厘格式，每年分两次奏报。"等因。钦此钦遵。办理历经前督抚臣暨臣奏报至光绪十六年十二月底止在案。兹据湖北布政使王之春会同牙厘局司道详称，光绪十七年正月起至六月底止，除洋药税厘银两应另案造报外，货厘旧管项下实存市平荆沙银十三万三千八十四两六钱四分八厘零，新收项下实收牙厘及药土坐票捐共市平荆沙银二十六万七千三百四十六两八钱九分四厘零；又收牙厘钱七十七万九千五百九串四百四十文，开除项下实解湖北盐道转发长江水师本年春夏二季分共库平库色新宝银八万七千两，合市平荆沙银九万一千四百三十三两五钱二分，实解湖北善后总局市平荆沙银十一万九千八百九十二两一钱四分七厘零；又遵奉奏准拨解本年春夏二季善后总局委员薪水杂用银五千一百三两六钱，巡防保甲员弁薪水经费银一万一千三百七两，发审委员薪水经费银一千六百二十两，武职操练弓箭月课奖赏银二千八百二两，救生红船水手口粮经费银二千八百八十两；又提牙厘各局局用八分经费银二万一千三百八十七两七钱五分一厘零，共支市平荆沙银二十五万六千四百二十

六两一分九厘零，实解湖北善后总局钱七十一万七千一百四十八串六百八十五文，给牙厘各局局用八分经费钱六万二千三百六十串七百五十五文，除解支外，钱款无存，实在项下存货厘市平荆沙银十四万四千五两五钱二分三厘零，归入下半年造册报销等情，造具清册详请奏咨前来。臣复核相符，除将清册咨送户部户科外，理合会同湖广总督臣张之洞恭折具奏，伏祈皇上圣鉴，谨奏。

朱批："户部知道。"《宫中档光绪朝奏折》第6辑，第696—697页

委藩司王之春代办主考片光绪十七年十一月初十日

再：臣前因开办武闱偶感风寒，未能躬亲校阅，援案饬委藩司王之春代办主考，业经会同总督臣恭折奏报在案。该藩司接办以来，逐日偕同臬司提调监试等官，秉公校阅，极其详慎，士子亦甚安静，迨外场事毕，臣病适已就痊，仍由臣入闱接办。内场现在考试完竣，分别取定中额，列榜晓示。除另行恭疏题报外，所有微臣病痊接办武闱乡试完竣缘由，谨会同督臣张之洞附片具陈，伏祈圣鉴，谨奏。

朱批："知道了。"《宫中档光绪朝奏折》第6辑，第697页

拿获强劫拒捕盗犯审明照章惩办折光绪十七年十二月初八日

头品顶戴湖北巡抚臣谭继洵跪奏，为拿获强劫拒捕盗犯审明照章惩办并临时畏惧不行事后分赃伙犯按例定拟恭折仰祈圣鉴事。案据钟祥县知县徐嘉禾详报，客民许合兴杂货铺被盗强劫、捆缚事主拒伤铺伙一案，当经批饬缉究，该县旋获犯望以得等，讯供通详，批府督审明确，禀经臣与督臣批饬，将望以得、高应春两犯照章就地正法，关喜林一犯仍按例拟办。嗣经该县审拟，由府解司查核，关喜林供词恐有不实不尽，报委署武昌府知府李方豫

复审。兹据该府审明议拟，解经湖北按察使陈宝箴核审转详前来。臣复加查核，缘望以得、高应春、关喜林分隶宜城、钟祥等县，俱先未为匪。光绪十六年十一月二十八日，望以得在钟祥县属地方会遇素识已获之高应春、在逃之杨导才、杨连风、李句句子，并被杀之赵畲子，共道贫难，望以得探知县属胡家集地方许合兴杂货铺内积有钱物，起意邀约行劫得赃分用，众俱允从，杨连风又邀允时年十四岁之关喜林入伙。即于是夜，望以得、高应春、杨导才、杨连风、李句句子、赵畲子，各携刀械、旧雨伞，关喜林徒手，一共七人；正拟动身，关喜林心生畏惧，未经同行。望以得等六人偕抵许合兴门首，望以得令高应春、李句句子在外把风接赃，杨导才点燃伞衣照亮，与望以得、杨连风、赵畲子撬门进内，事主许合兴惊见喊捕，望以得等即剥取许合兴身穿衣服，用布带缚其手足，铺伙萧德太闻喊起捕，杨导才用刀拒伤其左肋，吓禁声张，劫得钱文布匹递交高应春、李句句子分携逃走，寻获关喜林告知强情，同至马梁山河边查点赃物，按股俵分。维时天已明亮，望以得瞥见赵畲子身藏烟土一包，知是许合兴家赃物，当斥赵畲子不应隐瞒，赵畲子不服嫚骂，望以得生气，喝令杨导才、杨连风用刀砍伤其项颈腿肚等处倒地，移时殒命，望以得虑人击见报官，复商允杨导才、杨连风同将赵畲子尸身撩弃河内，各散。事主许合兴之子许楚材报经该县徐嘉禾会营勘验详缉，旋获望以得、高应春、关喜林，并起获原赃衣物布匹到案，饬传事主认领，查明萧德太伤已平复，并诣赵畲子被杀处所勘验确实，起获赵畲子生前所穿青布鞋一只，饬差打捞尸身无获，提犯讯供通详，批府督审明确，禀经臣与督臣批饬将望以得、高应春照章就地正法，关喜林仍按例拟解该县审拟，由府解司查核，关喜林供词恐有不实不尽，饬委武昌府审明议拟解司转详到臣，复核无异。

查律载："强盗已行但得财者，不分首从皆斩"；又例载："盗劫之案把风接赃等犯，亦系同恶相济，照为首一律问拟"；又光绪九年奏定章程："湖北省盗案如有执持刀械强劫及拒捕伤人者，该州县拿获审明后解由该管道府督同复审明确，即行就地正法"；又例载："共谋为强盗伙犯临时畏惧不行、事后分赃者，杖一百，流二千里"；又律载："凡年十五以下犯流罪收赎"各等语。此案望以得起意纠众持械行劫许合兴杂货铺，得赃捆缚事主，拒伤铺伙，实属凶暴昭著；高应春听从持械行劫，在外把风接赃，亦系同恶相济，自应按律问拟。望以得除喝令杨导才等杀毙赵畲子弃尸已失各轻罪不议外，应与高应春均合依"强盗已行但得财者，不分首从皆斩"律，拟斩立决，业已遵章就地正法，应与已被杀毙之伙犯赵畲子俱毋庸议。关喜林听从行劫，临时畏惧不行，事后分赃，合依"共谋为强盗伙犯，临时畏惧不行，事后分赃，杖一百，流二千里"例，杖一百，流二千里。该犯犯事时年仅十四岁，核与"年十五以下犯流罪收赎"之律相符，应准收赎，并免刺字。望以得在外为匪，其父望如发及原籍牌保无从禁约觉察，免其传责。高应春之父高得意不能禁约其子为匪，与失察之牌保分别折责革役。获赃已给主领，未获各赃及逸犯缉追另结。此案首伙七人，上盗六人，于疏防限内拿获首伙三名，该犯等自行杀毙伙犯一名，获犯及半，兼获盗首，疏防职名邀免开报。除供招送部外，理合会同湖广总督臣张之洞恭折具陈，伏祈皇上圣鉴，敕部核复施行，谨奏。

朱批："刑部议奏。"《宫中档光绪朝奏折》第6辑，第843—845页

因病请假片 光绪十七年十二月初八日

再：臣前因开办武闱偶感风寒，当即调理就痊，业经附片奏明在案。惟十二月初间左足背忽生疮疖，始犹勉力趋公，近则肿痛难行，据医者云由于历年积劳，正气稍亏，湿热下注，致有此患，必须静坐敷药，方易收功。合无仰恳天恩赏假一个月，俾得安心调理医治速痊，即行销假，所有臣衙门紧要公事仍力疾照常办理。谨附片具陈，伏祈圣鉴，谨奏。

朱批："着赏假一个月。"《宫中档光绪朝奏折》第6辑，第845页

黄长龄留省补用片光绪十七年十二月初八日

再：准部咨道府州县无论何项劳绩保奏归于候补班人员，令各该督抚即以此项人员到省之日起，予限一年，详加察看，认真考核，如系为守兼优，堪膺民社之员，出具切实考语，奏明分别繁简补用等因。兹查候补班前先补用同知直隶州知州黄长龄，于光绪十五年十二月初八日到省起，连闰扣至十六年十一月初八日，试看一年期满，据布政使王之春、按察使陈宝箴取造该员履历清册，详请甄别具奏前来。臣随考验该员黄长龄，才具明通，办事结实，堪以繁缺留省补用，除清册咨送吏部查核外，谨会同督臣张之洞附片具陈，伏祈圣鉴，敕部查照施行，谨奏。

朱批："吏部知道。"《宫中档光绪朝奏折》第6辑，第846页

恭报湖北省光绪十七年十一月分雨水粮价地方情形折光绪十七年十二月初八日

头品顶戴湖北巡抚臣谭继洵跪奏，为恭报湖北省光绪十七年十一月分雨水粮价地方情形仰祈圣鉴事。窃照本年十月分各属雨水粮价地方情形，业经臣恭折奏报在案。兹据武昌等十府暨荆门直隶州所属各州县将本年十一月分雨水粮价开具清单呈报，由湖北布政使王之春汇造清折前来。臣复加查核，是月分晴雨相间，江汉水势退落，二麦长发，菜蔬畅茂，粮价较上月互有增减，地方民情悉臻安谧，堪以仰慰宸廑，谨缮粮价清单恭折具奏，伏乞皇上圣鉴，谨奏。

朱批："知道了。"《宫中档光绪朝奏折》第6辑，第846页

查明湖北省辛卯正科乡试未经中式年老诸生折光绪十七年十二月初十日

头品顶戴湖北巡抚臣谭继洵跪奏，为查明湖北省辛卯正科乡试未经中式年老诸生循例恭折具陈仰祈圣鉴事。窃照乡试年老诸生三场完竣未经中式者，例准查明年岁奏请恩施，历经遵办在案。今查光绪十七年湖北辛卯科乡试，有年届八十以上者：咸宁县学附生黄守寅，武昌县学附生李树森、王田三，通山县学附生程达，孝感县学附生胡惠仁、余有壬，蕲州学附生陈信成，广济县学附生孙家瑞等八名；年届八十岁者：通城县学附生刘其员，增生方子卫，黄梅县学附生徐荣杰，蕲州学附生余步程等四名。以上共老生十二名，俱系三场完竣，揭晓时未经中式，经臣调阅该老生等原卷，均字画端楷，文理明顺。复咨准湖北学政臣孔祥霖查复，各该生等年岁均属相符，入学在三科以前。据湖北布政使王之春查明取具各该州县印结具详前来。臣查该老生黄守寅等，青年励志，皓首穷经，沐圣世之甄陶，作士林之表率。风檐献艺，三场之真草皆全；云路着鞭，八秩之精神愈健。虽宾行未与，迹阻登龙，而人瑞同称，歌思鸣鹿，引年既符乎成例，吁恩宜荷乎殊荣。除各该生入学年分、学籍岁数清册咨部外，谨列名单，会同湖广总督臣张之洞、湖北学政臣孔祥霖恭折具陈，伏祈皇上圣鉴，敕部核复施行，谨奏。

朱批："礼部议奏，单并发。"《宫中档光绪朝奏折》第6辑，第848—849页

光绪十七年分甄别教职佐杂均未及额据实陈明折光绪十七年十二月初十日

头品顶戴湖北巡抚臣谭继洵跪奏，为光绪十七年分甄别教职佐杂均未及额据实陈明恭折仰祈圣鉴事。窃查定例甄别教职佐杂

各按该省额缺以百分之二三为率参劾，及数者免议，如该省果无应行参劾之员，令该省督抚学政切实声明等因。查湖北省教职一百四十缺，每年应甄别去任三四员；佐杂二百零五缺，每年应甄别去任四五员。今光绪十七年分甄别教职，未届初次俸满革职者一员，佐杂已届初次俸满革职者一员，未届初次俸满革职者一员，其余均尚循分供职，是以参劾未经及额。据布政使王之春、按察使陈宝箴会详请奏前来。臣复查无异，除仍随时察看、如有衰庸不职之员另行参办，并将已劾各员开具清折咨送军机处、吏部查核外，理合会同湖广总督臣张之洞、湖北学政臣孔祥霖恭折具奏，伏祈皇上圣鉴，谨奏。

朱批："吏部知道。"《宫中档光绪朝奏折》第6辑，第849页

循例密陈司道知府等官考语谨缮清单折

光绪十七年十二月初十日

头品顶戴湖北巡抚臣谭继洵跪奏，为循例密陈司道知府等官考语谨缮清单恭折仰祈圣鉴事。窃查司道知府等官例应督抚于年终出具切实考语密行陈奏，臣仰蒙恩命巡抚鄂疆，瞬及两年，每思地方之治，得人则理，兢兢夙夜以察吏为先，于所属各僚随时留心认真考核，因政事以观其为守，采舆论以审其声名，接见时更得聆其言论，察其心术，参观互证，务求灼见而真知；程事计功，尤必循名而核实。至上届业经出考之员，仍逐加印证，不敢以一时之评骘概其终身；除布政使王之春到任未及三月，武昌府知府李有棻赴部引见尚未回任，均不注考外，其由实任调署他缺者，仍于本任注考。臣谨就所知逐一出具切实考语，密缮清单，恭呈御览；仍容臣随时查察，如有初终异辙、名实相违者，即当据实指参，以仰副圣主整肃官方之至意。理合恭折具奏，伏祈皇上圣鉴训示，谨奏。

朱批："知道了，单片留中。"《宫中档光绪朝奏折》第6辑，第849页

叩谢天恩折光绪十八年正月十七日

头品顶戴湖北巡抚臣谭继洵跪奏，为恭折叩谢天恩仰祈圣鉴事。窃臣于光绪十八年正月十六日钦奉恩赏福字一方，臣当即恭设香案望阙叩头谢恩祗领讫，伏惟帝德同天，炳文章于倬汉；圣谟省岁，行庆赐于熙春。数锡有伦，永绥多福，臣恭逢盛典，仰荷殊荣。璇题昭日月之观，著明悬象；瑶检焕山川之色，丕衽延鸿。翘首九天，祓禧钦其总至；欢呼万岁，履戬接以便蕃。受宠有加，积感无量，臣惟有勉图报称，益矢虔恭，求克孚于惠心，萃有祥于吉事。幸值瑞凝松栋，瞻云烂而星辉；尤征泽遍茅檐，比汉广而江永。所有微臣感激下忱，理合恭折叩谢天恩，伏乞皇上圣鉴，谨奏。

朱批："知道了。"《宫中档光绪朝奏折》第6辑，第916—917页

恭报湖北省光绪十七年十二月分雨雪粮价地方情形折光绪十八年正月二十二日

头品顶戴湖北巡抚臣谭继洵跪奏，为恭报湖北省光绪十七年十二月分雨雪粮价地方情形仰祈圣鉴事。窃照光绪十七年十一月分各属雨水粮价地方情形，业经臣恭折奏报在案。兹据武昌等十府暨荆门直隶州所属各州县将光绪十七年十二月分雨雪粮价开具清单呈报，由湖北布政使王之春汇造清折前来。臣复加查核，是月分晴雨相间，江汉水势消退，各属得雪一二次不等，二麦借以滋培，菜蔬畅茂，粮价较上月减多增少，地方民情悉臻安谧，堪以仰慰宸廑，谨缮粮价清单恭折具奏，伏乞皇上圣鉴，谨奏。

朱批："知道了。"《宫中档光绪朝奏折》第6辑，第923页

委署安陆知县片 光绪十八年正月二十二日

再：安陆县知县陈宝树调省，所遗该县印务，亟应委员接署，以重职守。查有新选京山县知县王公辅，才具稳练，举止安详，堪以署理。据布政使王之春、按察使陈宝箴会详前来。除檄饬遵照外，谨会同督臣张之洞附片具陈，伏乞圣鉴，谨奏。

朱批："吏部知道。"《宫中档光绪朝奏折》第6辑，第923页

委署黄陂知县片 光绪十八年正月二十二日

再：署黄陂县知县汤炳堃调省，另候差委，所遗该县印务，亟应委员前往接署，以重职守。查有新选大冶县知县程懋祺，年力富强，才识稳练，堪以署理。据布政使王之春、按察使陈宝箴会详前来。除檄饬遵照外，谨会同督臣张之洞附片具奏，伏乞圣鉴，谨奏。

朱批："吏部知道。"《宫中档光绪朝奏折》第6辑，第924页

吴元彬留省补用片 光绪十八年正月二十二日

再：准部咨道府州县无论何项劳绩保奏归于候补班人员，令各该督抚即以此项人员到省之日起，予限一年，详加察看，认真考核，如系为守兼优，堪膺民社之员，出具切实考语，奏明分别繁简补用等因。兹查候补班前先补用知县吴元彬，自光绪十七年十二月二十七日到省起，连闰扣至十八年十一月二十七日，试看一年期满，据布政使王之春、按察使陈宝箴取造该员履历清册，详请甄别具奏前来。臣随考验该员吴元彬，才具明通，办事勤谨，堪以繁缺留省补用，除清册咨送吏部查核外，谨会同督臣张之洞附片具陈，伏乞圣鉴，敕部查照施行，谨奏。

朱批："吏部知道。"《宫中档光绪朝奏折》第6辑，第924页

恭报湖北省光绪十八年正月分雨水粮价地方情形折光绪十八年二月二十一日

头品顶戴湖北巡抚臣谭继洵跪奏，为恭报湖北省光绪十八年正月分雨水粮价地方情形仰祈圣鉴事。窃照光绪十七年十二月分各属雨雪粮价地方情形，业经臣恭折奏报在案。兹据武昌等十府暨荆门直隶州所属各州县将光绪十八年正月分雨水粮价开具清单呈报，由湖北布政使王之春汇造清折前来。臣复加查核，是月分晴雨相间，江汉水势消退，二麦青葱，菜蔬畅茂，粮价较上月增多减少，地方民情悉臻安谧，堪以仰慰宸廑，谨缮粮价清单恭折具奏，伏祈皇上圣鉴，谨奏。

朱批："知道了。"《宫中档光绪朝奏折》第7辑，第22—23页

委署沔阳知州片光绪十八年二月二十一日

再：署沔阳州知州张茂时调省，另候差委，所遗该州印务，应即拣员往署，以重职守。查有本任武昌县知县俞成庆，笃实稳慎，办事细心，堪以署理。据布政使王之春、按察使陈宝箴会详前来。除檄饬遵照外，谨会同督臣张之洞附片具陈，伏祈圣鉴，谨奏。

朱批："吏部知道。"《宫中档光绪朝奏折》第7辑，第23页

委署咸宁知县片光绪十八年二月二十一日

再：署咸宁县知县周垣调省，另候差委，所遗该县印务，应即委员往署，以重职守。查有蒲圻县知县文达，老成谨慎，任事亦勤，堪以署理。据布政使王之春、按察使陈宝箴会详前来。除檄饬遵照外，谨会同督臣张之洞附片具陈，伏乞圣鉴，谨奏。

朱批："吏部知道。"《宫中档光绪朝奏折》第7辑，第23—24页

因病续假片光绪十八年二月二十一日

再：臣于上年十二月初间因左足背染患疮疖，当经奏恳赏假一个月调理，一面赶紧医治，只因湿热下注，疮患已成，未能内消，遂致穿溃，连旬用药敷调，肿痛均已轻减，溃处亦渐生肌肉，惟毒未去尽，骤难敛口，尚须静摄方易平复。所有紧要公事，臣仍力疾办理，不致因病贻误，但假期已满，尚未就痊，合无仰恳天恩，再行赏假一个月，俾得调理速痊，即行销假照常任事，理合附片具陈，伏祈圣鉴，谨奏。

朱批："着再赏假一个月。"《宫中档光绪朝奏折》第7辑，第24页

拿获强劫盗犯审明照章惩办折光绪十八年二月二十三日

头品顶戴湖北巡抚臣谭继洵跪奏，为拿获强劫盗犯审明照章惩办并临时畏惧不行事后分赃伙犯按例定拟恭折仰祈圣鉴事。案据署宜城县知县蔡懋赓详报童生李宣凤家被盗强劫一案，当经批饬缉究，该县旋获犯罗桂林等讯供通详，批司移道复审明确，禀经臣与督臣批饬将罗桂林一犯照章就地正法，陈老大、李七、罗火散、沅发、冯结叭五犯，仍按例拟办。兹该接署县王祜审拟，由府解道复审议拟，详经批行湖北按察使陈宝箴复核转详前来。臣复加查核，缘罗桂林、陈老大、李七、罗火散、沅发、冯结叭，分隶宜城、枣阳、襄阳等县，彼此素识。光绪十六年十一月二十四日，罗桂林在宜城县属地方会遇已获之陈老大、李七、罗火散、沅发、冯结叭，及在逃之王香子、郭定、冯扬汰、文老幺，共道贫难，罗桂林稔知李宣凤家有钱，起意邀约行窃得赃分用，众俱允从。即于是夜，一共十人，徒手偕抵李宣凤屋后，罗桂林拾起地上木棍撬开后门，李宣凤惊起喊捕，罗桂林料难行窃，起意商允行强，陈老大、李七、罗火散、沅发、冯结叭先均应允，旋各

畏惧走避；罗桂林即持木棍与王香子、郭定、冯扬汰、文老幺，一齐拥进，吓禁声张，搜劫钱文衣物逃走，寻获陈老大、李七、罗火散、沅发、冯结叭，告知强情，同将赃物携至僻处查点俵分各散。该犯等各将所分赃物卖与不知姓名人，得钱同分，得钱文花用。李宣凤报经该前署县蔡懋赓，会营勘缉，先后获犯罗桂林、陈老大等，讯供通详，批司移道提犯复审明确，禀经臣与督臣批饬将罗桂林就地正法，陈老大等仍按例拟解。兹该县王祜比缉逸犯无获，随提现犯陈老大等审拟，由府解道复讯，详经批司议拟转详到臣，复核无异。

查律载："共谋为窃、临时行强，以临时主意及共为强盗者，不分首从论。"又"强盗已行但得财者，不分首从皆斩"。又例载："共谋为强盗伙犯、临时畏惧不行但事后分赃者，杖一百，流二千里。"又湖北省光绪九年奏定章程："嗣后拿获强劫盗犯聚众至五人以上者，地方官讯明后，解由道府复审明确，就地正法"各等语，此案罗桂林纠伙行窃，临时起意强劫李宣凤家得赃，持械吓禁声张，实属倚强肆掠，凶暴昭著，自应按律问拟。罗桂林合依"强盗已行但得财者，不分首从皆斩"律，拟斩立决，业已遵章就地正法，应毋庸议。陈老大等听从行窃，于罗桂林起意行强时，该犯等先虽应允，临时畏惧逃避，仅于事后分赃，亦应照例问拟。陈老大、李七、罗火散、沅发、冯结叭均合依"共谋为强盗伙犯、临时畏惧不行事后分赃者，杖一百，流二千里"例，各拟杖一百，流二千里，照例刺字解配，折责安置。罗火散、冯结叭，各有兄不能禁约其弟为匪，应与失察；各犯为匪之牌保传案分别折责革役；陈老大、李七各在外为匪，原籍牌保与李七之父李尚镕均无从觉察，应免置议。买赃人不知姓名，无从拘究。未获赃物同逸犯王香子等缉追获日另结。此案首伙十人，于疏防限内拿获六名，获犯过半，兼获盗首，所有文武疏防各职名邀免开报。除供招送部外，理合会同湖广总督臣张之洞恭折具陈，伏祈皇上圣鉴，敕部核复施行，谨奏。

朱批：“刑部议奏。”《宫中档光绪朝奏折》第7辑，第24—26页

奏报学政幕友姓名籍贯折光绪十八年二月二十三日

头品顶戴湖北巡抚臣谭继洵跪奏，为学政幕友姓名籍贯循例具奏恭折仰祈圣鉴事。窃查学政到任，署中阅文幕友例应开具姓名籍贯具奏，兹准湖北学政孔祥霖咨称，该学臣于光绪十七年十月二十八日到任，共延幕友六人，均系籍隶江苏、湖南、直隶等省，并无湖北本籍之人，循例开单咨送前来。臣复查无异，理合敬缮清单恭折具陈，伏祈皇上圣鉴，谨奏。

朱批：“知道了。”《宫中档光绪朝奏折》第7辑，第27页

查报湖北省光绪十七年中晚二稻收成分数折光绪十八年三月二十六日

头品顶戴湖北巡抚臣谭继洵跪奏，为查报湖北省光绪十七年中晚二稻收成分数恭折仰祈圣鉴事。窃照湖北省光绪十七年早稻收成分数业经臣恭折奏报在案。兹据湖北布政使王之春查明各属中晚二稻收成分数，开单详报前来。臣复加查核，除武昌府属之咸宁、大冶，黄州府属之黄安、蕲州、广济，荆州府属之石首、松滋、枝江、宜都等州县不产晚稻，施南府属之宣恩、来凤二县不产中稻外，其种植中晚二稻各属业已登场，收成九分有余者二州县，八分有余者三县，八分者六县，七分有余者六州县，七分者八州县，六分有余者十三州县，六分者八州县，五分有余者九州县，五分者五县，四分有余者四县，四分者四县，合计通省收成六分有余，谨缮清单，会同湖广总督臣张之洞恭折具奏，伏乞皇上圣鉴，谨奏。

朱批：“知道了。”《宫中档光绪朝奏折》第7辑，第50—51页

因病康复即请销假片光绪十八年三月二十六日

再：臣前因左足背染患疮疖，调理需时，奏奉朱批："着赏假一个月。"钦此。嗣因假期届满，尚未就痊，复经奏恳圣恩续假一月，现计续假期满，疮患业已平复，应即销假，照常任事，理合附片陈明，伏祈圣鉴，谨奏。

朱批："知道了。"《宫中档光绪朝奏折》第7辑，第51页

委解湖北省光绪十八年第一批地丁京饷片

光绪十八年三月二十六日

再：查光绪十八年京饷湖北省奉拨地丁银四十五万两，应即分批委解。兹据湖北布政使王之春详称，在于地丁项下动拨第一批银五万两，查有试用通判金讲廉、试用知县丁炳廷，堪以委解，详请奏咨前来。除缮咨转给该委员等妥速起解，并饬将应解银两续筹委解外，谨会同督臣张之洞附片具陈，伏乞圣鉴，谨奏。

朱批："户部知道。"《宫中档光绪朝奏折》第7辑，第51—52页

委署通城知县片光绪十八年三月二十六日

再：通城县知县舒恭寿现经调署谷城县事，所遗通城县知县印务，即以谷城县知县瞿元灿调署。据布政使王之春、按察使陈宝箴会详前来。除檄饬遵照外，谨会同督臣张之洞附片具陈，伏祈圣鉴，谨奏。

朱批："吏部知道。"《宫中档光绪朝奏折》第7辑，第52页

滇省委员领运十起二批京铜到鄂发给水脚银两换附轮船开行日期折光绪十八年三月二十六日

头品顶戴湖北巡抚臣谭继洵跪奏，为滇省委员领运十起二批京铜到鄂发给水脚银两换附轮船开行日期恭折仰祈圣鉴事。窃照滇省委员、补用知县邬振铎领运十起二批正余京铜五十一万五千斤，于光绪十七年十月十八日入湖北境，十二月二十日全数运抵汉阳城河，报经饬委署汉阳府知府沈保祥、署汉阳县知县陈夔麟，会同该运员邬振铎于十二月二十六日将运到铜斤逐一盘验过秤，并无短少，换附轮船眼同过载，于十八年正月初八日由汉口开行，取具运员无亏钤结，由该府县加结转详，其应领水脚在于藩库地丁项下动支银一千八百两，发给该运员具领。据湖北布政使王之春具详请奏前来。除将册结咨送户、工二部暨钱法堂查照外，理合会同湖广总督臣张之洞恭折具奏，伏祈皇上圣鉴，谨奏。

朱批："该部知道。"《宫中档光绪朝奏折》第7辑，第52—53页

恭报湖北省光绪十八年二月分雨水粮价地方情形折光绪十八年三月二十六日

头品顶戴湖北巡抚臣谭继洵跪奏，为恭报湖北省光绪十八年二月分雨水粮价地方情形仰祈圣鉴事。窃照光绪十八年正月分各属雨水粮价地方情形，业经臣恭折奏报在案。兹据武昌等十府暨荆门直隶州所属各州县将光绪十八年二月分雨水粮价开具清单呈报，由湖北布政使王之春汇造清折前来。臣复加查核，是月分晴雨相间，江汉水势稍长，二麦畅茂，油菜扬花，粮价较上月互有增减，地方民情悉臻安谧，堪以仰慰宸廑。谨缮粮价清单恭折具奏，伏祈皇上圣鉴，谨奏。

朱批："知道了。"《宫中档光绪朝奏折》第7辑，第53页

委署随州知州保康知县片光绪十八年三月二十六日

再：署随州知州何锡章、署保康县知县龚瑞清，均调省另候差委，所遗该州县印务，应亟委员接署，以重职守。查有本任汉川县知县陈豪，学识优长，事理通达，堪以署理随州知州印务。本任当阳县知县李元才，才具稳练，办事奋勤，堪以署理保康县知县印务。据布政使王之春、按察使陈宝箴会详前来。除檄饬遵照外，谨会同督臣张之洞附片具陈，伏祈圣鉴，谨奏。

朱批："吏部知道。"《宫中档光绪朝奏折》第7辑，第54页

恭报湖北省光绪十八年三月分雨水粮价地方情形折光绪十八年四月十八日

头品顶戴湖北巡抚臣谭继洵跪奏，为恭报湖北省光绪十八年三月分雨水粮价地方情形仰祈圣鉴事。窃照光绪十八年二月分各属雨水粮价地方情形，业经臣恭折奏报在案。兹据武昌等十府暨荆门直隶州所属各州县将光绪十八年三月分雨水粮价开具清单呈报，由湖北布政使王之春汇造清折前来。臣复加查核，是月分晴雨相间，江汉水势渐长，秧苗播种，二麦结实，粮价较上月互有增减，地方民情悉臻安谧，堪以仰慰宸廑，谨缮粮价清单恭折具奏，伏祈皇上圣鉴，谨奏。

朱批："知道了。"《宫中档光绪朝奏折》第7辑，第85页

委解湖北省光绪十八年第一批厘金京饷片

光绪十八年四月十八日

再：湖北省厘金项下奉拨光绪十八年京饷银十二万两，应即分批委解。兹据湖北布政使王之春会同善后局司道详称，在于厘

金项下动拨第一批银二万两，饬委试用通判金讲廉、试用知县丁炳廷管解赴京交纳等情前来。除缮咨转给该委员等小心管解，并饬将应解银两续筹委解外，理合会同督臣张之洞附片具陈，伏祈圣鉴，谨奏。

朱批："户部知道。"《宫中档光绪朝奏折》第7辑，第86页

委解湖北省光绪十八年第二批地丁京饷片

光绪十八年四月十八日

再：查光绪十八年京饷湖北省奉拨地丁银四十五万两，业经委解第一批银五万两，奏报在案。兹据湖北布政使王之春详称，在于地丁项下动拨第二批银五万两，查有补用知县胡金镗、拔贡试用知县欧阳柄荣，堪以委解，请奏咨前来。除缮咨转给该委员等妥速起解，并饬将应解银两续筹委解外，谨会同督臣张之洞附片具陈，伏乞圣鉴，谨奏。

朱批："户部知道。"《宫中档光绪朝奏折》第7辑，第86页

动支司库耗羡银两造办火药折光绪十八年四月十八日

头品顶戴湖北巡抚臣谭继洵跪奏，为动支司库耗羡银两造办火药恭折仰祈圣鉴事。窃照湖北荆州满营每年常操需用火药铅弹工料脚价，循例动支司库耗羡银两给发荆州城守营具领制备，历经照办在案。兹据湖北布政使王之春详准荆州城守营请领光绪十八年常操火药一万一百五十四斤三两二钱，需硝八千一百二十三斤五两七钱六分，例价银三百八十九两三钱九分三厘；需磺一千一十五斤六两七钱二分，例价银四十七两三钱八厘；柳炭器具工料价值银七十一两五钱八分七厘；又应用黑铅三千五百三十三斤四两，例价银一百三十三两九钱一分五厘；工料银一十二两四钱二厘；又例定水脚银六两三钱八分七厘，共银六百六十两九钱九

分二厘，已于司库耗羡款内动支，并就平扣收硝磺二项价银移知善后局，分别支给余银给领制造，俟造办事竣由营造册报销等情，详请具奏前来。臣复核无异，除咨明户、兵、工部暨荆州将军查照外，理合会同湖广总督臣张之洞恭折具陈，伏祈皇上圣鉴，谨奏。

朱批："该部知道。"《宫中档光绪朝奏折》第7辑，第86—87页

查明各属应征光绪十七年地丁等款钱粮下忙已未完数目折光绪十八年四月十八日

头品顶戴湖北巡抚臣谭继洵跪奏，为查明各属应征光绪十七年地丁等款钱粮下忙已未完数目恭折仰祈圣鉴事。窃照上下两忙钱粮例应将额征坐支及已未完数目分款造报，咸丰二年部议藩司功过章程：丰年以额征数目为准，蠲缓之年以应征数目为准，均按八分计算，责成藩司督催。上忙匀为三分征收，下忙匀为五分征收，其余二分归于奏销前扫数全完，随案议予功过等因，历经照办在案。兹据湖北布政使王之春详称，湖北省光绪十七年额征起运存留驿站屯饷正项，共银一百一十万六千四百九十二两八钱三分八厘，内除坍没渍淹挖压沙压坍占挖废缓征豁免，共银一万五千一百六十七两二钱七分二厘外，实应催银一百九万一千三百二十五两五钱六分六厘；内除上忙三分银两外，下余银七十六万三千九百二十七两八钱九分六厘，内除各属被水受旱缓征银一十八万六千七百六十两四钱六分六厘，应完银五十七万七千一百六十七两四钱三分，又除奏销应催二分银一十六万四千九百四两九钱八分，实应催下忙五分银四十一万二千二百六十二两四钱五分，已完银三十万四百八十七两九钱九分八厘，未完银一十一万一千七百七十四两四钱五分二厘；计已完分数三分六厘四毫四丝零，未完分数一分三厘五毫五丝零，所有未完职名系现任湖北布政使王之春。又额征光绪十七年压征十六年分芦课正银一万二千一百三十四两九钱一分七厘，内除上忙三分银两外，下余银八千四百

九十四两四钱四分二厘，内除江夏、嘉鱼、汉川、黄冈、蕲水五县并蕲州卫被水受旱缓征银一千七百九十八两三钱四分三厘外，应完银六千六百九十六两九分九厘；又除奏销应催二分银一千九百一十三两一钱七分一厘，实应催下忙五分银四千七百八十二两九钱二分八厘，已完银三千八百九十五两五钱二分三厘，未完银八百八十七两四钱五厘。又额征光绪十七年分田房牙茶黄柏等税银九千三百四十四两六钱五分七厘，内除上忙三分银两外，下余银六千五百四十一两二钱六分；又除奏销二分银一千八百六十八两九钱三分一厘，实应催下忙五分银四千六百七十二两三钱二分九厘，已完银一千一百五十八两一钱九分四厘，未完银三千五百一十四两一钱三分五厘等情，造册具详前来。臣复核无异，除饬藩司严督各属迅将未完银两赶紧催征、扫数全完并将各册咨送户部外，理合会同湖广总督臣张之洞恭折具奏，伏祈皇上圣鉴，谨奏。

朱批："户部知道。"《宫中档光绪朝奏折》第7辑，第87—88页

拿获强劫盗犯审明照章惩办折光绪十八年五月二十六日

头品顶戴湖北巡抚臣谭继洵跪奏，为拿获强劫盗犯审明照章惩办并临时畏惧不行事后分赃伙犯按例定拟恭折仰祈圣鉴事。案据潜江县详报客民沈兴茂铺内被盗强劫一案，当经批饬缉究，疏防限满开列职名题参在案。该县旋获聂为渼等六犯，讯供通详，批司委员会审。聂为渼、邹糠礼、聂大珪三犯均各在监病故，吕中汉、陶思沅两犯经委员会同该县复审明确，禀经臣与督臣批饬照章就地正法；邹帮云一犯仍令按例拟解去后。兹据该署县包鹏飞审明议拟，由安陆府知府史书青解经湖北按察使陈宝箴复审转详前来。臣复加查核，缘聂为渼、邹糠礼、聂大珪、吕中汉、陶思沅、邹帮云均籍隶京山县，彼此素识，均先未为匪。光绪十六年十月二十七日，聂为渼会遇已获之邹糠礼、聂大珪、吕中汉、

陶思沅、邹帮云，在逃之张人恺，聂帼汶、聂起珍、聂帼治、聂大招，共道贫难。聂为渼稔知潜江县属幺口地方沈兴茂铺内积有钱物，起意邀约行劫，得赃分用，众俱允从。即于是夜分带刀棍、油伞行至中途，邹帮云畏惧转回；聂为渼等一共十人，偕抵沈兴茂门首，聂为渼令吕中汉、陶思沅在外把风接赃，自同邹糠礼等点燃伞衣、撞开大门进内，复撞开房门，沈兴茂惊起喊捕，聂为渼等吓禁声张，搜劫钱文首饰布匹衣物，递交吕中汉等分携而逸，寻获邹帮云告知行劫情由，同至僻处查点赃物俵分各散。该犯等各将分得衣布首饰卖与不知姓名人得钱同分，得钱文花用。沈兴茂投保报经该前县刘寿椿会营勘详差缉，按限开参，旋获犯聂为渼、邹糠礼、聂大珪、吕中汉、陶思沅、邹帮云到案，并在聂为渼、聂大珪名下起获衣线布匹，因值交卸，移交该接署县包鹏飞，传主认赃给领，提犯讯供通详，批司檄委候补知县涂九畴会审，聂为渼、邹糠礼、聂大珪旋各在监病故，该县会同委员复提吕中汉、陶思沅二犯研讯明确，禀经臣与督臣批饬照章就地正法，邹帮云一犯仍饬按例拟解。兹该县比缉逸犯无获，复提现犯审拟，由府解司转详到臣，复核无异。

查律载："强盗已行但得财者，不分首从皆斩"；又例载"盗劫之案把风接赃等犯，亦系同恶相济，照为首一律问拟"，又"共谋为盗伙犯，临时畏惧不行、事后分赃，杖一百，流二千里"各等语。又光绪九年湖北省奏定章程："拿获执持刀械、聚众五人以上盗犯，地方官讯明后，禀请委员会审明确，即行就地正法"等因，历经遵办在案。此案聂为渼起意纠伙强劫沈兴茂铺内钱文首饰衣布，邹糠礼、聂大珪、吕中汉、陶思沅听纠行劫，或随同入室，或把风接赃，实属凶暴昭著、同恶相济，自应按律问拟。聂为渼、邹糠礼、聂大珪、吕中汉、陶思沅，均合依"强盗已行但得财者，不分首从皆斩"律，拟斩立决，吕中汉、陶思沅已照章就地正法，聂为渼、邹糠礼、聂大珪均已在监病故，应与讯无陵虐之禁卒，俱勿庸议。邹帮云听纠行劫，临时畏惧不行、事后分赃，亦应按例问拟；邹帮云合依“共谋为盗伙犯，临时畏惧不行、事后分赃，杖一百，流二千里”例，拟杖一百、流二千里，照例刺字解配，折责安置。该犯等在外为匪，原籍牌保父兄无从觉查禁约，应免置议。买赃人不知姓名，无从拘究。获赃已给主领，未获赃物同逸犯张人恺等缉追获日另结。此案首伙十一人已于二参限内拿获六名，获犯过半兼获盗首，原参限缉之案应请查销。所有监毙盗犯三名，管狱官例得免议。除供招送部外，理合会同湖广总督臣张之洞恭折具陈，伏祈皇上圣鉴，敕部核复施行，谨奏。

朱批：“刑部议奏。”《宫中档光绪朝奏折》第7辑，第145—147页

恭报湖北省光绪十八年四月分雨水粮价地方情形折光绪十八年五月二十六日

头品顶戴湖北巡抚臣谭继洵跪奏，为恭报湖北省光绪十八年四月分雨水粮价地方情形仰祈圣鉴事。窃照光绪十八年三月分各属雨水粮价地方情形，业经臣恭折奏报在案。兹据武昌等十府暨荆门直隶州所属各州县将光绪十八年四月分雨水粮价开具清单呈报，由湖北布政使王之春汇造清折前来。臣复加查核，是月分晴雨相间，江汉水势汛涨，二麦登场，秧苗秀发，粮价较上月互有增减，地方民情悉臻安谧，堪以仰慰宸廑，谨缮粮价清单恭折具奏，伏祈皇上圣鉴，谨奏。

朱批：“知道了。”《宫中档光绪朝奏折》第7辑，第148页

滇省委员领运十一起头批京铜到鄂发给水脚银两换附轮船开行日期折光绪十八年五月二十六日

头品顶戴湖北巡抚臣谭继洵跪奏，为滇省委员领运十一起头批京铜到鄂发给水脚银两换附轮船开行日期恭折仰祈圣鉴事。窃

照滇省委员、补用通判冒沅领运十一起头批正余京铜五十一万五千斤，于光绪十八年四月初六日入湖北境，十七日全数运抵汉阳城河，报经饬委署汉阳府知府沈保祥、署汉阳县知县陈夔麟，会同该运员冒沅于四月二十日将运到铜斤逐一盘验过秤，并无短少，换附轮船眼同过载，于十八年四月二十二日由汉口开行，取具运员无亏钤结，由该府县加结转详，其应领水脚在于藩库地丁项下动支银一千八百两，发给该运员具领。据湖北布政使王之春具详请奏前来。除将册结咨送户、工二部暨钱法堂查照外，理合会同湖广总督臣张之洞恭折具奏，伏祈皇上圣鉴，谨奏。

朱批："该部知道。"《宫中档光绪朝奏折》第7辑，第148—149页

呈报湖北省光绪十七年额征片光绪十八年五月二十六日

再：据湖北督粮道恽祖翼详称，湖北省光绪十七年额征驴脚南折正耗，共银四万一千四百七十五两零，内除挖压渍淹沙压缓征豁免共银三百九十六两零；计应征上忙银二万五百三十九两零，应征下忙银二万五百三十九两零，内除黄梅等州县坍占挖废沙压并被水受旱缓征，共银一千六十九两零，计已完银一万六千四百九十三两零，未完银二千九百七十五两零。又上忙原报未完银七千一百六两零，续完银五千一百六十二两零，尚未完银一千九百四十三两零，上下忙共未完银四千九百一十九两零。又额征随漕浅船军三安家正耗并闲丁帮津资役等款，共银九万二千六百八两零，内除渍淹挖压沙压逃亡事故缓征豁免共银三千七百四十二两零。计上忙应征银四万四千四百三十三两零，下忙应征银四万四千四百三十三两零，内除黄梅等州县卫沙压挖废坍占并被水受旱缓征，共银一万三千九百四十八两零，计已完银一万四千一百六十三两零，未完银一万六千三百二十一两零；又上忙原报未完银二万六千六百一十三两零，续完银七千八百九十八两零，尚未完银一万八千七百一十五两零，上下忙共未完银三万五千三十六两

零等情具详前来。臣复核无异，除仍饬严催各属将未完银两赶紧催征完解外，理合会同督臣张之洞附片具陈，伏乞圣鉴，谨奏。

朱批："户部知道。"《宫中档光绪朝奏折》第7辑，第149—150页

查明湖北省征收光绪十七年钱粮漕南银米比较上届完欠实数开列清单折光绪十八年五月二十八日

头品顶戴湖北巡抚臣谭继洵跪奏，为查明湖北省征收光绪十七年钱粮漕南银米比较上届完欠实数开列清单恭折仰祈圣鉴事。窃照前准户部咨：奏令各直省征收丁漕统于各该年底开具比较清单专折奏报一片，于同治八年二月初五日奉上谕："着自同治八年为始，督饬藩司将全省一年上下两忙征收丁漕各实数及上届征收总数，开具比较清单，详明专案奏报。"等因。钦此钦遵。转行遵办在案。兹据湖北布政使王之春详称：湖北省光绪十七年额征起运存留驿站屯饷耗羡等款，共银一百二十二万七千九百九十四两一钱九分六厘，内除渍淹挖压沙压坍没坍占挖废并被水受旱豁免缓征，共银二十二万四千一百三十六两二分三厘，应征银一百万三千八百五十八两一钱七分三厘，已完银七十二万一百六两三钱一分七厘，未完银二十八万三千七百五十一两八钱五分六厘。再查光绪十六年征收各款钱粮除缓征外，实征银九十五万九百七十两八钱三厘，已完银六十五万八千九百九十九两七钱六分八厘，未完银二十九万一千九百七十一两三分五厘。核计光绪十七年征数比较光绪十六年计多银五万二千八百八十七两三钱七分，收数计多银六万一千一百六两五钱四分九厘，所有十七年应征应完各数比较十六年有盈无绌。又据湖北督粮道恽祖翼详称：湖北省光绪十七年额征漕粮正耗米一十六万三千八百三十一石九斗三升五合，折征银二十一万二千九百八十一两五钱一分七厘，内除沙压坍占挖废挖压渍淹及被水受旱豁免缓征共银二万八千八百八十九两六钱九分，实应征正耗米折银一十八万四千九十一两八钱二分

七厘，已完正耗米折银七万三千八百八十四两三分九厘，比较光绪十六年多完银三百六十八两九钱四分四厘，未完正耗米折银一十一万二百七两七钱八分八厘，现在催提。又十七年额征南粮正耗米一十三万八千五百九十三石七斗一升一合四勺，折征银二十万七千八百九十两五钱六分六厘，内除沙压挖压渍淹及被水受旱豁免缓征共银三万三千九百一十四两七钱八分一厘，实应征正耗米折银一十七万三千九百七十五两七钱八分五厘，已完正耗米折银一十三万四千二百四十六两六钱九分，比较光绪十六年少完银一百七十两二钱四分六厘，未完正耗米折银三万九千七百二十九两九分五厘，现在催提。又十七年额征随漕浅船军三安家正耗并闲丁帮津资役等款，共银九万二千五百八十一两三钱七分五厘零，内除渍淹挖压沙压挖废坍占逃亡故绝及被水受旱豁免缓征，共银一万七千六百六十三两五钱五分零，实应征正耗银七万四千九百一十七两八钱二分五厘，已完正耗银三万九千八百八十一两四厘，比较光绪十六年少完银二千四百六十九两九钱八分六厘，未完正耗银三万五千三十六两八钱二分一厘，现在催提。又十七年额征升科驴脚南折正耗共银四万一千二百九十五两四钱八分一厘，内除沙压渍淹挖压坍占挖废及被水受旱豁免缓征，共银一千二百八十六两六钱，实应征正耗银四万八两八钱八分一厘，已完正耗银三万五千八十九两六钱九分七厘，比较光绪十六年多完银四千七百四十五两六钱八分六厘，未完正耗银四千九百一十九两一钱八分四厘，现在催提。以上已未完各款，统俟该年奏销册内声明造报各等情，开单详请奏咨前来。臣复核无异，除咨户部外，所有湖北省征收光绪十七年钱粮漕南银米截至年底比较上届完欠实数，理合缮具清单，会同湖广总督臣张之洞恭折具陈，伏祈皇上圣鉴，谨奏。

朱批：“户部知道，单五件并发。”《宫中档光绪朝奏折》第7辑，第150—152页

湖北公安县光绪十七年被水缓缺秋冬二季驿站坐支银两援案拨补折光绪十八年五月二十八日

头品顶戴湖北巡抚臣谭继洵跪奏，为湖北公安县光绪十七年被水缓缺秋冬二季驿站坐支银两援案拨补恭折仰祈圣鉴事。窃照湖北州县额设驿站夫马所需工食工料，向在征收驿站钱粮项下按数坐支，遇有展缓之年征不敷支，奏明拨补，由臬司造具应补细册移送藩司，于查办是年奏销时核实给领，历经办理在案。兹据湖北布政使王之春、按察使陈宝箴会详称，光绪十七年公安县驿站项下照额应支银五千五百三十两九钱八分八厘，已征银四千一百五十二两三钱二分六厘，尽数坐支，余因被水缓征，计缺银一千三百七十八两六钱六分二厘。该县地本瘠苦，又当孔道，驿递文报最关紧要，坐支既缺，应为拨补等情，详请具奏前来。臣复核无异，合无仰恳天恩俯准查照往届成案，所有公安县不敷坐支银两，于该年驿站本款内拨补，除造具细册咨送户、兵二部外，理合会同湖广总督臣张之洞恭折具陈，伏乞皇上圣鉴训示，谨奏。

朱批："着照所请，该部知道。"《宫中档光绪朝奏折》第7辑，第152—153页

光绪十七年耗羡银款收不敷支借项作收造报折光绪十八年五月二十八日

头品顶戴湖北巡抚臣谭继洵跪奏，为光绪十七年耗羡银款收不敷支借项作收造报恭折具陈仰祈圣鉴事。窃查湖北省额征起存驿站屯饷芦课等项耗羡暨田房商膏关税盈余并南漕脚耗等款，每年约计收银一十七万余两，以供一岁应支廪工祭品孤贫囚食暨各部饭食并文职各官养廉等项之用，如遇水旱缓征，耗羡随正俱缓，年例支款有常，不得不借动杂款供支，历届查办奏销时，均将借动缘由奏咨在案。兹据湖北布政使王之春详称，光绪十七年分除

总督、巡抚并布政、按察二司，武昌、汉阳二府养廉归于军需案内造销外，其道府以下各官养廉及廪工等杂款，共实应支银一十一万七千七十两一钱七分八厘，各属额征光绪十七年起存驿站屯饷等款耗羡，除缓征坐支外，仅应解司银八万八千八百六两九钱九分七厘，今只解收银七万九千一百九十六两五钱二分三厘；又十七年芦课耗羡暨田房商膏盈余，及节年耗羡并粮道移解南折随漕驴脚等款耗羡银二万四千一十七两一钱九厘；又十六年奏销册报存银一百一十六两七钱九分一厘，通共收银一十万三千三百三十两四钱二分三厘，实不敷支银一万三千七百三十九两七钱五分五厘。现值查办十七年奏销，册内既难登造而例支之款不能不发，应请援案在于司库十八年春拨册内存款项下借支银一万三千八百两，收入耗羡四柱册内造报，一俟本款续收有项即行归还等情，详请奏咨前来。臣复核无异，除咨户部外，理合会同湖广总督臣张之洞恭折具陈，伏祈皇上圣鉴，谨奏。

朱批："户部知道。"《宫中档光绪朝奏折》第7辑，第153—154页

委署黄梅知县片 光绪十八年五月

再：黄梅县知县王翼现以原籍与任所邻近应否回避具禀请示，除照例另行办理外，所有该县印务应即委员接署，查有本任竹溪县知县黎埒，明白老练，勤奋有为，堪以署理，据布政使王之春、按察使陈宝箴会详前来。除檄饬遵照外，谨会同督臣张之洞附片具陈，伏乞圣鉴，谨奏。

朱批："吏部知道。"《宫中档光绪朝奏折》第7辑，第168页

查明湖北省光绪十七年奏销案内未完一分以上各员职名缮具清单折 光绪十八年六月十八日

头品顶戴湖北巡抚臣谭继洵跪奏，为查明湖北省光绪十七年奏销案内未完一分以上各员职名缮具清单恭折仰祈圣鉴事。案照

光绪六年二月准户部咨具奏筹备饷需折内严核各项奏销一条内开：钱粮奏销各依定限，令各该督抚一面具题、一面先将未完一分以上各员职名，开具简明清单专折奏报，由部核定处分先行复奏，仍各于题本内将业经具奏各员声明备核，其有奏后续完者，准其续行奏请归本案开复等因，历经遵办在案。兹值查办光绪十七年奏销，据湖北布政使王之春、督粮道恽祖翼，查明开单具详前来。臣复核无异，所有经征未完一分以上各员职名，已于题本内声明备核，谨开具简明清单恭呈御览。惟奏单应照题本开列，题本缮成后，未完各处有据续报完解者，仍注明请减议免议，合并声明。除咨户部外，理合会同湖广总督臣张之洞恭折具奏，伏祈皇上圣鉴，敕部核议施行，谨奏。

朱批："户部议奏，单并发。"《宫中档光绪朝奏折》第7辑，第182—183页

恭报湖北省光绪十八年五月分雨水粮价地方情形折 光绪十八年六月十八日

头品顶戴湖北巡抚臣谭继洵跪奏，为恭报湖北省光绪十八年五月分雨水粮价地方情形仰祈圣鉴事。窃照光绪十八年四月分各属雨水粮价地方情形，业经臣恭折奏报在案。兹据武昌等十府暨荆门直隶州所属各州县将光绪十八年五月分雨水粮价开具清单呈报，由湖北布政使王之春汇造清折前来。臣复加查核，是月分晴多雨少，江汉水势盛涨，早稻结实，杂粮畅茂，粮价较上月互有增减，地方民情悉臻安谧，堪以仰慰宸廑，谨缮粮价清单恭折具奏，伏乞皇上圣鉴，谨奏。

朱批："知道了。"《宫中档光绪朝奏折》第7辑，第183页

查明湖北省征收光绪十七年钱粮截至奏销止比较上三年完欠各数循例开单折光绪十八年六月十八日

头品顶戴湖北巡抚臣谭继洵跪奏，为查明湖北省征收光绪十七年钱粮截至奏销止比较上三年完欠各数循例开单恭折具陈仰祈圣鉴事。窃照征收钱粮部议三年比较之法开单奏报，历经遵办在案。兹据湖北布政使王之春于光绪十七年奏销截数后开单具详请奏前来。臣复加查核，湖北省光绪十七年新赋项下额征民屯地丁起运共银一百一十万六千六百九十八两九钱一分四厘，内除坍没渍淹挖压沙压展缓豁免共银一万五千一百六十七两二钱七分二厘；又除江夏、咸宁、嘉鱼、汉阳、汉川、黄陂、孝感、沔阳、黄冈、蕲水、黄梅、钟祥、京山、潜江、天门、应城、江陵、公安、石首、监利、松滋、枝江、荆门等州县，并武昌、武左、沔阳、黄州、蕲州、荆州、荆左、荆右等卫，被水受旱缓征银一十八万六千七百六十两四钱六分六厘，实应征银九十万四千七百七十一两一钱七分六厘，以十分计算，已完九分二厘，银八十三万一千四百二十两七钱八分九厘；未完八厘，银七万三千三百五十两三钱八分七厘。比较光绪十四年征数，少征银二万四千八百六十五两八钱五分九厘；比较十四年完数，少完银三万四千五百七十五两五钱四分八厘；比较十五年征数，多征银八万七千一百七十七两六钱九分三厘；比较十五年完数，多完银七万一千四百七十二两二钱一厘；比较十六年征数，多征银四万七千六百三十七两三分九厘；比较十六年完数，多完银三万五千八百七两一钱六分九厘。除饬司严催各属赶紧全完，并咨明户部户科外，理合缮具清单，会同湖广总督臣张之洞恭折具奏，伏祈皇上圣鉴，谨奏。

朱批："户部知道，单并发。"《宫中档光绪朝奏折》第7辑，第184页

湖北省光绪十七年秋冬二季收支牙帖厘金银钱数目折光绪十八年六月二十日

头品顶戴湖北巡抚臣谭继洵跪奏，为湖北省光绪十七年秋冬二季收支牙帖厘金银钱数目恭折具陈仰祈圣鉴事。恭照同治七年十月钦奉上谕："厘金报部章程着照两淮盐厘格式，每年分两次奏报。"等因。钦此钦遵。办理历经前督抚臣暨臣奏报至光绪十七年六月底止在案。兹据湖北布政使王之春会同牙厘局司道详称，光绪十七年七月起至十二月底止，除洋药税厘银两应另案造报外，货厘旧管项下实存市平荆沙银十四万四千五两五钱二分三厘零，新收项下实收牙厘及药土坐票捐共市平荆沙银二十六万六千七百八十九两八钱二分七厘零；又收牙厘钱九十六万四百三十三串六百九十五文，开除项下实解湖北盐道转发长江水师十七年秋冬二季分共库平库色新宝银八万七千两，合市平荆沙银九万一千四百三十三两五钱二分，实解湖北善后总局市平荆沙银十三万三千六百一十九两九钱一分八厘零；又遵奉奏准拨解十七年秋冬二季善后总局委员薪水杂用银五千一百三两六钱，巡防保甲员弁薪水经费银一万一千三百七两，发审委员薪水经费银一千六百二十两，武职操练弓箭月课奖赏银二千八百二两，救生红船水手口粮经费银二千八百八十两；又提牙厘各局局用八分经费银二万一千三百四十三两一钱八分六厘零，实解湖北善后总局钱八十八万三千五百九十八串九百九十九文，给牙厘各局局用八分经费钱七万六千八百三十四串六百九十六文，除解支外，钱款无存，实在项下存货厘市平荆沙银十四万六百八十六两一钱二分六厘零，归入十八年上半年造册报销等情，造具清册详请奏咨前来。臣复核相符，除将清册分别咨送户部户科查照外，理合会同湖广总督臣张之洞恭折具奏，伏祈皇上圣鉴，谨奏。

朱批："户部知道。"《宫中档光绪朝奏折》第7辑，第187—188页

光绪十五年奏销案内未完一分以上之员续经全完请将原参处分开复折光绪十八年六月二十日

头品顶戴湖北巡抚臣谭继洵跪奏，为光绪十五年奏销案内未完一分以上之员续经全完请将原参处分开复恭折仰祈圣鉴事。窃照光绪六年二月准户部咨：钱粮奏销各依定限，令各该督抚一面具题，一面先将未完一分以上各员，开具简明清单专折奏报，由部核定处分，先行复奏；其有奏后续完者，准其奏请归本案开复等因。臣于查办光绪十五年奏销时，已将南粮米石项下未完一分以上各员专折奏报，旋准户部议复前署江陵县事候补班本班尽先补用知州黄宗度未完一分，照例降职一级，戴罪征收等因在案。兹据湖北督粮道恽祖翼详称，该员未完米折银两已据全完，请将降职一级戴罪征收之案奏请开复等情前来。臣复核无异，除咨明吏、户部暨户科查照外，理合会同湖广总督臣张之洞恭折具奏，伏祈皇上圣鉴，敕部核复施行，谨奏。

朱批："户部议奏。"《宫中档光绪朝奏折》第7辑，第189页

恭报湖北省光绪十八年六月分雨水粮价地方情形折光绪十八年闰六月二十六日

头品顶戴湖北巡抚臣谭继洵跪奏，为恭报湖北省光绪十八年六月分雨水粮价地方情形仰祈圣鉴事。窃照光绪十八年五月分各属雨水粮价地方情形，业经臣恭折奏报在案。兹据武昌等十府暨荆门直隶州所属各州县将光绪十八年六月分雨水粮价开具清单呈报，由湖北布政使王之春汇造清折前来。臣复加查核，是月分晴多雨少，江汉水势盛涨，早稻登场，中稻吐穗，杂粮畅茂，粮价较上月减多增少，地方民情悉臻安谧，堪以仰慰宸廑，谨缮粮价清单恭折具奏，伏乞皇上圣鉴，谨奏。

朱批："知道了。"《宫中档光绪朝奏折》第7辑，第242—243页

委解湖北省光绪十八年第三批地丁京饷片

光绪十八年闰六月二十六日

再：查光绪十八年京饷湖北省奉拨地丁银四十五万两，业经先后委解二批共银十万两，奏报在案。兹据湖北布政使王之春详称，在于地丁项下动拨第三批银五万两，查有试用通判胡子斌、即用知县刘延坦，堪以委解，详请奏咨前来。除缮咨转给该委员等妥速起解，并饬将应解银两续筹委解外，谨会同督臣张之洞附片具陈，伏祈圣鉴，谨奏。

朱批："户部知道。"《宫中档光绪朝奏折》第7辑，第243—244页

委解湖北省光绪十八年第四批地丁京饷片

光绪十八年闰六月二十六日

再：查光绪十八年京饷湖北省奉拨地丁银四十五万两，业经委解三批共银十五万两，奏报在案。兹据湖北布政使王之春详称，在于地丁项下动拨第四批银五万两，查有试用通判王作霖、尽先补用知县曾纪雋，堪以委解，详请奏咨前来。除缮咨转给该委员妥速起解，并饬将应解银两续筹委解外，谨会同督臣张之洞附片具陈，伏祈圣鉴，谨奏。

朱批："户部知道。"《宫中档光绪朝奏折》第7辑，第243页

委解湖北省光绪十八年第一批厘金京饷片

光绪十八年闰六月二十六日

再：湖北省厘金项下奉拨光绪十八年东北边防经费银八万两，应即分批委解。兹据湖北布政使王之春会同善后局司道详称，在于厘金项下动拨第一批银四万两，饬委补用知县胡金镗、拔贡试用知县欧阳柄荣管解赴京交纳等情前来。除缮咨转给该委员小心

管解，并饬将应解银两续筹委解外，谨会同督臣张之洞附片具陈，伏祈圣鉴，谨奏。

朱批："户部知道。"《宫中档光绪朝奏折》第7辑，第244页

委解湖北省光绪十八年第二批厘金京饷片

光绪十八年闰六月二十六日

再：湖北省厘金项下奉拨光绪十八年京饷银十二万两，业经委解第一批银二万两奏报在案。兹据湖北布政使王之春会同善后局司道详称，在于厘金项下动拨第二批银二万两，饬委试用通判胡子斌、即用知县刘延坦管解赴京交纳等情前来。除缮咨转给该委员等小心管解，并饬将应解银两续筹委解外，理合会同督臣张之洞附片具陈，伏祈圣鉴，谨奏。

朱批："户部知道。"《宫中档光绪朝奏折》第7辑，第244页

查明湖北省光绪十七年征收旧赋钱粮比较上三年完欠分数折

光绪十八年七月二十八日

头品顶戴湖北巡抚臣谭继洵跪奏，为查明湖北省光绪十七年征收旧赋钱粮比较上三年完欠分数恭折具奏仰祈圣鉴事。窃准户部咨令将征收旧赋分数仍于比较案内奏报；又准部咨仿照河南比较清单将灾缓尚未届限启征银两数目详细扣除，开列实应带征银数，与上三年分别比较等因，遵办在案。兹届造送光绪十七年递带册籍，据湖北布政使王之春详称，湖北省光绪十七年分旧赋项下，自光绪十四年起至十六年止，各属共缓征地丁等银七十三万一千二百三十二两七钱八分九厘，内除各属已完尚未届启征银一万四千九百二十九两七分；又除各属因灾展缓银七十万八千三百五十七两九钱五分九厘外，实应启征银七千九百四十五两七钱六分。已完一分八厘零，银一千四百五十五两一钱；未完八分一厘零，银六千四百九十两六钱六分。比较光绪十四年，计少完四分

二厘；比较光绪十五年，计多完一分八厘零；比较光绪十六年，计少完八分一厘零等情，请奏前来。臣复核无异，除咨户部户科外，理合会同湖广总督臣张之洞恭折具奏，并缮清单，敬呈御览，伏祈皇上圣鉴，谨奏。

朱批："户部知道，单并发。"《宫中档光绪朝奏折》第7辑，第292页

拿获强劫拒捕杀人盗犯审明照章惩办折

光绪十八年七月二十八日

头品顶戴湖北巡抚臣谭继洵跪奏，为拿获强劫拒捕杀人盗犯审明照章惩办并临时畏惧不行事后分赃伙犯按例定拟恭折仰祈圣鉴事。案据麻城县详报民人邬同兴药铺被盗强劫一案，该署知县沈星标当获叶慞憘等七犯，讯供通详，批司委员会审明确，禀经臣与督臣批饬将该犯叶慞憘、袁汶㠇、胡洸汶、李洸憘四犯照章就地正法，张栓周等三犯仍令按例拟解去后。兹据该知县张集庆审明议拟，由黄州府知府高蔚光解经湖北按察使陈宝箴复审转详前来。臣复加查核，缘叶慞憘、袁汶㠇、胡洸汶、李洸憘、张栓周、叶愥之、李启涓分隶黄安、河南光山等县，彼此素识，均先未为匪。光绪十七年二月二十六日，叶慞憘、袁汶㠇、胡洸汶、李洸憘、张栓周、叶愥之、李启涓各至麻城县属乘马冈地方，会遇已被格杀之谢矮子，并在逃之刘润、胡家风、朱四意、王老狗、陶守㠇，共道贫难。谢矮子稔知邬同兴药铺有钱，起意邀约行劫，得赃分用，众俱允从。即于是夜谢矮子、刘润、胡家风、叶慞憘、袁汶㠇、胡洸汶、李洸憘分带洋枪铁鞭刀棍油捻，余俱徒手，行至中途，张栓周、叶愥之、李启涓畏惧转回；谢矮子等一共十人，偕抵邬同兴门首，点燃油捻，朱四意、王老狗、陶守㠇用石条撞开大门，同谢矮子等一齐拥进，事主邬同兴惊起喊捕，叶慞憘用铁鞭拒伤邬同兴左腿，吓禁声张，搜劫银钱首饰衣物逃逸，追及张栓周等告知行劫拒捕情由，同至僻处查点赃物分给张栓周、叶愥之、李启涓钱各二千文，余赃尚未俵分，经捕役何志明巡缉至

彼查知，邀同保邻人等前往掩捕，当将张whose周、叶惧之、李启涓拿获，谢矮子喝众拒捕，并自施放洋枪致伤帮捕之贾清方身死，叶憧憘等各执木棍铁鞭将何志明等拒伤，因人众不知何人伤及何人何处，何志明等齐力抵御，格伤谢矮子毙命，即将叶憧憘、袁汶㬢、胡洸汶、李洸憘拿获，并起出宝银二只、洋枪等件带县，余匪乘间逃逸。事主邬同兴投保，报经该前署知县沈星标会营勘验，传主认领赃物，提犯讯供通详，批司檄委候补知县朱有宽前往，会同沈星标暨接任知县张集庆复审明确，禀经臣与督臣批饬将叶憧憘、袁汶㬢、胡洸汶、李洸憘就地正法，与已被格杀之谢矮子一并枭示；张whose周、叶惧之、李启涓三犯仍饬按例拟解。兹该县比缉逸犯无获，复提现犯审拟，由府解司转详到臣，复核无异。

查律载："强盗已行但得财者，不分首从皆斩"；又例载"共谋为强盗伙犯，临时畏惧不行、事后分赃者，杖一百，流二千里"各等语。又刑部奏定通行："嗣后凡强劫有一人执持洋枪者，不论曾否伤人，不分首从，均拟斩立决枭示。"又湖北省奏定章程："嗣后拿获抢劫杀人罪干斩枭凶盗，委员会审确实，即行就地正法"等因，历经遵办在案。此案谢矮子纠伙执持洋枪刀械强劫邬同兴药铺得赃拒捕杀人，叶憧憘、袁汶㬢、胡洸汶、李洸憘听纠行劫，入室搜赃，帮同拒捕，实属凶暴昭著、同恶相济，自应按例问拟。谢矮子、叶憧憘、袁汶㬢、胡洸汶、李洸憘均合依"强盗已行但得财者，不分首从皆斩"律，拟斩立决，遵照通行，加以枭示。谢矮子已被格杀身死，叶憧憘、袁汶㬢、胡洸汶、李洸憘已遵章就地正法，各枭首示众，应毋庸议。张whose周、叶惧之、李启涓听纠行劫，临时畏惧不行，事后分赃，均合依"共谋为强盗伙犯，临时畏惧不行、事后分赃者，杖一百，流二千里"例，各拟杖一百、流二千里，到配折责安置，照例刺字。该犯等在外为匪，原籍牌保父兄均无从觉察禁约，应免置议。何志明等格杀行劫拒捕杀人首犯谢矮子身死，律得勿论。获赃已给主领，未获赃物同逸犯刘润等缉追获日另结。贾清方尸棺饬埋，洋枪等件案结存库。此案首伙十三人，已获伙犯七名，格杀首犯一名，获犯过半兼获盗首，文武疏防职名邀免开报。除供招送部外，理合会同湖广总督臣张之洞恭折具陈，伏祈皇上圣鉴，敕部核复施行，谨奏。

朱批："刑部议奏。"《宫中档光绪朝奏折》第7辑，第293—295页

恭报湖北省光绪十八年闰六月分雨水粮价地方情形折光绪十八年七月二十八日

头品顶戴湖北巡抚臣谭继洵跪奏，为恭报湖北省光绪十八年闰六月分雨水粮价地方情形仰祈圣鉴事。窃照光绪十八年六月分各属雨水粮价地方情形，业经臣恭折奏报在案。兹据武昌等十府暨荆门直隶州所属各州县将光绪十八年闰六月分雨水粮价开具清单呈报，由湖北布政使王之春汇造清折前来。臣复加查核，是月分晴多雨少，江汉水势渐退，中稻登场，粮价较上月减多增少，地方民情悉臻安谧，堪以仰慰宸廑，谨缮粮价清单恭折具奏，伏乞皇上圣鉴，谨奏。

朱批："知道了。"《宫中档光绪朝奏折》第7辑，第295页

查明湖北光绪十八年二麦收成分数折光绪十八年七月二十八日

头品顶戴湖北巡抚臣谭继洵跪奏，为查明湖北光绪十八年二麦收成分数恭折具陈仰祈圣鉴事。窃照湖北省光绪十八年二麦登场，现据布政使王之春查明各属收成分数汇开清折，具详请奏前来。臣逐加查核，湖北省共计六十八州县，内收成八分有余者五县，八分者二县，七分有余者十三县，七分者五县，六分有余者十六州县，六分者十三州县，五分有余者六县，五分者六州县，四分者一县，三分有余者一县，合计通省收成六分有余，谨缮清

单会同湖广总督臣张之洞恭折具奏，伏乞皇上圣鉴，谨奏。

朱批："知道了。"《宫中档光绪朝奏折》第6辑，第296页

呈报湖北省光绪十七年交代各案片光绪十八年七月二十八日

再：据湖北清查交代局、布政使王之春、按察使陈宝箴、督粮道恽祖翼详称，湖北省各州县卫光绪十六年十二月以前各案交代业经详请，分别奏咨在案。兹查自光绪十七年正月起至十二月底止，共计交代各案四十八起，应造册结均已详咨达部，谨将十七年交代清结缘由详请具奏前来。臣复核无异，除咨明户部查照外，理合会同督臣张之洞附片具陈，伏祈圣鉴，谨奏。

朱批："户部知道。"《宫中档光绪朝奏折》第7辑，第296页

委解湖北省光绪十八年第五批地丁京饷片

光绪十八年七月二十八日

再：查光绪十八年京饷湖北省奉拨地丁银四十五万两，业经委解四批共银二十万两，奏报在案。兹据湖北布政使王之春详称，在于地丁项下动拨第五批银五万两，查有拔贡试用知县陈澍霖，在任候补知县、按察司经历张嘉畹，堪以委解，详请奏咨前来。除缮咨转给该委员妥速起解，并饬将应解银两续筹委解外，谨会同督臣张之洞附片具陈，伏祈圣鉴，谨奏。

朱批："户部知道。"《宫中档光绪朝奏折》第7辑，第297页

委解湖北省光绪十八年第三批厘金京饷片

光绪十八年七月二十八日

再：湖北省厘金项下奉拨光绪十八年京饷银十二万两，业经委解二批共银四万两，奏报在案。兹据湖北布政使王之春会同善

后局司道详称，在于厘金项下动拨第三批银三万两，饬委试用通判王作霖、补用知县曾纪隽管解赴京交纳等情前来。除缮咨转给该委员等小心管解，并饬将应解银两续筹委解外，理合会同督臣张之洞附片具陈，伏祈圣鉴，谨奏。

朱批："户部知道。"《宫中档光绪朝奏折》第7辑，第297页

委署武昌知县片 光绪十八年七月二十八日

再：署武昌县知县钟期濬调省另候差委，所遗该县印务，应即委员接署，以重职守。查有本任云梦县知县刘秉彝，精明练达，办事慎勤，堪以署理。据湖北布政使王之春、按察使陈宝箴会详前来。除檄饬遵照外，谨会同督臣张之洞附片具陈，伏祈圣鉴，谨奏。

朱批："吏部知道。"《宫中档光绪朝奏折》第7辑，第297页

委解湖北省光绪十八年第六批地丁京饷片

光绪十八年七月二十八日

再：查光绪十八年京饷湖北省奉拨地丁银四十五万两，业经委解五批共银二十五万两，奏报在案。兹据湖北布政使王之春详称，在于地丁项下动拨第六批银四万两，查有试用通判林宴春、大挑试用知县罗葆熙，堪以委解，详请奏咨前来。除缮咨转给该委员妥速起解，并饬将应解银两续筹委解外，谨会同督臣张之洞附片具陈，伏乞圣鉴，谨奏。

朱批："户部知道。"《宫中档光绪朝奏折》第7辑，第298页

委解湖北省光绪十八年第八批地丁京饷片

光绪十八年七月二十八日

再：查光绪十八年京饷湖北省奉拨地丁银四十五万两，业经

委解七批共银三十三万两，奏报在案。兹据湖北布政使王之春详称，在于地丁项下动拨第八批银四万两，查有试用通判林源、补用知县马骥，堪以委解，详请奏咨前来。除缮咨转给该委员妥速起解，并饬将应解银两续筹委解外，谨会同督臣张之洞附片具陈，伏祈圣鉴，谨奏。

朱批："户部知道。"《宫中档光绪朝奏折》第7辑，第298页

恭报湖北省光绪十八年七月分雨水粮价地方情形折 光绪十八年八月二十七日

头品顶戴湖北巡抚臣谭继洵跪奏，为恭报湖北省光绪十八年七月分雨水粮价地方情形仰祈圣鉴事。窃照光绪十八年闰六月分各属雨水粮价地方情形，业经臣恭折奏报在案。兹据武昌等十府暨荆门直隶州所属各州县将光绪十八年七月分雨水粮价开具清单呈报，由湖北布政使王之春汇造清折前来。臣复加查核，是月分晴多雨少，江水渐退，汉水复涨，晚稻青葱，菜蔬畅茂，粮价较上月减多增少，地方民情悉臻安谧，堪以仰慰宸廑。谨缮粮价清单恭折具奏，伏乞皇上圣鉴，谨奏。

朱批："知道了。"《宫中档光绪朝奏折》第7辑，第335页

查明各州县额设马匹并无缺额疲瘦折 光绪十八年八月二十七日

头品顶戴湖北巡抚臣谭继洵跪奏，为查明各州县额设马匹并无缺额疲瘦恭折仰祈圣鉴事。窃准兵部咨同治元年闰八月二十日奉上谕："各直省驿站额设马匹接递公文，均关紧要，并着各该管大臣确切查核，年终具奏，如查有缺额及疲乏等弊，即着从严参办。"等因。钦此钦遵。办理在案。兹据湖北按察使陈宝箴详称，查明江夏等州县光绪十七年分额设驿站马匹，均系膘壮足额，在站应差并无亏缺及疲瘦等弊，各具印结由该管道府层递加结，请

奏咨前来。臣复查无异，除印结咨送兵部外，理合恭折具陈，伏乞皇上圣鉴，敕部查核施行，谨奏。

朱批："兵部知道。"《宫中档光绪朝奏折》第7辑，第335—336页

恭报湖北省光绪十八年八月分雨水粮价地方情形折光绪十八年九月二十八日

头品顶戴湖北巡抚臣谭继洵跪奏，为恭报湖北省光绪十八年八月分雨水粮价地方情形仰祈圣鉴事。窃照光绪十八年七月分各属雨水粮价地方情形，业经臣恭折奏报在案。兹据武昌等十府暨荆门直隶州所属各州县将光绪十八年八月分雨水粮价开具清单呈报，由湖北布政使王之春汇造清折前来。臣复加查核，是月分晴雨相间，江水渐退，汉水稍长，晚稻成熟，菜蔬畅茂，粮价较上月互有增减，地方民情悉臻安谧，堪以仰慰宸廑，谨缮粮价清单恭折具奏，伏祈皇上圣鉴，谨奏。

朱批："知道了。"《宫中档光绪朝奏折》第7辑，第377—378页

滇省委员领运十一起二批京铜到鄂发给水脚银两换附轮船开行日期折光绪十八年十月二十八日

头品顶戴湖北巡抚臣谭继洵跪奏，为滇省委员领运十一起二批京铜到鄂发给水脚银两换附轮船开行日期恭折仰祈圣鉴事。窃照滇省委员、补用知县宋惠方领运十一起二批正余京铜五十一万五千斤，于光绪十八年八月二十七日入湖北境，九月初九日全数运抵汉阳城河，报经饬委署汉阳府知府沈保祥、署汉阳县知县陈夔麟，会同该运员宋惠方于九月初十日将运到铜斤逐一盘验过秤，并无短少，换附轮船眼同过载，于十八年九月十六日由汉口开行，取具运员无亏钤结，由该府县加结转详，其应领水脚在于藩库地丁项下动支银一千八百两，发给该运员具领。据湖北布政使王之

春具详请奏前来。除将册结咨送户、工二部暨钱法堂查照外，理合会同湖广总督臣张之洞恭折具奏，伏祈皇上圣鉴，谨奏。

朱批："该部知道。"《宫中档光绪朝奏折》第7辑，第410—411页

委解湖北省光绪十八年第四批厘金京饷片

光绪十八年十月二十八日

再：湖北省厘金项下奉拨光绪十八年京饷银十二万两，业经委解三批共银七万两，奏报在案。兹据湖北布政使王之春会同善后局司道详称，在于厘金项下动拨第四批银五万两，饬委补用知县方朝佐、补用知县刘绶青管解赴京交纳等情前来。除缮咨转给该委员等小心管解外，所有湖北省奉拨本年厘金京饷银两扫数解清缘由，理合会同督臣张之洞附片具陈，伏祈圣鉴，谨奏。

朱批："户部知道。"《宫中档光绪朝奏折》第7辑，第411页

委解湖北省光绪十八年第七批地丁京饷片

光绪十八年十月二十八日

再：查光绪十八年京饷湖北省奉拨地丁银四十五万两，业经委解六批共银二十九万两，奏报在案。兹据湖北布政使王之春详称，在于地丁项下动拨第七批银四万两，查有补用知县方朝佐、补用知县刘绶青，堪以委解，详请奏咨前来。除缮咨转给该委员妥速起解，并饬将应解银两续筹委解外，谨会同督臣张之洞附片具陈，伏祈圣鉴，谨奏。

朱批："户部知道。"《宫中档光绪朝奏折》第7辑，第412页

委解湖北省光绪十八年第二批东北边防经费片

光绪十八年十月二十八日

再：湖北省厘金项下奉拨光绪十八年东北边防经费银八万两，

业经委解第一批银四万两，奏报在案。兹据湖北布政使王之春会同善后局司道详称，复在厘金项下动拨第二批银四万两，饬委试用通判林宴春、大挑试用知县罗葆熙管解赴京交纳等情前来。除缮咨转给该委员小心管解外，所有湖北省厘金项下奉拨本年东北边防经费银两扫数解清缘由，谨会同督臣张之洞附片具陈，伏祈圣鉴，谨奏。

朱批：“户部知道。”《宫中档光绪朝奏折》第7辑，第412页

恭报湖北省光绪十八年九月分雨水粮价地方情形折光绪十八年十月二十八日

头品顶戴湖北巡抚臣谭继洵跪奏，为恭报湖北省光绪十八年九月分雨水粮价地方情形仰祈圣鉴事。窃照光绪十八年八月分各属雨水粮价地方情形，业经臣恭折奏报在案。兹据武昌等十府暨荆门直隶州所属各州县将光绪十八年九月分雨水粮价开具清单呈报，由湖北布政使王之春汇造清折前来。臣复加查核，是月分晴雨相间，江汉水势渐退，晚稻登场，粮价较上月互有增减，地方民情悉臻安谧，堪以仰慰宸廑，谨缮粮价清单恭折具奏，伏祈皇上圣鉴，谨奏。

朱批：“知道了。”《宫中档光绪朝奏折》第7辑，第412—413页

查明湖北省各属应征光绪十八年地丁等款上忙钱粮已未完数目折光绪十八年十月二十八日

头品顶戴湖北巡抚臣谭继洵跪奏，为查明湖北省各属应征光绪十八年地丁等款上忙钱粮已未完数目恭折具陈仰祈圣鉴事。窃照上下两忙钱粮例应将额征坐支及已未完各数目分款造报，嗣于咸丰二年接准部咨议奏藩司功过章程，拟请丰年以额征数目为准，蠲缓之年以应征数目为准，均按八分计算，责成藩司督催。上忙匀为三分征收，下忙匀为五分征收，其余二分归于奏销前扫数全

完，随案议予功过等因在案。兹据湖北布政使王之春详称，湖北省光绪十八年分额征起运屯饷存留驿站正项，共银一百一十万七千三百六十八两七钱一分八厘，内除坍没渍淹挖压沙压坍占挖废缓征豁免，共银一万五千一百六十七两二钱七分二厘，实应征银一百九万二千二百一两四钱四分六厘。核计上忙应征三分银三十二万七千六百六十两四钱三分四厘，已完二分二厘八毫零，银二十四万九千七十二两七钱九分一厘；未完七厘一毫九丝零，银七万八千五百八十七两六钱四分三厘，所有未完职名系现任湖北布政使王之春。又额征光绪十八年芦课正银一万二千一百三十四两九钱一分七厘，核计上忙应征三分银三千六百四十两四钱七分五厘，已完银一千五百四十二两六钱四分七厘，未完银二千九十七两八钱二分八厘。又额征光绪十八年田房牙当茶黄柏等税银九千三百三十一两一钱五分七厘，核计上忙应征三分银二千七百九十九两三钱四分七厘，已完银一百七十六两九钱七分二厘，未完银二千六百二十二两三钱七分五厘等情前来。臣复核无异，除仍饬严催各属赶紧催征，务于下忙期内扫数完解外，理合会同湖广总督臣张之洞恭折具陈，伏祈皇上圣鉴，谨奏。

朱批："户部知道。"《宫中档光绪朝奏折》第7辑，第413—414页

恭报湖北省光绪十八年十月分雨雪粮价地方情形折光绪十八年十一月二十一日

头品顶戴湖北巡抚臣谭继洵跪奏，为恭报湖北省光绪十八年十月分雨雪粮价地方情形仰祈圣鉴事。窃照光绪十八年九月分各属雨水粮价地方情形，业经臣恭折奏报在案。兹据武昌等十府暨荆门直隶州所属各州县将光绪十八年十月分雨雪粮价开具清单呈报，由湖北布政使王之春汇造清折前来。臣复加查核，是月分晴雨相间，各属得雪一二寸不等，江汉水势退落，二麦播种，粮价较上月减多增少，地方民情悉臻安谧，堪以仰慰宸廑，谨缮粮价清单恭折具奏，伏祈皇上圣鉴，谨奏。

朱批："知道了。"《宫中档光绪朝奏折》第7辑，第469页

查报旱稻收成分数折光绪十八年十一月二十一日

头品顶戴湖北巡抚臣谭继洵跪奏，为查报旱稻收成分数恭折仰祈圣鉴事。窃照湖北省光绪十八年分各属旱稻登场，据湖北布政使王之春查明收成分数，开折呈报前来。臣复加查核，除德安府属之应山，郧阳府属之郧西、保康、竹山、竹溪，荆门直隶州属之远安等县，向不种植旱稻外，核计通省九分有余者一县，八分有余者七县，八分者二县，七分有余者八州县，七分者十二州县，六分有余者八县，六分者十二州县，五分有余者四州县，五分者四州县，四分有余者一县，四分者二县，三分者一县。通省合计收成六分有余，谨另缮清单，恭折具奏，伏祈皇上圣鉴，谨奏。

朱批："知道了。"《宫中档光绪朝奏折》第7辑，第469—470页

呈报湖北省光绪十八年额征片光绪十八年十一月二十一日

再：据湖北督粮道恽祖翼详称，湖北省各州县卫光绪十八年额征驴脚南折正耗，共银四万一千四百七十五两零，内除挖压渍淹沙压被水豁减缓征共银三百九十六两零；并下忙应征银两外，实应征上忙银二万五百三十九两零，已完银一万七千五百九十三两零，未完银二千九百四十六两零。又额征随漕浅船军三安家正耗并闲丁帮津资役等款，共银九万二千六百八两零，内除渍淹挖压沙压逃亡故绝被水豁减缓征共银三千七百四十二两零，并下忙应征银两外，实应征上忙银四万四千四百三十三两零，已完银一万八千四百六十四两零，未完银二万五千九百六十八两零等情前来。除饬该道严催各州县卫迅将未完银两赶紧征解外，理合会同

督臣张之洞附片具陈，伏祈圣鉴，谨奏。

朱批："户部知道。"《宫中档光绪朝奏折》第7辑，第470页

委解湖北省光绪十八年第九批地丁京饷片

光绪十八年十一月二十一日

再：查光绪十八年京饷湖北省奉拨地丁银四十五万两，业经委解八批共银三十七万两，奏报在案。兹据湖北布政使王之春详称，本年地丁京饷尚应解银八万两，兹已如数筹拨齐全，应饬管解第八批京饷委员试用通判林源、补用知县马骥，一并管解赴京交纳，以期迅速等情，详请奏咨前来。除缮咨发给该委员妥速起解外，所有湖北省本年奉拨地丁京饷银两业经扫数解清缘由，谨会同督臣张之洞附片具陈，伏祈圣鉴，谨奏。

朱批："户部知道。"《宫中档光绪朝奏折》第7辑，第471页

委署兴国知州片 光绪十八年十一月二十一日

再：署兴国州事、本任随州知州濮文昶调省另候差委，所遗兴国州印务，应即委员接署，以重职守。查有现署大冶县事、本任沔阳州知州陆祐勤，稳练精明，办事结实，堪以调署。据湖北布政使王之春、按察使陈宝箴会详前来。除檄饬遵照外，谨会同督臣张之洞附片具奏，伏祈圣鉴，谨奏。

朱批："吏部知道。"《宫中档光绪朝奏折》第7辑，第471页

委署武黄同知片 光绪十八年十一月二十一日

再：署黄州府武黄同知黄宗度调省另候差委，所遗该同知印务，应即委员接署，以重职守。查有德安府同知蔡懋赓，老成练达，办事亦勤，堪以调署。递遗德安府同知印务，查有本任黄州府武黄同知顾允昌，才具开展，勤慎趋公，堪以署理。据湖北布

政使王之春、按察使陈宝箴会详前来。除檄饬遵照外，谨会同督臣张之洞附片具陈，伏祈圣鉴，谨奏。

朱批："吏部知道。"《宫中档光绪朝奏折》第7辑，第472页

光绪十八年分甄别教职佐杂均未及额据实陈明折光绪十八年十二月初七日

头品顶戴湖北巡抚臣谭继洵跪奏，为光绪十八年分甄别教职佐杂均未及额据实陈明恭折仰祈圣鉴事。窃查定例甄别教职佐杂各按该省额缺以百之二三为率参劾，及数者免议，如该省果无应行参劾之员，令该督抚学政切实声明等因。查湖北省教职一百四十缺，每年应甄别去任三四员；佐杂二百零五缺，每年应甄别去任四五员。今光绪十八年分甄别佐杂，已届三次俸满革职者一员，已届二次俸满革职者一员，计教职佐杂两项仅只参劾佐杂二员，其余均尚循分供职，是以参劾未经及额。据布政使王之春、按察使陈宝箴会详请奏前来。臣复查无异，至本届大计案内教职佐杂两班参劾人员不在年额甄别员数之列，除仍随时察看、如有衰庸不职之员另行参办，并将已劾各员开具清折咨送军机处、吏部查核外，理合会同湖广总督臣张之洞、湖北学政臣孔祥霖恭折具奏，伏乞皇上圣鉴，谨奏。

朱批："吏部知道。"《宫中档光绪朝奏折》第7辑，第499页

密陈司道知府等官考语谨另缮清单折光绪十八年十二月初七日

头品顶戴湖北巡抚臣谭继洵跪奏，为密陈司道知府等官考语谨另缮清单恭折仰祈圣鉴事。窃查司道知府等官例应督抚于年终出具切实考语密折陈奏，伏念为政首重得人，疆臣职司察吏，楚鄂为南北枢纽，六省要冲，水患频仍，华洋错处，四境风气不一，政教亦各异，宜是非勤求治理，地方难期安谧。司道有综核之责，

知府乃表率之官，所系于国计民生尤非浅鲜，臣每与晤商公事及文牍往还，留心考察，或征诸实迹，或采自舆论，随事随时将各员才识操守密为笔记，务期各如本量，未敢视为具文。其上年曾经注考之员，仍复加印证，不以一时之评骘概其终身，除汉黄德道现系署事之员，荆宜施道周懋琦到任未及三月，均例不加考外，其余各官臣谨就所知，出具切实考语，密缮清单恭呈御览，如有初终异辙、名实不符者，臣仍随时考核指参，以仰副朝廷澄叙官常之至意，理合恭折密奏，伏乞皇上圣鉴训示，谨奏。

朱批："知道了，单片留中。"《宫中档光绪朝奏折》第7辑，第500页

恭报湖北省光绪十八年十一月分雨雪粮价地方情形折光绪十八年十二月初九日

头品顶戴湖北巡抚臣谭继洵跪奏，为恭报湖北省光绪十八年十一月分雨雪粮价地方情形仰祈圣鉴事。窃照光绪十八年十月分各属雨雪粮价地方情形，业经臣恭折奏报在案。兹据武昌等十府暨荆门直隶州所属各州县将光绪十八年十一月分雨雪粮价开具清单呈报，由湖北布政使王之春汇造清折前来。臣复加查核，是月分晴雨相间，各属禀报得雪二三寸不等，江汉水势退落，二麦长发，粮价较上月互有增减，地方民情悉臻安谧，堪以仰慰宸廑，谨缮粮价清单恭折具奏，伏祈皇上圣鉴，谨奏。

朱批："知道了。"《宫中档光绪朝奏折》第7辑，第518—519页

江西省筹还鄂厘银两片光绪十八年十二月初九日

再：查湖南督销局前挪鄂厘银二万两垫解前福建藩司王德榜定边军饷，应由江西省筹还，已准拨还银一万五千两，尚欠银五千两。兹复委员前往守催，经江西省如数筹拨，发交委员补用知县王奎照领汇回鄂。据善后局司道会详请奏前来。臣复核无异，

除咨户部暨江西巡抚臣查照外，所有江西省应还鄂厘银两业经还清缘由，理合会同督臣张之洞附片具陈，伏乞圣鉴，谨奏。

朱批：“户部知道。”《宫中档光绪朝奏折》第7辑，第519页

委署枣阳知县片光绪十八年十二月初九日

再：署枣阳县知县宋熙曾现经调省，所遗该县印务，亟应委员接署，以重职守。查有江陵县知县龙兆霖，才具开展，办事勤能，堪以调署。递遗江陵县知县印务，查有准补枣阳县知县李九江，稳慎精明，结实可靠，堪以署理。据布政使王之春、按察使陈宝箴会详前来。除檄饬遵照外，谨会同督臣张之洞附片具陈，伏祈圣鉴，谨奏。

朱批：“吏部知道。”《宫中档光绪朝奏折》第7辑，第519页

叩谢天恩折光绪十九年正月十七日

头品顶戴湖北巡抚臣谭继洵跪奏，为叩谢天恩恭折仰祈圣鉴事。窃臣赍折差弁回署，钦奉御赏福字一方，臣谨即恭设香案望阙叩头谢恩祗领讫，钦惟皇上执中建极，嘉祥备而亿载延休；稽古右文，德化隆而三多共祝。一人有庆，四宇皆春。臣忝领封圻，仰承眷赉。宝翰揭箕畴之旨，福自天申；璇题与羲画同垂，墨和露湛。荷龙章之宠贲，抱蚁悃以滋惭。臣惟有益励慎勤，勉图报称。仰云烂星辉之瑞，万福来同；诵江方汉泳之诗，群黎遍德。所有微臣感激下忱，理合恭折叩谢天恩，伏乞皇上圣鉴，谨奏。

朱批：“知道了。”《宫中档光绪朝奏折》第7辑，第604页

部选人员领凭到省委署别缺折光绪十九年正月十八日

头品顶戴湖北巡抚臣谭继洵跪奏，为部选人员领凭到省委署

别缺恭折仰祈圣鉴事。窃照部选大冶县知县程懋祺，于光绪十八年九月初九日到省；部选京山县知县王公辅于光绪十八年十月初二日到省，前经臣会同督臣饬委程懋祺署理黄陂县知县印务，王公辅署理安陆县知县印务，附片奏明在案。兹据湖北布政使王之春、按察使陈宝箴会详，该员程懋祺、王公辅到省后委署别缺，未赴本任，请照章奏咨立案前来。除将该员等原领文凭分别咨送吏部查销外，理合会同湖广总督臣张之洞恭折具奏，伏祈皇上圣鉴，敕部查照施行，谨奏。

朱批："吏部知道。"《宫中档光绪朝奏折》第7辑，第605页

湖北省光绪十八年春夏二季收支牙帖厘金银钱数目折光绪十九年正月十八日

头品顶戴湖北巡抚臣谭继洵跪奏，为湖北省光绪十八年春夏二季收支牙帖厘金银钱数目恭折具陈仰祈圣鉴事。恭照同治七年十月钦奉上谕："厘金报部章程着照两淮盐厘格式，每年分两次奏报。"等因。钦此钦遵。办理历经前督抚臣暨臣奏报至光绪十七年十二月底止在案。兹据湖北布政使王之春会同牙厘局司道详称，光绪十八年正月起至闰六月底止，除洋药税厘银两应另案造报外，货厘旧管项下实存市平荆沙银十四万六百八十六两一钱二分六厘零，新收项下实收牙厘及药土坐票捐共市平荆沙银二十万八千二十九两三钱五分零；又收牙厘钱八十五万八千五百三十六串九百三十六文，开除项下实解湖北盐道转发长江水师十八年春夏二季分共库平库色新宝银八万七千两，合市平荆沙银九万一千四百三十三两五钱二分，实解湖北善后总局市平荆沙银六万六百五十八两六分一厘零；又遵奉奏准拨解十八年春夏二季善后总局委员薪水杂用银五千九百五十四两二钱，巡防保甲员弁薪水经费银一万三千一百九十一两五钱，发审委员薪水经费银一千八百九十两，武职操练弓箭月课奖赏银三千二百六十九两，救生红船水手口粮经费银三千三百六十两；又提牙厘各局局用八分经费银一万六千

六百四十二两三钱四分八厘零，实解湖北善后总局钱七十八万九千八百五十三串九百八十一文，给牙厘各局局用八分经费钱六万八千六百八十二串九百五十五文，除解支外，钱款无存，实在项下存货厘市平荆沙银十五万二千三百十六两八钱四分七厘零，归入十八年下半年造册报销等情，造具清册详请奏咨前来。臣复核相符，除将清册分别咨送户部户科查照外，理合会同湖广总督臣张之洞恭折具奏，伏祈皇上圣鉴，谨奏。

朱批："户部知道。"《宫中档光绪朝奏折》第7辑，第605—606页

恭报湖北省光绪十八年十二月分雨雪粮价地方情形折光绪十九年正月十八日

头品顶戴湖北巡抚臣谭继洵跪奏，为恭报湖北省光绪十八年十二月分雨雪粮价地方情形仰祈圣鉴事。窃照光绪十八年十一月分各属雨雪粮价地方情形，业经臣恭折奏报在案。兹据武昌等十府暨荆门直隶州所属各州县将光绪十八年十二月分雨雪粮价开具清单呈报，由湖北布政使王之春汇造清折前来。臣复加查核，是月分晴雨相间，各属迭沾雪泽，二麦借以滋培，菜蔬畅茂，粮价较上月互有增减，地方民情悉臻安谧，堪以仰慰宸廑。谨缮粮价清单恭折具奏，伏祈皇上圣鉴，谨奏。

朱批："知道了。"《宫中档光绪朝奏折》第7辑，第607页

委署崇阳知县片光绪十九年正月十八日

再：崇阳县知县郑敦祜调省，所遗该县印务，亟应委员往署，以重职守。查有本任通城县知县舒恭寿，才识稳练，明干有为，堪以署理。据布政使王之春、按察使陈宝箴会详前来。除檄饬遵照外，谨会同督臣张之洞附片具陈，伏祈圣鉴，谨奏。

朱批："吏部知道。"《宫中档光绪朝奏折》第7辑，第607页

为贞女请旌片 光绪十九年正月十八日

再：据江夏县知县诸可权详称，准儒学牒，据在籍前甘肃宁州知州王景彝等呈称，该县现存贞女刘萧氏，系原任江西上高县知县萧良植之女，文童刘嘉杭之聘妻。同治九年，嘉杭身故，时女年十六岁，闻讣哀毁逾恒，誓以身殉。经父母晓以大义，许不再字，遂归夫家，矢志守贞，事奉舅姑，克尽妇职，洵属贞孝可风，现年三十八岁等情。开呈事实，出具甘结。由学查明，造具事实清册牒县，递加印结，声明该县前有贞女张胡姑，守贞未及年例，曾经前抚臣奎斌奏蒙恩准旌表，援案详请具奏前来。臣查礼部奏定章程，贞女请旌，声明不拘常例年限，援案奏请者系出自圣裁，非臣下所敢议拟等因，迭经中外臣工奏奉特旨旌表有案。今江夏县贞女刘萧氏，事同一律，合无仰恳天恩俯准旌表，用彰节义而维风教。除册结送部外，谨会同湖广总督臣张之洞、湖北学政臣孔祥霖附片具陈，伏乞圣鉴训示，谨奏。

朱批："着照所请，礼部知道。"《宫中档光绪朝奏折》第7辑，第608页

委署鹤峰知州片 光绪十九年正月十八日

再：署鹤峰州知州袁福瀚，调省另候差委，所遗该州印务，应即委员往署，以重职守。查有现署保康县事、本任当阳县知县李元才，明练稳慎，办事勤能，堪以调署。据布政使王之春、按察使陈宝箴会详前来。除檄饬遵照外，谨会同督臣张之洞附片具奏，伏祈圣鉴，谨奏。

朱批："吏部知道。"《宫中档光绪朝奏折》第7辑，第608页

委署归州知州片光绪十九年正月

再：署归州事、本任鹤峰州知州丁国桢现经调署襄阳县知县，所遗归州印务即以襄阳县知县梅冠林调署，据布政使王之春、按察使陈宝箴会详请奏前来。除檄饬遵照外，谨会同督臣张之洞附片具陈，伏乞圣鉴，谨奏。

朱批："吏部知道。"《光绪朝朱批奏折》第8辑，第708页

委署监利知县片光绪十九年正月

再：监利县知县萧云现经调署枝江县事，所遗监利县知县印务，即以枝江县知县陈富文调署，据布政使王之春、按察使陈宝箴会详前来。除檄饬遵照外，谨会同督臣张之洞附片具陈，伏祈圣鉴，谨奏。

朱批："吏部知道。"《光绪朝朱批奏折》第8辑，第740页

委解湖北省光绪十九年第一批地丁京饷片
光绪十九年正月

再：查光绪十九年京饷湖北省奉拨地丁银四十五万两，应即分批委解，兹据湖北布政使王之春详称：在于地丁项下动拨第一批银五万两，查有候补班本班尽先补用知县朱桂馨、候补班前遇缺先用知县孙长焯，堪以委解，详请奏咨前来。除缮咨转给该委员等妥速起解并饬将应解银两续筹委解外，谨会同督臣张之洞附片具陈，伏乞圣鉴，谨奏。

朱批："户部知道。"《光绪朝朱批奏折》第87辑，第397页

委解湖北省光绪十九年第一批厘金京饷片
光绪十九年正月

再：湖北省厘金项下奉拨光绪十九年京饷银十二万两，应即分批委解，兹据湖北布政使王之春会同善后局司道详称：在于厘金项下动拨第一批银三万两，饬委候补班尽先补用知县朱桂馨、候补班前遇缺先用知县孙长焯管解赴京交纳等情前来。除缮咨转给该委员等小心管解并饬将应解银两续筹委解外，理合会同督臣张之洞附片具陈，伏祈圣鉴，谨奏。

朱批："户部知道。"《光绪朝朱批奏折》第87辑，第397页

甄别庸劣不职各员请旨即行革职折光绪十九年二月二十七日

头品顶戴湖北巡抚臣谭继洵跪奏，为甄别庸劣不职各员请旨即行革职恭折具陈仰祈圣鉴事。窃维察吏安民本为抚臣专责，凡僚吏之不肖者，果有灼见真知，自应严加甄别，据实劾参，以免贻害民生。臣于所属实任候补人员留心考察，查得花翎留省补用知府、本任广济县知县彭广心，居心巧诈，遇事欺蒙；同知衔候补班尽先补用知县、前署襄阳县知县茹朝政，嗜酒任性，昏谬妄为；蓝翎留省候补班、前先补用直隶州知州、前署武昌县知县钟期濬，性暴政酷，物议沸腾，以上三员均系庸劣不职，未便瞻徇姑容，相应请旨，一并革职，以端吏治而警官邪。此外如有劣迹昭著，不堪造就之员，容臣随时甄别，专折严参，以仰副朝廷整饬官常之至意。所有甄别庸劣不职各员缘由，理合恭折具陈，伏乞皇上圣鉴训示，谨奏。

朱批："另有旨。"《宫中档光绪朝奏折》第7辑，第667页

恭报湖北省光绪十九年正月分雨雪粮价地方情形折光绪十九年二月二十七日

头品顶戴湖北巡抚臣谭继洵跪奏，为恭报湖北省光绪十九年正月分雨雪粮价地方情形仰祈圣鉴事。窃照光绪十八年十二月分各属雨雪粮价地方情形，业经臣恭折奏报在案。兹据武昌等十府暨荆门直隶州所属各州县将光绪十九年正月分雨雪粮价开具清单呈报，由湖北布政使王之春汇造清折前来。臣复加查核，是月分晴雨相间，各属迭沾雪泽，二麦青葱，菜蔬畅茂，粮价较上月互有增减，地方民情悉臻安谧，堪以仰慰宸廑，谨缮粮价清单恭折具奏，伏祈皇上圣鉴，谨奏。

朱批："知道了。"《宫中档光绪朝奏折》第7辑，第668页

查报湖北省光绪十八年中晚二稻收成分数折

光绪十九年二月二十七日

头品顶戴湖北巡抚臣谭继洵跪奏，为查报湖北省光绪十八年中晚二稻收成分数恭折仰祈圣鉴事。窃照湖北省光绪十八年早稻收成分数业经臣恭折奏报在案。兹据湖北布政使王之春查明各属中晚二稻收成分数，开单详报前来。臣复加查核，除武昌府属之咸宁、大冶，黄州府属之黄安、蕲州、广济，荆州府属之石首、松滋、枝江、宜都等州县不产晚稻，施南府属之宣恩、来凤二县不产中稻外，其种植中晚二稻各属业已登场，收成九分有余者三县，九分者一县，八分有余者四州县，八分者二县，七分有余者十一州县，七分者九州县，六分有余者十州县，六分者十州县，五分有余者八州县，五分者四县，四分有余者二县，四分者二县，三分有余者一县，三分者一县，合计通省收成六分有余。谨缮清单，会同湖广总督臣张之洞恭折具奏，伏祈皇上圣鉴，谨奏。

朱批："知道了。"《宫中档光绪朝奏折》第7辑，第668—669页

恭报湖北省光绪十九年二月分雨水粮价地方情形折光绪十九年三月二十七日

头品顶戴湖北巡抚臣谭继洵跪奏，为恭报湖北省光绪十九年二月分雨水粮价地方情形仰祈圣鉴事。窃照光绪十九年正月分各属雨雪粮价地方情形，业经臣恭折奏报在案。兹据武昌等十府暨荆门直隶州所属各州县将光绪十九年二月分雨水粮价开具清单呈报，由湖北布政使王之春汇造清折前来。臣复加查核，是月分晴雨相间，江汉水势稍长，二麦畅茂，油菜扬花，粮价较上月互有增减，地方民情悉臻安谧，堪以仰慰宸廑。谨缮粮价清单恭折具奏，伏祈皇上圣鉴，谨奏。

朱批："知道了。"《宫中档光绪朝奏折》第7辑，第707页

委员代防万城大堤折光绪十九年三月二十七日

头品顶戴湖北巡抚臣谭继洵跪奏，为委员代防万城大堤恭折具陈仰祈圣鉴事。窃照湖北荆州府万城堤滨临荆江，为阖郡及下游各属民田庐舍保障，每届夏秋二汛例应督抚轮年赴堤督防，如省城有应办要事未克前往，奏委该管道府就近驻工代防，历经办理在案。本年轮应臣前往督防，惟恭逢恩科举行乡试，科场事宜应预为备办，京协各饷亦关紧要，必得在省率同司道局员随时商筹，不克分身前往。夏汛瞬临，自应委员代防以专责成。查荆州府知府舒惠在任年久，于堤务尚能悉心讲求，堪以委令代防，现经檄委该府会同文武员弁亲驻工所，昼夜梭巡，预备守水器具，遇有险要工段，随时抢护；并札饬荆宜施道周懋琦随时查察督办，务臻稳固。所有委员代防万城大堤缘由，谨会同湖广总督臣张之洞恭折具奏，伏祈皇上圣鉴，谨奏。

朱批："知道了。"《宫中档光绪朝奏折》第7辑，第707—708页

蔡国桢留省补用片光绪十九年三月

再：准部咨道府州县无论何项劳绩保奏归于候补班人员，令该督抚即以此项人员到省之日起，予限一年详加察看，认真考核，如系为守兼优，堪膺民社之员，出具切实考语，奏明分别繁简补用等因。兹查蓝翎五品衔候补班前尽先补用知县蔡国桢，于光绪十八年三月二十七日到省起，连闰扣至十九年二月二十七日，试看一年期满，据湖北布政使王之春、按察使陈宝箴取造该员履历清册，详请甄别具奏前来。臣随考验该员蔡国桢心精力果，明干有为，堪以繁缺留省补用，除清册咨送吏部查核外，谨会同督臣张之洞附片具陈，伏乞圣鉴，敕部查照施行，谨奏。

朱批："吏部知道。"《光绪朝朱批奏折》第8辑，第811页

恭报湖北省光绪十九年三月分雨水粮价地方情形折光绪十九年四月二十八日

头品顶戴湖北巡抚臣谭继洵跪奏，为恭报湖北省光绪十九年三月分雨水粮价地方情形仰祈圣鉴事。窃照光绪十九年二月分各属雨水粮价地方情形，业经臣恭折奏报在案。兹据武昌等十府暨荆门直隶州所属各州县将光绪十九年三月分雨水粮价开具清单呈报，由湖北布政使王之春汇造清折前来。臣复加查核，是月分晴雨相间，江汉水势渐长，秧苗播种，二麦结实，粮价较上月互有增减，地方民情悉臻安谧，堪以仰慰宸廑，谨缮粮价清单恭折具奏，伏祈皇上圣鉴，谨奏。

朱批："知道了。"《宫中档光绪朝奏折》第7辑，第742—743页

部选人员领凭到省委署别缺折光绪十九年四月二十八日

头品顶戴湖北巡抚臣谭继洵跪奏，为部选人员领凭到省委署别缺恭折仰祈圣鉴事。窃照部选安陆府同知盛勋，于光绪十九年三月十八日到省，现经臣等委署宜昌府同知印务，附片奏明在案。兹据湖北布政使王之春、按察使陈宝箴会详，该员盛勋到省后委署别缺，未赴本任，请照章奏咨立案前来。除将文凭咨送吏部查销外，谨会同湖广总督臣张之洞恭折具陈，伏乞皇上圣鉴，敕部查照施行，谨奏。

朱批："吏部知道。"《宫中档光绪朝奏折》第7辑，第743页

查明各属应征光绪十八年地丁等款钱粮下忙已未完数目折光绪十九年四月二十八日

头品顶戴湖北巡抚臣谭继洵跪奏，为查明各属应征光绪十八年地丁等款钱粮下忙已未完数目恭折仰祈圣鉴事。窃照上下两忙钱粮例应将额征坐支及已未完数目分款造报，咸丰二年部议藩司功过章程：丰年以额征数目为准，蠲缓之年以应征数目为准，均按八分计算，责成藩司督催。上忙匀为三分征收，下忙匀为五分征收，其余二分归于奏销前扫数全完，随案议予功过等因，历经照办在案。兹据湖北布政使王之春详称，湖北省光绪十八年额征起运存留驿站屯饷正项，共银一百一十万七千三百六十八两七钱一分八厘，内除坍没渍淹挖压沙压坍占挖废缓征豁免，共银一万五千一百六十七两二钱七分二厘外，实应催银一百九万二千二百一两四钱四分六厘；内除上忙三分银两外，下余银七十六万四千五百四十一两一分二厘，内除各属被水受旱蠲免缓征共银一十八万一百六十一两八钱九分七厘，计应征银五十八万四千三百七十九两一钱一分五厘，又除奏销应催二分银一十六万六千九百六十

五两四钱六分一厘，实应催下忙五分银四十一万七千四百一十三两六钱五分四厘，已完银三十万五千七百九十两一钱五分六厘，未完银一十一万一千六百二十三两四钱九分八厘；计已完分数三分六厘六毫零，未完分数一分三厘三毫零，所有未完职名系现任湖北布政使王之春。又额征光绪十八年压征十七年芦课正银一万二千一百三十四两九钱一分七厘，内除上忙三分银两外，下余银八千四百九十四两四钱四分二厘，内除各属被水受旱缓征银一千七百八十一两二钱二分八厘，计应征银六千七百一十三两二钱一分四厘；又除奏销应催二分银一千九百一十八两六分一厘，实应催下忙五分银四千七百九十五两一钱五分三厘，已完银四千三百七十两一钱九分三厘，未完银四百二十四两九钱六分。又额征光绪十八年田房牙茶黄柏等税银九千三百三十一两一钱五分七厘，内除上忙应催三分奏销、应催二分银两外，实应催下忙五分银四千六百六十五两五钱七分九厘，已完银一千四百九十三两三钱七分七厘，未完银三千一百七十二两二钱二厘等情，造册具详前来。臣复核无异，除饬藩司严督各属迅将未完银两赶紧催征、扫数全完并将各册咨送户部外，理合会同湖广总督臣张之洞恭折具陈，伏祈皇上圣鉴，谨奏。

朱批："户部知道。"《宫中档光绪朝奏折》第7辑，第743—745页

委署宜昌府同知片光绪十九年四月

再：宜昌府同知史醽应给咨赴部引见，所有该同知篆务应亟委员往署，以重职守。查有新选安陆府同知盛勋心境明白，举止安详，堪以署理，据布政使王之春、按察使陈宝箴会详前来。除檄饬遵照外，谨会同督臣张之洞附片具陈，伏祈圣鉴，谨奏。

朱批："吏部知道。"《光绪朝朱批奏折》第8辑，第863页

湖北提倡农桑折光绪十九年四月

足民之政，农桑并重。湖北向称泽国，农民终岁勤动，田畴所入，为利甚微，一遇偏灾，立形匮乏。欲为代谋生业，广辟利源，酌土地之宜，筹经久之策，计惟有兴办蚕桑，广以阜物丰财，补农功所不逮。考之《禹贡》，荆州厥篚纁组。近时江陵、天门、谷城各有缎绢，黄州、沔阳、当阳、南漳等处亦各有丝，特以树艺饲养之法不逮浙人，多自诿于丝劣利薄。臣等体察情形，非极力振兴，无以广风气而浚利源。始以十六年会檄司道筹款设局办理，屡经派员前赴浙江购运桑苗，分发各州县栽植，并采购桑子交江夏、汉阳二县辟地播种成苗，饬令各州县来省请领，由臣等辑刊蚕桑简编，详列栽桑、养蚕、摘茧、缫丝诸成法，一并散给，转发士民如法领植，不许取民一钱，舆情均甚乐趋。自十六年起，共发过各属桑苗已及一千万株，据报成活分数有十之六七者，有十之八九者，亦有全数成活者。现计初发桑苗已阅三年，应饬各州县及时教民蚕织。兹据司局会同议详，复委员赴浙江采买接本桑株暨应用器具。并招募匠师来鄂，以浙法训授本省子弟，为各属倡导。其甫经创办之偏僻地方，如丝茧遽难销售，暂令州县垫价收买，解省织绸，俾蚕户见利勇为。其垫发价值，仍由省局拨还。至丝茧畅销之处，即毋庸由州县收买。如此因势利导，免致观望迟疑，以期推行益广。臣继洵曩者备员陇右，数往还豳、岐间，窃怪风诗所咏物产，独枣实犹蕃，而蚕桑之利无闻焉，岂果今古异宜，殆因循坐废。因于甘肃司道任内督民芟罂粟而树桑，现在秦州等属桑株成林。以彼寒瘠地方，尚不无薄效，湖北本沃暖宜桑之地，但得州县官实心实力随时倡导，不至作辍相仍，未有为其事而无其功者。拟饬司道会议劝勤惩惰奖罚章程，务求可以持久，以仰副朝廷利用厚生之至意。《光绪朝东华录》第3册，第3220—3221页

委解湖北省光绪十九年第一批厘金京饷片

光绪十九年四月

再：湖北省厘金项下奉拨光绪十九年东北边防经费银八万两，应即分批委解，兹据湖北布政使王之春会同善后局司道详称，在于厘金项下动拨第一批银三万两，饬委试用知县徐跃鲤、钱锦渠管解赴京交纳等情前来。除缮咨转给该委员小心管解，并饬将应解银两续筹委解外，谨会同湖广总督臣张之洞附片具陈，伏祈圣鉴，谨奏。

朱批："户部知道。"《光绪朝朱批奏折》第59辑，第617页

呈报湖北省光绪十八年交代各案片光绪十九年四月

再：据湖北清查交代局布政使王之春、按察使陈宝箴、督粮道岑春蓂详称：湖北省各州县卫光绪十七年十二月以前各案交代，业经详请分别奏咨在案。兹查自光绪十八年正月起至十二月底止，共计交代各案四十六起，应造册结，均已详咨达部，谨将十八年交代清结缘由详请具奏前来。臣复核无异，除咨明户部查照外，理合会同湖广总督臣张之洞附片具陈，伏乞圣鉴，谨奏。

朱批："户部知道。"《光绪朝朱批奏折》第82辑，第108页

委解湖北省光绪十九年第二批厘金京饷片

光绪十九年四月

再：湖北省厘金项下奉拨光绪十九年京饷银十二万两，业经委解第一批银三万两，奏报在案。兹据湖北布政使王之春会同善后局司道详称：复于厘金项下动拨第二批银三万两，饬委候补知县萧焕南、知县用施南府经历王梓管解赴京交纳等情前来。除缮

咨转给该委员等小心管解并饬将应解银两续筹委解外，谨会同湖广总督臣张之洞附片具陈，伏祈圣鉴，谨奏。

朱批："户部知道。"《光绪朝朱批奏折》第87辑，第442页

委解湖北省光绪十九年第三批地丁京饷片

光绪十九年四月

再：光绪十九年京饷湖北省奉拨地丁银四十五万两业经先后委解，二批共银九万两奏报在案。兹据湖北布政使王之春详称：复于地丁项下动拨第三批银四万两，查有候补知县萧焕南、知县用施南府经历王梓堪以委解，请奏咨前来。除缮具咨文转给该委员等妥速起解并饬将奉拨银两赶紧续筹委解外，谨会同湖广总督臣张之洞附片具陈，伏乞圣鉴，谨奏。

朱批："户部知道。"《光绪朝朱批奏折》第87辑，第442页

拿获强劫拒捕盗犯审明照章惩办折光绪

十九年五月二十六日

头品顶戴湖北巡抚臣谭继洵跪奏，为拿获强劫拒捕盗犯审明照章惩办并将临时畏惧不行之伙犯按例分别定拟恭折仰祈圣鉴事。案据署随州知州陈豪详报民人金发被盗强劫拒伤一案，当经批饬缉究，旋据拿获王麻幺等五犯，讯供通详，批司委员会审明确禀复。王汶海一犯旋在监病故，王麻幺、金如兵两犯经臣与督臣批饬照章就地正法；程山法、李大有两犯仍令按例分别拟解去后。兹据该署州陈豪审明议拟，由德安府知府汪元庆解经湖北按察使陈宝箴复审转详前来。臣复加查核，缘王麻幺、王汶海、金如兵、程山法、李大有，分隶随州及河南唐县，彼此认识，均先未为匪。光绪十八年四月十二日，王麻幺与已获之王汶海、程山法，及在逃之蒋中汰、张咏和会遇，共道贫难。王麻幺稔知金发家殷实，起意行劫得赃分用，众俱允从。王麻幺又令蒋中汰邀允已获之金

如兵、李大有入伙，一共七人。即于是夜，王麻幺、王汶海、蒋中汰、张咏和、金如兵，分携短刀木棍，余皆徒手，行至中途，程山法、李大有各畏惧不行；王麻幺等五人齐抵事主金发门首，用木棍撬开大门，一同入室。金发同妻金孙氏惊起喊捕，王麻幺、蒋中汰、张咏和各用木棍将金发拒伤，吓禁声张，与王汶海、金如兵搜劫钱布衣物，分携而逸，寻见程山法告知行劫拒捕情由，同至僻处查点赃物按股俵分各散。李大有先已逃避未经分赃。该犯等各将分得衣布卖与过路不知姓名人得钱，同分得钱文一并花用。事主金发投保报州，会营勘验详缉，旋比据兵役先后拿获王麻幺、王汶海、金如兵、程山法、李大有，并在王麻幺名下起获未卖原赃蓝布单袍、棉线到案，饬传事主查验，伤已平复，认赃给领，讯供通详，批司报委补用知州张茂时前往会审明确禀复。王汶海旋在监病故，王麻幺、金如兵二犯，经臣与督臣批饬照章就地正法，程山法等仍饬按例分别拟解。兹比缉逸犯无获，应即议结。

查律载："强盗已行但得财者，不分首从皆斩"；又例载："共谋为盗伙犯，临时畏惧不行、事后分赃者，杖一百，流二千里；不分赃者，杖一百"各等语。又湖北省奏定章程："拿获强劫罪干斩决各犯，地方官于讯明后，禀请委员复审，就地正法"等因，历经遵办在案。此案王麻幺起意纠劫金发家，得赃拒伤事主平复；王汶海、金如兵各听从行劫，入室搜赃，实属凶暴众著、同恶相济，自应按律问拟。王麻幺、王汶海、金如兵，均合依"强盗已行但得财者，不分首从皆斩"律，拟斩立决；王麻幺、金如兵已照章就地正法，王汶海已在监病故，应与讯无陵虐之禁卒，俱毋庸议。程山法、李大有各听从行劫，中途畏惧不行，或已分赃或未分赃，亦应按例分别问拟；程山法合依"共谋为盗伙犯，临时畏惧不行、事后分赃者，杖一百，流二千里"例，拟杖一百、流二千里，照例刺字解配，折责安置。李大有合依"共谋为盗伙犯，临时畏惧不行又不分赃者，杖一百"例，拟杖一百，折责发落。

该犯等讯无父兄，程山法在外为匪，原籍牌保无从觉察，应免置议；其失察王麻幺等为匪之牌保，传责革役。买赃人不知姓名，无从拘究。获赃已给事主认领，未获各赃同逸犯蒋中汰等缉追获日另结。监毙盗犯一名，管狱官例无处分。此案首伙七人，已于疏防限内拿获五人，获犯过半兼获盗首，所有疏防各职名邀免开报。除供招送部外，理合会同湖广总督臣张之洞恭折具陈，伏乞皇上圣鉴，敕部核复施行，谨奏。

朱批："刑部议奏。"《宫中档光绪朝奏折》第7辑，第790—792页

恭报湖北省光绪十九年四月分雨水粮价地方情形折光绪十九年五月二十六日

头品顶戴湖北巡抚臣谭继洵跪奏，为恭报湖北省光绪十九年四月分雨水粮价地方情形仰祈圣鉴事。窃照光绪十九年三月分各属雨水粮价地方情形，业经臣恭折奏报在案。兹据武昌等十府暨荆门直隶州所属各州县将光绪十九年四月分雨水粮价开具清单呈报，由湖北布政使王之春汇造清折前来。臣复加查核，是月分晴雨相间，江汉水势汛涨，二麦登场，秧苗秀发，粮价较上月互有增减，地方民情悉臻安谧，堪以仰慰宸廑，谨缮粮价清单恭折具奏，伏祈皇上圣鉴，谨奏。

朱批："知道了。"《宫中档光绪朝奏折》第7辑，第792页

滇省委员领运十二起头批京铜到鄂发给水脚银两换附轮船开行日期折光绪十九年五月二十六日

头品顶戴湖北巡抚臣谭继洵跪奏，为滇省委员领运十二起头批京铜到鄂发给水脚银两换附轮船开行日期恭折仰祈圣鉴事。窃照滇省委员、补用知县陈其昌领运十二起头批正余京铜五十一万五千斤，于光绪十九年三月二十四日入湖北境，四月初二日全数

运抵汉阳城河，报经饬委汉阳府知府逄润古、汉阳县知县薛福祁，会同该运员陈其昌于四月初十日将运到铜斤逐一盘验过称，并无短少，换附轮船眼同过载，于十九年四月十六日由汉口开行，取具运员无亏钤结，由该府县加结转详，其应领水脚在于藩库地丁项下动支银一千八百两，发给该运员具领。据湖北布政使王之春具详请奏前来。除将册结咨送户、工二部暨钱法堂查照外，理合会同湖广总督臣张之洞恭折具奏，伏祈皇上圣鉴，谨奏。

朱批："该部知道。"《宫中档光绪朝奏折》第7辑，第793页

湖北省光绪十八年秋冬二季收支牙帖厘金银钱数目折 光绪十九年五月二十八日

头品顶戴湖北巡抚臣谭继洵跪奏，为湖北省光绪十八年秋冬二季收支牙帖厘金银钱数目恭折具陈仰祈圣鉴事。恭照同治七年十月钦奉上谕："厘金报部章程着照两淮盐厘格式，每年分两次奏报。"等因。钦此钦遵。办理历经前督抚臣暨臣奏报至光绪十八年闰六月底止在案。兹据湖北布政使王之春会同牙厘局司道详称，光绪十八年七月起至十二月底止，除洋药税厘银两应另案造报外，货厘旧管项下实存市平荆沙银十五万二千三百十六两八钱四分七厘零，新收项下实收牙厘及药土坐票捐共市平荆沙银二十四万五千八百六十四两四钱七分一厘零；又收牙厘钱九十六万九千二百串六百八十二文，开除项下实解湖北盐道转发长江水师十八年秋冬二季分共库平库色新宝银八万七千两，合市平荆沙银九万一千四百三十三两五钱二分，实解湖北善后总局市平荆沙银十万六千六百二十九两九钱七分零；又遵奉奏准拨解十八年秋冬二季分善后总局委员薪水杂用银五千一百三两六钱，巡防保甲员弁薪水经费银一万一千三百七两，发审委员薪水经费银一千六百二十两，武职操练弓箭月课奖赏银二千八百二两，救生红船水手口粮经费银二千八百八十两；又提牙厘各局局用八分经费银一万九千六百六十九两一钱五分七厘零，实解湖北善后总局钱八十九万一千六

百六十四串六百二十七文，给牙厘各局八分经费钱七万七千五百三十六串五十五文，除解支外，钱款无存，实在项下存货厘市平荆沙银十五万六千七百三十六两七分零，归入十九年上半年造册报销等情，详请奏咨前来。臣复核相符，除将清册分别咨送户部户科查照外，理合会同湖广总督臣张之洞恭折具奏，伏祈皇上圣鉴，谨奏。

朱批："户部知道。"《宫中档光绪朝奏折》第7辑，第799—801页

委署汉川知县片光绪十九年五月二十八日

再：署汉川县知县左兴寅调省，另候差委，所遗该县印务，亟应委员往署，以重职守。查有本任随州知州濮文昶，才具老练，办事慎勤，堪以署理。据布政使王之春、按察使陈宝箴会详前来。除檄饬遵照外，谨会同督臣张之洞附片具陈，伏祈圣鉴，谨奏。

朱批："吏部知道。"《宫中档光绪朝奏折》第7辑，第801页

委解湖北省光绪十九年第二批东北边防经费片光绪十九年五月二十八日

再：湖北省厘金项下奉拨光绪十九年东北边防经费银八万两，业经委解第一批银三万两，奏报在案。兹据湖北布政使王之春会同善后局司道详称，在于厘金项下动拨第二批银三万两，饬委候补知县胡子功、李兆庚管解赴京交纳等情前来。除缮咨转给该委员等小心管解，并饬将应解银两赶紧续筹委解外，谨会同湖广总督臣张之洞附片具陈，伏祈圣鉴，谨奏。

朱批："户部知道。"《宫中档光绪朝奏折》第7辑，第801页

查明湖北省征收光绪十八年钱粮漕南银米比较上届完欠实数开列清单折光绪十九年五月二十八日

头品顶戴湖北巡抚臣谭继洵跪奏，为查明湖北省征收光绪十八年钱粮漕南银米比较上届完欠实数开列清单恭折仰祈圣鉴事。窃照前准户部咨：奏令各直省征收丁漕统于各该年底开具比较清单专折奏报一片，于同治八年二月初五日奉上谕："着自同治八年为始，督饬藩司将全省一年上下两忙征收丁漕各实数及上届征收总数开具比较清单，详明专案奏报。"等因。钦此钦遵。转行遵办在案。兹据湖北布政使王之春详称：湖北省光绪十八年额征起运存留驿站屯饷耗羡等款共银一百二十二万八千九百六十六两四钱一分四厘，内除渍淹挖压沙压坍没坍占挖废并被水受旱缓征豁免共银二十一万六千八百一十一两八钱六分八厘，实应征银一百一万二千一百五十四两五钱四分六厘，已完银七十一万七千二百八十两四钱八分九厘，未完银二十九万四千八百七十四两五分七厘，再查光绪十七年征收各款钱粮除缓征外，实征银一百万三千八百五十八两一钱七分三厘，已完银七十二万一百六两三钱一分七厘，未完银二十八万三千七百五十一两八钱五分六厘，核计光绪十八年征数比较光绪十七年计多银八千二百九十六两三钱七分三厘，收数计少银二千八百二十五两八钱二分八厘，实因各属旱潦不齐，收成歉薄，故较十七年收数稍有短绌。又据湖北督粮道岑春蓂详称：湖北省光绪十八年额征漕粮正耗米一十六万三千八百三十一石九斗三升五合，折银二十一万二千九百八十一两五钱一分七厘，内除沙压坍占挖废挖压渍淹及被水受旱豁免缓征共银二万九千七百九十七两九钱九分七厘，实应征漕粮正耗米折银一十八万三千一百八十三两五钱二分，已完正耗米折银七万九千二百八十六两八钱，比较光绪十七年多完银五千四百二两七钱六分一厘，未完正耗米折银一十万三千八百九十六两七钱二分，现在催提。又十八年额征南粮正耗米一十三万八千五百九十三石七斗一升一合四勺，折银二十万七千八百九十两五钱六分六厘，内除沙压挖压渍淹及被水受旱豁免缓征共银三万五千七百七十七两七钱八分五厘，实应征南粮正耗米折银一十七万二千一百一十二两七钱八分一厘，已完正耗米折银一十二万八千八百五十二两一钱五分三厘，比较光绪十七年少完银五千三百九十四两五钱三分七厘，未完正耗米折银四万三千二百六十两六钱二分八厘，现在催提。又十八年额征随漕浅船军三安家正耗并闲丁帮津资役等款共银九万二千五百八十一两三钱七分五厘零，内除渍淹挖压沙压挖废坍占逃亡故绝及被水受旱豁免缓征共银一万九千六百二十七两五钱三分七厘零，实应征正耗银七万二千九百五十三两八钱三分八厘，已完正耗银四万一千二十七两九钱四分七厘，比较光绪十七年多完银一千一百四十六两九钱四分三厘，未完正耗银三万一千九百二十五两八钱九分一厘，现在催提。又十八年额征升科驴脚南折正耗共银四万一千二百九十五两四钱八分一厘，内除沙压渍淹挖压坍占挖废及被水受旱豁免缓征共银一千八百四十一两七钱二厘，实应征驴脚南折正耗银三万九千四百五十三两七钱七分九厘，已完正耗银三万四千二百五十九两三钱六分七厘，比较光绪十七年少完银八百三十两三钱三分，未完正耗银五千一百九十四两四钱一分二厘，现在催提。以上已未完各款，统俟该年奏销册内声明造报各等情，开单详请奏咨前来。臣复核无异，除咨户部外，所有湖北省征收光绪十八年钱粮漕南银米截至年底比较上届完欠实数，理合缮具清单会同湖广总督臣张之洞恭折具奏，伏祈皇上圣鉴，谨奏。

朱批：“户部知道，单五件并发。”《光绪朝朱批奏折》第66辑，第849—851页

光绪十八年耗羡银款收不敷支借项作收造报折光绪十九年五月二十八日

头品顶戴湖北巡抚臣谭继洵跪奏，为光绪十八年耗羡银款收

不敷支借项作收造报恭折具陈仰祈圣鉴事。窃查湖北省额征起存驿站屯饷芦课等项耗羡暨田房商膏关税盈余并南漕脚耗等款，每年约计收银一十七万余两，以供一岁应支廪工祭品孤贫囚食暨各部饭食并文职各官养廉等项之用，如遇水旱缓征，耗羡随正俱缓，年例支款有常，不得不借助杂款供支，历届查办奏销时，均将借动缘由奏咨在案。兹据湖北布政使王之春详称：光绪十八年分除总督巡抚并布政按察二司、武昌汉阳二府养廉归于军需案内造销外，其道府以下各官养廉及廪工等杂款，共实应支银一十一万六千四百三十九两九钱四分八厘，各属额征光绪十八年起存驿站屯饷等款耗羡除缓征坐支外，仅应解司银八万九千六百三十一两五钱八厘，今只解收银七万九千四百三十四两七钱五分一厘；又十八年芦课耗羡暨田房商膏盈余及节年耗羡并粮道移解南折随漕驴脚等款耗羡银二万四千五百一十两四分七厘，又十七年奏销册报存银六十两二钱四分五厘，通共收银一十万四千五两四分三厘，实不敷支银一万二千四百三十四两九钱五厘。现值查办十八年奏销册内，既难登造而例支之款不能不发，应请援案在于司库十九年春拨册内存款项下借支银一万二千五百两，收入耗羡四柱册内造报，一俟本款续收有项，即行归还等情，详请奏咨前来。臣复核无异，除咨户部外，理合会同湖广总督臣张之洞恭折具陈，伏祈皇上圣鉴，谨奏。

朱批：“户部知道。”《光绪朝朱批奏折》第66辑，第852—853页

呈报湖北省光绪十八年额征片 光绪十九年五月

再：据署湖北督粮道凌卿云详称，湖北省光绪十八年额征驴脚南折正耗共银四万一千四百七十五两零，内除挖压渍淹沙压缓征豁免共银三百九十六两零，并应征上忙银两外，计应征下忙银二万五百三十九两零，内除黄梅等县坍占挖废沙压并被水受旱缓征共银一千五百六十五两零，计已完银一万五千五百三两零，未

完银三千四百七十两零；又上忙原报未完银二千九百四十六两零，续完银一千一百六十二两零，尚未完银一千七百八十三两零，上下忙共未完银五千二百五十四两零；又额征随漕浅船军三安家正耗并闲丁帮津资役等款共银九万二千六百八两零，内除渍淹挖压沙压逃亡事故缓征豁免共银三千七百四十二两零，并上忙应征银两外，计下忙应征银四万四千四百三十三两零，内除黄梅等州县卫沙压挖废坍占并被水受旱缓征共银一万五千三百一十九两零，计已完银一万四千七百九十四两零，未完银一万四千三百一十九两零；又上忙原报未完银二万五千九百六十八两零，续完银七千七百六十九两零，尚未完银一万八千一百九十九两零，上下忙共未完银三万二千五百一十八两零等情前来。臣复核无异，除仍饬严催各属将未完银两赶紧催征完解外，理合会同督臣张之洞附片具陈，伏乞圣鉴，谨奏。

朱批："户部知道。"《光绪朝朱批奏折》第70辑，第574页

委解湖北省光绪十九年第四批地丁京饷片

光绪十九年六月

再：光绪十九年京饷湖北省奉拨地丁银四十五万两，业经先后委解三批共银十三万两，奏报在案。兹据湖北布政使王之春详称，复于地丁项下动拨第四批银五万两，查有候补知县胡子功、李兆庚堪以委解，详请奏咨前来。除缮具咨文转给该委员等妥速起解并饬将奉拨银两续筹委解外，谨会同湖广总督臣张之洞附片具陈，伏乞圣鉴，谨奏。

朱批："户部知道。"《光绪朝朱批奏折》第87辑，第458页

委解湖北省光绪十九年第五批地丁京饷片

光绪十九年

再：光绪十九年京饷湖北省奉拨地丁银四十五万两，业经先

后委解四批共银十八万两，奏报在案。兹据湖北布政使王之春详称，复于地丁项下动拨第五批银五万两，查有候补知县袁镛、恽元复，堪以委解，详请奏咨前来。除缮具咨文转给该委员等妥速起解，并饬将奉拨银两续筹委解外，谨会同湖广总督臣张之洞附片具陈，伏祈圣鉴，谨奏。

朱批：“户部知道。”《宫中档光绪朝奏折》第7辑，第802页

委解湖北省光绪十九年第六批地丁京饷片

光绪十九年

再：光绪十九年京饷湖北省奉拨地丁银四十五万两，业经先后委解五批共银二十三万两，奏报在案。兹据湖北布政使王之春详称，复于地丁项下动拨第六批银四万两，查有大挑知县司徒衮、在任候补知县、汉阳县县丞黄新锷，堪以委解，详请奏咨前来。除缮具咨文转给该委员等妥速起解，并饬将奉拨银两续筹委解外，谨会同湖广总督臣张之洞附片具陈，伏乞圣鉴，谨奏。

朱批：“户部知道。”《宫中档光绪朝奏折》第7辑，第801—802页

黄新锷留省补用片 光绪十九年

再：准部咨道府州县无论何项劳绩保奏归于候补班人员，令该督抚即以此项人员到省之日起，予限一年详加察看，认真考核，如系为守兼优，堪膺民社之员，出具切实考语，奏明分别繁简补用等因。兹查布政司理问衔、在任候补知县、汉阳县县丞黄新锷，应以光绪十八年正月二十五作为知县到省之日起，连闰扣至是年十二月二十五日，试看一年期满，据湖北布政使王之春、按察使陈宝箴取造该员履历清册，详请甄别具奏前来。臣随考验该员黄新锷明练精勤，不辞劳瘁，堪以繁缺留省补用，除清册咨送吏部查核外，谨会同督臣张之洞附片具陈，伏乞圣鉴，敕部查照施行，谨奏。

朱批："吏部知道。"《宫中档光绪朝奏折》第7辑，第802页

王毓藻服满起复片光绪十九年

再：据前山东布政使王毓藻呈称，系湖北黄冈县人，由同治癸亥科进士，历蒙圣恩擢授山东布政使，于光绪十六年闰二月二十八日在任丁母忧回籍守制，旋于是年十二月三十日接丁父忧，均经呈报在案。兹自丁母忧之日起，不计闰扣至十八年六月初一日，又自接丁父忧之日起，不计闰扣至十九年三月三十日，俱二十七个月服满，例应并案起复，取具供结呈请奏咨前来。臣复查无异，除供结送部外，理合附片具陈，伏祈圣鉴，谨奏。

朱批："吏部知道。"《宫中档光绪朝奏折》第7辑，第803页

恭报湖北省光绪十九年五月分雨水粮价地方情形折光绪十九年六月二十二日

头品顶戴湖北巡抚臣谭继洵跪奏，为恭报湖北省光绪十九年五月分雨水粮价地方情形仰祈圣鉴事。窃照光绪十九年四月分各属雨水粮价地方情形，业经臣恭折奏报在案。兹据武昌等十府暨荆门直隶州所属各州县将光绪十九年五月分雨水粮价开具清单呈报，由湖北布政使王之春汇造清折前来。臣复加查核，是月分晴雨相间，江汉水势盛涨，早稻结实，杂粮畅茂，粮价较上月减多增少，地方民情悉臻安谧，堪以仰慰宸廑，谨缮粮价清单恭折具奏，伏乞皇上圣鉴，谨奏。

朱批："知道了。"《宫中档光绪朝奏折》第7辑，第855页

查明湖北省征收光绪十八年钱粮截至奏销止比较上三年完欠各数循例开单折光绪十九年六月二十二日

头品顶戴湖北巡抚臣谭继洵跪奏，为查明湖北省征收光绪十

八年钱粮截至奏销止比较上三年完欠各数循例开单恭折具陈仰祈圣鉴事。窃照征收钱粮部议三年比较之法开单奏报，历经遵办在案。兹据湖北布政使王之春于光绪十八年奏销截数后开单具详请奏前来。臣复加查核，湖北省光绪十八年新赋项下额征民屯地丁起运共银一百一十万七千五百七十四两七钱九分四厘，内除坍没溃淹挖压沙压展缓豁免共银一万五千一百六十七两二钱七分二厘；又除公安县并荆州、荆右二卫被水成灾蠲免地丁等款正银二千六百九十三两五钱四分四厘，蠲剩缓征地丁等款正银六千六百七十四两二钱九分六厘，又除江夏、武昌、咸宁、嘉鱼、汉阳、汉川、黄陂、孝感、沔阳、黄冈、蕲水、黄梅、广济、钟祥、京山、潜江、天门、应城、江陵、石首、监利、松滋、枝江、荆门等州县，并武昌、武左、沔阳、黄州、蕲州、荆州、荆左、荆右等卫，被水受旱勘不成灾缓征地丁等款正银一十七万七百七十两五钱四分三厘外，实应征银九十一万二千二百六十九两一钱三分九厘，以十分计算，已完九分二厘零，银八十四万六千四百六十八两一钱九分五厘；未完七厘零，银六万五千八百两九钱四分四厘。比较光绪十五年征数，多征银九万四千六百七十五两六钱五分六厘；比较十五年完数，多完银八万六千五百一十九两六钱七厘；比较十六年征数，多征银五万五千一百三十五两二厘；比较十六年完数，多完银五万八百五十四两五钱七分五厘；比较十七年征数，多征银七千四百九十七两九钱六分三厘；比较十七年完数，多完银一万五千四十七两四钱六厘。除饬司严催各属赶紧全完，并咨明户部户科外，理合缮具清单，会同湖广总督臣张之洞恭折具奏，伏祈皇上圣鉴，谨奏。

朱批："户部知道，单并发。"《宫中档光绪朝奏折》第7辑，第855—856页

查明湖北省光绪十八年奏销案内未完一分以上各员职名缮具清单折光绪十九年六月二十二日

头品顶戴湖北巡抚臣谭继洵跪奏，为查明湖北省光绪十八年奏销案内未完一分以上各员职名缮具清单恭折仰祈圣鉴事。案照光绪六年二月准户部咨具奏筹备饷需折内严核各项奏销一条内开：钱粮奏销各依定限，令各该督抚一面具题、一面先将未完一分以上各员职名，开具简明清单专折奏报，由部核定处分先行复奏，仍各于题本内将业经具奏各员声明备核，其有奏后续完者，准其续行奏请归本案开复等因，历经遵办在案。兹值查办光绪十八年奏销，据湖北布政使王之春、督粮道岑春蓂，查明开单具详前来。臣复核无异，所有经征未完一分以上各员职名，已于题本内声明备核，谨开具简明清单，恭呈御览。惟奏单应照题本开列，题本缮成后，未完各处有据续完者，仍注明声请减议免议，合并陈明。除咨户部外，理合会同湖广总督臣张之洞恭折具奏，伏祈皇上圣鉴，敕部核议施行，谨奏。

朱批："户部议奏，单并发。"《宫中档光绪朝奏折》第7辑，第857页

湖北公安县光绪十八年被水缓缺秋冬二季驿站坐支银两援案拨补折光绪十九年六月二十二日

头品顶戴湖北巡抚臣谭继洵跪奏，为湖北公安县光绪十八年被水缓缺秋冬二季驿站坐支银两援案拨补恭折仰祈圣鉴事。窃照湖北州县额设驿站夫马所需工食工料，向在征收驿站钱粮项下按数坐支，遇有展缓之年征不敷支，奏明拨补，由臬司造具应补细册移送藩司，于查办是年奏销时核实给领，历经办理在案。兹据湖北布政使王之春、按察使陈宝箴会详称，光绪十八年公安县驿站项下照额应支银五千九百一十五两五钱九分二厘，已征银二千五百六十一两五钱八分八厘，尽数坐支，余因被水蠲缓，计缺银

三千三百五十四两四厘。该县地本瘠苦，又当孔道，驿递文报最关紧要，坐支既缺，应为拨补等情，请具奏前来。臣复核无异，合无仰恳天恩俯准查照往届成案，所有公安县不敷坐支银两，于该年驿站本款内拨补，除造具细册咨送户、兵二部外，理合会同湖广总督臣张之洞恭折具陈，伏乞皇上圣鉴训示，谨奏。

朱批："着照所请，该部知道。"《宫中档光绪朝奏折》第7辑，第858页

委署郧阳知府片光绪十九年六月二十二日

再：郧阳府知府许有麟，现因俸满大计卓异，应给咨赴部引见，所遗该府篆务，亟应委员往署，以重职守。查有补用知府唐准经，才具明晰，办事奋勤，堪以署理。据布政使王之春、按察使陈宝箴会详前来。除檄饬遵照外，谨会同督臣张之洞附片具奏，伏乞圣鉴，谨奏。

朱批："吏部知道。"《宫中档光绪朝奏折》第7辑，第858—859页

委解湖北省积欠饭银片光绪十九年六月二十二日

再：准吏部咨奏催各省积欠饭银一折，于光绪十九年四月十九日奉旨："依议。"钦此。钞录原奏咨行到鄂，计单内开湖北省欠解咸丰元年至六年银四千两等因，当经转饬遵照去后。兹据湖北布政使王之春详称，遵查湖北咸丰六年以前积欠饭银，前因时在军兴，耗羡无款，曾经奏准免其筹解，现在鄂省库款并不充裕，本难筹拨，惟部臣既以办公支绌请旨饬催，自应设法解济，兹于耗羡项下酌拨银二千两，查有管解第四批京饷委员、候补知县胡子功、李兆庚，堪以委令搭解等情，详请奏咨前来。臣复核无异，除给咨委解，并咨部查照外，谨会同湖广总督臣张之洞附片具陈，伏乞圣鉴，谨奏。

朱批："该部知道。"《宫中档光绪朝奏折》第7辑，第859页

委解湖北省光绪十九年第三批厘金京饷片

光绪十九年六月二十二日

再：湖北省厘金项下奉拨光绪十九年京饷银十二万两，业经委解二批共银六万两，奏报在案。兹据湖北布政使王之春会同善后局司道详称：复于厘金项下动拨第三批银三万两，饬委候补知县袁镛、恽元复管解赴京交纳等情前来。除缮咨转给该委员等小心管解，并饬将奉拨应解银两续筹委解外，谨会同湖广总督臣张之洞附片具陈，伏祈圣鉴，谨奏。

朱批："户部知道。"《宫中档光绪朝奏折》第7辑，第859页

委解湖北省光绪十九年第七批地丁京饷片

光绪十九年六月二十二日

再：光绪十九年京饷湖北省奉拨地丁银四十五万两，业经先后委解六批共银二十七万两，奏报在案。兹据湖北布政使王之春详称，复于地丁项下动拨第七批银五万两，查有候补知县史恩緜，试用知县、黄州府经历吴明，堪以委解，详请奏咨前来。除缮具咨文转给该委员等妥速起解，并饬将奉拨银两续筹委解外，谨会同湖广总督臣张之洞附片具陈，伏乞圣鉴，谨奏。

朱批："户部知道。"《宫中档光绪朝奏折》第7辑，第860页

恭报湖北省光绪十九年六月分雨水粮价地方情形折光绪十九年七月十八日

头品顶戴湖北巡抚臣谭继洵跪奏，为恭报湖北省光绪十九年六月分雨水粮价地方情形仰祈圣鉴事。窃照光绪十九年五月分各属雨水粮价地方情形，业经臣恭折奏报在案。兹据武昌等十府暨

荆门直隶州所属各州县将光绪十九年六月分雨水粮价开具清单呈报，由湖北布政使王之春汇造清折前来。臣复加查核，是月分晴雨相间，江汉水势盛涨，早稻登场，中稻吐穗，杂粮畅茂，粮价较上月减多增少，惟据各属禀报滨临江汉低洼田地间有被淹，现饬赶紧设法疏消，以期涸复补种，仍俟秋后复勘，分别轻重情形再行办理，地方民情悉臻安谧，堪以仰慰宸廑，谨缮粮价清单恭折具奏，伏祈皇上圣鉴，谨奏。

朱批："知道了。"《宫中档光绪朝奏折》第7辑，第883页

动拨癸巳恩科文闱乡试经费银两折光绪十九年七月十八日

头品顶戴湖北巡抚臣谭继洵跪奏，为动拨癸巳恩科文闱乡试经费银两循例恭折具陈仰祈圣鉴事。窃照光绪十九年癸巳恭遇恩科乡试，所需文闱经费银两应循照成案在于本省是年地丁款内动拨银四千二百七十两八钱二分四厘，耗羡款内动拨银一千一百两供支办理；又查湖广乡试南北分闱，本届癸巳恩科湖北轮应中式举人四十八名，又四次加广永远中额十名，共应中举人五十八名，例给牌坊银两，遵照部章以五成支放，每名应给银十两，计需银五百八十两，照案在于所拨科场经费内支银二百一十二两，计不敷银三百六十八两，亦应在于地丁款内动拨，仍俟各举人赴京复试后，接准礼部开单知照再行按名支给，其未复试者概不准支。至荆州驻防旗生中式名数不能豫定，俟取中后与翻译中式举人应支牌坊银两另行动拨，仍俟科场事竣照例报销。据湖北布政使王之春详请具奏前来。臣复核无异，除咨户部查照外，谨会同湖广总督臣张之洞恭折具陈，伏祈皇上圣鉴，谨奏。

朱批："户部知道。"《宫中档光绪朝奏折》第7辑，第883—884页

乡试帘官现任州县不敷调充循例考选科甲出身之候补人员折光绪十九年七月十八日

头品顶戴湖北巡抚臣谭继洵跪奏，为乡试帘官现任州县不敷调充循例考选科甲出身之候补人员恭折仰祈圣鉴事。窃查湖北省乡试历用内帘房考十员，嗣由庚午科为始，奏明添设二员，共计十二员，应于科甲出身之现任州县先期调考承充。本年举行癸巳恩科乡试，臣与藩司王之春于现任州县中逐加遴选，仅能征调数员，其余州县或现居要地、或办理堤防，均未便遽易生手致滋贻误，应遵照定例于科甲出身之候补人员详加遴选，与实缺人员一体充当，由臣认真考试，择其文理优长者派充内帘房考，其次无论现任候补派充外帘差使，以慎衡才而重试事。据该藩司王之春具详请奏前来。所有内帘房考以科甲出身之候补人员一体调充缘由，理合恭折具陈，伏乞皇上圣鉴，谨奏。

朱批："知道了。"《宫中档光绪朝奏折》第7辑，第884—885页

查明湖北光绪十九年二麦收成分数折光绪十九年七月二十日

头品顶戴湖北巡抚臣谭继洵跪奏，为查明湖北光绪十九年二麦收成分数恭折具陈仰祈圣鉴事。窃照湖北省光绪十九年二麦登场，现据布政使王之春查明各属收成分数，汇开清折具详请奏前来。臣逐加查核，湖北省共计六十八州县，内收成九分有余者一县，八分有余者二县，八分者一县，七分有余者十五县，七分者十州县，六分有余者二十州县，六分者五县，五分有余者七县，五分者六州县，四分者一县，合计通省收成六分有余，谨缮清单，会同湖广总督臣张之洞恭折具奏，伏乞皇上圣鉴，谨奏。

朱批："知道了。"《宫中档光绪朝奏折》第7辑，第885—886页

动支司库耗羡银两造办火药折光绪十九年七月二十日

头品顶戴湖北巡抚臣谭继洵跪奏，为动支司库耗羡银两造办火药恭折仰祈圣鉴事。窃照湖北荆州满营每年常操需用火药铅弹工料脚价，循例动支司库耗羡银两给发荆州城守营具领制备，历经照办在案。兹据湖北布政使王之春详准，荆州城守营请领光绪十九年常操火药一万一百五十四斤三两二钱，需硝八千一百二十三斤五两七钱六分，例价银三百八十九两三钱九分三厘；需磺一千一十五斤六两七钱二分，例价银四十七两三钱八厘；柳炭器具工料价值银七十一两五钱八分七厘；又应用黑铅三千五百三十三斤四两，例价银一百三十三两九钱一分五厘；工料银一十二两四钱二厘；又例定水脚银六两三钱八分七厘，共银六百六十两九钱九分二厘，已于司库耗羡款内动支，并就平扣收硝磺二项价银移知善后局分别支给余银给领制造，俟造办事竣由营造册报销等情，详请具奏前来。臣复核无异，除咨明户、兵、工部暨荆州将军查照外，理合会同湖广总督臣张之洞恭折具陈，伏祈皇上圣鉴，谨奏。

朱批："该部知道。"《宫中档光绪朝奏折》第7辑，第886页

续获纠众持械抢夺得赃伙犯审明分别定拟折光绪十九年七月二十日

头品顶戴湖北巡抚臣谭继洵跪奏，为续获纠众持械抢夺得赃伙犯审明分别定拟恭折具陈仰祈圣鉴事。案据署随州知州陈彰五详报，山西职员范悦会行至该州地方被匪强抢银两一案，前经拿获首犯王澱沅，审明照章正法枭示，录叙供招分别奏咨，并取疏防各职名题参在案。嗣据该州续获胡老大、胡老四二犯，讯供通禀，经臣与督臣批司饬府提犯复审明确，将胡老四照章就地正法，

胡老大按例审拟解勘。兹该署州陈豪遵提现犯审明议拟，由府解经湖北按察使陈宝箴复审转详前来。臣复加查核，缘胡老四、胡老大即胡澱渶，籍隶河南南阳县，胡老大系胡老四胞兄，均先未为匪。光绪十五年十二月二十一日，胡老四与胡老大同至随州澴潭地方，先后与素识已获正法之王澱沅，在逃之张老大即张大喜、张老四即张四喜会遇，共道贫难。适有山西职员范悦会携带银两，雇夫挑往枣阳县买布，是日行至该处落住饭店。经王澱沅探知行装沉重，料有银两，起意纠约拦途抢夺，得赃分用，众俱允从。即于二十二日早，王澱沅、胡老四各带洋枪，胡老大、张老大、张老四分携短刀，一共五人，先至中途皂角墩僻处等候。范悦会同挑夫踵至，王澱沅点放洋枪，与胡老四等一齐上前，吓禁声张，挑夫弃担同范悦会躲避，王澱沅与胡老四等打开箱担，抢得银两逃跑。范悦会投知保邻追捕，经兵役拿获王澱沅，搜出原赃银两解州给主认领，会营勘讯，详经批府复审，将王澱沅依例拟斩，照章先行正法枭示，奏结在案。该犯胡老四、胡老大各将抢得银两卖与过路不知姓名人，得钱花用，各处逃避。经该州比据兵役先后拿获到案，饬传事主范悦会，业已回籍，提犯讯供通禀，经臣与督臣批司饬府复审明确，将胡老四照章就地正法，胡老大按例审拟，解司复讯无异。兹比缉逸犯无获，应即拟结。

查光绪十三年刑部奏定章程："嗣后结伙三人以上抢夺，案内执持洋枪之从犯拟斩立决；未经持枪者，仍照向例办理。"又例载："抢夺之案聚众三人以上，持械威吓捆按事主，为从在场并未动手者，发遣新疆给官兵为奴。"又同治八年部议通行："抢夺案内为从、并未动手之犯，系指并未帮同捆按拒殴者而言，其无前项重情，仅止随同帮抢赃物者，即照为从例问拟发遣"各等语；又湖北省奏定章程："拿获抢劫罪干斩决各犯，地方官讯明后解府复审明确，即行就地正法"等因，历经遵办在案。此案胡老四与胡老大听从已获正法之王澱沅，首伙五人，在途抢夺范悦会银两，该犯胡老四执持洋枪威吓事主，实属凶暴昭著。查胡老四、胡老大系同胞弟兄，共犯侵损于人，应依“凡人分别首从”问拟。胡老四应照“结伙三人以上抢夺案内执持洋枪之从犯拟斩立决”章程，拟斩立决，已就地正法，应勿庸议；胡老大即胡澱渶，听从抢夺得赃，讯无动手捆按拒殴事主情事，应依“抢夺之案聚众三人以上持械威吓捆按事主、为从在场并未动手者，发遣新疆给官兵为奴”例，拟发遣新疆给官兵为奴，照例刺字，仍依名例，改发极边烟瘴充军，以足四千里为限，到配后锁带铁杆、石墩二年。该犯等在外为匪，其父胡有瑞暨原籍牌保无从禁约觉察，应免置议；买赃人不知姓名，并免拘究。未获各赃同逸犯张老大等缉追获日另结。此案首伙五人，已获首犯一名，伙犯二名，获犯过半兼获盗首，所有原参限缉之案应请查销。除供招送部外，理合会同湖广总督臣张之洞恭折具陈，伏乞皇上圣鉴，敕部核复施行，谨奏。

朱批：“刑部议奏。”《宫中档光绪朝奏折》第7辑，第887—889页

刘有志留省补用片 光绪十九年七月二十日

再：准部咨丞倅佐贰杂职劳绩保举分发补用人员，应以到省之日起试看一年，期满详加甄别等因，兹查尽先前补用同知刘有志，于光绪十八年六月初五日到省起，连闰扣至十九年五月初五日，试看一年期满，据湖北布政使王之春、按察使陈宝箴取造该员履历清册，详请甄别具奏前来。臣随考验该员刘有志，人尚明白，勤谨趋公，堪以留省补用。除清册咨送吏部外，理合会同湖广总督臣张之洞附片具陈，伏祈圣鉴，谨奏。

朱批：“吏部知道。”《宫中档光绪朝奏折》第7辑，第889页

委解湖北省光绪十九年第四批厘金京饷片

光绪十九年七月二十日

再：湖北省厘金项下奉拨光绪十九年京饷银十二万两，业经

委解三批共银九万两，奏报在案。兹据湖北布政使王之春会同善后局司道详称，复于厘金项下动拨第四批银三万两，饬委大挑知县司徒衮，在任候补知县、汉阳县县丞黄新锷管解赴京交纳等情前来。除缮咨转给该委员等小心管解外，所有湖北省本年厘金项下奉拨京饷银两现已扫数解清缘由，谨会同湖广总督臣张之洞附片具陈，伏祈圣鉴，谨奏。

朱批："户部知道。"《宫中档光绪朝奏折》第7辑，第889页

恭报湖北省光绪十九年七月分雨水粮价地方情形折光绪十九年八月二十五日

头品顶戴湖北巡抚臣谭继洵跪奏，为恭报湖北省光绪十九年七月分雨水粮价地方情形仰祈圣鉴事。窃照光绪十九年六月分各属雨水粮价地方情形，业经臣恭折奏报在案。兹据武昌等十府暨荆门直隶州所属各州县将光绪十九年七月分雨水粮价开具清单呈报，由湖北布政使王之春汇造清折前来。臣复加查核，是月分晴雨相间，江汉水势盛涨，晚稻青葱，菜蔬畅茂，粮价较上月减多增少，地方民情悉臻安谧，堪以仰慰宸廑，谨缮粮价清单恭折具奏，伏乞皇上圣鉴，谨奏。

朱批："知道了。"《宫中档光绪朝奏折》第7辑，第925—926页

乡试内帘房考实任州县不敷调充循例遴选候补即用试用人员调派折光绪十九年八月二十五日

头品顶戴湖北巡抚臣谭继洵跪奏，为乡试内帘房考实任州县不敷调充循例遴选候补即用试用人员调派恭折仰祈圣鉴事。窃照湖北省癸巳恩科文闱乡试，臣循例于八月初六日入闱监临，因内帘考官实任州县不敷调充，奏明照例于科甲出身之候补即用、试用人员内一律调考选取在案。随据藩司王之春酌调科甲出身各员详送考选前来。臣传集入署扃门认真考校，入闱之日择其文理较

优，于实任人员中录取内帘房考官：孝感县知县沈星标，钟祥县知县徐嘉禾，署安陆县事、本任京山县知县王公辅，新选宜都县知县陈长橿，保康县知县葛振元五员；又选取即用知县陈阆、刘延坦、梁葆仁、冯永图、王光棣，大挑试用知县卢以恕、孔继镃七员，均系进士举人出身，文理俱优，派令同实缺各员一体充当内帘，余俱派充外帘差使，理合恭折具奏，伏乞皇上圣鉴，谨奏。

朱批："知道了。"《宫中档光绪朝奏折》第7辑，第926页

恭报湖北省光绪十九年八月分雨水粮价地方情形折 光绪十九年九月初八日

头品顶戴湖北巡抚臣谭继洵跪奏，为恭报湖北省光绪十九年八月分雨水粮价地方情形仰祈圣鉴事。窃照光绪十九年七月分各属雨水粮价地方情形，业经臣恭折奏报在案。兹据武昌等十府暨荆门直隶州所属各州县将光绪十九年八月分雨水粮价开具清单呈报，由湖北布政使王之春汇造清折前来。臣复加查核，是月分晴雨相间，江汉水势盛涨，晚稻成熟，菜蔬畅茂，粮价较上月减多增少，地方民情悉臻安谧，堪以仰慰宸廑，谨缮粮价清单恭折具奏，伏祈皇上圣鉴，谨奏。

朱批："知道了。"《宫中档光绪朝奏折》第8辑，第4—5页

湖北省光绪十八年奏销案内未完一分以上职名续据全完恳请免议折 光绪十九年九月初八日

头品顶戴湖北巡抚臣谭继洵跪奏，为湖北省光绪十八年奏销案内未完一分以上职名续据全完恳请免议恭折仰祈圣鉴事。窃照光绪六年二月准户部咨：钱粮奏销各依定限，令各该督抚一面具题，一面先将未完一分以上各员，开具简明清单专折奏报，由部核定处分，先行复奏；其有奏后续完者，准其奏请归本案开复等因。臣于查办光绪十八年奏销时，已将南粮米石驴脚南折钱粮各

项下未完一分以上各员专折奏报在案。兹据湖北督粮道岑春蓂详称，十八年奏销案内南粮米石项下原报经征未完二分以上之署蕲水县事、本任汉阳县知县薛福祁，现据续完清楚。又驴脚南折钱粮项下原报接征未完一分以上之署武昌县事、本任云梦县知县刘秉彝，现据册报前项未完银两系在缓征项下，应请计除等情，详请奏咨免议前来。臣复核无异，除咨吏部、户部查照外，理合会同湖广总督臣张之洞恭折具陈，伏乞皇上圣鉴，敕部核复施行，谨奏。

朱批："户部议奏。"《宫中档光绪朝奏折》第8辑，第5—6页

委解湖北省光绪十九年第三批东北边防经费片 光绪十九年九月初八日

再：湖北省厘金项下奉拨光绪十九年东北边防经费银八万两，业经委解二批共银六万两，奏报在案。兹据湖北布政使王之春会同善后局司道详称，在于厘金项下动拨第三批银二万两，饬委补用知县罗忠祥，补用知县、江夏县县丞张南瑾管解赴京交纳等情前来。除缮咨转给该委员小心管解外，所有湖北省本年厘金项下奉拨东北边防经费银两现已扫数解清缘由，谨会同湖广总督臣张之洞附片具陈，伏祈圣鉴，谨奏。

朱批："户部知道。"《宫中档光绪朝奏折》第8辑，第6页

委解湖北省光绪十九年第九批地丁京饷片

光绪十九年九月初八日

再：光绪十九年京饷湖北省奉拨地丁银四十五万两，业经先后委解八批共银三十六万两，奏报在案。兹据湖北布政使王之春详称，复于地丁项下动拨第九批银四万两，查有候补同知薛华城、候补通判张良弼，堪以委解，详请奏咨前来。除缮具咨文转给该委员等妥速起解，并饬将奉拨银两续筹委解外，谨会同湖广总督

臣张之洞附片具陈，伏乞圣鉴，谨奏。

朱批："户部知道。"《宫中档光绪朝奏折》第8辑，第6—7页

李雯留省补用片光绪十九年九月初八日

再：准部咨道府州县无论何项劳绩保奏归于候补班人员，令该督抚即以此项人员到省之日起，予限一年详加察看，认真考核，如系为守兼优，堪膺民社之员，出具切实考语，奏明分别繁简补用等因。兹查补用知府、黄州府岐亭同知兼袭云骑尉李雯，应以光绪十八年闰六月初十作为知府到省之日起，扣至十九年六月初十日，试看一年期满，据该员呈请甄别在任候补，由湖北布政使王之春、按察使陈宝箴取造履历清册，会详请奏前来。臣查该员李雯，才具明晰，办事奋勤，堪以繁缺补用，除清册咨送吏部外，理合会同督臣张之洞附片具陈，伏乞圣鉴，敕部查照施行，谨奏。

朱批："吏部知道。"《宫中档光绪朝奏折》第8辑，第7页

恭报湖北省光绪十九年九月分雨水粮价地方情形折光绪十九年十月十六日

头品顶戴湖北巡抚臣谭继洵跪奏，为恭报湖北省光绪十九年九月分雨水粮价地方情形仰祈圣鉴事。窃照光绪十九年八月分各属雨水粮价地方情形，业经臣恭折奏报在案。兹据武昌等十府暨荆门直隶州所属各州县将光绪十九年九月分雨水粮价开具清单呈报，由湖北布政使王之春汇造清折前来。臣复加查核，是月分晴雨相间，江汉水势渐退，晚稻登场，粮价较上月减多增少，地方民情悉臻安谧，堪以仰慰宸廑，谨缮粮价清单恭折具奏，伏乞皇上圣鉴，谨奏。

朱批："知道了。"《宫中档光绪朝奏折》第8辑，第46页

特参疏防监犯越狱之管狱官请旨革职拿问折光绪十九年十月十六日

头品顶戴湖北巡抚臣谭继洵跪奏，为特参疏防监犯越狱之管狱官请旨革职拿问恭折仰祈圣鉴事。案据光化县知县梁沛英详报，该县于本年六月二十四日经襄阳府札委赴府相验襄阳县病故监犯周货郎，于二十六日在府接据该县典史金倬云禀报，二十五日晚该典史验明在监各犯刑具收封后，不料三更时分狂风骤雨，监狱围墙因被雨淋坍缺，有斩犯郭有富、张囤户乘刑禁人等睡熟，扭断镣铐，折毁地板，挖洞爬出，翻墙同逃。该典史知觉，督役追捕无踪，该县即驰回县亲诣监所，勘得监内围墙坍缺数尺，地板折毁，板下挖开一洞，洞口墙缺均有爬越形迹，地上遗有扭断镣铐二副，当饬将墙缺补修完固。查郭有富系起意纠劫监生危正路家银钱衣物，张囤户系听从伙劫、入室搜赃，经该县拿获，禀经委员会审明确，均罪应斩决，禀请照章就地正法之犯，提讯刑禁人等并无松刑贿纵情弊等情，详经批饬缉究详参去后。兹据该管道府揭由湖北布政使王之春、按察使陈宝箴查明，该县梁沛英实系先期因公出境，并无捏饰，详请奏参前来。臣查光化县典史金倬云，职司监狱，于所收罪囚并不督率刑禁人等小心防范，以致拟斩重犯郭有富、张囤户二名越狱同逃，实非寻常疏忽可比，除饬司即将该典史撤任、遴员前往接署，并饬襄阳府行提该典史及刑禁人等到府，研审有无松刑贿纵情弊，据实详办，一面严拿逃犯郭有富等，务获究报外，相应请旨将光化县典史金倬云革职拿问，光化县知县梁沛英照例免议，仍俟限满逃犯有无弋获，再行分别办理。谨会同湖广总督臣张之洞恭折具陈，伏乞皇上圣鉴训示，谨奏。

朱批：“另有旨。”《宫中档光绪朝奏折》第8辑，第47—48页

荆江三汛安澜万城大堤防护稳固折光绪十九年十月十六日

头品顶戴湖北巡抚臣谭继洵跪奏，为荆江三汛安澜万城大堤防护稳固恭折具陈仰祈圣鉴事。窃照荆州府万城大堤滨临荆江，为阖郡及下游民田庐舍保障，最关紧要。本年轮应臣前往督防，适因恭逢恩科举行乡试，不克分身，奏明饬委荆州府知府舒惠代防，并饬荆宜施道周懋琦随时查察督办在案。兹据荆州府知府舒惠禀称，本年自夏徂秋，川江及沮漳河诸水叠次盛涨，建瓴直下，加以襄南二水同时并发，顶阻下游，以致荆江之水停滞难消，最大之时高过杨林洲石矶八尺六寸，兼之南风时作，波涛撞击，势甚危险，幸近年新修石矶磡岸，足资抵御。各堤虽间有冲刷崩矬及残缺浸漏之处，均经该府亲驻堤所，不惜重资督率在工文武汛委员弁昼夜梭巡，抢筑防护，化险为平。现已节届霜降，水渐消退，全堤稳固，普庆安澜等情，具禀前来。除仍饬实力防护，俟水落归槽，即将应修各工详细履勘，照章派土兴修，以御来年汛涨外，所有本年防护荆州万城大堤、三汛安澜缘由，理合会同湖广总督臣张之洞恭折具陈，伏乞皇上圣鉴，谨奏。

朱批："知道了。"《宫中档光绪朝奏折》第8辑，第48—49页

拿获叠次行劫盗犯审明照章惩办折光绪十九年十月十八日

头品顶戴湖北巡抚臣谭继洵跪奏，为拿获叠次行劫盗犯审明照章惩办并将临时畏惧不行之伙犯按例定拟恭折仰祈圣鉴事。案据黄陂、黄冈、麻城等县先后详报职员陈福恺、民人李哲元、李玉成等家被盗抢劫各一案，均经批饬缉究，该县等旋派兵役跟踪追捕，拿获盗犯王少山等七名、伙犯刘子玉一名，并起出赃物解由黄陂县讯供通禀，批司饬委黄州府督同各该县传主认赃给领，

提犯复审明确，禀经臣与督臣批饬将王少山等七犯照章就地正法，刘子玉一犯仍令按例拟办。兹据黄州府知府高蔚光督同署黄陂县知县汤炳堃、黄冈县知县杨寿昌、麻城县知县张集庆审明议拟，由湖北按察使陈宝箴复核转详前来。臣复加查核，缘王少山、王愮广、王蚊溦、王溯翔、李重、任作城、水怀玉，均籍隶安徽阜阳县，先后来至湖北小贸；刘子玉籍隶黄陂县，均先未为匪。光绪十八年八月初二日，王少山等七人与在逃素识之阎怔化、刘憘、马代忘即马狗，孙代忘即孙怀现、高金堂、水二、余嗑伢，在黄陂县地方会遇，共道贫难。王少山探知黄陂县人陈福恺家有钱，起意邀约行劫得赃分用，众俱允从。王少山又邀素识之刘子玉入伙。即于是夜，王少山、王愮广、王蚊溦各携洋枪、九节鞭，孙代忘执持竹棍，余俱徒手，刘子玉临时畏惧走避。王少山等一共十四人，偕抵事主陈福恺门首，水怀玉同阎怔化用石条撞开后门，点燃火把，一齐拥进。陈福恺之祖陈尚亨、叔陈化元及雇工陈正福惊起喊捕，王少山等各用竹棍、洋枪木柄拒伤陈尚亨偏右左臂，陈化元顶心接连囟门右太阳穴、左右胳膊，陈正富右臁肕，并拳殴陈正富左右胳膊，因人众不知何人伤及何人何处，吓禁声张，一同搜劫银钱衣物，将粗重衣服焚烧，细软各物同银钱分携至僻处藏匿，讵陈化元伤重越日殒命。

又于是月初四日，王少山起意商允原伙行劫黄冈县属阳逻地方李哲元洋货店。即于是夜，王少山、王蚊溦、水怀玉、马代忘各带洋枪，孙代忘执持竹棍，余俱徒手，仍系十四人，偕抵事主李哲元门首，王愮广、王蚊溦、李重在外把风，阎怔化等用石撞开大门，与王少山等点燃油捻进内，水怀玉施放洋枪，吓禁声张，孙代忘将竹棍弃置店内，一同抢得钱文布匹，分携至僻处查点，王少山等将先后抢得各赃分提数件，其余赃物令孙代忘、水二、高金堂三人先行运往河南，约俟伊等到彼，按股俵分。又于是月初八日，王少山等行至麻城县属十乡楼地方，见有过客落住李玉成饭店，王少山复起意商允行劫。即于是夜，王愮广、王蚊溦、马代忘各带洋枪，刘愖执持九节鞭，王少山、王溭翔、李重、任作城、水怀玉、阎怔化、余嗑伢俱系徒手，一共十一人，齐抵事主李玉成门首。马代忘等撞开大门进内，李玉成及妻吴氏惊起喊捕，王慍广用洋枪木柄殴伤李玉成顶心偏右、右胳肘、左肋、右臁肕、左右臂膊，刘愖用鞭殴伤李吴氏偏左偏右脊背、左臁肕，吓禁声张，抢得客人徐贵等银钱衣物，分携至僻处查点，按股俵分各散。该犯等各将分得赃物卖与不知姓名人得钱，同分得银钱花用。各事主报经各该县会营勘验详缉，该县等旋派兵役跟踪追捕，于河南商城县属地方先后拿获王少山、王慍广、王蚁濈、王溭翔、李重、任作城、水怀玉，起出赃物并洋枪等件，适商城县兵役踵至，一同协获，就近解交商城县转递黄陂县，拘获刘子玉到案，提同各犯讯供通禀，批饬黄州府督同该三县，传主认赃给领，提犯复审明确，禀经臣与督臣批饬将该犯王少山、王慍广、王蚁濈、王溭翔、李重、任作城、水怀玉，照章就地正法，刘子玉一犯仍令按例拟办。兹各该县比缉逸犯无获，复提该犯刘子玉研究，委未同行上盗分赃，亦无窃劫不法别案，应即议结。

查律载："强盗已行但得财者，不分首从皆斩"；又例载："强盗杀人，不分曾否得财，俱照得财律斩决枭示。"又光绪十三年刑部奏定通行："强劫之案，但有一人执持洋枪者，不论曾否伤人，不分首从，均拟斩立决枭示。"又例载："共谋为盗伙犯，临时畏惧不行、不分赃者，杖一百"各等语。又光绪九年湖北省奏定章程："如有执持火枪抢劫至二三次、拒捕伤人者，地方官获犯讯明后，解由道府复审，就地正法"等因，遵照在案。此案王少山起意纠伙，执持洋枪器械，七日之内强劫陈福恺等三家，得赃拒伤事主陈化元身死；王慍广等听从行劫，得赃拒伤事主，实属凶暴昭著、同恶相济，自应照例问拟。王少山、王慍广、王蚁濈、王溭翔、李重、任作城、水怀玉，均合依"强盗已行但得财者，不分首从皆斩"律，拟斩立决，遵照通行，加拟枭示，业经照章就地正法枭示，应毋庸议。刘子玉于王少山等强劫陈福恺家，先曾听纠入伙，临时畏惧不行，并未分赃，应依“共谋为盗伙犯，临时畏惧不行、不分赃者，杖一百”例，拟杖一百，折责发落。该犯王少山等在外为匪，原籍牌保及父兄无从觉察禁约，免其置议。买赃人不知姓名，无从拘究；起出洋枪等件分别存库销毁；已获赃物给主认领，未获各赃同逸盗阎怔化等缉追获日另结。陈福恺、李哲元二案同伙十四人，已获首伙七人，均获犯及半兼获盗首；李玉成一案同伙十一人，已获首伙七人，获犯过半兼获盗首，文武疏防各职名俱邀免开报，所有协获邻境罪应斩枭盗犯七名，应叙职名，系河南商城县知县刘与龄、署商城县把总王金忠，相应开报，听候部议。除供招送部外，理合会同湖广总督臣张之洞恭折具陈，伏乞皇上圣鉴，敕部核复施行，谨奏。

朱批：“刑部议奏。”《宫中档光绪朝奏折》第8辑，第49—52页

道员试用期满堪以简缺留省补用折光绪十九年十月十八日

头品顶戴湖北巡抚臣谭继洵跪奏，为道员试用期满堪以简缺留省补用恭折具陈仰祈圣鉴事。窃查定例捐纳试用道府到省一年期满，该督抚认真察看，出具切实考语，分别繁简奏明补用等因。兹查花翎试用道朱廷瑞，现年三十五岁，安徽寿州人，由附生因父前在甘肃永固协副将任内恭逢同治元年恩诏，经兵部题请补给二品荫生，考取一等。光绪十五年十二月十三日由吏部带领引见，奉旨着外用签掣通判，归部候选；旋遵例加捐郎中，签分刑部奉天司行走，并报捐四品衔。十八年复遵新海防例加捐道员，指分湖北试用，并于山东赈捐案内报捐花翎；四月十二日，由吏部带领引见，奉旨：“着照例发往。”钦此。领照起程，八月初六日到省。兹自到省之日起，扣至十九年八月初六日，试用一年期满，据布政使王之春、按察使陈宝箴取具履历清册，会详请奏前来。臣复查该道朱廷瑞，人颇安详，年力强富，堪以简缺留省补用，除清册咨送吏部查照外，理合会同湖广总督臣张之洞恭折具奏，

伏乞皇上圣鉴，敕部查照施行，谨奏。

朱批："吏部知道。"《宫中档光绪朝奏折》第8辑，第52—53页

部选人员领凭到省分别派充帘差委署别缺折光绪十九年十月十八日

头品顶戴湖北巡抚臣谭继洵跪奏，为部选人员领凭到省分别派充帘差委署别缺恭折具奏仰祈圣鉴事。窃照部选宜都县知县陈长樞，于光绪十九年六月初二日到省，经臣派充本届癸巳恩科文闱乡试帘差。又部选长乐县知县彭祖春，于光绪十九年六月二十七日到省，委署兴山县知县印务，均应照章奏咨立案，并将文凭缴销。据湖北布政使王之春、按察使陈宝箴会详前来。除将文凭咨送吏部查销外，理合会同湖广总督臣张之洞恭折具奏，伏乞皇上圣鉴，敕部查照施行，谨奏。

朱批："吏部知道。"《宫中档光绪朝奏折》第8辑，第53页

湖北省筹拨甘肃新饷片光绪十九年十月十八日

再：据总办湖北善后局、布政使王之春等详称，湖北粮道库存帮津水脚兑费等银，咸丰年间曾经奏准留充军饷，嗣于光绪九年经户部议奏，尽数征解，如有紧要饷需，由督抚专案奏明动拨等因，遵照在案。兹查湖北省应拨光绪十九年甘肃新饷银三十三万两，虽已勉筹解清，尚应豫解二十年分头批饷银十万两，加以京协各饷均须同时筹解，为数较巨，综核盐课厘金收数，实属不敷周转。甘饷为关外要需，未便延缓，致滋贻误，拟于粮道库动拨帮津水脚兑费银七万两，俾资凑解，请专案奏明，俟奉部复准再行动拨等情请奏前来。臣等查甘饷系应速解要款，从前曾因不敷凑解，叠经前督抚臣奏明于帮津等款内拨济，今该司道所请，系属援案办理，核与部章相符，除咨户部查照外，谨合词附片具

陈，伏祈圣鉴，谨奏。

朱批：“户部知道。”《宫中档光绪朝奏折》第8辑，第54页

委解湖北省光绪十九年第十批地丁京饷片

光绪十九年十月十八日

再：光绪十九年京饷湖北省奉拨地丁银四十五万两，业经先后委解九批共银四十万两，奏报在案。兹据湖北布政使王之春详称，复于地丁项下动拨第十批银五万两，查有大挑知县刘震岳，在任候补知县、钟祥县县丞董治勋，堪以委解，详请奏咨前来。除缮具咨文转给该委员等妥速起解外，所有湖北省本年地丁项下奉拨京饷银两扫数解清缘由，谨会同湖广总督臣张之洞附片具陈，伏乞圣鉴，谨奏。

朱批：“户部知道。”《宫中档光绪朝奏折》第8辑，第54—55页

保荐卓异之员片 光绪十九年十月十八日

再：光绪十八年举行计典，前任湖北粮储道恽祖翼经臣等以器识闳深、体用兼备、整躬率属、众望允孚，保荐卓异。现准部复：“查该员任内有正项钱粮未完，本任并非繁缺，历俸未满五年，虽经捐免试俸历俸，惟保荐卓异，定例并无准其核计明文，应行议驳”等因，具奏咨行到鄂。臣等恭查雍正元年恩诏内开：“直隶各省官员内有降级罚俸者，俱不准卓异；似此贤员因公罣误不能得升，以致壅塞，此后如果有居官清廉能干，因公罣误者，着该督抚亦行卓异。”钦此钦遵在案。今该员恽祖翼系于光绪十六年经部议准补授湖北粮储道，是年二月十二日到任，连闰扣至十八年十二月十二日，在本省历俸已满三年，业经调补汉黄德道要缺离任，虽前任有督催钱粮未完，实与州县经征不同，且早经卸事，未完之项不及一分，例准照离任官罚俸完结，并非不准保荐卓异之员，若因此罣误，未免向隅，似无以励贤能，合无仰恳天

恩准将该道恽祖翼卓异之案敕部核准注册，臣等为激励人才起见，如蒙俞允，再由臣等给咨，饬令该道赴部，以符定制，谨合词附片具陈，伏祈圣鉴，谨奏。

朱批：“吏部议奏。”《宫中档光绪朝奏折》第8辑，第55页

湖北正副考官请假回籍省亲片光绪十九年十月十八日

再：准湖北正考官翰林院编修吴鸿甲、副考官翰林院编修彭述咨称，本年钦奉恩命典试湖北，于九月初九日揭晓，现已事竣，应即回京复命，惟鸿甲近接家书，先茔损坏，失于修葺；述亦离乡五年，亲闱定省久疏，均深系念，拟即自备资斧就近各回江苏、湖南原籍修墓省亲，除往返程途不计外，各拟请假两个月，一俟假满，即行起程北上，不敢久延，咨请代奏前来。理合据情代陈，伏乞圣鉴训示，谨奏。

朱批：“吴鸿甲、彭述均着赏假两个月。”《宫中档光绪朝奏折》第8辑，第56页

恭报湖北省光绪十九年十月分雨水粮价地方情形折光绪十九年十一月初十日

头品顶戴湖北巡抚臣谭继洵跪奏，为恭报湖北省光绪十九年十月分雨水粮价地方情形仰祈圣鉴事。窃照光绪十九年九月分各属雨水粮价地方情形，业经臣恭折奏报在案。兹据武昌等十府暨荆门直隶州所属各州县将光绪十九年十月分雨水粮价开具清单呈报，由湖北布政使王之春汇造清折前来。臣复加查核，是月分晴多雨少，江汉水势退落，二麦播种，粮价较上月减多增少，地方民情悉臻安谧，堪以仰慰宸廑，谨缮粮价清单恭折具奏，伏祈皇上圣鉴，谨奏。

朱批：“知道了。”《宫中档光绪朝奏折》第8辑，第79—80页

查明湖北省各属应征光绪十九年地丁等款上忙钱粮已未完数目折光绪十九年十一月初十日

头品顶戴湖北巡抚臣谭继洵跪奏，为查明湖北省各属应征光绪十九年地丁等款上忙钱粮已未完数目恭折具陈仰祈圣鉴事。窃照上下两忙钱粮例应将额征坐支及已未完各数目分款造报，嗣于咸丰二年接准部咨议奏藩司功过章程，拟请丰年以额征数目为准，蠲缓之年以应征数目为准，均按八分计算，责成藩司督催。上忙匀为三分征收，下忙匀为五分征收，其余二分归于奏销前扫数全完，随案议予功过等因在案。兹据湖北布政使王之春详称，湖北省光绪十九年额征起运屯饷存留驿站正项，共银一百一十万六千四百九十二两八钱三分八厘，内除坍没渍淹挖压沙压坍占挖废缓征豁免，共银一万五千一百六十七两二钱七分二厘，实应征银一百九万一千三百二十五两五钱六分六厘。核计上忙应征□分银三十二万七千三百九十七两六钱七分，已完二分二厘零，银二十四万四千三十七两四钱一分五厘；未完七厘零，银八万三千三百六十两二钱五分五厘，所有未完职名系现任湖北布政使王之春。又额征光绪十九年芦课正银一万二千一百三十四两九钱一分七厘，核计上忙应征三分银三千六百四十两四钱七分五厘，已完银一千四百一两七钱二厘，未完银二千二百三十八两七钱七分三厘。又额征光绪十九年田房牙当茶黄柏等税银九千五百五十四两三钱五分七厘，核计上忙应征三分银二千八百六十六两三钱七厘，已完银一百四十八两四钱五分一厘，未完银二千七百一十七两八钱五分六厘等情前来。臣复核无异，除仍饬严催各属赶紧催征，务于下忙期内完解外，理合会同湖广总督臣张之洞恭折具陈，伏祈皇上圣鉴，谨奏。

朱批："户部知道。"《宫中档光绪朝奏折》第8辑，第80—81页

附录：张之洞奏为遵旨兼署抚篆谢恩折光绪十九年十一月十七日

窃臣承准军机大臣字寄光绪十九年十月二十日奉上谕："已有旨令谭继洵驰往四川查办事件，湖北巡抚着张之洞兼署，将此各谕令知之。"钦此。旋准吏部咨同前由，兹于十一月十五日准抚臣谭继洵委员，送湖北驯服关防并王命旗牌文卷前来。《光绪朝朱批奏折》第9辑，第350页

卷二　奏议二 光绪二十年至光绪二十一年闰五月

恭报驰抵四川省城日期折光绪二十年正月初六日

钦差四川查办事件头品顶戴湖北巡抚臣谭继洵跪奏，为恭报微臣驰抵四川省城日期仰祈圣鉴事。窃臣前奉寄谕驰赴四川查办事件，当即钦遵将交卸抚篆起程日期恭折奏报在案。臣拜折后于光绪十九年十一月十七日，率同随带各员溯大江而至宜昌，复自宜昌入川江以达万县，改由陆路取道顺庆府城一带前进，现于光绪二十年正月初四日行抵四川省城，赶将奉旨饬查各事分别调核案卷，并委员密查。除俟逐一查访明确再行据实具奏外，所有微臣驰抵川省日期，理合恭折由驿具陈，伏祈皇上圣鉴，谨奏。

朱批："知道了。"《宫中档光绪朝奏折》第8辑，第211—212页

遵旨确查四川总督刘秉璋据实复陈折光绪二十年二月初四日

钦差四川查办事件头品顶戴湖北巡抚臣谭继洵跪奏，为遵旨确查据实复陈恭折仰祈圣鉴事。窃臣承准军机大臣字寄光绪十九年十月二十日奉上谕："有人奏四川吏治蠹蚀污浊请饬查办一折，据称四川总督刘秉璋信用候选道徐春荣、署提督钱玉兴二人，招摇纳贿，知县陈锡鬯等声名狼藉；官运局本，该委员侵蚀馈送；又所属州县设立私卡，瘐毙民人；防营弁勇，暗通会匪，劫案叠出，列款纠参等语。着谭继洵驰驿前往四川确切查办，据实具奏。原折着钞给阅看，将此谕令知之。"钦此。臣遵将起程并抵四川省

城日期先后恭折具报在案。连日督同随带各员认真查办，已得确情，谨逐款分晰，为我皇上陈之。

查原奏刘秉璋信用候选道徐春荣、署提督钱玉兴，卖弄招摇，收受荐贿，关说差委，络绎如市，苞苴夜行，则牌札晨得。徐春荣以居间受金之术自荐，刘秉璋大好之，乃认为干女婿；钱玉兴系捻匪头目，以金帛数十驼投献各节。查徐春荣旧随刘秉璋多年，及督川，调令来川，由候选直隶州捐升道员，委办营务，并统带长胜武字等营，迭保以道员交军机处存记并分省补用。臣到川询据刘秉璋咨称，徐春荣已于十九年三月因母病请假回浙，至今尚未来省，所统各营即以钱玉兴接统。钱玉兴系安徽人，亦旧随刘秉璋在江苏、江西、浙江等处洊保记名提督，刘秉璋督川，又调来川，奏署四川提督，统带泰安、寿字等营，简授四川重庆镇总兵。该二员一为旧日密僚，一为乡里部曲，刘秉璋赋性伉直，平时接见僚属，不辄轻假词色，该二员外管戎行，内托肺腑，凡旁人所不能面陈者，皆可参谒，卧内乘便婉达，踪迹过密，指摘所从。徐春荣认拜干女婿，事属暧昧，无从考证确据。饬取钱玉兴履历并刘秉璋咨复，均谓系咸丰初年随大学士李鸿章军营得保把总，同治二年，刘秉璋在苏，该员始行到营，并未言及有为匪投诚之事。既未为匪投诚，则献金亦无凭证。惟该二员于刘秉璋过于不存形迹，刘秉璋遇事自为主裁，原未必尽由该员等之关说，但亲昵之言，巽而易入；帷幄之地，密而难窥，当局者自谓不受其欺，挟诈者早已阴售其技。臣一路博采舆论，佥谓该员等所部营伍驻扎州县，凡地方官一与之迕，则诃谴可以立至，是其气焰可畏，系属实情，秽声之加，殆由自取。

原奏凡题补委署文武员缺，多由徐春荣、钱玉兴贿说而行，有徐杏林、堂玉兴钱店包管开兑之谣，如富顺县陈锡鬯之回任，遂宁县黄允钦、新都县余云池之越补，署江津县钱少松之骤委，皆贿兑之验，先后得赃，悉交协同庆、蔚丰厚等银号存记一节。查陈锡鬯系光绪四年由江安县知县调补富顺县，十三年调署成都县，十五年饬回本任。黄允钦系举人大挑，于光绪十七年准补遂宁县知县，其余云池、钱少松，查无其人，惟有现补新都县知县余元煜，系属余姓，及已故垫江县知县钱璋，号少松，原参当即指此二人。余元煜系劳绩保举，光绪十三年准补新都县，因前署别缺亏项过巨，虽经缴清，未赴本任，尚管懋功屯务。钱璋系光绪十三年曾署江津县，旋补垫江县，于十七年身故。臣饬藩司衙门查明各员补署章程，据称陈锡鬯之回任，系以实缺人员调署首县，饬回本任。黄允钦等之补署各缺，亦皆按照定章办理。窃维苞苴行于暮夜，本为人不及知，在与者必缄默不言，岂局外可旁搜而得？今各该员回任补署，既系按章，自不能指出贿买之据，惟饬调蔚丰厚、协同庆两会号底簿及传问该号管事商人，查有徐大人即春荣，自光绪十六年起至十九年止，先后存过银一万两，会过上海及转浙江银共四万七千余两；又查有钱大人即玉兴，先后存过银一万一千两，会过安庆等处银七千三百余两，据该商人供称，皆系钱徐二人自行存会；又蔚丰厚底簿内列有余记一款，存银三万一千两，据称系刘秉璋署内自行存储，非徐春荣等经手。此外省城会号尚多，不便纷纷提讯。刘秉璋、钱玉兴廉俸较优，存款尚不甚多。其徐春荣并非实缺，以办理营务带队之员，但就两号存会之款而论，为数已如是之巨，纵不尽由请托而得，亦足为贪黩之征。又询据蔚丰厚声称，徐春荣会款内有一款系该员离川后钱玉兴为其代会，即非狼狈为奸，亦见结交之密，宜其物论沸腾。

原奏陈锡鬯、黄允钦、高培谷、费秉寅、李玉宣、国璋等伙开盐井，笼取揽灶计岸生理，及置买田产，滥刑苛敛，有五虎十三彪名目，四川州县，所在设立私卡，刑拷勒索，瘐毙甚多。陈锡鬯在富顺八九年间，死于卡禁者至千数百命。黄允钦在遂宁，纵令子侄丁役卖案索钱，当堂主断，诬良为盗各节。查高培谷系资州直隶州知州，费秉寅系阆中县知县，李玉宣系泸州直隶州知州，国璋系宜宾县知县。臣饬调该四员来省，并同先饬撤任之富顺县知县陈锡鬯及在省未经回任之遂宁县知县黄允钦面加查讯，又质之官运局委员等互相印证。井商岸商均有花名可查，不能掩人耳目。现在盐务生理商名内皆不能指出该员等之业，其置买田房，亦不能指出确据。川省盗贼最多，各州县设卡羁犯，有良卡、捕卡、外监、待质、自新、大炼、铁杆、站笼等项，名目繁多，间有非刑，历任相沿，并非今始。现委员明查暗访，如富顺等州县每处现存卡犯，少者数十人，多者百余人，其每年瘐毙者亦时有之。富顺县尚无八九年间致毙千余人之多。惟简州有猫笼犯六名，最为惨酷。其笼高仅二尺，围径二尺数寸，笼旁圆眼如枷，囚梏其中，头出笼外，手足蜷缩，转侧屈伸皆不可得，实为非刑。知州易家霖到任仅数日，据称均系前任之事，当经委员令其释放，另为看管。事非一任，未便深究，应请敕下四川督臣，通饬各属，凡属非刑，一体严禁。又五虎十三彪，系恶少痞徒绰号，尚非专指官场。臣复将诸员详加考察，陈锡鬯素性挥霍，善于钻营，久擅腴缺，自称仍有私累，兼管盐务，于政理近多废弛。黄允钦两耳重听，在遂宁时，子侄家丁揽权用事。费秉寅以捐纳到川，在阆中结交滥绅，刑尚严酷。高培谷、李玉宣、国璋三员，平日居官尚能循分，未闻有贪酷劣迹。屡经采访，众论相同。

原奏四川官运盐局每年提存护本银六万两，十余年计存六十余万两，该局委员历年阴蚀此项息银，刘秉璋觉之，将按其事，局员窘急，将此六十余万两送交刘秉璋私橐一节。调查官运局原卷，此项护本银两，系该局前总办委员唐炯详定，每引摊银一两，以为盐船失事添买补配之用，每年约收银二万九千余两，曾经报部有案。嗣光绪九年，该局接办委员、候补道夏旹，以护本不敷支用，又禀请每引加摊银一两，未据报部。此项连前后所摊之数，每年约收银五万数千两。查阅历年收支册内护本一项，因各岸盐船失事补配，开除殆尽。既系开除殆尽，岂复有委员阴蚀息银暨将本银送交刘秉璋私橐之事，可以不辩自明。惟查两淮运盐章程，凡盐船失事，责成地方官查验确实，具结申报，始准补配。今官运局仅凭分局委员开报某船失化若干，即行照数发价买补，据该局委员夏旹面称，系前经奏明，川省盐船失事，毋庸地方官查明结报。似此漫无稽考，行之既久，难保不滋生弊端。又查光绪四年十二月前办委员唐炯详称，每引摊护本一两，自开运以来，偶有失化，均止数包、数十包至二三百包不等，从无整载沉溺之事；并称开办一年，各厂补配动用护本，尚有盈余拨补防边经费，嗣后每年盈余仿照办理等语。是开运之始，每引摊银一两，尚可有余，迨加摊一两之后，虽谓岸运较增，失事渐众，但收银加倍而存款寥寥，其中有无冒蚀，银已陆续发讫，无可查究，应请敕下四川督臣，嗣后应如何设法稽查，或参仿两淮章程，盐船失事，仍由州县查验结报，抑或另筹整顿之法。总期力杜流弊以归核实，庶为经久之策。

原奏徐春荣身在督署，叶毓荣掌教成都，以马边、雷波剿夷等案滥保二品顶戴；并叶毓荣为官员请托受贿，不数年积资十万一节。查徐春荣系于光绪十五年马边剿夷案内保经部驳，改奖二品衔；叶毓荣自同治五年主讲芙蓉书院，叠经前督臣札办团防，于剿匪案内历保知府，补缺后道员捐指直隶试用道，十五年复于马边剿夷案内保加二品衔，据称办理徐春荣文案，同在马边。查徐春荣系充当营务兼带勇营，叶毓荣为其办理文案，均曾在事，就本案而论，该二员人无足取，而保尚非滥邀，惟叶毓荣平昔与徐春荣缔交甚密，且以主讲宾师之位，甘为徐春荣办理文案，得邀保奖，虽无窜名滥保及婪贿拥赀确据，而其素习奔竞，已可概见。

原奏各处防营弁勇，与游民约盟纠党，暗通会匪，该匪倚官恃营，劫掠妇孺勒赎，有接童子、抬观音诸口号，并有营官之子在省纠匪杀人、官不过问各节。查川省留防营勇，分扎省城及各府县市镇，昔年巡缉亦颇得力，近则日久怠生，地方官善与联络者，尚可相安，否则动成水火。刘秉璋原未尽为袒护，而地方官为徐春荣、钱玉兴等积威所劫，大率相顾咨嗟，无敢明言营伍之失，此实川中近日切弊。虽无与游勇约盟纠党及暗通会匪实据，而与地方积不相能，则众所共悉。如新津县从前知县颜钟运，因责罚营勇，致合营鼓噪起衅，百姓齐团相御，至有闭城三日之事，案虽办结，而勇丁之恣横，尤可想见。当时闹事之勇即徐春荣所部，其营官闻即徐春荣之族人。又各哨弁驻扎之处，往往将已获之匪作为眼线，名为以贼攻贼，通匪之说或由于此。其掳人勒赎，拉幼孩谓之接童子，拉妇女谓之抬观音，川省久有此风，近则益甚，民间畏匪加害，情愿认赎而不敢言，故有畏匪甚于畏官之谣。闻上年有华阳县绅刘姓之孙，为匪掳去后，出帖催赎，称其出痘，及措银赎回而其孩旋殇，闻者切齿。原参系属实情。其营官之子杀人一事，系现任督标中协副将况文榜之子况伏虎绰号况四老虎，于十九年三月间同邓金泉等因挟优与已革城守营兵曾家彬等忿争，在省城三官堂互殴，邓金泉与罗石滚等互将李炳森、吴中银等砍伤，况文榜将其子况伏虎交华阳县审办。因李炳森等伤均平复，该县将况伏虎等分别惩责结案，况伏虎事后病故，尚无杀人重情。

原奏成都府州县属，劫盗巨案层出，岁至数百而官不知。崇庆州城内抢劫典铺，城外焚掠市镇。新津县贼众围城至逾半月而官不报，三边夷匪蹂躏场镇，围攻宁远，兵不赴剿各节。查成都府属民情强悍，盗案之多，向甲通省，兵燹后愈益加甚，前督臣骆秉章竭数年之力大加惩办，赖以安堵，川民至今歌颂勿衰。近来营县时有龃龉，盗匪亦日见鸱张，虽尽法惩治，而肆行如故。卷查成都府各属，自光绪十六年至十九年止，共报过劫案一百七十余起，访闻乡民畏贼寻仇，不报者尚多，即臬司衙门亦无从查核。良民自为身家，往往投名匪党以求保护，民之入匪者日众，匪之殃民者日深，原参非尽过当。崇庆州被劫之案，查有城外叶同兴菸店等处，其典铺亦系城外元通场张万朋之质铺，于光绪十八年冬间被匪何麻子等抢劫多赃，该前任知州派勇往捕，被匪枪毙勇丁一名。后经现署知州劳文琦会营将何麻子与行劫叶同兴等铺盗犯张大老幺等一并拿获正法，其被劫皆系城外市镇，尚无抢劫城内典铺之事。又调现署新津县知县王树枏来省，询以贼众围城之事，据称上年四月该县到任时，正值盗匪猖獗，禀请拨营协捕，获犯多名正法，盗风稍戢。当该匪抢掠时，几于路断行人，实无围城情事。王树枏亦称：该前县颜钟运因责营勇鼓噪，闭城三日，实有其事，原参或即指此。三边夷酋何甫沈屡次纠党出巢抢掠附城村堡，系上年夏间之事，饬据署建昌道安成禀复并刘秉璋咨，该夷匪经宁远府知府唐承烈招募土勇，会同建昌镇总兵刘士奇调兵协剿，将何甫沈及其党扑灭，自无须省城再派兵赴剿，夷匪亦未围城，曾经刘秉璋奏报有案。原参自系传闻失实。

以上皆访查各款之实在情形也。臣按照原奏稽考案牍，参酌见闻，不敢故事苛求，亦不敢稍涉徇隐，惟将一省之利弊，小民之疾苦，白其可据者如此。候选道徐春荣久居权要，颇事招摇，贪庸卑鄙，不恤人言，应请旨即行革职，永不叙用。署四川提督、重庆镇总兵钱玉兴虽无通贿确据，而统军最多，毫无整顿，兵骄盗肆，贻误地方。直隶试用道叶毓荣迹近夤缘，不知自重，该二员均请旨交部分别议处。请补涪州知州、富顺县知县陈锡鬯习气太深，钻营最巧；遂宁县知县黄允钦年老聋聩，信任亲丁；阆中县知县费秉寅，苛虐病民，声名最劣，该三员应均请一并革职。资州直隶州知州高培谷、泸州直隶州知州李玉宣、宜宾县知县国璋，查无别项劣迹，应请由督臣随时察看，如不能胜任，即行据实具奏。四川总督刘秉璋早立战功，久膺疆寄，上年因请退未得，自念受恩深重，力疾从公，若目以骫法营私，该督臣尚不至此。惟坚定之性，信人过深，屡病之余，精神未到，以致措施失当，任用非人，物议滋纷，实非无自，应如何量予处分之处，恭候圣裁。所有查办四川督臣被参各缘由，理合据实复陈，伏乞皇上圣鉴训示。臣拜折后即日率同随带各员起程回鄂，合并声明，谨奏。

朱批：“另有旨。”《宫中档光绪朝奏折》第8辑，第235—242页

附：光绪上谕

前因御史钟德祥奏四川吏治蠹蚀污浊，列款纠参。当谕令谭继洵前往查办。兹据查明复奏。候选道徐春荣，经刘秉璋调赴四川，久居权要，颇事招摇，贪庸卑鄙，不恤人言，着革职永不叙用。署四川提督重庆镇总兵钱玉兴，虽无通贿确据，惟统军最多，毫无整顿，兵骄盗肆，贻误地方。直隶选用道叶毓荣，迹近夤缘，不知自重，均着交部严加议处。请补涪州知州富顺县知县陈锡鬯，习气太深，钻营最巧；遂宁县知县黄允钦，年老聋聩，信任亲丁；阆中县知县费秉彝，苛虐病民，声名甚劣，均着即行革职。资州直隶州知州高培谷，泸州直隶州知州李玉宣，宜宾县知县国璋，既据查明尚无别项劣迹，即着该督随时察看，如不能胜任，即行据实参奏，毋稍迁就。四川总督刘秉璋，措置失当，任用非人，致招物议，着交部议处。该省设立非刑，名目繁多，该督当通饬各属严行禁止，如查有私刑毙命等事，即行据实参办。其官盐局护本银两，尤当核实支销，如有盐船失事，应须补配支应，设法稽查，不得仅凭委员含糊报销，致滋流弊。其余地方事宜，均着随时认真整顿以挽积习。《光绪朝东华录》第3册，第3358页

恭报回任日期叩谢天恩折光绪二十年二月二十九日

头品顶戴湖北巡抚臣谭继洵跪奏，为恭报微臣回任日期叩谢天恩仰祈圣鉴事。窃臣钦奉恩命前赴四川查办事件，业将查明缘由恭折复陈在案。臣拜折后即于二月初四日由川起程，是月二十七日行抵湖北省城，二十八日准兼署抚臣张之洞将湖北巡抚关防暨王命旗牌文卷等件，饬委武昌府知府李方豫、抚标中军参将璞玉赍送前来。臣当即恭设香案，望阙叩头，祗领任事。伏念臣猥以铨材忝膺疆寄，冰渊是凛，陨越时虞，乃蒙知遇之隆，又拜骁

征之命，渥承宠眷，倍切悚惶。兹当使事言旋，复领封圻重任，臣惟有随时随事，矢慎矢勤，并与督臣和衷共济，以冀仰答高厚鸿慈于万一。所有回任日期除恭疏题报外，理合缮折叩谢天恩，伏乞皇上圣鉴。

再：臣经过川楚境地，上年冬间虽晴霁日久，本年交春后连得透雨，菜麦均已播种，长发畅茂，春收可卜，民情安谧，合并附陈，谨奏。

朱批："知道了。"《宫中档光绪朝奏折》第8辑，第268页

恭谢天恩折光绪二十年三月初二日

头品顶戴湖北巡抚臣谭继洵跪奏，为恭谢天恩仰祈圣鉴事。窃臣赍折差弁回鄂，钦奉恩赏御书福字一方，臣谨即恭设香案，望阙叩头，谢恩祇领。钦惟我皇上调泰延洪，临宸播凯。亶聪建极，迈轩运以登三敷；锡用康敛，箕畴而受五华。增玉券翰洒金銮，瞻宝墨之高悬，知御香之新染。从此龙章凤藻，辉映星云。谨当玉袭锦潢，永贻孙子。自天申祉，伏地寅承，臣惟有益矢靖共勉，酬高厚，合亿姓，歌衢击壤，喜听春城乐岁之声；祝万方圣主，如天之福。所有微臣感激荣抃下忱，谨缮折叩谢天恩，伏乞皇上圣鉴，谨奏。

朱批："知道了。"《宫中档光绪朝奏折》第8辑，第270页

钦奉恩旨交部议叙恭谢天恩折光绪二十年三月初三日

头品顶戴湖北巡抚臣谭继洵跪奏，为微臣钦奉恩旨交部议叙恭谢天恩仰祈圣鉴事。窃臣接准部咨光绪二十年正月初一日奉上谕："朕钦奉慈禧端佑康颐昭豫庄诚寿恭钦献皇太后懿旨，本年予六旬庆辰，在廷臣工业经降旨加恩，因念各省文武大臣有久膺重寄、卓著勋劳者，允宜同膺懋赏，湖北巡抚谭继洵着交部议叙。"

等因。钦此。移咨到臣，当即恭设香案，望阙叩谢天恩。伏念臣赋质庸愚，谬承疆寄，涓埃未效，兢惕方深。适值寿宇宏开，恭逢恩纶下逮，愧无功之可录，荷懋赏之特加，闻命自天，悚感无地。臣惟有益加策励，倍矢清勤，庶勉竭乎驽骀，冀仰酬于高厚。所有微臣感激下忱，谨缮折叩谢天恩，伏祈皇上圣鉴，谨奏。

朱批："知道了。"《宫中档光绪朝奏折》第8辑，第270—271页

循例动拨文闱乡试经费折光绪二十年三月二十八日

头品顶戴湖北巡抚臣谭继洵跪奏，为循例动拨文闱乡试经费恭折具陈仰祈圣鉴事。据湖北布政使王之春详称，本年湖北省举行甲午正科文闱乡试，所需经费循例先行动拨光绪十八、十九、二十等年编征科举钱粮银二千八百余两，地丁银一千四百七十两，耗羡银一千一百两，以备支用；又查湖广乡试南北分闱，本届甲午正科，湖北轮应中式举人四十七名，四次加广永远中额十名，共应中举人五十七名，例给牌坊银两，遵照部章以五成支放，每名给银十两，计需银五百七十两，照案于所拨科场经费内支银二百一十二两，计不敷银三百五十八两，亦应在于地丁款内动拨，仍俟各举人赴京复试接准礼部开单知照，再行按名支给，其未复试者概不准支。至荆州驻防旗生，中式名数不能豫定，俟取中后，与翻译中式举人应支牌坊银两，一并另行动拨，俟科场事竣照例报销等情，具详前来。臣复核无异，除咨户部查照外，谨会同湖广总督臣张之洞恭折具陈，伏乞皇上圣鉴，谨奏。

朱批："户部知道。"《宫中档光绪朝奏折》第8辑，第313页

恭报湖北省光绪二十年二月分雨水粮价地方情形折光绪二十年三月二十八日

头品顶戴湖北巡抚臣谭继洵跪奏，为恭报湖北省光绪二十年

二月分雨水粮价地方情形仰祈圣鉴事。窃照光绪二十年正月分各属雨雪粮价地方情形，业经前兼署抚臣张之洞恭折奏报在案。兹据武昌等十府暨荆门直隶州所属各州县将光绪二十年二月分雨水粮价开具清单呈报，由湖北布政使王之春汇造清折前来。臣复加查核，是月分晴雨相间，江汉水势稍长，粮价较上月互有增减，地方民情悉臻安谧，堪以仰慰宸廑，谨缮粮价清单恭折具奏，伏乞皇上圣鉴，谨奏。

朱批："知道了。"《宫中档光绪朝奏折》第8辑，第314页

述职届期吁恳陛见折光绪二十年四月初四日

头品顶戴湖北巡抚臣谭继洵跪奏，为微臣述职届期吁恳陛见恭折仰祈圣鉴事。窃臣仰蒙恩命擢授湖北巡抚，于光绪十六年四月到任，上年即届展觐之期，适值荆州大堤轮应臣督防，继又钦奉谕旨驰赴四川查办事件，未敢遽行陈请。伏念臣忝膺疆寄已历数年，引领阙庭，时萦下悃。现自回任后业将应办各事次第清理，地方亦均安谧，尚无紧要事件，惟有吁恳天恩俯准臣入都陛见，瞻觐天颜，跪聆圣训，稍伸犬马依恋之忱，用策驽钝驰驱之效。如蒙俞允，所有湖北巡抚篆务并请派员署理，俾臣得以交卸，俶装北上，无任瞻依待命之至。恭折具陈，伏乞皇上圣鉴，谨奏。

朱批："毋庸来见。"《宫中档光绪朝奏折》第8辑，第316页

恭报湖北省光绪二十年三月分雨水粮价地方情形折光绪二十年四月二十一日

头品顶戴湖北巡抚臣谭继洵跪奏，为恭报湖北省光绪二十年三月分雨水粮价地方情形仰祈圣鉴事。窃照光绪二十年二月分各属雨水粮价地方情形，业经臣恭折奏报在案。兹据武昌等十府暨荆门直隶州所属各州县将光绪二十年三月分雨水粮价开具清单呈报，由湖北布政使王之春汇造清折前来。臣复加查核，是月分晴

雨相间，江汉水势渐长，秧苗播种，二麦结实，粮价较上月互有增减，地方民情悉臻安谧，堪以仰慰宸廑，谨缮粮价清单恭折具奏，伏祈皇上圣鉴，谨奏。

朱批："知道了。"《宫中档光绪朝奏折》第8辑，第341—432页

审明疏防监犯越狱之典史刑禁人等按例定拟折光绪二十年四月二十二日

头品顶戴湖北巡抚臣谭继洵跪奏，为审明疏防监犯越狱之典史刑禁人等按例定拟恭折具陈仰祈圣鉴事。案据光化县知县梁沛英详报，监犯郭有蒿、张囤户越狱同逃，当经臣会同督臣张之洞奏参，旋准部咨光绪十九年十一月初四日奉旨："这所参疏防监犯之管狱官、湖北光化县典史金倬云，着即革职拿问，交该抚提同刑禁人等严讯有无松刑贿纵，按例惩办。有狱官光化县知县梁沛英据报先期公出，仍勒限缉拿逃犯郭有蒿、张囤户，务获究办。"钦此钦遵。行司饬审勒缉去后。兹据襄阳府知府王贻清审明议拟，解由湖北布政使王之春、按察使陈宝箴复审转解前来。臣会同督臣逐一提讯。缘金倬云系四川巴县人，由吏员遵海防例报捐典史，选授湖北光化县典史，于光绪十四年四月到任。平日经管监狱，稽查认真，早晚亲往点验；赵太、萧德均籍隶光化县，充当该县内监禁卒。斩犯郭有蒿系起意纠劫监生危正路家银钱衣物；张囤户系听从伙劫，入室搜赃，经该县拿获，禀经委员会审明确，均罪应斩枭、照章就地正法之犯。光绪十九年六月二十五日晚，金倬云亲赴监内督同刑书傅汶童、禁卒赵太等收封点验各犯，并郭有蒿、张囤户锁铐均系完固，收禁内监，饬令赵太、萧德依法看守，并谕外监禁卒杜友、沈得帮同防范，营兵郭正太、更夫范得小心巡查支更。是夜三更时，狂风骤雨，监狱围墙因被雨淋坍缺，郭有蒿、张囤户乘刑禁人等睡熟，扭断镣铐，拆毁地板，挖洞爬出，翻墙同逃。金倬云知觉，督役追拿未获。时该县梁沛英因襄阳府委赴襄阳县相验病故监犯周货郎，在府接据金倬云禀报，星

驰回县勘讯，将洞口墙缺修补完固，督同典史营员亲带兵役追捕无踪，详由该管道府揭司会详，经臣会同督臣奏参，奉旨将该典史金倬云革职拿问，钦遵行司饬府提审。兹该府勒缉逃犯无获，严讯典史、刑禁人等，实系一时疏忽，并无松刑贿纵情弊，议拟由司解，经臣等复审无异。

查例载："监犯越狱，狱卒果系依法看守、一时疏忽偶致脱逃者，依律减囚罪二等治罪。"又律载："不应为而为、事理重者，杖八十"各等语，此案赵太、萧德充当内监禁卒，承管斩犯郭有蓄、张囤户，并不小心防守，以致乘间脱逃，虽无松刑贿纵情弊，实属玩忽，自应按例问拟。禁卒赵太、萧德合依"监犯越狱，狱卒果系依法看守、一时疏忽偶致脱逃者，依律减囚罪二等治罪"，例于逃犯郭有蓄、张囤户斩罪上减二等，拟杖一百，徒三年。赵太供称母老丁单，是否属实，饬县查明，另行办理。杜友、沈得充当外监禁卒，虽非专管刑书；傅汶童，虽未在监值宿，究未帮同防范；更夫范得并不小心支更，均属疏忽，应请照不应重律，各拟杖八十，折责革役发落；兵丁郭正太不小心巡查，移营棍责革伍。逃犯郭有蓄、张囤户仍勒限严缉，获日另结。管狱官光化县典史金倬云疏防斩犯越狱脱逃，业已革职，照例留于地方协缉，俟年限届满，有无弋获，分别办理。有狱官光化县知县梁沛英先期公出，事后未能依限获犯，所有职名另行开送，听候部议。除供招送部外，谨会同湖广总督臣张之洞恭折具奏，伏乞皇上圣鉴，敕部核复施行，谨奏。

朱批："刑部议奏。"《宫中档光绪朝奏折》第8辑，第342—344页

查明各属应征光绪十九年地丁等款钱粮下忙已未完数目折 光绪二十年四月二十四日

头品顶戴湖北巡抚臣谭继洵跪奏，为查明各属应征光绪十九年地丁等款钱粮下忙已未完数目恭折仰祈圣鉴事。窃照上下两忙钱粮例应将额征坐支及已未完数目分款造报，咸丰二年部议藩司

功过章程：丰年以额征数目为准，蠲缓之年以应征数目为准，均按八分计算，责成藩司督催。上忙匀为三分征收，下忙匀为五分征收，其余二分归于奏销前扫数全完，随案议予功过等因，历经照办在案。兹据湖北布政使王之春详称，湖北省光绪十九年额征起运存留驿站屯饷正项，共银一百一十万六千四百九十二两八钱三分八厘，内除坍没渍淹挖压沙压坍占挖废缓征豁免，共银一万五千一百六十七两二钱七分二厘，实应催银一百九万一千三百二十五两五钱六分六厘；内除上忙三分银两外，下余银七十六万三千九百二十七两八钱九分六厘，内除各属被水蠲免缓征共银一十六万六千二百二十九两三钱七厘，计应征银五十九万七千六百九十八两五钱八分九厘，又除奏销应催二分银一十七万七百七十一两二分五厘，实应催下忙五分银四十二万六千九百二十七两五钱六分四厘，已完银三十一万六千七百二十一两九钱三分九厘，未完银一十一万二百五两六钱二分五厘；计已完分数三分七厘零，未完分数一分二厘零。又上忙未完银八万三千三百六十两二钱五分五厘，共未完银一十九万三千五百六十五两八钱八分，核计上下两忙共完不及八分，所有应开职名系现任湖北布政使王之春。又额征光绪十九年压征十八年分芦课正银一万二千一百三十四两九钱一分七厘，内除上忙三分银两外，下余银八千四百九十四两四钱四分二厘，内除各属被水受旱缓征银二千一百六两八钱七分五厘外，计应征银六千三百八十七两五钱六分七厘；又除奏销应催二分银一千八百二十五两一分九厘，实应催下忙五分银四千五百六十二两五钱四分八厘，已完银三千三百六十七两八钱六分五厘，未完银一千一百九十四两六钱八分三厘。又上忙未完银二千二百三十八两七钱七分三厘，共未完银三千四百三十三两四钱五分六厘；又额征光绪十九年分田房牙茶黄柏等税银九千五百五十四两三钱五分七厘，内除上忙三分银两外，下余银六千六百八十八两五分；又除奏销应催二分银一千九百一十两八钱七分一厘，实应催下忙五分银四千七百七十七两一钱七分九厘，已完银一千四百八十五两三分五厘，未完银三千二百九十二两一钱四分四厘；又上忙未完银二千七百一十七两八钱五分六厘，共未完银六千一十两等情，开造册折具详前来。臣复核无异，除饬藩司严饬各属迅将未完银两赶紧催征、扫数全完并将册折咨送户部外，理合会同湖广总督臣张之洞恭折具陈，伏祈皇上圣鉴，谨奏。

朱批："户部知道。"《宫中档光绪朝奏折》第8辑，第344—346页

差委魏远猷片 光绪二十年四月二十四日

再：臣上年起程赴川路经宜昌，因川省查办各事较多，前次奏带人员尚不敷差遣，当经就近添调宜昌洋关委员、湖北候补知县魏远猷一同前来。以资差委，现在业已事竣，仍即随带该员由川回鄂，理合附片陈明，伏乞圣鉴，谨奏。

朱批："知道了。"《宫中档光绪朝奏折》第8辑，第346页

委解湖北省光绪二十年第一批东北边防经费片 光绪二十年四月二十四日

再：湖北省厘金项下奉拨光绪二十年东北边防经费银八万两，应即分批委解，兹据湖北布政使王之春会同善后局司道详称，在于厘金项下动拨第一批银三万两，饬委候补通判梁承润、候补知县史久龄管解赴京交纳等情前来。除缮咨转给该委员小心管解，并饬将应解银两续筹委解外，谨会同湖广总督臣张之洞附片具陈，伏祈圣鉴，谨奏。

朱批："户部知道。"《宫中档光绪朝奏折》第8辑，第346页

委署崇阳知县片 光绪二十年四月二十四日

再：据布政使王之春、按察使陈宝箴会详，署崇阳县知县夏时泰调省，另有差委，所遗篆务，查有恩施县知县黄承清，堪以

调署；递遗恩施县印务，查有本任崇阳县知县郑敦祜，堪以署理等情，当经前兼署抚臣张之洞批饬遵照在案。兹据该司等会详请奏前来。谨会同督臣张之洞附片具陈，伏祈圣鉴，谨奏。

朱批："吏部知道。"《宫中档光绪朝奏折》第8辑，第347页

奖励捐银举办育婴善举片光绪二十年四月二十四日

再：湖北育婴事宜钦遵谕旨通饬举办，已有规模，业经臣等恭折奏报在案。惟育婴之举，首在筹费，而倡捐巨款尤为难得，是以臣等于定章劝办之初即经申明：定例有捐银至千两者即予奏奖，以示鼓励而期踊跃。兹查有谷城县候选训导龚念学率其侄附生龚春华，合捐地八百二十六亩，计龚念学名下地价值钱六千九百余串，龚春华名下地价值钱二千三百余串；又大冶县布政司理问衔黄德霖捐田地五石零，计值钱一千五百余串；又黄梅县节妇商陈氏捐田三石二斗零，并竹木山场园地计值钱一千二百串；又江陵县职员向允先捐钱一千串，均充作育婴经费。按例以钱作银，均在千两以上。据各该县查明田地亩数、坐落界址及承佃姓名、完课数目，造册呈由湖北布政使王之春、按察使陈宝箴会详请奏前来。臣等伏查定例：地方善举士民捐资值银千两以上者，例得请旨建坊，给予"乐善好施"字样。今该训导龚念学等以育婴善举，倡捐巨款数在千两以上，实属心存保赤，乐善可嘉。核与建坊之例相符合，合无仰恳天恩俯准分别建坊，给予"乐善好施"字样，以示旌奖而昭激劝，除清册分送吏、礼二部外，谨合词附片具陈，伏祈圣鉴，谨奏。

朱批："着照所请，礼部知道。"《宫中档光绪朝奏折》第8辑，第347—348页

委解湖北省光绪二十年第三批地丁京饷片

光绪二十年四月二十四日

再：光绪二十年京饷湖北省奉拨地丁银四十五万两，内除抵留恩赏赈款银二万两外，实应解银四十三万两，业经委员起解第一、第二两批共银八万两，赴京交纳在案。兹据湖北布政使王之春详称，复于地丁项下动拨第三批银四万两，查有另补知县杨钧、补用知县龙骥，堪以委解等情，详请奏咨前来。除缮咨转给该委员等妥速起解，并饬将应解银两续筹委解外，谨会同湖广总督臣张之洞附片具陈，伏祈圣鉴，谨奏。

朱批："户部知道。"《宫中档光绪朝奏折》第8辑，第348页

借支养廉案卷毁失无凭查追片光绪二十年四月二十四日

再：准户部咨光绪十九年汇题各直省文武各员在部借支养廉已未完扣数目一案钞单，咨行遵照办理，计单内开湖北省文武各员未扣未完共银三千十四两七钱九分四厘，前据该抚声称：事在咸丰六年以前鄂省迭遭兵燹，案卷毁失，无凭查追，咨复到部，查前项未完银两系借支部库之款，未便据咨办理，应令奏明归于下届汇题案内完结等因，当经转饬遵办去后。兹据湖北布政使王之春查明前项未完银两实在咸丰六年以前，案卷兵燹毁失，无凭查追，详请具奏前来。臣等复核无异，除咨户部外，谨合词附片具陈，伏祈圣鉴，谨奏。

朱批："户部知道。"《宫中档光绪朝奏折》第8辑，第348—349页

委解湖北省光绪二十年第四批地丁京饷片

光绪二十年四月

再：光绪二十年京饷湖北省奉拨地丁银四十五万两，内除留抵恩赏赈款银二万两外，实应解银四十三万两，业经先后委解三批共银十二万两，赴京交收在案。兹据湖北布政使王之春详称，复于地丁项下动拨第四批银四万两，查有试用通判沈国瑛、试用知县周林，堪以委解等情，详请奏咨前来。除缮咨转给该委员等妥速起解，并饬将应解银两续筹委解外，谨会同湖广总督臣张之洞附片具陈，伏祈圣鉴，谨奏。

朱批："户部知道。"《宫中档光绪朝奏折》第8辑，第349页

呈报湖北省光绪十九年额征片 光绪二十年四月

再：据湖北督粮道岑春蓂详称，湖北省光绪十九年额征驴脚南折正耗共银四万一千四百七十五两零，内除挖压渍淹沙压缓征豁免共银三百九十六两零，并应征上忙银两外，计应征下忙银二万五百三十九两零，内除黄梅等州县坍占挖废沙压并被水已未成灾蠲免缓征共银一千一十三两零，计已完银一万五千七百五十三两零，未完银三千七百七十一两零；又上忙原报未完银二千三百七十一两零，续完银一千六百三十三两零，尚未完银七百三十七两零，上下忙共未完银四千五百九两零；又额征随漕浅船军三安家正耗并闲丁帮津资役等款共银九万二千六百八两零，内除渍淹挖压沙压逃亡事故缓征豁免共银三千七百四十二两零，并上忙应征银两外，计下忙应征银四万四千四百三十三两零，内除黄梅等州县卫沙压挖废坍占并被水已未成灾缓征共银一万五千二百六两零，计已完银一万二千九百五十七两零，未完银一万六千二百六十九两零；又上忙原报未完银二万六千三百四十两零，续完银六千四百七十四两零，尚未完银一万九千八百六十五两零，上下忙

共未完银三万六千一百三十五两零等情具详前来。臣复核无异，除仍饬严催各属将未完银两赶紧催征完解外，理合会同督臣张之洞附片具陈，伏乞圣鉴，谨奏。

朱批："户部知道。"《宫中档光绪朝奏折》第8辑，第349—350页

委解湖北省光绪二十年第二批厘金京饷片

光绪二十年四月

再：湖北省厘金项下奉拨光绪二十年京饷银十二万两，业经委解第一批银三万两，赴京交纳在案。兹据湖北布政使王之春会同善后局司道详称，复于厘金项下动拨第二批银三万两，饬委另补知县杨钧、补用知县龙骥管解赴京交纳等情前来。除缮咨转给该委员等小心管解，并饬将应解银两续筹委解外，谨会同湖广总督臣张之洞附片具陈，伏祈圣鉴，谨奏。

朱批："户部知道。"《宫中档光绪朝奏折》第8辑，第350页

原任漕运总督在籍病故缮有遗折由家属呈请代递折 光绪二十年四月二十七日

头品顶戴湖北巡抚臣谭继洵跪奏，为原任漕运总督在籍病故缮有遗折由家属呈请代递恭折具陈仰祈圣鉴事。窃臣于光绪二十年四月二十五日据原任漕运总督周恒祺家丁周兴禀称：家长周恒祺于本年三月十七日在籍病故，缮有遗折，呈请代递前来。臣查周恒祺由翰林转补御史外任监司，渥蒙恩眷，洊擢山东巡抚，调补漕运总督，嗣因患病予告开缺回籍养疴。兹据报病故，谨将呈到遗折一扣，敬呈御览。再：查周恒祺之子已故，仅一孙周世鼎，系花翎同知衔附监生，合并陈明。所有原任漕运总督在籍病故、由家属呈请代递遗折缘由，理合恭折具奏，伏祈皇上圣鉴，谨奏。

朱批："知道了。"《宫中档光绪朝奏折》第8辑，第354页

滇省委员领运十三起头批京铜到鄂发给水脚银两换附轮船开行日期折光绪二十年五月二十六日

头品顶戴湖北巡抚臣谭继洵跪奏，为滇省委员领运十三起头批京铜到鄂发给水脚银两换附轮船开行日期恭折仰祈圣鉴事。窃查滇省委员、候补知州、布政司经历王作揖领运十三起头批正余京铜五十一万五千斤，于光绪二十年三月初九日入湖北境，三月二十九日全数运抵汉阳城河，报经饬委汉阳府知府逢润古、署汉阳县知县李观涛，会同该运员王作楫将运到铜斤逐一盘验过秤，并无短少，换附轮船眼同过载，于二十年四月十二日由汉口开行，取具运员无亏钤结，由该府县加结转详。其应领水脚在于藩司库存地丁项下动支银一千八百两，发给该运员具领。据湖北布政使王之春具详请奏前来。除将册结咨送户、工二部暨钱法堂查照外，理合会同湖广总督臣张之洞恭折具奏，伏祈皇上圣鉴，谨奏。

朱批："该部知道。"《宫中档光绪朝奏折》第8辑，第393页

查明湖北省征收光绪十九年钱粮漕南银米比较上届完欠实数开列清单折光绪二十年五月二十六日

头品顶戴湖北巡抚臣谭继洵跪奏，为查明湖北省征收光绪十九年钱粮漕南银米比较上届完欠实数开列清单恭折仰祈圣鉴事。窃照前准户部咨：奏令各直省征收丁漕统于各该年底开具比较清单专折奏报一片，于同治八年二月初五日奉上谕："着自同治八年为始，督饬藩司将全省一年上下两忙征收丁漕各实数及上届征收总数开具比较清单，详明专案奏报。"等因。钦此钦遵。转行遵办在案。兹据湖北布政使王之春详称：湖北省光绪十九年额征起运存留驿站屯饷耗羡等款共银一百二十二万七千九百九十四两一钱

九分六厘，内除渍淹挖压沙压坍没坍占挖废并被水受旱蠲缓豁免共银二十万一千三百四十六两六钱九分一厘，实应征银一百二万六千六百四十七两五钱五厘，已完银七十二万二千九百八十九两七钱三分六厘，未完银三十万三千六百五十七两七钱六分九厘，查光绪十八年征收各款钱粮除缓征外，实征银一百一万二千一百五十四两五钱四分六厘，已完银七十一万七千二百八十两四钱八分九厘，未完银二十九万四千八百七十四两五分七厘，核计光绪十九年征数比较光绪十八年计多银一万四千四百九十二两九钱五分九厘，收数计多银五千七百九两二钱四分七厘，是该年征收各数比较十八年有盈无绌。又据湖北督粮道岑春蓂详称：湖北省光绪十九年额征漕粮正耗米一十六万三千八百三十一石九斗三升五合，折银二十一万二千九百八十一两五钱一分七厘，内除沙压坍没挖废挖压渍淹及被水豁免缓征共银二万七千三百八十八两五厘，实应征漕粮正耗米折银一十八万五千五百九十三两五钱一分二厘，已完正耗米折银九万二千七百五十六两五钱九分三厘，比较光绪十八年多完银一万三千四百六十九两七钱九分三厘，未完正耗米折银九万二千八百三十六两九钱一分九厘，现在催提。又十九年额征南粮正耗米一十三万八千五百九十三石七斗一升一合四勺，折银二十万七千八百九十两五钱六分六厘，内除沙压挖压渍淹及被水受旱豁免蠲缓共银三万一千八百九十八两五钱三分三厘，实应征南粮正耗米折银一十七万五千九百九十二两三分三厘，已完正耗米折银一十二万六千九百二十九两七钱六分八厘，比较光绪十八年少完银一千九百二十二两三钱八分五厘，未完正耗米折银四万九千六十二两二钱六分五厘，现在催提。又十九年额征随漕浅船军三安家正耗并闲丁帮津资役等款共银九万二千五百八十一两三钱七分五厘零，内除渍淹挖压沙压挖废坍占逃亡故绝及被水豁免缓征共银一万八千九百二十一两四钱二厘零，实应征正耗银七万三千六百五十九两九钱七分三厘，已完正耗银三万七千二百七十八两一钱一分，比较光绪十八年少完银三千七百四十九两八钱三分七厘，未完正耗银三万六千三百八十一两八钱六分三厘，现在催提。又十九年额征升科驴脚南折正耗共银四万一千二百九十五两四钱八分一厘，内除沙压渍淹挖压坍占挖废及被水受旱豁免蠲缓共银一千二百三十两五钱三分八厘，实应征驴脚南折正耗银四万六十四两九钱四分三厘，已完正耗银三万四千五百一十三两一钱一分三厘，比较光绪十八年多完银二百五十三两七钱四分六厘，未完正耗银五千五百五十一两八钱三分，现在催提。以上已未完各款，统俟该年奏销册内声明造报各等情，开单详请奏咨前来。臣复核无异，除咨户部外，所有湖北省征收光绪十九年钱粮漕南银米截至年底比较上届完欠实数，理合缮具清单会同湖广总督臣张之洞恭折具奏，伏祈皇上圣鉴，谨奏。

朱批："户部知道，单五件并发。"《宫中档光绪朝奏折》第8辑，第394—396页

恭报湖北省光绪二十年四月分雨水粮价地方情形折光绪二十年五月二十六日

头品顶戴湖北巡抚臣谭继洵跪奏，为恭报湖北省光绪二十年四月分雨水粮价地方情形仰祈圣鉴事。窃照光绪二十年三月分各属雨水粮价地方情形，业经臣恭折奏报在案。兹据武昌等十府暨荆门直隶州所属各州县将光绪二十年四月分雨水粮价开具清单呈报，由湖北布政使王之春汇造清折前来。臣复加查核，是月分晴雨相间，江汉水势汛涨，二麦登场，秧苗秀发，粮价较上月增多减少，地方民情悉臻安谧，堪以仰慰宸廑。谨缮粮价清单恭折具奏，伏祈皇上圣鉴，谨奏。

朱批："知道了。"《宫中档光绪朝奏折》第8辑，第398页

光绪十九年耗羡银款收不敷支借项作收造报折光绪二十年五月二十六日

头品顶戴湖北巡抚臣谭继洵跪奏，为光绪十九年耗羡银款收不敷支借项作收造报恭折具陈仰祈圣鉴事。窃查湖北省额征起存驿站屯饷芦课等项耗羡暨田房商膏关税盈余并南漕脚耗等款，每年约计收银一十七万余两，以供一岁应支廪工祭品孤贫囚食暨各部饭食并文职各官养廉等项之用，如遇水旱缓征，耗羡随正俱缓，年例支款有常，不得不借动杂款供支，历届查办奏销时，均将借动缘由奏咨在案。兹据湖北布政使王之春详称：光绪十九年分除总督巡抚并布政按察二司、武昌汉阳二府养廉归于正项案内造销外，其道府以下各官养廉及廪工等杂款，共实应支银一十一万九千一十七两六钱五分，各属额征光绪十九年起存驿站屯饷等款耗羡除蠲免缓征并坐支外，仅应解司银九万一千六十五两一钱七分，今只解收银八万三千三百七十五两四钱八分五厘；又十九年芦课耗羡暨田房商膏盈余及节年耗羡并粮道移解南折随漕驴脚等款耗羡银二万三千一十七两七钱四分七厘，又十八年奏销册报存银六十五两九分五厘，通共收银一十万六千四百五十八两三钱二分七厘，实不敷支银一万二千五百五十九两三钱二分三厘。现值查办十九年奏销册内，既难登造而例支之款不能不发，应请援案在于司库二十年春拨册内存款项下借支银一万二千六百两，收入耗羡四柱册内造报，一俟本款续收有项，即行归还等情，详请奏咨前来。臣复核无异，除咨户部外，理合会同湖广总督臣张之洞恭折具陈，伏祈皇上圣鉴，谨奏。

朱批："户部知道。"《宫中档光绪朝奏折》第8辑，第398—399页

光绪十九年清查交代各案片光绪二十年五月二十六日

再：据湖北清查交代局布政使王之春、按察使陈宝箴、督粮道岑春蓂详称，湖北省各州县卫光绪十八年十二月以前各案交代，业经详请分别奏咨在案。兹查自光绪十九年正月起至十二月底止，共计交代各案四十八起，应造册结，均已详咨达部。谨将十九年交代清结缘由详请具奏前来。臣复核无异，除咨明户部查照外，理合会同湖广总督臣张之洞附片具陈，伏祈圣鉴，谨奏。

朱批："户部知道。"《宫中档光绪朝奏折》第8辑，第400页

委解湖北省光绪二十年第五批地丁京饷片

光绪二十年五月二十六日

再：光绪二十年京饷湖北省奉拨地丁银四十五万两，内除留抵恩赏赈款银二万两外，实应解银四十三万两，业经先后委解四批共银十六万两，赴京交收在案。兹据湖北布政使王之春详称，复于地丁项下动拨第五批银五万两，查有候补知县虞汝霖、补用知县翁守范，堪以委解等情，详请奏咨前来。除缮咨转给该委员等妥速起解，并饬将应解银两续筹委解外，谨会同湖广总督臣张之洞附片具陈，伏祈圣鉴，谨奏。

朱批："户部知道。"《宫中档光绪朝奏折》第8辑，第400页

查明湖北省光绪十九年征收旧赋钱粮比较上三年完欠分数折光绪二十年五月二十八日

头品顶戴湖北巡抚臣谭继洵跪奏，为查明湖北省光绪十九年征收旧赋钱粮比较上三年完欠分数恭折具陈仰祈圣鉴事。窃准户部咨令将征收旧赋分数仍于比较案内奏报；又准部咨仿照河南比

较清单将灾缓尚未届限启征银两数目详细扣除，开列实应带征银数，与上三年分别比较等因，遵办在案。兹届造送光绪十九年递带册籍，据湖北布政使王之春详称，湖北省光绪十九年分旧赋项下，自光绪十四年起至十八年止，各属共缓征地丁等银一百一十二万四千九百五十四两八钱三分四厘，内除各属已完尚未届启征银九千六百四十两七钱二分七厘；又除各属因灾展缓银一百一十一万三百四十二两八钱五分二厘外，实应启征银四千九百七十一两二钱五分五厘，全未完比较光绪十六年，计少完十分；比较光绪十七年，计少完一分八厘零；又光绪十八年并无启征之项，无从比较等情，请奏前来。臣复核无异，除咨户部户科外，理合会同湖广总督臣张之洞恭折具陈，并缮清单，敬呈御览，伏祈皇上圣鉴，谨奏。

朱批："户部知道，单并发。"《宫中档光绪朝奏折》第8辑，第402—403页

委署安襄郧荆道片光绪二十年六月二十日

再：湖北安襄郧荆道朱其煊，现经调省派充文闱提调，所遗该道篆务亟应遴员接署，以重地方。查有候补道锡璋，稳练朴诚，办公勤谨，堪以署理。除檄饬遵照外，谨合词附片具陈，伏乞圣鉴，谨奏。

朱批："吏部知道。"钦此。录自故宫档案原件

恭报湖北省光绪二十年五月分雨水粮价地方情形折光绪二十年六月二十二日

头品顶戴湖北巡抚臣谭继洵跪奏，为恭报湖北省光绪二十年五月分雨水粮价地方情形仰祈圣鉴事。窃照光绪二十年四月分各属雨水粮价地方情形，业经臣恭折奏报在案。兹据武昌等十府暨荆门直隶州所属各州县将光绪二十年五月分雨水粮价开具清单呈

报，由湖北布政使王之春汇造清折前来。臣复加查核，是月分晴多雨少，江汉水势盛涨，早稻结实，杂粮畅茂，粮价较上月增多减少，地方民情悉臻安谧，堪以仰慰宸廑，谨缮粮价清单恭折具奏，伏祈皇上圣鉴，谨奏。

朱批："知道了。"《宫中档光绪朝奏折》第8辑，第432页

查明湖北省光绪十九年奏销案内未完一分以上各员职名缮具清单折光绪二十年六月二十二日

头品顶戴湖北巡抚臣谭继洵跪奏，为查明湖北省光绪十九年奏销案内未完一分以上各员职名缮具清单恭折仰祈圣鉴事。案照光绪六年二月准户部咨具奏筹备饷需折内严核各项奏销一条内开：钱粮奏销各依定限，令各该督抚一面具题、一面先将未完一分以上各员职名，开具简明清单专折奏报，由部核定处分先行复奏，仍各于题本内将业经具奏各员声明备核，其有奏后续完者，准其续行奏请归本案开复等因，历经遵办在案。兹值查办光绪十九年奏销，据湖北布政使王之春、督粮道岑春蓂，查明开单具详前来。臣复核无异，所有经征未完一分以上各员职名，已于题本内声明备核，谨开具简明清单，恭呈御览。惟奏单应照题本开列，题本缮成后，未完各处有据续完者，仍注明声请免议减议，合并陈明。除咨户部外，理合会同湖广总督臣张之洞恭折具奏，伏祈皇上圣鉴，敕部核议施行，谨奏。

朱批："户部议奏，单并发。"《宫中档光绪朝奏折》第8辑，第432—433页

湖北公安县光绪十九年被水缓缺秋冬二季驿站坐支银两援案拨补折光绪二十年六月二十二日

头品顶戴湖北巡抚臣谭继洵跪奏，为湖北公安县光绪十九年被水缓缺秋冬二季驿站坐支银两援案拨补恭折仰祈圣鉴事。窃照

湖北州县额设驿站夫马所需工食工料，向在征收驿站钱粮项下按数坐支，遇有展缓之年征不敷支，奏明拨补，由臬司造具应补细册移送藩司，于查办是年奏销时核实给领，历经办理在案。兹据湖北布政使王之春、按察使陈宝箴会详称，光绪十九年公安县驿站项下照额应支银五千五百一十七两七钱二分六厘，已征银三千九百二十六两七钱六分八厘，尽数坐支，余因被水蠲缓，计缺银一千五百九十两九钱五分八厘。该县地本瘠苦，又当孔道，驿递文报最关紧要，坐支既缺，应为拨补等情，请具奏前来。臣复核无异，合无仰恳天恩俯准查照往届成案，所有公安县不敷坐支银两，于该年驿站本款内拨补，除造具细册咨送户、兵二部外，理合会同湖广总督臣张之洞恭折具陈，伏乞皇上圣鉴训示，谨奏。

朱批："着照所请，该部知道。"《宫中档光绪朝奏折》第7辑，第433—434页

拿获强劫拒杀事主盗犯审明照章惩办折 光绪二十年六月二十二日

头品顶戴湖北巡抚臣谭继洵跪奏，为拿获强劫拒杀事主盗犯审明照章惩办并听从行劫之伙犯按例定拟恭折具陈仰祈圣鉴事。案据东湖县知县周瑞銮详报民人邓起善家被盗强劫拒伤、邓何氏身死一案，当经批饬缉究，该县旋获张老六、王大发、陈利澧三犯，讯供通禀，经臣与督臣批司饬府提犯复审明确，将张老六、王大发二犯照章就地正法，陈利澧一犯仍饬按例拟办。兹该县提犯审拟，由宜昌府知府存厚详经湖北按察使陈宝箴核明，转详前来。臣复加查核，缘张老六、王大发、陈利澧即贾辫子，分隶四川巴县长寿、湖北利川等县，各至东湖县属佣工度日，彼此认识，均先未为匪。光绪十八年十二月十九日，张老六会遇已获之王大发、陈利澧，及在逃之陈小二，共道贫难。张老六稔知邓起善家有钱，起意纠约行窃得财分用，众俱允从。即于是夜，张老六、王大发各带尖刀，余俱徒手，一共四人，行抵邓其善门首。因见

大门虚掩，邓起善等尚未就寝，张老六料难行窃，起意行强，陈利澧畏惧先逃，王大发、陈小二允从。即推门一齐拥进，邓起善喊捕，张老六用刀划伤邓起善左太阳穴、左腮颊，王大发用刀划伤邓起善左耳垂、左颔颏，邓起善之妻邓何氏拢护，王大发用刀划伤邓何氏左腮颊、左耳垂，张老六因刀失落，顺拾地上木棒连殴伤邓何氏左耳轮连左耳根、额颅连右额角倒地，同劫衣物而逸。寻获陈利澧告知强劫拒捕情由，张老六因陈利澧先逃，未经分给衣物，即将赃物卖与不知姓名人，得钱同王大发、陈小二分用各散。邓何氏旋因伤殒命。邓起善之堂弟邓起丙投保报县，会营勘验详缉，获犯讯供通禀，经臣与督臣批府复审明确，将张老六、王大发二犯照章就地正法，陈利澧按例拟办。兹比缉逸犯无获，应即议结。

查律载："共谋为窃，临时行强，以临时主意及共谋为盗者，不分首从论。"又"强盗已行但得财者，不分首从皆斩"；又例载："强盗杀人，斩决枭示。"又"窃盗纠伙三人以上、但有一人持械者，为从杖九十，徒二年半"。又湖北省"窃犯罪应拟徒，毋庸解配，在籍锁带铁杆石墩五年"各等语。又湖北省奏定章程："盗案如有执持刀械强劫拒伤事主者，地方官获犯讯明后，解由该管府复审明确，就地正法"等因，遵行在案。此案张老六纠伙持械行窃，临时起意强劫邓起善家，得赃拒伤事主邓何氏身死，王大发听从行劫拒捕，实属凶暴昭著、同恶相济，自应按律问拟。张老六、王大发均合依"强盗已行但得财者，不分首从皆斩"律，拟斩立决，仍按例加拟枭示，业经照章就地正法枭示，应毋庸议。陈利澧听从行窃，首伙已至四人，执有刀械，惟于张老六起意行强，当即畏惧走避，事后亦未分赃，应仍按窃盗从问，拟陈利澧即贾辫子合依"窃盗纠伙三人以上、但有一人持械者，为从杖九十，徒二年半"例，拟杖九十，徒二年半，照例刺字，毋庸解配，在籍锁带铁杆石墩五年，限满开释。该犯等在外为匪，各原籍牌保及父兄均无从觉察禁约，免其置议。买赃人不知姓名，无从拘究；未获赃物同逸盗陈小二缉追另结。此案首伙四人，上盗三人，已于疏防限内拿获盗犯二名，谋窃伙犯一名，获犯过半兼获盗首，所有疏防各职名邀免开报，除供招送部外，理合会同湖广总督臣张之洞恭折具奏，伏祈皇上圣鉴，敕部核复施行，谨奏。

朱批："刑部知道。"《宫中档光绪朝奏折》第8辑，第434—436页

委署京山罗田知县片 光绪二十年六月二十二日

再：京山县知县王公辅，署云梦县事、罗田县知县孟滢，据报现均丁忧，除另行分别题报开缺外，所遗各该县印务，亟应委员往署，以重职守。查有本任房县知县欧阳烜，才识练达，奋勉有为，堪以署理京山县知县印务；新选广济县知县夏廷楷，气质清明，事理通达，堪以署理云梦县知县印务。据布政使王之春、按察使陈宝箴会详前来。除分别檄饬遵照外，谨会同督臣张之洞附片具陈，伏乞圣鉴，谨奏。

朱批："吏部知道。"《宫中档光绪朝奏折》第8辑，第436页

委解湖北省光绪二十年第三批厘金京饷片

光绪二十年六月二十二日

再：湖北省厘金项下奉拨光绪二十年京饷银十二万两，业经先后委解二批共银六万两赴京交纳在案。兹据湖北布政使王之春会同善后局司道详称，复于厘金项下动拨第三批银三万两，饬委候补知县虞汝霖、补用知县翁守范管解赴京交纳等情前来。除缮咨转给该委员等小心管解，并饬将应解银两续筹委解外，谨会同湖广总督臣张之洞附片具陈，伏祈圣鉴，谨奏。

朱批："户部知道。"《宫中档光绪朝奏折》第8辑，第436页

湖北省光绪十九年秋冬二季收支牙帖厘金银钱数目折光绪二十年六月二十四日

头品顶戴湖北巡抚臣谭继洵跪奏，为湖北省光绪十九年秋冬二季收支牙帖厘金银钱数目恭折具陈仰祈圣鉴事。恭照同治七年十月钦奉上谕："厘金报部章程着照两淮盐厘格式，每年分两次奏报。"等因。钦此钦遵。办理历经奏报至光绪十九年六月底止在案。兹据湖北布政使王之春会同牙厘局司道详称，光绪十九年七月起至十二月底止，除洋药税厘银两另案造报外，货厘旧管项下实存市平荆沙银十四万三千七百二十三两八钱一分七厘零，新收项下实收牙厘及药土坐票捐共市平荆沙银二十六万四千五百三十八两五钱五厘零；又收牙厘钱九十一万二千六百六十八串五百四十二文，开除项下解湖北盐道转发长江水师弁兵十九年秋冬二季分俸饷共库平库色新宝银八万七千两，合市平荆沙银九万一千四百三十三两五钱二分，解湖北善后总局市平荆沙银十二万四千九百六十一两四钱四分八厘零；又遵奏案拨解十九年秋冬二季分善后总局委员薪水杂用银五千一百三两六钱，巡防保甲员弁薪水经费银一万一千三百七两，发审委员薪水经费银一千六百二十两，武职操练弓箭月课奖赏银二千八百二两，救生红船水手口粮经费银二千八百八十两；又提牙厘各局局用八分经费银二万一千一百六十三两八分零，实解湖北善后总局钱八十三万九千六百五十五串五十九文，给牙厘各局八分经费钱七万三千十三串四百八十三文，除解支外，钱款无存，实在项下存货厘市平荆沙银十四万六千九百九十一两六钱七分三厘，归入二十年上半年造册报销等情，详请奏咨前来。臣复核相符，除清册咨送户部户科外，理合会同湖广总督臣张之洞恭折具陈，伏祈皇上圣鉴，谨奏。

朱批："户部知道。"《宫中档光绪朝奏折》第8辑，第437—438页

委解湖北省光绪二十年第六批地丁京饷片

光绪二十年六月二十四日

再：光绪二十年京饷湖北省奉拨地丁银四十五万两，内除留抵恩赏赈款银二万两外，实应解银四十三万两，业经先后委解五批共银二十一万两赴京交收在案。兹据湖北布政使王之春详称，复于地丁项下动拨第六批银四万两，查有候补知县裘宪璟、补用知县吕勋，堪以委解等情，请奏咨前来。除缮咨转给该委员等妥速起解，并饬将应解银两续筹委解外，谨会同湖广总督臣张之洞附片具陈，伏祈圣鉴，谨奏。

朱批："户部知道。"《宫中档光绪朝奏折》第8辑，第438页

委解湖北省光绪二十年第四批厘金京饷片

光绪二十年六月二十四日

再：湖北省厘金项下奉拨光绪二十年京饷银十二万两，业经先后委解三批共银九万两赴京交纳在案。兹据湖北布政使王之春会同善后局司道详称，复于厘金项下动拨第四批银三万两，饬委候补知县裘宪璟、补用知县吕勋，管解赴京交纳等情前来。除缮咨转给该委员等小心管解外，所有湖北省厘金项下奉拨本年京饷银两业经扫数解清缘由，理合会同湖广总督臣张之洞附片具陈，伏祈圣鉴，谨奏。

朱批："户部知道。"《宫中档光绪朝奏折》第8辑，第438页

动支司库耗羡银两造办火药折光绪二十年六月二十四日

头品顶戴湖北巡抚臣谭继洵跪奏，为动支司库耗羡银两造办火药恭折仰祈圣鉴事。窃照湖北荆州满营每年常操需用火药铅弹

工料脚价，循例动支司库耗羡银两给发荆州城守营具领制备，历经照办在案。兹据湖北布政使王之春详准荆州城守营请领光绪二十年常操火药一万一百五十四斤三两二钱，需硝八千一百二十三斤五两七钱六分，例价银三百八十九两三钱九分三厘；需磺一千一十五斤六两七钱二分，例价银四十七两三钱八厘；柳炭器具工料价值银七十一两五钱八分七厘；又应用黑铅三千五百三十三斤四两，例价银一百三十三两九钱一分五厘；工料银一十二两四钱二厘；又例定水脚银六两三钱八分七厘，共银六百六十两九钱九分二厘，已于司库耗羡款内动支，并就平扣收硝磺二项价银移知善后局分别支给余银给领制造，俟造办事竣由营造册报销等情，详请具奏前来。臣复核无异，除咨明户、兵、工部暨荆州将军查照外，理合会同湖广总督臣张之洞恭折具陈，伏祈皇上圣鉴，谨奏。

朱批："该部知道。"《宫中档光绪朝奏折》第8辑，第439页

查明湖北省征收光绪十九年钱粮截至奏销止比较上三年完欠各数循例开单折光绪二十年六月二十四日

头品顶戴湖北巡抚臣谭继洵跪奏，为查明湖北省征收光绪十九年钱粮截至奏销止比较上三年完欠各数循例开单恭折具陈仰祈圣鉴事。窃照征收钱粮部议三年比较之法开单奏报，历经遵办在案。兹据湖北布政使王之春于光绪十九年奏销截数后开单具详请奏前来。臣复加查核，湖北省光绪十九年新赋项下额征民屯地丁起运共银一百一十万六千六百九十八两九钱一分四厘，内除坍没渍淹挖压沙压展缓豁免共银一万五千一百六十七两二钱七分二厘；又除公安县并荆州、荆右二卫被水成灾蠲免地丁等款正银二千五百九十二两七分八厘，蠲剩缓征地丁等款正银三千四十五两七钱一分六厘，又除江夏、咸宁、嘉鱼、汉阳、汉川、黄陂、孝感、沔阳、黄冈、蕲水、黄梅、钟祥、京山、潜江、天门、应城、江

陵、公安、石首、监利、松滋、枝江、荆门等州县，并武昌、武左、沔阳、黄州、蕲州、荆州、荆左、荆右等卫，被水受旱勘不成灾缓征地丁等款正银一十六万五百九十一两五钱一分三厘外，实应征银九十二万五千三百二两三钱三分五厘，以十分计算，已完九分三厘零，银八十六万五千一百三十八两二钱五分七厘；未完六厘零，银六万一百六十四两七分八厘。比较光绪十六年征数，多征银六万八千一百六十八两一钱九分八厘；比较光绪十六年完数，多完银六万九千五百二十四两六钱三分七厘；比较光绪十七年征数，多征银二万五百三十一两一钱五分九厘；比较光绪十七年完数，多完银三万三千七百一十七两四钱六分八厘；比较光绪十八年征数，多征银一万三千三十三两一钱九分六厘；比较光绪十八年完数，多完银一万八千六百七十两六分二厘。除饬司严催各属赶紧全完，并咨明户部户科查照外，理合缮具清单，会同湖广总督臣张之洞恭折具奏，伏祈皇上圣鉴，谨奏。

朱批："户部知道，单并发。"《宫中档光绪朝奏折》第8辑，第439—440页

拿获纠众持械抢夺首犯审明照章惩办折

光绪二十年六月二十四日

头品顶戴湖北巡抚臣谭继洵跪奏，为拿获纠众持械抢夺首犯审明照章惩办从犯按例定拟恭折仰祈圣鉴事。案据襄阳县知县梅冠林详报客民朱明广在途被抢银物一案，当经批饬缉究，该县旋获犯薛乐意、傅一徂，并起获失赃洋药二瓶，给主认领，讯供通禀，经臣与督臣批司移行该管道提犯复审明确，将薛乐意照章就地正法，傅一徂仍按例拟办。兹据该接署县丁国桢提犯审拟，由府解道复讯议拟，经湖北按察使陈宝箴核明，转详前来。臣复加查核，缘薛乐意、傅一徂，分隶谷城、蒲圻等县，各游荡度日，彼此素识，先未为匪。光绪十八年九月初七日，薛乐意、傅一徂与素识在逃之徐发即徐老五，同在襄阳县属樊城地方会遇，共道

贫难。薛乐意起意抢夺得财分用，傅一徂等允从。即于次日天微明时，薛乐意手执木棍，余俱徒手，一共三人，行至施关营地方，适有袁万昌信行雇伙朱明广代人挑送银物信件，由汉口前赴陕西，道经该处，薛乐意见其担甚沉重，料有银钱，即执木棍赶上殴打，吓禁声张，朱明广弃担逃跑，傅一徂并未动手，薛乐意与徐发各抢得赃物，当将信件抛弃，其余携至僻处，与傅一徂查点俵分，尚有包袱一个，未经开视，薛乐意等不知内包何物，经徐发携去，约俟卖钱再分各散。该犯等各将分得赃物卖与不知姓名人，得钱花用。朱明广报经该县梅冠林，会营诣勘详缉，旋获犯薛乐意、傅一徂，并起获失赃洋药，给主认领，讯供通禀，经臣与督臣批司移行安襄郧荆道朱其煊，提犯复审明确，将薛乐意照章就地正法，傅一徂按例拟办。兹比缉逸犯无获，应即议结。

查例载："抢夺之案聚众三人以上，但经执械威吓事主者，为首照强盗律拟斩立决，为从在场并未动手者，发遣新疆，给官兵为奴"等语，又光绪九年湖北省奏定章程："嗣后拿获伙众持械抢劫罪干斩决之犯，审明后解由该管道复审明确，即行就地正法"等因，遵行在案。此案薛乐意起意纠抢过客朱明广银物，首伙已至三人，持械威吓事主，实属凶暴昭著，薛乐意合依"抢夺之案聚众三人以上，持械威吓事主者，为首照强盗斩立决"例，拟斩立决，已照章就地正法，应毋庸议。傅一徂听从抢夺得财，在场并未动手，合依"为从在场并未动手者，发遣新疆，给官兵为奴"例，拟发新疆，给官兵为奴，仍依名例改发极边烟瘴充军，以足四千里为限，到配后，锁带铁杆石墩二年，照例刺字。该犯等讯无父兄，其在外为匪，原籍牌保无从觉察，应免置议。买赃人不知姓名，无从拘究；获赃已给主领，未获各赃同逸犯缉追另结。贼械木棍案结销毁。此案首伙三人，已获首从二名，获犯过半兼获盗首，疏防职名邀免开报，除供招送部外，理合会同湖广总督臣张之洞恭折具陈，伏祈皇上圣鉴，敕部核复施行，谨奏。

朱批："刑部知道。"《宫中档光绪朝奏折》第8辑，第441—442页

恭报湖北省光绪二十年六月分雨水粮价地方情形折光绪二十年七月二十二日

头品顶戴湖北巡抚臣谭继洵跪奏，为恭报湖北省光绪二十年六月分雨水粮价地方情形仰祈圣鉴事。窃照光绪二十年五月分各属雨水粮价地方情形，业经臣恭折奏报在案。兹据武昌等十府暨荆门直隶州所属各州县将光绪二十年六月分雨水粮价开具清单呈报，由湖北布政使王之春汇造清折前来。臣复加查核，是月分晴多雨少，江汉水势盛涨，早稻登场，中稻吐穗，杂粮畅茂，粮价较上月互有增减，地方民情悉臻安谧，堪以仰慰宸廑，谨缮粮价清单恭折具奏，伏祈皇上圣鉴，谨奏。

朱批："知道了。"《宫中档光绪朝奏折》第8辑，第462页

查明湖北光绪二十年二麦收成分数折光绪二十年七月二十二日

头品顶戴湖北巡抚臣谭继洵跪奏，为查明湖北光绪二十年二麦收成分数恭折具陈仰祈圣鉴事。窃照湖北省光绪二十年二麦登场，现据署布政使王之春查明各属收成分数，汇开清折具详请奏前来。臣逐加查核，湖北省共计六十八州县，内收成八分有余者三县，八分者一县，七分有余者十一县，七分者六州县，六分有余者二十州县，六分者十二州县，五分有余者六县，五分者六州县，四分有余者一县，四分者二县，合计通省收成六分有余，谨缮清单，会同湖广总督臣张之洞恭折具奏，伏乞皇上圣鉴，谨奏。

朱批："知道了。"《宫中档光绪朝奏折》第8辑，第463页

乡试帘官现任州县不敷调充循例考选科甲出身之候补人员折光绪二十年七月二十二日

头品顶戴湖北巡抚臣谭继洵跪奏，为乡试帘官现任州县不敷调充循例考选科甲出身之候补人员恭折仰祈圣鉴事。窃查湖北省乡试历用内帘房考十员，嗣由庚午科为始，奏明添设二员，共计十二员，应于科甲出身之现任州县先期调考承充。本年举行甲午正科乡试，臣与藩司王之春于现任州县中逐加遴选，仅能征调数员，其余州县或现居要地、或办理堤防，均未便遽易生手致滋贻误，应遵照定例于科甲出身之候补人员详加遴选，与实缺人员一体充当，由臣认真考试，择其文理优长者派充内帘房考，其次无论现任候补派充外帘差使，以慎衡才而重试事。据该藩司王之春具详请奏前来。所有内帘房考以科甲出身之候补人员一体调充缘由，理合恭折具陈，伏乞皇上圣鉴，谨奏。

朱批："知道了。"《宫中档光绪朝奏折》第8辑，第464页

查明各州县额设马匹并无缺额疲瘦折光绪二十年八月二十七日

头品顶戴湖北巡抚臣谭继洵跪奏，为查明各州县额设马匹并无缺额疲瘦恭折仰祈圣鉴事。窃准兵部咨同治元年闰八月二十日奉上谕："各直省驿站额设马匹接递公文，均关紧要，并着各该管大臣确切查核，年终具奏，如查有缺额及疲乏等弊，即着从严参办。"等因。钦此钦遵。办理在案。兹据湖北按察使陈宝箴详称，查明江夏等州县光绪十九年分额设驿站马匹，均系膘壮足额，在站应差并无亏缺及疲瘦等弊，各具印结由该管道府层递加结，请奏咨前来。臣复查无异，除印结咨送兵部外，理合会同湖广总督臣张之洞恭折具陈，伏祈皇上圣鉴，敕部查核施行，谨奏。

朱批："兵部知道。"《宫中档光绪朝奏折》第8辑，第509页

恭报湖北省光绪二十年七月分雨水粮价地方情形折光绪二十年八月二十七日

头品顶戴湖北巡抚臣谭继洵跪奏，为恭报湖北省光绪二十年七月分雨水粮价地方情形仰祈圣鉴事。窃照光绪二十年六月分各属雨水粮价地方情形，业经臣恭折奏报在案。兹据武昌等十府暨荆门直隶州所属各州县将光绪二十年七月分雨水粮价开具清单呈报，由湖北布政使王之春汇造清折前来。臣复加查核，是月分晴多雨少，江汉水势盛涨，晚稻青葱，菜蔬畅茂，粮价较上月增多减少。惟据各属禀报伏秋雨汛，滨临江汉低洼之地间被漫淹，入秋后雨泽愆期，高阜之区亦间受旱，业经批饬赶紧设法分别疏消灌溉，以冀补种有收，统俟秋后复勘轻重情形，再行分别办理。地方民情悉臻安谧，堪以仰慰宸廑，谨缮粮价清单恭折具奏，伏祈皇上圣鉴，谨奏。

朱批："知道了。"《宫中档光绪朝奏折》第8辑，第509—510页

委解湖北省光绪二十年第七批地丁京饷片

光绪二十年八月二十七日

再：光绪二十年京饷湖北省奉拨地丁银四十五万两，内除留抵恩赏赈款银二万两外，实应解银四十三万两，业经先后委解六批共银二十五万两赴京交收在案。兹据湖北布政使王之春详称，复于地丁项下动拨第七批银五万两，查有大挑知县卢以恕、试用知县冯振铣，堪以委解等情，请奏咨前来。除缮咨转给该委员等妥速起解，并饬将应解银两续筹委解外，谨会同湖广总督臣张之洞附片具陈，伏祈圣鉴，谨奏。

朱批："户部知道。"《宫中档光绪朝奏折》第8辑，第510页

委解湖北省光绪二十年第八批地丁京饷片

光绪二十年八月二十七日

再：光绪二十年京饷湖北省奉拨地丁银四十五万两，内除留抵恩赏赈款银二万两外，实应解银四十三万两，业经先后委解七批共银三十万两赴京交收在案。兹据署湖北布政使陈宝箴详称，复于地丁项下动拨第八批银四万两，查有试用通判吴梯、补用知县王金城，堪以委解等情，请奏咨前来。除缮咨转给该委员等妥速起解，并饬将应解银两续筹委解外，谨会同湖广总督臣张之洞附片具陈，伏祈圣鉴，谨奏。

朱批："户部知道。"《宫中档光绪朝奏折》第8辑，第511页

乡试内帘房考实任州县不敷调充循例遴选候补即用试用人员调派折光绪二十年八月二十七日

头品顶戴湖北巡抚臣谭继洵跪奏，为乡试内帘房考实任州县不敷调充循例遴选候补即用试用人员调派恭折仰祈圣鉴事。窃照湖北省甲午正科文闱乡试，臣循例于八月初六日入闱监临，因内帘考官实任州县不敷调充，奏明照例于科甲出身之候补即用、试用人员内一律调考选取在案。随据藩司王之春酌调科甲出身各员详送考选前来。臣传集入署扃门认真考校，入闱之日择其文理较优，于实任人员中录取内帘同考官：蕲水县知县陈夔麟，本任麻城县知县张集庆，天门县知县邵世恩，枣阳县知县李九江，准补竹溪县知县夏时泰五员；又选取候补同知史从鉴，即用知县刘延坦、梁葆仁、王光棣、李祖荫，大挑试用知县卢以恕、郑工，候补班尽先补用知县汤炳堃七员，均系进士举人出身，文理俱优，派令同实缺各员一体充当内帘考官，余俱派充外帘差使，理合恭折具奏，伏祈皇上圣鉴，谨奏。

朱批："知道了。"《宫中档光绪朝奏折》第8辑，第511—512页

恭交翻译乡试钦命题目片 光绪二十年八月二十七日

再：翻译乡试钦命题目例应恭缴，本年举行甲午正科乡试，准护理荆州将军、左翼副都统咨送翻译乡试士子来省，臣谨遵旧例，俟民生三场考试完竣后，于八月十七日点名入场，实到旗生六十五名，随准湖北正考官吴鸿甲、副考官朱益藩恭交钦命题目，臣谨择严密处所刊刻刷印，十八日发题考试，亲督提调官署盐法武昌道、本任安襄郧荆道朱其煊，监试官候补道凌卿云暨旗汉委员等认真巡查，十九日各士子交卷后均各出场，除将试卷同题目纸封固、委员解交礼部外，所有钦命题目理合敬谨封送军机处恭缴，伏乞圣鉴，谨奏。

朱批："知道了。"《宫中档光绪朝奏折》第8辑，第512页

部选人员领凭到省委署别缺折 光绪二十年八月二十七日

头品顶戴湖北巡抚臣谭继洵跪奏，为部选人员领凭到省委署别缺恭折仰祈圣鉴事。窃照部选广济县知县夏廷楷，于光绪二十年三月二十四日到省，现经臣等委署云梦县知县印务，附片奏明在案。兹据湖北布政使王之春、按察使陈宝箴会详，该员夏廷楷到省后委署别缺，未赴本任，请照章奏咨立案前来。除将文凭咨送吏部查销外，理合会同湖广督臣张之洞恭折具陈，伏乞皇上圣鉴，敕部查照施行，谨奏。

朱批："吏部知道。"《宫中档光绪朝奏折》第8辑，第513页

委解湖北省光绪二十年第三批厘金京饷片

光绪二十年八月二十七日

再：湖北省厘金项下奉拨光绪二十年东北边防经费银八万两，业经先后委解二批共银六万两，赴京交收在案。兹据署湖北布政使陈宝箴会同善后总局司道详称，复于厘金项下动拨第三批银二万两，饬委大挑知县卢以恕、试用知县冯振铣管解赴京交收等情前来。除缮咨转给该委员小心管解外，所有湖北省本年厘金项下奉拨东北边防经费银两业经扫数解清缘由，谨会同湖广总督臣张之洞附片具陈，伏祈圣鉴，谨奏。

朱批：“户部知道。”《宫中档光绪朝奏折》第8辑，第513页

甲午正科乡试加广中额举人名数折光绪二十年九月初八日

头品顶戴湖北巡抚臣谭继洵跪奏，为甲午正科乡试加广中额举人名数恭折具陈仰祈圣鉴事。窃照本届甲午正科乡试湖北省应中举人五十七名，业经臣恭折具奏在案。兹准礼部八月十七日电开：“十六日恭奉恩诏加广本科乡试中额，湖广应加三十名，南北两省各分十五名等因。是本届甲午正科湖北共应中举人七十二名，副榜九名；又荆州驻防旗生仍应按额取中三名。”据署湖北布政使陈宝箴具详请奏前来。臣复核无异，除咨部查照外，理合会同湖广总督臣张之洞恭折具陈，伏祈皇上圣鉴，敕部查照施行，谨奏。

朱批：“礼部知道。”《宫中档光绪朝奏折》第8辑，第519页

恭报湖北省光绪二十年八月分雨水粮价地方情形折光绪二十年九月初八日

头品顶戴湖北巡抚臣谭继洵跪奏，为恭报湖北省光绪二十年

八月分雨水粮价地方情形仰祈圣鉴事。窃照光绪二十年七月分各属雨水粮价地方情形，业经臣恭折奏报在案。兹据武昌等十府暨荆门直隶州所属各州县将光绪二十年八月分雨水粮价开具清单呈报，由署湖北布政使陈宝箴汇造清折前来。臣复加查核，是月分晴雨相间，江汉水势盛涨，晚稻成熟，菜蔬畅茂，粮价较上月增多减少，地方民情悉臻安谧，堪以仰慰宸廑，谨缮粮价清单恭折具奏，伏祈皇上圣鉴，谨奏。

朱批："知道了。"《宫中档光绪朝奏折》第8辑，第519—520页

豫拨湖北省光绪二十一年第九批盐厘京饷片光绪二十年九月

再：前准户部咨豫拨光绪二十一年京饷案内提拨湖北盐厘银十五万两，又准户部咨续拨本年京饷案内拨湖北盐厘银五万两，行令分批起解，等因，业经筹解本年第一批至八批共银十六万两，随时奏报在案。兹据兼署湖北布政使瞿廷韶、署盐法武昌道赵滨彦筹拨本年第九批京饷盐厘银二万两，饬委试用知州赵毓楠、试用通判沈□□□解赴京交纳等情，详请奏咨前来。臣复核无异，除分咨外，理合附片具陈，伏祈圣鉴。再：湖北巡抚系臣本任，毋庸会衔，合并陈明，谨奏。

朱批："户部知道。"《光绪朝朱批奏折》第87辑，第768页

恭报兼护督篆日期叩谢天恩折光绪二十年十月初八日

头品顶戴兼护湖广总督、湖北巡抚臣谭继洵跪奏，为恭报微臣兼护督篆日期叩谢天恩仰祈圣鉴事。窃臣接准吏部咨称光绪二十年九月初十日奉上谕："张之洞着来京陛见，湖广总督着谭继洵暂行兼护。"钦此。兹于十月初八日准督臣张之洞将湖广总督关防、王命旗牌、文卷，派委武昌府知府李方豫、署督标中军副将

谢得龙赍送前来。臣当即恭设香案，望阙叩头，谢恩祗领任事。伏念臣湘省菲材，鄂疆忝寄，涓埃未报，悚愧时深，乃蒙知遇之隆，遽摄连圻之任，总制职专，兵马辖省，属在梓桑，虽权篆于暂时，实鸿慈之破格，受恩愈重，报称尤难。况值倭氛不靖，筹饷练兵皆为亟务，而华洋杂处，防范保护，益应认真。至于南北分歧，水陆冲要，欲清内奸以御外侮，惟严保甲而固江防，凡此地方应办事宜均关紧要，臣才辁识陋，惧弗克胜，惟有勉竭愚诚，倍加勤奋，随时随事妥慎经理，断不敢以暂时兼护稍涉因循，以期仰答高厚生成于万一。所有微臣兼护督篆日期、并感激下忱，理合缮折叩谢天恩，伏祈皇上圣鉴，谨奏。

朱批："知道了。"《宫中档光绪朝奏折》第8辑，第549—550页

年终出具各官考语片 光绪二十年十月初八日

再：总督所辖各省例应年终将提镇司道知府等官出具考语，密缮清单陈奏，臣仰荷恩旨兼护督篆，现尚未及三月，所有南北两省提镇暨湖南司道知府等官未便加考，仍容臣悉心查察，随时举劾，谨附片陈明，伏祈圣鉴，谨奏。

朱批："知道了。"《宫中档光绪朝奏折》第8辑，第550页

总兵咨请代奏恭谢天恩并报成军起程赴防日期折 光绪二十年十月初九日

头品顶戴兼护湖广总督、湖北巡抚臣谭继洵跪奏，为总兵咨请代奏恭谢天恩并报成军起程赴防日期仰祈圣鉴事。窃臣接准新授广东高州镇总兵余虎恩咨称，光绪二十年八月二十五日奉上谕："广东高州镇总兵着余虎恩补授。"旋奉九月初四日谕旨："前令余虎恩募勇随同吴大澂办理防务，本日据该总兵面奏，请回湖北自行开招，较为得力，着吴大澂传知余虎恩，即行前往招募十营，迅速到防，应需饷械即由湖北筹拨。"钦此。遵即出都，先至山海

关与吴大澂面商一切，于九月十四日折回天津，因军情紧急，不敢稍事耽延，当即电饬旧部预行开招，虎恩即于十五日乘轮航海，二十四日行抵湖北省城，适各营官由湘招募勇丁亦次第到鄂，逐一点验，汰弱留强，新募七营即已成军，连原有振字三营共计十营，统编为老湘虎字，全军随由鄂请领饷械，于九月二十九日开拔一营，十月初二日开拔两营，虎恩于初六日亲率三营起程，其余四营即派调办营务之知府用江苏候补知县陈崇煌，率同各营官于初十日继进。此次到鄂五日成军，趱程前进，月余当可到防。伏念虎恩三湘氓籍，一介武夫，弱冠从军，身经百战，仰蒙圣恩洊擢陕西安镇总兵，因病请假开缺，方以涓埃未报，悚愧实深，乃蒙知遇之隆，复畀总戎之任，并以倭氛不靖，谕令募勇同办防务，渥邀宠命，图报尤殷，惟有率同各营兼程速进，克期到防，并将新募勇丁勤加操练，期成劲旅，以冀仰酬高厚鸿慈于万一。所有感激下忱，并募勇成军、起程赴防日期，咨请代奏叩谢天恩等情前来。理合据情恭折具陈，伏祈皇上圣鉴，谨奏。

朱批："知道了。"《宫中档光绪朝奏折》第8辑，第550—551页

遴选大员设立营务处片 光绪二十年十月

再：鄂省地当冲要，自倭氛不靖，奉调北上诸军络绎过境，车轮运送并派员押运军装，沿途照料，旋又遵旨电奏设立车船官局筹备一切，应接不遑，而本省办理江防水陆各营及添募新营均须切实整饬，且田家镇为湖北长江要隘，前经本任督臣会同臣亲往勘度，奏明南北两岸须参考西法添造明暗炮台十余座，并安设水雷、木石等物以备拦江扼守，先后派委熟悉工程测绘句稽之员分投经理，诸务纷繁，诚恐声气隔阂，耳目难周，必须遴派大员设立营务处，俾得联络各营及委员等将应行豫筹事件妥商禀办，先经本任督臣张之洞会委升任直隶布政使署湖北布政使陈宝箴总理营务处，陈宝箴交卸北上，经臣改委署湖北布政使、按察使龙锡庆总理，并派署按察使、盐法武昌道瞿廷韶、汉黄德道恽祖翼、

候补道赵滨彦，会办暨提调文案、差遣各员，于抚署西首公廨略加修葺为齐集办公议事之所，饬令随时随事就近面禀，以期集思广益，参酌机宜，免致迟延贻误，所有设立营务处、派员办理各缘由，除咨部外，理合附片具陈，伏祈圣鉴。再：湖北巡抚系臣本任，毋庸会衔，合并陈明，谨奏。

朱批："知道了。"《光绪朝朱批奏折》第119辑，第796页

恭报湖北省光绪二十年九月分雨水粮价地方情形折光绪二十年十一月初一日

头品顶戴兼护湖广总督、湖北巡抚臣谭继洵跪奏，为恭报湖北省光绪二十年九月分雨水粮价地方情形仰祈圣鉴事。窃照光绪二十年八月分各属雨水粮价地方情形，业经臣恭折奏报在案。兹据武昌等十府暨荆门直隶州所属各州县将光绪二十年九月分雨水粮价开具清单呈报，由署湖北布政使陈宝箴汇造清折前来。臣复加查核，是月分晴雨相间，江汉水势渐退，晚稻登场，粮价较上月互有增减，地方民情悉臻安谧，堪以仰慰宸廑，谨缮粮价清单恭折具奏，伏祈皇上圣鉴，谨奏。

朱批："知道了。"《宫中档光绪朝奏折》第8辑，第575—576页

遵旨清理京控积案勒限催审谨分别已结未结各案缮具清单折光绪二十年十一月初一日

头品顶戴兼护湖广总督、湖北巡抚臣谭继洵跪奏，为遵旨清理京控积案勒限催审谨分别已结未结各案缮具清单恭折复陈仰祈圣鉴事。窃臣接准都察院咨具奏清理京控案件一折，钦奉上谕："着各直省督抚遵照该衙门所奏，予限半年，将积年未结各案分别查销审结，其十九年四月以后奏咨各案，仍照向章依限审结，不得再有迟延积压。"等因。钦此。并将光绪十九年三月以前未结各案开单咨行到鄂，即经转饬钦遵办理去后。兹据署湖北布政使陈

宝箴、署按察使瞿廷韶查明已、未结各案，开具清册详请奏咨前来。臣伏查湖北京控案件从前均系提省审办，嗣以控案逐年增多，控情复多不实，纷纷提省不免拖累，正拟将情轻之案饬发该管道府就近提审，适前任湖南抚臣卞宝第于光绪八年奏请将咨案之事涉细微及未在本省控告者，饬发该管道就近审拟；其情节较重并奉旨交审事件仍督同臬司亲提审讯，以期轻重得宜而杜讼棍株累等因，经刑部议奏奉旨允准，通行各省一体照办。此后京控咨交之案，遇有情节轻微，遂即照章饬发该管道府提审，其情关重大者仍提省审办，迄今十有余年，不惟结案较速，民鲜拖累，而刁告之风借以稍戢。惟其中实有难以依限审结者，不得不援例声请展缓，而历任督抚臣暨臣等仍随时严催。现查都察院单开各案计已讯结八起，其尚未结者二十二起，实以要证关传未到，骤难完结，曾经咨部展限有案，尚非借口迁延。除仍督饬该司等认真稽核勒催务期旧案依限清结，新案随时审办，不得再有迟延积压，如敢玩泄因循，即行严参，并将清册分送都察院、刑部、步军统领衙门查照外，所有遵旨清理京控积案、勒限催审缘由，谨分别已结未结各案缮具清单恭折具奏，伏祈皇上圣鉴。再：湖广总督系臣兼护，毋庸列衔，合并陈明，谨奏。

朱批："该衙门知道，单并发。"《宫中档光绪朝奏折》第8辑，第576—577页

查明湖北省各属应征光绪二十年地丁等款上忙钱粮已未完数目折光绪二十年十一月初一日

头品顶戴兼护湖广总督、湖北巡抚臣谭继洵跪奏，为查明湖北省各属应征光绪二十年地丁等款上忙钱粮已未完数目恭折具陈仰祈圣鉴事。窃照上下两忙钱粮例应将额征坐支及已未完各数目分款造报，嗣于咸丰二年接准部咨议奏藩司功过章程，拟请丰年以额征数目为准，蠲缓之年以应征数目为准，均按八分计算，责成藩司督催。上忙匀为三分征收，下忙匀为五分征收，其余二分

归于奏销前扫数全完，随案议予功过等因在案。兹据署湖北布政使陈宝箴详称，湖北省光绪二十年额征起运屯饷存留驿站正项，共银一百一十万六千四百九十二两八钱三分八厘，内除坍没渍淹挖压沙压坍占挖废缓征豁免，共银一万五千一百六十七两二钱七分二厘，实应征银一百九万一千三百二十五两五钱六分六厘。核计上忙应征三分银三十二万七千三百九十七两六钱七分，已完二分一厘零，银二十三万九千五百三十七两六钱四分九厘；未完八厘零，银八万七千八百六十两二分一厘，所有未完职名系本任湖北布政使王之春。又额征光绪二十年芦课正银一万二千一百三十四两九钱一分七厘，核计上忙应征三分银三千六百四十两四钱七分五厘，已完银一千三百九十八两九钱九分七厘，未完银二千二百四十一两四钱七分八厘。又额征光绪二十年田房牙当茶黄柏等税银九千六百四十七两四钱五分七厘，核计上忙应征三分银二千八百九十四两二钱三分七厘，已完银一百五十三两一钱四分三厘，未完银二千七百四十一两九分四厘等情前来。臣复核无异，除仍饬严催各属赶紧催征，务于下忙期内完解外，理合恭折具奏，伏祈皇上圣鉴。再：湖广总督系臣兼护，毋庸列衔，合并陈明，谨奏。

朱批："户部知道。"《宫中档光绪朝奏折》第8辑，第577—578页

遵旨就地筹捐的款以济要需折光绪二十年十一月初三日

头品顶戴兼护湖广总督、湖北巡抚臣谭继洵跪奏，为遵旨就地筹捐的款以济要需恭折复陈仰祈圣鉴事。窃照承准军机大臣字寄光绪二十年七月十四日奉上谕："户部奏饷需紧要，请饬各省就地筹款等语，着该督抚各就地方近日情形，通盘筹画，何费可减，何利可兴，何项可先行提存，何款可暂时挪借，务须分筹的饷凑支海上用兵之需，一面先行奏咨立案，毋得以空言搪塞。"等因。钦此钦遵。并准户部钞录原奏咨行到鄂，当经本任督臣张之洞会

同臣转饬筹议详办去后，兹据署湖北布政使陈宝箴、署按察使瞿廷韶、汉黄德道恽祖翼，会同善后局司道详请具奏前来。伏查现值倭氛不靖，征兵云集，饷需紧迫，度支维艰，臣忝膺疆寄，亟当分筹的款，接济军需，上纾圣主宵旰之忧。惟通盘筹画，湖北常年支销各款从前业已迭次裁汰，现在概从撙节，委实无可再减，兴利之策如土药税银已于前年加抽，奏明拨充枪炮厂专款，此外创办煤铁纱布各事方着成效，因经费支绌，挹注为难，前次正在请拨厘金、盐厘以为铁厂之用，亦无款项可以腾挪；至盐粮各库存款及长江水师申平等款银两，屡经张之洞因铁厂开炼成本不敷，奏名挪借无存，目下筹垫北上诸军饷械及办理江防、添募营勇、修造炮台、购办军火，移缓就急，百计维持，业已罗掘一空，实无可以提借之款，然当此海疆多事，时局艰难，凡属绅富商民，食毛践土均有同仇敌忾之义，且本省募勇设防所以保卫地方，尤应共效输将。溯查同治二年汉镇铺户商民因修理堡垣，曾经前督抚臣奏明抽捐四成房租，充作前项经费，一年停止，彼时地方初复通，年约收银十万以外；今三十年来商贾辐辏较为繁盛，臣与张之洞督饬司道公同筹商，若仿照旧章抽取房捐，一次收数必较昔年有加，已饬汉黄德道恽祖翼督同汉阳府县酌定章程，除每年租银仅二十两、钱三十串者，悉予宽免，以示体恤外，其余均照前次办法收捐一年，调查租折房主赁户按照租价各捐二成，统计共捐四成，分四个月各按一成收缴，郡城附近南岸地方与汉镇毗连，亦一体收捐，俟有成数，另行专款存储，以备拨用。所有鄂省筹垫北征各军饷械及办理江防，亦请于此项捐款内量为匀济，俾资周转。该商民等急公报效，借济要需，将来办理事竣，拟请仿照赈捐章程给与奖叙翎枝虚衔封典可否，并准移奖亲友以昭激劝而顺舆情，出自逾格恩施，至息借商款已议有成数，并现筹绅富等捐均俟另行奏报，除咨部查照外，所有遵议就地筹捐的款缘由，理合恭折复陈，伏祈皇上圣鉴训示。再：湖北巡抚系臣本任，毋庸会衔，合并陈明，谨奏。

朱批："户部议奏。"《宫中档光绪朝奏折》第8辑，第579—581页

江汉关筹解本年十一月分淮军月饷折光绪二十年十一月初三日

头品顶戴兼护湖广总督、湖北巡抚臣谭继洵跪奏，为江汉关筹解本年十一月分淮军月饷恭折具陈仰祈圣鉴事。窃照前准户部咨议复直隶督臣李鸿章奏淮军月饷支绌，请将江汉关应解额款于四六成洋税项下通融匀拨案内，议令江汉关应解淮饷，如六成洋税无款，即在四成洋税及五成二厘招商局税内按数提解等因，奉旨："依议。"钦此。咨行钦遵办理。查江汉关奉拨应解直隶督臣李鸿章淮军月饷四成洋税银二万两、六成洋税银三万两，均解至光绪二十年十月分止，经本任督臣张之洞随时奏报在案。兹应解光绪二十年十一月分四成淮饷，即在第一百三十六结所征四成洋税项下动支库平银二万两；又应解本年十一月分六成淮饷，并在是结五成二厘局税项下动支库平银三万两，作为直隶督臣李鸿章及提督刘盛休所部淮军月饷，委解湖北淮军收支转运局交收转解。据湖北汉黄德道、监督江汉关税务恽祖翼详请奏咨前来。臣复核无异，除分咨外，恭折具陈。再：湖北巡抚系臣本任，毋庸会衔，合并陈明，伏祈皇上圣鉴，谨奏。

朱批："户部知道。"《宫中档光绪朝奏折》第8辑，第581—582页

豫拨本年第九批盐厘京饷片光绪二十年十一月初三日

再：查接管卷内前准户部咨豫拨光绪二十年京饷案内，提拨湖北盐厘银十五万两，又准户部咨续拨本年京饷案内，拨湖北盐厘银五万两，行令分批起解等因，业已筹解本年第一批至八批共银十六万两，经本任督臣张之洞随时附片奏报在案。兹据署湖北布政使陈宝箴、署盐法武昌道朱其煊筹拨本年第九批京饷盐厘银

二万两，饬委补用知县刘绶青、试用知县恽元复，管解赴京交纳等情，详请奏咨前来。臣复核无异，除分咨外，谨附片具陈。再：湖北巡抚系臣本任，毋庸会衔，合并陈明，伏祈圣鉴，谨奏。

朱批："户部知道。"《宫中档光绪朝奏折》第8辑，第582页

委解总理衙门出使经费片光绪二十年十一月初三日

再：准总理各国事务衙门咨：光绪二十年四月二十四日附奏各海关应解出使经费，嗣后按结解交江宁藩库备拨等因，奉旨："依议。"钦此。咨行到鄂，当经转行钦遵办理。兹据湖北荆宜施道、监督宜昌关税务周懋琦详称：宜昌关第一百三十二结以前应提出使经费银两业经委解江汉关验收，详请奏咨在案。兹查自一百三十三结起至一百三十六结止，扣足四结一年期满，共收各项税银十九万三千七百九十六两九钱七分三厘，除应支存票抵税倾镕折耗关用税务司各经费外，计存银十五万三百八十两一钱六分，照章统作十成核算，仍再以六成分作十成，应提一成半出使经费银一万三千五百三十四两二钱一分四厘四毫，所有委员解费川资仍照每万两支银二百五十两扣算，计提给银三百三十两一钱二厘七毫九丝，实应解出使经费银一万三千二百四两一钱一分一厘六毫一丝，饬委补用知县康士铨、饶景光等解赴江宁藩库验收等情，详请奏咨前来。臣复核无异，除分咨外，理合附片具陈，伏祈圣鉴。再：湖北巡抚系臣本任，毋庸会衔，合并陈明，谨奏。

朱批："该衙门知道。"《宫中档光绪朝奏折》第8辑，第582—583页

江汉关扫解本年第五批筹备饷需银两折

光绪二十年十一月初三日

头品顶戴兼护湖广总督、湖北巡抚臣谭继洵跪奏，为江汉关扫解本年第五批筹备饷需银两恭折具陈仰祈圣鉴事。窃照前准户

部咨奏拨甲午年筹备饷需案内，拨江汉关四成洋税银十二万两，六成洋税银十六万两，行令遵照办理等因，业经拨解本年第一批至四批四成洋税银十万两、六成洋税银十三万两赴京交纳，经本任督臣张之洞奏报在案。兹据湖北汉黄德道、监督江汉关税务恽祖翼详称，在于第一百三十六结所征四成洋税项下动支库平足色银二万两，六成洋税项下动支库平足色银三万两，共银五万两，作为本年第五批筹备饷需，饬委补用知县刘绶青、试用知县恽元复管解赴京交纳，所有奉拨本年筹备饷需四、六成洋税银两，现已扫数解清等情，详请奏咨前来。臣复核无异，除分咨外，恭折具陈。再：湖北巡抚系臣本任，毋庸会衔，合并陈明，伏祈皇上圣鉴，谨奏。

朱批："户部知道。"《宫中档光绪朝奏折》第8辑，第583—584页

请补湖南永州镇标中营守备片光绪二十年十一月初三日

再：据署湖南永州镇总兵刘树元禀称，查得镇标中营守备孙镇国年力就衰，经管钱粮、操防诸事不甚得力等情前来。适值本任督臣张之洞交卸，未及核办，移交到臣，查该守备孙镇国既年力就衰，且办事不甚得力，未便任其恋栈，相应请旨将湖南永州镇标中营守备孙镇国勒令休致，以肃营伍。除檄饬遵照并委员接署守备事务外，谨会同护理湖南巡抚臣王廉、湖南提督臣娄云庆，附片具陈，伏祈圣鉴训示。再：所遗湖南永州镇标中营守备员缺系题补之缺，湖南省现有应补人员，容臣另行拣员请补，合并陈明，谨奏。

朱批："着照所请，兵部知道。"《宫中档光绪朝奏折》第8辑，第584页

拨解京师军火片光绪二十年十一月初三日

再：承准军机大臣字寄光绪二十年十月十三日奉上谕：“御史易俊奏行军以军火为先，现在新募各营枪炮子药均属寥寥，虽订购不少，而运到尚须时日，缓不济急。山西、河南、陕西、四川、湖北、湖南、江西等省刻尚静谧，其所存内地制造军火可酌提数成解京应用等语，着各该督抚即将该省所造军火提拨若干，派员由陆路解京，以备分拨各营应用，毋得迟延推诿，是为至要，将此由六百里各谕令知之。”钦此。自应钦遵办理。伏查湖北制造内地军火，存储本不甚多，近虽督饬加工赶造，惟本省筹办江防，添募营勇，加修炮台，各营操防，军火已较平时为巨，且记名提督熊铁生所带铁字十营，本任广东崖州协副将吴元恺所带恺字炮队四营，前新疆布政使魏光焘所带湘军六营，广东高州镇总兵余虎恩所带老湘虎字十营，先后拔队北上，所需枪炮子药多系鄂省匀拨应用，实已搜罗几尽。现在新募各营军械尚不敷甚多，惟京师需用军火紧要，不得不先其所急，拟提拨劈山炮一百尊，铜帽五万颗，弹二万颗，群子十万颗，药四千斤，赶紧委解赴京，以济要需。据湖北善后局司道具详请奏前来。除呈督办军务处，并咨户部外，理合附片具陈，伏祈圣鉴。再：湖北巡抚系臣本任，毋庸会衔，合并陈明，谨奏。

朱批：“该衙门知道。”《宫中档光绪朝奏折》第8辑，第585页

湖北省豫拨光绪二十一年甘肃新饷改解部库银五万两折光绪二十年十一月初三日

头品顶戴兼护湖广总督、湖北巡抚臣谭继洵跪奏，为湖北省豫拨光绪二十一年甘肃新饷改解部库银五万两恭折具陈仰祈圣鉴事。窃照承准军机大臣字寄光绪二十年八月二十三日奉上谕：“户部奏筹拨甘肃新饷一折，甘肃关内外各军饷银关系紧要，现经该

部将光绪二十一年新饷指拨湖北省银三十三万两，着该督抚等严饬司道按照部拨数目于本年十二月底止赶解三成，至来年四月底止再解三成，其余四成统限九月底止扫数解清。”等因。钦此。应饬钦遵办理。旋准户部电开军需甚急，年前应解新饷三成，改解部库银五万两等因，又经转饬遵办去后。兹据署湖北布政使陈宝箴会同善后局司道详称，在于盐厘、货厘项下筹拨银五万两，饬委候补知县刘绶青、恽元复，管解赴京交纳，所有年前应行豫解三成甘肃新饷，尚应找解银五万两，续据户部电咨仍改解部库，容即赶紧筹拨委解，详请奏咨等情前来。除分咨外，理合恭折具陈，伏祈皇上圣鉴。再：湖北巡抚系臣本任，毋庸会衔，合并陈明，谨奏。

朱批：“户部知道。”《宫中档光绪朝奏折》第8辑，第585—586页

查报早稻收成分数折光绪二十年十一月初四日

头品顶戴兼护湖广总督、湖北巡抚臣谭继洵跪奏，为查报早稻收成分数恭折仰祈圣鉴事。窃照湖北省光绪二十年分各属早稻登场，据署湖北布政使陈宝箴查明收成分数，开折呈报前来。臣复加查核，除德安府属之应山，郧阳府属之郧西、保康、竹山、竹溪，荆门直隶州属之远安等县，向不种植早稻外，核计通省九分有余者一县，九分者一县，八分有余者三县，八分者二县，七分有余者八州县，七分者十一州县，六分有余者十七州县，六分者六州县，五分有余者七县，五分者三县，四分有余者一县，四分者二县。通省合计收成六分有余，理合另缮清单，恭折具奏，伏乞皇上圣鉴，谨奏。

朱批：“知道了。”《宫中档光绪朝奏折》第8辑，第586—587页

湖北省光绪十九年冬漕采运米石由海运通交兑完竣折光绪二十年十一月初四日

头品顶戴兼护湖广总督、湖北巡抚臣谭继洵跪奏，为湖北省光绪十九年冬漕采运米石由海运通交兑完竣恭折仰祈圣鉴事。窃照湖北省光绪十九年冬漕经臣会同本任督臣张之洞奏请，仍征折色并酌提漕折等款银两，由本省委员采买正米三万石运京，奉旨允准。当经转饬遵办在案。兹据湖北督粮道岑春蓂会同署布政使陈宝箴详准，委办采运漕粮委员、湖北补用道黎嘉兰移称，湖北省光绪十九年漕粮奉饬采买正米三万石，并商船耗米二千四百石，剥船食米三百四十五石，新增剥耗米一百七十二石五斗，共米三万二千九百一十七石五斗，均经购办足数兑交轮船招商局承运，适值海氛不靖，该局轮船停驶，该道诚恐贻误，即筹备加保兵险经费，由局租赁别国轮船运至天津，全数起剥运赴通州，经仓场总督督同坐粮厅将正米三万石如数验收，于二十年九月初九日交兑完竣，其商剥各船耗食等米亦俱照章分别支给清楚等情，转详请奏前来。除饬将支用米价运费等项数目核实报销，并咨明户部外，理合恭折具陈，伏祈皇上圣鉴。再：湖广总督系臣兼护，毋庸会衔，合并陈明，谨奏。

朱批："户部知道。"《宫中档光绪朝奏折》第8辑，第587—588页

湖北副考官请假省亲片光绪二十年十一月初四日

再：准湖北副考官翰林院编修朱益藩咨钦奉恩命典试湖北，现已揭晓事竣，应即回京复命，惟益藩自通籍后在京供职，亲闱定省久疏，兹因胞兄益濬调署湖南衡阳县知县，母贺氏迎养在署，湖北相距匪遥，一水可通，拟请假两个月，自备资斧赴湘省亲，一俟假满，即行北上，不敢久延等情，请代奏前来。理合据情代

陈，伏祈圣鉴训示，谨奏。

朱批："朱益藩着赏假两个月。"《宫中档光绪朝奏折》第8辑，第588页

委解湖北省光绪二十年第九批地丁京饷片

光绪二十年十一月初四日

再：光绪二十年京饷湖北省奉拨地丁银四十五万两，内除留抵恩赏赈款银二万两外，实应解银四十三万两，业经先后委解八批共银三十四万两赴京交收在案。兹据署湖北布政使陈宝箴详称，复于地丁项下动拨第九批银四万两，查有补用知县刘绶青、试用知县恽元复，堪以委解等情，请奏咨前来。除缮咨转给该委员等妥速起解，并饬将应解银两续筹委解外，谨附片具陈，伏祈圣鉴。再：湖广总督系臣兼护，毋庸列衔，合并陈明，谨奏。

朱批："户部知道。"《宫中档光绪朝奏折》第8辑，第588页

湖北省豫拨光绪二十一年甘肃新饷续行改解部库银五万两折光绪二十年十一月二十九日

头品顶戴兼护湖广总督、湖北巡抚臣谭继洵跪奏，为湖北省豫拨光绪二十一年甘肃新饷续行改解部库银五万两恭折具陈仰祈圣鉴事。窃照承准军机大臣字寄光绪二十年八月二十三日奉上谕："户部奏筹拨甘肃新饷一折，甘肃关内外各军饷银关系紧要，现经该部将光绪二十一年新饷指拨湖北省银三十三万两，着该督抚等严饬司道按照部拨数目于本年十二月底止赶解三成，至来年四月底止再解三成，其余四成统限九月底止扫数解清。"等因。钦此。旋准户部电开军需甚急，年前应解新饷三成，改解部库银五万两等因，当经照数筹拨委解赴京交纳，恭折具奏在案。续准户部电开年前应解新饷三成，除先拨五万、再拨五万改解部库等因，又经转饬遵办。兹据署湖北布政使陈宝箴会同善后局司道详称，在

于盐厘、货厘项下再拨银五万两，饬委候补知县马士庆、候补知县成槐赴京交纳，详请奏咨等情前来。除分咨外，理合恭折具陈，伏祈皇上圣鉴。再：湖北巡抚系臣本任，毋庸会衔，合并陈明，谨奏。

朱批："户部知道。"《宫中档光绪朝奏折》第8辑，第637页

湖北铁政等局委员司事工匠并未裁撤遵旨据实复陈折光绪二十年十一月二十九日

头品顶戴兼护湖广总督、湖北巡抚臣谭继洵跪奏，为湖北铁政等局委员司事工匠并未裁撤遵旨据实复陈仰祈圣鉴事。窃臣承准军机大臣字寄光绪二十年十一月十九日奉上谕："前因湖北炼铁织布各局均经张之洞办有头绪，现虽调署两江总督，所有各局应办事宜，谕令该督一手经理。兹有人奏湖北铁政等局张之洞缔造经营甫有成效，该督行后，闻局员司事工匠谭继洵概加裁撤，意欲停办等语，所奏是否属实？着谭继洵据实复奏，此事既统交张之洞接办，谭继洵不得从中掣肘，且近在省垣，凡张之洞闻见不及之处，尤应妥为照料，以尽和衷共济之道，原片着钞给阅看，将此由四百里谕令知之。"钦此。臣跪诵之下，钦悚莫名！伏查湖北创设铁政局，开采煤铁，造轨炼钢，规模宏远，枪炮系行军利器，设厂制造尤属目前急务；织布等局亦所以济民用而收利权，凡此数端，本任督臣张之洞数年经营，方着成效，自应力求精进，以竟全功。所有总办铁政等局道员蔡锡勇等，均系张之洞派委，局中司事洋匠人等亦俱酌定雇募，臣先虽未预其事，迨蒙恩命兼护督篆，张之洞濒行述及枪炮厂事，臣即允为维持，其各局一切事宜均仍由各局员禀请该督核示办理，臣并无檄饬裁停纷更之事。且接篆以后，曾据织布局呈报，因事务较繁，添派监工文案等员，铁政局亦以铁厂开炉镕炼生熟各铁，工程繁多，详明由总工师白乃富添雇化验钢铁洋匠世毛等八名，是近日委员工匠实有增无减，臣并因张之洞电商以添置炮架、枪弹、炮弹三厂机器工料暨改换

快炮机器，价值并腊月经费所需甚巨，嘱为设措，臣即竭力筹画，在于绅商捐款内腾挪银二十万两拨交枪炮厂应用，值此饷项万分支绌，尚设法筹拨以济工需，其无裁停掣肘当在圣明洞鉴之中。臣现接张之洞来电，亦谓“此事太无影响，枪炮厂事临行承允维持，又为筹拨巨款，刻下武汉两岸日有数千人工作，裁与不裁不待辩而明”等语，此张之洞所深知，臣亦可自明。现在铁政等局钦奉寄谕，归张之洞一手经理，臣近在省垣，闻见所及自应遵旨妥为照料，与张之洞和衷共济，以冀煤铁开炼得宜，枪炮制造日精，仰副圣主实事求是之至意，所有铁政等局委员司事工匠并未裁停缘由，理合恭折据实复奏，伏乞皇上圣鉴，谨奏。

朱批：“知道了。”《宫中档光绪朝奏折》第8辑，第638—639页

筹拨本年第三批加放俸饷银片光绪二十年十一月二十九日

再：前准户部咨湖北省应解西征洋款改为加放俸饷一款，自光绪十五年起每年应解银二十万两，按年解部等因，光绪十四年十一月二十四日具奏，奉旨：“依议。”钦此。咨行钦遵办理，历经如数筹解划拨。兹查本年应解加放俸饷银二十万两，前准户部咨划拨云南铜本银十万两，除另案分批汇解外，尚应解银十万两，业经解过第一、二两批共银四万两，经本任督臣张之洞附片奏报在案。现据署湖北布政使陈宝箴会同善后局司道详称，筹拨本年第三批加放俸饷银三万两，饬委候补知县刘绶青、恽元复管解赴京交纳等情，详请附奏前来。臣复核无异，除给咨管解外，理合附片具陈，伏祈圣鉴。再：湖北巡抚系臣本任，毋庸会衔，合并陈明，谨奏。

朱批：“户部知道。”《宫中档光绪朝奏折》第8辑，第639页

添设湖北防营长夫片光绪二十年十一月二十九日

再：湖北留防各营定章：每勇两名设长夫一名，每名月支口粮银二两四钱。光绪十一年经前督臣裕禄于两次裁减兵勇案内奏明一律裁汰，以节经费。近因倭氛不靖，前次奉调北上诸军，均已照章复设。目下鄂省筹办江防，且各属会匪行踪诡秘，时虞蠢动，自应将留防各营认真整顿，惟现无长夫差操一切，每易旷误，设遇调遣，仓卒雇募亦觉迟误事机。上年湖南抚臣吴大澂奏请复设防营长夫，业经奉准，臣与司道公同筹商，亟应援照湖南成案添设长夫，俾勇丁一意操练，悉成劲旅，借备缓急。第值此库款支绌之时，不得不力求撙节。兹拟每营量设长夫一百名，日后或有征调，再行补足，不致临时周章，庶于整饬营务之中仍寓节省饷需之意，除咨部查照外，谨附片具陈，伏乞圣鉴训示。再：湖北巡抚系臣本任，毋庸会衔，合并陈明，谨奏。

朱批："该部知道。"《宫中档光绪朝奏折》第8辑，第640页

宜昌关自一百三十三结起至一百三十六结止四结期满征收各款税银解存湖北藩库遇有便员解部交纳折光绪二十年十一月二十九日

头品顶戴兼护湖广总督、湖北巡抚臣谭继洵跪奏，为宜昌关自一百三十三结起至一百三十六结止四结期满征收各款税银解存湖北藩库遇有便员解部交纳恭折具陈仰祈圣鉴事。窃照前准户部咨：宜昌关八十六结以前实存银两，准其解交藩库委员解部交纳，其自八十七结以后各结所存税银，务于期内报解，先行详咨备查，一俟关务畅旺，仍即查照奏案办理，委员解费川资并准照江汉关章程，实解银一万两另款开支银二百五十两；又准总理衙门咨：

宜昌关应提出使经费，应即查照各关定章，统作十成，查照本衙门两次奏案提出一成半按结，解交江汉关存储，以备分拨，并详报本衙门查核；又准总理衙门咨：各海关应解出使经费，嗣后按结，交江宁藩库备拨各等因，历经转饬遵照办理。所有宜昌关一百三十二结以前征存银两，均已解交湖北藩库委员解部交纳，详请奏咨在案。兹据湖北荆宜施道、监督宜昌关税务周懋琦详称：自光绪十九年八月二十二日一百三十三结起至二十年九月初二日一百三十六结止一年期满，共征收各项税银十九万三千七百九十六两九钱七分三厘，除存票抵税倾镕折耗关用经费、税务司经费外，存银十五万三百八十两一钱六分，照章作为十成，仍再以六成分作十成扣算，应提出使经费一成半，银一万三千五百三十四两二钱一分四厘四毫；又一百三十五结提解内务府经费银二万两平，余银五百两，抬费布袋劈鞘用项银一百六十两，支给管解内务府经费委员解费银五百两，实存银十一万五千六百八十五两九钱四分五厘六毫，其委员解费按照定章解银一万两，开支川资银二百五十两，共支银二千八百二十一两六钱八厘四毫二丝九忽，实应解京饷银十一万二千八百六十四两三钱三分七厘一毫七丝一忽；又自一百三十三结起至一百三十六结止一年期满，另款征收洋药税厘银六十五两三钱一分三厘，除支倾镕折耗银七钱八分四厘外，实解银六十四两五钱二分九厘，此项银两收款甚微，毋庸提给解费。又自一百三十三结起至一百三十六结止，收存未解总理衙门三成罚款银三十四两六钱四分，三分之一船牌费银一百六十六两三钱四分二，共存银二百两九钱八分，查此项银两为数无多，委员川资毋庸提给。所有前项税银均经如数倾镕足色，先后分批饬委补用知县陈鸣珂等解交湖北藩库弹收，遇有领解京饷委员，由司详请给咨搭解。又留存一百二十四结止尾数银一万三千一百五十两三钱五分七厘，仍请暂留在关，以备额支不敷。其自一百三十七结以后各结所存税银，仍俟一年期满再行报解等情，详请奏咨前来。臣复核无异，除分咨外，理合恭折具陈，伏祈皇上圣鉴。再：湖北巡抚系臣本任，毋庸会衔，合并陈明，伏祈皇上圣鉴，谨奏。

朱批："该衙门知道。"《宫中档光绪朝奏折》第8辑，第640—642页

归还神机营所借洋款片光绪二十年十一月二十九日

再：前准户部咨神机营息借洋款、奏令各海关按期归还一折内称，此次该营续收洋款一百四十四万镑，均自光绪十一年八月二十三日为第一年第一期归付利银之始，照每镑三两五钱核算，共银二百二十四万六千四百镑，合广平银七百八十六万二千四百两，拟令津海、东海、江汉三关各分派本息共银一百五十七万二千四百八十两，江汉关分派本息共银三百十四万四千九百六十两，仍照光绪十一年二月奏定办法，令各该关先期二十日解交江汉关兑收，届期统由江汉关道随时照外洋镑价涨落作合镑价，或盈或绌即由该关分别应垫应存，再与原派归还之海关按期结算清楚等因，光绪十二年正月二十八日具奏奉旨："依议。"钦此钦遵。咨行前来。当经转饬遵照办理。所有江汉关应还第一年第二期起至第九年第三期止，应付本利并补镑价银两、暨第九年第四期凑付本利各银，先后委员解交江汉关验收给领，分别详请奏咨在案。兹据湖北汉黄德道、监督江汉关税务恽祖翼详称，准江汉关钞送详稿内称：光绪二十年四月二十八日第九年第四期江汉关应派还本银三十八万六千九百九十二两四钱八分一厘四毫，除以部拨银三十五万六千两抵付外，核计不敷本银三万九百九十二两四钱八分一厘四毫，又是期应付息银英金一万五百镑，合库平银六万七千八百七十五两一钱二分三厘，按五股分派，江汉关应派一股息银一万三千五百七十五两二分四厘六毫，较部拨银七千三百五十两，尚不敷库平银六千二百二十五两二分四厘六毫，由江汉关备齐交收清楚。又准江汉关钞详内称：光绪二十年八月初二日第十年第一期利银五千二百五十镑，合库平银三万二千一百五十七两

六钱三分九厘一毫四丝，按五股分派，江汉关应派一股，银六千四百三十一两五钱二分七厘八毫二丝八忽，较部拨银三千六百七十五两，实增库平银二千七百五十六两五钱二分七厘八毫二丝八忽，由江汉关垫付，咨请解沪归款各等因，兹在于第一百三十六结所征六成洋税项下动支库平足色银三万七千二百十七两五钱六厘，作为第九年第四期本利应补镑价银两；又支库平足色银二千七百五十六两五钱二分七厘八毫二丝八忽，作为第十年第一期利银应补镑价银两，饬委候补知县沈国瑛解赴江汉关验收分别给领归款等情，详请奏咨前来。臣复核无异，除分咨外，理合附片具陈，伏祈圣鉴。再：湖北巡抚系臣本任，毋庸会衔，合并陈明，谨奏。

朱批：“该衙门知道。”《宫中档光绪朝奏折》第8辑，第642—643页

暂抽米谷厘金片 光绪二十年十一月二十九日

再：湖北厘金原任抚臣胡林翼前定章程有抽收米谷一项，无论过境落地每米一石收钱三十文，每谷一石收钱十五文，嗣因民间元气未复，暨有水旱偏灾，旋收旋停，现当时事艰难，饷需紧要，鄂省近年百货厘金收数未能畅旺，亟应设法补苴，幸值年岁顺成，如照旧暂抽米谷厘金，亦尚于民食无碍，且邻近江西等省均收此款以济本地要需，湖北自可一律照办。所有沿江内河各厘局，凡属扼要之区，现经札饬局员按照原定章程核实稽征，其畸零升斗之数及厘收无多之局，概行免抽，以示体恤。据署湖北布政使陈宝箴、署按察使瞿廷韶，会同牙厘局司道详请具奏前来。除咨部查照外，理合附片具陈，伏祈圣鉴。再：湖北巡抚系臣本任，毋庸会衔，合并陈明，谨奏。

朱批：“户部知道。”《宫中档光绪朝奏折》第8辑，第644页

湖广所辖长江水师各员弁因事出缺拣员分别升补并照章声明请旨定夺折光绪二十年十一月二十九日

头品顶戴兼护湖广总督、湖北巡抚臣谭继洵，兼署长江水师提督、江南瓜洲镇总兵臣谢濬畬跪奏，为湖广所辖长江水师各员弁因事出缺拣员分别升补并照章声明请旨定夺恭折仰祈圣鉴事。窃查接管卷内长江水师员弁出缺向系开单会奏请补，兹查近日所出各缺经前提督臣黄翼升暨臣濬畬先后遴选历练营伍、熟谙水师之赵俊秀、陈得胜、于铭甲、李守湘、何健汉五员，均系由已经借补官阶递请升转，相应照章声明，可否准其升补，恭候钦定，理合汇缮清单恭呈御览，如蒙俞允，俟接准部复即将赵俊秀、陈得胜二员给咨送部引见，其于铭甲、李守湘、何健汉三弁，恳敕部一并颁给札付，以昭信守。除饬取该员弁等履历咨部外，谨会同署两江总督臣张之洞恭折具陈，伏祈皇上圣鉴，谨奏。

朱批："兵部议奏，单并发。"《宫中档光绪朝奏折》第8辑，第644—645页

归还神机营所借洋款片光绪二十年十一月二十九日

再：前准户部咨神机营息借洋款、奏令各海关按期归还一折内称，此次该营续收洋款一百四十四万镑，均自光绪十一年八月二十三日为第一年第一期归付利银之始，照每镑三两五钱核算，共银二百二十四万六千四百镑，合广平银七百八十六万二千四百两，拟令津海、东海、江汉三关各分派本息共银一百五十七万二千四百八十两，江汉关分派本息共银三百十四万四千九百六十两，仍照光绪十一年二月奏定办法，令各该关先期二十日解交江汉关兑收，届期统由江汉关道随时照外洋镑价涨落作合镑价，或盈或

细即由该关分别应垫应存，再与原派归还之海关按期结算清楚等因，光绪十二年正月二十八日具奏奉旨："依议。"钦此钦遵。咨行前来。当经转饬遵照办理。所有江汉关应还第一年第二期起至第十年第一期止，应付本利银两，先后委员解交江汉关验收给领，分别详请奏咨在案。兹据湖北汉黄德道、监督江汉关税务恽祖翼详称，光绪二十年十一月初六日为第十年第二期，即在于第一百三十六结所征六成洋税项下动支库平足色银三千六百七十五两，作为第十年第二期应付利银，饬委候补巡检徐克恭解赴江汉关验收给领归款等情，详请奏咨前来。臣复核无异，除分咨外，理合附片具陈，伏祈圣鉴。再：湖北巡抚系臣本任，毋庸会衔，合并陈明，谨奏。

朱批："该衙门知道。"《宫中档光绪朝奏折》第8辑，第645—646页

委解加放俸银两片光绪二十年十一月二十九日

再：前准户部咨具奏各关应解抵闽京饷改为加放俸饷银两，江汉关仍于四成洋税项下每结提银四千两等因，当经转饬遵照办理，所有江汉关第一百三十五结应解抵闽京饷，改为加放俸饷银四千两委解赴京交纳，业经奏咨在案。兹据湖北汉黄德道、监督江汉关税务恽祖翼详称，在于第一百三十六结所征四成洋税项下提拨足色库平银四千两，饬委补用知县刘绶青、试用知县恽元复，管解赴京交纳等情，详请奏咨前来。臣复核无异，除给咨管解外，理合附片具陈，伏祈圣鉴。再：湖北巡抚系臣本任，毋庸会衔，合并陈明，谨奏。

朱批："户部知道。"《宫中档光绪朝奏折》第8辑，第646页

湖北省光绪十九年冬漕办理采运支用米价水脚运费及动拨漕折等项银两数目折光绪二十年十二月初一日

头品顶戴兼护湖广总督、湖北巡抚臣谭继洵跪奏，为湖北省光绪十九年冬漕办理采运支用米价水脚运费及动拨漕折等项银两数目恭折具陈仰祈圣鉴事。窃照湖北省光绪十九年冬漕经臣会同本任督臣张之洞奏请，仍征折色并酌提漕折等款银两，由本省委员采买正米三万石运京，奉旨允准，当经转饬遵办在案。兹据署湖北布政使陈宝箴、督粮道岑春蓂会详称，此次委员承办漕粮正耗共米三万二千九百一十七石五斗，支用米价水脚运费等项共库平银七万一千九百八十四两二钱四分一厘零，按每米一石合银二两一钱八分零，由承办委员、湖北补用道黎嘉兰开折移经该司道核与部准销数相符，应请查照支销；又海运漕粮每百石改解一半饭米折色银一两二钱九分三厘零，共银三百八十八两一钱二分五厘，一并发交该委员转解。以上共支银七万二千三百七十二两三钱六分六厘零，内系动支光绪十九年漕粮正米折银三万九千两，耗米折银三千九百两；又动支节年漕粮水脚银四千五百两，节年随浅席板银一万五千两，节年兑费银九千九百七十二两三钱六分六厘零，曾于光绪二十年春拨随报漕粮正耗米价册内报支银四万二千九百两，漕粮水脚册内报支银四千五百两，随浅钱粮册内报支银一万五千两，折漕兑费册内报支银九千三百七十四两八钱四分四厘；又在兑费款内报支一半饭米折色银三百八十八两一钱二分五厘，其余银二百九两三钱九分七厘零，俟入于光绪二十一年春拨随报折漕兑费册内开报等情，造册详请奏咨前来。臣复核无异，除将清册咨送户部核销外，理合恭折具陈，伏祈皇上圣鉴。再：湖广总督系臣兼护，毋庸列衔，合并陈明，谨奏。

朱批："户部知道。"《宫中档光绪朝奏折》第8辑，第647—648页

委解备荒经费片光绪二十年十二月初一日

再：准户部咨钦奉上谕：“顺天府奏遵查各属被水情形、请饬催原拨银款以资接济一折，各省应解备荒经费，着户部分咨催解。”等因。钦此。当即钦遵转饬赶紧筹解。兹据署湖北布政使陈宝箴会同总办善后局司道详称，本年湖北应解备荒经费银一万二千两，现已在于厘金项下如数筹拨，查有管解第九批京饷委员、候补知县刘绶青、恽元复堪以搭解赴部交纳等情，请奏咨前来。除缮给咨文饬发该委员等小心管解，并咨部查照外，理合附片具陈，伏祈圣鉴。再：湖广总督系臣兼护，毋庸列衔，合并陈明，谨奏。

朱批：“户部知道。”《宫中档光绪朝奏折》第8辑，第649页

遵旨裁并厘局折光绪二十年十二月初一日

头品顶戴兼护湖广总督、湖北巡抚臣谭继洵跪奏，为遵旨裁并厘局恭折复陈仰祈圣鉴事。窃准户部咨钦奉上谕：“御史郑思贺奏请饬裁并各省厘局等语，着各直省督抚将现设各局悉心筹画，酌留水陆冲要处所，认真稽查，严防绕越偷漏，其余零星局卡，即着核实删减，仍将裁定数目迅速复奏。”等因。钦此。仰见圣主勤求民隐，剔弊恤商之至意，遵即督饬司道体察情形，悉心筹画。伏查湖北厘金开办之初，原设水陆各局卡甚多，自同治七年以来，节经裁减，现存仅止六十三处，均经报部有案。臣每思抽厘济饷为朝廷不得已之举，局卡多设，匪惟累商，且多糜费，随时留心考察，欲加裁汰，无如湖北地当孔道，水陆分歧，绕越偷漏处处可通，现设各局卡悉属扼要，未能遽议裁减。惟查有兴国州与富池口地方，相距较近，共设局卡三处，尚可归并稽征，正饬司局查办间，适奉谕旨，应即钦遵办理。现已饬将兴国州局裁撤，归并富池口局，所有该处应收进口、出口货厘，以后统归富池口局

抽收，其州城应收落地厘金，该州城外向设有水卡分司稽查，即归该卡带收，以归简便而节局用。此外皆属冲要之区，实难再行裁并。据署湖北布政使陈宝箴会同总办牙厘局司道具详请奏前来。臣复查无异，应仍饬该司道等严督各局员认真稽查，严防绕越偷漏，并力杜需索留难，以期裕饷恤商，毋任稍滋弊端，除咨部查照外，所有遵旨裁并厘局缘由，理合恭折复陈，伏祈皇上圣鉴。再：湖广总督系臣兼护，毋庸列衔，合并陈明，谨奏。

朱批："户部知道。"《宫中档光绪朝奏折》第8辑，第649—650页

委署湖北布政使片光绪二十年十二月初一日

再：承准总理衙门电开钦奉谕旨："陈宝箴已简放直隶布政使，着将经手事件赶紧清理，即行来京陛见。"钦此。当即恭录转行遵照。兹查署湖北布政使陈宝箴业将经手事件清理完竣，应即交卸入都陛见，所遗藩司篆务亟应委员接署，以重职守。查有汉黄德道、监督江汉关税务恽祖翼，才识练达，明干有为，堪以署理；递遗汉黄德道、监督江汉关篆务，查有试用道彭世华，才具稳练，办事慎勤，堪以署理，除分檄饬遵外，谨附片具陈，伏祈圣鉴。再：湖广总督系臣兼护，毋庸列衔，合并陈明，谨奏。

朱批："吏部知道。"《宫中档光绪朝奏折》第8辑，第650—651页

恭报湖北省光绪二十年十月分雨水粮价地方情形折光绪二十年十二月初一日

头品顶戴兼护湖广总督、湖北巡抚臣谭继洵跪奏，为恭报湖北省光绪二十年十月分雨水粮价地方情形仰祈圣鉴事。窃照光绪二十年九月分各属雨水粮价地方情形，业经臣恭折奏报在案。兹据武昌等十府暨荆门直隶州所属各州县将光绪二十年十月分雨水粮价开具清单呈报，由署湖北布政使陈宝箴汇造清折前来。臣复加查核，是月分晴雨相间，江汉水势退落，二麦播种，菜蔬畅茂，

粮价较上月互有增减，地方民情悉臻安谧，堪以仰慰宸廑，谨缮粮价清单恭折具奏，伏祈皇上圣鉴，谨奏。

朱批："知道了。"《宫中档光绪朝奏折》第8辑，第651页

拿获强劫拒捕盗犯审明照章惩办折光绪二十年十二月初一日

头品顶戴兼护湖广总督、湖北巡抚臣谭继洵跪奏，为拿获强劫拒捕盗犯审明照章惩办恭折具陈仰祈圣鉴事。案据署襄阳县知县丁国桢详报职员阎治臣雇伙陈全福泊船被盗抢劫拒伤一案，当经批饬缉究，该县旋获王赖子、谢老五二犯，讯供通禀，经臣与本任督臣张之洞批司移道督审明确，照章就地正法。兹该县比缉逸犯无获，录叙供招，议拟由襄阳府知府王贻清详经署湖北按察使瞿廷韶核明，转详前来。臣复加查核，缘王赖子、谢老五，分隶襄阳、南漳等县，彼此认识，先未为匪。光绪十九年七月二十一日，王赖子与谢老五在襄阳县属欧家庙地方会遇，共道贫难。王赖子因见欧家庙附近泥套口河下泊有货船一只，料有银钱，起意行劫得财分用，谢老五允从，王赖子随邀允在逃之邵中导、陈怀得、徐六、王会、曹汶、周添亮六人，邵中导又转邀不识姓名三人，一共十一人，即于是夜，各带油捻刃械，偕抵泥套口河下，适该县职员阎治臣雇伙陈全福贩油出卖，事毕转回，船泊该处。王赖子当留徐六在岸把风，自与谢老五等上船，揭开船篷，齐拥入舱，陈全福起护，王赖子将其捆缚，并抓伤脊背，吓禁声张，抢得钱文衣物，分携上岸，至僻处查点俵分各散。王赖子等各将分得钱文花用。阎治臣投保报经该县，会营勘验详缉，先后拿获王赖子、谢老五二犯，讯供通禀，经臣与本任督臣张之洞批司移道督审明确，照章就地正法。兹饬缉逸犯无获，应即拟结。

查律载："强盗已行但得财者，不分首从皆斩"等语；又湖北省奏定章程："嗣后如有执持刀械强劫聚众至五人以上者，首从各犯仍照历次定章，解道复审，即行就地正法"等因，历经遵办在

案。此案王赖子起意纠同谢老五等行劫阎治臣雇伙陈全福泊船，得赃拒捕，实属凶暴昭著，犯系先后就获，供吐如一，正盗无疑，自应按律问拟。王赖子、谢老五合依“强盗已行但得财者，不分首从皆斩”律，均拟斩立决，已经照章就地正法，应毋庸议。该犯等讯无父兄，其失察之牌保饬传责革；谢老五在外为匪，原籍牌保无从觉察，应免置议。逸盗邵中导等获日另结。此案上盗十一人，仅获首伙二名，获犯尚未及半，疏防各职名另行补参，除供招送部外，理合恭折具陈，伏祈皇上圣鉴，敕部核复施行。再：湖广总督系臣兼护，毋庸列衔，合并陈明，谨奏。

朱批：“刑部知道。”《宫中档光绪朝奏折》第8辑，第651—653页

查报湖北省光绪二十年额征片光绪二十年十二月初一日

再：据湖北督粮道岑春蓂详称，湖北省各州县卫光绪二十年额征驴脚南折正耗共银四万一千四百七十五两零，内除挖压渍淹沙压被水豁减缓征共银三百九十六两零，并下忙应征银两外，实应征上忙银二万五百三十九两零，已完银一万二千二百二十八两零，未完银八千三百一十一两零；又额征随漕浅船军三安家正耗并闲丁帮津资役等款共银九万二千六百八两零，内除渍淹挖压沙压逃亡故绝被水豁减缓征共银三千七百四十二两零，并下忙应征银两外，实应征上忙银四万四千四百三十三两零，已完银一万六千五百四十四两零，未完银二万七千八百八十九两零等情前来。除饬该道严催各州县卫迅将未完银两赶紧征解外，理合附片具陈，伏祈圣鉴。再：湖广总督系臣兼护，毋庸列衔，合并陈明，谨奏。

朱批：“户部知道。”《宫中档光绪朝奏折》第8辑，第653页

湖北省筹拨本年第二批云南铜本银两汇解赴滇折光绪二十年十二月初二日

头品顶戴兼护湖广总督、湖北巡抚臣谭继洵跪奏，为湖北省筹拨本年第二批云南铜本银两汇解赴滇恭折具陈仰祈圣鉴事。窃前承准军机大臣字寄光绪二十年三月十二日奉上谕："户部奏遵拨铜本银两一折，云南铜本银两鼓铸攸关，现经户部遵旨筹拨，由湖北省于二十、二十一两年应解部库旗兵加饷项下，每年划拨银五万两，西征洋款改为加放俸饷项下每年划拨银十万两，着即分年迅速筹拨，不准稍有蒂欠。"等因。钦此。业经筹拨本年第一批云南铜本银二万两，经本任督臣张之洞奏明在案。兹据署湖北布政使陈宝箴会同善后局司道详称，在于本年应解部库加放俸饷项下筹拨库平银二万两，查照滇省来文，于十一月十九日发交汉镇天顺祥商号汇解，赴督办云南矿务臣唐炯行辕交收，作为第二批铜本银两，应给汇费并即照数给清等情，详请奏咨前来。臣复核无异，除分咨外，理合恭折具陈，伏祈皇上圣鉴。再：湖北巡抚系臣本任，毋庸会衔，合并陈明，谨奏。

朱批："户部知道。"《宫中档光绪朝奏折》第8辑，第653—654页

归还神机营所借洋款片光绪二十年十二月初二日

再：前准户部咨神机营息借洋款一百五十万镑，于光绪十九年九月十四日初次收到六万镑，计合十足广平银二十万零一千九百六十八两八钱，利银按一年四期，每期应付一千零五十镑，头期利银已由神机营垫付，应照此次咨报本利银两数目，拟饬江汉关按照议定章程期限，先期二十日照数解交江汉关查收，由该关按期作合镑价兑付怡和洋行等因，光绪十一年二月十五日具奏，本日奉旨："依议。"钦此钦遵。咨行前来。当经转饬遵照办理。

所有江汉关第一年二期起至第十年四期止，应付本利银两，并第十年第三期止应补镑价银两，委员解交江汉关验收给领，暨将神机营垫付头期利银委解赴京交纳，分别奏咨在案。兹据湖北汉黄德道、监督江汉关税务恽祖翼详称，准江汉关咨称据怡和送到收单内载光绪二十年十月初四日应还本银一万二千镑，利银二百十镑，共应还银一万二千二百十镑，每两作二先令十本士六二五算，合规银八万四千六百三十二两五钱，除收规银四万五千四十六两三钱一分外，计不敷银三万九千五百八十六两一钱九分，请即找付前来。当查上海外国各银行光绪二十年十月初四日由电汇寄英镑市价，逐家探询，核与怡和所开相符，所有是期共短本利规银三万九千五百八十六两一钱九分，应行找给，现由江汉关先行垫付清款，请照数补解等因，即在江汉关第一百三十六结所征六成洋税项下筹拨库平足色银三万六千一百一十八两七钱八分六厘，申合规银三万九千五百八十六两一钱九分，作为第十年第四期本利应补镑价银两，饬委候补知县胡廷松解赴江汉关验收归款等情，详请奏咨前来。臣复核无异，除分咨外，理合附片具陈，伏祈圣鉴。再：湖北巡抚系臣本任，毋庸会衔，合并陈明，谨奏。

朱批："该衙门知道。"《宫中档光绪朝奏折》第8辑，第654—655页

筹拨海军衙门经费片光绪二十年十二月初二日

再：准户部咨奏拨海军衙门常年经费案内指拨江汉、宜昌两关银六万两，均于第一百三十四结至一百三十七结洋药厘金加征项下按季匀拨，解交海军衙门兑收；又承准海军衙门咨奏各省关每年应解常年经费等银，自光绪十八年起每两随解饭银一分，准其作正开销并交海军衙门兑收各等因，均经本任督臣张之洞转饬遵照办理。兹据湖北汉黄德道、监督江汉关税务恽祖翼详称，历年奉拨海军衙门经费银六万两，均因宜昌关征收甚微，无款可拨，专由江汉关征收洋药税厘项下拨解，以供要需，自应查照成案办

理。本年业经两次在于第一百三十四、五、六三结所征洋药税厘项内动支银四万两，随解饭银四百两赴京交纳，详奉本任督臣张之洞奏报在案。兹复在于第一百三十六、七两结征存洋药税厘项内动支银二万两，随解饭银二百两，饬委补用知县马士庆、补用知县成槐，管解赴京交纳。所有本年奉拨海军经费并随饭银两业已扫数解清等情，详请奏咨前来。臣复核无异，除分咨外，理合附片具陈，伏祈圣鉴。再：湖北巡抚系臣本任，毋庸会衔，合并陈明，谨奏。

朱批：“该衙门知道。”《宫中档光绪朝奏折》第8辑，第655—656页

湖北省各标镇协营原额增添裁汰缺额兵丁马匹战船各数目仍暂照案改题为折光绪二十年十二月初二日

头品顶戴兼护湖广总督、湖北巡抚臣谭继洵跪奏，为湖北省各标镇协营原额增添裁汰缺额兵丁马匹战船各数目仍暂照案改题为奏恭折仰祈圣鉴事。窃查前准部咨各省经制原额调拨裁汰安塘驻防缺额实在兵丁马匹数目，应每年造册送部查核汇题，并酌定简明册式颁发照造等因，湖北省自兵燹后各营马匹年额倒毙例由朋银买补者，因饷乾积欠未发，尚未添补足额，其额设战船亦均被毁无存，历经具奏，将前项数目暂请改题为奏在案。兹据署湖北布政使陈宝箴详称，湖北督标、抚标、提标，郧阳镇、宜昌镇，汉阳、黄州、竹山、施南各协，武昌、荆州、襄阳、郧阳各城守，兴国、德安、均光、荆门、远安、卫昌、蕲州、安陆、宜都、荆州堤防二十三标镇协营，自道光二十二年酌办崇阳善后事宜及咸丰八年酌议裁马改步之后，旧设经制原额调拨裁汰安塘驻防缺额兵丁二万五百五名，营马二千二百二十三匹，船九十七只，内咸丰九年抽撤陆营兵丁备拨长江水师，暨同治八、九年先后裁撤汉阳、荆州水师，武昌城守、黄州协道士洑等营兵二千一百五十七名，马二百一十八匹；又于光绪十一年奉文裁兵节饷案内裁兵二

千九百二十一名，马二百八十一匹，现在实存营兵一万五千四百二十七名，内马战兵一千四百八十七名，步兵四千二百九十八名，守兵九千六百四十二名；又马步额外外委二百四十九员，共计一万五千六百七十六员，名骑操马一千七百二十四匹，内经制外委马一百三十匹，额外外委马一百七匹，兵丁马一千四百八十七匹。据各该营遵照部颁册式分晰造具光绪二十年清册，由司汇造总册，声明年额倒毙马匹仍因饷乾积欠未发、尚未添补足额，以及被毁战船，应俟库款充裕分别筹补齐全，方可循例题报，请仍照案改题为奏等情前来。臣复核无异，除将各册送部外，理合会同署湖北提督臣傅廷臣恭折具奏，伏祈皇上圣鉴。再：湖北巡抚系臣本任，毋庸会衔，合并陈明，谨奏。

朱批："兵部知道。"《宫中档光绪朝奏折》第8辑，第656—657页

宜昌关第一百三十六结期满收支各款税银数目遵照部章开单折光绪二十年十二月初二日

头品顶戴兼护湖广总督、湖北巡抚臣谭继洵跪奏，为宜昌关第一百三十六结期满收支各款税银数目遵照部章开单恭折具陈仰祈圣鉴事。窃照前准户部咨钞奏内开：各海关洋税收支数目办理未能画一，应令遵照定章按结开列清单奏报，一次仍扣足四结，开单奏销一次，概不得以收支数目串入原折以致混杂不清，仍一面造具四柱清册暨支销经费银两清册，分送户部暨总理各国事务衙门，以凭核销等因。光绪十年二月二十五日具奏，本日奉旨："依议。"钦此。又准户部咨：江汉关第九十五结期满清单，仅有收支款目，以致各结总数未能联贯，嗣后应令将旧管新收开除实在，分为四柱逐款开列，以昭明晰各等因，先后转行遵办。兹据湖北荆宜施道、监督宜昌关税务周懋琦详称：宜昌关征收税银，前经截至光绪二十年五月二十七日第一百三十五结止，详请奏咨在案。兹自光绪二十年五月二十八日起至九月初二日止第一百三十六结期满，所征各项税银除照章开支外，实存银五万二千四百

二十一两三钱四分二厘，前经详请咨明奉准部复归入一年报销案内，解存藩库委员解京；又上结遵照新章征收洋药税厘，除支倾镕折耗外，实存银六十四两五钱二分九厘，已随同正饷搭解；再本结并无洋药进口，亦未征收洋商自备华式之船钞，毋庸造册报销等情，详请奏咨前来。臣复核无异，除清单清册咨送总理各国事务衙门暨户部户科查照外，谨会同署南洋大臣、两江总督臣张之洞恭折具陈并缮具四柱清单，恭呈御览，伏祈皇上圣鉴。再：湖北巡抚系臣本任，毋庸会衔，合并陈明，谨奏。

朱批："该衙门知道，单并发。"《宫中档光绪朝奏折》第8辑，第658—659页

查明湖北本年被水受旱各属来春毋庸接济折光绪二十年十二月初三日

头品顶戴兼护湖广总督、湖北巡抚臣谭继洵跪奏，为查明湖北本年被水受旱各属来春毋庸接济恭折由驿复奏仰祈圣鉴事。窃臣承准军机大臣字寄光绪二十年十月初三日奉上谕："本年顺天直隶等处被水被兵被雹被风被火，均经该督抚等查勘抚恤，小民谅可不至失所，惟念来春青黄不接之时，民力未免拮据，着传谕该督抚等体察情形，如有应行接济之处，即查明据实复奏，务于封印前奏到；此外各省有无被灾地方、应行调剂抚恤之处，一并查奏，候旨施恩。"钦此。仰见圣主轸念灾区、加惠穷黎之至意，当即恭录行司分饬确查去后。兹据各州县禀复，由署布政使陈宝箴、督粮道岑春蓂会详请奏前来。臣复加查核，湖北本年春夏之交，江汉水势盛涨，低洼田地多被漫淹，自夏徂秋，雨泽愆期，高阜之区间受干旱。前据各属禀报，即饬该管道府亲诣确勘，均尚不至成灾，无须赈抚，第收成歉薄，民情拮据，应完银米力难输纳，现经另行具折奏恳恩施缓征新旧银米，足纾民力；其被水受旱各处居民，或借捕鱼为业，或已补种杂粮，现俱糊口有资，二麦亦渐次滋长，来春均可毋庸接济，所有查明复奏缘由，理合恭折由

驿具陈，伏祈皇上圣鉴。再：湖广总督系臣兼护，毋庸列衔，合并陈明，谨奏。

朱批："知道了。"《宫中档光绪朝奏折》第8辑，第667—668页

乔联宝留省补用片 光绪二十年十二月初三日

再：准部咨道府州县无论何项劳绩保奏归入候补班人员，令该省督抚即以此项人员到省之日起，予限一年详加察看，认真考核，如系为守兼优，堪膺民社之员，出具切实考语，奏明分别繁简补用等因。兹查花翎三品衔补用道乔联宝，应以光绪十九年九月十二日到省起，扣至二十年九月十二日，试看一年期满，据署湖北布政使陈宝箴、署按察使瞿廷韶取造该道履历清册，详请甄别具奏前来。臣随考验该道乔联宝才具明晰，年力富强，堪以繁缺留省补用，除清册咨送吏部查核外，理合附片具陈，伏祈圣鉴，敕部查照施行。再：湖广总督系臣兼护，毋庸列衔，合并陈明，谨奏。

朱批："吏部知道。"《宫中档光绪朝奏折》第8辑，第668页

委解湖北省光绪二十年第十批地丁京饷片

光绪二十年十二月初三日

再：查湖北省应解光绪二十年第十批地丁京饷银五万两，前饬委补用知县马士庆、试用知县侯昌锦管解，附片奏报在案。兹据署湖北布政使陈宝箴呈称，侯昌锦另有要差，改委补用知县成槐会同原派之马士庆管解赴京交收等情前来。除另行缮给咨文饬发该委员等妥速起解外，理合附片具陈，伏祈圣鉴。再：湖广总督系臣兼护，毋庸列衔，合并陈明，谨奏。

朱批："户部知道。"《宫中档光绪朝奏折》第8辑，第668—669页

勘明各州县被淹受旱情形恳请缓征漕粮折

光绪二十年十二月初三日

头品顶戴兼护湖广总督、湖北巡抚臣谭继洵跪奏，为勘明各州县被淹受旱情形恳请缓征漕粮恭折仰祈圣鉴事。窃准户部咨缓征漕粮于地丁折外另折候旨遵办；又准户部颁发厘剔钱粮积弊章程内载，灾区初报即令声明免缓银粮数目以除积弊等因，遵办在案。湖北本年夏秋之交，江汉水势盛涨，低田被淹，高阜之区又因雨泽愆期间受干旱。饬据该管道府确勘轻重情形，现经臣另折奏请缓征钱粮南米等项，惟咸宁、嘉鱼、汉阳、黄陂、孝感、沔阳、黄冈、蕲水、黄梅、广济、潜江、天门、应城、江陵、公安、石首、监利、松滋、荆门等十九州县尚有应征本年及节年漕粮，若责令照常输纳，民力实有未逮。据署湖北布政使陈宝箴、督粮道岑春蓂转据该管道府结报，会详请缓前来。合无仰恳天恩俯准将被淹较重之咸宁县一都等六都内之艾家墩等二十二处，嘉鱼县宣化等四里内之二十二甲，汉阳县白釜池等十二区，黄陂县牛湖等四十五社，沔阳州梅公等一百二十三官垸，黄冈县道观河等十四区，蕲水县金家滩等三十三区；黄梅县白湖下等六镇内之胡家圩等三十二村庄，考田镇内之白马寺等二村庄，谢滩镇内之梅家口等处；广济县泰东下乡内之童司牌等三十八村庄，灵西乡内之栗木桥等二十三村庄；潜江县马昌等十一垸，张家等二十垸；天门县淖泼等十三垸内之十七甲，石泉等八垸内之十八甲，赵家上等十七垸内之二十四甲，上古下等四垸内之四甲；应城县叶嘴等五团区；江陵县筑支等六十六垸，荷湖等九十七垸；公安县毛一等十四里并刀一等十八里内之四十四甲；石首县民旺等十六垸并一都等十四坊垸内之三十六甲；监利县大苏湖等九十五垸；松滋县下八上八二都并下五等十都，荆门州青一等十四图内之三汉河等六十七区。又受旱较重之咸宁县一都等七都内之下好桥等二十处，孝感县天爵上下等二十社内各社甲，天门县方岭等四十六垸内之一百六十八甲半，监利县马保等三十三垸，荆门州平四等二十一图内之团林铺等三十五区，共应征光绪二十年漕粮正耗米一万九千六百五十四石五斗五升六合六勺，缓至二十一年秋后，限一年带征；原缓节年漕粮缓至二十二年秋后，递展一年带征。又武昌县神一等十九里神四等八里原缓节年漕粮，蒲圻县坪下等二十二团内任家桥等一百二十四处原缓十六年漕粮，亦请缓至二十一年秋后带征。又沔阳州尚有民欠未完光绪十九年漕粮正耗米一百八十三石一斗四升三合五勺，黄冈县尚有民欠未完光绪十九年漕粮正耗米九百石四斗二升五勺；又蕲水县尚有民欠未完光绪十八年漕粮正耗米三千四百二石二斗四升二合四勺，均因节年被水，无力完纳，请一并缓至光绪二十一年秋后，限一年带征，以广皇仁而纾民力。所有勘明咸宁等州县被淹受旱情形，请缓征漕粮缘由，遵章开具各属请缓漕米细数清单，恭折由驿具陈，伏祈皇上圣鉴。再：湖广总督系臣兼护，毋庸列衔，合并陈明，谨奏。

朱批：“另有旨。”《宫中档光绪朝奏折》第8辑，第669—670页

三省会哨事竣边界静谧折光绪二十年十二月初三日

头品顶戴兼护湖广总督、湖北巡抚臣谭继洵跪奏，为三省会哨事竣边界静谧恭折仰祈圣鉴事。窃照湖北郧阳、宜昌、施南等府界连四川、陕西两省，山深林密，最易藏奸，向系责成郧阳、宜昌二镇，于每年农隙时酌带兵丁各赴边界地方与四川、陕西各镇协总兵副将会同巡哨，年底专折奏报，历经遵办在案。今届光绪二十年会哨之际，经本任督臣张之洞照案咨会四川、陕西两省督抚，并分饬湖北郧阳、宜昌二镇总兵各赴边界地方认真会哨去后。兹据湖北郧阳镇总兵何长清呈报，于本年十月初一日行抵陕楚交界之莲花寺，与陕西陕安镇总兵姚文广见面会哨。又据署湖北宜昌镇总兵刘鹤龄呈报，于本年十月二十五日行抵川楚交界之火峰界岭与四川川北镇总兵何乘鳌见面会哨，并据该镇等声称，

所过地方及沿边一带均尚静谧，并无游匪混迹等情前来。臣查湖北郧阳、宜昌、施南等府边界，层峦叠嶂，道路纷歧，匪徒出没靡常，禁暴诘奸不容稍懈，且时值冬防，巡缉尤当严密，除仍饬各该镇暨地方文武员弁随时督率兵役，认真巡防外，所有本年三省会哨事竣、边界静谧情形，谨会同署理湖北提督臣傅廷臣循例恭折具奏，仰慰宸廑，伏祈皇上圣鉴，谨奏。

朱批："知道了。"《宫中档光绪朝奏折》第8辑，第671页

查明光绪十九年七月起至十二月底止湖北各州县应行承袭接袭并发标学习及改作文生应试各世职折 光绪二十年十二月初三日

头品顶戴兼护湖广总督、湖北巡抚臣谭继洵跪奏，为查明光绪十九年七月起至十二月底止湖北各州县应行承袭接袭并发标学习及改作文生应试各世职恭折奏陈仰祈圣鉴事。窃照前准兵部咨同治元年二月十六日奉上谕："军兴以来各省官绅士庶凡临阵捐躯守义殉难者，一经统兵将帅及该地方督抚奏请旌恤，无不立予褒扬，嗣后着该督抚转饬各州县将应袭职名迅速查取，径报督抚，毋庸由府司转详，予限半年汇案具奏，以免烦扰。"钦此。历经钦遵汇奏在案。兹自光绪十九年七月起至十二月底止，据湖北汉阳等州县先后查详前来。所有承袭云骑尉世职发标学习之胡明楷、王继先、池立保；又请接袭云骑尉世职发标学习之姜维新、丁怀炳、李文焕、邢铭鼎；又已接袭云骑尉世职请发标学习之鲁德标、彭行鸿、柴蕙芳；又请接袭云骑尉世职改作文生应试之桂远延共十一员，均年已及岁，经本任督臣张之洞先后验看，俱属年力富强，堪以承袭接袭并发标学习及改作文生应试。又请承袭云骑尉世职艾兆藩、舒继芬；又请接袭云骑尉世职蔡志龙、罗翊国共四名，均年未及岁，亦经查明与例相符，应请准其承袭接袭，统俟接准部复分别办理。除钞录清单同宗图册结及已故世职丁自铭、李鸣钰、罗绍鼎各原领敕书，一并咨送吏户兵各部办理外，理合

会同署理湖北提督臣傅廷臣恭折具陈，并缮具各世职姓名年贯清单恭呈御览，伏祈皇上圣鉴。再：湖北巡抚系臣本任，毋庸会衔，合并陈明，谨奏。

朱批：“该部议奏，单并发。”《宫中档光绪朝奏折》第8辑，第672—673页

筹拨本年第十批盐厘京饷片光绪二十年十二月初三日

再：前准户部咨豫拨光绪二十年京饷案内，提拨湖北盐厘银十五万两；又准户部咨续拨本年京饷案内拨湖北盐厘银五万两，行令分批起解等因，业已筹解本年第一批至九批共银十八万两，经本任督臣张之洞及臣先后附片奏报在案。兹据署湖北布政使陈宝箴、署盐法武昌道朱其煊筹拨本年第十批京饷盐厘银二万两，饬委补用知县马士庆、补用知县成槐管解赴京交纳，所有本年奉拨京饷盐厘银两，现已扫数解清等情，详请奏咨前来。臣复核无异，除分咨外，谨附片具陈。再：湖北巡抚系臣本任，毋庸会衔，合并陈明，伏祈圣鉴，谨奏。

朱批：“户部知道。”《宫中档光绪朝奏折》第8辑，第673页

筹拨加放俸饷片光绪二十年十二月初三日

再：前准户部咨湖北省应解西征洋款改为加放俸饷一款，自光绪十五年起每年应解银二十万两，按年解部等因。光绪十四年十一月二十四日具奏，奉旨：“依议。”钦此。咨行钦遵办理，历经如数筹解划拨。兹查本年应解加放俸饷银二十万两，前准户部咨划拨云南铜本银十万两，除另案分批汇解外，尚应解银十万两，业经解过第一批至三批共银七万两，经本任督臣张之洞及臣先后附奏在案。现据署湖北布政使陈宝箴会同善后局司道详称，筹拨本年尾批加放俸饷银三万两，饬委候补知县马士庆、候补知县成

槐管解赴京交纳。所有本年应解部库加放俸饷银两现已扫数解清等情，详请附奏前来。臣复核无异，除给咨管解外，理合附片具陈，伏祈圣鉴。再：湖北巡抚系臣本任，毋庸会衔，合并陈明，谨奏。

朱批："户部知道。"《宫中档光绪朝奏折》第8辑，第673—674页

湖北各营损失军械尚未一律补制足额请将年例盘查仍行展缓题报以昭核实折光绪二十年十二月初三日

头品顶戴兼护湖广总督、湖北巡抚臣谭继洵跪奏，为湖北各营损失军械尚未一律补制足额请将年例盘查仍行展缓题报以昭核实仰祈圣鉴事。窃照湖北各标镇协营军火器械战船马匹等项，例应每年十月委员盘查，造具册结，于封印前具题。惟自军兴以来武汉等府前次屡被贼扰，各营军械毁失居多；即未被扰之处，先后征调出师，遗失损坏，所存无几，已责成各营于补领积欠俸饷内，督饬该兵丁自行陆续赔补，曾经奏明俟各营补足原额再行循例具题在案。兹查各营军械毁失动缺者甚多，尚未能补足，只以鄂省近年协济外省军饷，需用浩繁，库款极形支绌，而绿营积欠俸饷又准部咨停给，以致原失军械难以补制齐全，现届光绪二十年盘查具题之期，经臣委员逐一查验，现存军械尚属坚利合用，其未经补制各件应俟库款充裕补发欠饷添制齐全，再行循例造册具题，以昭核实。据署湖北布政使陈宝箴详请具奏前来。臣复核无异，除咨部外，谨会同署湖北提督臣傅廷臣恭折具陈，伏祈皇上圣鉴。再：湖北巡抚系臣本任，应毋庸会衔，合并陈明，谨奏。

朱批："该部知道。"《宫中档光绪朝奏折》第8辑，第674—675页

成立马队前往张家口购买马匹片光绪二十年十二月初三日

再：湖北驻防襄阳光化等县沿边一带凤字马队三营，前奉谕旨令湖北提督吴凤柱统带北上，所遗地段界连豫境，向为私枭刀匪出没之区，即经本任督臣张之洞会同臣奏明饬调鼎字营步队一营，并委尽先副将钱永林招募马队二百名前往填札在案。臣旋因襄樊地方辽阔漫衍，巡缉私贩兼办缉匪，向以马队驰骋迅速，追捕得力，枭匪始有顾忌，边防借以敉安。查凤字营原驻各要隘，非添募马队百名，与步队相间，分段扼札，尚难周密，当经檄饬副将钱永林采买口北膘壮战马共三百匹，俟购齐回鄂，招募勇丁，编立成营，即开往襄樊，妥为填札。兹据该副将禀：所需马匹拟派委守备李凤山前赴张家口一带购买，请奏咨免税前来。臣复核无异，除咨户、兵二部、察哈尔都统，并经过各地方督抚臣查照外，相应请旨饬部行知张家口监督查验，免税放行，理合附片具陈，伏祈圣鉴，谨奏。

朱批："该部知道。"《宫中档光绪朝奏折》第8辑，第675页

筹拨闽省洋款片光绪二十年十二月初三日

再：据湖北汉黄德道、监督江汉关税务恽祖翼详称，光绪二十年十一月初一日奉户部电开："该关年底止存减息三万四千拨还闽省洋款速解并电复"等因，当经该关道以汉关本年底止应提存减息银六万三千有奇，拟在此款内拨银三万四千两，解还闽省，洋款是否解闽藩库，电奉户部复准饬解闽藩库等因，遵即在于神机营借用洋款案内本年应提减息项下，动支库平足色银三万四千两，作为拨还闽省洋款银两，饬委候补知县沈国瑛解赴福建藩司衙门验收等情，详请奏咨前来。臣复核无异，除分咨外，理合附片具陈，伏乞圣鉴。再：湖北巡抚系臣本任，毋庸会衔，合并陈

明，谨奏。

朱批：“户部知道。”《宫中档光绪朝奏折》第8辑，第675—676页

勘明湖北各州县卫被淹受旱不致成灾请分别轻重情形缓征新旧钱粮南米等项折光绪二十年十二月初三日

头品顶戴兼护湖广总督、湖北巡抚臣谭继洵跪奏，为勘明湖北各州县卫被淹受旱不致成灾请分别轻重情形缓征新旧钱粮南米等项恭折仰祈圣鉴事。窃照湖北省应征钱粮遇有灾伤，久经定章责成该管道府亲勘禀办，嗣准户部颁发厘剔钱粮积弊章程内载：灾区初报即令声明免缓银粮数目以除积弊等因，遵办在案。湖北本年夏秋之交，江汉水势盛涨，低田被淹，高阜之区又因雨泽愆期间受干旱，据各州县卫先后禀报，均经批饬该管道府亲诣确勘去后。兹据各该管道府复勘加结，禀由署湖北布政使陈宝箴、督粮道岑春蓂会核，酌拟分别缓征新旧钱粮南米等项具详前来。臣复加查核，实勘得咸宁县一都等六都内之艾家墩等二十二处，嘉鱼县宣化等四里内之二十二甲并九洲内之越塘等处及九屯内之斗塘等处，汉阳县菱角湖等八区、白釜池等十二区，汉川县喝城等十七垸畈、马家洪等三垸畈，黄陂县牛湖等四十五社，沔阳州梅公等一百二十三官垸，黄冈县道观河等十四区、罗霍洲等十七区，蕲水县金家滩等三十三区并西壅洲一区，黄梅县白湖下等六镇内之胡家圩等三十二村庄、考田镇内之白马寺等二村庄、谢滩镇内之梅家口等处，广济县泰东下乡内之童司牌等三十八村庄、灵西乡内之栗木桥等二十三村庄，京山县吕张等二十三团，潜江县马昌等十一垸、张家等二十垸，天门县淖泼等十三垸内之十七甲、石泉等八垸内之十八甲、赵家上等十七垸内之二十四甲、上古下等四垸内之四甲，应城县叶嘴等五团区，江陵县筑支等六十六垸、荷湖等九十七垸，公安县毛一等十四里并刀一等十八里内之四十四甲及枝六一所，石首县民旺等十六垸并一都等十四坊垸内之三

十六甲，监利县大苏湖等九十五垸并蔡家洲松滋县下八上八二都并下五等十都及一所等八所，枝江县洲浮等十二洲垸并羊角坝洲二洲，荆门州青一等十四图内之三汊河等六十七区，滨临江河，地势低洼，本年汛水迭次盛涨，禾苗概被淹没，收成失望，情形均属较重。

又勘得咸宁县一都等七都内之下好桥等二十处，孝感县天爵上下等二十社内各社甲，钟祥县山乡内之萧家店等四十三村庄、湖乡内之刘公庵等十七村庄、河乡内之杨林等十二村庄，京山县东十等三十团，天门县方岭等四十六垸内之一百六十八甲半，监利县马保等三十三垸，荆门州平四等二十一图内之团林铺等三十五区，因地处高阜，自夏徂秋，雨泽愆期，禾苗枯槁，受旱情形亦俱较重。又勘得江夏县河街等二十六里、金沙等三十八屯、茂和等三十里、青山等十二屯、顶团等三十五洲，嘉鱼县净居等四里内之二十甲，汉阳县平坊等二十九区，黄陂县丁家嘴等十三社，孝感县务本西下等十八社内各社甲，蕲水县大林山等二十一区，黄梅县濯港等九镇内之张家圩等十四村庄，或因被淹，水退较迟，只能补种菜蔬；或因受旱，禾苗多有伤损，情形均属次重。

又勘得江夏县三城等七里、桃林等二十二屯、长生等十二洲，武昌县神一等十九里、神四等八里，咸宁县□都等六都内之官埠桥等十处、三都等四都内之鹿角桥等四处，嘉鱼县宣化等十二里内之七十五甲及九洲九屯内歉收各处，蒲圻县坪下等二十二团内之任家桥等一百二十四处，汉阳县袁家河等二十八区，汉川县周陂下等八厂畈，孝感县启祥等十二社，黄冈县下塆等六十一区，蕲水县福主庙等四十二区，黄梅县孔垅等二十一镇及白湖濯港等镇未淹之区，钟祥县山乡内之草鞋岭等三十七村庄、湖乡内之龙山观等九十村庄、河乡内之欧家庙等四十三村庄并杨家岗等五村庄，京山县仙女等八团、世和等十四团并朱会等二团，潜江县牛埠等三十二垸、太平等二十九垸，江陵县赛龙等五十一垸、亢家等三十垸，公安县刀一等十三里内之二十甲，监利县下太马等一百四垸，枝江县太平等五垸，或被淹，涸复较早，尚可补种杂粮；或虽间受干旱，尚可灌溉，收成歉薄，情形均属较轻。又天门县田湾等六十四垸内之一百五十二甲，地势较高，虽经被淹，旋即涸复，补种有收，情形亦轻。又江夏县崇通等屯，汉阳县崇信坊各房屋，自遭兵燹以后，居民迄未复业，仍多荒芜，以上各州县内有屯坐各卫军田，情形亦属相同。

臣伏查地方遇有水旱灾伤，例应勘明分数，分别赈抚，蠲缓钱漕，其勘不成灾者，亦应缓征递展。本年湖北被淹受旱各属，均经勘不成灾，惟应征银米若责令照常完纳，民力实有未逮，除拟缓漕粮另折请旨外，合无仰恳天恩俯准将被淹较重之咸宁县一都等六都内之艾家墩等二十二处、嘉鱼县宣化等四里内之二十二甲并九洲内之越塘等处及九屯内之斗塘等处，汉阳县菱角湖等八区、白釜池等十二区，汉川县喝城等十七垸畈、马家洪等三垸畈，黄陂县牛湖等四十五社，沔阳州梅公等一百二十三官垸，黄冈县道观河等十四区、罗霍洲等十七区，蕲水县金家滩等三十三区并西壅洲一区，黄梅县白湖下等六镇内之胡家圩等三十二村庄、考田镇内之白马寺等二村庄、谢滩镇内之梅家口等处，广济县泰东下乡内之童司牌等三十八村庄、灵西乡内之栗木桥等二十三村庄，京山县吕张等二十三团，潜江县马昌等十一垸、张家等二十垸，天门县淖泼等十三垸内之十七甲、石泉等八垸内之十八甲、赵家上等十七垸内之二十四甲、上古下等四垸内之四甲，应城县叶嘴等五团区，江陵县筑支等六十六垸、荷湖等九十七垸，公安县毛一等十四里并刀一等十八里内之四十四甲及枝六一所，石首县民旺等十六垸并一都等十四坊垸内之三十六甲，监利县大苏湖等九十五垸并蔡家洲松滋县下八上八二都并下五等十都及一所等八所，枝江县洲浮等十二洲垸并羊角坝洲二洲，荆门州青一等十四图内之三汉河等六十七区；又受旱较重之咸宁县一都等七都内之下好桥等二十处，孝感县天爵上下等二十社内各社甲，钟祥县山乡内之萧家店等四十三村庄、湖乡内之刘公庵等十七村庄、河乡内之杨林等十二村庄，京山县东十等三十团，天门县方岭等四十六垸内之一百六十八甲半，监利县马保等三十三垸，荆门州平四等二十一图内之团林铺等三十五区，共应征光绪二十年新赋钱粮屯饷南折闲丁堤费租饷芦课等项正耗银一十六万四千八百二十两三钱六分五厘，南粮正耗米一万九千七百一石五斗六合六勺，一并缓至光绪二十一年秋后，限一年带征，其原缓光绪十四、十五、十六、十七、十八、十九等年各项银米一并展至光绪二十二年秋后，递展一年带征。

又被淹受旱次重之江夏县河街等二十六里、金沙等三十八屯、茂和等三十里、青山等十二屯、顶团等三十五洲，嘉鱼县净居等四里内之二十甲，汉阳县平坊等二十九区，黄陂县丁家嘴等十三社，孝感县务本西下等十八社内各社甲，蕲水县大林山等二十一区，黄梅县濯港等九镇内之张家圩等十四村庄，各应征光绪二十年南米照常征收外，其应征光绪二十年新赋钱粮芦课籽粒等项正耗银二万五千四百五十五两五钱六分八厘，请缓至光绪二十一年秋后，限一年带征，其原缓光绪十四、十五、十六、十七、十八、十九等年各项银米，一并展至光绪二十二年秋后，递年带征。又被淹受旱较轻之江夏县三城等七里、桃林等二十二屯、长生等十二洲，武昌县神一等十九里、神四等八里，咸宁县一都等六都内之官埠桥等十处、三都等四都内之鹿角桥等四处，嘉鱼县宣化等十二里内之七十五甲及九洲九屯内歉收各处，蒲圻县坪下等二十二团内之任家桥等一百二十四处，汉阳县袁家河等二十八区，汉川县周陂下等八厂畈，孝感县启祥等十二社，黄冈县下塝等六十一区，蕲水县福主庙等四十二区，黄梅县孔垅等二十一镇及白湖濯港等镇未淹之区，钟祥县山乡内之草鞋岭等三十七村庄、湖乡内之龙山观等九十村庄、河乡内之欧家庙等四十三村庄并杨家岗等五村庄，京山县仙女等八团、世和等十四团并朱会等二团，潜江县牛埠等三十二垸、太平等二十九垸，江陵县赛龙等五十一垸、亢家等三十垸，公安县刀一等十三里内之二十甲，监利县下太马等一百四垸，枝江县太平等五垸，各应征光绪二十年新赋钱粮芦课屯饷闲丁堤费南米等项照常征收，其各原缓光绪十四、十五、十六、十七、十八、十九等年银米芦课屯饷闲丁堤费等项，一并缓至光绪二十一年秋后，递展一年带征。

又被淹较轻之天门县田湾等六十四垸内之一百五十二甲，原缓光绪十九年钱粮正耗银两暨二十年新赋银米，应请一律征收；其原缓节年暨十九年南米一并缓至光绪二十一年秋后，递展一年带征。又江夏县崇通等屯应征光绪二十年楚课钱粮正耗银三百九十七两八钱二分五厘，缓至光绪二十一年秋后，限一年带征；其原缓光绪十四、十五、十六、十七、十八、十九等年银两，递展一年带征。又汉阳县崇信坊应征光绪二十年门摊银两，请征七分，其应缓三分正耗银六十八两二钱六分一厘，缓至光绪二十一年秋后，限一年带征；原缓光绪十四、十五、十六、十七、十八、十九等年银两，递展一年带征。又沔阳州尚有光绪十九年奏销案内民欠未完地丁正耗银二百九十二两五钱五分二厘；黄冈县尚有光绪十九年奏销案内民欠未完地丁等款正耗银三千八百四十两三钱四分八厘，南粮正耗米九百七十八石九升二合八勺；蕲水县尚有光绪十八年奏销案内民欠未完地丁等款正耗银五千九百一十六两八钱八分四厘，均因偶遭水旱，无力完纳，请一并缓至光绪二十一年秋后，限一年带征。至武昌等卫军田被淹受旱请缓垸区均与屯坐各州县民田相同，共应征光绪二十年屯饷军三安家闲丁帮津等款正耗银三万二千二百八十五两五钱六分六厘，请缓至光绪二十一年秋后，限一年带征；其各原缓光绪十四、十五、十六、十七、十八、十九等年银两，并请递展一年带征，以广皇仁而纾民力。所有勘明各州县卫被淹受旱不致成灾轻重情形，分别缓征新旧银米缘由，遵章开具各属缓征银米细数清单，恭折由驿具陈，伏祈皇上圣鉴。再：此案因恐情形不确，往返驳查，以致未能依限办理。至湖广总督系臣兼护，毋庸列衔，合并陈明，谨奏。

朱批：“另有旨。”《宫中档光绪朝奏折》第8辑，第676—681页

征收钱漕年内扫数全完之员恳请照例奖叙折光绪二十年十二月初四日

头品顶戴兼护湖广总督、湖北巡抚臣谭继洵跪奏，为征收钱漕年内扫数全完之员恳请照例奖叙恭折仰祈圣鉴事。窃照钱漕乃维正之供，催科为有司专责，鄂省频年奉提京饷及拨协各省饷项，全赖地丁等款征解踊跃，借资挹注，是州县催征之勤惰，实关饷需之赢缩，其有先期完解之员，历经奏准奖叙在案。兹据署湖北布政使陈宝箴、督粮道岑春蓂详称，查黄安县额征光绪十九年司库地丁等款钱粮，除坐支外，实应解银一万六千八百三十一两九钱四分五厘，又应解道库漕南正耗米折等款共银四千二百九十一两二钱二分一厘，均于年内扫数全完，请奏奖前来。臣查该县额征各款钱粮银两，合计在二万两以上，均于年内扫数全完，洵属催科勤奋，自应专案请奖，合无仰恳天恩俯准将黄安县知县陶大夏照例给予纪录三次，以示鼓励而资观感，理合恭折具陈，伏祈皇上圣鉴。再：湖广总督系臣兼护，毋庸列衔，合并陈明，谨奏。

朱批："着照所请，该部知道。"《宫中档光绪朝奏折》第8辑，第682页

委托轮船招商局承办冬漕采运片光绪二十年十二月初四日

再：湖北省本年冬漕仍请折征兼筹采运，并由本省委员承办，业经臣会同本任督臣张之洞恭折具奏在案。惟现值倭氛不靖，海上用兵，本省委员于海道情形未能熟悉，诚恐贻误，拟仍查照往届章程，饬由轮船招商局采买承运承交，以资熟手而期妥速。据署湖北布政使恽祖翼、督粮道岑春蓂会详请奏前来。除饬筹拨银两发交招商局赶紧采办并咨部查照外，理合附片具陈，伏祈圣鉴。再：湖广总督系臣兼护，毋庸列衔，合并陈明，谨奏。

朱批："户部知道。"《宫中档光绪朝奏折》第8辑，第682—683页

查明京控未结各案折光绪二十年十二月初四日

头品顶戴兼护湖广总督、湖北巡抚臣谭继洵跪奏，为查明京控未结各案开单恭折具陈仰祈圣鉴事。窃查前准刑部咨议复光禄寺少卿延茂奏稽核京控审限每年将已未完数目两次汇开清单具奏，以归划一，并摘录案由，注明交审月日及未结各案因何未能审结缘由，于每年两次复奏时详细声明等因，奉旨："依议。"钦此。历经遵照按年两次开单奏报。嗣准都察院咨具奏清理京控案件一折，声明光绪十九年三月以前奏交咨交各案，经此次勒限之后，统归旧案，无庸列入每季汇催单内，以清眉目等因；又经查明十九年三月以前各案，分别已结未结，开单复奏在案。兹据署湖北布政使陈宝箴、署按察使瞿廷韶详称，陆续奉到部院衙门奏交咨文，各案随时委提人卷解省发审，其有距省较远州县之案，移交该管道就近提审或委员前往会同该管府审办，前已截至光绪十九年十二月为止，将未结各案造册详请奏报。兹值半年汇奏之期，除已审结咨送供招及详咨注销，并十九年三月以前未结之案应归旧案，均毋庸开列外，其自十九年四月以后至二十年六月以前尚未审结者七起，或因原被供情狡执，补提要证未到，或甫经行提，人证尚未解齐，以致未能讯结核计，尚无迟延等情，开呈清册请奏报前来。臣复核无异，除仍饬赶紧催提人证到案审办，并将清册分送刑部、都察院、步军统领衙门查照外，谨缮清单恭折具陈，伏祈皇上圣鉴。再：湖广总督系臣兼护，毋庸列衔，合并陈明，谨奏。

朱批："刑部知道，单并发。"《宫中档光绪朝奏折》第8辑，第683—684页

查明湖北省甲午正科乡试未经中式年老诸生折光绪二十年十二月二十一日

头品顶戴兼护湖广总督、湖北巡抚臣谭继洵跪奏，为查明湖北省甲午正科乡试未经中式年老诸生循例恭折具奏仰祈圣鉴事。窃照乡试年老诸生三场完竣未经中式者，例准查明年岁奏请恩施，历经遵办在案。今查光绪二十年湖北甲午科乡试，有年届九十岁者：孝感县恩赐副榜张霍威；年届一百岁以上者：兴国监生陈鹏翀；年届九十以上者：黄安县学附生谢龙光；年届九十岁者：兴国州学附生冯骥志；年届八十以上者：咸宁县学附生陈达聪、黄州府学附生陈步云、黄冈县监生宋炳南、蕲州学附生陈瑬、广济县学附生吕庚等五名；年届八十岁者：通城县学附生段炼锋，黄安县学附生樊缨，广济县学附生周秉正、周荣冕等四名。以上共老生十三名，俱系三场完竣，揭晓时未经中式，经臣调阅该老生等原卷，均字画端楷，文理明顺。复咨准湖北学政臣庞鸿文查复，该附生谢龙光等年岁均属相符，入学在三科以前；监生陈鹏翀、宋炳南二名，捐监年分均在十科以前，陈鹏翀已应乡试十次，宋炳南已应乡试十二次，并据署湖北布政使恽祖翼查明取具各该州县印结具详前来。臣复查该老生张霍威等，励志青云，殚精皓首，或蜚声庠序，早搴芹泮于丁年；或肄业成均，备历棘闱之辛苦；或贤书荣副，又十载之曾经；或学册堪稽，计三科之已过；论年校齿，备征耄耋期颐；扶老观光，均属康强矍铄。十四艺完全真草，允称人瑞于熙朝；九重天待沐丝纶，冀附宾兴之盛典。谨凭年例，恭吁恩施。除各该生入学报捐年分、学籍岁数，清册执照咨部外，谨列名单，会同湖北学政臣庞鸿文恭折具奏，伏祈皇上圣鉴，敕部核复施行。再：湖广总督系臣兼护，毋庸列衔，合并陈明，谨奏。

朱批："礼部议奏，单并发。"《宫中档光绪朝奏折》第8辑，第757—758页

委署房县知县片光绪二十年十二月二十一日

再：署房县知县李恒富调省，另有差委，所遗该县印务，亟应委员往署，以重职守。查有署沔阳州事、本任保康县知县葛振元，才具练达，办事认真，堪以署理。据署布政使陈宝箴、署按察使瞿廷韶会详前来。除檄饬遵照外，谨附片具陈，伏祈圣鉴。再：湖广总督系臣兼护，毋庸列衔，合并陈明，谨奏。

朱批："吏部知道。"《宫中档光绪朝奏折》第8辑，第759页

恭报湖北省光绪二十年十一月分雨雪粮价地方情形折光绪二十年十二月二十一日

头品顶戴兼护湖广总督、湖北巡抚臣谭继洵跪奏，为恭报湖北省光绪二十年十一月分雨雪粮价地方情形仰祈圣鉴事。窃照光绪二十年十月分各属雨水粮价地方情形，业经臣恭折奏报在案。兹据武昌等十府暨荆门直隶州所属各州县将光绪二十年十一月分雨雪粮价开具清单呈报，由署湖北布政使恽祖翼汇造清折前来。臣复加查核，是月分晴雨相间，各属禀报得雪一次，江汉水势退落，二麦长发，粮价较上月增多减少，地方民情悉臻安谧，堪以仰慰宸廑，谨缮粮价清单恭折具奏，伏祈皇上圣鉴，谨奏。

朱批："知道了。"《宫中档光绪朝奏折》第8辑，第759页

湖北省光绪二十年春夏二季收支牙帖厘金银钱数目折光绪二十年十二月二十一日

头品顶戴兼护湖广总督、湖北巡抚臣谭继洵跪奏，为湖北省光绪二十年春夏二季收支牙帖厘金银钱数目恭折具陈仰祈圣鉴事。恭照同治七年十月钦奉上谕："厘金报部章程着照两淮盐厘格式，每年分两次奏报。"等因。钦此钦遵。办理历经奏报至光绪十九年

十二月底止在案。兹据署湖北布政使恽祖翼会同牙厘局司道详称，光绪二十年正月起至六月底止，除洋药税厘银两应另案造报外，货厘旧管项下实存市平荆沙银十四万六千九百九十一两六钱七分三厘零，新收项下实收牙厘及药土坐票捐共市平荆沙银十九万三千五百七十四两七钱三分四厘零；又收牙厘钱八十二万二千三串四十文，开除项下实解湖北盐道转发长江水师二十年春夏二季分俸饷共库平库色新宝银八万七千两，合市平荆沙银九万一千四百三十三两五钱二分，解湖北善后总局市平荆沙银六万七千五百六十两二钱八分七厘零；又遵奏案拨解二十年春夏二季分善后总局委员薪水杂用银五千一百三两六钱，巡防保甲员弁薪水经费银一万一千三百七两，发审委员薪水经费银一千六百二十两，武职操练弓箭月课奖赏银二千八百二两，救生红船水手口粮经费银二千八百八十两；又提牙厘各局局用八分经费银一万五千四百八十五两九钱七分八厘零，实解湖北善后总局钱七十五万六千二百四十二串七百九十七文，给牙厘各局八分经费钱六万五千七百六十串二百四十三文，除解支外，钱款无存，实在项下存货厘市平荆沙银十四万二千三百七十四两二分二厘零，归入下半年造册报销等情，详请奏咨前来。臣复核相符，除清册咨送户部科外，所有光绪二十年春夏二季收支牙帖厘金银钱数目，理合恭折具奏，伏祈皇上圣鉴。再：湖广总督系臣兼护，毋庸列衔，合并陈明，谨奏。

朱批：“户部知道。”《宫中档光绪朝奏折》第8辑，第760—761页

筹拨军饷铜本片 光绪二十年十二月二十一日

再：据总办湖北善后局、署布政使恽祖翼等详称，湖北粮道库存帮津水脚兑费等银咸丰年间曾经奏准留充军饷，嗣经户部议奏尽数征解，如有紧要饷需，由督抚专案奏明动拨等因，遵照在案。兹查提督吴凤柱所统马步各军月饷均须由鄂随时筹解，现在该营调赴关外，待饷孔殷，叠准电催必须续解银五万两，以资接济；又奉拨云南铜本亦须续解银二、三万两，加以邻省协饷、本

省勇粮均应同时筹拨，为数较巨，局库入款前以征兵北上供支浩繁，搜罗殆尽，厘金盐课收数短绌，实属无可挹注，关外军饷与云南铜本均关要需，未便延缓，致滋贻误，拟于粮道库存帮津水脚兑费款内拨银七万两，俾资凑解，请专案奏明再行动拨等情，请奏咨前来。臣查粮道库存帮津等款，前以应协甘饷不敷凑解，叠经前督抚臣暨臣奏明动拨有案，今军饷、铜本悉应速解要需，该司道所请拨济，系属援案办理，核与部章相符，除咨部查照外，理合附片具陈，伏祈圣鉴。再：湖广总督系臣兼护，毋庸列衔，合并陈明，谨奏。

朱批："户部知道。"《宫中档光绪朝奏折》第8辑，第761页

奏报学政幕友姓名籍贯折光绪二十年十二月二十一日

头品顶戴兼护湖广总督、湖北巡抚臣谭继洵跪奏，为学政幕友姓名籍贯循例具陈恭折仰祈圣鉴事。窃查学政到任，署中阅文幕友例应开具姓名籍贯具奏，兹准湖北学政庞鸿文咨称，该学臣于光绪二十年十月二十七日到任，共延幕友六人，均系籍隶安徽、浙江、江苏、云南等省，并无湖北本籍之人，循例开单咨送前来。臣复查无异，理合敬缮清单恭折具陈，伏祈皇上圣鉴，谨奏。

朱批："知道了。"《宫中档光绪朝奏折》第8辑，第762页

李兆庚等留省补用片光绪二十年十二月二十一日

再：准部咨道府州县无论何项劳绩保奏归于候补班人员，令该督抚即以此项人员到省之日起，予限一年详加察看，认真考核，如系为守兼优，堪膺民社之员，出具切实考语，奏明分别繁简补用等因。兹查补用知县李兆庚，于光绪十九年十月初十日到省起，扣至二十年十月初十日，试看一年期满；又尽先补用知县胡子功，

于光绪十九年十月十六日到省起，扣至二十年十月十六日，试看一年期满；又补用知县萧焕南，于光绪十九年十月十九日到省起，扣至二十年十月十九日，试看一年期满，据署湖北布政使陈宝箴、署按察使瞿廷韶取造各该员履历清册，详请甄别具奏前来。臣随考验补用知县李兆庚，才具明晰，勤慎趋公，堪以繁缺留省补用；尽先补用知县胡子功，年力富强，办事奋勉，堪以繁缺留省补用；补用知县萧焕南，才识练达，明干有为，堪以繁缺留省补用，除清册咨送吏部查核外，理合附片具陈，伏祈圣鉴，敕部查照施行。再：湖广总督系臣兼护，毋庸列衔，合并陈明，谨奏。

朱批："吏部知道。"《宫中档光绪朝奏折》第8辑，第762—763页

为甄劾庸劣不职各员请旨即行革职折光绪二十年十二月二十二日

头品顶戴兼护湖广总督、湖北巡抚臣谭继洵跪奏，为甄劾庸劣不职各员请旨即行革职恭折仰祈圣鉴事。窃照州县之政治关系民生之休戚，牧令不得其人，地方必致贻误。兹据署湖北布政使陈宝箴、署按察使瞿廷韶会详，查有通山县知县刘焕章，性情暴厉，苛察自矜，使酒任性，审理案件听断多不平情，动辄滥刑科罚，违例妄为；又宣恩县知县王志章，于劝办顺直赈捐暨积谷、育婴等事，并不分晰，妥为办理，亲赴各乡，设为夫马帮费名色，任意苛派扰累，民怨沸腾，几致酿事，当将该员等先行撤任，派员前往密查，接据委员禀复暨该管道府揭报，情形相同，似此庸劣不职，亟应纠参，以示惩警等情，详请奏参前来。臣复加访查无异，均未便姑容，相应请旨将通山县知县刘焕章、宣恩县知县王志章一并革职，以肃官方，如蒙俞允，所遗通山、宣恩两县知县均系选缺，照章应一留一咨，拟请将通山县缺扣留外补，宣恩县缺送归部选。又：湖广总督系臣兼护，毋庸列衔，合并声明，恭折具陈，伏祈皇上圣鉴，谨奏。

朱批："另有旨。"《宫中档光绪朝奏折》第8辑，第763页

密陈湖北司道知府等官考语谨缮清单折

光绪二十年十二月二十二日

头品顶戴兼护湖广总督、湖北巡抚臣谭继洵跪奏，为密陈湖北司道知府等官考语谨缮清单恭折仰祈圣鉴事。窃查司道知府等官例应督抚于年终出具切实考语密行陈奏，臣仰蒙畀任封圻，察吏是其专责，况值时事艰难，九重宵旰，尤当力图报称，整饬官常。臣于僚属接见应对之时，公牍禀陈之件，谆谆勖勉，切实推求而又采诸舆评，证以实迹，其人材之贤否，政事之治忽，均已得其底蕴，除布政使王之春奉命出使、新授按察使龙锡庆尚未到任，毋庸注考外，其由实任调署他缺者，均一律注考，臣谨将司道知府各员出具切实考语，密缮清单恭呈御览，臣仍随时认真察看，如有改行易辙之员，即行据实指参，以仰副朝廷澄叙官方之至意，理合恭折密陈，伏祈皇上圣鉴训示，谨奏。

朱批："知道了，单一件，片一件留中。"《宫中档光绪朝奏折》第8辑，第764页

光绪二十年密考片

光绪二十年十二月二十二日

再：学政声名政绩例应督抚于年底密行陈奏，兹查前任湖北学政臣孔祥霖于本年举行武昌、黄州、荆州、襄阳、安陆、荆门等府州属科试，均已竣事。该学政自莅任以来，每值考试，现场整肃，去取公平，时阅三年，并无间言，现已交卸。新任学政臣庞鸿文甫经到任，尚未考试，容俟来年出棚举行岁试，臣再随时确访密陈，谨附片陈明，伏祈圣鉴，谨奏。《光绪朝朱批奏折》第10辑，第381页

密缮光绪二十年密考片光绪二十年十二月二十二日

谨将司道知府等官出具切实考语，密缮清单恭呈御览，计开：署布政使、汉黄德道恽祖翼，谙练老成，办公详慎，于中外交涉事宜尚能力持大体。署按察使、盐法武昌道瞿廷韶，才具明敏，肆应咸宜，历练既深，于公事最为谙习。督粮道岑春蓂，持躬端谨，年力富强，遇事讲求，日臻深稳。署盐法武昌道、安襄郧荆道朱其煊，事机晓畅，器局宏深，办事结实可靠。荆宜施道周懋琦，才猷练达，智虑周详，办理洋关措施得当。武昌府知府李方豫，宅心静细，莅治勤明，于发审案件讯断尚称平允。汉阳府知府逄润古，质性朴实，政事明通。黄州府知府高蔚先，才识闳远，心地光明，治体人情俱极通达，于地方一切利弊尤能认真讲求。安陆府知府史书青，精明干练，率属以勤。德安府知府汪元庆，稳慎勤能，事理通达。荆州府知府舒惠，性行仁恕，操守清廉，经理堤工殚心竭力，劳苦不辞，民情极为爱戴。襄阳府知府王贻清，政平讼理，舆论翕然。郧阳府知府许有麟，识见明远，气质和平。宜昌府知府存厚，持守公正，吏肃民安。施南府知府额勒恒额，明练安详，供职惟谨。《光绪朝朱批奏折》第10辑，第381—382页

湖北有驿州县添设腰站驰递军报以期迅速折光绪二十年十二月二十二日

头品顶戴兼护湖广总督、湖北巡抚臣谭继洵跪奏，为湖北有驿州县添设腰站驰递军报以期迅速恭折具奏仰祈圣鉴事。窃准兵部咨军机大臣面奉谕旨：“近年各省驿站递送文件往往迟延，实属废弛，着兵部通行各该督抚等认真整顿，所有人夫马匹务当一律精壮，遇有一切紧要文报，迅速驰送，不准稍逾时刻，其有军报经行处所，并着酌添马拨，以速邮递。”钦此钦遵。咨行到臣，当

即转饬遵办。伏查湖北地当孔道，南北通衢，平时文报络绎，驿递最关紧要，经臣督饬臬司随时委员，认真稽查，所有人夫马匹均属精壮，在站应差文报随到随递，不准稍事羁延。现值倭氛不靖，军报尤为紧急，自应遵添马拨，以期迅速，免误事机。拟即饬令由北入境之应山、襄阳，由南入境之黄梅，以及中间经行有驿各州县，一体遵照，各于适中之地添设腰站，即在各本驿内选拨健夫快马，常川伺应；如本驿原设夫马不敷分拨，随时报明，酌量添雇，遇有军报，飞速驰送，不准片刻迟延，一俟军务告竣，即行裁撤。据署湖北按察使瞿廷韶具详请奏前来。除咨户、兵二部查照、并饬各属遵办外，理合恭折具奏，伏祈皇上圣鉴。再：湖广总督系臣兼护，毋庸列衔，合并陈明，谨奏。

朱批："该部知道。"《宫中档光绪朝奏折》第8辑，第764—765页

湖北省光绪二十年分实缺教职佐杂均未参劾据实陈明折光绪二十年十二月二十二日

头品顶戴兼护湖广总督、湖北巡抚臣谭继洵跪奏，为湖北省光绪二十年分实缺教职佐杂均未参劾据实陈明恭折仰祈圣鉴事。窃查定例：甄别教职佐杂各按该省缺额以百分之二、三为率参劾，及数者免议；如该省果无应行参劾之员，令该督抚学政切实声明等因。湖北省教职一百四十缺，每年应甄别去任三、四员；佐杂二百零五缺，每年应甄别去任四、五员。兹查光绪二十年分实缺教职佐杂各员均尚循分供职，是以未经参劾，据署布政使恽祖翼、署按察使瞿廷韶会详前来。除仍饬随时确查，如有衰庸不职之员另行参办外，理合会同湖北学政臣庞鸿文恭折具陈，伏祈皇上圣鉴。再：湖广总督系臣兼护，毋庸列衔，合并陈明，谨奏。

朱批："吏部知道。"《宫中档光绪朝奏折》第8辑，第765—766页

湖北省奉调北上诸军委员统领管带衔名折

光绪二十年十二月二十三日

头品顶戴兼护湖广总督、湖北巡抚臣谭继洵跪奏，为湖北省奉调北上诸军委员统领管带衔名恭折具陈仰祈圣鉴事。窃查前准兵部咨光绪十五年十月二十八日奉上谕："各省防营如有更换管带员弁或移札他处，着随时奏闻。"等因。钦此。历经钦遵办理在案。兹查鄂省奉调北上诸军添募营勇，前经本任督臣张之洞电奏，奉旨允准，所有各营统领管带衔名未及详晰奏明，移交到臣，原奏记名提督熊铁生所带驻防田家镇五营，旋又添募五营，该军分为铁字正副各五营，正中营饬统领熊铁生兼带，作为座营；原带中营之提督杨友益改委管带正左营，总兵张星元改委管带正右营，总兵侯祖朝改委管带正前营，其正后营仍令游击章文彬管带；添募之铁字副五营，副将文有亮管带副前营，副将萧光友管带副后营，饬降补副将方友升分统副中左右三营，即以副中营归方友升兼带，提督李清贵管带副左营，总兵吴得胜管带副右营。又广东崖州协副将吴元恺经本任督臣张之洞奏调来鄂，挑募恺字炮队四营北上，该军分为中前左右四营，中营饬该统领吴元恺兼带，游击吴良儒管带前营，千总王恩平管带左营，都司王得胜管带右营，其抽拨鄂省各防营勇丁旋即募补足额。又湖北提督臣吴凤柱统领凤字马队中前后三营，副将刘恩荣管带中营，参将陈金元管带前营，守备杨绍文管带后营。所有鄂省奉调北上诸军统领管带衔名缘由，除咨部外，理合恭折具陈，伏祈皇上圣鉴。再：湖北巡抚系臣本任，毋庸会衔，合并陈明，谨奏。

朱批："兵部知道。"《宫中档光绪朝奏折》第8辑，第773—774页

委署湖北宜昌镇总兵片光绪二十年十二月二十三日

再：署湖北宜昌镇总兵记名提督刘鹤龄，现经调署两江督臣张之洞电奏，奉旨：“准其调赴江南差遣委用。”等因。钦此。电咨到臣，所遗总兵篆务自应委员接署，以重职守。查有记名提督、署理湖广督标中军副将谢得龙，才具明练，戎务素娴，堪以委令署理，除檄饬遵照外，理合会同署理湖北提督臣傅廷臣附片具陈，伏祈圣鉴。再：湖北巡抚系臣本任，毋庸会衔，合并陈明，谨奏。

朱批：“兵部知道。”《宫中档光绪朝奏折》第8辑，第774页

湖北省筹拨本年第三批云南铜本银两汇解赴滇折光绪二十年十二月二十三日

头品顶戴兼护湖广总督、湖北巡抚臣谭继洵跪奏，为湖北省筹拨本年第三批云南铜本银两汇解赴滇恭折具陈仰祈圣鉴事。窃前承准军机大臣字寄光绪二十年三月十二日奉上谕：“户部奏遵拨铜本银两一折，云南铜本银两鼓铸攸关，现经户部遵旨筹拨，由湖北省于二十、二十一两年应解部库旗兵加饷项下，每年划拨银五万两，西征洋款改为加放俸饷项下每年划拨银十万两，着即分年迅速筹拨，不准稍有蒂欠。”等因。钦此。业经拨解本年第一、二两批云南铜本银四万两，经本任督臣张之洞及臣先后奏明在案。兹据署湖北布政使恽祖翼会同善后局司道详称，在于本年应解部库加放俸饷项下筹拨库平银二万两，查照滇省来文，于十二月十九日发交汉镇天顺祥商号汇解，赴督办云南矿务臣唐炯行辕交收，作为第三批铜本银两，应给汇费并即照数给清等情，详请奏咨前来。臣复核无异，除分咨外，理合恭折具陈，伏祈皇上圣鉴。再：湖北巡抚系臣本任，毋庸会衔，合并陈明，谨奏。

朱批：“户部知道。”《宫中档光绪朝奏折》第8辑，第774—775页

筹拨内务府经费片光绪二十年十二月二十三日

再：前准户部咨具奏另筹内务府常年经费银五十万两案内，指拨宜昌关洋税银二万两，于光绪二十年开印后分批解交内务府应用等因，当经转饬遵照办理，所有奉拨前项银两，业经委员管解第一批银一万两赴京交纳在案。兹据署湖北布政使恽祖翼详称，准宜昌关道咨解奉拨光绪二十年分内务府经费第二批银一万两，由司饬委便员搭解等因，兹查有管解第十批京饷之补用知县马士庆、成槐，堪以饬委搭解赴京交纳等情，详请奏咨前来。臣复核无异，除给咨搭解外，谨附片具陈，伏祈圣鉴。再：湖北巡抚系臣本任，毋庸会衔，合并陈明，谨奏。

朱批："该衙门知道。"《宫中档光绪朝奏折》第8辑，第775页

筹拨接济各路军饷暨加放俸饷片光绪二十年十二月二十三日

再：前准户部咨会议总理各国事务衙门具奏统筹全局请由户部通盘筹画接济各路军饷案内，奏请在于江汉关解费经费项下格外撙节，每年匀拨银五千两以供军饷；又具奏议停京员津贴案内，令各省关仍照原拨津贴之数按年全数解部，以备搭放俸饷之用；又具奏各关应解抵闽京饷改为加放俸饷银两，江汉关仍于四成洋税项下每结提银四千两各等因，均经转饬遵照办理。所有江汉关光绪十九年应解筹节关费银五千两、搭放俸饷银一万两，并第一百三十六结应解抵闽京饷改为加放俸饷银四千两，委解赴京交纳，均经奏咨在案。兹据湖北汉黄德道、监督江汉关税务恽祖翼详称，兹在于光绪二十年分解费经费项下，竭力筹节库平足色银五千两，作为本年应解筹节关费接济各路军饷银两；又在解费经费内筹备库平足色银一万两，作为本年应解搭放俸饷银两；又在第一百三

十七结所征四成洋税项下，匀拨库平足色银四千两作为本年加放俸饷银两，饬委补用知县马士庆、成槐搭解赴京交纳。所有江汉关本年应解筹节关费银五千两、搭放俸饷银一万两，均已扫数解清等情，详请奏咨前来。臣复核无异，除分别给咨管解外，谨附片具陈，伏祈圣鉴。再：湖北巡抚系臣本任，毋庸会衔，合并陈明，谨奏。

朱批："该衙门知道。"《宫中档光绪朝奏折》第8辑，第776页

光绪二十年夏季分宜昌川盐总局抽收川盐正课加课钱文数目折光绪二十年十二月二十三日

头品顶戴兼护湖广总督、湖北巡抚臣谭继洵跪奏，为光绪二十年夏季分宜昌川盐总局抽收川盐正课加课钱文数目恭折具陈仰祈圣鉴事。窃照湖北宜昌设立川盐总局抽课济饷，所有光绪二十年春季分抽收盐课钱文数目，业经本任督臣张之洞具奏在案。兹据署湖北盐法武昌道、本任安襄郧荆道朱其煊将光绪二十年夏季分抽收盐课钱文数目开报前来。臣复加查核，宜昌川盐总局光绪二十年四月分抽收正课钱五万五千六百六十七串九百八十一文，内提备解京饷钱一万三千三百串文，加课钱二万四千二百三串四百七十文；五月分抽收正课钱四万八千四百五十九串四百三十六文，内提备解京饷钱八千串文，加课钱二万一千六十九串三百二十文，内提备解京饷钱二千串文；六月分抽收正课钱六万七千八百七十一串九百三十文五毫，内提备解京饷钱一万九千六百串文，加课钱二万九千五百九串五百三十五文，其正课全项内共提备解京饷钱四万九百串文，加课一半解鄂，内共提备解京饷钱二千串文，下余钱文同节省五成公费，均仍照向章或现钱或易银分别由局拨充荆州满营兵饷、水师月饷，余则尽数由道移解善后局接济军饷，除解支细数造册咨部外，所有光绪二十年夏季分宜昌川盐局抽收正课加课钱文数目，理合恭折具陈，伏祈皇上圣鉴，谨奏。

朱批："户部知道。"《宫中档光绪朝奏折》第8辑，第776—777页

筹拨广西军饷片 光绪二十年十二月二十三日

再：前准户部咨议复护理广西巡抚李秉衡奏边防各营请拨的饷案内，令湖北省自光绪十三年起，按月协解广西边军饷银一万两，业于光绪十三年分筹解银二万两，嗣因湖北库款支绌，力难续筹，咨准户部核复议令将调直武毅二营裁撤，腾出饷糈约银七万余两，筹解广西军饷，并经北洋大臣李鸿章奏准自光绪十四年起，武毅二营由直筹饷，旋于十四年分汇解划拨共银十万三千八百六十六两零；十五年分汇解划拨共银七万一千一百五十三两零；十六年分汇解划拨共银八万一千七百一十一两零，又筹解广东垫付镇南关炮费划抵协饷银一万两，共解银九万一千七百一十一两零；十七年分汇解银七万两，又解镇南关炮费划抵协饷银一万两，共解银八万两；十八年分汇解银七万两；十九年分汇解银七万两；本年已汇解银二万两，经本任督臣张之洞附片奏报在案。兹据署湖北布政使恽祖翼会同善后局司道详称，现复筹拨银二万两，查照广西来文较准法马发交百川通商号汇赴广西交收等情，详请奏咨前来。臣复核无异，除分咨外，谨附片具陈。再：湖北巡抚系臣本任，毋庸会衔，合并陈明，伏祈圣鉴，谨奏。

朱批："户部知道。"《宫中档光绪朝奏折》第8辑，第777—778页

筹拨固本军饷片 光绪二十年十二月二十三日

再：前准户部咨原定各省应解固本兵饷，湖广省按月应解银五千两，改令径解部库交纳；又准户部咨酌定分年带解固本练饷欠款，拟定有闰之年解十五个月，计银七万五千两；无闰之年解十四个月，计银七万两，即自光绪十一年正月起，按年照数解清各等因，所有湖北省应解十八年四月以前固本兵饷银两，业经按年照数先后解部，附片具奏在案。兹据署湖北布政使恽祖翼详称，会同盐法道在于盐课项下筹拨银三万两，作为光绪十八年五、六、

闰六、七、八、九六个月固本兵饷，饬委补用知县马士庆、补用知县成槐，管解赴京交纳，共计本年应解银七万两，已经解清等情，详请奏咨前来。臣复核无异，除给咨管解外，理合附片具陈，伏祈圣鉴。再：湖北巡抚系臣本任，毋庸会衔，合并陈明，谨奏。

朱批："户部知道。"《宫中档光绪朝奏折》第8辑，第778—779页

遵旨查明湖北汉口沙市等处铜铺尚无销毁制钱情事折光绪二十年十二月二十三日

头品顶戴兼护湖广总督、湖北巡抚臣谭继洵跪奏，为遵旨查明湖北汉口沙市等处铜铺尚无销毁制钱情事恭折复陈仰祈圣鉴事。窃承准军机大臣字寄光绪十九年八月二十二日奉上谕："御史易俊奏请申明铜禁等语，着张之洞等体察情形，酌量办理。"等因。钦此。查鄂省制钱缺少商民贸易，均多未便，叠经本任督臣张之洞与臣督饬司道筹议章程，以禁贩运、拿私铸、查铜铺、惩私毁为要务，饬令各属严密稽查，实力奉行在案。钦奉前因当因查阅原片，私销制钱、制造铜器，以湖北汉口、沙市为最多，亟应设法查拿、严行禁止，即经遵照行司饬委候补通判金讲廉、王作霖，分赴汉阳、江陵二县，会同各地方官认真查拿，并体察情形，妥议筹禁去后。兹据署汉阳县知县李观涛、署江陵县知县朱有宽，会同该委员等先后禀称，查销毁制钱例禁綦严，近年铜运艰难，制钱短缺，于市面贸易、民间生计均有妨碍，叠奉严饬整顿查拿，以重圜法规。查汉口、沙市各项铜铺及水烟袋店所需铜斤，概系购买洋铜，尚无私毁制钱制造铜器情事，经该印委各员取具各帮会首切结，如查有前项情弊，该会首等情愿一体治罪，声明以后责令认真稽查，按季出具并无私销甘结，由县加结申赍查考等情，由署湖北布政使恽祖翼、按察使瞿廷韶详请具奏前来。臣伏查汉口、沙市等处铜铺，现据该印委各员查复，虽尚无私毁制钱情事，第奸商惟利是趋，防弊不可不严，现仍饬各该县随时密访，查拿有犯即惩，以重钱法，至各属制钱稀少，商民交困，诚有如原奏

所言者，业经张之洞与臣奏明，援照广东成案购置机器开铸银元，凡各局卡厘金盐课均准商民一律交纳，沿江沿海各省口岸准其一体行用，以纾民困而资补救，亦与原奏之意相合，目下银元局布置已有就绪，除仍督饬司道妥为办理外，所有查明湖北汉口、沙市等处，尚无销毁制钱缘由，理合恭折复陈，伏祈皇上圣鉴训示。再：湖北巡抚系臣本任，毋庸会衔，合并陈明，谨奏。

朱批："知道了。"《宫中档光绪朝奏折》第8辑，第779—780页

筹拨北洋海军经费片光绪二十年十二月二十三日

再：前承准海军衙门咨光绪二十年分北洋海军经费应拨湖北厘金银三十万两，按八成分批径解北洋兑收等因，查湖北省厘金项下原拨南北洋海防经费银三十万两，光绪六年三月经北洋大臣奏准按八成分解，每年共应解银二十四万两，自光绪十二年起至十九年止，应解前项银两，均经分别解清截留，本年已解过第一、二两批银十二万两，经本任督臣张之洞附片奏报在案。兹据湖北善后局司道详称，筹拨本年第三批库平银六万两，于十一月二十日解交湖北淮军收支转运局兑收转解北洋，以应要需等情，具详请奏前来。臣复核无异，除分咨外，理合附片具陈。再：湖北巡抚系臣本任，毋庸列衔，合并陈明，伏祈圣鉴，谨奏。

朱批："该衙门知道。"《宫中档光绪朝奏折》第8辑，第780—781页

洋械购运维艰现拟制造平炮等械以济急需折光绪二十年十二月二十四日

头品顶戴兼护湖广总督、湖北巡抚臣谭继洵跪奏，为洋械购运维艰现拟制造平炮等械以济急需恭折仰祈圣鉴事。窃维行军之道，利器为先，而诸器之中枪炮为要。自军兴以来，中外习知外洋枪械制作精巧，攻坚致远较胜中国火器，无不争相购买，而经

手之员往往缘以为利，彼族所售给者大率陈式旧枪，非尽新式，价值既昂，运脚亦巨。频年縻费帑金难以数计，又借口遵守公法不复售卖，求之愈急，购之愈难。本任督臣张之洞思患，豫筹创设枪炮厂，购机遐方，借材异地，以为自强之图，第规模宏远，经费支绌，尚须设法维持。目下倭氛不靖，战事方殷，而洋械难购，军心皇然。遍给则财力穷，停待则戎机滞，诚有不能不从权变计者。臣愚以为中国火器亦不能废置不讲，如抬炮、平炮、抬枪、线枪等项，本皆利器，以言制办则成法具存，随处可造，成之甚易，用之不穷，无烦费之难；以言运用，则命中及远，亦能制胜，兵勇一经教演立可通晓，无隔阂之苦。溯查道光年间，定海大宝山之役，以扛炮、扛铳御敌，镇南关之役，以抬枪、劈山炮破夷，但使将帅一心，士卒用命，虽无洋械亦足以杀敌致果。前贵州古州镇总兵丁槐过鄂时，尝与臣谈及宣光之役，该镇亲历行间，确见平炮足以制敌，且属臣代为制造。昨准前新疆布政使魏光焘来电，以洋械难求，子药易尽，属为代造平炮，运往应用。该将领等久历戎行，夫岂不知洋械之坚利，第购求不易，军实未充，临敌缺乏，转致贻误，则又不如讲求中国枪炮，犹足以济洋械之穷，鼓军士之气。臣昨经饬匠试造平炮、抬枪、线枪等械，令营勇如法演放，尚属灵便，且能攻坚致远，拟即多募工匠赶紧铸造，俟有成数，先行运往丁槐、魏光焘军营，以应急需，借资攻剿，应否敕令各路统兵兵帅臣及沿海各督抚一体精造备用之处，伏候圣裁。臣为储备军实起见，是否有当？理合恭折具奏，伏祈皇上圣鉴训示，谨奏。

朱批：“另有旨。”《宫中档光绪朝奏折》第8辑，第781—782页

湖北自光绪十八年正月起至十二月底止第十四案善后收支款目造册报销折光绪二十年十二月二十四日

头品顶戴兼护湖广总督、湖北巡抚臣谭继洵跪奏，为湖北自

光绪十八年正月起至十二月底止第十四案善后收支款目造册报销恭折仰祈圣鉴事。窃据委办湖北善后局报销事务、署湖北布政使、汉黄德道恽祖翼，署按察使、盐法武昌道瞿廷韶，候补道恭钊，试用道赵滨彦详称，案照前奉谕旨：“同治三年六月以前各处办理军务未经报销之案，准将收支款目总数分年分起开具简明清单奏明存案，免其造册报销，其自本年七月起一应军需凡有例可循者，务当遵例支发，力求撙节；其例所不及、有应酌量变通者，亦须先行奏咨备案，事竣之日，一体造册报销，并令将应如何分年分起核实开报之处，先行妥议章程具奏。”等因。钦此。业将咸丰八年六月起至同治三年六月底止收支款目总数分作三起开具清单，续将同治三年七月起至光绪五年闰三月底归并善后之日止收支各款分作十一案，并将光绪五年四月起至十七年十二月底止作为善后第一案至第十三案，造具细册分别开报，均经详请各前任督臣及本任督臣张之洞先后具奏，部复核准在案。兹复督饬局员详细句稽所有十八年正月起至十二月底止，作为善后第十四案报销，善后局旧管存银、新收藩司江汉关盐道拨解库款、淮盐鄂厘宜昌应竹各盐课关税厘金等项银钱，并湖北督销淮盐局拨解鼎字营薪粮各款，共银二百一十五万五千四百二十四两三钱七分四厘六毫八丝九忽七微八纤，内拨解京饷协饷共银一百四十万零四千二百八十九两一钱二分零七毫九丝八忽二微，应支各营官弁兵勇薪费口粮马干等银四十七万三千七百九十五两二钱八分六厘九毫三丝一忽二微；又支给问津测海金瓯轮船月需薪工洋煤等款共银六万四千六百二十三两三钱八分二厘六毫一丝七忽七微；又各营炮船修费银二千零六十两，更换篷索银二千四百一十两，峡江救生红船月饷并拨归舢板炮船官弁水勇薪费口粮等银七千七百八十七两七钱八分六厘二毫零八忽，小修经费钱合银二百零五两六钱零七厘四毫七丝六忽六微，甘肃新饷支给汇费银一千六百五十两，购办外洋军火价值银三万四千二百三十二两一钱七分五厘五毫零二忽六微，委员盘费银一十八两八钱四分四厘八毫，运送水脚银八百二十五两三钱四分七厘八毫八丝，添制药铅军火器械等件用过工料银二万三千三百零五两五钱四分一厘零三丝二忽一微，水路运送留防各营饷银军火支给委员盘费银六十四两五钱三分二厘，船户水脚银八十六两二钱三分八厘四毫一丝二忽八微，以上各款通共支银二百零一万五千三百五十三两八钱六分三厘六毫五丝九忽二微，除拨解京饷共银五十六万五千三百一十两零二钱八分九厘三毫三丝六忽一微，拨解甘肃等省协饷并铁路经费共银八十三万八千九百七十八两八钱三分一厘四毫六丝二忽一微，业经详请分咨受协各省自行入收造报外，实请销银六十一万一千零六十四两七钱四分二厘八毫六丝一忽，查前项支用银两俱系实用实销，并无浮冒，应请准销，此案报销共收银二百一十五万五千四百二十四两三钱七分四厘六毫八丝九忽七微八纤，共支银二百零一万五千三百五十三两八钱六分三厘六毫五丝九忽二微，尚存银一十四万零七十两零五钱一分一厘零三丝零五微八纤，归于下案入收汇报，除兵勇花名清册另行详咨外，缮赍收支总散各册并绘具水路转运图说，详请奏销前来。臣复加查核，俱系实用实销，并无浮冒，除各册并图说分送部科外，恭折具陈，伏祈皇上圣鉴，敕部核销施行。再：湖北巡抚系臣本任，毋庸会衔，合并陈明，谨奏。

朱批："该部议奏。"《宫中档光绪朝奏折》第8辑，第782—784页

江汉关第一百三十六结期满征收华洋税钞及支解各数目折光绪二十年十二月二十四日

头品顶戴兼护湖广总督、湖北巡抚臣谭继洵跪奏，为江汉关第一百三十六结期满征收华洋税钞及支解各数目遵照部章开单恭折具奏仰祈圣鉴事。窃照前准户部咨钞奏内开：各海关洋税收支数目办理未能画一，应令遵照定章按结开列清单奏报，一次仍扣足四结，开单奏销一次，概不得以收支数目串入原折以致混杂不清，仍一面造具四柱清册暨支销经费银两清册，分送户部暨总理

各国事务衙门以凭核销等因，光绪十年二月二十五日具奏，本日奉旨："依议。"钦此。又准咨：第九十五结期满清单仅有收支款目，以致各结总数未能联贯，嗣后应令将旧管新收开除实在，分为四柱逐款开列，以昭明晰等因，均经转饬遵办。兹据湖北汉黄德道、监督江汉关税务恽祖翼详称：江汉关征收各项税钞及支解各数目，前经截至光绪二十年五月二十七日第一百三十五结止，详请奏咨在案。兹查自光绪二十年五月二十八日起至九月初二日止，第一百三十六结期满征收洋商各项税钞，六成洋税除支解外，计不敷银八万八千二百一十五两五钱八分四厘三毫三丝八忽，应在于下结所征六成洋税项内照数弥补；又四成洋税除拨解外，计存银九万一千四百一十八两三钱四分一厘；又另款征收招商局各项税钞除拨解外，计存四成八厘各税银九万零六百零一两七钱零一厘，已如数归并六成洋税内开报；又五成二厘局税除拨解外，计不敷银九万零四十六两八钱零四厘，应在于下结所收五成二厘局税项内照数弥补；又上结报存洋药税厘银及本结遵照新章征收洋药税厘银除支解外，计存银九千二百三十两零六钱五分一厘，连所存四成洋税银两容俟报解等情，详请奏咨前来。臣复核无异，除俟按结造具收支经费各册另缮总单分别报销外，所有第一百三十六结征收洋商华商各项税钞及支解各数目，谨会同署南洋通商大臣、两江总督臣张之洞恭折具陈，并缮具四柱清单，恭呈御览，伏祈皇上圣鉴。再：湖北巡抚系臣本任，应毋庸会衔，合并陈明，谨奏。

朱批："该衙门知道，单并发。"《宫中档光绪朝奏折》第8辑，第784—785页

筹拨内务府经费片 光绪二十年十二月二十四日

再：前准户部咨具奏另筹内务府常年经费银五十万两案内，指拨湖北省银一万两，于京协各饷外无论何款照数筹解等因，当

经转饬遵照办理。兹据署湖北布政使恽祖翼、善后局司道会详称，司库各款均有专支，无可匀拨，局库盐厘货厘本年收数短绌，加之垫支诸军饷项，悉索一空，所有原支京协各饷尚属不敷，委实难以筹措，现又奉准内务府电催待用，不得不设法暂挪银一万两先行起解。查粮库帮津兑费水脚等款，尚有存项，拟遵照无论何款原文，于粮库动支归还，先饬管解第十批京饷委员、候补知县马士庆、成槐，将前项银一万两搭解赴京交纳，以应要需等情，详请奏咨前来。臣复核无异，除给咨搭解外，谨附片具陈，伏祈圣鉴。再：湖北巡抚系臣本任，毋庸会衔，合并陈明，谨奏。

朱批："该衙门知道。"《宫中档光绪朝奏折》第8辑，第786页

筹拨出使经费片 光绪二十年十二月二十四日

再：前准总理各国事务衙门咨光绪二十年四月二十四日附奏各海关应解出使经费嗣后按结解交江宁藩库备拨等因，奉旨："依议。"钦此。咨行到鄂，当经转行钦遵办理。兹据湖北汉黄德道、监督江汉关税务恽祖翼详称，查江汉关第一百三十五结提存出使经费银两，业经委解江宁藩库验收，详请奏咨在案。兹查第一百三十六结所征洋商进出口正税六成银两，除开支税务司并关用经费及倾镕折耗外，计实存银二十八万七千六百二十九两零一分三厘，按十成计算，应提一成五厘出使经费银四万三千一百四十四两三钱五分二厘；又收招商局轮船进出口正税四成八厘银两，除开支倾镕折耗外，实存银六万三千三百九十两六钱六分八厘，按十成计算，应提一成五厘出使经费银九千五百零八两六钱，遵照户部核复，每万两扣费银二百两，即在所提出使经费内扣给委员解费银一千零五十三两零五分九厘，计实解银五万一千五百九十九两八钱九分三厘，饬委候补主簿李准解赴江宁藩司验收等情，详请奏咨前来。臣复核无异，除分咨外，谨会同南洋大臣、署两江总督臣张之洞附片具陈，伏祈圣鉴。再：湖北巡抚系臣本任，毋庸会衔，合并陈明，谨奏。

朱批："该衙门知道。"《宫中档光绪朝奏折》第8辑，第786—787页

湖北省征收土药税项第四届一年期满截数开报折 光绪二十年十二月二十四日

头品顶戴兼护湖广总督、湖北巡抚臣谭继洵跪奏，为湖北省征收土药税项第四届一年期满截数开报恭折仰祈圣鉴事。窃照光绪十六年四月钦奉谕旨整顿土药税项，当经本任督臣张之洞会同臣筹定章程，饬委镇道大员在于宜昌府设立总局，并于南北两路及襄郧一带择要添设分卡，招募勇丁，分途堵缉稽查透漏，办有成效，业将办理三届期满征收支解各款截数分别奏报在案。兹据总办湖北土药税务、尽先补用道叶含章申报，自光绪十九年七月初一日起至二十年六月底止，第四届一年期满，共征收土药正耗税库平银二十七万八千五百八十九两六钱五分六厘二毫，开支一成半局用银四万一千七百八十八两四钱四分八厘四毫；又除统带公费及勇丁口粮等银二万四千七百九十一两四分，又除拨解枪炮局经费银二十万两外，实存司库银一万二千一十两一钱六分七厘八毫，已饬司遵照部章解交海军衙门兑收等情，由署湖北布政使恽祖翼会同牙厘总局司道具详请奏前来。臣复核无异，除分咨海军衙门、户部查照外，所有湖北省征收土药税第四届一年期满截数开报缘由，理合恭折具奏，伏祈皇上圣鉴。再：湖北巡抚系臣本任，毋庸会衔，合并陈明，谨奏。

朱批："该衙门知道。"《宫中档光绪朝奏折》第8辑，第787—788页

委解光绪二十年第十批地丁京饷片 光绪二十年十二月二十四日

再：光绪二十年京饷湖北省奉拨地丁银四十五万两，内除留抵恩赏赈款银二万两外，实应解银四十三万两，业经先后委解九批共银三十八万两赴京交收在案。兹据署湖北布政使陈宝箴详称，

复于地丁项下动拨第十批银五万两，查有补用知县马士庆、试用知县侯昌锦，堪以委解等情，请奏咨前来。除缮咨转给该委员等妥速起解外，所有湖北省地丁项下奉拨本年京饷银两业经扫数解清缘由，理合附片具陈，伏祈圣鉴。再：湖广总督系臣兼护，毋庸列衔，合并陈明，谨奏。

朱批：“户部知道。”《宫中档光绪朝奏折》第8辑，第788页

催促龙锡庆赴任片 光绪二十年十二月二十四日

再：恭阅邸钞，十月十六日奉上谕：“湖北按察使着龙锡庆补授。”钦此。查湖北本任布政使王之春现未回任，署布政使陈宝箴升授直隶布政使，复奉电传谕旨催令来京，而升授湖北按察使龙锡庆到鄂尚需时日，伏查湖北省当南北水陆之冲，华洋杂处，政务殷繁，现值办理江防，筹饷筹兵，诘奸缉匪，在在均关紧要，合无仰恳天恩，谕催龙锡庆速赴新任，以资臂助，出自逾格鸿慈，谨附片具陈，伏祈圣鉴，谨奏。

朱批：“另有旨。”《宫中档光绪朝奏折》第8辑，第789页

恳请奖励采办海运出力官员片 光绪二十年十二月

再：湖北光绪十九年冬漕酌提漕折银两采办海运，交收无误，所有在事尤为出力各员，现经臣援案奏请奖励。查督办道员黎嘉兰总司其事，率同各员分投采买，由海运通涉，历重洋，备尝辛苦，不无微劳足录，据湖北督粮道岑春蓂会同署布政使龙锡庆，具详前来。合无仰恳天恩俯准将三品衔湖北补用道黎嘉兰赏加二品顶戴，出自逾格鸿慈，谨会同署直隶督臣王文韶、署两江督臣张之洞附片具陈，伏祈圣鉴训示。再：湖北巡抚系臣本任，毋庸会衔，合并陈明，谨奏。

朱批："该部议奏。"《光绪朝朱批奏折》第10辑，第380页

光绪二十年冬季分宜昌川盐总局抽收川盐正课加课钱文数目折光绪二十年十二月

头品顶戴兼护湖广总督、湖北巡抚臣谭继洵跪奏，为光绪二十年冬季分宜昌川盐总局抽收川盐正课加课钱文数目恭折具陈仰祈圣鉴事。窃照湖北宜昌设立川盐总局抽课济饷，所有光绪二十年秋季分抽收盐课钱文数目，业经恭折具奏在案。兹据署湖北盐法武昌道、本任安襄郧荆道朱其煊将光绪二十年冬季分抽收盐课钱文数目开报前来。臣复加查核，宜昌川盐总局光绪二十年十月分抽收正课钱十一万三百二十串四百□十一文五毫，内提备解京饷钱二万九千五百串文，加课钱四万七千九百六十五串四百五文，内提备解京饷钱一万五千串文。十一月分抽收正课钱八万二千四百六十二串三百七十一文五毫，内提备解京饷钱二万八百串文，加课钱三万五千八百五十三串二百五文。十二月分抽收正课钱三万七百一十七串五百二十三文五毫，内提备解京饷钱二万七千六百串文，加课钱一万三千三百五十五串四百四十五文，其正课全项内共提备解京饷钱七万七千九百串文，加课一半解鄂，内共提备解京饷钱一万五千串文，下余钱文同节省五成公费，均仍照向章或现钱或易银分别由局拨充荆州满营兵饷、水师月饷，余……

《光绪朝朱批奏折》第75辑，第773页

委署湖南永州镇总兵片光绪二十年

再：署湖南永州镇总兵刘树元，前经湖南抚臣吴大澂奏明派委统带勇营北上，所遗总兵篆务经本任督臣张之洞饬委永州镇标中军游击赵玉田暂行兼护在案。兹查总兵有统辖营伍、训练操防之责，应即改委接署，查湖南衡州协与永州镇相距较近，该副将续福明白稳练，识达兵机，堪以委令署理，以重营伍。除檄饬遵

照外，谨会同护理湖南巡抚臣王廉、湖南提督臣娄云庆，附片具陈，伏祈圣鉴，谨奏。

朱批："兵部知道。"《光绪朝朱批奏折》第44辑，第289页

委解湖北盐务节减经费片光绪二十年

再：案准部咨以前署督臣张之洞奏遵查两淮盐务督销局碍难裁撤情形并力筹撙节整顿折内声称：鄂岸督销局核定用款每年节省银一万三千余两，湘岸裁减经费银二千余两，正阳卡裁省银四千余两，五河卡裁省银四千余两等语，每年节省银共二万三四千两，应令即饬按年如数解运库存储，听候拨用，等因。当经分行在案。兹据鄂岸督销局禀复上年所裁，每年共银一万三千二百九十两有奇，当经前署督臣张之洞批明，以一万两留存该局弥补前亏，其余银三千二百九十两有奇及以后用有盈余，均须按年专款存储，以济要需，核与原奏所称每年节省款项弥补向有挪欠，俾得永杜亏挪等语，尚属相符，应将全年所裁之一万三千二百九十两有奇，截留一万两弥补局亏，其余银两仍遵部文悉数解宁，听候部拨，请分别奏咨前来。臣复核无异，除咨户部外，理合附片陈明，伏祈圣鉴，敕部查照，谨奏。

朱批："该户部知道。"《光绪朝朱批奏折》第75辑，第774—775页

叩谢天恩折光绪二十一年正月二十二日

头品顶戴兼护湖广总督、湖北巡抚臣谭继洵跪奏，为恭谢天恩仰祈圣鉴事。窃臣赍折差弁回鄂，钦奉恩赏福字一方，当即恭设香案望阙叩头祗领。伏念臣忝绾鄂符，暂兼督篆，勉矢慎勤于疆事，未报涓微；复蒙锡赉于宸章，弥滋冰惕。钦惟我皇上亶聪建极，道隆而万福来同，与物皆春；恩普而兆民遍德，际履端之。献瑞荷巽命之颁荣，范衍箕畴祥开羲画。龙笺绚采，光笼五色之云；麝墨凝香，润浥三宵之露。自天申锡，伏地寅承，臣惟有益

励靖共，冀酬高厚，合跻堂赉宷，群瞻倬汉之天题，率辖境士民，共祝销兵于海宇。所有微臣感激下忱，理合恭折叩谢天恩，伏乞皇上圣鉴，谨奏。

朱批："知道了。"《宫中档光绪朝奏折》第8辑，第825页

恭报湖北省光绪二十年十二月分雨雪粮价地方情形折 光绪二十一年正月二十五日

头品顶戴兼护湖广总督、湖北巡抚臣谭继洵跪奏，为恭报湖北省光绪二十年十二月分雨雪粮价地方情形仰祈圣鉴事。窃照光绪二十年十一月分各属雨雪粮价地方情形，业经臣恭折奏报在案。兹据武昌等十府暨荆门直隶州所属各州县将光绪二十年十二月分雨雪粮价开具清单呈报，由署湖北布政使恽祖翼汇造清折前来。臣复加查核，是月分晴雨相间，各属禀报续霑雪泽，二麦借以滋培，菜蔬畅茂，粮价较上月互有增减，地方民情悉臻安谧，堪以仰慰宸廑，谨缮粮价清单恭折具奏，伏祈皇上圣鉴，谨奏。

朱批："知道了。"《宫中档光绪朝奏折》第8辑，第828—829页

程鹄云留省补用片 光绪二十一年正月二十五日

再：准部咨道府州县无论何项劳绩保奏归于候补班人员，令该督抚即以此项人员到省之日起，予限一年详加察看，认真考核，如系为守兼优，堪膺民社之员，出具切实考语，奏明分别繁简补用等因。兹查候补班前补用知县程鹄云，应以光绪十九年十二月初六日到省起，扣至二十年十二月初六日，试看一年期满，据署湖北布政使恽祖翼、署按察使瞿廷韶取造该员履历清册，详请甄别具奏前来。臣随考验该员程鹄云才具明晰，办事奋勤，堪以繁缺留省补用，除清册咨送吏部查核外，理合附片具陈，伏祈圣鉴，敕部查照施行。再：湖广总督系臣兼护，毋庸列衔，合并陈明，

谨奏。

朱批："吏部知道。"《宫中档光绪朝奏折》第8辑，第829页

部选人员领凭到省暂留学习折光绪二十一年正月二十五日

头品顶戴湖广总督、湖北巡抚臣谭继洵跪奏，为部选人员领凭到省暂留学习恭折仰祈圣鉴事。窃照部选潜江县知县杨倧超，于光绪二十年九月十三日领凭到省，本应饬赴新任，惟查潜江县虽系简缺，而讼狱繁兴，夙称难治，且滨临汉水，向以堤为保障，修防尤关紧要。该员民社初膺，于地方情形尚未熟谙，应暂留省学习。据署布政使恽祖翼、署按察使瞿廷韶会详前来。除将文凭送部查销外，理合恭折具陈，伏祈皇上圣鉴，敕部查照施行。再：湖广总督系臣兼护，毋庸列衔，合并陈明，谨奏。

朱批："吏部知道。"《宫中档光绪朝奏折》第8辑，第830页

查报湖北省光绪二十年中晚二稻收成分数折光绪二十一年正月二十五日

头品顶戴兼护湖广总督、湖北巡抚臣谭继洵跪奏，为查报湖北省光绪二十年中晚二稻收成分数恭折仰祈圣鉴事。窃照湖北省光绪二十年早稻收成分数业经臣恭折奏报在案。兹据署湖北布政使恽祖翼查明各属中晚二稻收成分数，开单详报前来。臣复加查核，除武昌府属之咸宁、大冶，黄州府属之黄安、蕲州、广济，荆州府属之石首、松滋、枝江、宜都等州县不产晚稻，施南府属之宣恩、来凤二县不产中稻外，其余各属中晚二稻均能种植，计收成九分有余者一县，八分有余者一县，八分者五州县，七分有余者十二州县，七分者七州县，六分有余者十三县，六分者十一州县，五分有余者八州县，五分者三州县，四分有余者三县，四分者二县，三分者二县，合计通省收成六分有余，谨缮清单恭折

具奏，伏祈皇上圣鉴。再：湖广总督系臣兼护，毋庸列衔，合并陈明，谨奏。

朱批："知道了。"《宫中档光绪朝奏折》第8辑，第830—831页

委署随州知州武昌知县片 光绪二十一年正月二十五日

再：署随州事、本任兴国州知州宋熙会，现经调署襄阳县知县，所遗随州印务，即以现署襄阳县事、本任鹤峰州知州丁国桢调署。又武昌县知县俞成庆，现经调署建始县知县，所遗武昌县印务，查有本任建始县知县姚学康，才具明敏，谙练有为，堪以署理。又署蒲圻县事、本任汉阳县知县薛福祁，现经饬回汉阳县本任，所遗蒲圻县印务，查有孝感县知县沈星标，稳慎安详，办公勤谨，堪以调署。据署布政使恽祖翼、署按察使瞿廷韶会详前来。除分檄饬遵外，理合附片具陈，伏乞圣鉴。再：湖广总督系臣兼护，毋庸列衔，合并陈明，谨奏。

朱批："吏部知道。"《宫中档光绪朝奏折》第8辑，第831页

请饬恽祖翼返回本任片 光绪二十一年正月二十五日

再：新授湖北按察使龙锡庆现已到省，饬委署理藩司篆务，署藩司恽祖翼应饬回汉黄德道、监督江汉关本任，以重职守。除分饬遵照外，理合附片具陈，伏乞圣鉴。再：湖广总督系臣兼护，毋庸列衔，合并陈明，谨奏。

朱批："知道了。"《宫中档光绪朝奏折》第8辑，第831—832页

委署安襄郧荆道片光绪二十一年正月二十五日

再：署安襄郧荆道锡璋，因病请假回旗就医，所遗该道篆务亟应委员接署，以重职守。查有郑工遇缺先补用道清普，心地明白，干练有为，堪以署理。除檄饬遵照外，理合附片具陈，伏乞圣鉴。再：湖广总督系臣兼护，毋庸列衔，合并陈明，谨奏。

朱批："吏部知道。"《宫中档光绪朝奏折》第8辑，第832页

滇省委员领运十四起头批京铜到鄂发给水脚银两换附轮船开行日期折光绪二十一年正月二十五日

头品顶戴兼护湖广总督、湖北巡抚臣谭继洵跪奏，为滇省委员领运十四起头批京铜到鄂发给水脚银两换附轮船开行日期恭折仰祈圣鉴事。窃查滇省委员、候补知州晏端溶领运十四起头批正余京铜五十一万五千斤，由四川巫山县护送到湖北巴东县境，于光绪二十一年正月初二日全数运抵汉阳县，报经饬委汉阳府知府逄润古、署汉阳县知县李观涛，会同该运员晏端溶将运到铜斤逐一盘验过秤，并无短少，换附轮船眼同过载，于正月初五、初十等日分起开行，取具运员无亏钤结，由该府县加结转详，其应领水脚在于藩司库存地丁项下动支银一千八百两，发给该运员具领。据署湖北按察使瞿廷韶具详请奏前来。除将册结咨送户、工二部暨钱法堂查照外，理合恭折具陈，伏乞皇上圣鉴。再：湖广总督系臣兼护，毋庸列衔，合并陈明，谨奏。

朱批："该部知道。"《宫中档光绪朝奏折》第8辑，第832—833页

江汉关筹解光绪二十年十二月分淮军月饷折光绪二十一年正月二十六日

头品顶戴兼护湖广总督、湖北巡抚臣谭继洵跪奏，为江汉关筹解光绪二十年十二月分淮军月饷恭折具陈仰祈圣鉴事。窃照前准户部咨议复直隶督臣李鸿章奏淮军月饷支绌，请将江汉关应解额款于四六成洋税项下通融匀拨案内，议令江汉关应解淮饷，如六成洋税无款，即在四成洋税及五成二厘招商局内按数提解等因，奉旨："依议。"钦此。咨行钦遵办理。查江汉关奉拨应解直隶督臣李鸿章淮军月饷四成洋税银二万两、六成洋税银三万两，均解至光绪二十年十一月分止，经本任督臣张之洞及臣随时奏报在案。兹应解光绪二十年十二月分四成淮饷，即在第一百三十六结所征四成洋税项下动支库平银二万两，又应解六成淮饷并在是结四成洋税项下动支库平银三万两，作为直隶督臣李鸿章及提督刘盛休所部淮军月饷，委解湖北淮军收支转运局交收转解。据署湖北汉黄德道、监督江汉关税务彭世华详请奏咨前来。臣复核无异，除分咨外，谨恭折具陈。再：湖北巡抚系臣本任，应毋庸会衔，合并陈明，伏祈皇上圣鉴，谨奏。

朱批："户部知道。"《光绪朝朱批奏折》第60辑，第265—266页

宜昌关第一百三十三结起至一百三十六结止一年期满收支款项各数目折光绪二十一年正月二十六日

头品顶戴兼护湖广总督湖北巡抚臣谭继洵跪奏，为宜昌关第一百三十三结起至一百三十六结止一年期满收支款项各数目遵照部章开单恭折具陈仰祈圣鉴事。窃照前准户部咨钞奏内开：各海关洋税奏销办理未能画一，应令遵照定章按结开列清单奏报，一次仍扣足四结，开单奏销一次，概不得以收支数目串入原折以致

混杂不清，仍一面造具四柱清册暨支销经费银两清册，分送户部暨总理各国事务衙门，以凭核销，奉旨："依议。"钦此。又准咨：江汉关第九十五结期满清单，仅有收支款目，以致各结总数未能联贯，嗣后应令将旧管新收开除实在，分为四柱逐款开列，以昭明晰等因。均经先后转行遵照办理，所有宜昌关自光绪十八年八月十一日第一百二十九结起，至十九年八月二十一日第一百三十二结止，一年四结期满征收各项税银及支销经费各数目，业经奏报在案。兹据湖北荆宜施道、监督宜昌关税务周懋琦详称：自光绪十九年八月二十二日第一百三十三结起至二十年九月初二日第一百三十六结止一年四结期满，所有征收各项税银及支销经费并另款征收洋药税厘银两各数目，造具清册并开具清单详请奏咨前来。臣复核无异，除将征收税项并支销经费各册及四柱清单咨送总理各国事务衙门、户部户科查照外，理合会同署南洋通商大臣、两江总督臣张之洞恭折具奏并缮具清单，恭呈御览。再：湖北巡抚系臣本任，应毋庸会衔，合并陈明，伏祈皇上圣鉴，谨奏。

朱批："该衙门知道，单并发。"《光绪朝朱批奏折》第73辑，第233—234页

委署总兵员缺代奏折光绪二十一年二月二十七日

头品顶戴兼护湖广总督、湖北巡抚臣谭继洵跪奏，为委署总兵员缺据情代奏叩谢天恩恭折仰祈圣鉴事。窃查署湖北宜昌镇总兵记名提督刘鹤龄，前经署两江督臣张之洞奏调赴江南差遣，所遗总兵篆务经臣奏明檄委署督标中军副将记名提督谢得龙署理在案。兹据该署总兵谢得龙禀称遵即驰抵宜昌，于光绪二十一年正月二十二日准前署总兵刘鹤龄将关防文卷赍送前来。当即恭设香案望阙叩头谢恩，祗领任事。查宜昌界连黔蜀，华洋杂处，保护弹压均关紧要，自维梼昧，深惧弗克胜任，惟有勉竭庸愚，认真整饬，断不敢以暂时署理稍涉因循，以期仰答高厚鸿慈于万一。

除将任事日期循例恭疏题报外，所有感激下忱，理合禀请据情代奏，叩谢天恩等情到臣，谨恭折代奏，伏祈皇上圣鉴，谨奏。

朱批：“知道了。”《光绪朝朱批奏折》第44辑，第393—394页

湖北省防营更换营官折光绪二十一年二月二十七日

头品顶戴兼护湖广总督、湖北巡抚臣谭继洵跪奏，为湖北省防营更换营官及量为移札恭折具陈仰祈圣鉴事。窃查前准兵部咨光绪十五年十月二十八日奉上谕：“各省防营如有更换管带员弁或移札他处，着随时奏闻。”等因。钦此。历经钦遵办理在案。兹查管带襄河水师前营兼中营并管带武防营前署督标中军副将记名提督谢得龙，现经委署宜昌镇总兵篆务，所遗水师前营驻扎汉口，防务紧要，饬委副将周世勋暂行接带；又遗出水师中营饬调原带襄河水师左营副将张国栋接带，该营原驻钟祥，河面往来船只湾泊无多，揆度情形以荆门州属之沙洋较为繁要，并饬移驻沙洋，俾资控制；递遗水师左营饬委总兵童福兴接带，又遗出武防营驻扎省城，历系督标中军兼带，现仍饬委署湖广督标中军副将樊国泰接带，饬操练以成劲旅。所有防营更换营官及量为移札缘由，谨恭折具陈，伏祈皇上圣鉴。再：湖北巡抚系臣本任，毋庸会衔，合并陈明，谨奏。

朱批：“兵部知道。”《光绪朝朱批奏折》第44辑，第394—395页

江汉关第一百三十七结期满征收华洋税钞及支解各数目折光绪二十一年二月二十七日

头品顶戴兼护湖广总督、湖北巡抚臣谭继洵跪奏，为江汉关第一百三十七结期满征收华洋税钞及支解各数目遵照部章开单恭折具奏仰祈圣鉴事。窃照前准户部咨钞奏内开：各海关洋税收支数目办理未能画一，应令遵照定章按结开列清单奏报，一次仍扣

足四结，开单奏销一次，概不得以收支数目串入原折以致混杂不清，仍一面造具四柱清册暨支销经费银两清册，分送户部暨总理各国事务衙门以凭核销等因，光绪十年二月二十五日具奏，本日奉旨："依议。"钦此。又准咨：第九十五结期满清单仅有收支款目，以致各结总数未能联贯，嗣后应令将旧管新收开除实在，分为四柱逐款开列，以昭明晰等因，均经转饬遵办。兹据湖北汉黄德道、监督江汉关税务恽祖翼详称：江汉关征收各项税钞及支解数目，前经截至光绪二十年九月初二日第一百三十六结止，详请奏咨在案。兹查自光绪二十年九月初三日起至十二月初五日止，第一百三十七结期满征收洋商各项税钞，六成洋税除支解外，计存银三万六千九百三十四两三钱七分三厘六毫六丝二忽；又四成洋税除拨解外，计存银四万六千二百九十七两五钱一分八厘；又招商局各项税钞除拨解外，计存四成八厘各税银四万八千五百零五两六钱一分一厘，已如数归并六成洋税内开报；又五成二厘局税除拨解外，计不敷银五万三千五百零一两九钱八分六厘，应在于下结所收五成二厘局税项内照数弥补；又上结报存洋药税厘银及本结遵照新章征收洋药税厘银除支解外，计存银九千八百六十一两八钱五分九厘，连所存四六成洋税银两容俟报解等情，详请奏咨前来。臣复核无异，除俟按结造具收支经费各册另缮总单分别报销外，所有第一百三十七结征收洋商华商各项税钞及支解各数目，谨会同署南洋通商大臣、两江总督臣张之洞恭折具陈并缮具四柱清单，恭呈御览，伏祈皇上圣鉴。再：湖北巡抚系臣本任，毋庸会衔，合并陈明，谨奏。

朱批："该衙门知道，单并发。"《光绪朝朱批奏折》第73辑，第241—242页

遵旨息借商款并筹议按期归还请敕部立案折 光绪二十一年二月二十七日

头品顶戴兼护湖广总督、湖北巡抚臣谭继洵跪奏，为遵旨息

借商款并筹议按期归还请敕部立案恭折仰祈圣鉴事。窃承准军机大臣字寄光绪二十年八月初九日奉上谕:“户部奏请饬各省息借商款等语,现在倭氛不靖,购船募勇需饷浩繁,息借商款京城业经创办,即着各直省督抚遍谕官绅商民人等,如有凑集赀本情愿借给官用者,准赴藩司关道衙门呈明,即照户部办法议定行息填给印票,其票钤用藩司官道印信填明归还本利限期,准于地丁关税项下照数按期归还,不得丝毫挂欠;如集款至一万两以上,准将筹集之人先行请奖虚衔封典,以示鼓励。”等因。钦此。并准户部钞录原奏暨续议章程咨行到鄂,即经本任督臣张之洞会同臣檄饬遵照办理在案。伏查倭人肇衅,大军东征,各省购械添兵待饷孔急,息借商款京城既已办有成效,湖北汉镇商贾辐辏,不乏急公慕义之人,自应钦遵谕旨一体推行,以济时艰,而维大局,当由汉黄德道、监督江汉关税务恽祖翼督同汉阳府县,传集汉镇票商日昇昌等剀切开道,该商等颇知大义,允借库平足色银十四万两,从上年九月起分三限呈缴,随时解交善后局收存,以备拨用。按照部章每月给息银七厘,议定三十个月内分五期归还,头期只还利银,以后四期每次还本银三万五千两,利银随本付给还本若干,照数递减,谕饬江汉关银号按期出给票据,届时在于所收关税项下动支发还,掣票涂销。惟是官商银钱往来全在示人以信,此项息借银两必须豫筹有着的款,届期本利全还,毫无挂欠,俾各商闻而兴起,第江汉关六成税项拨款繁多,每年京协各饷均系竭力报解,将来税收盈绌毫无把握,即使收数不致减色,出入相衡,不敷甚巨,委属无款可指,臣督饬该关道再四筹画,查神机营借用洋款于光绪二十一年五月内应还本银及补镑价银,业经援案咨部改拨,其利银仍由江汉关解还,仅只一期,为数无多,此后洋息还清,但得茶市起色,百货流通,征收如常畅旺,截至二十三年二月分止,约可腾出六成税银十五六万两,拟请以之归还前项借款,计自本年三月起至二十三年二月底止,共须还本利银十五万九千余两,挹彼注兹,尚足相抵,此系于万分支绌之中设法移挪，庶可示信商人，以后前项银两无论何事应请免其提拨，俾清借款。据湖北汉黄德道、监督江汉关税务恽祖翼具详请奏前来。除咨部查照外，谨恭折具陈，伏祈皇上圣鉴训示。再：湖北巡抚系臣本任，毋庸会衔，合并陈明，谨奏。

朱批："户部知道。"《光绪朝朱批奏折》第82辑，第292—293页

委解海关京饷片 光绪二十一年二月

再：据署湖北布政使龙锡庆详称：准宜昌关盐督咨解一百三十三结起至一百三十六结止四结一年期满，应解户部京饷库平足色银十一万二千八百六十四两三钱三分七厘一毫七丝一忽等因到司，查前项银两业经前署司道奉本任督臣张之洞奏准拨银十万两解湖北善后局，为北上各军购办枪械之用，下余京饷银一万二千八百六十四两三钱三分七厘一毫七丝一忽，又洋药税厘库平足色银六十四两五钱二分九厘，又应解总理衙门三成罚款并三分之一船牌费，二共库平足色银二百两九钱八分，应行委解；查有管解第一批京饷银两之大挑知县徐跃鲤、洪锡庚堪以搭解赴京交纳等情，详请奏咨前来。臣复核无异，除给咨搭解外，理合附片具陈，伏祈圣鉴。再：湖北巡抚系臣本任，毋庸会衔，合并陈明，谨奏。

朱批："户部知道。"《光绪朝朱批奏折》第87辑，第850页

委解本年第一批京饷盐厘片 光绪二十一年二月

再：前准户部咨豫拨光绪二十一年京饷案内，提拨湖北盐厘银十五万两行令分批起解等因，当经转饬遵办去后，兹据署湖北布政使龙锡庆、署盐法武昌道朱其煊筹拨本年第一批京饷盐厘银二万两，饬委大挑知县徐跃鲤、大挑试用知县洪锡庚管解赴京交纳等情，详请奏咨前来。臣复核无异，除分咨外，理合附片具陈，伏祈圣鉴。再：湖北巡抚系臣本任，毋庸会衔，合并陈明，谨奏。

朱批："户部知道。"《光绪朝朱批奏折》第87辑，第861页

委解海关京饷及东北边防经费片光绪二十一年二月

再：前准户部咨豫拨光绪二十一年分京饷奏拨江汉关洋税银十五万两，又光绪二十一年分东北边防经费奏拨江汉关六成洋税银十万两各等因，均经转饬遵照办理，所有江汉关奉拨前项银两，业经委员管解第一批京饷银四万两、东北边防经费第一批银三万两赴京交纳，均经奏咨在案。兹据湖北汉黄德道、监督江汉关税务恽祖翼详报，在于所征洋税项下动支库平足色银四万两作为本年第二批京饷，又在于第一百三十八结所征六成洋税项下动支库平足色银二万两作为本年第二批东北边防经费，饬委截取同知史从鉴、补用知县史恩緜分别管解赴京交纳等情，详请奏咨前来。臣复核无异，除分咨外，理合附片具陈，伏祈圣鉴。再：湖北巡抚系臣本任，毋庸会衔，合并陈明，谨奏。

朱批："户部知道。"《光绪朝朱批奏折》第87辑，第904页

光绪十七年奏销案内未完一分以上各员续经展缓全完请将原参处分开复折光绪二十一年二月二十八日

头品顶戴兼护湖广总督、湖北巡抚臣谭继洵跪奏，为光绪十七年奏销案内未完一分以上各员续经展缓全完请将原参处分开复恭折具奏仰祈圣鉴事。窃照光绪六年二月准户部咨：钱粮奏销各依定限，令各该督抚一面具题，一面先将未完一分以上各员，开具简明清单专折奏报，由部核定处分先行复奏；其有奏后续完者，准其奏请归本案开复等因。臣于查办光绪十七年奏销时，已将民赋钱粮驴脚南折各项下未完一分以上各员专折奏报，旋准户部议复：署汉阳县事、蕲水县知县陈夔麟未完二分以上，照例降职二级，戴罪征收；又署蕲水县事、汉阳县知县薛福祁，前署罗田县

事、云梦县知县刘秉彝，前署罗田县事、试用知县吴耀先，前署监利县事、麻城县知县张集庆，各未完一分以上，均照例降职一级，戴罪征收等因在案。兹据署湖北布政使龙锡庆详称，该员陈夔麟、刘秉彝、吴耀先、张集庆等，各未完银两均已如数全完，该员薛福祁除完解外，其余银两已于光绪十九年被水案内全数缓征，请将降级戴罪征收之案一并奏请开复等情前来。臣复核无异，除咨明吏部、户部暨吏科、户科查照外，理合恭折具奏，伏祈皇上圣鉴，敕部核复施行。再：湖广总督系臣兼护，毋庸列衔，合并陈明，谨奏。

朱批："户部议奏。"《宫中档光绪朝奏折》第8辑，第890—891页

滇省委员领运十三起二批京铜到鄂发给水脚银两换附轮船开行日期折 光绪二十一年二月二十八日

头品顶戴兼护湖广总督、湖北巡抚臣谭继洵跪奏，为滇省委员领运十三起二批京铜到鄂发给水脚银两换附轮船开行日期恭折仰祈圣鉴事。窃查滇省委员、试用同知王国江领运十三起二批正余京铜五十一万五千斤，除在四川省险滩遭风沉溺外，实存铜四十七万三千三百四十六斤，于光绪二十年十二月二十五日入湖北巴东县境，二十一年正月二十三日运抵汉阳县城河，报经饬委汉阳府知府逢润古、代理汉阳县知县张茂时，会同该运员王国江，将运到铜斤逐一盘验过秤，与实存斤数相符，并无短少，换附轮船眼同过载，于正月二十六日开行，取具运员册结，由该府县加结转详，其应领水脚银两按照实存斤数在于库存地丁项下动支银一千七百四两四分六厘，发给该运员具领。据署湖北布政使龙锡庆具详请奏前来。除将册结咨送户、工二部暨钱法堂查照外，理合恭折具陈，伏祈皇上圣鉴。再：湖广总督系臣兼护，毋庸列衔，合并陈明，谨奏。

朱批："该部知道。"《宫中档光绪朝奏折》第8辑，第891—892页

查报奏销未完官员片光绪二十一年二月二十八日

再：查光绪十八、十九两年奏销案内未完一分以上各员，前经臣遵章开单专案奏报，旋准户部议复：光绪十八年民赋钱粮项下前署蕲水县事、汉阳县知县薛福祁未完三分以上，照例降职三级；又前署汉阳县事、蕲水县知县陈夔麟未完二分以上，照例降职二级；又监利县知县萧云，荆门直隶州知州严鸾昌，未完一分以上，均照例降职一级，以上各员俱戴罪征收。又十九年民赋钱粮项下，汉阳县知县薛福祁未完一分以上，照例降职一级，戴罪征收各等因在案。兹据署湖北布政使龙锡庆详称，该员薛福祁未完十八年银两除完解外，其余银两已于光绪二十年被水案内全数缓征；该员陈夔麟、萧云、严鸾昌等未完十八年银两，又薛福祁于汉阳县任内未完十九年银两，均已如数全完，请将降级、戴罪征收之案一并奏请开复等情前来。臣复核无异，除咨明吏部、户部暨吏科、户科查照外，理合附片具奏，伏祈圣鉴，敕部核复施行。再：湖广总督系臣兼护，毋庸列衔，合并陈明，谨奏。

朱批："户部议奏。"《宫中档光绪朝奏折》第8辑，第892页

湖北省光绪二十年各属拿获罪应斩决斩枭匪犯照章就地正法各案汇缮清单折光绪二十一年二月二十八日

头品顶戴兼护湖广总督、湖北巡抚臣谭继洵跪奏，为湖北省光绪二十年各属拿获罪应斩决斩枭匪犯照章就地正法各案谨汇缮清单恭折具陈仰祈圣鉴事。窃照湖北省盗案前因难以一律规复旧制，经前督臣涂宗瀛会同前抚臣彭祖贤奏明，请将土匪马贼会匪游勇之外持械聚众抢劫拒捕伤人抢夺妇女勒卖等案，暂行查照定章，该州县获犯讯明禀报后，批归道府督审，或委员会审，果系

罪无可疑，即行就地正法，汇案奏报。光绪九年四月十九日奉旨："刑部知道。"钦此。历经遵照办理在案。兹查光绪二十年分各属禀报拿获各案匪犯，除已参疏防获犯后应行查销，或案内有余犯罪应流徒之案，均经专案审办奏咨外，其有报案、即行获犯各案，经臣会同本任督臣张之洞檄行臬司，分别饬府督审委员会审；或系开窑勒卖妇女，或系强盗及漏网逆匪，俱属赃证确凿，罪干斩决斩枭，审明后均即照章批饬就地正法，计案五起，人犯十四名。据署湖北按察使瞿廷韶查明开具各案犯名事由，详请禀奏前来。臣复核无异，理合将各案事由汇缮清单，恭折具奏，伏祈皇上圣鉴。再：湖广总督系臣兼护，毋庸列衔，合并陈明，谨奏。

朱批："刑部知道，单并发。"《宫中档光绪朝奏折》第8辑，第893页

委解湖北省本年第一批地丁京饷片光绪二十一年二月二十八日

再：光绪二十一年京饷湖北省奉拨地丁银四十五万两，应即分批委解。兹据署湖北布政使龙锡庆详称，在于地丁项下动拨第一批银五万两，查有大挑知县徐跃鲤、大挑试用知县洪锡庚堪以委解等情，请奏咨前来。除缮咨转给该委员等妥速起解，并饬将应解银两续筹委解外，理合附片具陈，伏乞圣鉴。再：湖广总督系臣兼护，毋庸列衔，合并陈明，谨奏。

朱批："户部知道。"《宫中档光绪朝奏折》第8辑，第894页

恭报湖北省光绪二十一年正月分雨雪粮价地方情形折光绪二十一年二月二十八日

头品顶戴兼护湖广总督、湖北巡抚臣谭继洵跪奏，为恭报湖北省光绪二十一年正月分雨雪粮价地方情形仰祈圣鉴事。窃照光绪二十年十二月分各属雨雪粮价地方情形，业经臣恭折奏报在案。兹据武昌等十府暨荆门直隶州所属各州县将光绪二十一年正月分

雨雪粮价开具清单呈报，由署湖北布政使龙锡庆汇造清折前来。臣复加查核，是月分雨泽应时，间有小雪，二麦青葱，菜蔬畅茂，粮价较上月互有增减，地方民情悉臻安谧，堪以仰慰宸廑，谨缮粮价清单恭折具奏，伏祈皇上圣鉴，谨奏。

朱批："知道了。"《宫中档光绪朝奏折》第8辑，第894页

江汉关应解淮军四六成税饷银折光绪二十一年三月初一日

头品顶戴兼护湖广总督、湖北巡抚臣谭继洵跪奏，为江汉关应解淮军四六成税饷银恭折仰祈圣鉴事。窃前准户部咨议复直隶省督臣李鸿章奏淮军月饷支绌，请将江汉关应解额款于四六成洋税项下通融匀拨案内，议令江汉关应解淮饷如六成洋税无款，即在四成洋税及五成二厘招商局税内按数提解等因，奉旨："依议。"钦此。咨行钦遵办理。查江汉关奉拨应解直隶督臣李鸿章淮军月饷四成洋税银二万两、六成洋税银三万两，均解至光绪二十年十二月分止，随时奏报在案。兹应解光绪二十一年正月分四成淮饷，即在第一百三十六、七两结所征四成洋税项下动支库平银二万两，又应解六成淮饷并在此两结四成洋税项下动支库平银三万两，作为直隶督臣李鸿章及提督刘盛休所部淮军月饷，委解湖北淮军收支转运局交收转解。据湖北汉黄德道、监督江汉关税务恽祖翼具详请奏前来。臣复核无异，除分咨外，谨恭折具陈，伏祈皇上圣鉴。再：湖北巡抚系臣本任，毋庸会衔，合并陈明，谨奏。

朱批："户部知道。"《光绪朝朱批奏折》第60辑，第306页

贵州试用道蔡宗昌刑部候补郎中蔡世昌各报效军饷银两请旨从优给奖以昭激劝折光绪二十一年三月初一日

头品顶戴兼护湖广总督、湖北巡抚臣谭继洵跪奏，为贵州试

用道蔡宗昌、刑部候补郎中蔡世昌各报效军饷银两请旨从优给奖以昭激劝恭折具陈仰祈圣鉴事。窃准户部咨议复两江总督刘坤一等奏饷需紧要酌拟就地筹款一折内开：江南筹办防务用款倍增，拟请劝谕绅富捐资，无论已仕未仕，如有捐银至一万两以上者专折奏请特恩奖叙，用示鼓励，行令各省一体办理等因，咨行到鄂，即经转饬遵照去后。兹据署湖北布政使龙锡庆会同汉黄德道恽祖翼暨善后局司道详称：据指分贵州试用道蔡宗昌、刑部候补郎中蔡世昌禀，该道等原籍湖南华容县，寄居湖北汉阳县，故父蔡元吉由军功历保道员，平日乐善好施，常诫勉子孙处家当笃志潜修，出仕务尽忠图报，如遇国家多事必应竭力输捐。现值倭氛不靖，饷源奇绌，该道兄弟情愿变产各报效银一万五千两，共银三万两以助军饷，声明不敢仰邀奖叙等情，详请具奏前来。臣伏查该员蔡宗昌等各报效银一万五千两，实属好义急公，虽据称不敢仰邀奖叙，究未便没其微忱。近年各直省道府人员凡有报效赈捐银一万两者，历由各省督抚臣奏蒙恩准优奖有案，今军需紧迫，该员等捐此巨款，有裨时艰，更非赈捐可比，且前户部议准捐银万两以上者专折奏请特恩奖叙，应如何特沛恩施将贵州试用道蔡宗昌、刑部候补郎中蔡世昌从优给奖，以昭激劝之处，仰候圣裁。除咨部查照外，理合恭折具陈，伏祈皇上圣鉴训示。再：湖北巡抚系臣本任，毋庸会衔，合并陈明，谨奏。

朱批："蔡宗昌、蔡世昌均着户部核给奖叙。"《光绪朝朱批奏折》第60辑，第307页

湖北省光绪十九年采办海运漕粮在事出力各员援案择尤请奖折光绪二十一年三月初一日

头品顶戴兼护湖广总督、湖北巡抚臣谭继洵跪奏，为湖北省光绪十九年采办海运漕粮在事出力各员援案择尤请奖恭折仰祈圣鉴事。窃据采运漕粮委员三品衔湖北补用道黎嘉兰详称：湖北省光绪十九年冬漕前奉檄委采办正米三万石，并商剥各船耗食等米

由海运通交兑，在在需员经理，当经咨调各员委令分赴江皖各属选购干圆洁净上等籼米，分批兑装招商局轮船航海运津，再雇剥船运至通仓交兑，颗粒无亏。所有在事各员或职司采买或押运津通，均能勤慎从公，不避艰险，实属著有微劳，自应援照上届成案办理。兹将在事尤为出力各员核明劳绩，开具清单呈赍核办等情，当经饬据湖北督粮道岑春蓂会同署布政使龙锡庆复核详请，援案具奏前来。臣查光绪十六、十七两年鄂省采买漕粮在事出力各员业经本任督臣张之洞会同臣援照成案奏请奖叙，奉旨允准在案。兹查光绪十九年承办鄂省漕粮交兑无误，所有在事各员均能勤奋趋公，不辞劳瘁，实属著有微劳，且皆系本省之员并无外省人员及本省绅董在内，于部章亦属相符，应请援案办理，谨将在事出力各员照缮清单，恭呈御览，仰恳天恩俯准给奖以示鼓励。除取□各员履历咨部外，谨会同署直隶总督臣王文韶、署两江总督臣张之洞恭折具陈，伏祈皇上圣鉴训示。再：湖北巡抚系臣本任，毋庸会衔，合并陈明，谨奏。

朱批："吏部议奏，单并发。"《光绪朝朱批奏折》第70辑，第721—722页

宜昌关第一百三十七结期满收支各款税银数目折光绪二十一年三月初一日

头品顶戴兼护湖广总督湖北巡抚臣谭继洵跪奏，为宜昌关第一百三十七结期满收支各款税银数目遵照部章开单恭折具陈仰祈圣鉴事。窃照前准户部咨钞奏内开：各海关洋税收支数目办理未能画一，应令遵照定章按结开列清单奏报，一次仍扣足四结，开单奏销一次，概不得以收支数目串入原折以致混杂不清，仍一面造具四柱清册暨支销经费银两清册，分送户部暨总理各国事务衙门以凭核销等因，光绪十年二月二十五日具奏，本日奉旨："依议。"钦此。又准户部咨：江汉关第九十五结期满清单仅有收支款目，以致各结总数未能联贯，嗣后应令将旧管新收开除实在，分

为四柱逐款开列，以昭明晰各等因，先后转行遵办。兹据湖北荆宜施道、监督宜昌关税务周懋琦详称：宜昌关征收税银前经截至光绪二十年九月初二日第一百三十六结止，详请奏咨在案。兹自光绪二十年九月初三日起至十二月初五日止第一百三十七结期满所征各项税银除照章开支外，实存银八万六千一百二十七两一钱八分，前经详请咨明，奉准部复归入一年报销案内解存，藩库委员解京。再本结并无洋药进口，亦未征收洋商自备华式之船钞，毋庸造册报销等情，详请奏咨前来。臣复核无异，除清单清册咨送总理各国事务衙门暨户部户科查照外，谨会同署南洋大臣、两江总督臣张之洞恭折具陈并缮具四柱清单，恭呈御览，伏祈皇上圣鉴。再：湖北巡抚系臣本任，毋庸会衔，合并陈明，谨奏。

朱批："该衙门知道，单并发。"《光绪朝朱批奏折》第73辑，第246页

已革举人万航捐输军饷银两请旨赏收并吁恳特恩给还举人以昭激劝而益军储折光绪二十一年三月二十八日

头品顶戴兼护湖广总督、湖北巡抚臣谭继洵跪奏，为已革举人万航捐输军饷银两请旨赏收并吁恳特恩给还举人以昭激劝而益军储恭折仰祈圣鉴事。窃准户部咨议复两江总督刘坤一等奏饷需紧要酌拟就地筹款一折内开：两江筹办防务用款倍增，拟请劝谕绅富捐资，无论已仕未仕，如有捐银至一万两以上者专折奏请特恩奖叙，用示鼓励，行令各省一体办理等因，咨行到鄂即经转饬遵照去后。兹据署湖北布政使龙锡庆、汉黄德道恽祖翼详称：据已革举人万航禀称，该革举系湖北汉阳县学附生报捐贡生，于光绪十九年癸巳恩科应顺天乡试，中式第二十五名举人，旋经御史联陞奏参，蒙钦派大臣查明复奏，光绪十九年九月二十七日奉上谕："麟书徐桐奏遵查文理笔迹均不符之万航着斥革举人。"钦此。惟革举乡试三场文艺委系己作，并无枪替，实因录科之日，陡患

重病，寒热交作，眼花手颤，央同号不知姓名之人代为写完，因此获咎。荷蒙天恩，感激涕零。现值倭氛不靖，军饷孔殷，革举志切同仇，愿变产捐输军饷五万两以伸报效，不敢仰邀议叙等情，详请具奏前来。臣伏查该革举万航被革后颇知自愧，今因倭人犯顺调兵征剿，报效军饷银五万两，尚知急公。查嘉庆九年贵州举人倪兆奎第三场墨卷前后笔迹互异，讯明倪兆奎因患病不能完场，托同号生员胡姓写完交卷，奏奉上谕加恩留其举人。又光绪十六年浙江庞元济捐助直赈银三万两，经直隶总督奏奉特旨赏给举人各在案。该革举万航本由附生出身，乡试三场文艺据称系属己作，录科时央同号之人代为完卷，亦由于陡患重病，眼花手颤不能书写所致。核其情形与贵州举人倪兆奎之案大致相同，其报效银数已较庞元济几及加倍，以目今时势而论，军饷紧急更非赈捐可比，输此巨款实与饷需有裨，虽据称不敢仰邀奖叙，而毁家纾难出于至诚，其心自不可泯。相应奏明请旨俯准赏收已革举人万航报效之款，以益军储，并可否仰恳天恩赏还举人，准其一体会试，以示优异而昭激劝，之处出自逾格鸿施，除咨部查照外，理合恭折具陈，伏祈皇上圣鉴训示。再：湖北巡抚系臣本任，毋庸会衔，合并陈明，谨奏。

朱批："万航着赏还举人仍照例复试，该部知道。"《光绪朝朱批奏折》第60辑，第340—341页

江汉关应解淮军四六成税饷银折光绪二十一年三月二十八日

头品顶戴兼护湖广总督、湖北巡抚臣谭继洵跪奏，为江汉关应解淮军四六成税饷银恭折仰祈圣鉴事。窃前准户部咨议复直隶督臣李鸿章奏淮军月饷支绌，请将江汉关应解额款于四六成洋税项下通融匀拨案内，议令江汉关应解淮饷如六成洋税无款，即在四成洋税及五成二厘招商局税内按数提解等因，奉旨："依议。"钦此。咨行钦遵办理。查江汉关奉拨淮军月饷四成洋税银二万两、

六成洋税银三万两，均解至光绪二十一年正月分止，随时奏报在案。兹应解本年二月分四六成淮饷，即在第一百三十八结所征六成洋税项下动支库平银五万两，作为直隶淮军月饷，委解湖北淮军收支转运局交收转解。据湖北汉黄德道、监督江汉关税务恽祖翼具详请奏前来。臣复核无异，除分咨外，谨恭折具陈，伏祈皇上圣鉴。再：湖北巡抚系臣本任，毋庸会衔，合并陈明，谨奏。

朱批："户部知道。"《光绪朝朱批奏折》第60辑，第341—342页

委员代防万城大堤折光绪二十一年三月二十八日

头品顶戴兼护湖广总督、湖北巡抚臣谭继洵跪奏，为委员代防万城大堤恭折具陈仰祈圣鉴事。窃照湖北荆州府万城堤滨临荆江，为阖郡及下游各属民田庐舍保障，每届夏秋二汛例应督抚轮年赴堤督防，如省城有应办要事未克前往，奏委该管道府就近驻工代防，历经办理在案。本年轮应臣前往督防，惟臣仰蒙恩命兼护督篆，现值倭氛不靖，筹兵筹饷均关紧要，必须在省率同司道局员随时商办，不克分身前往。夏汛瞬临，自应委员代防以专责成。查荆州府知府舒惠在任年久，于堤务尚能悉心讲求，堪以委令代防，现经檄委该府会同文武员弁亲驻工所，昼夜梭巡，预备守水器具，遇有险要工段，随时抢护；并札饬荆宜施道周懋琦随时查察督办，务臻稳固。所有委员代防万城大堤缘由，谨恭折具奏，伏祈皇上圣鉴。再：湖广总督系臣兼护，毋庸列衔，合并陈明，谨奏。

朱批："知道了。"《宫中档光绪朝奏折》第8辑，第950—951页

湖北秋审应入情实人犯事关交涉遵照部议改题折光绪二十一年三月二十八日

头品顶戴兼护湖广总督、湖北巡抚臣谭继洵跪奏，为湖北秋

审应入情实人犯事关交涉遵照部议改题为奏仰祈圣鉴事。窃照光绪二十年湖北省办理新事秋审情实人犯内有麻城县教案一起，绞犯李糕粑、徐荃幅二名因案关交涉，经本任督臣张之洞及臣遵照部议会同专案恭折具奏，嗣准刑部咨钞折内开军机处交出湖广总督张之洞等奏称，麻城县教案一起绞犯李糕粑即李复沅、徐荃幅即徐老二二名，均系麻城县人，因与瑞国教士梅葆善、乐传道素不认识，该处向无教堂，亦无洋人传教，嗣梅葆善同教士凌化云带领通事至彼传教，人心惊疑，谣言四起，经该府县禀道照会该国副领事谕饬梅葆善等同回汉口，梅葆善先回，凌化云仍留该处，复经领事谕令梅葆善亲往撤回，梅葆善偕乐传道同往令凌化云回归，梅葆善等久留不去。该处有竞渡故事，届期男女聚观甚众，有私贴揭帖等事，该县恐酿事端，劝令梅葆善等暂避，不从，并雇郝姓镳手数名，恃为无恐。后有朱应等数人路过梅葆善等门首，声称欲看洋人，甲长郝人和拦阻争闹，众人愈聚愈多，不知何人掷石将郝人和打伤，梅葆善等令镳手将朱应、吴治太、陈观受、刘沅灿捉入捆缚，交郝人和等潜由前门绕路解县收管。众人不知，拥阻后门屡向索人不应，李糕粑等用石撞开后门齐入屋内，遍寻未见，见郝人和受伤卧地血迹，疑为四人已死，复见前重房屋火起，疑系打死四人焚尸灭迹，乱向梅葆善等寻殴，梅葆善等情急上屋持瓦抵御，众人亦随同上屋，梅葆善因向众扑踢落地，被李糕粑拾木梋殴打，众人一同乱殴，乐传道被徐荃幅首先踢落下地，复同众乱殴，均当即殒命。以该犯等初斗拟抵将李糕粑、徐荃幅均依共殴人致死律拟绞监候，秋后处决。该督以事关交涉，援案声请提前惩办等因，具奏经总理各国事务衙门会同臣部核议，声明该二犯首先逞凶肇祸，乱殴致毙洋教士二命，鳞伤遍体，实属情凶近故，且几酿衅端，与寻常罪坐初斗之案不同，秋审衡情应入情实，援照从前张涟、金成案奏请提前惩办，于光绪十九年十二月二十五日奉旨："李糕粑、徐荃幅均依拟应绞，着监候秋后处决，毋庸提前办理。"钦此。咨行该督遵照办理在案。嗣据该督以此系交涉重案，前曾派委大员复审，业经总理各国事务衙门会同刑部议奏，声明应入情实，似无须再行解省审勘，应否列入常犯情实册内照前声明，抑或改题为奏，于秋审具题时另行专案具奏，电请会商示遵。当经总理各国事务衙门会同臣部议复，以此案前于定案时业经该督抚拣派大员审勘，若将该犯等复行提省审办，种种窒碍，诚恐别酿事端。该督系为慎重公事起见，应照原电所拟施行；至所称改题为奏于秋审具题时另作专案具奏，无非严密详慎之意，亦应如所电办理去后。兹届办理光绪二十年秋审，据该督等详叙原案具奏前来。臣等复加查核，既据该督等改题为奏，应将李糕粑、徐荃幅二犯均入于本年秋审情实，毋庸列入常犯情实册内办理。该犯李糕粑、徐荃幅事在本年正月初一日恩诏以前，事关中外交涉，案情较重，恭俟命下，应由臣部行令该督，仍将二犯牢固监禁，俟明年秋审时再行请旨遵办。光绪二十年八月二十六日具奏，奉旨："依议。"钦此钦遵。咨行遵照在案。今值查办光绪二十一年秋审，除上年秋审情实停句各犯以及应入本年新事秋审各犯另行办理外，所有专案具奏之麻城县绞犯李糕粑、徐荃幅二犯应即遵照部议再行请旨遵办等情，据署湖北按察使瞿廷韶具详请奏前来。除咨总理各国事务衙门暨刑部外，理合恭折具奏，伏祈皇上圣鉴。再：湖北巡抚系臣本任，毋庸会衔，合并陈明，谨奏。

朱批："刑部知道。"《光绪朝朱批奏折》第106辑，第159—161页

光绪十九年奏销案内未完一分以上之员续经全完请将原参处分开复折光绪二十一年三月二十九日

头品顶戴兼护湖广总督、湖北巡抚臣谭继洵跪奏，为光绪十九年奏销案内未完一分以上之员续经全完请将原参处分开复恭折仰祈圣鉴事。窃照光绪六年二月准户部咨：钱粮奏销各依定限，令各该督抚一面具题，一面先将未完一分以上各员，开具简明清

单专折奏报，由部核定处分先行复奏；其有奏后续完者，准其奏请归本案开复等因。臣于查办光绪十九年奏销时，已将民赋钱粮南粮米石各项下未完一分以上各员专折奏报，旋准户部议复：经征南粮米石未完一分以上之前署潜江县事、候补知县谢元祖，照例降职一级，戴罪征收等因在案。兹据湖北督粮道岑春蓂详称，该员谢元祖未完银两现已如数全完，请将降级戴罪征收之案奏请开复等情前来。臣复核无异，除咨明吏部、户部查照外，理合恭折具陈，伏祈皇上圣鉴，敕部核复施行。再：湖广总督系臣兼护，毋庸列衔，合并陈明，谨奏。

朱批："该部议奏。"《宫中档光绪朝奏折》第8辑，第951—952页

李昌洵留省补用片光绪二十一年三月二十九日

再：准部咨道府州县无论何项劳绩保奏归于候补班人员，令该督抚即以此项人员到省之日起，予限一年详加察看，认真考核，如系为守兼优，堪膺民社之员，出具切实考语，奏明分别繁简补用等因。兹查花翎同知衔同知、直隶州用候补班尽先前补用知县李昌洵，于光绪二十年二月初九日到省起，扣至二十一年二月初九日，试看一年期满。据署湖北布政使龙锡庆、署按察使瞿廷韶取造该员履历清册，详请甄别具奏前来。臣随考验该员李昌洵，精明笃实，干练有为，堪以繁缺留省补用，除清册咨送吏部查核外，理合附片具陈，伏祈圣鉴，敕部查照施行。再：湖广总督系臣兼护，毋庸列衔，合并陈明，谨奏。

朱批："吏部知道。"《宫中档光绪朝奏折》第8辑，第952页

委解甘肃新饷片光绪二十一年三月二十九日

再：据总办湖北善后局、署布政使龙锡庆等详称，湖北粮道库存帮津水脚兑费等银，咸丰年间曾经奏准留充军饷，嗣经户部议奏尽数征解，如有紧要饷需，由督抚专案奏明动拨等因，遵照

在案。兹查湖北省光绪二十一年应解甘肃新饷第二批银十一万两，亟应筹解，惟鄂省现在筹办江防，用款甚巨，司局各库搜罗已空，盐课厘金收数仍无起色，实属不敷周转。甘饷为关外要需，未便延缓，致滋贻误。拟于粮道库存帮津水脚兑费款内拨银六万两，俾资凑解，请专案奏明再行动拨等情，请奏咨前来。臣查粮道库存帮津等款，前以应协甘饷不敷凑解，叠经前督抚臣暨臣奏明动拨有案，今该司道所请系属援案办理，核与部章相符，除咨户部查照外，理合附片具陈，伏祈圣鉴。再：湖广总督系臣兼护，毋庸列衔，合并陈明，谨奏。

朱批："户部知道。"《宫中档光绪朝奏折》第8辑，第953页

恭报湖北省光绪二十一年二月分雨水粮价地方情形折光绪二十一年三月二十九日

头品顶戴兼护湖广总督、湖北巡抚臣谭继洵跪奏，为恭报湖北省光绪二十一年二月分雨水粮价地方情形仰祈圣鉴事。窃照光绪二十一年正月分各属雨雪粮价地方情形，业经臣恭折奏报在案。兹据武昌等十府暨荆门直隶州所属各州县将光绪二十一年二月分雨水粮价开具清单呈报，由署湖北布政使龙锡庆汇造清折前来。臣复加查核，是月分晴雨相间，江汉水势稍长，二麦畅茂，油菜扬花，粮价较上月增多减少，地方民情悉臻安谧，堪以仰慰宸廑，谨缮粮价清单恭折具奏，伏祈皇上圣鉴，谨奏。

朱批："知道了。"《宫中档光绪朝奏折》第8辑，第953页

委解湖北本年第二批地丁京饷片光绪二十一年三月二十九日

再：光绪二十一年京饷湖北省奉拨地丁银四十五万两，业经委解第一批银五万两，赴京交收在案。兹据署湖北布政使龙锡庆详称，复于地丁项下动拨第二批银四万两，查有拔贡试用知县陈

澍霖、候补知县周林堪以委解，请奏咨前来。除缮咨转给该委员等妥速起解，并饬将应解银两续筹委解外，理合附片具陈，伏乞圣鉴。再：湖广总督系臣兼护，毋庸列衔，合并陈明，谨奏。

朱批："户部知道。"《宫中档光绪朝奏折》第8辑，第954页

委解湖北本年第一批厘金京饷片 光绪二十一年三月二十九日

再：湖北省厘金项下奉拨光绪二十一年京饷银十二万两，应即分批委解。兹据署湖北布政使龙锡庆会同善后局司道详称，在于厘金项下动拨第一批银三万两，饬委大挑试用知县徐跃鲤、洪锡庚，管解赴京交纳等情前来。除缮咨转给该委员等小心管解，并饬将应解银两续筹委解外，理合附片具陈，伏祈圣鉴。再：湖广总督系臣兼护，毋庸列衔，合并陈明，谨奏。

朱批："户部知道。"《宫中档光绪朝奏折》第8辑，第954页

拿获强劫盗犯审明照章惩办折 光绪二十一年三月二十九日

头品顶戴兼护湖广总督、湖北巡抚臣谭继洵跪奏，为拿获强劫盗犯审明照章惩办恭折仰祈圣鉴事。案据襄阳县详报客民姚聿僦泊船被劫一案，当经批饬缉究，疏防限满开列职名题参，该县旋获丁劳六、田小祸、张继合、曹怔青四犯，并起获原赃给主认领，讯供通详，经臣与本任督臣张之洞批司移行该管道提审，该犯丁劳六、曹怔青先已在监病故，该道即提田小祸、张继合二犯复审明确，禀经批饬照章就地正法在案。兹据署襄阳县知县丁国桢录叙全案供招，议拟由府详经署湖北按察使瞿廷韶核明，转详前来。臣复加查核，缘丁劳六、田小祸、张继合、曹怔青，分隶河南裕州、南阳、唐县等州县，彼此认识，均先未为匪。光绪十六年六月十七日，丁劳六来至襄阳县属石台湖地方，与田小祸、

张继合、曹怔青，并在逃素识之谭银祸、张照、李幅、王盛贤、乔老大、郭头、乔玉合、乔老三、曹幅祸会遇，共道贫难。适有山西和顺永茶号帮伙姚聿俶请票携银前赴湖南办茶，由河南赊店雇船行走，是日行至石台湖地方河下湾泊，经丁劳六击见，料有银钱，起意行劫得财分用，众俱允从。即于是夜，各带刀械，一共十三人，偕抵河下，点然油捻，齐拥上船，踢开舱门进内，水手陶全胜惊醒喊捕，田小祸用刀砍伤其额颅，吓禁声张，劫得银两衣物，分携上岸，至僻处查点俵分各散。田小祸分得银二百四十两，尚未花用；丁劳六尚存有官纱套裤一双，青绸夹领褂、葛布衫各一件，银二两九钱四分未卖，余赃与张继合、曹怔青各分，银两均已卖钱花用。事主姚聿俶投保报县，会营勘验详报差缉，按限开参，旋据兵役随同河南裕州及南阳镇标外委并宝丰、正阳各县，先后拿获丁劳六、田小祸、张继合、曹怔青，并于丁劳六、田小祸各名下起获原赃银两衣服，押解到案。该署县丁国桢传主认赃给领，提犯讯供通详，经臣与本任督臣张之洞批司移行安襄郧荆道朱其煊提审，该犯丁劳六、曹怔青先已在监病故，委员验讯并无凌虐，详经批饬归案议拟；该犯田小祸、张继合，经该道复审明确，禀经批饬就地正法。兹比缉逸犯无获，应即拟结。

查律载："强盗已行但得财者，不分首从皆斩"等语；又光绪九年湖北省奏定章程："嗣后盗案如有执持刀械强劫，聚众至五人以上，拒捕伤人者，该县获犯讯明后，解道复讯，即行就地正法"等因，遵办在案。此案丁劳六起意纠同田小祸等行劫姚聿俶泊船，得赃拒捕伤人，实属凶暴昭著、同恶相济，赃经主认领，正盗无疑，自应按律问拟。丁劳六、田小祸、张继合、曹怔青，均合依"强盗已行但得财者，不分首从皆斩"律，拟斩立决，田小祸、张继合已照章就地正法；丁劳六、曹怔青已在监病故，均毋庸议。该犯等讯无父兄，其在外为匪，原籍牌保无从觉察，应免置议。买赃人不知姓名，无从拘究。逸盗谭银祸等饬缉，获日另结。监毙盗犯二名，管狱官例无处分，邀免开报。此案首伙十三人，于二参限内拿获首犯一名，伙犯三名，获犯尚未及半，其承接缉各职名仍照例开参。所有拿获邻省盗犯，应叙职名，除拿获首盗丁劳六一名之河南裕州知州白文光业已病故，应毋庸议外，其拿获伙盗田小祸一名，应叙职名，系河南南阳镇标管带正营左哨练军哨官降补外委高喜祥；拿获伙盗张继合一名，应叙职名，系署河南宝丰县知县李标凤，协获职名系现任宝丰县城守外委谢国恩；拿获伙盗曹怔青一名，应叙职名，系河南正阳县事、现补温县知县秦本提，协获职名系正阳县典史李书云，相应随案开报。除供招送部外，理合恭折具陈，伏祈皇上圣鉴，敕部核复施行。再：湖广总督系臣兼护，毋庸列衔，合并陈明，谨奏。

朱批："刑部议奏。"《宫中档光绪朝奏折》第8辑，第954—956页

筹拨海军衙门经费片光绪二十一年三月

再：准户部咨具奏海军经费改归部库分别划拨提解案内，指拨江汉、宜昌两关洋药加厘银六万两，其一分饭银免其搭解等因，当经转饬遵办去后。兹据湖北汉黄德道、监督江汉关税务恽祖翼详称：历年奉拨海军衙门经费银六万两，均因宜昌关征收甚微，无款可拨，专由江汉关征收洋药税厘项下拨解，以供要需。此次自应仍照成案办理，在于所征洋药税厘项内动支银三万两，饬委补用知县方朝佐、即用知县李祖荫管解赴京交纳等情，详请奏咨前来。臣复核无异，除分咨外，理合附片具陈，伏祈圣鉴。再：湖北巡抚系臣本任，毋庸会衔，合并陈明，谨奏。

朱批："户部知道。"《光绪朝朱批奏折》第60辑，第342页

筹拨协滇饷银片光绪二十一年三月

再：前准户部咨议令川省月协滇饷银二万三千两，自光绪十五年九月起每月减去银五千两，改由湖北在于盐货等厘及司库各款内按月协解银三千两，江汉关六成洋税项下按月协解银二千两，

如六成洋税无款，应准在四成洋税项下凑解等因。查江汉关奉拨前项协滇饷银解至光绪二十年六月分止，本任督臣张之洞附片奏报在案。兹据湖北汉黄德道、监督江汉关税务恽祖翼详称，在于第一百三十六结所征六成洋税项下动支银一万二千两，又在第一百三十八结所征六成洋税项下动支银六千两共银一万八千两，作为光绪二十年七月起至二十一年三月止九个月协滇饷银，均发交云南催饷委员、知县吴本义领汇赴滇等情，详请附奏前来。臣复核无异，除分咨外，谨附片具陈，伏祈圣鉴。再：湖北巡抚系臣本任，毋庸会衔，合并陈明，谨奏。

朱批："户部知道。"《光绪朝朱批奏折》第60辑，第345页

筹拨铁路经费片 光绪二十一年三月

再：光绪十六年准户部咨奏拨铁路经费案内令湖北按年摊筹银五万两，当经行据司道筹议，拟在藩司善后局无论何款按年各筹挪银二万两，江汉关筹挪银一万两，共凑银五万两，至如何腾挪之处实未能指定专款，惟有临时酌量缓急办理等情，详经本任督臣张之洞咨呈海军衙门并咨报户部，旋承准海军衙门咨鄂省筹办煤铁事宜令将自行筹出咨明留用银五万两拨鄂应用；十七年四月间又准户部咨湖北每年筹拨铁路经费银五万两，除十六年指拨之款全数截留外，应自光绪十七年起遵照谕旨移作关东铁路专款，并准北洋大臣李鸿章暨承准海军衙门咨径解天津兑收各等因，所有光绪十八、十九两年分应解关东铁路经费银五万两，业经照数筹拨汇解；光绪二十年已在藩库地丁项下拨银二万两，江汉关六成洋税项下拨银一万两，共解银三万两，均经本任督臣张之洞附片奏报在案。兹据署湖北布政使龙锡庆、善后局司道会详称：在于善后局勉筹库平银二万两，于本年二月初四日发交百川通商号汇至北洋铁轨官路总局兑收，所有光绪二十年分湖北应解关东铁路经费银两现已如数解清等情，详请具奏前来。臣复核无异，除分咨外，谨附片具陈，伏祈圣鉴。再：湖北巡抚系臣本任，毋庸

会衔，合并陈明，谨奏。

朱批："户部知道。"《光绪朝朱批奏折》第87辑，第866页

筹拨出使经费片光绪二十一年三月

……业经委解江宁藩库验收，详请奏咨在案。兹查第一百三十七结所征洋商进出口正税六成银两，除开支税务司并关用经费及倾镕折耗外，计实存银三万二千一百九十一两零二分六厘，按十成计算应提一成五厘出使经费银四千八百二十八两六钱五分四厘；又收招商局轮船进出口正税四成八厘银两，除开支倾镕折耗外，实存银二万二千八百九十六两六钱七分八厘，按十成计算应提一成五厘出使经费银三千四百三十四两五钱零二厘，遵照户部核复：每万两扣解费银二百两，即在所提出使经费内扣给，委员解费银一百六十五两二钱六分三厘，计实解银八千零九十七两八钱九分三厘，饬委候补主簿李准解赴江宁藩司验收等情，详请奏咨前来。臣复核无异，除分咨外，谨会同署南洋通商大臣、两江总督臣张之洞附片具陈，伏祈圣鉴。再：湖北巡抚系臣本任，毋庸会衔，合并陈明，谨奏。

朱批："该衙门知道。"《光绪朝朱批奏折》第87辑，第877页

拣员借补守备要缺奏折光绪二十一年四月初一日

头品顶戴兼护湖广总督、湖北巡抚臣谭继洵跪奏，为拣员借补守备要缺以重营伍恭折仰祈圣鉴事。窃准兵部咨湖南宜章营中军守备李寿祺病故，遗缺系题补第七轮第四缺应用尽先人员行令照章拣员请补等因。移咨到臣，查斯缺驻扎宜章县城，界连粤边，地处冲繁，巡防弹压均关紧要，非精明干练、熟悉风土之员，难期胜任，臣在湖南尽先守备班内逐加拣选，非人地不宜即边防不熟，未便迁就拟补，致滋贻误。伏查部定章程，借补即在尽先班

次之内，并准兵部咨武职借补，准其续展，五年限满之后再行奏明停止；惟大衔借补小缺，均不得借至二级以后，照此次章程办理各等语，兹查有蓝翎尽先都司宜章营右哨千总蒋有光，年四十八岁，湖南东安县人，由云骑尉投效霆军，剿捻出力，经前督臣李鸿章保奏。奉上谕："云骑尉蒋有光着以守备补用，并赏戴蓝翎。"钦此。嗣于湘军援黔苗疆肃清等案出力，经前湖南抚臣王文韶保奏，光绪三年七月十八日奉上谕："候补守备蒋有光，着免补守备以都司尽先补用。"钦此钦遵在案。旋经借补古丈坪营千总，复调补宜章营千总。该员才具明练，办事认真，现署该营守备，经理钱粮训练操防极为认真，以之借补斯缺，洵堪胜任，核与借补限制亦属相符，饬查前在本省及他省均无参革朦保情弊，合无仰恳天恩俯念边缺紧要，准以尽先都司蒋有光借补湖南宜章营中军守备，实与地方营伍均有裨益。如蒙俞允，俟部复到日给咨送部引见，以符定制。除饬取履历咨部外，理合会同护理湖南巡抚臣王廉、湖南提督臣娄云庆恭折具陈。伏祈皇上圣鉴，敕部核复施行，谨奏。

朱批："兵部议奏。"《光绪朝朱批奏折》第44辑，第466—467页

江汉关筹解本年第一批筹备饷需银两折

光绪二十一年四月初一日

头品顶戴兼护湖广总督、湖北巡抚臣谭继洵跪奏，为江汉关筹解本年第一批筹备饷需银两恭折具报仰祈圣鉴事。窃照前准户部咨乙未年筹备饷需奏拨江汉关四成洋税银十二万两，六成洋税银十六万两等因，当经转饬遵办去后，兹据湖北汉黄德道监督、江汉关税务恽翼祖详称：在于第一百三十八结所征四成洋税项下动支库平足色银三万两，六成洋税项下动支库平足色银四万两，共银七万两作为本年第一批筹备饷需，饬委拔贡试用知县陈澍霖、候补知县周林管解赴京交纳等情，详请奏咨前来。臣复核无异，除分咨外，理合恭折具陈，伏祈皇上圣鉴。再：湖北巡抚系臣本

任，毋庸会衔，合并陈明，谨奏。

朱批："户部知道。"《光绪朝朱批奏折》第87辑，第878页

光绪二十年秋季分宜昌川盐总局抽收川盐正课加课钱文数目折光绪二十一年四月十五日

头品顶戴兼护湖广总督、湖北巡抚臣谭继洵跪奏，为光绪二十年秋季分宜昌川盐总局抽收川盐正课加课钱文数目恭折具陈仰祈圣鉴事。窃照湖北宜昌设立川盐总局抽课济饷，所有光绪二十年夏季分抽收盐课钱文数目，业经恭折具奏在案。兹据署湖北盐法武昌道、本任安襄郧荆道朱其煊将光绪二十年秋季分抽收盐课钱文数目开报前来。臣复加查核，宜昌川盐总局光绪二十年七月分抽收正课钱八万五千九百五十一串四百二十五文五毫，内提备解京饷钱三万二千七百串文，加课钱三万七千三百七十串一百八十五文；八月分抽收正课钱四万七千六百九十串一百八十九文五毫，内提备解京饷钱九千串文，加课钱二万零七百三十四串八百六十五文，内提备解京饷钱一万串文；九月分抽收正课钱五万九千七百八十九串六十三文五毫，内提备解京饷钱二万串文，加课钱二万五千九百九十五串二百四十五文，内提备解京饷钱一万八百串文，其正课全项内共提备解京饷钱六万一千七百串文，加课一半解鄂，内共提备解京饷钱二万八百串文，下余钱文同节省五成公费，均仍照向章或现钱或易银分别由局拨充荆州满营兵饷、水师月饷，余则尽数由道移解善后局接济军饷，除解支细数造册咨部外，所有光绪二十年秋季分宜昌川盐总局抽收正加课钱文数目，理合恭折具陈，伏祈皇上圣鉴，谨奏。

朱批："户部知道。"《光绪朝朱批奏折》第75辑，第785—786页

拣员借补守备要缺以重营伍折光绪二十一年五月初四日

头品顶戴兼护湖广总督、湖北巡抚臣谭继洵跪奏，为拣员借补守备要缺以重营伍恭折仰祈圣鉴事。窃准兵部咨湖南永州镇标中营守备孙镇国勒休，遗缺系题补第七轮第五缺，应用尽先人员行令照章拣员请补等因。移咨到臣，查斯缺驻扎永州府城，地处边疆，经理粮饷巡防弹压，均关紧要，非精明干练、熟悉情形之员，难期胜任，臣在湖南尽先守备班内逐加遴选，非人地不宜即边情不熟，未便迁就拟补，致滋贻误。伏查部定章程，借补即在尽先班次之内，并准兵部咨武职借补，准其续展，五年限满后再行奏明停止，惟大衔借补小缺均不得借至二级以后，照此次章程办理各等语。兹查有蓝翎尽先都司南抚标左营右哨千总李洪斌，年四十三岁，湖南长沙县人，由行伍递拔长沙协湘阴汛千总，调补抚标左营千总，委署该营中军守备，于拿获醴陵县劫狱匪首李金山案内出力，经本任督臣张之洞、湖南抚臣吴大澂会同保奏署左营守备千总李洪斌请免补守备，以都司尽先补用。光绪十九年五月二十日奉朱批："着照所请，兵部知道。"钦此钦遵在案。该员年强力裕，营务素娴，现署抚标左营守备，经理钱粮，训练操防，极为认真，以之借补永州镇中营守备，洵堪胜任。核与借补限制亦属相符，饬查前在本省及他省均无参革朦保情弊，合无仰恳天恩俯念边缺紧要，准以尽先都司李洪斌借补湖南永州镇标中营守备，实与地方营伍均有裨益。如蒙俞允，该员于千总俸满案内引见，未满三年邀免送部，并祈敕部颁给札付，以昭信守。除饬取该员履历咨部外，谨会同湖南巡抚臣吴大澂、署湖南提督臣陈海鹏，恭折具陈，伏祈皇上圣鉴，敕部核复施行，谨奏。

朱批："兵部议奏。"《光绪朝朱批奏折》第44辑，第516页

湖北省委解本年第三批京饷盐厘银两折

光绪二十一年五月初四日

头品顶戴兼护湖广总督湖北巡抚臣谭继洵跪奏，为湖北省委解本年第三批京饷盐厘银两恭折仰祈圣鉴事。窃前准户部咨豫拨光绪二十一年京饷案内提拨湖北盐厘银十五万两，又准户部咨续拨本年京饷案内拨湖北盐厘银五万两，行令分批起解等因，业经筹解本年第一、二两批共银四万两，随时奏报在案。兹据署湖北布政使龙锡庆、署盐法武昌道朱其煊，筹拨本年第三批京饷盐厘银二万两，饬委截取同知史从鉴、补用知县史恩緜管解赴京交纳等情，详请奏咨前来。臣复核无异，除分咨外，理合恭折具陈，伏祈皇上圣鉴。再：湖北巡抚系臣本任，毋庸会衔，合并陈明，谨奏。

朱批："户部知道。"《光绪朝朱批奏折》第87辑，第891页

查明各属应征光绪二十年地丁等款钱粮下忙已未完数目折

光绪二十一年五月初六日

头品顶戴兼护湖广总督、湖北巡抚臣谭继洵跪奏，为查明各属应征光绪二十年地丁等款钱粮下忙已未完数目恭折仰祈圣鉴事。窃照上下两忙钱粮例应将额征坐支及已未完数目分款造报，咸丰二年部议藩司功过章程：丰年以额征数目为准，蠲缓之年以应征数目为准，均按八分计算，责成藩司督催。上忙匀为三分征收，下忙匀为五分征收，其余二分归于奏销前扫数全完，随案议予功过等因，历经照办在案。兹据署湖北布政使龙锡庆详称，湖北省光绪二十年额征起运存留驿站屯饷正项，共银一百一十万六千四百九十二两八钱三分八厘，内除坍没渍淹挖压沙压坍占挖废缓征豁免，共银一万五千一百六十七两二钱七分二厘，实应催银一百九万一千三百二十五两五钱六分六厘。内除上忙三分银两外，下

余银七十六万三千九百二十七两八钱九分六厘，内除各属被水受旱缓征银一十八万三千六百四十八两七钱九分二厘，计应征银五十八万二百七十九两一钱四厘；又除奏销应催二分银一十六万五千七百九十四两三分，实应催下忙五分银四十一万四千四百八十五两七分四厘，已完银二十九万六千九百九十三两四钱四分三厘，未完银一十一万七千四百九十一两六钱三分一厘，计已完分数三分五厘零，未完分数一分四厘零。又上忙未完银八万七千八百六十两二分一厘，共未完银二十万五千三百五十一两六钱五分二厘，核计上下两忙共完不及八分，除上忙未完职名前经开报外，所有应开下忙未完职名，系前署湖北布政使、升授直隶布政使陈宝箴。又额征光绪二十年压征十九年分芦课正银一万二千一百三十四两九钱一分七厘，内除上忙三分银两外，下余银八千四百九十四两四钱四分二厘，内除各属被水受旱缓征银一千九百三十二两八钱七分一厘；又除奏销应催二分银一千八百七十四两七钱三分五厘，实应催下忙五分银四千六百八十六两八钱三分六厘，已完银四千二百四十四两六钱一厘，未完银四百四十二两二钱三分五厘；又上忙未完银二千二百四十一两四钱七分八厘，共未完银二千六百八十三两七钱一分三厘；又额征光绪二十年分田房牙当茶黄柏等税银九千六百四十七两四钱五分七厘，内除上忙三分银两外，下余银六千七百五十三两二钱二分；又除奏销应催二分银一千九百二十九两四钱九分一厘，实应催下忙五分银四千八百二十三两七钱二分九厘，已完银一千五十四两九钱三厘，未完银三千七百六十八两八钱二分六厘；又上忙未完银二千七百四十一两九分四厘，共未完银六千五百九两九钱二分等情，造册具详前来。臣复核无异，除饬藩司严饬各属迅将未完银两赶紧催征扫数全完，并将清册咨送户部外，理合恭折具陈，伏祈皇上圣鉴。再：湖广总督系臣兼护，毋庸列衔，合并陈明，谨奏。

朱批："户部知道。"《宫中档光绪朝奏折》第9辑，第75—77页

部选人员领凭到省暂留学习折光绪二十一年五月初六日

头品顶戴湖广总督、湖北巡抚臣谭继洵跪奏，为部选人员领凭到省暂留学习恭折仰祈圣鉴事。窃照部选罗田县知县陈树屏，于光绪二十一年正月十四日领凭到省，本应饬赴新任。惟查罗田县虽系简缺，素称难治，且界连豫省，匪徒出没靡常，抚绥弹压最关紧要，该员民社初膺，于地方情形未尽熟悉，应暂留省学习。据署布政使龙锡庆、署按察使瞿廷韶会详前来。除将文凭送部查销外，理合恭折具陈，伏祈皇上圣鉴，敕部查照施行。再：湖广总督系臣兼护，毋庸列衔，合并陈明，谨奏。

朱批："吏部知道。"《宫中档光绪朝奏折》第9辑，第77—78页

查报湖北省光绪二十年额征片光绪二十一年五月初六日

再：据湖北省督粮道岑春蓂详称，湖北省光绪二十年额征驴脚南折正耗共银四万一千四百七十五两零，内除挖压渍淹沙压缓征豁免共银三百九十六两零，并上忙应征银两外，计下忙应征银二万五百三十九两零，内除黄梅等州县坍占挖废沙压并被水缓征共银一千六百一十七两零，计已完银一万四千二百三十九两零，未完银四千六百八十二两零；又上忙原报未完银八千三百一十一两零，续完银六千二百一两零，尚未完银二千一百九两零，上下忙共未完银六千七百九十一两零；又额征随漕浅船军三安家正耗并闲丁帮津资役等款共银九万二千六百八两零，内除渍淹挖压沙压逃亡事故缓征豁免共银三千七百四十二两零，并上忙应征银两外，计下忙应征银四万四千四百三十三两零，内除黄梅等州县卫沙压挖废坍占并被水缓征共银一万五千六十二两零，计已完银一万三千七百六十一两零，未完银一万五千六百八两零；又上忙原

报未完银二万七千八百八十九两零，续完银七千二百六十二两零，尚未完银二万六百二十七两零，上下忙共未完银三万六千二百三十五两零等情，具详前来。臣复核无异，除仍饬严催各属将未完银两赶紧催征完解外，理合附片具陈，伏祈圣鉴。再：湖广总督系臣兼护，毋庸列衔，合并陈明，谨奏。

朱批："户部知道。"《宫中档光绪朝奏折》第9辑，第78页

光绪二十年湖北省清查交代各案片光绪二十一年五月初六日

再：据湖北清查交代局署布政使龙锡庆、署按察使瞿廷韶、督粮道岑春蓂详称，湖北省各州县卫光绪十九年十二月以前各案交代，业经详请分别奏咨在案。兹查自光绪二十年正月起至十二月底止，共计交代各案四十一起，应造册结，均已详咨达部，谨将二十年交代清结缘由详请具奏前来。臣复核无异，除咨明户部查照外，理合附片具陈，伏祈圣鉴。再：湖广总督系臣兼护，毋庸列衔，合并陈明，谨奏。

朱批："户部知道。"《宫中档光绪朝奏折》第9辑，第79页

湖北省委解本年第一批东北边防经费片

光绪二十一年五月初六日

再：湖北省厘金项下奉拨光绪二十一年东北边防经费银八万两，应即分批委解，兹据署湖北布政使龙锡庆会同善后局司道详称，在于厘金项下动拨第一批银三万两，饬委拔贡试用知县陈澍霖、候补知县周林，管解赴京交纳等情前来。除缮咨转给该委员小心管解，并饬将应解银两续筹委解外，理合附片具陈，伏祈圣鉴。再：湖广总督系臣兼护，毋庸列衔，合并陈明，谨奏。

朱批："户部知道。"《宫中档光绪朝奏折》第9辑，第79页

委解湖北本年第三批地丁京饷片光绪二十一年五月初六日

再：光绪二十一年京饷湖北省奉拨地丁银四十五万两，业经先后委解二批共银九万两，赴京交收在案。兹据署湖北布政使龙锡庆详称：复于地丁项下动拨第三批银四万两，查有截取同知史从鉴、补用知县史恩緜，堪以委解；又于地丁项下动拨第四批银五万两，查有补用知县方朝佐、即用知县李祖荫，堪以委解等情，详请奏咨前来。除分别缮咨转给该委员等妥速起解，并饬将应解银两续筹委解外，理合附片具陈，伏祈圣鉴。再：湖广总督系臣兼护，毋庸列衔，合并陈明，谨奏。

朱批："户部知道。"《宫中档光绪朝奏折》第9辑，第79—80页

拿获强劫拒杀事主盗犯审明照章惩办折

光绪二十一年五月初六日

头品顶戴兼护湖广总督、湖北巡抚臣谭继洵跪奏，为拿获强劫拒杀事主盗犯审明照章惩办恭折仰祈圣鉴事。案据黄安县详报职员熊文焯家被盗强劫拒伤伊子熊业俊身死一案，当经批饬缉究，该县旋获黄幅组、罗心澳二犯，并起获失赃给主认领，讯供通详，经臣与本任督臣张之洞批司委员前往会同提犯复审明确，禀经批饬照章就地正法在案。兹据黄安县知县陶大夏录叙全案供招，议拟由黄州府知府高蔚光详经署湖北按察使瞿廷韶核明，转详前来，臣复加查核。缘黄幅组、罗心澳，分隶黄安、河南正阳等县，彼此素识，先未为匪。光绪十九年十一月初六日，黄幅组与罗心澳及在逃之吴老大、方四、张保会遇，共道贫难。黄幅组稔知熊文焯家道殷实，起意纠劫得赃分用，众俱允从。即于是夜，在黄幅组家会齐，各携木棍油捻，一共五人，偕抵熊文焯门首。黄幅组因与熊文焯之子熊业俊素识，虑恐败露，在外把风接赃，令吴老

大等点然油捻，进内行劫。吴老大即用木棍掂开大门，撞开堂屋、卧房各门，与罗心泶等一齐进内，熊业俊惊起喊捕，罗心泶用棍殴伤熊业俊左胳肘、左手背、左太阳穴倒地，与吴老大等劫得衣物递交黄幅组，分携至僻处查点俵分各散。黄幅组、罗心泶各将所分赃物卖与过路不知姓名人，得钱花用。黄幅组尚有蓝布袍、青布袍各一件，蓝布卧单一幅，铁锄一柄，存留未卖。讵熊业俊伤重移时殒命。熊文焯投保报县，会营勘验详缉，旋获黄幅组、罗心泶到案，并在黄幅组名下起出未卖赃物，传主认领。提犯讯供通详，经臣与本任督臣张之洞批司饬委补用知县何锦琮前往会同复审明确，禀经批饬就地正法枭示在案。兹比缉逸犯无获，应即拟结。

查律载："强盗已行但得财者，不分首从皆斩"；又例载："强盗杀人，斩决枭示"各等语；又光绪九年湖北省奏定章程："嗣后盗案如有执械聚众至五人以上、致伤事主者，地方官获犯讯明，派员前往会审，即行就地正法"等因，遵办在案。此案黄幅组起意纠劫得赃，罗心泶听纠行劫，拒杀事主，实属凶暴昭著、同恶相济，自应各按律例问拟。黄幅组合依"强盗已行但得财者，不分首从皆斩"律，拟斩立决，罗心泶合依"强盗杀人，斩决枭示"例，拟斩立决枭示，已照章分别正法枭示，应毋庸议。罗心泶在外为匪，原籍牌保无从觉察，应免置议。黄幅组有父黄宗国，不能禁约其子为匪，与失察之保甲均罪有应得，恭逢光绪二十年八月十六日恩诏"事犯在正月初一日以前，应予援免"，保甲仍革役。买赃人不知姓名，无从拘究。获赃给主认领，未获各赃照估追赔。逸犯吴老大等缉获另结。尸棺饬属领埋，起获贼遗油捻木棍案结销毁。此案首伙五人，仅获首伙各一名，获犯尚未及半，疏防各职名仍照例补参。除供招送部外，理合恭折具陈，伏乞皇上圣鉴，敕部核复施行。再：湖广总督系臣兼护，毋庸列衔，合并陈明，谨奏。

朱批："刑部知道。"《宫中档光绪朝奏折》第9辑，第80—81页

恭报湖北省光绪二十一年三月分雨水粮价地方情形折光绪二十一年五月初六日

头品顶戴兼护湖广总督、湖北巡抚臣谭继洵跪奏，为恭报湖北省光绪二十一年三月分雨水粮价地方情形仰祈圣鉴事。窃照光绪二十一年二月分各属雨水粮价地方情形，业经臣恭折奏报在案。兹据武昌等十府暨荆门直隶州所属各州县将光绪二十一年三月分雨水粮价开具清单呈报，由署湖北布政使龙锡庆汇造清折前来。臣复加查核，是月分晴雨相间，江汉水势渐长，秧苗播种，二麦结实，粮价较上月增多减少，地方民情悉臻安谧，堪以仰慰宸廑，谨缮粮价清单恭折具奏，伏祈皇上圣鉴，谨奏。

朱批："知道了。"《宫中档光绪朝奏折》第9辑，第82页

查明湖北省征收光绪二十年钱粮漕南银米比较上届完欠实数开列清单折光绪二十一年五月初六日

头品顶戴兼护湖广总督、湖北巡抚臣谭继洵跪奏，为查明湖北省征收光绪二十年钱粮漕南银米比较上届完欠实数开列清单恭折仰祈圣鉴事。窃照前准户部咨：奏令各直省征收丁漕统于各该年底开具比较清单专折奏报一片，于同治八年二月初五日奉上谕："着自同治八年为始，督饬藩司将全省一年上下两忙征收丁漕各实数及上届征收总数开具比较清单，详明专案奏报。"等因。钦此钦遵。转行遵办在案。兹据署湖北布政使龙锡庆详称：湖北省光绪二十年额征起运存留驿站屯饷耗羡等款共银一百二十二万七千九百九十四两一钱九分六厘，内除渍淹挖压沙压坍没坍占挖废并被水受旱缓征豁免共银二十二万六百八十二两三钱一分七厘，实应征银一百万七千三百一十一两八钱七分九厘，已完银六十八万七千二百六十九两九钱二分九厘，未完银三十二万四十一两九钱五

分。查光绪十九年征收各款钱粮除缓征外，实征银一百二万六千六百四十七两五钱五厘，已完银七十二万二千九百八十九两七钱三分六厘，未完银三十万三千六百五十七两七钱六分九厘，计光绪二十年征数比较光绪十九年计少银一万九千三百三十五两六钱二分六厘，收数计少银三万五千七百一十九两八钱七厘，实因光绪二十年汛水时涨，低田被淹，又因雨泽愆期，高阜受旱，收成歉薄，民力拮据，是以征收各数较之十九年俱有短绌。又据湖北督促粮道岑春蓂详称：湖北省光绪二十年额征漕粮正耗米一十六万三千八百三十一石九斗三升五合，折银二十一万二千九百八十一两五钱一分七厘，内除沙压坍没挖废挖压渍淹及被水受旱豁免缓征共银二万八千四百五十二两三钱九分四厘，实应征漕粮正耗米折银一十八万四千五百二十九两一钱二分三厘，已完正耗米折银八万五千一百二十三两五钱五分一厘，比较光绪十九年少完银七千六百三十三两四分二厘，未完正耗米折银九万九千四百五两五钱七分二厘，现在催提。又二十年额征南粮正耗米一十三万八千五百九十三石七斗一升一合四勺，折银二十万七千八百九十两五钱六分六厘，内除沙压挖压渍淹及被水受旱豁免缓征共银三万二千七百九十四两一钱二分六厘，实应征南粮正耗米折银一十七万五千九十六两四钱四分，已完正耗米折银一十三万二千七百三十六两二钱二分三厘，比较光绪十九年多完银五千八百六两四钱五分五厘，未完正耗米折银四万二千三百六十两二钱一分七厘，现在催提。又二十年额征随漕浅船军三安家正耗并闲丁帮津资役等款共银九万二千五百八十一两三钱七分五厘零，内除渍淹挖压沙压挖废坍占逃亡故绝及被水受旱豁免缓征共银一万八千七百七十八两三分五厘零，实应征正耗银七万三千八百三两三钱四分，已完正耗银三万九千四百四十二两七钱五分六厘，比较光绪十九年多完银二千一百六十四两六钱四分六厘，未完正耗银三万四千三百六十两五钱八分四厘，现在催提。又二十年额征升科驴脚南折正耗共银四万一千二百九十五两四钱八分一厘，内除沙压渍淹挖压坍占挖废及被水受旱豁免缓征共银一千八百三十四两七钱三分九厘，实应征驴脚南折正耗银三万九千四百六十两七钱四分二厘，已完正耗银三万二千八百六十八两八钱五分六厘，比较光绪十九年少完银一千六百四十四两二钱五分七厘，未完正耗银六千五百九十一两八钱八分六厘，现在催提。以上已未完各款，统俟该年奏销册内声明造报各等情，开单详请奏咨前来。臣复核无异，除咨户部外，所有湖北省征收光绪二十年钱粮漕南银米截至年底比较上届完欠实数，理合缮具清单恭折具奏，伏祈皇上圣鉴。再：湖广总督系臣兼护，毋庸列衔，合并陈明，谨奏。

朱批："户部知道，单五件并发。"《宫中档光绪朝奏折》第9辑，第112—114页

拣员请补都司要缺以实营伍折光绪二十一年五月初七日

头品顶戴兼护湖广总督、湖北巡抚臣谭继洵跪奏，为拣员请补都司要缺以实营伍恭折仰祈圣鉴事。窃准兵部咨："湖南靖州协中军都司田应稠病故，遗缺系题补第三轮第七缺，应用尽先人员行令照章拣员请补"等因。移咨到臣，查斯缺驻扎州城，地处苗疆，抚缉苗民，巡防弹压，均关紧要，非精明干练、熟悉情形之员，难期胜任。兹查有蓝翎尽先都司镇溪营中军守备李友胜，年五十三岁，湖南长沙县人，由武童投效军营，迭次防剿出力，历保以千总拔补并赏戴蓝翎。同治元年二月二十八日奉旨："着照所请。"钦此。旋于攻剿李蓝逆匪、解围眉州并克复丹稜出力案内，经原任四川督臣骆秉章保奏，同治元年十一月二十八日奉上谕："蓝翎千总李友胜着以都司尽先补用。"钦此。嗣因凯撤回籍，收入抚标左营差遣，光绪十七年三月内经本任督臣张之洞奏请借补镇溪营中军守备员缺，十八年正月二十九日引见，给札赴任。该员明练老成，营务娴习，现署乾州协右营守备，整饬营伍甚为得力，以之拟补斯缺，洵堪胜任。饬查前在本省及他省均无参革朦

保情弊，合无仰恳天恩俯念苗疆员缺紧要，准以尽先都司李友胜补授湖南靖州协中军都司，实与边防营伍均有裨益。如蒙俞允，俟部复到日给咨送部引见，以符定制。除饬取履历咨部外，理合会同湖南巡抚臣吴大澂、署湖南提督臣陈海鹏，恭折具陈，伏祈皇上圣鉴敕部核复施行。再：所遗镇溪营中军守备员缺系题补之缺，湖南省现有应补人员容臣另行拣员请补，合并陈明，谨奏。

朱批："兵部议奏。"《光绪朝朱批奏折》第44辑，第521—522页

委解协滇饷银片 光绪二十一年五月

再：前准户部咨议令川省月协滇饷银二万三千两，自光绪十五年九月起每月减去银五千两，改由湖北在于盐货等厘及司库各款内按月协解银三千两，江汉关六成洋税项下按月协解银二千两，如六成洋税无款，应准在洋税项下凑解等因。查江汉关奉拨前项饷银解至本年三月分止，经本任督臣张之洞及臣随时附片奏报在案。兹据湖北汉黄德道、监督江汉关税务恽祖翼详称，在于第一百三十九结所征六成洋税项下动支银八千两，作为光绪二十一年四月起至六月止连闰四个月协滇饷银，均发交云南催饷委员知县吴本义领汇赴滇等情，详请附奏前来。臣复核无异，除分咨外，谨附片具陈，伏祈圣鉴。再：湖北巡抚系臣本任，毋庸会衔，合并陈明，谨奏。《光绪朝朱批奏折》第60辑，第382页

委解协滇饷银片 光绪二十一年五月

再：前准户部咨议令川省月协滇饷银二万三千两，自光绪十五年九月起每月减去银五千两，改由湖北在于盐货等厘及司库各款内按月协解银三千两，江汉关六成洋税项下按月协解银二千两，如六成洋税无款，应准在四成洋税项下凑解等因。查湖北司局奉拨前项协滇饷银，经本任督臣张之洞及臣先后附奏在案。兹据署湖北布政使龙锡庆会同善后局司道详称，现于司库项下动拨长沙

平银六千两，善后局款内动拨长沙平银六千两，作为本年四个月协滇饷银，均发交云南催饷委员、知县吴本义领汇赴滇等情详请奏咨前来。臣复核无异，除分咨外，理合附片具陈，伏祈圣鉴。再：湖北巡抚系臣本任，毋庸会衔，合并陈明，谨奏。

朱批："户部知道。"《光绪朝朱批奏折》第60辑，第403页

江汉关第一百三十三结起至一百三十六结止一年期满收支款项数目折光绪二十一年五月初七日

头品顶戴兼护湖广总督、湖北巡抚臣谭继洵跪奏，为江汉关第一百三十三结起至一百三十六结止一年期满收支款项数目遵照部章开单恭折具陈仰祈圣鉴事。窃照前准户部咨钞奏内开：各海关洋税奏销办理未能画一，应令遵照定章将收支数目按结开单奏报，一次仍扣足四结，开单奏销一次，概不得以收支数目串入原折，以致混杂不清，仍一面造具四柱清册暨支销经费银两清册，分送户部暨总理各国事务衙门以凭核销，等因。光绪十年二月二十五日具奏，本日奉旨："依议。"钦此。又准咨开：第九十五结期满清单仅有收支款目，以致各结总数未能联贯，嗣后应令将旧管新收开除实在，分为四柱逐款开列，以昭明晰等因，均经先后转行遵照办理。所有江汉关光绪十八年八月十一日第一百二十九结起，至十九年八月二十一日第一百三十二结止，一年关期届满，分别造具收支数目各册，前经奏咨在案。兹据湖北汉黄德道监督、江汉关税务恽祖翼详称：自光绪十九年八月二十二日第一百三十三结起至二十年九月初二日第一百三十六结止，一年四结期满征收洋商招商局华商各项税钞及支解数目，分结造具四柱清册并经费银两清册，详请具奏前来。臣复核无异，除各册送部外，谨会同署南洋大臣、两江总督臣张之洞恭折具陈并缮具清单，恭呈御览，伏祈皇上圣鉴。再：湖北巡抚系臣本任，毋庸会衔，合并陈明，谨奏。

朱批："该衙门知道，单并发。"《光绪朝朱批奏折》第73辑，第263页

宜昌关第一百三十八结期满收支各款税银数目遵照部章开单折光绪二十一年五月初七日

头品顶戴兼护湖广总督、湖北巡抚臣谭继洵跪奏，为宜昌关第一百三十八结期满收支各款税银数目遵照部章开单恭折具陈仰祈圣鉴事。窃照前准户部咨钞奏内开：各海关洋税收支数目办理未能画一，应令遵照定章按结开列清单奏报，一次仍扣足四结，开单奏销一次，概不得以收支数目串入原折，以致混杂不清，仍一面造具四柱清册暨支销经费银两清册，分送户部暨总理各国事务衙门，以凭核销，等因。光绪十年二月二十五日具奏，本日奉旨："依议。"钦此。又准户部咨：江汉关第九十五结期满，清单仅有收支款目，以致各结总数未能联贯，嗣后应令将旧管新收开除实在，分为四柱逐款开列，以昭明晰，各等因。先后转行遵办。兹据湖北荆宜施道监督、宜昌关税务周懋琦详称：宜昌关征收税银前经截至光绪二十年十二月初五日第一百三十七结止，详请奏咨在案。兹自光绪二十年十二月初六日起至二十一年三月初六日止第一百三十八结期满，所征各项税银除照章开支外，实存银十万九千二百五十五两八钱二分一厘，前经详请咨明奉准部复，归入一年报销案内，解存藩库，委员解京。再：本结并无洋药进口，亦无罚款银两，又未征收洋商，自备华式之船钞，毋庸造册报销等情，详请奏咨前来。臣复核无异，除清单清册咨送总理各国事务衙门暨户部户科查照外，谨会同署南洋大臣、两江总督臣张之洞恭折具陈并缮具四柱清单，恭呈御览，伏祈皇上圣鉴。再：湖北巡抚系臣本任，应毋庸会衔，合并陈明，谨奏。

朱批："该衙门知道，单并发。"《光绪朝朱批奏折》第73辑，第264—265页

江汉关第一百三十八结期满征收华洋税钞及支解各数目遵照部章开单折光绪二十一年五月初七日

头品顶戴兼护湖广总督、湖北巡抚臣谭继洵跪奏，为江汉关第一百三十八结期满征收华洋税钞及支解各数目遵照部章开单恭折具奏仰祈圣鉴事。窃照前准户部咨钞奏内开：各海关洋税收支数目办理未能画一，应令遵照定章按结开列清单奏报，一次仍扣足四结，开单奏销一次，概不得以收支数目串入原折，以致混杂不清，仍一面造具四柱清册暨支销经费银两清册，分送户部暨总理各国事务衙门，以凭核销，等因。光绪十年二月二十五日具奏，本日奉旨："依议。"钦此。又准咨：第九十五结期满，清单仅有收支款目，以致各结总数未能联贯，嗣后应令将旧管新收开除实在，分为四柱逐款开列，以昭明晰，等因。均经转饬遵办。兹据湖北汉黄德道监督、江汉关税务恽祖翼详称：江汉关征收各项税钞及支解各数目，前经截至光绪二十年十二月初五日第一百三十七结止，详请奏咨在案。兹查自光绪二十年十二月初六日起至二十一年三月初六日止第一百三十八结期满，征收洋商各项税钞六成洋税除支解外，计不敷银七万九千四百三十二两零八分零三毫三丝八忽，应在于下结所征六成洋税项内照数弥补。又四成洋税除拨解外，计不敷银九千二百二十九两二钱二分五厘，应在于下结所征四成洋税项内照数弥补。又招商局各项税钞除拨解外，计存四成八厘，各税银三万七千二百八十七两二钱八分四厘，已如数归并六成洋税内开报。又五成二厘局税除拨解外，计不敷银三万零六十两零六钱一分四厘，应在于下结所征五成二厘局税项内照数弥补。又上结报存洋药税厘银及本结遵照新章征收洋药税厘银除支解外，计存银二万一千一百七十二两八钱四分一厘，容俟报解等情，详请奏咨前来。臣复核无异，除俟一年期满按结造具收支经费各册，另缮总单分别报销外，所有第一百三十八结征收洋商华商各项税钞及支解各数目，谨会同署南洋通商大臣、两江总督臣张之洞恭折具陈并缮具四柱清单，恭呈御览，伏祈皇上圣鉴。再：湖北巡抚系臣本任，毋庸会衔，合并陈明，谨奏。

朱批："该衙门知道，单并发。"《光绪朝朱批奏折》第73辑，第266—267页

江汉关应还神机营续借洋款利银折光绪二十一年五月初七日

头品顶戴兼护湖广总督、湖北巡抚臣谭继洵跪奏，为江汉关应还神机营续借洋款利银恭折具陈仰祈圣鉴事。窃前准户部咨神机营息借洋款奏令各海关按期归还一折内称：此次该营续收洋款一百四十四万镑均自光绪十一年八月二十三日为第一年第一期归付利银之始，照每镑三两五钱核算，共银二百二十四万六千四百镑，合广平银七百八十六万二千四百两，拟令津海、东海、江汉三关各分派本息共银一百五十七万二千四百八十两，江汉关分派本息共银三百十四万四千九百六十两，仍照光绪十一年二月奏定办法，令各该关先期二十日解交江汉关兑收，届期统由江汉关道随时照外洋镑价涨落作合镑价，或盈或绌即由该关分别应垫应存，再与原派归还之海关按期结算清楚，等因，光绪十二年正月二十八日具奏奉旨："依议。"钦此钦遵。咨行前来。当经转饬遵照办理，所有江汉关应还第一年第二期起至第十年第三期止，应付本利银两并至第十年第二期止，应补镑价银两先后委员解交江汉关验收给领，分别详请奏咨在案。兹据湖北汉黄德道监督、江汉关税务恽祖翼详称：查光绪二十一年五月初九日为第十年第四期，除应还本银并补镑价银两奏文另行改拨外，即在第一百三十八结所征六成洋税项下，动支库平足色银三千六百七十五两作为第十年第四期应付利银，饬委候补巡检徐克恭解赴江汉关验收给领归款等情，详请奏咨前来。臣复核无异，除分咨外，理合恭折具陈，伏祈皇上圣鉴。再：湖北巡抚系臣本任，毋庸会衔，合并陈明，

谨奏。

朱批："该衙门知道。"《光绪朝朱批奏折》第82辑，第309页

为息借商款片 光绪二十一年五月

再：据署湖北布政使龙锡庆详称：钦奉谕旨饬令各省息借商款，现饬据安陆、襄阳、郧阳各府督饬京山、襄阳、枣阳、光化、宜城、南漳、郧县等县禀复，在于属境各绅商分别劝导，共借银五万二千三百五十两，遵照部章每月给息七厘，填给印票议定三十个月分五期归还，头期只还利银，以后四期每期还本银四分之一，利息以次递减，遇有闰月照数加给。前奉部议息借华款总以上下内外持此信字为第一要义，自当一体遵守，现在汉镇沙市息借之款均请在于江汉、宜昌两关洋税项下归还，所有安襄等府属现借银两自应钦遵谕旨在地丁款内按期拨还，但司库每年民赋奏销册内经收地丁正杂各款，除蠲缓外仅收银一百一二十万两不等，核计每年奉拨京饷银四十五万两，本省应支旗绿各营兵饷等项银五十七万余两，一切杂支各款银十九万五千余两，实无堪以拨还之项，惟光绪十二年所裁各营兵丁饷乾等项银四万六千余两，遇闰照加，本系由外节省解部之项，今息借商款，地丁项下既无款可筹，拟请即在节省各营饷乾米折银两内按年照数扣还，就款开除等情，详请奏咨前来。臣伏查该司所详安襄等府属息借之款，司库地丁项下无款筹还，系属实在情形，应请即在节省各营兵饷款内按期照数拨还，以昭信实。除咨部查照并札饬该司遵照部咨通饬各属即行停借外，理合附片具陈，伏乞圣鉴训示。再：湖北巡抚系臣本任，毋庸会衔，合并陈明，谨奏。

朱批："户部知道。"《光绪朝朱批奏折》第82辑，第313页

委解湖北本年第五批盐厘京饷片 光绪二十一年五月

再：前准户部咨豫拨光绪二十一年京饷案内提拨湖北盐厘银十五万两，又准户部咨续拨本年京饷案内拨湖北盐厘银五万两，行令分批起解等因，业经筹解本年第一批至四批共银八万两，随时奏报在案。兹据署湖北布政使龙锡庆、署盐法武昌道朱其煊，筹拨本年第五批京饷盐厘银二万两，饬委大挑试用知县钱锦渠、拔贡试用知县王祜管解赴京交纳等情，详请奏咨前来。臣复核无异，除分咨外，理合附片具陈，伏祈圣鉴。再：湖北巡抚系臣本任，毋庸会衔，合并陈明，谨奏。

朱批："户部知道。"《光绪朝朱批奏折》第87辑，第905页

筹拨内务府经费片 光绪二十一年五月

再：前准户部咨具奏：另筹内务府常年经费银五十万两案内指拨宜昌关洋税银二万两，于光绪二十一年开印后分批解交内务府应用等因，当经转饬遵照办理。兹据署湖北布政使龙锡庆详称，准宜昌关道□解奉拨光绪二十一年分内务府经费第一批银一万两，由司饬委便员搭解等因，兹查有管解第五批京饷之大挑试用知县钱锦渠、拔贡试用知县王祜，堪以饬委搭解赴京交纳等情，详请奏咨前来。臣复核无异，除给咨搭解外，谨附片具陈，伏祈圣鉴。再：湖北巡抚系臣本任，毋庸会衔，合并陈明，谨奏。

朱批："该衙门知道。"《光绪朝朱批奏折》第87辑，第905页

动支司库耗羡银两造办火药折 光绪二十一年五月初八日

头品顶戴兼护湖广总督、湖北巡抚臣谭继洵跪奏，为动支司

库耗羡银两造办火药恭折仰祈圣鉴事。窃照湖北荆州满营每年常操需用火药铅弹工料脚价，循例动支司库耗羡银两给发荆州城守营具领制备，历经照办在案。兹据署湖北布政使龙锡庆详准，荆州城守营请领光绪二十一年常操火药一万一百五十四斤三两二钱，需硝八千一百二十三斤五两七钱六分，例价银三百八十九两三钱九分三厘；需磺一千一十五斤六两七钱二分，例价银四十七两三钱八厘；柳炭器具工料价值银七十一两五钱八分七厘；又应用黑铅三千五百三十三斤四两，例价银一百三十三两九钱一分五厘；工料银一十二两四钱二厘；又例定水脚银六两三钱八分七厘，共银六百六十两九钱九分二厘，已于司库耗羡款内动支，并就平扣收硝磺二项价银移知善后局分别支给余银给领制造，俟造办事竣由营造册报销等情，详请具奏前来。臣复核无异，除咨明户、兵、工部暨荆州将军查照外，理合恭折具陈，伏祈皇上圣鉴。再：湖广总督系臣兼护，毋庸列衔，合并陈明，谨奏。

朱批：“该部知道。”《宫中档光绪朝奏折》第9辑，第115页

查明各州县额设马匹并无缺额疲瘦折光绪二十一年五月初八日

头品顶戴兼护湖广总督、湖北巡抚臣谭继洵跪奏，为查明各州县额设马匹并无缺额疲瘦恭折仰祈圣鉴事。窃准兵部咨同治元年闰八月二十日奉上谕：“各直省驿站额设马匹接递公文，均关紧要，并着各该管大臣确切查核，年终具奏，如查有缺额及疲乏等弊，即着从严参办。”等因。钦此钦遵。办理在案。兹据署湖北按察使瞿廷韶详称，查明江夏等州县光绪二十年分额设驿站马匹，均系膘壮足额，在站应差并无亏缺及疲瘦等弊，各具印结由该管道府层递加结，请奏咨前来。臣复查无异，除印结咨送兵部外，理合恭折具陈，伏祈皇上圣鉴，敕部查核施行。再：湖广总督系臣兼护，毋庸列衔，合并陈明，谨奏。

朱批：“兵部知道。”《宫中档光绪朝奏折》第9辑，第116页

委解湖北本年第二批厘金京饷片光绪二十一年五月

再：湖北省厘金项下奉拨光绪二十一年京饷银十二万两，业经委解第一批银三万两，赴京交纳在案。兹据署湖北布政使龙锡庆会同善后局司道详称，复于厘金项下动拨第二批银三万两，饬委截取同知史从鉴、补用知县史恩緜，管解赴京交纳等情前来。除缮咨转给该委员等小心管解，并饬将应解银两续筹委解外，理合附片具陈，伏祈圣鉴。再：湖广总督系臣兼护，毋庸列衔，合并陈明，谨奏。

朱批："户部知道。"《宫中档光绪朝奏折》第9辑，第117页

委解湖北本年第三批厘金京饷片光绪二十一年五月初八日

再：湖北省厘金项下奉拨光绪二十一年京饷银十二万两，业经先后委解二批共银六万两，赴京交纳在案。兹据署湖北布政使龙锡庆会同善后局司道详称，复于厘金项下动拨第三批银三万两，饬委补用知县方朝佐、即用知县李祖荫，管解赴京交纳等情前来。除缮咨转给该委员等小心管解，并饬将应解银两续筹委解外，理合附片具陈，伏祈圣鉴。再：湖广总督系臣兼护，毋庸列衔，合并陈明，谨奏。

朱批："户部知道。"《宫中档光绪朝奏折》第9辑，第116页

江汉关应解淮军四六成税饷银折光绪二十一年闰五月初六日

头品顶戴兼护湖广总督、湖北巡抚臣谭继洵跪奏，为江汉关应解淮军四六成税饷银恭折仰祈圣鉴事。窃前准户部咨议复直隶

督臣李鸿章奏淮军月饷支绌，请将江汉关应解额款于四六成洋税项下通融匀拨案内，议令江汉关应解淮饷如六成洋税无款，即在四成洋税及五成二厘招商局税内按数提解等因，奉旨："依议。"钦此。咨行钦遵办理。查江汉关奉拨淮军月饷四成洋税银二万两、六成洋税银三万两，均解至光绪二十一年二月分止，随时奏报在案。兹应解本年三月分四六成淮饷，即在第一百三十九结所征四成洋税项下动支库平银五万两，作为直隶淮军月饷，委解湖北淮军收支转运局交收转解。据湖北汉黄德道、监督江汉关税务恽祖翼具详请奏前来。臣复核无异，除分咨外，恭折具陈，伏祈皇上圣鉴。再：湖北巡抚系臣本任，毋庸会衔，合并陈明，谨奏。

朱批："户部知道。"《光绪朝朱批奏折》第60辑，第409页

恭报湖北省光绪二十一年四月分雨水粮价地方情形折光绪二十一年闰五月初八日

头品顶戴兼护湖广总督、湖北巡抚臣谭继洵跪奏，为恭报湖北省光绪二十一年四月分雨水粮价地方情形仰祈圣鉴事。窃照光绪二十一年三月分各属雨水粮价地方情形，业经臣恭折奏报在案。兹据武昌等十府暨荆门直隶州所属各州县将光绪二十一年四月分雨水粮价开具清单呈报，由署湖北布政使龙锡庆汇造清折前来。臣复加查核，是月分晴雨相间，江汉水势汛长，二麦登场，秧苗秀发，粮价较上月增多减少，地方民情悉臻安谧，堪以仰慰宸廑，谨缮粮价清单恭折具奏，伏乞皇上圣鉴，谨奏。

朱批："知道了。"《宫中档光绪朝奏折》第9辑，第117页

刘肇墀留省补用片光绪二十一年闰五月初八日

再：准部咨道府州县无论何项劳绩保奏归于候补班人员，令该督抚即以此项人员到省之日起，予限一年详加察看，认真考核，

如系为守兼优，堪膺民社之员，出具切实考语，奏明分别繁简补用等因。兹查补用知县刘肇墀，以光绪十九年九月二十六日到省起，扣至二十年九月二十六日，试看一年期满。据署湖北布政使龙锡庆、署按察使瞿廷韶取造该员履历清册，详请甄别具奏前来。臣随考验该员刘肇墀，举止安详，办事谨慎，堪以繁缺留省补用，除清册咨送吏部查核外，理合附片具陈，伏乞圣鉴，敕部查照施行。再：湖广总督系臣兼护，毋庸列衔，合并陈明，谨奏。

朱批："吏部知道。"《宫中档光绪朝奏折》第9辑，第118页

湖北公安县光绪二十年被水缓缺秋冬二季驿站坐支银两援案拨补折 光绪二十一年闰五月初十日

头品顶戴兼护湖广总督、湖北巡抚臣谭继洵跪奏，为湖北公安县光绪二十年被水缓缺秋冬二季驿站坐支银两援案拨补恭折仰祈圣鉴事。窃照湖北州县额设驿站夫马所需工食工料，向在征收驿站钱粮项下按数坐支，遇有展缓之年征不敷支，奏明拨补，由臬司造具应补细册移送藩司，于查办是年奏销时核实给领，历经办理在案。兹据署湖北布政使龙锡庆、署按察使瞿廷韶会详称，光绪二十年公安县驿站项下照额应支银五千五百一十七两七钱二分六厘，已征银三千九百五十八两四钱三分二厘，尽数坐支，余因被水缓征，计缺银一千五百五十九两二钱九分四厘。该县地本瘠苦，又当孔道，驿递文报最关紧要，坐支既缺，应为拨补等情，请具奏前来。臣复核无异，合无仰恳天恩俯准查照往届成案，所有公安县不敷坐支银两，于该年驿站本款内拨补，除造具细册咨送户、兵二部外，理合恭折具陈，伏乞皇上圣鉴训示。再：湖广总督系臣兼护，毋庸列衔，合并陈明，谨奏。

朱批："该部知道。"《宫中档光绪朝奏折》第9辑，第118—119页

查明京控未结各案开单具陈折光绪二十一年闰五月初十日

头品顶戴兼护湖广总督、湖北巡抚臣谭继洵跪奏，为查明京控未结各案开单恭折具陈仰祈圣鉴事。窃查前准刑部咨议复光禄寺少卿延茂奏：稽核京控审限，每年将已未完数目两次汇开清单具奏，以归画一，并摘录案由，注明交审月日，及未结各案因何未能审结缘由，于每年两次复奏时详细声明等因，奉旨："依议。"钦此。历经遵办在案。兹据署湖北布政使龙锡庆、署按察使瞿廷韶详称，陆续奉到部院衙门奏交咨交各案，随时委提人卷解省发审，其有距省较远州县之案，移交该管道就近提审，或委员前往会同该管府审办，前已截至光绪二十年六月止，将未结各案造册详请奏报。兹值半年汇奏之期，除已审结咨送供招及详咨注销各案不计外，尚未审结者十起，或因原被供情狡执补提要证未到，或甫经行提人证尚未解齐，以致未能讯结核计，尚无迟延等情，开呈清册，请奏报前来。臣复核无异，除仍饬赶紧催提人证到案审办，并将清册分送刑部、都察院、步军统领衙门查照外，谨缮清单，恭折具陈，伏祈皇上圣鉴。再：湖广总督系臣兼护，毋庸列衔，合并陈明，谨奏。

朱批："刑部知道，单并发。"《宫中档光绪朝奏折》第9辑，第119—120页

光绪二十年耗羡银款收不敷支借项作收造报折光绪二十一年闰五月初十日

头品顶戴兼护湖广总督、湖北巡抚臣谭继洵跪奏，为光绪二十年耗羡银款收不敷支借项作收造报恭折具陈仰祈圣鉴事。窃查湖北省额征起存驿站屯饷芦课等项耗羡暨田房商膏关税盈余并南漕脚耗等款，每年约计收银一十七万余两，以供一岁应支廪工祭

品孤贫囚食暨各部饭食并文职各官养廉等项之用，如遇水旱缓征，耗羡随正俱缓，收数短绌，不敷支放，历系借动杂款供支，于查办奏销时，将借动缘由奏咨在案。兹据署湖北布政使龙锡庆详称：光绪二十年分除总督巡抚并布政按察二司、武昌汉阳二府养廉归于正项案内造销外，其道府以下各官养廉及廪工等杂款，共实应支银一十一万八千二百八十六两五钱六厘，各属额征光绪二十年起存驿站屯饷等款耗羡除缓征并坐支外，仅应解司银八万九千一百四十九两二分九厘，今只解收银七万九千一百九十两五钱七分；又二十年芦课耗羡暨田房商膏盈余及节年耗羡并粮道移解南折随漕驴脚等款耗羡银二万一千六百六十三两四钱七分四厘，又十九年奏销册报存银四十两六钱七分七厘，通共收银一十万八百九十四两七钱二分一厘，实不敷支银一万七千三百九十一两七钱八分五厘。现值查办二十年奏销，册内既难登造而例支之款不能不发，应请援案在于司库二十一年春拨册内存款项下借支银六千五百两，各税解费款内借支银四千八百两，质当捐款内借支银六千二百两，共银一万七千五百两，收入耗羡四柱册内造报，一俟本款续收有项，即行归还等情，详请奏咨前来。臣复核无异，除咨户部外，理合恭折具陈，伏祈皇上圣鉴。再：湖广总督系臣兼护，毋庸列衔，合并陈明，谨奏。

朱批：“户部知道。”《宫中档光绪朝奏折》第9辑，第120—121页

查明湖北省光绪二十年征收旧赋钱粮比较上三年完欠分数折 光绪二十一年闰五月初十日

头品顶戴监护湖广总督、湖北巡抚臣谭继洵跪奏，为查明湖北省光绪二十年征收旧赋钱粮比较上三年完欠分数恭折具陈仰祈圣鉴事。窃准户部咨令将征收旧赋分数仍于比较案内奏报；又准部咨仿照河南比较清单将灾缓尚未届限启征银两数目详细扣除，开列实应带征银数，与上三年分别比较等因，遵办在案。兹届造送光绪二十年递带册籍，据署湖北布政使龙锡庆详称，湖北省光

绪二十年分旧赋项下，自光绪十四年起至十九年止，各属共缓征地丁等银一百三十万三千二百一十两五钱二厘，内除各属已完尚未届启征银七千一百一十九两九分八厘；又除各属因灾展缓银一百二十九万一千九百四十两一钱六分一厘外，实应启征银四千一百五十一两二钱四分三厘，全完讫比较光绪十七年，计多完八分一厘零；又光绪十八年并无启征之项，无从比较；比较光绪十九年，计多完十分等情，请奏前来。臣复核无异，除咨户部户科外，理合恭折具陈，并缮清单，敬呈御览，伏祈皇上圣鉴。再：湖广总督系臣兼护，毋庸列衔，合并陈明，谨奏。

朱批："户部知道，单并发。"《宫中档光绪朝奏折》第 9 辑，第 121—122 页

遵旨查讯张铭京控片 光绪二十一年闰五月

再：已革湖南候补知县张铭前以大吏枉法营私，冤参属员勒和巨案等词，赴都察院呈控一案，钦奉谕旨："着张之洞按照原奏各节确切查明，据实具奏。"等因。钦此。嗣本任督臣张之洞调署两江总督，移交臣斟酌情形办理，臣遵即奏明檄委湖北督粮道岑春蓂前往湖南，会同臬司秉公讯详，旋以张铭不肯赴湘备质，饬将已到人证解鄂审办，复准都察院咨张铭赴京续控，奉旨："着谭继洵迅即提集人证，研审确情，据实复奏。"等因。钦此。臣因案内被控各员有湖南粮储道但湘良，候补道、前任长沙府知府赵环庆，俱系监司大员，奏明请旨将但湘良暂行解任，饬令与赵环庆及总兵欧飞林、督审局委员王寓生等，一同来鄂听候查讯。前准湖南抚臣咨据臬司呈报，案内被告席曜衡等五名，已委本任安化县知县顾玉成于上年十一月二十六日起解，因日久未据解到，究在何处逗遛，复经严札查催，现尚未据该司呈复；但湘良等亦未来鄂候讯，兹臣交卸督篆，应移交本任督臣张之洞分别催提到案讯明复奏，理合附片具陈，伏乞圣鉴，谨奏。

朱批："知道了。"《光绪朝朱批奏折》第 10 辑，第 673 页

查明光绪二十年正月起至六月底止湖北各州县应行承袭接袭兼袭并发标学习各世职折光绪二十一年闰五月

头品顶戴兼护湖广总督、湖北巡抚臣谭继洵跪奏，为查明光绪二十年正月起至六月底止湖北各州县应行承袭接袭兼袭并发标学习各世职恭折具陈仰祈圣鉴事。窃照前准兵部咨同治元年二月十六日奉上谕："军兴以来各省官绅士庶凡临阵捐躯守义殉难者，一经统兵将帅及该地方督抚奏请旌恤，无不立予褒扬，嗣后着该督抚转饬各州县将应袭职名迅速查取，径报督抚，毋庸由府司转详，予限半年汇案具奏，以免烦扰。"钦此。历经钦遵汇奏在案。兹自光绪二十年正月起至六月底止，据湖北黄冈等州县先后查详前来。所有请承袭云骑尉世职发标学习之方道铠、李承泽、乐邦杰，又请接袭云骑尉世职发标学习之伍昌绪，又已承袭云骑尉世职请发标学习之王际昌、乔承恩，又请兼袭云骑尉世职之文生朱韵梅共七员，均年已及岁，经本任督臣张之洞先后验看，俱属年力富强，堪以承袭接袭兼袭并发标学习。又请接袭云骑尉世职张大潾、夏道焕、张光鸿、蔡起发、张长林、朱衍、熊祥章、马国栋、王启祥、梁景宸共十名，均年未及岁，亦经查明与例相符，应请准其接袭，统俟接准部复分别办理。除钞录清单同宗图册结并勒休世职张天庆暨病故、世职夏维祺、张正祥、张哲陞、梁曾彝各原领敕书，一并咨送吏户兵各部办理外，理合会同署理湖北提督臣傅廷臣恭折具陈，并缮具各世职姓名年贯清单恭呈御览，伏祈皇上圣鉴。再：湖北巡抚系臣本任，毋庸会衔，合并陈明，谨奏。

朱批："兵部议奏，单并发。"《光绪朝朱批奏折》第44辑，第567页

交纳湖北抽裁绿营兵饷片光绪二十一年闰五月

再：湖北省抽裁绿营额兵饷乾米折等项，前准户部行令将每年节省银两自光绪十二年起陆续委员解部交纳，历经遵照办理。兹据署湖北布政使龙锡庆、督粮道岑春蓂详称：湖北前议裁减绿营额兵奏明以光绪十二年春季止，截清饷项司库即于夏季起照数扣发，计各营额设马步守兵内共裁兵二千九百二十一名，原奏声明现在湖北章程督抚标、汉阳协、武昌城守等七营向支全饷，其余各营皆按八成开支，今应均照额支数目，核计每年共节省饷乾米折等银五万三千五百十一两一钱二分，业将十二年夏季起至二十年春季止节存银两解部交纳在案，所有光绪二十年夏秋二季分照奏定之数，共应解部库银二万六千一百六十五两四钱六分，现于应支各营十成八成饷乾米折内共由司库扣出银一万九千零三十七两四钱六分，粮道库扣出银三千五百四十两零六钱，其现按八成支放各营照额支数目扣解，计不敷银三千五百八十七两四钱，并于本年所收地丁项下动支按数凑足，以符奏定照额节省应解之数，所有前项银二万六千一百六十五两四钱六分，饬委截取同知史从鉴、补用知县史恩緜管解赴部交纳等情，详请具奏前来。臣复核无异，除给咨管解外，理合附片具陈，伏祈圣鉴。再：湖北巡抚系臣本任，毋庸会衔，合并陈明，谨奏。

朱批："户部知道。"《光绪朝朱批奏折》第60辑，第410页

拨银移解枪炮局使用片光绪二十一年闰五月

再：准本任督臣张之洞咨称：前奏准添置炮架、枪弹、炮弹三厂机器工料，并改换新式快炮机器妥筹办法折内，购置架弹各机价值尚欠银十万九千余两，添改新式快炮机器约需银三万余两，均由湖北现在筹捐项下拨给等因。业将候选郎中刘国柱捐输银十

万两全数指拨应用，并将已缴之二万两先行拨解，业经奏咨在案。旋因各机价值亟需照付并叠准张之洞电催，而该郎中刘国柱未缴之八万两一时尚难筹缴，实属缓不济急，当饬善后局复在绅富当捐项下动拨银五万两；又江汉关道衙门解存殷商蒋春华捐输银四万五千五百二十六两八钱二分，一并移解枪炮局查收应用，以期无误要需。兹据湖北善后总局司道详请奏咨前来。除分咨查照外，谨附片具陈，伏祈圣鉴。再：湖北巡抚系臣本任，毋庸会衔，合并陈明，谨奏。

朱批："该部知道。"《光绪朝朱批奏折》第60辑，第411页

查明湖北省光绪二十年奏销案内未完一分以上各员职名缮具清单折光绪二十一年闰五月二十六日

头品顶戴兼护湖广总督、湖北巡抚臣谭继洵跪奏，为查明湖北省光绪二十年奏销案内未完一分以上各员职名缮具清单恭折仰祈圣鉴事。案照光绪六年户部奏定章程：钱粮奏销各依定限，令各该督抚一面具题、一面先将未完一分以上各员职名，开具简明清单专折奏报，由部核定处分先行复奏，仍各于题本内将业经具奏各员声明备核，其有奏后续完者，准其续行奏请归本案开复等因，历经遵办在案。兹值查办光绪二十年奏销，据署湖北布政使龙锡庆、督粮道岑春蓂，查明开单具详前来。臣复核无异，所有经征未完一分以上各员职名，已于题本内声明备核，谨开具简明清单，恭呈御览。惟奏单应照题本开列，题本缮成后，未完各处有据续完者，仍注明声请减议免议。除咨户部外，理合恭折具奏，伏祈皇上圣鉴，敕部核议施行。再：湖广总督系臣兼护，毋庸列衔，合并陈明，谨奏。

朱批："户部议奏，单并发。"《宫中档光绪朝奏折》第9辑，第146页

湖北省光绪二十年秋冬二季收支牙帖厘金银钱数目折光绪二十一年闰五月二十六日

头品顶戴兼护湖广总督、湖北巡抚臣谭继洵跪奏，为湖北省光绪二十年秋冬二季收支牙帖厘金银钱数目恭折具奏仰祈圣鉴事。恭照同治七年十月钦奉上谕："厘金报部章程着照两淮盐厘格式，每年分两次奏报。"等因。钦此钦遵。办理历经奏报至光绪二十年六月底止在案。兹据署湖北布政使龙锡庆会同牙厘局司道详称，光绪二十年七月起至十二月底止，除洋药税厘银两另案造报外，货厘旧管项下实存市平荆沙银十四万二千三百七十四两二分二厘零，新收项下实收牙厘及药土坐票捐共市平荆沙银二十六万八千九百四十一两九钱四分一厘零；又收牙厘钱九十三万三千九百八十六串九百八十三文，开除项下实解湖北盐道转发长江水师二十年秋冬二季分俸饷库平库色新宝银八万七千两，合市平荆沙银九万一千四百三十三两五钱二分，实解湖北善后总局市平荆沙银十三万四千二百二十五两一钱五分二厘零；又遵奏案拨解二十年秋冬二季分善后总局委员薪水杂用银五千一百三两六钱，巡防保甲员弁薪水经费银一万一千三百七两，发审委员薪水经费银一千六百二十两，武职操练弓箭月课奖赏银二千八百二两，救生红船水手口粮经费银二千八百八十两；又提牙厘各局局用八分经费银二万一千五百十五两三钱五分五厘零，实解湖北善后总局钱八十五万九千二百六十八串零二十五文，给牙厘各局八分经费钱七万四千七百十八串九百五十八文，除解支外，钱款无存，实在项下存货厘市平荆沙银十四万四百二十九两三钱三分五厘零，归于二十一年上半年造册报销等情，详请奏咨前来。臣复核相符，除清册咨送户部科外，所有光绪二十年秋冬二季收支牙帖厘金银钱数目，理合恭折具奏，伏祈皇上圣鉴。再：湖广总督系臣兼护，毋庸列衔，合并陈明，谨奏。

朱批："户部知道。"《宫中档光绪朝奏折》第9辑，第147—148页

委解湖北本年第二批东北边防经费片光绪二十一年闰五月二十六日

再：湖北省厘金项下奉拨光绪二十一年东北边防经费银八万两，业经委解第一批银三万两，赴京交纳在案。兹据署湖北布政使龙锡庆会同善后局司道详称，复于厘金项下动拨第二批银三万两，饬委大挑试用知县钱锦渠、拔贡试用知县王祐，管解赴京交纳等情前来。除缮咨转给该委员小心管解，并饬将应解银两续筹委解外，理合附片具陈，伏祈圣鉴。再：湖广总督系臣兼护，毋庸列衔，合并陈明，谨奏。

朱批："户部知道。"《宫中档光绪朝奏折》第9辑，第148页

查报钟祥等县受灾情形片光绪二十一年闰五月二十六日

再：湖北钟祥、荆门、京山、潜江、天门、汉川等州县，均滨临襄河，地势低洼，每值汉水涨发，悉赖堤塍以资保障。臣迭饬各地方官督率圩业人等随时加意防护，讵意本年五月二十五日起至闰五月初三日，上游一带狂风暴雨，彻夜连朝，未及一旬，汉水陡长三丈有余，势极汹涌，先历上游地势素高之光化县地方，沿河田庐船只即被冲没；及至下游，积水愈高，河流益急，奔腾直下，势若建瓴，竟过堤顶，人力难施，以致钟祥等州县河堤均有漫溃，田庐多被淹没，人口间有损伤。据各该州县先后禀报，臣查此次汉水盛涨，实为近数年所罕见，被淹既宽，灾情亦重，小民猝遭巨祲，荡析离居，深堪悯恻。现已饬司委员驰往查勘，筹款抚恤，俾免失所，并饬各该州县，一俟水势稍平，即督饬农业人等赶将溃口设法抢筑断流，疏消积水，以期及早涸复，乘时补种。至近省一带，久晴不雨，经臣率同司道设坛，虔诚祈祷，昨已连得透雨，尚堪补救，统俟秋后，再行查勘轻重情形，分别

办理。所有钟祥等县因汉水盛涨、堤溃被淹，现经委勘筹款抚恤缘由，理合附片具陈，伏乞圣鉴。再：湖广总督系臣兼护，毋庸列衔，合并陈明，谨奏。

朱批：“知道了。即着饬属查勘，妥为抚恤，毋任失所。”《宫中档光绪朝奏折》第9辑，第148—149页

查明湖北省征收光绪二十年钱粮截至奏销止比较上三年完欠各数循例开单折光绪二十一年闰五月二十六日

头品顶戴兼护湖广总督、湖北巡抚臣谭继洵跪奏，为查明湖北省征收光绪二十年钱粮截至奏销止比较上三年完欠各数循例开单恭折具陈仰祈圣鉴事。窃照征收钱粮部议三年比较之法开单奏报，历经遵办在案。兹据署湖北布政使龙锡庆于光绪二十年奏销截数后开单具详请奏前来。臣复加查核，湖北省光绪二十年新赋项下额征民屯地丁起运共银一百一十万六千六百九十八两九钱一分四厘，内除坍没渍淹挖压沙压展缓豁免共银一万五千一百六十七两二钱七分二厘；又除江夏、咸宁、嘉鱼、汉阳、汉川、黄陂、孝感、沔阳、黄冈、蕲水、黄梅、广济、钟祥、京山、潜江、天门、应城、江陵、公安、石首、监利、松滋、枝江、荆门等州县，并武昌、武左、沔阳、黄州、蕲州、荆州、荆左、荆右等卫，被水受旱缓征地丁等款正银一十八万三千六百四十八两七钱九分二厘外，实应征银九十万七千八百八十二两八钱五分，以十分计算，已完九分一厘零，银八十三万一千三百五十七两八钱三分一厘；未完八厘零，银七万六千五百二十五两一分九厘。比较光绪十七年征数，多征银三千一百一十一两六钱七分四厘；比较光绪十七年完数，少完银六十二两九钱五分八厘；比较光绪十八年征数，少征银四千三百八十六两二钱八分九厘；比较光绪十八年完数，少完银一万五千一百一十两三钱六分四厘；比较光绪十九年征数，少征银一万七千四百一十九两四钱八分五厘；比较光绪十九年完

数，少完银三万三千七百八十两四钱二分六厘。除饬司严催各属赶紧全完，并咨明户部户科查照外，理合缮具清单，恭折具奏，伏祈皇上圣鉴。再：湖广总督系臣兼护，毋庸列衔，合并陈明，谨奏。

朱批："户部知道，单并发。"《宫中档光绪朝奏折》第9辑，第149—150页

恭报湖北省光绪二十一年五月分雨水粮价地方情形折光绪二十一年闰五月二十六日

头品顶戴兼护湖广总督、湖北巡抚臣谭继洵跪奏，为恭报湖北省光绪二十一年五月分雨水粮价地方情形仰祈圣鉴事。窃照光绪二十一年四月分各属雨水粮价地方情形，业经臣恭折奏报在案。兹据武昌等十府暨荆门直隶州所属各州县将光绪二十一年五月分雨水粮价开具清单呈报，由署湖北布政使龙锡庆汇造清折前来。臣复加查核，是月分晴雨相间，江水稍长，汉水盛涨，早稻结实，杂粮畅茂，粮价较上月有减无增，地方民情悉臻安谧，堪以仰慰宸廑，谨缮粮价清单恭折具奏，伏乞皇上圣鉴，谨奏。

朱批："知道了。"《宫中档光绪朝奏折》第9辑，第151页

湖北汉镇房捐请奖章程拟请仿照筹饷新捐减成办理折光绪二十一年闰五月二十八日

头品顶戴兼护湖广总督、湖北巡抚臣谭继洵跪奏，为湖北汉镇房捐请奖章程拟请仿照筹饷新捐减成办理恭折具陈仰祈圣鉴事。窃照前准户部咨议复，臣奏请就地筹款开办汉镇房捐案内所收捐款，准其仿照赈捐章程请奖翎枝虚衔封典等项，于光绪二十年十二月二十一日具奏，本日奉旨："依议。"钦此。并准户部咨议复御史陈其璋奏请变通收捐案内议以新海防捐再减一成，凡各项实官五品以下按筹饷例三成实银上兑，筹饷新捐虚衔贡监等项亦应

统减一成，按三成实银收捐，以昭平允。又准户部咨奏明报捐翎枝专归新海防捐火器新捐筹饷新捐上兑，其余各项捐输均不准报捐翎枝，各等因，均经转饬遵照办理在案。伏查鄂省此次开办汉镇房捐，原议系照赈捐章程四成实银请奖，数月以来收数无多，各捐户因现办筹饷新捐新海防捐均已减为三成而房捐仍按四成核奖，是以不免观望，输缴难期踊跃，惟查筹饷新捐及劝办房捐均系仿照赈捐章程请奖，现在筹饷新捐业经户部奏准改为三成收捐，房捐自应一律酌减，以免歧异而昭公允，拟请将前项房捐按照赈捐章程酌减一成，以三成实银核奖，俾群情知所鼓励，报捐之项赶紧交纳。至汉镇抽收房捐本为筹备军饷而设，名目虽有不同，其实与筹饷新捐无异，翎枝一项应请准其一体请奖，以裕饷需。据署湖北布政使龙锡庆会同汉黄德道恽祖翼详请具奏前来。除咨部查照外，理合恭折具陈，伏祈皇上圣鉴训示。再：湖北巡抚系臣本任，毋庸会衔，合并陈明，谨奏。

朱批："户部议奏。"《光绪朝朱批奏折》第80辑，第442—443页

请旨敕部立案折光绪二十一年闰五月二十八日

……请旨敕部立案恭折具陈仰祈圣鉴事。窃照前准户部咨议复两江总督刘坤一奏饷需紧要酌拟就地筹款案内，有"劝谕绅富捐资"、"派令典商捐息"两条，应令该督抚转饬地方官善为劝导，如有绅富捐银至一万两以上者，准专折奏请特恩奖叙；其在一万两以下者，准照新海防例奖给实官虚衔封典暨移奖子弟，仍不准报捐道府，以符新章；其通省典商如于捐银二百两之外再捐一月息钱者，准按钱价核明银数请奖实官虚衔等项，以昭激劝。行令各省体察情形一体仿照办理，俟有成数报部，分别留用备拨，等因具奏。奉旨："依议。"钦此钦遵。咨行到鄂，当经行司体察情形，妥议详办去后。兹据署湖北布政使龙锡庆详称：上年因倭氛不靖，鄂省调营北上、筹办江防，需饷浩繁，库款极形支绌，体

察各属情形，绅富捐资、典商捐息两条均可仿照办理，自应一体就地筹劝，借济饷需。当经详明遵照部议刊发实收，遴派妥员分赴各府州县妥为劝办，现据各委员呈报，均已按照新海防章程分别开办，除绅富捐银一万两以上者随时详请奏恳特恩奖叙外，其余捐项一俟集有成数，即行按卯详请咨部核奖等情，详请奏咨前来。臣复核无异，除咨部查照外，理合恭折具陈，伏祈皇上圣鉴。再：湖北巡抚系臣本任，毋庸会衔，合并陈明，谨奏。

朱批："户部知道。"《光绪朝朱批奏折》第80辑，第444—445页

湖北省委解本年第四批京饷盐厘银两折

光绪二十一年闰五月

头品顶戴兼护湖广总督、湖北巡抚臣谭继洵跪奏，为湖北省委解本年第四批京饷盐厘银两恭折仰祈圣鉴事。窃前准户部咨豫拨光绪二十一年京饷案内提拨湖北盐厘银十五万两，又准户部咨续拨本年京饷案内拨湖北盐厘银五万两，行令分批起解等因，业经筹解本年第一批至三批共银六万两，随时奏报在案。兹据署湖北布政使龙锡庆、署盐法武昌道朱其煊，筹拨本年第四批京饷盐厘银二万两，饬委补用知县方朝佐、即用知县李祖荫管解赴京交纳等情，详请奏咨前来。臣复核无异，除分咨外，理合恭折具陈，伏祈皇上圣鉴。再：湖北巡抚系臣本任，毋庸会衔，合并陈明，谨奏。

朱批："户部知道。"《光绪朝朱批奏折》第87辑，第907页

江汉关筹解本年第二批筹备饷需银两折

光绪二十一年闰五月

头品顶戴兼护湖广总督、湖北巡抚臣谭继洵跪奏，为江汉关筹解本年第二批筹备饷需银两恭折具报仰祈圣鉴事。窃照前准户部咨乙未年筹备饷需奏拨江汉关四成洋税银十二万两，六成洋税

银十六万两等因，业经筹解本年第一批筹备饷需四成洋税银三万两、六成洋税银四万两委解赴京交纳奏报在案。兹据湖北汉黄德道、监督江汉关税务恽祖翼详称：在于第一百三十九结所征四六成洋税项下各动支库平足色银二万两，共银四万两，作为本年第二批筹备饷需，饬委补用知县方朝佐、即用知县李祖荫管解赴京交纳等情，详请奏咨前来。臣复核无异，除分咨外，理合恭折具陈，伏祈皇上圣鉴。再：湖北巡抚系臣本任，毋庸会衔，合并陈明，谨奏。

朱批："户部知道。"《光绪朝朱批奏折》第87辑，第911—912页

[清] 谭继洵 著 — 贾维 谭志宏 编

谭继洵集

（下）

岳麓書社 · 长沙

湖湘文库
续编

卷三　奏议三 光绪二十一年六月至十二月

副将员缺紧要照例拣员调补以实营伍折

光绪二十一年六月二十一日

头品顶戴兼护湖广总督、湖北巡抚臣谭继洵跪奏，为副将员缺紧要照例拣员调补以实营伍恭折仰祈圣鉴事。窃准兵部咨湖广督标中军副将蒋泽斌病故，遗缺系陆路题调之缺，应照例在于湖北现任应调应升人员内拣员升调以符定制等因。移咨到臣，遵即在于湖北省现任副将内逐加拣选，查有湖北施南协副将熊朝鉴，年五十九岁，湖南凤凰厅人，由行伍出师著绩历保以参将留于湖南尽先补用，经前署督臣郭柏荫奏补湖南保靖营参将，嗣因回避本省调补湖北兴国营参将，光绪元年七月初二日到任，旋于二年及七年、十二年列保副将参将等第案内三次保列二等，均经兵部议准注册，十六年经本任督臣张之洞奏请升补施南协副将，给咨送部引见，于光绪十七年四月二十八日到任，前经臣檄委署理湖北汉阳协副将篆务。该员谙练老成，晓畅戎务，现在汉阳整饬营伍，极为认真，以之调补湖广督标中军副将员缺，洵堪胜任。查斯缺为两湖各营领袖，事务纷繁，非精明强干、办事勤能之员，难资表率，施南协虽亦系题调之缺，事务较简，自应酌量调补，以期得力，合无仰恳天恩俯念员缺紧要，准以熊朝鉴调补湖广督标中军副将，实与营伍有裨。如蒙俞允，该员系对品调补，邀免送部引见，并祈敕部颁给札符以昭信守。除饬取履历咨部外，谨会同署湖北提督臣傅廷臣恭折具陈，伏祈皇上圣鉴，敕部核复。再：所遗湖北施南协副将员缺系陆路题调之缺，湖北省现有应补人员，容臣另行拣员请补；又湖北巡抚系臣本任，毋庸会衔，合并陈明，谨奏。

朱批：“兵部议奏。”《光绪朝朱批奏折》第44辑，第647—648页

特参守备滥扣民户已让弁兵息银并卖放粮缺折光绪二十一年六月二十一日

头品顶戴兼护湖广总督、湖北巡抚臣谭继洵跪奏，为特参守备滥扣民户已让弁兵息银并卖放粮缺请旨革职审办以儆官邪恭折仰祈圣鉴事。窃照前准湖南提督娄云庆咨据乾州协副将袁虞庆呈据河溪营都司黄星胜禀，该营中军守备诸腾燮扣存民户已让弁兵息银三百七十余两，侵吞肥已，请提帐清算退还原扣弁兵等情，旋据守备诸腾燮开列该都司借欠银两等款，禀讦袁虞庆查得黄星胜等有通同卖放粮缺情事，据实呈请核办等情。转咨到臣，当□将都司黄星胜、守备诸腾燮一并撤任，听候查办，一面委员接署，并咨请提臣就近派委妥员将该都司等禀讦各款彻底查明，据实禀复核办去后。兹准署湖南提督陈海鹏咨据提标中军参将杨正洪呈，饬委常德协候补都司马□胜会同接署都司邹福臣等查明，复称该营自咸丰年间以来，因库款支绌，冬季饷项未能按时领放，兵食攸关，历于年终向民户认息挪借，以资接济，其本息银两向于次年按季扣还，由来已久，守备诸腾燮扣收民户已让息银三百六十二两，未经发还兵丁，查明属实，现已勒限追缴；都司黄星胜由守备衙门借用民户银三百一十余两，尚有应还息银一百四十余两未给，其卖放粮缺一事，查询阖营弁目，该都司到任之后，亲临各汛点验，见有战守兵丁年力就衰者二十余名，饬令汰除，由各汛挑选年壮技熟兵丁一律考补，除记名之丁不计外，其余以弥补公款为名，每名令缴银六两，共银一百一十六两，呈缴守备衙门，诸腾燮亦已承认不讳，并云此项银两送给黄星胜五十两，下余银六十六两归于公款开销，细查并无帐目，应请一并着追等情禀复咨请核办。前来臣查该守备诸腾燮于民户已让该营弁兵息银三百余两，辄即侵挪入己，并于考补名粮与都司黄星胜通同作弊按名

收受银两，实属贪鄙不职，未便稍事姑容，除札饬湖南藩臬两司提案勒追，照例审拟详办，暨都司黄星胜业已据报病故，另行恭疏具题开缺外，相应请旨将湖南河溪营中军守备诸腾夔即行革职，归案审办，以儆官邪。谨会同湖南巡抚臣吴大澂、湖南提督臣娄云庆恭折具陈，伏祈皇上圣鉴训示。再：所遗湖南河溪营中军守备员缺系陆路题补之缺，湖南省现有应补人员，容臣另行拣员请补，合并陈明，谨奏。

朱批："着照所请，该部知道。"《光绪朝朱批奏折》第44辑，第649—650页

湖北省防营先后更换各管带衔名并移札地方折光绪二十一年六月

头品顶戴兼护湖广总督、湖北巡抚臣谭继洵跪奏，为湖北省防营先后更换各管带衔名并移札地方恭折具陈仰祈圣鉴事。窃前准兵部咨于光绪十五年十月二十八日奉上谕："各省防营如有更换管带员弁或移札他处，着随时奏闻。"等因。钦此。历经钦遵办理在案。兹查统领武胜全军兼带中营湖北竹山协副将常远藻在营病故，所遗武胜中营经臣饬委总兵易三元接带管带，武胜新营提督吴建瀛调省差委，所遗武胜新营分驻麻城、黄安一带缉私，委现带武胜右营尽先副将吴清泰接带，递遗武胜右营委提督薛万年接带，原带武防营署督标中军副将樊国泰，业经奏委署理宜昌镇篆，所遗武防营另委总兵唐凤辉接带，统领武刚三营兼带右营；湖北候补知府王曜銮据禀报丁母忧，所遗右营事务委管带荆江水师前营提督邱俊凤接带；管带武刚左营提督王得胜先经调带荆江水师前营，遗出武刚左营委总兵罗世宧暂行接带；管带镇南左营总兵周云吉因病请假，所遗镇南左营委提督王达言接带；管带襄河水师中营副将张国栋、襄河水师前营副将周世勋，均因巡防不甚得力，饬令销差，所遗水师中营委提督张添习管带，水师前营委副将吴惠吉管带；又准补湖北抚标右营游击方杰，经臣饬赴本任，

所遗管带襄河水师右营委提督王得胜接带，递遗荆江水师前营，委副将黄鲤庭接带。复查凤字马队三营奉调北上，经本任督臣张之洞会奏，饬委副将钱永林招募马队驻防襄樊，缉私缉匪，原奏募勇二百名，臣以分段扼札恐难周密，又附奏添募百名，共采买口马三百匹，旋因饷项支绌，饬令少募马勇五十人，以二百五十人编立一营，名为永清营，与鼎字营步队相间匀札，所余马匹即饬变价以节经费，现因副将钱永林调省，改委副将李加典前往接带。至武胜中前两营，前以田家镇一带炮台工程紧要，檄委该两营前往，会同镇南营并工兴筑，现在台工将竣，各路遣勇过境，上游沿江要隘非分拨营勇屯札巡防不足以资镇摄，已调管带武胜中营总兵易三元、武胜前营游击欧阳荣章分札沌口上下，并调统领镇南营兼带中营提督李考祥、管带镇南右营提督张复良拔队来省，于武汉地方巡防训练，提督李考祥既经调省，镇南各营饬令毋庸统领；襄河水师前营原系驻扎蔡甸，该营自移札汉口后，蔡甸地方宵小往往滋事，现饬仍札蔡甸，并令在襄河下游常川梭巡，督饬操练，认真整顿。所有防营先后更换各管带衔名并移札地方缘由，谨恭折具奏，伏祈皇上圣鉴。再：湖北巡抚系臣本任，毋庸会衔，合并陈明，谨奏。

朱批："该部知道。"《光绪朝朱批奏折》第44辑，第650—651页

委署安襄郧荆道片 光绪二十一年六月

再：湖北安襄郧荆道朱其煊现经调省派充文□提调，所遗该道篆务亟应遴员接署，以重地方。查有候补道锡璋稳练朴诚，办公勤谨，堪以署理，除檄饬遵照外，谨合词附片具陈，伏祈圣鉴，谨奏。

朱批："吏部知道。"钦此。故宫档案原件复印件

湖北沙市地方武汉两帮商民纠众械斗派调营勇弹压情形折光绪二十一年六月二十一日

头品顶戴兼护湖广总督、湖北巡抚臣谭继洵跪奏，为湖北沙市地方武汉两帮商民纠众械斗派调营勇弹压现已解散情形恭折仰祈圣鉴事。窃查湖北江陵县沙市地方华洋杂处，客民贸易者共十三帮，惟武昌、汉阳两帮最为强悍，动辄逞凶互斗。本年闰五月二十九日，汉帮悦来店与武帮两全馆因口角细故起衅争殴，两帮各不相下，遂于初三日聚众械斗，经荆宜施道周懋琦督同荆州府县城守营弹压各散，责令会首出结限缴器械。至初六日，两帮复纠众互斗，致伤人命，街市因之停贸，经该道府督饬营县保护教堂教士暂行避出，以免别启衅端，一面分投弹压，荆州将军臣祥亨亦派防御舒鲁富勒赫宝善、骁骑校庆赏等率领旗兵会同弹压晓谕。乃该两帮聚而不散，时或复斗，人心惶惑，诚恐匪徒混迹滋扰，酿成巨患，该道府等电禀酌派营勇赴沙，以资震摄。臣当委候补道李谦署督标中军副将刘清望，管带小队百名武胜左前两营乘轮前往查拿解散，十三日即抵沙市，当会同地方官出示晓谕，并派员开导。该两帮因见营勇到镇，始各畏惧解散，呈缴器械，现由李谦等拿获两帮纠众首要各犯十余名，饬县分别监禁管押，勒交伤毙人民正犯归案办理，市廛照常贸易，教堂安静，地方一律绥靖。叠据该道府县并李谦等电禀前来。臣查沙市武、汉两帮客民因细故起衅，胆敢再三纠众持械互斗，久聚不散，实属凶玩藐法，亟应从严惩办，以示儆戒，现饬荆州府县将已获各犯研审确情，并查明两造受伤致毙共有几命，分别验报，照例详办；并饬令李谦将所带两营一队酌留一营驻扎，余俱撤回省防。所有沙市地方武、汉两帮商民械斗、派调营勇弹压、现在解散情形，谨会同荆州将军臣祥亨恭折具陈，伏祈皇上圣鉴。再：湖北巡抚系臣本任，毋庸会衔，合并陈明，谨奏。

朱批："该衙门知道。"《光绪朝朱批奏折》第110辑，第981—982页

恭报湖北省光绪二十一年闰五月分雨水粮价地方情形折光绪二十一年六月二十三日

头品顶戴兼护湖广总督、湖北巡抚臣谭继洵跪奏，为恭报湖北省光绪二十一年闰五月分雨水粮价地方情形仰祈圣鉴事。窃照光绪二十一年五月分各属雨水粮价地方情形，业经臣恭折奏报在案。兹据武昌等十府暨荆门直隶州所属各州县将本年闰五月分雨水粮价开具清单呈报，由署湖北布政使龙锡庆汇造清折前来。臣复加查核，是月分近省一带久晴不雨，农民盼泽甚殷，经臣率同司道设坛虔诚祈祷，连得透雨，受旱各区借资补救；江水稍长，汉水盛涨，早稻登场，中稻吐穗，杂粮畅茂，粮价较上月增多减少，地方民情形悉臻安谧，堪以仰慰宸廑，谨缮粮价清单恭折具奏，伏乞皇上圣鉴，谨奏。

朱批："知道了。"《宫中档光绪朝奏折》第9辑，第195—196页

查明湖北省光绪二十一年二麦收成分数折

光绪二十一年六月二十三日

头品顶戴兼护湖广总督、湖北巡抚臣谭继洵跪奏，为查明湖北省光绪二十一年二麦收成分数恭折具陈仰祈圣鉴事。窃照湖北省光绪二十一年二麦登场，现据署布政使龙锡庆查明各属收成分数，汇开清折具详请奏前来。臣逐加查核，湖北省共计六十八州县，内收成八分有余者五县，八分者二州县，七分有余者十二县，七分者五县，六分有余者十六州县，六分者十六州县，五分有余者七州县，五分者四县，四分者一县，合计通省收成六分有余，谨缮清单，恭折具奏，伏祈皇上圣鉴。再：湖广总督系臣兼护，毋庸列衔，合并陈明，谨奏。

朱批："知道了。"《宫中档光绪朝奏折》第9辑，第196页

报解本年地丁京饷银两折光绪二十一年六月二十三日

头品顶戴兼护湖广总督、湖北巡抚臣谭继洵跪奏，为报解本年地丁京饷银两恭折仰祈圣鉴事。窃照光绪二十一年京饷湖北省奉拨地丁银四十五万两，业经先后委解五批共银二十三万两，赴京交收在案。兹据署湖北布政使龙锡庆详称：复于地丁项下动拨第六批银四万两，查有试用通判王渭贤、教习知县唐监金，堪以委解等情，详请奏咨前来。除缮咨转给该委员等妥速起解，并饬将应解银两续筹委解外，理合恭折具陈，伏祈皇上圣鉴。再：湖广总督系臣兼护，毋庸列衔，合并陈明，谨奏。

朱批："户部知道。"《宫中档光绪朝奏折》第9辑，第197页

委解湖北本年第四批厘金京饷片光绪二十一年六月二十三日

再：湖北省厘金项下奉拨光绪二十一年京饷银十二万两，业经先后委解三批共银九万两，赴京交纳在案。兹据署湖北布政使龙锡庆会同善后局司道详称，复于厘金项下动拨第四批银三万两，饬委试用通判王渭贤、教习知县唐监金，管解赴京交纳等情前来。除缮咨转给该委员等小心管解外，所有湖北省厘金项下奉拨本年京饷银两现已扫数解清缘由，理合附片具陈，伏祈圣鉴。再：湖广总督系臣兼护，毋庸列衔，合并陈明，谨奏。

朱批："户部知道。"《宫中档光绪朝奏折》第9辑，第197页

周以翰留省补用片光绪二十一年六月二十三日

再：准部咨道府州县无论何项劳绩保奏归于候补班人员，令

该督抚即以此项人员到省之日起，予限一年详加察看，认真考核，如系为守兼优，堪膺民社之员，出具切实考语，奏明分别繁简补用等因。兹查候补班补用知县周以翰，于光绪十九年九月十四日到省，十月十三日领咨告假进京会试，二十年四月初七日回省，前后接算扣至二十一年三月初七日，试看一年期满。据署湖北布政使龙锡庆、署按察使瞿廷韶取造该员履历清册，详请甄别具奏前来。臣随考验该员周以翰，明白谙练，办事慎勤，堪以繁缺留省补用，除清册咨送吏部查核外，理合附片具陈，伏祈圣鉴，敕部查照施行。再：湖广总督系臣兼护，毋庸列衔，合并陈明，谨奏。

朱批："吏部知道。"《宫中档光绪朝奏折》第9辑，第198页

湖广所辖长江水师各员弁因事出缺拣员分别升补折光绪二十一年七月二十八日

头品顶戴兼护湖广总督、湖北巡抚臣谭继洵、署长江水师提督臣彭楚汉跪奏，为湖广所辖长江水师各员弁因事出缺拣员分别升补照章声明请旨定夺恭折仰祈圣鉴事。窃查长江水师员弁出缺向系开单会奏请补。兹查近日所出各缺经臣楚汉遴选历练营伍、熟谙水师之陶树恩、周志发、丁胜友、钟楚良四员，均系由已经借补官阶递请升转，相应照章声明，可否准其升补，代候钦定，理合缮具清单，恭呈御览，如蒙俞允，俟接准部复即将周志发、丁胜友二员给咨送部引见，其陶树恩一员前于升补参将任内引见未满三年，此次邀免送部引见，应与请升补千总之钟楚良均恳敕部一并颁给札付，以昭信守。除饬取该员弁等履历咨部外，谨会同署两江总督臣张之洞恭折具陈，伏祈皇上圣鉴，谨奏。

朱批："兵部议奏，单并发。"《光绪朝朱批奏折》第44辑，第700—701页

奏报湖北水灾折光绪二十一年七月

臣谭继洵跪奏，湖北钟祥等州县，以汉水骤涨，河堤漫溃，田庐人口多有损伤，已饬委员驰往查勘，筹款抚恤。《光绪朝东华录》第4册，第3639页

筹拨淮军月饷片光绪二十一年七月

再：前准户部咨议复直隶督臣李鸿章奏淮军月饷支绌，请将江汉关应解额款于四六成洋税项下通融匀拨案内，议令江汉关应解淮饷如六成洋税无款，即在四成洋税及五成二厘招商局税内按数提解等因，奉旨："依议。"钦此。咨行钦遵办理。查江汉关奉拨淮军月饷四成洋税银二万两、六成洋税银三万两，均解至光绪二十一年五月分止，随时奏报在案。兹应解本年闰五月分四六成淮饷，即在第一百三十九结所征四成洋税项下动支库平银二万两，并在是结所征五成二厘局税项下动支库平银三万两，作为直隶淮军月饷，委解湖北淮军收支转运局交收转解。据湖北汉黄德道、监督江汉关税务恽祖翼具详请奏前来。臣复核无异，除分咨外，谨附片具陈，伏祈圣鉴。再：湖北巡抚系臣本任，毋庸会衔，合并陈明，谨奏。

朱批："户部知道。"《光绪朝朱批奏折》第60辑，第458页

筹拨固本军饷片光绪二十一年七月

再：前准户部咨原定各省应解固本兵饷，湖广省按月应解银五千两改令径解部库交纳；又准户部咨酌定分年带解固本练饷欠款，拟定有闰之年解十五个月计银七万五千两，无闰之年解十四个月计银七万两，即自光绪十一年正月起按年照数解清各等因。所有湖北省应解光绪十八年十一月以前固本兵饷银两，业经按年

照数先后解部，附片具奏在案。兹据署湖北布政使龙锡庆详称，会同盐法道在于盐课项下筹拨银一万两，作为光绪十八年十二月并十九年正月两个月固本兵饷，饬委补用知县方朝佐、即用知县李祖荫管解赴京交纳等情，详请奏咨前来。臣复核无异，除给咨管解外，理合附片具陈，伏祈圣鉴。再：湖北巡抚系臣本任，毋庸会衔，合并陈明，谨奏。

朱批："户部知道。"《光绪朝朱批奏折》第60辑，第477页

光绪二十年分抽收应城竹山二县盐课钱文数目折光绪二十一年七月二十八日

头品顶戴兼护湖广总督、湖北巡抚臣谭继洵跪奏，为光绪二十年分抽收应城、竹山二县盐课钱文数目恭折具陈仰祈圣鉴事。窃照湖北竹山县抽收川盐课钱及应城县井课钱文，前经奏明每年汇报一次，所有光绪十九年抽收前项盐课钱文数目，业经本任督臣张之洞恭折具奏在案。兹据署湖北布政使龙锡庆、署盐法武昌道朱其煊将光绪二十年分征收应城、竹山两县盐课钱文数目开报前来。臣复加查核，光绪二十年应城井盐课税春季分计共征收钱二千五百七十三串四十九文，夏季分计共征收钱三千三百九十八串五百五十九文，秋季分计共征收钱三千三百一十串六十八文，冬季分计共征收钱三千九十串一百九十一文；又是年竹山县川盐陆课计共征收钱二百四十串文，总共通年征收应城县井盐课税并竹山县川盐陆课两项钱一万二千六百一十一串八百六十七文，均经随时移解善后局凑充军饷。除收支细数汇案造报外，所有光绪二十年分抽收应城、竹山二县盐课钱文数目，理合恭折具陈，伏祈皇上圣鉴，谨奏。

朱批："户部知道。"《光绪朝朱批奏折》第75辑，第804页

将善后局并入藩库片光绪二十一年七月

再：湖北省于咸丰七年设立粮台，至同治五年改为军需局，另设善后一局；光绪五年又将军需局裁撤归并善后局，历经奏报在案。兹据署湖北布政使、按察使龙锡庆，善后局司道详称：该局经收牙厘盐课并药土等厘支发奉拨京协各饷、本省营饷，加之现在筹办江防添募营勇、制造军火以及奉调北上马步各营，用款出入更繁，倘有疏虞，关系非细，因思藩库额设布库大使经理，并库书、库子、库夫等，各专责成，且派拨护兵护勇昼夜巡防，较为严密；拟将善后局银钱各项一并归入藩库，分别款目设簿存储，凡有应支防营等项，由该司道等督饬局员照章核明填发印票，持赴藩库会同库官照数支放，按旬由局员同库官截清数目，将印票还局核销，俾免轇轕，嗣后应解善后局之款一律改解藩库，并由善后局将现存各项分别截清造册并交藩库收存，每遇收放仍责成该局收支委员带同局书人等会同藩署库官及库书认真经理等情，详请奏咨前来。臣复加查核，系为慎重库藏起见，除咨部立案外，所有湖北善后局银钱各款并归藩库存储缘由，谨附片具陈，伏祈圣鉴训示。再：湖北巡抚系臣本任，毋庸会衔，合并陈明，谨奏。

朱批："该部知道。"《光绪朝朱批奏折》第82辑，第346—347页

委解湖北本年第六批盐厘京饷片光绪二十一年七月

再：前准户部咨豫拨光绪二十一年京饷案内提拨湖北盐厘银十五万两，又准户部咨续拨本年京饷案内拨湖北盐厘银五万两，行令分批起解等因，业经筹解本年第一批至五批共银十万两，随时奏报在案。兹据署湖北布政使龙锡庆、署盐法武昌道朱其煊，筹拨本年第六批京饷盐厘银二万两，饬委试用通判王渭贤、教习知县唐监金管解赴京交纳等情，详请奏咨前来。臣复核无异，除

分咨外，理合附片具陈，伏祈圣鉴。再：湖北巡抚系臣本任，毋庸会衔，合并陈明，谨奏。

朱批："户部知道。"《光绪朝朱批奏折》第87辑，第936页

筹解江汉关洋税片光绪二十一年七月

再：前准户部咨乙未年筹备饷需奏拨江汉关四成洋税银十二万两，六成洋税银十六万两等因，业经筹解本年第一、二两批筹备饷需四成洋税银五万两、六成洋税银六万两委解赴京交纳奏报在案。兹据湖北汉黄德道监督、江汉关税务恽祖翼详称：在于第一百三十九结动支四成洋税银三万两、六成洋税银四万两，共银七万两作为本年第三批筹备饷需，饬委试用通判王渭贤、教习知县唐监金管解赴京交纳等情，详请奏咨前来。臣复核无异，除分咨外，理合附片具陈，伏祈皇上圣鉴。再：湖北巡抚系臣本任，毋庸会衔，合并陈明，谨奏。

朱批："户部知道。"《光绪朝朱批奏折》第87辑，第953页

特参已故知州交代案内短交银两请旨革职勒限严追以重库款折光绪二十一年七月二十八日

头品顶戴兼护湖广总督、湖北巡抚臣谭继洵跪奏，为特参已故知州交代案内短交银两请旨革职勒限严追以重库款恭折仰祈圣鉴事。窃照湖北省交代经臣督饬司道按限清理，不准稍有延欠，兹查前署兴国州知州陆祐勤于光绪二十一年五月十一日在任病故，任内欠解司道两库各款共银三万七千一百三十六两九钱四分九厘，屡经严催，迄今已逾初参例限，该家属尚未完解，由该接任知州宋熙曾查明，禀经该管道府揭报到司。据署湖北布政使龙锡庆、署按察使瞿廷韶、督粮道岑春蓂详请参追前来。臣查州县经征钱漕两项，攸关国帑，不容丝毫蒂欠，今该故员陆祐勤任内欠解各款数至三万七千余两，屡催未缴，实属延玩。现虽甫逾交代初参

例限，但为数较巨，未便稍任宕延，亟应严参勒追，以重库款。相应请旨将已故前署兴国州事、本任沔阳州知州陆祐勤先行革职，勒令该家属于两个月限内如数完缴，倘逾限不完，再行从严参办，并照章将应行分赔各职名随案开送，除咨户部查照外，理合恭折具陈，伏祈皇上圣鉴训示。再：湖广总督系臣兼护，毋庸会衔，合并陈明，谨奏。

朱批："着照所请，该部知道。"《宫中档光绪朝奏折》第9辑，第255—256页

委解湖北本年第三批东北边防经费片 光绪二十一年七月二十九日

再：湖北省厘金项下奉拨光绪二十一年东北边防经费银八万两，业经先后委解二批共银六万两，赴京交纳在案。兹据署湖北布政使龙锡庆会同善后局司道详称，复于厘金项下动拨第三批银二万两，饬委试用通判江凤藻、即用知县王云清，管解赴京交纳等情前来。除缮咨转给该委员等小心管解外，所有湖北省厘金项下奉拨本年东北边防经费银两，现已扫数解清缘由，理合附片具陈，伏祈圣鉴。再：湖广总督系臣兼护，毋庸列衔，合并陈明，谨奏。

朱批："户部知道。"《宫中档光绪朝奏折》第9辑，第256页

委解湖北本年第五批地丁京饷片 光绪二十一年

再：光绪二十一年京饷湖北省奉拨地丁银四十五万两，业经先后委解四批共银一十八万两，赴京交收在案。兹据署湖北布政使龙锡庆详称：复于地丁项下动拨第五批银五万两，查有大挑试用知县钱锦渠，拔贡试用知县孔王祜堪以委解等情，详请奏咨前来。除缮咨转给该委员等妥速起解，并饬将应解银两续筹委解外，

理合附片具陈，伏祈圣鉴。再：湖广总督系臣兼护，毋庸列衔，合并陈明，谨奏。

朱批："户部知道。"《宫中档光绪朝奏折》第9辑，第572—573页

委解湖北本年第七批地丁京饷片光绪二十一年七月二十九日

再：光绪二十一年京饷湖北省奉拨地丁银四十五万两，业经先后委解六批共银二十七万两，赴京交收在案。兹据署湖北布政使龙锡庆详称：复于地丁项下动拨第七批银五万两，查有试用通判江凤藻、即用知县王云清，堪以委解等情，详请奏咨前来。除缮咨转给该委员等妥速起解，并饬将应解银两续筹委解外，理合附片具陈，伏祈圣鉴。再：湖广总督系臣兼护，毋庸列衔，合并陈明，谨奏。

朱批："户部知道。"《宫中档光绪朝奏折》第9辑，第257页

部选人员领凭到省暂留学习折光绪二十一年七月二十九日

头品顶戴湖广总督、湖北巡抚臣谭继洵跪奏，为部选人员领凭到省暂留学习恭折仰祈圣鉴事。窃照部选通山县知县高震嵘，于光绪二十一年五月二十日领凭到省，本应饬赴新任，惟查通山县虽系简缺，而讼狱繁兴，颇称难治，该员民社初膺，于地方情形未尽熟悉，应暂留省学习。据署布政使龙锡庆、署按察使瞿廷韶会详前来。除将文凭送部查销外，理合恭折具陈，伏祈皇上圣鉴，敕部查照施行。再：湖广总督系臣兼护，毋庸列衔，合并陈明，谨奏。

朱批："吏部知道。"《宫中档光绪朝奏折》第9辑，第257页

委署荆门直隶州知州片光绪二十一年七月二十九日

再：署荆门直隶州事、本任江夏县知县诸可权，现经饬回本任，所遗荆门直隶州印务，查有本任黄梅县知县徐士彦，才具明练，办事认真，堪以署理。又石首县知县刘邦道调省，所遗该县印务，查有本任蒲圻县知县文达，心境明白，举止安详，堪以署理。又江陵县知县刘秉彝调省，所遗该县印务，查有本任麻城县知县张集庆，平正通达，吏治素娴，堪以署理，据署布政使龙锡庆、署按察使瞿廷韶会详前来。除檄饬遵照外，理合附片具陈，伏乞圣鉴。再：湖广总督系臣兼护，毋庸列衔，合并陈明，谨奏。

朱批："吏部知道。"《宫中档光绪朝奏折》第9辑，第257—258页

罗忠祥等留省补用片光绪二十一年七月二十九日

再：准部咨道府州县无论何项劳绩保奏归于候补班人员，令该督抚即以此项人员到省之日起，予限一年详加察看，认真考核，如系为守兼优，堪膺民社之员，出具切实考语，奏明分别繁简补用等因。兹查补用知县罗忠祥，自光绪二十年四月初三日到省之日起，扣至二十一年四月初三日，试看一年期满。又候补班补用知县周谷生，自光绪二十年六月初八到省之日起，连闰扣至二十一年闰五月初八日，试看一年期满，据署布政使龙锡庆、署按察使瞿廷韶取造各该员履历清册，详请甄别具奏前来。臣随考验该员罗忠祥，年力富强，留心吏治，堪以繁缺留省补用；该员周谷生，才具明敏，办事认真，堪以繁缺留省补用，除清册咨送吏部查核外，理合附片具陈，伏乞圣鉴，敕部查照施行。再：湖广总督系臣兼护，毋庸列衔，合并陈明，谨奏。

朱批："吏部知道。"《宫中档光绪朝奏折》第9辑，第258页

滇省委员领运十四起二批京铜到鄂发给水脚银两换附轮船开行日期折光绪二十一年七月二十九日

头品顶戴兼护湖广总督、湖北巡抚臣谭继洵跪奏，为滇省委员领运十四起二批京铜到鄂发给水脚银两换附轮船开行日期恭折仰祈圣鉴事。窃查滇省委员、补用知县陈时福领运十四起二批正余京铜五十一万五千斤，于光绪二十一年闰五月十五日由四川巫山县护送到湖北巴东县境，六月初九日全数运抵汉阳县，报经饬委汉阳府知府逄润古、汉阳县知县薛福祁，会同该运员陈时福将运到铜斤逐一盘验过秤，并无短少，换附轮船眼同过载，于六月十九、二十六等日分起开行，取具运员无亏钤结，由该府县加结转详，其应领水脚在于藩司库存地丁项下动支银一千八百两，发给该运员具领。据署湖北按察使瞿廷韶具详请奏前来。除将册结咨送户、工二部暨钱法堂查照外，理合恭折具陈，伏祈皇上圣鉴。再：湖广总督系臣兼护，毋庸列衔，合并陈明，谨奏。

朱批："该部知道。"《宫中档光绪朝奏折》第9辑，第259页

恭报湖北省光绪二十一年六月分雨水粮价地方情形折光绪二十一年七月二十九日

头品顶戴兼护湖广总督、湖北巡抚臣谭继洵跪奏，为恭报湖北省光绪二十一年六月分雨水粮价地方情形仰祈圣鉴事。窃照光绪二十一年闰五月分各属雨水粮价地方情形，业经臣恭折奏报在案。兹据武昌等十府暨荆门直隶州所属各州县将本年六月分雨水粮价开具清单呈报，由署湖北布政使龙锡庆汇造清折前来。臣复加查核，是月分晴雨相间，江汉水势盛涨，中稻登场，菜蔬畅茂，粮价较上月增多减少，地方民情悉臻安谧，堪以仰慰宸廑，谨缮粮价清单恭折具奏，伏祈皇上圣鉴，谨奏。

朱批："知道了。"《宫中档光绪朝奏折》第9辑，第259—260页

运销川银加收钱文片光绪二十一年八月

再：准户部咨议复编修张百熙奏请筹饷各条案内，行令将鄂省安襄郧荆宜等府州运销川盐每斤加收钱二文，以佐军需。即经咨明，饬由宜昌川盐总局就近抽收，解交盐道，听候拨用，嗣准部咨令将所收钱文随同正加课按季奏报，以资查考，等因。当经转饬遵照去□□□□盐法武昌道赵滨彦详称：遵查前项筹饷加价钱文，宜昌川盐总局自光绪二十年九月十六日抽收起至二十一年三月底止，共收钱七万九千六百六十串八百九十二文，兹又自四月起连闰至六月底止，夏季分共收钱四万四千六百五十七串七十四文，除以后所收钱文随同正加各课奏报外，详请查核奏咨等情前来。除咨户部外，理合附片具陈，伏祈圣鉴，谨奏。

朱批："户部知道。"《光绪朝朱批奏折》第75辑，第805页

恭报湖北省光绪二十一年七月分雨水粮价地方情形折光绪二十一年八月二十六日

头品顶戴兼护湖广总督、湖北巡抚臣谭继洵跪奏，为恭报湖北省光绪二十一年七月分雨水粮价地方情形仰祈圣鉴事。窃照光绪二十一年六月分各属雨水粮价地方情形，业经臣恭折奏报在案。兹据武昌等十府暨荆门直隶州所属各州县将本年七月分雨水粮价开具清单呈报，由署湖北布政使龙锡庆汇造清折前来。臣复加查核，是月分晴多雨少，江汉水势渐退，晚稻青葱，菜蔬畅茂，粮价较上月增多减少，地方民情悉臻安谧，堪以仰慰宸廑，谨缮粮价清单恭折具奏，伏乞皇上圣鉴，谨奏。

朱批："知道了。"《宫中档光绪朝奏折》第9辑，第318页

报解本年地丁京饷银两折光绪二十一年八月二十六日

头品顶戴兼护湖广总督、湖北巡抚臣谭继洵跪奏，为报解本年地丁京饷银两恭折仰祈圣鉴事。窃照光绪二十一年京饷湖北省奉拨地丁银四十五万两，业经先后委解七批共银三十二万两，赴京交收在案。兹据署湖北布政使龙锡庆详称：复于地丁项下动拨第八批银四万两，查有即用知县梁葆仁，候补知县任本垚堪以委解等情，详请奏咨前来。除缮咨转给该委员等妥速起解，并饬将应解银两续筹委解外，理合恭折具陈，伏祈皇上圣鉴。再：湖广总督系臣兼护，毋庸列衔，合并陈明，谨奏。

朱批："户部知道。"《宫中档光绪朝奏折》第9辑，第319页

沙市地方失慎弹压勇丁与水龙会争路口角致伤民夫请将营哨各官惩处折光绪二十一年八月二十六日

头品顶戴兼护湖广总督、湖北巡抚臣谭继洵跪奏，为沙市地方失慎弹压勇丁与水龙会争路口角致伤民夫请将营哨各官惩处恭折仰祈圣鉴事。窃臣前因湖北江陵县沙市地方武汉两帮商民纠众械斗，饬委候补道李谦等带勇前往查办，酌留武胜前营驻扎该镇以资弹压。本年八月初七日，沙市街后章台渊柳林堤民胡为霖家不戒于火，合镇水龙趋救，武胜前营巡勇十余人亦前往弹压，与兴兴坊水龙撞遇，堤窄人多，水龙负重难让，碰跌勇丁三人，余勇纠殴水夫，为绅耆申饬，该勇负气回营，捏情妄报，营官欧阳荣章适赴县署未回，该营前哨哨官余万盛辄率勇丁持械出队，追赶至章台渊一带争殴，致伤水龙夫十余人。时荆州知府舒惠正在考试武童，经荆宜施道周懋琦饬署江陵县知县张集庆连夜赴沙，会同保甲委员等弹压查勘，火已早熄，随提受伤之人验明伤痕，

给药敷治，计伤十七人，轻重不等，并将被火各户妥为抚恤，营官闻信驰回，当场查出滋事勇丁彭文斌、潘金山、田进保等三名，插箭游营，又张宏发等九名送县讯办，地方人心始就帖服。臣先因风闻此事，即经电饬查复，并将武胜前营撤调回省，改派镇南后营前往填扎，暨委候补道扎勒哈哩赴荆确切查访。兹据荆宜施道周懋琦禀报前来。伏查沙市为川楚要冲，五方杂处，派营驻扎原以保卫地方，乃该勇丁因争路口角竟敢持械出队，致伤水龙会夫多人，实属凶横不法，哨官余万盛于勇丁回营捏报之时，不察虚实，即擅率队出营，致构此衅；帮带官熊得胜在营任令弁勇出外滋事，亦属荒谬；管带官欧阳荣章虽值因公赴县，事出仓猝，防范不及，但平时约束不严，已可概见。除将营哨各官撤差外，相应请旨将武胜前营管带官、湖北尽先补用游击、湖广督标中营都司欧阳荣章交部议处，帮带官、补用副将熊得胜，前哨哨官、尽先游击余万盛，均即行革职，以肃营规。其在场滋事之勇丁，仍饬荆州道府督同江陵县研审确情，从重分别定拟禀办。所有沙市地方失慎弹压勇丁与水龙会争路口角致伤民夫、请将营哨各官惩处缘由，恭折具陈，伏乞皇上圣鉴训示。再：湖广总督系臣兼护，毋庸会衔，合并陈明，谨奏。

朱批：“另有旨。”《宫中档光绪朝奏折》第9辑，第319—321页

征收钱漕奏销前扫数全完之员恳请照例奖叙折光绪二十一年八月二十六日

头品顶戴兼护湖广总督、湖北巡抚臣谭继洵跪奏，为征收钱漕奏销前扫数全完之员恳请照例奖叙恭折仰祈圣鉴事。窃照钱漕乃维正之供，催科为有司专责，鄂省频年奉提京饷及拨协各省饷项全赖地丁等款，征解踊跃，借资挹注，是州县催征之勤惰，实关饷需之赢缩，其有先期完解之员，历经奏准奖叙在案。兹据署湖北布政使龙锡庆、督粮道岑春蓂详称，查蕲州额征光绪二十年司库地丁等款钱粮，除坐支外，实应解银二万六千二百五十五两

六钱七分三厘，又应解道库漕南正耗米折等款共银三万六千五百两七钱一分三厘，均于奏销前扫数全完，请奏奖前来。臣查该州额征各款钱粮银两合计在五万两以上，均于奏销前扫数全完，洵属催科勤奋，自应专案请奖，合无仰恳天恩俯准将现任蕲州知州凌兆熊照例给予加二级，以示鼓励而资观感，恭折具陈，伏祈皇上圣鉴。再：湖广总督系臣兼护，毋庸列衔，合并陈明，谨奏。

朱批："着照所请，该部知道。"《宫中档光绪朝奏折》第9辑，第321页

委署湖北布政使及汉黄德道片光绪二十一年八月二十六日

再：准吏部咨光绪二十一年七月二十六日奉上谕："浙江布政使着龙锡庆补授，恽祖翼着补授湖北按察使。"钦此。查龙锡庆现署湖北布政使，恽祖翼现任汉黄德道、监督江汉关税务，均应交卸北上，所遗各篆务亟应分别委署，以重职守。查有现署湖北按察使瞿廷韶，干练精明，留心吏治，堪以兼署藩司篆务；现署盐法武昌道朱其煊稳慎老成，结实可靠，堪以署理汉黄德道、监督江汉关税务；递遗盐法武昌道篆务，查有试用道赵滨彦，为守兼优，办事勤奋，堪以署理。除檄饬遵照外，理合附片具陈，伏乞圣鉴。再：湖广总督系臣兼护，毋庸列衔，合并陈明，谨奏。

朱批："吏部知道。"《宫中档光绪朝奏折》第9辑，第322页

王秉寿等留省补用片光绪二十一年八月二十六日

再：准部咨道府州县无论何项劳绩保奏归于候补班人员，令该督抚即以此项人员到省之日起，予限一年详加察看，认真考核，如系为守兼优，堪膺民社之员，出具切实考语，奏明分别繁简补用等因。兹查候补班补用知县王秉寿，应以光绪二十年七月初二

到省之日起，连闰扣至二十一年六月初二日，试看一年期满；又尽先补用知县邓寿椿，应以光绪二十年六月二十五到省之日起，扣至二十一年闰五月二十五日，试看一年期满。据署湖北布政使龙锡庆、署按察使瞿廷韶取造各该员履历清册，详请甄别具奏前来。臣随考验该员王秉寿，才具明晰，年力富强，堪以繁缺留省补用；该员邓寿椿，心地明白，办事奋勤，堪以繁缺留省补用，除清册咨送吏部查核外，理合附片具陈，伏乞圣鉴，敕部查照施行。再：湖广总督系臣兼护，毋庸列衔，合并陈明，谨奏。

朱批：“吏部知道。”《宫中档光绪朝奏折》第9辑，第322—323页

湖北滨汉各州县被水成灾吁恳天恩截漕拨款以济工赈折光绪二十一年八月二十七日

头品顶戴兼护湖广总督、湖北巡抚臣谭继洵跪奏，为湖北滨汉各州县被水成灾吁恳天恩截漕拨款以济工赈恭折仰祈圣鉴事。窃照本年五月汉水盛涨，湖北钟祥等州县堤溃被淹，灾情较重，经臣饬司委员查勘，筹款抚恤，附片奏报，钦奉朱批：“知道了，即着饬属查勘，妥为抚恤，毋任失所。”钦此钦遵在案。伏查钟祥、荆门、京山、潜江、天门、汉川等州县，均滨临襄河，地势低洼，每值汉水涨发，悉赖堤塍保障。本年五月杪至闰五月初，上游暴雨连朝，未及一旬，汉水陡长三丈有余，奔腾直下，势若建瓴，高过堤顶，以致各该州县堤塍均有漫溃，田庐多被淹没，人口间有损伤，访察灾情，实为近数年所罕见，然维时节候尚早，犹冀涸复及时，借可补种。讵意伏秋二汛，水复加涨，宣泄无从，现仍一片汪洋，收成失望小民荡析离居，实堪悯恻，自应遵旨早筹抚恤，俾免失所。臣与司道悉心筹画，详考历来办法，惟以工代赈最为裨益，且查钟祥以迄汉川，绵亘七百余里，为汉水必经之区，向恃两岸长堤以资捍卫，此次水势之大，漫堤之多，实较往岁为甚。现经委员会同地方官查勘，如钟祥之十工，京山之张壁口、陈洪口、鲍家嘴、杨堤湾，潜江之白洑垸、洪山寺、安庆

闸、傅家竹林，天门之护城堤，汉川之朱家横堤，皆属著名险要，工大费繁，此外工程较小之处，尚难悉数。所需经费，惟钟祥有奏准船厘一款，岁收无多，仅敷该县通堤岁修之用，遇有大工仍须另筹，其余各属历系就地设法，专借民力，刻值巨祲，闾阎困苦，鸿嗷遍野，待赈孔殷，责令集款修堤，民力实有未逮，若悬而不修，则今冬二麦未能播种，来春汛涨复临情形更不堪设想。民瘼攸关，不得不为请命。但工赈分办，约需钱二三十万缗，当兹库款支绌，自应力求撙节，再四筹思，惟有寓赈于工，庶几一举两得，拟就各属水灾轻重，工程大小，酌给修堤之费，赶紧动工，使少壮贫民得借工资以赈身家，其老弱妇女不能工作者，仍酌发钱米赈济，俾免流离，而堤得修复，各安耕作，更免复虑。似此撙节办理，亦非银十万两不敷工赈之需，湖北司道各库向无闲款，赈捐屡经开办，已成弩末，既难集此巨款，抑且缓不济急。查光绪九年、十三年湖北两次被水成灾，曾经前督抚臣奏蒙俞允截留漕粮等项，以充赈需，本年情形相同，自应援案吁恳恩施，俾资拯救。据署湖北布政使龙锡庆、署按察使瞿廷韶会详请奏前来。合无仰恳天恩俯念灾区较重，工赈急迫，准将湖北本年应运冬漕三万石，并随漕耗米津通运费经剥食耗等项共银七万一千九百八十四两二钱四分一厘，一并截留，再于质当常年捐款内拨银二万八千一十五两七钱五分九厘，共成十万两，以济工赈之用，出自高厚鸿慈，臣惟有督饬司道暨各地方官核实，认真经理，总期无滥无遗，以仰副圣主加惠灾黎之至意。除应征钱漕应如何分别蠲缓，饬属赶紧勘明另行具奏外，所有湖北各属被水成灾请截漕拨款以济工赈缘由，理合恭折由驿驰奏，伏祈皇上圣鉴训示。再：近省一带江夏等州县，前值夏间亢旱，难得透雨补救，讵入秋后又复久晴，晚稻、杂粮多有伤损，现饬该管道府切实查勘，容俟勘明，汇同被水各区一并办理。又，湖广总督系臣兼护，毋庸列衔，合并陈明，谨奏。

朱批："另有旨。"《宫中档光绪朝奏折》第9辑，第323—325页

苗疆守备员缺紧要拣员请补以重营伍折

光绪二十一年九月初九日

头品顶戴兼护湖广总督、湖北巡抚臣谭继洵跪奏，为苗疆守备员缺紧要拣员请补以重营伍恭折具陈仰祈圣鉴事。窃准兵部咨湖南永绥协左营守备陈高亮病故，遗缺系题补第七轮第六缺，应用拣发班内人员行令照章拣员请补等因。移咨到臣，查斯缺驻扎永绥厅吉峒坪汛，系属苗疆，抚绥缉捕均关紧要，非精明练达、熟悉情形之员，难期胜任。臣当即在湖南省保举补用升用守备班内详加遴选，查有湖南抚标左营补用守备汪炳麟，年五十一岁，湖南善化县人，由武童投效军营，出师浙江、江西等省剿贼出力，历保以守备补用。同治三年正月初二日奉旨允准在案，嗣因凯撤回籍，饬发抚标左营差遣，是年十一月十六日到标，曾经檄委署理宜章营守备，办理营务均属妥协。该员老成稳慎，驭兵有方，以之拟补斯缺洵堪胜任。伏查湖南省保举补用升用守备班内已经到标人员，该员名次在前，而在营历练有年，于苗疆情形最为熟悉，且系应归拣发班补用之员，饬查前在本省及他省均无参革蒙保情弊，又系隔府别营，与例亦属相符合无，仰恳天恩俯念苗疆员缺紧要，准以汪炳麟补授湖南永绥协左营守备，实于边防营伍有裨。如蒙俞允，俟部复到日再行给咨送部引见，以符定制。除饬取该员履历咨部外，谨会同湖南巡抚臣吴大澂、湖南提督臣娄云庆恭折具陈，伏祈皇上圣鉴，敕部核复施行，谨奏。

朱批：“兵部议奏。”《光绪朝朱批奏折》第44辑，第766—767页

拣员借补守备要缺以重营伍折

光绪二十一年九月初九日

头品顶戴兼护湖广总督、湖北巡抚臣谭继洵跪奏，为拣员借补守备要缺以重营伍恭折仰祈圣鉴事。窃准兵部咨湖南辰州城守

营中军守备黄得益病故，遗缺系陆路题补第七轮第七缺，应用尽先人员行令照章拣员请补等因。移咨到臣，查斯缺驻扎金厂汛，地处苗疆，抚辑巡防均关紧要，非营务谙练、熟悉地方之员，难期胜任。臣在湖南尽先守备班内逐加遴选，非人地不宜即苗情不熟，未便迁就拟补，致滋贻误。伏查部定章程："借补即在尽先班次之内，并准兵部咨武职借补准其续展五年，限满后再行奏明停止，惟大衔借补小缺均不得借至二级以后，照此次章程办理"各等语，兹查有蓝翎尽先都司李心维，年五十五岁，湖南浏阳县人，由武童投效军营，剿贼出力，叠次保奖，嗣于随剿肃清全楚案内保以都司尽先补用，同治二年十月十三日奉旨允准在案，凯撤回籍，饬发湖南抚标右营差遣，同治十一年六月十八日到标。该员稳练奋勤，操防得力，以之借补斯缺洵堪胜任，与借补限制相符，饬查前在本省及他省均无参革蒙保情弊合无，仰恳天恩俯念苗疆员缺紧要，准以尽先都司李心维借补湖南辰州城守营中军守备，实与营伍有裨，如蒙俞允，俟部复至日给咨送部引见，以符定制。除饬取该员履历咨部外，谨会同湖南巡抚臣吴大澂、湖南提督臣娄云庆恭折具陈，伏祈皇上圣鉴，敕部核复施行，谨奏。

朱批："兵部议奏。"《光绪朝朱批奏折》第44辑，第767—768页

筹解固本兵饷片 光绪二十一年九月

再：前准户部咨原定各省应解固本兵饷，湖广省按月应解银五千两改令径解部库交纳；又准户部咨酌定分年带解固本练饷欠款，拟定有闰之年解十五个月计银七万五千两，无闰之年解十四个月计银七万两，即自光绪十一年正月起按年照数解清各等因。所有湖北省应解光绪十九年三月以前固本兵饷银两，业经按年照数先后解部，附片奏报在案。兹据兼署湖北布政使瞿廷韶详称，会同盐法道在于盐课项下筹拨银一万两，作为光绪十九年四、五两个月分固本兵饷，饬委即用知县梁葆仁、候补知县任本垚管解赴京交纳等情，详请奏咨前来。臣复核无异，除给咨管解外，理

合附片具陈，伏祈圣鉴。再：湖北巡抚系臣本任，毋庸会衔，合并陈明，谨奏。

朱批："户部知道。"《光绪朝朱批奏折》第60辑，第513页

筹拨淮军月饷片 光绪二十一年九月

再：前准户部咨议复前直隶督臣李鸿章奏淮军月饷支绌，请将江汉关应解额款于四六成洋税项下通融匀拨案内，议令江汉关应解淮饷如六成洋税无款，即在四成洋税及五成二厘招商局税内按数提解等因，奉旨："依议。"钦此。咨行钦遵办理。查江汉关奉拨淮军月饷四成洋税银二万两、六成洋税银三万两，均解至光绪二十一年七月分止，随时奏报在案。兹应解本年八月分四六成淮饷，即在第一百四十结所征四成洋税项下动支库平银二万两，并在是结所征六成洋税项下动支库平银三万两，作为直隶淮军月饷，委解湖北淮军收支转运局交收转解。据湖北汉黄德道、监督江汉关税务恽祖翼具详请奏前来。臣复核无异，除分咨外，谨附片具陈，伏祈圣鉴。再：湖北巡抚系臣本任，毋庸会衔，合并陈明，谨奏。

朱批："户部知道。"《光绪朝朱批奏折》第60辑，第513页

光绪二十一年春季分宜昌川盐总局抽收川盐正课加课钱文数目折 光绪二十一年九月初九日

头品顶戴兼护湖广总督、湖北巡抚臣谭继洵跪奏，为光绪二十一年春季分宜昌川盐总局抽收川盐正课加课钱文数目恭折具陈仰祈圣鉴事。窃照湖北宜昌设立川盐总局抽课济饷，所有光绪二十年冬季分抽收盐课钱文数目，业经恭折具奏在案。兹据署湖北盐法武昌道、本任安襄郧荆道朱其煊将光绪二十一年春季分抽收盐课钱文数目开报前来。臣复加查核，宜昌川盐总局光绪二十一年正月分抽收正课钱八万九千六百四十八串二百四文，内提备解

京饷钱五万九百串文，加课钱三万八千九百七十七串四百八十文，内提备解京饷钱一万九千一百串文；二月分抽收正课钱四万六千五百五十四串八百二十九文，内提备解京饷钱八千串文，加课钱二万二百四十一串二百三十文，内提备解京饷钱一万串文；三月分抽收正课钱五万四千二百五十一串八百五十九文五毫，内提备解京饷钱一万六千二百串文，加课钱二万三千五百八十七串七百六十五文，内提备解京饷钱七千五百串文，其正课全项内共提备解京饷钱七万五千一百串文，加课一半解鄂，内共提备解京饷钱三万六千六百串文，下余钱文同节省五成公费，均仍照向章或现钱或易银分别由局拨充荆州满营兵饷、水师月饷，余则尽数由道移解善后局接济军饷，除解支细数造册咨部外，所有光绪二十一年春季分宜昌川盐总局抽收正加课钱文数目，理合恭折具陈，伏祈皇上圣鉴，谨奏。

朱批：“户部知道。”《光绪朝朱批奏折》第75辑，第808—809页

拣员调补道员要缺以资治理折光绪二十一年十月十二日

头品顶戴兼护湖广总督、湖北巡抚臣谭继洵跪奏，为拣员调补道员要缺以资治理恭折，仰祈圣鉴事。窃照湖北汉黄德道恽祖翼升任臬司，遗缺系繁疲难三项要缺，例应由外调补接，准吏部知照在案。查汉黄德道一缺，兼管江汉关监督及各国通商事务，驻扎汉口，责重事繁，非通权达变、熟悉情形之员，难期胜任。臣在于湖北现任实缺道员中逐加遴选，查有现署湖北按察使本任盐法武昌道瞿廷韶，现年五十八岁，顺天宛平县举人，同治四年由主事调赴河南军营差遣，保举分省直隶州知州花翎，洊保分省知府补缺，后以道员用，遵例指省湖北，十年十月到省，历委代理郧阳、黄州等府知府，署理宜昌府知府，派充军需善后总局提调，筹饷出力，保加盐运使衔，遵例捐离知府任，以道员仍留湖北，归原保班次补用，请咨引见。光绪五年十二月初十日，钦派

王大臣验放，堪以发往，奉旨："依议。"钦此。六年二月十二日到省，年满甄别，奏请以繁缺留省补用，奉旨："吏部知道。"钦此。历委办理通省牙厘总局、善后总局兼总理营务处，筹解甘饷出力，赏加二品顶戴。历署盐法武昌道、督粮道，十六年正月复委署理盐法武昌道篆务，旋经奏补斯缺，奉部复准坐光绪十六年十月三十日行文，嗣因筹解十七年甘饷出力，经陕甘督臣杨昌濬保奏，十八年十一月二十三日奉上谕："着俟升缺后，赏给头品顶戴。"钦此。二十年七月奏委署理湖北按察使，本年八月内，复委兼署布政使。该员才具开展，办事精详，仕鄂多年，情形熟悉，平日于各国条约颇能留心讲求，以之请调补斯缺，洵堪胜任相应，仰恳天恩，俯念员缺紧要，准以湖北盐法武昌道瞿廷韶调补汉黄德道缺，兼管江汉关监督篆务，实于关税商务均有裨益。该员系现任道员，请调道缺，衔缺相当，毋庸送部引见，所有拣员请调补道员要缺缘由理合，恭折具奏，伏祈皇上圣鉴训示。再：所遗湖北盐法武昌道缺，按照定章，不在两留一咨之列，应请归部铨选。又，湖北巡抚系臣本任，毋庸会衔，合并陈明，谨奏。

朱批："吏部议奏。"《光绪朝朱批奏折》第11辑，第16—17页

遵旨审办张铭京控片 光绪二十一年十月

再：光绪二十一年九月初八日准都察院咨，九月二十九日内阁奉上谕："据都察院奏已革湖南候补知县张铭呈称前控被参冤抑之案，回鄂年余，终未提讯，复行来京呈诉等语，此案前谕令张之洞查奏，嗣经调署两江奏明移交谭继洵审办，现已年余，何以尚未讯结，着谭继洵迅即提集人证，研讯确情，据实复奏，该革员张铭仍着该衙门饬令前赴湖北听候传讯。"钦此。遵查此案前准本任督臣张之洞移交臣，当以原呈枝节丛生，两造应讯人证甚多，鄂省远隔重湖，势难纷纷提解，奏明檄委湖北督粮道岑春蓂前往会同湖南臬司，秉公讯详，仍俟讯明后，酌提紧要人证来鄂，由臣亲提复审，并饬该革员张铭赴湘备质，该革员并未遵饬前往，

即行赴京续控。旋据该道岑春蓂会同湖南臬司俞廉三将查讯被告供情详复，臣查核各供均属一面之词，必须与张铭提同质审，方可定谳，批饬将已到人证一并解鄂审办。惟查案内被控各员有湖南粮储道但湘良、候补道前任长沙府知府赵环庆，俱系监司大员，记名总兵欧飞林亦系武职大员，其原控嘱托关说各情均属较重，自应饬调来鄂备质，俾免该革员张铭有所借口，相应请旨饬下湖南抚臣，将粮储道但湘良暂行解任，饬令与候补道赵环庆、总兵欧飞林并督审局委员王寓生等一同来鄂，听候查讯，除咨湖南抚臣查照并札催臬司赶将被告人证解鄂审办外，理合附片具陈，伏祈圣鉴，谨奏。

朱批："着照所请，该部知道。"《光绪朝朱批奏折》第11辑，第75—76页

查明光绪二十年七月起至十二月底止湖北各州县应行承袭接袭并发标学习各世职折光绪二十一年十月十二日

头品顶戴兼护湖广总督、湖北巡抚臣谭继洵跪奏，为查明光绪二十年七月起至十二月底止湖北各州县应行承袭接袭并发标学习各世职恭折具陈仰祈圣鉴事。窃照前准兵部咨同治元年二月十六日奉上谕："军兴以来各省官绅士庶凡临阵捐躯守义殉难者，一经统兵将帅及地方督抚奏请旌恤，无不立予褒扬，嗣后着该督抚转饬各州县将应袭职名迅速查取，径报督抚，毋庸由府司转详，予限半年汇案具奏，以免烦扰。"钦此。历经钦遵汇奏在案，兹自光绪二十年七月起至十二月底止，据湖北汉阳等州县先后查详前来。所有承袭云骑尉世职发标学习之左齐坤、吴楷耀、汪能香、周文焕，又请接袭云骑尉世职发标学习之张士杰、左正楚、周世官，请接袭恩骑尉世职发标学习之陈光茂，已接袭恩骑尉世职请发标学习之吴国均共九员，均年已及岁，经本任督臣张之洞暨臣先后验看，俱属年富力强，堪以承袭接袭并发标学习。又请接袭

恩骑尉世职黎瑞徵一名，年未及岁，亦经查明与例相符，应请准其接袭，统俟接准部复分别办理。除钞录清单同宗图册结及已故世职左心润、周丕经各原领敕书，一并咨送吏户兵各部办理外，理合会同湖北提督臣吴凤柱恭折具陈，并缮具各世职姓名年贯清单恭呈御览，伏祈皇上圣鉴。再：湖北巡抚系臣本任，毋庸会衔，合并陈明，谨奏。

朱批："兵部议奏，单并发。"《光绪朝朱批奏折》第44辑，第801—802页

筹拨淮军月饷片光绪二十一年十月

再：前准户部咨议复前直隶督臣李鸿章奏淮军月饷支绌，请将江汉关应解额款于四六成洋税项下通融匀拨案内，议令江汉关应解淮饷如六成洋税无款，即在四成洋税及五成二厘招商局税内按数提解等因，奉旨："依议。"钦此。咨行钦遵办理。查江汉关奉拨淮军月饷四成洋税银二万两、六成洋税银三万两，均解至光绪二十一年八月分止，随时奏报在案。兹应解本年九月分四六成淮饷，即在第一百四十结所征四成洋税项下动支库平银二万两，并在是结六成洋税项下动支库平银三万两，作为直隶淮军月饷，委解湖北淮军收支转运局交收转解。据署湖北汉黄德道、监督江汉关税务、本任安襄郧荆道朱其煊详请奏咨前来。臣复核无异，除分咨外，理合附片具陈，伏祈圣鉴。再：湖北巡抚系臣本任，毋庸会衔，合并陈明，谨奏。

朱批："户部知道。"《光绪朝朱批奏折》第60辑，第550页

筹拨淮军月饷片光绪二十一年十月

再：前准户部咨议复前直隶督臣李鸿章奏淮军月饷支绌，请将江汉关应解额款于四六成洋税项下通融匀拨案内，议令江汉关应解淮饷如六成洋税无款，即在四成洋税及五成二厘招商局税内

按数提解等因，奉旨："依议。"钦此。咨行钦遵办理。查江汉关奉拨淮军月饷四成洋税银二万两、六成洋税银三万两，均解至光绪二十一年九月分止，随时奏报在案。兹应解本年十月分四六成淮饷，即在第一百四十结所征四成洋税项下动支库平银二万两，并在是结六成洋税项下动支库平银三万两，作为直隶淮军月饷，委解湖北淮军收支转运局交收转解。据署湖北汉黄德道、监督江汉关税务、本任安襄郧荆道朱其煊详请奏咨前来。臣复核无异，除分咨外，理合附片具陈，伏祈圣鉴。再：湖北巡抚系臣本任，毋庸会衔，合并陈明，谨奏。

朱批："户部知道。"《光绪朝朱批奏折》第60辑，第575页

征收川盐加收厘钱片 光绪二十一年十月

再：湖北襄阳、郧阳、安陆、荆州、宜昌五府及荆门州暨湖南澧州，前于同治十年奏定川淮二盐分界行销，光绪九年经前两江总督臣左宗棠奏准于樊城、沙市、岳口、螺山等处设立局店试办分销，所收淮厘按照川盐章程津贴鄂饷，就中仍照川盐加课数目扣回分半解淮钱文，旋据湖北督销淮盐局会同湖北盐道筹议照川税正课加课公费三项数目，并计每斤共应收厘钱十八文，其中加课五文，淮鄂各半分解，应以十五文半归楚，二文半归淮，归楚者径解盐道衙门查收，拨解善后局充饷。所有鄂省经收湖北督销淮盐局报解樊沙等局店，自光绪九年十月开设起至十九年十二月止，淮厘钱数并澧州津市子店停销淮盐截清停收前项钱文日期，业经前任督臣附片奏报在案。兹据署湖北盐法武昌道朱其煊详称：湖北督销淮盐局移解樊城、沙市等局店，光绪二十年分所收厘钱共售盐九十七批四十二引，计四千八百九十二引，照川税章程内应收正课钱三万三千七百五十四串八百文，加课钱一万四千六百七十六串文，公费钱四千四百零二串八百文，除加课钱文由局截半分解金陵防营支应局照收，公费钱文留半归外销五成公费项下入收另报外，其正课全项同加课解鄂一半及公费一半充饷钱二千

二百零一串四百文，均解交善后局充饷等情，详请奏咨前来。臣复核无异，除咨户部外，理合附片具陈，伏祈圣鉴，谨奏。

朱批：“户部知道。”《光绪朝朱批奏折》第75辑，第633—634页

湖北省奉催漕折银两现已分批起解本年冬漕仍请折征折光绪二十一年十月十三日

头品顶戴兼护湖广总督、湖北巡抚臣谭继洵跪奏，为湖北省奉催漕折银两现已分批起解本年冬漕仍请折征恭折具陈仰祈圣鉴事。窃准户部咨奏催江西等省欠解漕折银两并新漕能否起运本色一折，光绪二十一年八月二十日奉旨：“依议。”钦此。钞录原奏咨行到鄂，当经转行司道妥议详办。兹据兼署湖北布政使瞿廷韶、督粮道岑春蓂会详请奏前来。臣伏查奉催历年漕折银两，除动拨采运外，光绪十九年已解过银十三万七百余两，二十年已解过银六万两，现又起解银二万两，其余尾欠仍严催各属迅即全完，解部交纳。至鄂省漕粮自改办折征以来，民间相安已久，完纳亦甚踊跃，若骤令规复本色，则征米征银利弊悬殊，节经沥情陈奏在案。本年新漕，体察情形，实未能遽复旧制，前于例应启征之期，臣已督饬司道行令各属仍照折征章程赶紧催纳，陆续报解。其应筹采运米三万石，因钟祥等州县被水成灾，业经奏奉俞允准其截留，俾作工赈之需，余仍分批解充京饷，不敢稍事迟延。除咨明户部查照外，理合恭折具陈，伏祈皇上圣鉴训示。再：湖广总督系臣兼护，毋庸列衔，合并陈明，谨奏。

朱批：“户部知道。”《宫中档光绪朝奏折》第9辑，第414—415页

筹解本年备荒经费片光绪二十一年十月十三日

再：准顺天府咨奏请饬催本年备荒经费一折，奉旨：“依议。”钦此。恭录咨行到鄂，当即钦遵转饬筹解。兹据兼署湖北布政使

瞿廷韶会同总办善后局司道详称，本年湖北应解备荒经费连闰银一万三千两，现已在于厘金项下如数筹拨，查有管解第八批京饷委员、即用知县梁葆仁、候补知县任本垚，堪以搭解赴部交纳等情，请奏咨前来。除缮咨饬发该委员等小心管解，并咨户部、顺天府查照外，理合附片具陈，伏祈圣鉴。再：湖广总督系臣兼护，毋庸列衔，合并陈明，谨奏。

朱批："户部知道。"《宫中档光绪朝奏折》第9辑，第415页

委解湖北本年第九批地丁京饷片 光绪二十一年十月十三日

再：光绪二十一年京饷湖北省奉拨地丁银四十五万两，业经先后委解八批共银三十六万两，赴京交收在案。兹据兼署湖北布政使瞿廷韶详称：复于地丁项下动拨第九批银四万两，查有试用知州赵毓楠，试用通判冼廷瑜堪以委解等情，详请奏咨前来。除缮咨转给该委员等妥速起解，并饬将应解银两续筹委解外，理合附片具陈，伏祈圣鉴。再：湖广总督系臣兼护，毋庸列衔，合并陈明，谨奏。

朱批："户部知道。"《宫中档光绪朝奏折》第9辑，第415—416页

恭报湖北省光绪二十一年八月分雨水粮价地方情形折光绪二十一年十月十三日

头品顶戴兼护湖广总督、湖北巡抚臣谭继洵跪奏，为恭报湖北省光绪二十一年八月分雨水粮价地方情形仰祈圣鉴事。窃照光绪二十一年七月分各属雨水粮价地方情形，业经臣恭折奏报在案。兹据武昌等十府暨荆门直隶州所属各州县将本年八月分雨水粮价开单呈报，由兼署湖北布政使瞿廷韶汇造清折前来。臣复加查核，是月分晴多雨少，江汉水势渐退，晚稻成熟，菜蔬畅茂，粮价较上月增多减少，地方民情悉臻安谧，堪以仰慰宸廑，谨缮粮价清

单恭折具奏，伏祈皇上圣鉴，谨奏。

朱批："知道了。"《宫中档光绪朝奏折》第9辑，第416页

湖北被水受旱各属地广灾重赈款不敷援案请开赈捐以资接济折光绪二十一年十月十三日

头品顶戴兼护湖广总督、湖北巡抚臣谭继洵跪奏，为湖北被水受旱各属地广灾重赈款不敷援案请开赈捐以资接济恭折仰祈圣鉴事。窃照本年汉水盛涨，湖北钟祥等州县堤塍漫溃，被淹成灾，业经臣奏蒙恩准截漕拨款，工赈兼施，各属灾黎感戴鸿慈，莫不沦肌浃髓。惟是此次水势之大，漫堤之多，实较往岁为甚，前经委员会同地方官查勘，著名险要大工即有十余处，此外较小之工尚难悉数，所需经费本属浩繁，前以库款支绌，仅请拨银十万两，原冀力图撙节勉敷工赈之用，现在水势渐落，委员复加确勘，各堤工需较之原估既有增无减，待赈老弱妇女亦复众多，加以下游之武昌、汉阳、黄州三府所属江夏等州县，前值初夏雨泽愆期，早稻收成已属歉薄，迨入秋后亢旱日久，中晚二稻、杂粮多有损伤，曾于请款折内陈明，容饬该管道府查勘，汇同被水各区一并办理。现经该道府堪明禀复，各属受旱情形较重，秋收多已失望，民情极为困苦，刻下汉阳府暨汉镇地方已有灾民远来就食，虽经随时资遣回籍，但时已冬初，未能补种，相距麦收为日方长，瞬届隆冬，饥寒交迫，无以谋生，势必流离，情实堪悯，且虑别滋事端，尤于地方大有关系，亟应一律抚恤，以广皇仁，俾免失所。惟前请之款仅为被水各属工赈之需，受旱各属未经计入，现既查明，归并办理，前款实不敷分拨，而库储空虚；又复无可挹注，臣与司道再四筹商，因查光绪十三、十五等年湖北水灾，曾经奏准开办赈捐，得资接济，虽近年捐事已成弩末，然舍此别无筹济之方，民瘼攸关，不得不援案办理，以期凑集捐款，多活民命，合无仰恳天恩垂念灾区较广、待赈孔殷，俯准开办赈捐，以济要需而苏民困，一切章程悉照顺直、山东赈捐奏准成案办理，仍以

一年为限，不准稍事抑勒。据兼署湖北布政使、署按察使瞿廷韶会同粮、盐二道，具详请奏前来。理合恭折具陈，伏祈皇上圣鉴，敕部速议施行。再：湖广总督系臣兼护，毋庸列衔，合并陈明，谨奏。

朱批：“户部速议具奏。”《宫中档光绪朝奏折》第9辑，第416—418页

委署荆州知府片 光绪二十一年十月十三日

再：荆州府知府舒惠请咨赴部引见，所遗该府印务亟应委员往署，以重职守。查有补用知府余肇康，事理通达，明干有为，堪以署理，据兼署湖北布政使、署按察使瞿廷韶具详前来。除檄饬遵照外，理合附片具陈，伏祈圣鉴。再：湖广总督系臣兼护，毋庸列衔，合并陈明，谨奏。

朱批：“吏部知道。”《宫中档光绪朝奏折》第9辑，第418页

委署光化知县片 光绪二十一年十月十三日

再：光化县知县梁沛英调省，所遗该县印务应即委员往署，以重职守。查有本任郧西县知县吴国恩，老成谨慎，办事详明，堪以署理，据兼署湖北布政使、署按察使瞿廷韶具详前来。除檄饬遵照外，理合附片具陈，伏祈圣鉴。再：湖广总督系臣兼护，毋庸列衔，合并陈明，谨奏。

朱批：“吏部知道。”《宫中档光绪朝奏折》第9辑，第418页

湖北省光绪二十年采运漕米变价同水脚运费等款解济赈需及动拨漕折等项银两数目折 光绪二十一年十月十四日

头品顶戴兼护湖广总督、湖北巡抚臣谭继洵跪奏，为湖北省光绪二十年采运漕米变价同水脚运费等款解济赈需及动拨漕折等

项银两数目恭折具陈仰祈圣鉴事。窃照湖北省光绪二十年冬漕经臣会同本任督臣张之洞奏请仍征折色，并酌提漕折等款银两，由轮船招商局委员采买正米三万石运京，奉旨允准，当经转饬遵办。旋准部咨光绪二十一年四月二十二日内阁奉上谕："奉天锦州、广宁一带上年秋灾既重，今年春荒尤甚，着将本年湖北漕米三万石截留，折价派员解往散放。"等因。钦此钦遵。转饬将米价水脚运费等款如数解交天津筹赈局兑收济赈各在案。兹据兼署湖北布政使瞿廷韶、督粮道岑春蓂会详称，此次招商局承办湖北漕粮正耗共米三万二千九百一十七石五斗，支用米价水脚运费等项共库平银七万一千九百八十四两二钱四分一厘零，按每米一石合银二两一钱八分零，由总办招商局盛宣怀等开折移经该司道核与部准销数相符，应请查照支销。又海运漕粮每百石改解一半饭米，折色银一两二钱九分三厘零，共银三百八十八两一钱二分五厘，自应一并解济赈需，以上共支银七万二千三百七十二两三钱六分六厘零，内系动支光绪二十年漕粮正米，折银三万九千两，耗米折银三千九百两；又动支节年漕粮水脚银四千五百两，节年随漕席板银一万五千两，节年兑费银九千九百七十二两三钱六分六厘零，曾于光绪二十一年春，拨随报漕粮正耗米价册内报支银四万二千九百两，漕粮水脚册内报支银四千五百两，随漕钱粮册内报支银一万五千两，折漕兑费册内报支银九千三百七十四两八钱四分四厘；又于光绪二十一年秋，拨随报折漕兑费册内报支一半饭米折色银三百八十八两一钱二分五厘；又找解价脚银二百九两三钱九分七厘零等情，造册详请奏咨前来。臣复核无异，除将清册咨送户部核销外，理合恭折具陈，伏祈皇上圣鉴。再：湖广总督系臣兼护，毋庸列衔，合并陈明，谨奏。

朱批："户部知道。"《宫中档光绪朝奏折》第9辑，第418—420页

詹道镕留省补用片 光绪二十一年十月十四日

再：准部咨道府州县无论何项劳绩保奏归于候补班人员，令

该督抚即以此项人员到省之日起，予限一年详加察看，认真考核，如系为守兼优，堪膺民社之员，出具切实考语，奏明分别繁简补用等因。兹查蓝翎五品顶戴、前先补用知县詹道镕，应以光绪二十年九月十八到省之日起，连闰扣至二十一年八月十八日，试看一年期满。据兼署湖北布政使、署按察使瞿廷韶取造该员履历清册，详请甄别具奏前来。臣随考验该员詹道镕，才具稳练，吏治留心，堪以繁缺留省补用，除清册咨送吏部查核外，理合附片具陈，伏乞圣鉴，敕部查照施行。再：湖广总督系臣兼护，毋庸列衔，合并陈明，谨奏。

朱批："吏部知道。"《宫中档光绪朝奏折》第9辑，第420页

委解湖北本年第十批地丁京饷片 光绪二十一年十月十四日

再：光绪二十一年京饷湖北省奉拨地丁银四十五万两，业经先后委解九批共银四十万两，赴京交收在案。兹据兼署湖北布政使瞿廷韶详称：复于地丁项下动拨第十批银五万两，查有补用知县何锦琮，大挑知县孔继镃堪以委解等情，详请奏咨前来。除缮咨转给该委员等妥速起解外，所有湖北省地丁项下奉拨本年京饷银两业经扫数解清缘由，理合附片具陈，伏祈圣鉴。再：湖广总督系臣兼护，毋庸列衔，合并陈明，谨奏。

朱批："户部知道。"《宫中档光绪朝奏折》第9辑，第420页

荆江三汛安澜万城大堤防护稳固折 光绪二十一年十月十四日

头品顶戴兼护湖广总督、湖北巡抚臣谭继洵跪奏，为荆江三汛安澜万城大堤防护稳固恭折具陈仰祈圣鉴事。窃照荆州府万城大堤滨临荆江，为阖郡及下游民田庐舍保障，最关紧要。本年轮应臣前往督防，时因兼护督篆，筹兵筹饷，不克分身，奏明饬委

荆州府知府舒惠代防，并饬荆宜施道周懋琦随时查察督办在案。兹据荆州府知府舒惠禀称，本年三汛期内，惟伏秋两汛水势叠涨，最大之时高过杨林洲石矶八尺五寸，兼之风浪大作，各堤均甚危险，经该府亲驻堤所，督率在工文武汛委员弁随时设法抢筑防护，均保无虞。现已节届霜降，水渐消退，全堤稳固，普庆安澜等情，具禀前来。除仍饬实力防护，俟水落归槽，即将应修各工详细履勘，照章派土兴修，以御来年汛涨外，所有本年防护荆州万城大堤、三汛安澜缘由，理合恭折具陈，伏乞皇上圣鉴。再：湖广总督系臣兼护，毋庸列衔，合并陈明，谨奏。

朱批："知道了。"《宫中档光绪朝奏折》第9辑，第421页

饬王之春即回本任片光绪二十一年十月十四日

再：湖北布政使王之春现已到省，应即回任，以重职守。除檄饬遵照外，理合附片具陈，伏祈圣鉴。再：湖广总督系臣兼护，毋庸列衔，合并陈明，谨奏。

朱批："知道了。"《宫中档光绪朝奏折》第9辑，第421页

恭报湖北省光绪二十一年九月分雨水粮价地方情形折光绪二十一年十月二十八日

头品顶戴兼护湖广总督、湖北巡抚臣谭继洵跪奏，为恭报湖北省光绪二十一年九月分雨水粮价地方情形仰祈圣鉴事。窃照本年八月分各属雨水粮价地方情形，业经臣恭折奏报在案。兹据武昌等十府暨荆门直隶州所属各州县将本年九月分雨水粮价开单呈报，由兼署湖北布政使瞿廷韶汇造清折前来。臣复加查核，是月分晴多雨少，江汉水势渐退，晚稻登场，粮价较上月互有增减，地方民情悉臻安谧，堪以仰慰宸廑，谨缮粮价清单恭折具奏，伏乞皇上圣鉴，谨奏。

朱批："知道了。"《宫中档光绪朝奏折》第9辑，第462页

查明湖北省各属应征光绪二十一年地丁等款上忙钱粮已未完数目折光绪二十一年十月二十八日

头品顶戴兼护湖广总督、湖北巡抚臣谭继洵跪奏，为查明湖北省各属应征光绪二十一年地丁等款上忙钱粮已未完数目恭折具陈仰祈圣鉴事。窃照上下两忙钱粮例应将额征坐支及已未完各数目分款造报，嗣于咸丰二年接准部咨议奏藩司功过章程，拟请丰年以额征数目为准，蠲缓之年以应征数目为准，均按八分计算，责成藩司督催。上忙匀为三分征收，下忙匀为五分征收，其余二分归于奏销前扫数全完，随案议予功过等因在案。兹据湖北布政使王之春详称，湖北省光绪二十一年额征起运屯饷存留驿站正项，共银一百一十万七千三百六十八两七钱一分八厘，内除坍没渍淹挖压沙压坍占挖废缓征豁免，共银一万五千一百六十七两二钱七分二厘，实应征银一百九万二千二百一两四钱四分六厘。核计上忙应征三分银三十二万七千六百六十两四钱三分四厘，已完二分三厘零，银二十五万五千五百九十四两六钱五分二厘；未完六厘零，银七万二千六十五两七钱八分二厘，所有未完职名系前署湖北布政使、本任按察使、升授浙江布政使龙锡庆。又额征光绪二十一年芦课正银一万二千一百三十四两九钱一分七厘，核计上忙应征三分银三千六百四十两四钱七分五厘，已完银一千五百八十三两六钱二分九厘，未完银二千五十六两八钱四分六厘。又额征光绪二十一年田房牙当茶黄柏等税银九千七百五两七厘，核计上忙应征三分银二千九百一十一两五钱二厘，已完银二百二两五钱八分二厘，未完银二千七百八两九钱二分等情前来。臣复核无异，除仍饬严催各属赶紧催征，务于下忙期内完解外，理合恭折具奏，伏祈皇上圣鉴。再：湖广总督系臣兼护，毋庸列衔，合并陈明，谨奏。

朱批："户部知道。"《宫中档光绪朝奏折》第9辑，第462—463页

鄂省文武微员三成养廉援案恳恩免扣以示体恤折光绪二十一年十月

头品顶戴兼护湖广总督、湖北巡抚臣谭继洵跪奏，为鄂省文武微员三成养廉援案恳恩免扣以示体恤恭折仰祈圣鉴事。窃前准户部咨筹饷紧要先行酌拟数条一折单开，拟将光绪二十一年分外省文武大小官员养廉按实支之数核扣三成归军需动用等因，奏奉谕旨允准，咨行到臣，当即钦遵转饬遵照办理在案。伏查户部行令核扣外省文武官员三成廉银，原为军需紧急，文职州县以上、武职参游以上，并荆州满营将军左右翼副都统，养廉较优，自应遵照部议，一律核扣造报听候拨用。惟佐杂微员及武职末弁养廉银数本属无多，该员弁等平日办公本属竭蹶，本年楚北各属均有水旱偏灾，物价昂贵，仰事俯畜尤觉难支，若再将实支养廉核扣三成，于公项所节无几而微员倍形困乏，非所以励廉隅而示体恤。查陕甘、新疆、广西各省，因微末员弁宦况拮据，先后奏蒙恩准免扣有案，湖北事同一律，除旗营协领以下各员向无养廉毋庸并计外，所有鄂省文职首领佐杂并绿营武职都司以下各官三成养廉，合无仰恳天恩俯准免扣，以示体恤。据兼署湖北布政使署按察使瞿廷韶详请奏咨前来。除咨户部外，理合恭折具陈，伏祈皇上圣鉴训示。再：湖北巡抚系臣本任，毋庸会衔，合并陈明，谨奏。

朱批："着照所请，户部知道。"《光绪朝朱批奏折》第88辑，第66页

筹拨出使经费片光绪二十一年十月

再：前准总理各国事务衙门咨：光绪二十年四月二十四日附奏各海关应解出使经费，嗣后按结解交江宁藩库备拨等因，奉旨"依议。"钦此。咨行到鄂，当经转行钦遵办理。兹据湖北汉黄德道、监督江汉关税务恽祖翼详称：查江汉关第一百三十八结提存

出使经费银两业经委解江宁藩库验收，详请奏咨在案；兹查第一百三十九结征收洋商进出口正税六成银三十二万九千八百三十六两九钱二分九厘，按十成计算应提一成五厘出使经费银四万九千四百七十五两五钱三分九厘；又收招商局轮船进出口正税四成八厘银四万零二百三十四两七钱八分一厘，按十成计算应提一成五厘出使经费银六千零三十五两二钱一分七厘，遵照户部核复每万两扣解费银二百两，即在所提出使经费内扣给委员解费银一千一百一十两零二钱一分五厘，计实解银五万四千四百两零五钱四分一厘；又第一百四十结征收洋商进出口正税六成银三十二万二千九百九十九两五钱三分三厘，按十成计算应提一成五厘出使经费银四万八千四百四十九两九钱三分；又收招商局轮船出口正税四成八厘银八万零三百九十一两九钱二分一厘，按十成计算应提一成五厘出使经费银一万二千零五十八两七钱八分八厘，遵照户部核复每万两扣解费银二百两，即在所提出使经费内扣给委员解费银一千二百一十两一钱七分四厘，计实解银五万九千二百九十八两五钱四分四厘，已将前项经费银两先后饬委即用知县程元恺、候补知县陈承泽解赴江宁藩库验收等情，详请奏咨前来。臣复核无异，除分咨外，谨会同署南洋通商大臣、两江总督臣张之洞附片具陈，伏祈圣鉴。再：湖北巡抚系臣本任，毋庸会衔，合并陈明，谨奏。

朱批："该衙门知道。"《光绪朝朱批奏折》第88辑，第67页

筹解江汉关洋税银片 光绪二十一年十月

再：前准户部咨：乙未年筹备饷需奏拨江汉关四成洋税银十二万两，六成洋税银十六万两等因，业经筹解本年第一批至三批筹备饷需四成洋税银八万两、六成洋税银十万两委解赴京交纳，奏报在案。兹据湖北汉黄德道监督、江汉关税务恽祖翼详称：在于第一百四十结动支四成洋税银四万两、六成洋税银六万两，共银十万两作为本年第四批筹备饷需，饬委即用知县梁葆仁、候补

知县任本垚管解赴京交纳所有奏拨本年筹备饷需四、六成洋税银两，现已扫数解清等情，详请奏咨前来。臣复核无异，除分咨外，理合附片具陈，伏祈圣鉴。再：湖北巡抚系臣本任，毋庸会衔，合并陈明，谨奏。

朱批："户部知道。"《光绪朝朱批奏折》第88辑，第68页

筹解宜昌关税银片 光绪二十一年十月

再：前准户部咨议复宜昌关征存税银八十六结以前实存银两，准其照数解交藩库委员解部交纳，其自八十七结以后各结所存税银务于期满报解时先行详咨备查，一俟关税畅旺仍即查照奏案办理等因，行经遵照办理在案。所有宜昌关一百三十七结起至一百四十结止四结一年期内应解户部京饷，业经先行委解银四万两赴京交纳，附片奏报在案。兹据湖北布政使王之春详准荆宜施道监督宜昌关周懋琦咨称：宜昌关一百三十七结起至一百四十结止四结一年期内应解户部京饷续行筹解库平足色银四万六千一百二十七两一钱八分，由司详请给咨搭解赴京交纳以□□需，兹查有管解第十批京饷银两补用知县何锦琮、大挑知县孔继镃堪以搭解，除俟该关将此四结期内银两截数解清，再由该关监督详请具奏等情，详请奏咨前来。臣复核无异，除给咨搭解并咨户部外，理合附片具陈，伏祈圣鉴。再：湖北巡抚系臣本任，毋庸会衔，合并陈明，谨奏。

朱批："户部知道。"《光绪朝朱批奏折》第88辑，第68—69页

请江南制造局拨解军械来鄂片 光绪二十一年十月

再：鄂省上年筹办江防，经本任督臣张之洞电致南洋大臣刘坤一转饬江南制造局代铸一百磅子后膛快炮二尊，二百五十磅子长式后膛炮二尊，为慎固防务之需，目下已造成三尊，其余一尊

不久亦可铸成，惟此项炮位价值为数较巨，现在鄂省库款支绌万分，实无可筹款项，伏查安徽江西等省所需军械曾经江南拨济有案，湖北居长江上游与安徽等省事同一律，相应请旨饬下署南洋大臣、两江督臣张之洞一俟制造局将前项炮位铸齐，即由江南拨给运解来鄂，以实军储，理合附片具陈，伏祈圣鉴训示。再：湖北巡抚系臣本任，毋庸会衔，合并陈明，谨奏。

朱批："即着咨行张之洞由江南制造局拨给。"《光绪朝朱批奏折》第102辑，第292页

遵照定章保举堪胜长江水师总兵人员折

光绪二十一年十一月初一日

头品顶戴兼护湖广总督、湖北巡抚臣谭继洵、署长江水师提督彭楚汉跪奏，为遵照定章保举堪胜长江水师总兵人员拟定正陪请旨简放恭折仰祈圣鉴事。窃准兵部咨光绪二十一年九月十三日奉上谕："湖北汉阳镇总兵高光效着调补江南瓜州镇总兵。"钦此钦遵。咨行前来。伏查长江水师总兵各缺，同治七年钦奉谕旨："遇有缺出，即由该省督抚保举堪胜总兵人员，拟定正陪请旨简放。"等因。钦此。今高光效所遗本任长江水师汉阳镇总兵员缺，臣等遵照定章公同拣选，查有记名提督署长江水师汉阳镇总兵荆州营副将周芳明，老成持重，纪律严明，才具练达，办事勤能，历任水师各缺督率兵丁训练巡防，靡不认真整顿，实为水师中出色之员，堪以拟正；又查有记名提督长江水师安庆营副将精勇巴图鲁、谭鸿声，朴勇廉明，战功卓著，久在水师，兵民交悦，堪以拟陪，以上二员均堪胜汉阳镇总兵之任，臣等往返函商意见相同，谨合词恭折保奏请旨简放，伏祈皇上圣鉴训示，谨奏。

朱批："另有旨。"《光绪朝朱批奏折》第44辑，第823页

湖北省防营先后更换各管带衔名并移扎地方折光绪二十一年十一月初一日

头品顶戴兼护湖广总督、湖北巡抚臣谭继洵跪奏，为湖北省防营先后更换各管带衔名并移扎地方恭折具陈仰祈圣鉴事。窃前准兵部咨于光绪十五年十月二十八日奉上谕："各省防营如有更换管带员弁或移扎他处，着随时奏闻。"等因。钦此。历经钦遵办理在案。兹查管带武胜中营补用总兵易三元因病请假回籍，所遗武胜中营事务经臣饬调管带武刚中营提督陈建厚接带，递遗武刚中营委候补副将李中发接带，暂带武刚左营总兵罗世乇饬令销差，委总兵江得意接带，管带镇南左营记名提督王达言另有差委，所遗镇南左营委内关中书黄中浩接带。嗣查管带武胜中营提督陈建厚、管带镇南右营提督张复良均属训练不力，饬令销差，所遗武胜中营委提督张庆云接带，镇南右营委提督周春生接带。又管带武胜前营游击欧阳荣章前因沙市地方商民械斗，调派该营前往弹压，留于该处驻扎巡防，旋以该营勇丁与水龙会争殴滋事，饬调回省，所遗沙市地段改派驻扎田家镇之管带镇南后营副将田其述移扎，因查驻扎汉镇之管带升字左营游击刘永金于荆沙情形较为熟悉，饬调该员管带镇南后营速往沙市巡防，归荆宜施道兼辖，节制调遣，所遗升字左营即以管带镇南后营副将田其述对调，管带荆江水师后营参将朱积之因事撤委，所遗后营委管带荆江水师前营副将黄鲤庭调带，递遗前营事务委副将龙名晃接带，所有防营先后更换各管带衔名并移扎地方缘由，谨恭折具奏，伏祈皇上圣鉴，谨奏。

朱批："该部知道。"《光绪朝朱批奏折》第44辑，第824页

湖北省豫解光绪二十二年第一批甘肃新饷折光绪二十一年十一月初一日

头品顶戴兼护湖广总督、湖北巡抚臣谭继洵跪奏，为湖北省豫解光绪二十二年第一批甘肃新饷恭折具陈仰祈圣鉴事。窃照承准军机大臣字寄光绪二十一年八月十二日奉上谕：“户部奏筹拨甘肃新饷一折，现在回匪滋事，甘肃关内外各军饷银尤关紧要，经该部将光绪二十二年新饷指拨湖北省银三十三万两，着该督抚等严饬司道按照部拨数目于本年十二月底赶解三成，至来年四月止再解三成，其余四成统限九月底止扫数解清。”等因。钦此。当经恭录转饬钦遵办理。兹据湖北布政使王之春会同善后局司道详称，兹在盐厘、货厘项下豫拨银四万两，饬委候补同知张价藩管解赴陕西省城甘肃后路转运局兑收转解等情，详请奏咨前来。臣复核无异，除分咨外，理合恭折具陈，伏祈皇上圣鉴。再：湖北巡抚系臣本任，毋庸会衔，合并陈明，谨奏。

朱批：“户部知道。”《光绪朝朱批奏折》第60辑，第577—578页

请将薛万年留鄂差遣片光绪二十一年十一月

再：记名提督图桑阿巴图鲁薛万年，湖北汉阳县人，咸丰五年投效军营，随剿楚皖江陕直隶新疆等省发捻各逆，洊保今职，光绪五年因伤病举发，请假回籍调治就痊，上年经臣札委管带武胜右营，办理营务均称裕如，臣伏查提督薛万年前此转战数省，叠著劳绩，现在管防营，于地方情形最为熟悉，实属有用之才，无仰恳天恩俯准将记名提督薛万年留□湖广差遣委用，出自鸿慈，除饬取该员履历咨部外，谨附片具陈，伏祈圣鉴训示，谨奏。

朱批：“着照所请，兵部知道。”《光绪朝朱批奏折》第44辑，第825页

拣员升补苗疆都司要缺以重营伍折光绪二十一年十一月初二日

头品顶戴兼护湖广总督、湖北巡抚臣谭继洵跪奏，为拣员升补苗疆都司要缺以重营伍恭折具陈仰祈圣鉴事。窃准兵部咨："湖南河溪营都司黄星胜病故，遗缺系陆路题补第三轮第九缺轮，用应升人员行令照章拣员请补"等因。移咨到臣，查斯缺驻扎乾州厅属，系属苗疆，非材技优长、熟习边情之员，难期胜任，当即在于湖南通省实任守备班内逐加遴选。除甫经补缺历俸未满暨距籍在五百里以内各员俱不合例外，查有湖南镇筸镇标左营中军守备杨开第，年五十岁，湖南湘潭县人，由武童投效军营，叠次随队打仗出力，历保以守备尽先补用，光绪十一年经前署督臣卞宝第奏请补授湖南镇筸镇标左营中军守备员缺，十二年四月内引见给札，是年十月初三日到营任事。该员人甚稳练，营务素娴，以之升补斯缺洵堪胜任，且历俸已满距籍在五百里以外，核与升补之例相符，饬查本省及他省均无参革朦保情弊，合无仰恳天恩，俯念苗疆员缺紧要，准以杨开第升补河溪营都司，实与地方营伍均有裨益。如蒙俞允，俟部复到日给咨送部引见，以符定制，除饬取该员履历咨部外，谨会同湖南巡抚臣陈宝箴、湖南提督臣娄云庆恭折具陈，伏祈皇上圣鉴饬部核复施行。再：所遗镇筸镇标左营中军守备员缺系陆路题补之缺，湖南省现有应补人员，容臣另行陈员请补，合并陈明，谨奏。

朱批："兵部议奏。"《光绪朝朱批奏折》第44辑，第826页

拿获强劫盗犯审明照章惩办折光绪二十一年十一月初二日

头品顶戴兼护湖广总督、湖北巡抚臣谭继洵跪奏，为拿获强劫盗犯审明照章惩办恭折仰祈圣鉴事。案据襄阳县详报客民李永

兴京货铺被盗强劫一案，当经批饬缉究，疏防限满开列职名题参，该县旋获犯刘如幅、刘猴章子、刘蓖芶、刘汰苹到案，讯供通详。经臣批司移行该管道提审，该犯刘如幅、刘猴章子、刘汰苹先已在监病故，该道即提刘蓖芶复审明确，禀经批饬照章就地正法。该前署县丁国桢未及议详卸事。兹据接署县汤炳堃录叙全案供招，议拟由襄阳府知府王贻清详经署湖北按察使瞿廷韶核明，转详前来。臣复加查核，缘刘如幅、刘猴章子即刘蒖章、刘蓖芶、刘汰苹，均籍隶襄阳县，同姓不宗，彼此认识，均先未为匪。光绪十九年十一月三十日，刘如幅、刘猴章子、刘蓖芶、刘汰苹，与在逃素识之吴应周、赵蓖宽会遇，共道贫难。刘如幅稔知县属黄龙垱地方李永兴京货铺积有钱物，起意行劫得财分用，众俱允从。吴应周并转邀在逃之吴尾祸、袁狗祸入伙，一共八人。即于是夜，在黄龙垱附近地方会齐，各携刀械，偕抵事主李永兴门首，用石撞开铺门入内，打开箱柜，搜劫银钱布匹等物，分携至僻处查点俵分各散。该犯等各将分得赃物卖与不知姓名人，得钱同分，得钱文一并花用。李永兴投保报经该前署县丁国桢，会营诣勘详缉，按限开参，旋据兵役先后拿获刘如幅、刘猴章子、刘蓖芶、刘汰苹到案，讯供通详，批司移道提审，该犯刘如幅、刘猴章子、刘汰苹先已在监病故，委验并无凌虐，详经批饬归案议拟；该署安襄郧荆道清普即提该犯刘蓖芶复审明确，禀经臣批饬照章就地正法。兹比缉逸盗无获，应即议结。

查律载："强盗已行但得财者，不分首从皆斩"等语；又光绪九年湖北省奏定章程："嗣后盗案如有执持刀械强劫，聚众至五人以上者，该县获犯审明后，解道复审，即行就地正法"等因，遵办在案。此案刘如幅起意纠劫得赃，刘猴章子等听纠行劫，实属凶暴昭著、同恶相济，赃虽未获，犯系先从，到案供吐如一，正盗无疑，自应按律问拟。刘如幅、刘猴章子、刘蓖芶、刘汰苹，均合依"强盗已行但得财者，不分首从皆斩"律，拟斩立决，刘蓖芶已照章就地正法；刘如幅、刘猴章子、刘汰苹已在监病故，应与讯无凌虐之禁卒人等，均毋庸议。该犯等讯无父兄，其失察之牌保事在光绪二十年正月初一日以前，恭逢是年八月十六日恩诏，应免传责，仍革役。买赃人不知姓名，无从拘究。逸盗吴应周等获日另结。此案首伙八人，已获首伙四名，获犯及半，兼获盗首。所有原参限缉之案应即查销。监毙盗犯三名，管狱官例得免议，邀免开报。除供招送部外，理合恭折具奏，伏祈皇上圣鉴，敕部核复施行。再：湖广总督系臣兼护，毋庸列衔，合并陈明，谨奏。

朱批："刑部议奏。"《宫中档光绪朝奏折》第9辑，第464—466页

委署江夏知县片光绪二十一年十一月初二日

再：江夏县知县诸可权现因历俸届满，大计卓异，并案请咨赴部引见，所遗印务，应亟委员接署，以重职守。查有武昌府通判恒荣，朴实稳练，办事勤能，堪以署理。据布政使王之春、署按察使瞿廷韶会详前来。除檄饬遵照外，理合附片具陈，伏祈圣鉴。再：湖广总督系臣兼护，毋庸列衔，合并陈明，谨奏。

朱批："吏部知道。"《宫中档光绪朝奏折》第9辑，第466页

刘家怡等留省补用片光绪二十一年十一月初二日

再：准部咨道府州县无论何项劳绩保奏归于候补班人员，令该督抚即以此项人员到省之日起，予限一年详加查看，认真考核，如系为守兼优，堪膺民社之员，出具切实考语，奏明分别繁简补用等因。兹查花翎四品顶戴、候补班补用知州刘家怡，自光绪二十年十月十九到省之日起，连闰扣至二十一年九月十九日；又候补班补用知县龙骥，自光绪二十年九月初二到省之日起，连闰扣至二十一年八月初二日；又同知衔补用知县中樑，自光绪二十年九月初八到省之日起，连闰扣至二十一年八月初八日，均试看一

年期满。据兼署布政使、署按察使瞿廷韶取造各该员履历清册，详请甄别具奏前来。臣随考验该员刘家怡年力强富，举止安详，堪以繁缺留省补用；该员龙骥朴诚稳练，办事勤能，堪以繁缺留省补用；该员中樑才具明晰，公事留心，堪以繁缺留省补用。除清册咨送吏部查核外，理合附片具陈，伏祈圣鉴，敕部查照施行。再：湖广总督系臣兼护，毋庸列衔，合并陈明，谨奏。

朱批："吏部知道。"《宫中档光绪朝奏折》第9辑，第466—467页

查报早稻收成分数折光绪二十一年十一月初三日

头品顶戴兼护湖广总督、湖北巡抚臣谭继洵跪奏，为查报早稻收成分数恭折仰祈圣鉴事。窃照湖北省光绪二十一年分各属早稻登场，据兼署湖北布政使瞿廷韶查明收成分数，开折呈报前来。臣复加查核，除德安府属之应山，郧阳府属之郧西、保康、竹山、竹溪，荆门直隶州属之远安等县，向不种植早稻外，核计通省：八分有余者四县，八分者三县，七分有余者七州县，七分者七州县，六分有余者十三州县，六分者十二州县，五分有余者二县，五分者六县，四分有余者三县，四分者四县，二分有余者一县。通省合计收成六分有余，理合另缮清单，恭折具奏，伏祈皇上圣鉴，谨奏。

朱批："知道了。"《宫中档光绪朝奏折》第9辑，第467—468页

拣员请补守备要缺以重营伍折光绪二十一年十一月初三日

头品顶戴兼护湖广总督、湖北巡抚臣谭继洵跪奏，为拣员请补守备要缺以重营伍恭折仰祈圣鉴事。窃准兵部咨："湖南河溪营中军守备诸腾夔革职，遗缺系陆路题补第七轮第八缺，应用尽先人员行令照章拣员请补"等因。移咨到臣，查斯缺驻扎洗溪汛，

系属苗疆，抚绥缉捕均关紧要，非精明干练、熟悉情形之员，难期胜任，臣当即在湖南尽先守备班内逐加遴选，查有花翎都司衔尽先即补守备陈鹤鸣，年五十七岁，湖南长沙县人，由武童投效军营，叠次剿贼出力，历保今职。同治三年四月二十六日奉旨允准在案，凯撤回籍，饬发湖南抚标左营差遣。光绪二年三月初一日到标。该员稳练勤明，操防得力，现署桂阳营守备，办理营务均称裕如，以之拟补斯缺洵堪胜任，且系隔府别营，与例相符，饬查前在本省及他省均无参革蒙保情弊。查部行章程：请补尽先班次如系声叙人地不宜，至多不得过二十员，兹按部册及续经到标尽先守备名次在陈鹤鸣之前者，尚有彭在上一员，到标未久，于苗疆情形不熟，未便迁就拟补，致滋贻误。今陈鹤鸣名次稍后而在营历练有年，熟悉苗疆情形，人地实在相需，合无仰恳天恩，俯念苗疆员缺紧要，准以陈鹤鸣补授湖南河溪营中军守备，实与营伍有裨，如蒙俞允，俟部复至日给咨送部引见，以符定制。除饬取该员履历咨部外，谨会同湖南巡抚臣陈宝箴、湖南提督臣娄云庆恭折具陈，伏祈皇上圣鉴敕部核复施行，谨奏。

朱批："兵部议奏。"《光绪朝朱批奏折》第44辑，第827页

为彭楚汉巡阅湖北水师片光绪二十一年十一月

再：长江水师定章提督以半年驻下江、半年驻上江周历巡阅，历经奏报在案。兹署长江提臣彭楚汉本年九月二十五日行抵湖北巡阅水师营伍，考察官兵勤惰，与臣面商一切，即于十月初四日由湖北上驶察阅湖南岳州镇标各营，依次简校，所有巡阅上江缘由，谨会同署长江水师提督臣彭楚汉附片具陈，伏祈圣鉴，谨奏。

朱批："知道了。"《光绪朝朱批奏折》第52辑，第807页

筹拨协滇饷银片 光绪二十一年十一月

再：前准户部咨议令川省月协滇饷银二万三千两，自光绪十五年九月起每月减去银五千两，改由湖北在于盐货等厘及司库各款内按月协解银三千两，江汉关六成洋税项下按月协解银二千两，如六成洋税无款，应准□四成洋税项下凑解等因，查江汉关奉拨前□□□饷银解至本年九月分止，经本任督臣□□□及臣随时附片奏报在案。兹据湖北汉黄德道、监督江汉关税务瞿廷韶详称，在于第一百四十一结所征六成洋税项下动支银六千两，作为光绪二十一年十一、十二二个月协滇饷银，均拨交云南催饷委员吴本义领汇赴滇等情，详请附奏前来。臣复核无异，除分咨外，详附片具陈，伏祈圣鉴。再：湖北巡抚系臣本任，毋庸会衔，合并陈明，谨奏。

朱批："户部知道。"《光绪朝朱批奏折》第60辑，第578页

筹拨固本兵饷片 光绪二十一年十一月

再：前准户部咨原定各省应解固本兵饷，湖广省按月应解银五千两改令径解部库交纳；又准户部咨酌定分年带解固本练饷欠款，拟定有闰之年解十五个月计银七万五千两，无闰之年解十四个月计银七万两，即自光绪十一年正月起按年照数解清各等因。所有湖北省应解光绪十九年五月以前固本兵饷银两，业经按年照数先后解部，附片奏报在案。兹据兼署湖北布政使瞿廷韶详称，会同盐法道在于盐课项下筹拨银二万两，作为光绪十九年六、七、八、九四个月分固本兵饷，饬委试用知州赵毓楠、试用通判冼廷瑜管解赴京交纳等情，详请奏咨前来。臣复核无异，除给咨管解外，理合附片具陈，伏祈圣鉴。再：湖北巡抚系臣本任，毋庸会衔，合并陈明，谨奏。

朱批："户部知道。"《光绪朝朱批奏折》第60辑，第579页

江汉关第一百四十结期满征收华洋税钞及支解各数目遵照部章开单折光绪二十一年十一月初三日

头品顶戴兼护湖广总督、湖北巡抚臣谭继洵跪奏，为江汉关第一百四十结期满征收华洋税钞及支解各数目遵照部章开单恭折具奏仰祈圣鉴事。窃照前准户部咨钞奏内开：各海关洋税收支数目办理未能画一，应令遵照定章按结开列清单奏报，一次仍扣足四结，开单奏销一次，概不得以收支数目串入原折，以致混杂不清，仍一面造具四柱清册暨支销经费银两清册，分送户部暨总理各国事务衙门，以凭核销，等因。光绪十年二月二十五日具奏，本日奉旨："依议。"钦此。又准咨：第九十五结期满，清单仅有收支款目，以致各结总数未能联贯，嗣后应令将旧管新收开除实在，分为四柱逐款开列，以昭明晰等因。均经转饬遵办。兹据署湖北汉黄德道监督、江汉关税务朱其煊详称：江汉关征收各项税钞及支解各数目，前经截至光绪二十一年闰五月初八日第一百三十九结止，详请奏咨在案。兹查自光绪二十一年闰五月初九日起至八月十二日止第一百四十结期满，征收洋商各项税钞六成洋税除支解外，计不敷银九千零九十八两九钱八分一厘七毫六丝，应在于下结所征六成洋税项内照数弥补。又四成洋税除拨解外，计存银七千九百九十五两零八分三厘；又招商局各项税钞除拨解外，计存四成八厘，银十万零六千八百四十六两零五分八厘，已如数归并六成洋税内开报。又五成二厘局税除拨解外，计存银五万四千三百三十五两八钱五分；又本结遵照新章征收洋药税厘银除支解外，计不敷银一万二千四百九十六两六钱六分二厘，应在于下结洋药税厘银内照数弥补，其四成洋税并五成二厘局税尚存银两容俟报解等情，详请奏咨前来。臣复核无异，除俟一年期满按结造具收支经费各册，另缮总单分别报销外，所有第一百四十结征收洋商华商各项税钞及支解各数目，谨会同署南洋通商大臣、两江总督臣张之洞恭折具陈并缮具四柱清单，恭呈御览，伏祈皇上圣鉴。再：湖北巡抚系臣本任，毋庸会衔，合并陈明，谨奏。

朱批："该衙门知道，单并发。"《光绪朝朱批奏折》第73辑，第351—352页

整顿土药税项片 光绪二十一年十一月

再：光绪十六年四月钦奉谕旨整顿土药税项，当经本任督臣张之洞会同臣筹定章程，饬委镇道大员在于宜昌府设立总局，并于南北两路及襄陨一带择要添设分卡招募勇丁稽查透漏，办有成效，业将办理四届期满征收支解各款截数分别奏报在案。兹据总办湖北土药税务、尽先补用道叶含章申报：自光绪二十年七月初一日起至二十一年六月底连闰计十三个月第五届一年期满，共征收土药正耗税库平银二十八万九千一百八十二两七钱九分六厘七毫，开支一成半局用银四万三千三百七十七两四钱一分九厘五毫，又除统带公费及弁勇口粮等银二万六千八百五十六两九钱六分，又除拨解枪炮局经费二十万两外，实存司库银一万八千九百四十八两四钱一分七厘二毫，遵照海军衙门定章另行解交户部拨归内务府奉宸苑兑收，作为颐和园岁修等工专款等情，由兼署湖北布政使、署按察使瞿廷韶会同牙厘总局司道详请奏前来。臣复核无异，除咨户部查照外，所有湖北省征收土药税项第五届一年期满截数开报缘由，理合附片具奏，伏祈圣鉴。再：湖北巡抚系臣本任，毋庸会衔，合并陈明，谨奏。

朱批："户部知道。"《光绪朝朱批奏折》第75辑，第770页

筹拨本年备放京饷片 光绪二十一年十一月

再：前准户部咨京官放给全数俸银所有津贴应即停止，惟俸饷规复旧制为数甚巨，行令各省关将应解前项津贴银两仍照原拨之数按年全数解交户部以□□放俸饷等因，当经转饬遵照办理在

案。兹据湖北布政使王之春会同善后局司道筹拨光绪二十一年分备放俸饷银一万六千两，饬委补用知县何锦琮、大挑知县孔继镃搭解赴京交纳等情，详请奏咨前来。除咨部外，谨附片具陈，伏祈圣鉴。再：湖北巡抚系臣本任，毋庸会衔，合并陈明，谨奏。

朱批："户部知道。"《光绪朝朱批奏折》第88辑，第70页

筹拨各路军饷片光绪二十一年十一月

再：据湖北布政使王之春详称：准宜昌关咨解应解奉文筹拨各路军饷详请奏明每年解银三千三百余两，现于该关应支光绪十七年二月二十三日第一百二十三结起至二十一年三月初六日第一百三十八结止，关用经费及倾镕折耗项下节出银一万三千二百四十两，解司遇有领解京饷便员由司详请搭解等因，兹查有管解京饷委员补用知县何锦琮、大挑知县孔继镃堪以搭解赴京交纳等情，详请奏咨前来。臣复核无异，除给咨搭解外，谨附片具陈，伏祈圣鉴。再：湖北巡抚系臣本任，毋庸会衔，合并陈明，谨奏。

朱批："户部知道。"《光绪朝朱批奏折》第88辑，第70页

宜昌关第一百四十结期满收支各款税银数目折光绪二十一年十一月初三日

头品顶戴兼护湖广总督、湖北巡抚臣谭继洵跪奏，为宜昌关第一百四十结期满收支各款税银数目遵照部章开单恭折具陈仰祈圣鉴事。窃照前准户部咨钞奏内开：各海关洋税收支数目办理未能划一，应令遵照定章按结开列清单奏报，一次仍扣足四结，开单奏销一次，概不得以收支数目串入原折以致混杂不清，仍一面造具四柱清册暨支销经费银两清册，分送户部暨总理各国事务衙门以凭核销等因，光绪十年二月二十五日具奏，本日奉旨："依议。"钦此。又准户部咨：江汉关第九十五结期满清单，仅有收支款目，以致各结总数未能联贯，嗣后应令将旧管新收开除实在，

分为四柱逐款开列，以昭明晰各等因，先后转行遵办。兹据湖北荆宜施道监督、宜昌关税务周懋琦详称：宜昌关征收税银前经截至光绪二十一年闰五月初八日第一百三十九结止，详请奏咨在案。兹自光绪二十一年闰五月初九日起至八月十二日止第一百四十结期满所征各项税银，除照章开支外，实存银二万九百五十一两一钱六分，前经详请咨明奏准部复归入一年报销案内，解存藩库委员解京。再：本结并无洋药进口，又未征收洋商自备华式之船钞，毋庸造册报销等情，详请奏咨前来。臣复核无异，除清单清册咨送总理各国事务衙门、户部户科查照外，谨会同署南洋通商大臣、两江总督臣张之洞恭折具陈，并缮具四柱清单恭呈御览，伏祈皇上圣鉴。再：湖北巡抚系臣本任，毋庸会衔，合并陈明，谨奏。

朱批："该衙门知道，单并发。"《光绪朝朱批奏折》第88辑，第71页

湖北省筹拨本年第五批云南铜本银两汇解赴滇折光绪二十一年十一月初九日

头品顶戴兼护湖广总督、湖北巡抚臣谭继洵跪奏，为湖北省筹拨本年第五批云南铜本银两汇解赴滇恭折具陈仰祈圣鉴事。窃前承准军机大臣字寄光绪二十年三月十二日奉上谕："户部奏遵拨铜本银两一折，云南铜本银两鼓铸攸关，现经户部遵旨筹拨由湖北省于二十、二十一两年应解部库旗兵加饷项下每年划拨银五万两西征洋款，改为加放俸饷项下每年划拨银十万两，着即分年迅速筹拨，不准稍有蒂欠等因。"钦此。业于上年及本年拨解第一批至四批云南铜本银八万两，先后奏明在案。兹据湖北布政使王之春会同善后局司道详称：在于应解部库加放俸饷项下筹拨库平银二万两，查照滇省来文于十一月初二日发交汉镇天顺祥商号，汇解赴督办云南矿务臣唐炯行辕交收，作为第五批铜本银两，应给汇费并即照数给清等情，详请奏咨前来。臣复核无异，除分咨外，理合恭折具陈，伏祈皇上圣鉴。再：湖北巡抚系臣本任，毋庸会衔，合并陈明，谨奏。

朱批："户部知道。"《光绪朝朱批奏折》第92辑，第18页

筹拨海军衙门经费片光绪二十一年十一月

再：准户部咨具奏海军经费改归部库分别划拨提解案内，指拨江汉、宜昌两关洋药加厘银六万两，其一分饭银免其搭解等因，当即转饬遵办去后。兹据署湖北汉黄德道监督、江汉关税务、本任安襄郧荆道朱其煊详称：历年奉拨海军衙门经费银六万两均因宜昌关征数甚微，无款可拨，专由江汉关征收洋药税厘项下拨解以供要需，此次自应仍照成案办理，业经在于所征洋药税厘项内动支银四万两委解赴京交纳，详奉奏报在案。兹复在于所征洋药税厘项内动支银二万两，饬委议叙试用知州赵毓楠、试用通判冼廷瑜管解赴京交纳，所有本年奉拨洋药税厘银两业已扫数解清等情，详请奏咨前来。臣复核无异，除分咨外，理合附片具陈，伏祈圣鉴。再：湖北巡抚系臣本任，毋庸会衔，合并陈明，谨奏。

朱批："户部知道。"《光绪朝朱批奏折》第88辑，第72页

湖北省筹解本年第四批加放俸饷银两折

光绪二十一年十一月

头品顶戴兼护湖广总督、湖北巡抚臣谭继洵跪奏，为湖北省筹解本年第四批加放俸饷银两恭折仰祈圣鉴事。窃前准户部咨湖北省应解西征洋款改为加放俸饷一款，自光绪十五年起每年应解银二十万两按年解部等因，光绪十四年十一月二十四日具奏，奉旨："依议。"钦此。咨行钦遵办理，历经如数筹解划拨。查本年应解加放俸饷银二十万两，前准户部咨划拨云南铜本银十万两，除另案分批汇解外尚应解银十万两，业已解过第一批至三批共银七万两，奏报在案。兹据湖北布政使王之春会同善后局司道详称：筹拨本年第四批加放俸饷银三万两，饬委补用知县何锦琮、大挑知县孔继镃管解赴京交纳所有奉拨本年加放俸饷银两，业已扫数

解清等情，详请具奏前来。臣复核无异，除给咨管解外，理合恭折具陈，伏祈皇上圣鉴。再：湖北巡抚系臣本任，毋庸会衔，合并陈明，谨奏。

朱批："户部知道。"《光绪朝朱批奏折》第88辑，第88页

勘明各州县被淹受旱情形恳请缓征漕粮折

光绪二十一年十二月初三日

头品顶戴兼护湖广总督、湖北巡抚臣谭继洵跪奏，为勘明各州县被淹受旱情形恳请缓征漕粮恭折仰祈圣鉴事。窃准户部咨缓征漕粮于地丁折外另折候旨遵办，又准户部颁发厘剔钱粮积弊章程内载：灾区初报即令声明免缓钱粮数目以除积弊等因，遵办在案。湖北本年夏秋二汛，江汉水势泛涨，低田被淹，高阜之区又因雨泽愆期多受干旱，已饬该管道府确勘轻重情形，现经臣另折奏请缓征钱粮南米等项，惟武昌、咸宁、嘉鱼、蒲圻、汉阳、黄陂、孝感、沔阳、黄冈、蕲水、黄梅、广济、潜江、天门、应城、江陵、公安、石首、监利、松滋、荆门等二十一州县，尚有应征，本年及节年漕粮若责令照常输纳，民力实有未逮。据湖北布政使王之春、督粮道岑春蓂转据该管道府结报，会详请缓前来。合无仰恳天恩俯准将被淹较重之咸宁县一都等六都内之艾家墩等十处，汉阳县白釜池等十七区，黄陂县牛湖等三十七社，孝感县务本西等二十六社内各社甲，沔阳州梅公等一百一官垸，黄冈县道观河等十四区，蕲水县朱家湖等十三区，黄梅县考田镇内之白马寺等二村庄、谢滩镇内之梅家口等处，潜江县虾子等二十垸、白湖等十四垸、罗杨一垸、马昌等九垸，天门县关庙等一百二十六垸内之六百七十八甲、淖泼等三十二垸内之五十四甲、蒲湖等二十二垸内之四十二甲，应城县叶嘴等九团区，江陵县筑支等六十六垸、老新口等一百九垸，公安县毛一等七里并西一等二十五里内之七十六甲，石首县民旺等十六垸、并一都等十四坊垸内之三十六甲，监利县大苏湖等一百六垸，松滋县下八上八二都并下五等十都，

荆门州马上三等二十四图内之小江湖等一百六区。又受旱较重之武昌县洪一等二十六里，咸宁县一都等九都内之下好桥等十七处，嘉鱼县邵陵等十二里内四十九甲，蒲圻县安丰等三十四团之各甲内它岭等一百八十四处，黄陂县青仔铺等三十一社，黄冈县项家庙等九区，蕲水县长家冲等二十一区，黄梅县什村等十二镇内之张胜二等三十三村庄，广济县安乐乡内之徐家冲等八十四村庄，泰西乡内之干仕户等四十二村庄，监利县余家等二十三垸，荆门州平四等十九图内之团林铺等三十三区，共应征光绪二十一年漕粮正耗米二万八千一十六石七斗四合三勺，缓至光绪二十二年秋后，限一年带征；原缓节年漕粮缓至二十三年秋后，递展一年带征。又沔阳州尚有民欠未完光绪二十年漕粮正耗米一百二十八石六合四勺，黄冈县尚有民欠未完光绪二十年漕粮正耗米一千二百七十八石二斗一升六合八勺，蕲水县尚有民欠未完光绪十九年漕粮正耗米二千八十二石八斗五升八合一勺，均因节年被水受旱无力完纳，请一并缓至光绪二十二年秋后，限一年带征，以广皇仁而纾民力。所有勘明武昌等州县被淹受旱情形请缓征漕粮缘由，遵章开具各属请缓漕米细数清单，恭折由驿具陈，伏祈皇上圣鉴。再：湖广总督系臣兼护，毋庸列衔，合并陈明，谨奏。

朱批："另有旨。"《宫中档光绪朝奏折》第9辑，第548—549页

查明湖北被水受旱各属来春青黄不接应筹接济折光绪二十一年十二月初三日

头品顶戴兼护湖广总督、湖北巡抚臣谭继洵跪奏，为查明湖北被水受旱各属来春青黄不接应筹接济恭折复陈仰祈圣鉴事。窃臣承准军机大臣字寄光绪二十一年十月初三日奉上谕："本年湖北钟祥等州县被淹，准令截留冬漕等项，俾作工赈之需，小民谅可不致失所，惟念来春青黄不接之时，民力未免拮据，着传谕该督抚等体察情形，如有应行接济之处，即于封印前奏到候旨加恩。"等因。钦此。仰见圣主轸念灾区有加无已之至意，凡属臣民莫名

钦感，当即恭录行司分饬确查去后。兹据各该州县禀复，由布政使王之春、督粮道岑春蓂会详前来。臣复加详核，湖北本年夏秋二汛，汉水叠涨，滨临襄河之钟祥、京山、潜江、天门、荆门、汉川等州县，堤多漫溃，田庐淹没，小民荡析离居，嗷嗷待哺；而下游之武昌、汉阳、黄州三府所属州县，复因久旱，秋收失望，情形亦重。前经臣奏，蒙恩准截留冬漕，拨款开捐，以济工赈，当即督饬司道委员分赴各属，会同地方官勘明灾情轻重、工程大小，分别拨济。先尽应修各堤及时兴办，寓赈于工；其无堤之处，以及老弱妇孺不能工作者，亦即查明，核实散赈，毋使稍有滥遗。至应征银米并令该管道府复勘，由臣另折奏恳恩施，分别蠲缓。刻值隆冬，少壮藉工就食，老弱抚恤有资，自无虑其失所，惟是本年被淹各处至今积水尚未全消，受旱之区又值冬晴日久，二麦多未播种，湖北人稠地隘，素鲜盖藏，即值中稔之年，民食恒虞不继，每仰给于湖南，今则北省既遭巨祲，南省亦受旱灾，收成歉薄，米谷下运无多，粮价现已渐长，转瞬腾贵，粮缺势所必然，来春青黄不接之时，灾黎艰食，何以聊生，亟应豫筹接济，以苏彫劫而广皇仁，合无仰恳天恩俯准在于司库地丁厘金盐课项下再拨银六万两，以备来春青黄不接之需，臣谨当察看情形，届时妥为办理，务期实惠及民，断不敢稍涉冒滥，以仰副高厚鸿慈。所有查明复奏请款接济缘由，理合恭折由驿具陈，伏祈皇上圣鉴训示。再：湖广总督系臣兼护，毋庸列衔，合并陈明，谨奏。

朱批："着照所请，户部知道。"《宫中档光绪朝奏折》第9辑，第550—551页

为赈灾采买谷米片 光绪二十一年十二月初三日

再：湖北地方本年被水受旱成灾，业经臣奏，蒙恩准截漕拨款办理赈抚，惟湖北米粮素仰给于湖南，本年湖南亦受旱灾，收成歉薄，未能济鄂。现值粮缺价贵，灾黎待赈孔殷，亟应前赴下

游采买，以济民食。臣已委员携带银两并给执照，前往江南、安徽一带采买谷米，分批运鄂，俾资散放，合无仰恳天恩俯准经过各关局卡一律免收厘税，则用项可期撙节，米谷即可多买，以恤鸿嗷。除咨明两江、安徽、江西督抚臣查照外，因事关灾赈，谨附片由驿具陈，伏祈圣鉴。再：湖广总督系臣兼护，毋庸列衔，合并陈明，谨奏。

朱批："着照所请。"《宫中档光绪朝奏折》第9辑，第551页

勘明湖北各州县卫被淹受旱已未成灾轻重情形请分别蠲缓新旧钱粮南米等项折光绪二十一年十二月初三日

头品顶戴兼护湖广总督、湖北巡抚臣谭继洵跪奏，为勘明湖北各州县卫被淹受旱已未成灾轻重情形请分别蠲缓新旧钱粮南米等项恭折仰祈圣鉴事。窃照湖北省应征钱漕遇有灾伤，历经责成该管道府亲勘禀办，嗣准户部颁发厘剔钱粮积弊章程内载：灾区初报即令声明免缓钱粮数目以除积弊等因，遵办在案。湖北省本年夏秋二汛，江汉水势泛涨，各属低田悉被漫淹，滨汉各堤复多漫溃，其高阜之区又因雨泽愆期多受干旱，被灾均属较重，民情困苦，堤难修复。业经臣奏蒙恩准截留冬漕，拨款开捐，以济工赈，当即督饬司道委员分赴各属，会同地方官勘明灾情轻重、工程大小，分别拨济，一面饬将应征钱漕酌议蠲缓。兹据各该管道府复勘加结，禀由湖北布政使王之春、督粮道岑春蓂会核，酌拟分别蠲缓新旧钱粮南米等项具详前来。臣复加查核，实勘得汉川县南湖等五十垸畈，地势低洼，为汉水汇归之区，无可宣泄，田禾概被淹没，成灾七分。又勘不成灾之咸宁县一都等六都内之艾家墩等十处，汉阳县菱角湖等八区、白釜池等十七区，黄陂县牛湖等三十七社，孝感县务本西等二十六社内各社甲，沔阳州梅公等一百一官垸，黄冈县道观河等十四区，蕲水县朱家湖等十三区并西壅洲一区，黄梅县考田镇内之白马寺等二村庄、谢滩镇内之

梅家口等处，钟祥县河乡内之杨林等二十七村庄、湖乡内之刘公庵等四十八村庄，京山县金港口等二十九团、永滏等十八团、黄富口等十一团，潜江县虾子等二十垸、白湖等十四垸、罗杨一垸、马昌等九垸，天门县关庙等一百二十六垸内之六百七十八甲、淳泼等三十二垸内之五十四甲、蒲湖等二十二垸内之四十二甲，应城县叶嘴等九团区，江陵县筑支等六十六垸、老新口等一百九垸，公安县毛一等七里并西一等二十五里内之七十六甲及枝六一所，石首县民旺等十六垸并一都等十四坊垸内之三十六甲，监利县大苏湖等一百六垸并蔡家等九洲，松滋县下八上八二都并下五等十都及一所等八所，枝江县浰浡等十二洲垸并羊角坝洲二洲，荆门州马上三等二十四图内之小江湖等一百六区，本年江汉二水同时盛涨，田庐禾稼概被淹没，收成失望，情形均属较重。又勘得武昌县洪一等二十六里，咸宁县一都等九都内之下好桥等十七处，嘉鱼县邵陵等十二里内之四十九甲，蒲圻县安丰等三十四团之各甲内它岭等一百八十四处，黄陂县青仔铺等三十一社，黄冈县项家庙等九区、罗霍洲等五区，蕲水县长家冲等二十一区，黄梅县什村等十二镇内之张胜二等三十三村庄，广济县安乐乡内之徐家冲等八十四村庄、泰西乡内之干仕户等四十二村庄，监利县余家等二十三垸，荆门州平四等十九图内之团林铺等三十三区，自夏徂秋，亢旱日久，禾苗枯槁，受旱情形亦俱较重。

又勘得江夏县三城等四十一里、桃林等十三屯、茂和等二十二里、青山等十二屯、顶团等二十五洲，武昌县市一等十一里，嘉鱼县邵陵等十里内之二十九甲、并九洲内之垸子洲等处及九屯内之斗塘等处，汉阳县平坊等三十二区，黄陂县达义铺等十二社、良辰庙等五社，孝感县澴纯等十二社内各社甲，蕲水县蔡家河等十六区，广济县泰东乡内之童司牌等七十村庄、灵东乡内之雁嘴上等六十三村庄、永东乡内之黄花坂等四十八村庄、永西乡内之刘元正等四十六村庄、灵西乡内之杨林坂等四十村庄，或被淹涸复较迟，仅能补种菜蔬；或亢旱为日稍久，禾苗多有损伤，情形均属次重。又勘得汉川县杨家洪等三厂畈，江夏县金沙等四十七屯、犁头等二十二洲，咸宁县一都等六都内之方塘嘴等十一处、一都等十三都内之长丰桥等十六处，嘉鱼县邵陵等十二里内之三十九甲及九洲九屯内之越塘等处，汉阳县陈家河等二十六区，孝感县启祥天爵等二十四社，黄冈县下嵘等五十六区，蕲水县栗子坳等四十六区，黄梅县山南下等二十四镇及什村等五镇内未经受旱之区，钟祥县河乡内之欧家庙等二十八村庄、湖乡内之龙山观等五十九村庄、山乡内之萧家店等四十八村庄，京山县黎墙等三团并南冈等二团，潜江县沿江等九垸、白伏等五垸、章矶等二垸、河汉等四十一垸并双家等四垸，江陵县唐家等四十一垸、亢家等三十垸，公安县刀一等二十里内之二十九甲，监利县团湖等一百一十五垸，枝江县太平等五垸，或被淹旋即涸复或受旱得雨较早，尚可补种杂粮，惟收成究属歉薄，情形较轻。又江夏县崇通等屯，汉阳县崇信坊各房屋，自遭兵燹，居民迄未复业，仍多荒芜。以上各州县内有屯坐各卫军田，情形亦同。

臣伏查地方遇有水旱灾伤，例应勘明分数，分别赈抚，蠲缓钱漕，其有勘不成灾者，亦应缓征递展。本年湖北被淹受旱各属，穷黎业经拨款，工赈兼施，不致流离失所，惟应征银米若责令照常完纳，民力实有未逮，除拟缓漕粮另折请旨外，合无仰恳天恩俯准将成灾七分之汉川县南湖等五十垸畈应征光绪二十一年新赋钱粮南粮正耗银米照例蠲免二分，共应蠲免新赋钱粮正耗银二千五百四十八两九钱三分七厘，南粮正耗米三百二十一石九斗八升二合四勺；其蠲剩正耗银一万一百九十五两七钱五分，南粮正耗米一千二百八十七石九斗二升九合五勺，一并缓至光绪二十二年秋后，分限二年带征。原缓节年银米等项，并请递年展缓，分限带征。又勘不成灾被淹较重之咸宁县一都等六都内之艾家墩等十处，汉阳县菱角湖等八区、白釜池等十七区，黄陂县牛湖等三十七社，孝感县务本西等二十六社内各社甲，沔阳州梅公等一百一官垸，黄冈县道观河等十四区，蕲水县朱家湖等十三区并西壅洲一区，黄梅县考田镇内之白马寺等二村庄、谢滩镇内之梅家口等处，钟祥县河乡内之杨林等二十七村庄、湖乡内之刘公庵等四十八村庄，京山县金港口等二十九团、永滏等十八团、黄富口等十一团，潜江县虾子等二十垸、白湖等十四垸，罗杨一垸、马昌等九垸，天门县关庙等一百二十六垸内之六百七十八甲、淖泼等三十二垸内之五十四甲、蒲湖等二十二垸内之四十二甲，应城县叶嘴等九团区，江陵县筑支等六十六垸，老新口等一百九垸，公安县毛一等七里，并西一等二十五里内之七十六甲及枝六一所，石首县民旺等十六垸，并一都等十四坊垸内之三十六甲，监利县大苏湖等一百六垸并蔡家等九洲，松滋县下八上八二都并下五等十都及一所等八所，枝江县浰浮等十二洲垸并羊角坝洲二洲，荆门州马上三等二十四图内之小江湖等一百六区。又受旱较重之武昌县洪一等二十六里，咸宁县一都等九都内之下好桥等十七处，嘉鱼县邵陵等十二里内之四十九甲，蒲圻县安丰等三十四团之各甲内它岭等一百八十四处，黄陂县青仔铺等三十一社，黄冈县项家庙等九区、罗霍洲等五区，蕲水县长家冲等二十一区，黄梅县什村等十二镇内之张胜二等三十三村庄，广济县安乐乡内之徐家冲等八十四村庄、泰西乡内之干仕户等四十二村庄，监利县余家等二十三垸，荆门州平四等十九图内之团林铺等三十三区，共应征光绪二十一年新赋钱粮屯饷闲丁堤费租饷芦课等项正耗银二十万三千一百一十两一钱五分七厘，南粮正耗米二万七千二百五十七石六斗三升三合七勺，一并缓至光绪二十二年秋后，限一年带征。其各原缓节年各项银米一并展至光绪二十三年秋后，递展一年带征。

又被淹受旱次重之江夏县三城等四十一里、桃林等十三屯、茂和等二十二里、青山等十二屯、顶团等二十五洲，武昌县市一等十一里，嘉鱼县邵陵等十里内之二十九甲、并九洲内之垸子洲等处及九屯内之斗塘等处，汉阳县平坊等三十二区，黄陂县达义铺等十二社、良辰庙等五社，孝感县澴纯等十二社内各社甲，蕲水县蔡家河等十六区，广济县泰东乡内之童司牌等七十村庄、灵东乡内之雁嘴上等六十三村庄、永东乡内之黄花坂等四十八村庄、永西乡内之刘元正等四十六村庄、灵西乡内之杨林坂等四十村庄，各应征光绪二十一年南米照常征收外，其应征光绪二十一年新赋钱粮芦课籽粒等项正耗银四万九千三百四十八两一钱一分一厘，请缓至光绪二十二年秋后，限一年带征。其各原缓节年各项银米一并展至光绪二十三年秋后，递年带征。

又被淹受旱较轻之汉川县杨家洪等三厂畈，江夏县金沙等四十七屯、犁头等二十二洲，咸宁县一都等六都内之方塘嘴等十一处、一都等十三都内之长丰桥等十六处，嘉鱼县邵陵等十二里内之三十九甲及九洲九屯内之越塘等处，汉阳县陈家河等二十六区，孝感县启祥天爵等二十四社，黄冈县下嵺等五十六区，蕲水县栗子坳等四十六区，黄梅县山南下等二十四镇及什村等五镇内未经受旱之区，钟祥县河乡内之欧家庙等二十八村庄、湖乡内之龙山观等五十九村庄、山乡内之萧家店等四十八村庄，京山县黎墙等三团并南冈等二团，潜江县沿江等九垸、白伏等五垸、章矶等二垸、河汉等四十一垸并双家等四垸，江陵县唐家等四十一垸、亢家等三十垸，公安县刀一等二十里内之二十九甲，监利县团湖等一百一十五垸，枝江县太平等五垸，各应征光绪二十一年新赋钱粮芦课屯饷闲丁堤费南米等项，照常征收，其各原缓节年银米芦课屯饷闲丁堤费等项，一并缓至光绪二十二年秋后，递展一年带征。

又江夏县崇通等屯应征光绪二十一年楚课钱粮正耗银三百九十七两八钱二分五厘，缓至光绪二十二年秋后，限一年带征。其原缓节年银两递展一年带征。又汉阳县崇信坊应征光绪二十一年门摊银两，请征七分，应缓三分正耗银六十八两二钱六分一厘，缓至光绪二十二年秋后，限一年带征。原缓节年银两递展一年带征。又黄冈县尚有光绪二十年奏销案内民欠未完地丁等款正耗银四千三百两七钱五分，南粮正耗米九百五十一石五斗六合四勺；

又蕲水县尚有光绪十九年奏销案内民欠未完地丁正耗银七千二百七十七两九钱一分一厘，均因偶遭水旱无力完纳，请一并缓至光绪二十二年秋后，限一年带征。至武昌等卫军田被淹受旱蠲缓垸区，均与屯坐各州县民田相同，共应征光绪二十一年屯饷芦课军三安家闲丁帮津等款，正耗银三万四千七百一十四两八钱七分四厘，内蠲免银三十五两八钱六厘，其蠲剩银两同例不并免之军安等款正耗，共银一百四十三两二钱二分，并勘不成灾情形较重银三万四千五百三十五两八钱四分八厘，请缓至光绪二十二年秋后，分限带征；其各原缓节年银两并请递展一年带征。又黄州卫尚有光绪十四、十七、十八、十九、二十等年奏销案内军欠帮津银一千一百九十七两三钱九分二厘，请缓至光绪二十二年秋后，限一年带征，以广皇仁而纾民力。除饬令汉川等县卫赶造顷亩册结另行题报外，所有勘明各州县卫被淹成灾分数暨勘不成灾轻重情形，分别蠲缓新旧银米缘由，遵章开具各属蠲缓银米细数清单，恭折由驿具陈，伏祈皇上圣鉴。再：此案因恐情形不确，往返驳查，以致未能依限办理。至湖广总督系臣兼护，毋庸列衔，合并陈明，谨奏。

朱批："另有旨。"《宫中档光绪朝奏折》第9辑，第552—557页

湖北省豫解光绪二十二年第二批甘肃新饷折光绪二十一年十二月初四日

头品顶戴兼护湖广总督、湖北巡抚臣谭继洵跪奏，为湖北省豫解光绪二十二年第二批甘肃新饷恭折具陈仰祈圣鉴事。窃照承准军机大臣字寄光绪二十一年八月十二日奉上谕："户部奏筹拨甘肃新饷一折，现在回匪滋事，甘肃关内外各军饷银尤关紧要，经该部将光绪二十二年新饷指拨湖北省银三十三万两，着该督抚等严饬司道按照部拨数目于本年十二月底赶解三成，至来年四月止再解三成，其余四成统限九月底止扫数解清。"等因。钦此。业经钦遵豫解第一批银四万两，恭折奏报在案。兹据湖北布政使王之

春会同善后局司道详称，现复在于盐厘、货厘项下筹拨银第二批银六万两，饬委候补知县马骥管解赴陕西省城甘肃后路转运局兑收转解等情，详请奏咨前来。臣复核无异，除分咨外，理合恭折具陈，伏祈皇上圣鉴。再：湖北巡抚系臣本任，毋庸会衔，合并陈明，谨奏。

朱批："户部知道。"《光绪朝朱批奏折》第60辑，第604—605页

汉镇殷商报捐巨款吁恳恩施赏给其子举人以昭激劝折光绪二十一年十二月初四日

头品顶戴兼护湖广总督、湖北巡抚臣谭继洵跪奏，为汉镇殷商报捐巨款吁恳恩施赏给其子举人以昭激劝恭折仰祈圣鉴事。窃据湖北布政使王之春、署汉黄德道朱其煊会同善后局司道详称，前因海疆用兵需饷孔殷，经前升道恽祖翼督饬府县劝据汉镇殷商江苏上元县候选同知蒋春华报捐豆规银五万两，出立期票按期缴银以充军饷，声明不敢仰邀奖叙，现据该商陆续兑缴清楚计豆规银五万两，折合库平库色银四万五千五百二十六两八钱二分。查该职蒋春华报效军饷为数较巨，实属异常急□，虽据称不敢仰邀奖叙，究未便没其悃忱。惟该职年已衰迈，不愿仕进，其子附贡生蒋长恩、附生蒋长松俱属年富力强，读书向上，详请奏恳恩施各赏举人等情前来。臣伏查前准户部咨奏明五贡及廪增附生出身报效军需银二万两者准赏给举人，一体会试等因，遵照在案。今蒋春华报捐巨款实属深明大义，有裨军需，该司道等请移奖其子蒋长恩等，核与部章相符，所捐银数亦属有盈无绌，可否仰恳天恩赏给附贡生蒋长恩、附生蒋长松举人，一体会试，以示优异而昭激劝，出自高厚鸿慈。除咨部查照外，理合恭折具奏，伏祈皇上圣鉴训示。再：湖北巡抚系臣本任，毋庸会衔，合并陈明，谨奏。

朱批："着照所请，该部知道。"《光绪朝朱批奏折》第60辑，第605—606页

湖北各营损失军械尚未一律补制足额请将年例盘查仍行展缓题报以昭核实折光绪二十一年十二月初四日

头品顶戴兼护湖广总督、湖北巡抚臣谭继洵跪奏，为湖北各营损失军械尚未一律补制足额请将年例盘查仍行展缓题报以昭核实仰祈圣鉴事。窃照湖北各标镇协营军火器械战船马匹等项，例应每年十月内委员盘查，造具册结，于封印前具题。惟自军兴以来武汉等府前次屡被贼扰，各营军械毁失居多；即未被扰之处，先后征调出师，遗失损坏，所存无几，已责成各营于补领积欠俸饷内，督饬该兵丁自行陆续赔补，曾经奏明俟各营补足原额再行循例具题在案。兹查各营军械毁失动缺者甚多，尚未能补足，只以鄂省近年协济外省军饷，需用浩繁，库款极形支绌，而绿营积欠俸饷又准部咨停给，以致原失军械难以补制齐全，现届光绪二十一年盘查具题之期，经臣委员逐一查验，现存军械均属坚利合用，其未经补制各件应俟库款充裕补发欠饷添制齐全，再行循例造册具题，以昭核实。据湖北布政使王之春详请具奏前来。臣复核无异，谨会同湖北提督臣吴凤柱恭折具陈，伏祈皇上圣鉴。再：湖北巡抚系臣本任，毋庸会衔，合并陈明，谨奏。

朱批："该部知道。"《光绪朝朱批奏折》第60辑，第606—607页

遵旨查明湖南盗匪情形及毁坏神像一案办理折光绪二十一年十二月初四日

头品顶戴兼护湖广总督、湖北巡抚臣谭继洵跪奏，为遵旨查明湖南盗匪情形及毁坏神像一案办理并无宽纵恭折具陈仰祈圣鉴事。窃光绪二十一年七月二十四日承准总理各国事务衙门电开：奉谕旨："□□□□□□日德寿本日已调补江西巡抚，并令即赴新任，毋庸来京请训，所有前次交查事件着移交谭继洵办理。"钦

此。适调任抚臣德寿正行抵湖北省城，将奉命交查原奏移交臣钦遵办理，当即檄委湖北候补知州张茂时、候补知县彭溥孙前赴湖南各州县，按照原奏各节逐一密查，并提毁坏神像一案犯证，切实研审，暨饬湖南臬司将各属详报会匪盗案分别已、未获犯开折禀复去后。兹据臬司俞廉三暨委员张茂时等查明先后禀复，并将毁坏神像一案卷宗赍呈前来。臣参以平日所访复加查核，如原奏所称湖南散勇游民相聚为盗，会匪之案层见叠出，或执刀持械白昼抢劫，或飞檐走壁黄夜掳掠，甚有奸淫妇女、被其污辱饮恨而死者，间有仇憾将其人以桐油灌顶燃炬而死，地方官以讳盗为心不肯捕治，间或饬拿而差役任意需索，被盗之家反受骚扰一节。查湖南当黔粤之冲，民情强悍，昔年各路军营勇丁遣撤回籍，散处各县，良莠不齐，往往放飘结会，纠伙抢劫。现据查复光绪十九年分各属共报盗案四十八起，已破获者三十九起，二十年分共报盗案五十六起，亦破获三十九起，本年自正月起至八月底止共报盗案三十四起，已获犯惩办者二十一起，多系黄夜持械强劫，或威吓事主、拒捕捆殴之案，其奸淫妇女及挟仇以桐油灌顶烧毙人命等事，查访均无确实证据。近年湘省定章防营分扎各处，遇有盗案责令一体禀报，迟延至十日者即由臬司详请将管带官议惩，是防营与州县互相钤制，无从隐饰，自不至有讳盗不报之事，至差役如有向被盗之家骚扰需索，势必指名上控，不肯隐忍缄默，检查司府各衙门控案亦无前项情事，此查明湖南各属会匪盗案之实在情形也。

又原奏本年二月教民滋事，长沙省会城隍庙神像被毁，一夜之间，湘乡、宁乡各处寺院神像亦同被毁坏。若非先期集约，何以数百里间同时起事？先是，教民欲烧毁省城火药局，黑夜若见有神灵守护，故不敢发，毁坏神像职是之故，现在拿获多人，而大吏犹不肯从严惩治一节。查本年三月十六并二十一等日，夜间宁乡县香山寺及城隍庙神像先后毁坏，省城善化县城隍庙神像亦于三月二十四日夜被毁，二十八日三更宁乡县知县郑之梁督饬团绅在香山寺内拿获张作宾一名，讯系湖北黄陂县人，曾在湖南省城及宁乡县城先后开贸皮条店生理，嗣因折本歇业，仍在宁乡县居住，往来无定，所有各庙神像及善化县城隍庙神像皆其所毁。初供并无伙党，迨经严讯则随口混供，听从在省城开设皮条铺之同县人周广顺、曾同仁、陈永顺、彭锦松、钱自元、钱荣兴等六人入教，与其胞兄张作保、胞弟张作坤一同毁坏，该县因张作宾供情先后互异，且所供首伙各犯均在省城开贸，是否同伙为匪，抑系挟嫌诬攀，禀请提省审办。署善化县知县王祖荫将曾同仁、彭锦松、钱自元拘案提讯，极口呼冤，禀经前护抚臣王廉批饬署臬司李经羲审办，张作宾供词游移，复派候补道周麟图会审未结，臬司俞廉三到任反复推求，并据周广顺、陈永顺赴司投到讯明，均各先期出外经商，确有证据，张作保在湖北沔阳州苑家关地方郑鸿泰店内帮贸，并未赴湘，咨会湖北臬司饬据沔阳州查复属实。张作宾无可狡饰，始据供认前在宁乡县开店时，该犯因弟张作坤不欲其讨娶素有奸私之张蔡氏为妻，以致抑郁成疾，有类痰迷，张作坤恐其滋事，关禁城隍庙内。嗣经医痊，仍娶张蔡氏为妻。张作坤旋以贸易折本将店闭歇，该犯因见张作坤与张蔡氏平日亲密，疑有图占妻室及捏造账目侵蚀财物情事，并以叠受张作坤欺侮，以致无计谋生，愤恨填胸，屡次求神诛殛，未见显应，起意将善化、宁乡各庙神像毁坏，或能感动，迨被宁乡县拿获，因与周广顺等挟有不允赊给皮条之嫌，其兄张作保亦有卷去衣服之恨，是以一并诬攀，其实并无入教为匪情事。经俞廉三将张作宾比律拟以杖一百、流二千里，详经湖南抚臣咨部在案。该委员等叠提张作宾、张作坤及案内人证研审，并至善化、宁乡各县勘明各庙情形均与张作宾在宁乡县到案初供及臬司俞廉三定案讯供相符，详核原审卷宗并提街邻南天成等质讯，佥称周广顺等在省城开设皮条铺多年，实系安分贸民，并无结会立教情事，南天成等均系长沙、善化二县土著殷实贸民，各有身家，愿为周广顺等具保。至张作宾毁坏宁乡县神像，实系三月十六等日之事，并非二月；

善化县与宁乡县城隍庙神像确系先后被毁，并非同日；湘乡县城乡各庙神像实无被毁之事，省城军装局火药库三月间并无匪人窥伺，欲图焚烧形迹。湖南士民当各庙神像被毁之时，讹言四起，不无惊诧，疑系教匪所为，迨经拿获张作宾审出实情，按律拟办，地方亦均靖谧，并无异词。臬司俞廉三审办此案，尚无宽纵。此又查明毁坏神像一案原委，并复审张作宾等各供之实在情形。

伏查湖南州县近年凡有拿获盗犯，一经审实通禀，均经饬司派员前往会审，明确批饬就地正法，办理未尝不严，而盗风未靖，由于散勇游民所在皆有，故难尽绝根株。窃维弭盗之法莫善于团练保甲，湘省各州县前经臣奏明，通饬一律举办团练以卫地方。臣惟有会同抚臣督饬所属，实力讲求，整顿捕务，以期盗息民安，如各牧令中有怠玩废弛之员，即当从严参办；傥有缉捕勤奋者亦即随时□请奖励，惩劝兼施，庶可资观感而收实效。张作宾毁坏神像讯因屡被其弟张作坤欺侮□□□□□□所致，周广顺等业经讯明，□□□□□□，张作宾亦无另有为匪不法及同伙砍□之人，应请仍照原拟办理，除将赍□卷宗发□外，所有查明湖南盗匪情形暨毁坏神像缘由，理合恭折具陈，伏祈皇上圣鉴训示，谨奏。

朱批：“知道了。”《光绪朝朱批奏折》第119辑，第319—322页

查明京控未结各案折光绪二十一年十二月初七日

头品顶戴兼护湖广总督、湖北巡抚臣谭继洵跪奏，为查明京控未结各案开单恭折具陈仰祈圣鉴事。窃查前准刑部咨议复光禄寺少卿延茂奏稽核京控审限每年将已未完数目两次汇开清单具奏，以归画一，并摘录案由，注明交审月日及未结各案因何未能审结缘由，于每年两次复奏时详细声明等因，奉旨：“依议。”钦此。历经遵办在案。兹据湖北布政使王之春、署按察使朱其煊详称，陆续奉到部院衙门奏交咨文，各案随时委提人卷解省发审，其有距省较远州县之案，移交该管道就近提审或委员前往会同该管府

审办，前已截至光绪二十年十二月止，将未结各案造册详请奏报。兹值半年汇奏之期，除已审结咨送供招及详咨注销各案不计外，尚未审结者八起，或因原被供情狡执，补提要证未到，或甫经行提，人证尚未解齐，以致未能讯结核计，尚无迟延等情，开呈清册请奏报前来。臣复核无异，除仍饬赶紧催提人证到案审办，并将清册分送刑部、都察院、步军统领衙门查照外，谨缮清单恭折具陈，伏祈皇上圣鉴。再：湖广总督系臣兼护，毋庸列衔，合并陈明，谨奏。

朱批："刑部知道，单并发。"《宫中档光绪朝奏折》第9辑，第571—572页

奖励湖北绅商捐助育婴事宜片 光绪二十一年十二月初七日

再：湖北育婴事宜，钦遵谕旨通饬举办，已有规模，业经臣与本任督臣张之洞恭折奏报，并将倡捐巨款之绅士附片陈明，请旨旌奖在案。兹查有蒲圻县遇缺题奏提督、现任安徽安庆协副将刘先文，捐银一千两充作育婴经费，据该县造具该副将履历清册，呈由署湖北布政使龙锡庆、署按察使瞿廷韶会详请奏前来。臣伏查定例，地方善举士民捐银至千两者，例得请旨建坊，给予"乐善好施"字样，今该副将刘先文以育婴善举捐助银一千两，实属心存保赤，乐善可嘉，核与建坊之例相符，合无仰恳天恩俯准建坊给予"乐善好施"字样，以示旌奖而昭激劝。除清册分送礼、兵部外，谨附片具陈，伏祈圣鉴。再：湖广总督系臣兼护，毋庸列衔，合并陈明，谨奏。

朱批："着照所请，礼部知道。"《宫中档光绪朝奏折》第9辑，第572页

光绪二十年奏销案内未完一分以上之员续经全完请将原参处分免议折 光绪二十一年十二月初七日

头品顶戴兼护湖广总督、湖北巡抚臣谭继洵跪奏，为光绪二十年奏销案内未完一分以上之员续经全完请将原参处分免议恭折仰祈圣鉴事。窃照光绪六年二月准户部咨：钱粮奏销各依定限，令各该督抚一面具题，一面先将未完一分以上各员，开具简明清单专折奏报，由部核定处分，先行复奏；其有奏后续完者，准其奏请归本案开复等因。臣于查办光绪二十年奏销时，已将民赋钱粮南粮米石各项下未完一分以上各员专折奏报在案。兹据湖北督粮道岑春蓂详称，南粮米石项下原报经征未完一分以上署汉阳县知县李观涛，现已全完，请将原参处分奏请免议等情前来。臣复核无异，除咨明吏部、户部查照外，理合恭折具陈，伏祈皇上圣鉴，敕部核复施行。再：湖广总督系臣兼护，毋庸列衔，合并陈明，谨奏。

朱批："户部议奏。"《宫中档光绪朝奏折》第9辑，第573页

委署武昌知县片 光绪二十一年十二月初七日

再：署武昌县知县姚学康调省，另有差委，所遗该县篆务亟应委员往署，以重职守。查有新选大冶县知县延燮，才具明晰，办事慎勤，堪以署理。据布政使王之春、署按察使朱其煊会详前来。除檄饬遵照外，谨附片具陈，伏乞圣鉴。再：湖广总督系臣兼护，毋庸列衔，合并陈明，谨奏。

朱批："吏部知道。"《宫中档光绪朝奏折》第9辑，第573—574页

委署鹤峰知州片光绪二十一年十二月初七日

再：署鹤峰州知州湛福春调省，所遗该州印务应即委员往署，以重职守。查有本任远安县知县党世琼，人尚明白，办事亦勤，堪以署理。据布政使王之春、署按察使朱其煊会详前来。除檄饬遵照外，理合附片具陈，伏祈圣鉴。再：湖广总督系臣兼护，毋庸列衔，合并陈明，谨奏。

朱批："吏部知道。"《宫中档光绪朝奏折》第9辑，第574页

已故知州短交银两参后逾限无完请旨严追并查抄家产备抵折光绪二十一年十二月初七日

头品顶戴兼护湖广总督、湖北巡抚臣谭继洵跪奏，为已故知州短交银两参后逾限无完请旨严追并查抄家产备抵恭折仰祈圣鉴事。窃查已故前署兴国州知州陆祐勤短交司道两库各款银两，前因已逾初参例限，未据该家属完解，经臣奏参革职，勒令该家属于两个月限内如数完缴，倘逾限不完，再行从严参办。钦奉朱批："着照所请，该部知道。"钦此钦遵。行司遵办在案。兹据湖北布政使王之春、署按察使朱其煊、督粮道岑春蓂详称，原参该故员陆祐勤短交银三万七千一百三十六两九钱四分九厘，内除民欠银二千一百一十九两二钱一分五厘，实欠解银三万五千一十七两七钱三分四厘，参后仅据该家属完解司库银四百九十六两三分，尚未完银三万四千五百二十一两七钱四厘，内系司库地丁正耗银四千八百二十六两一钱二分七厘，道库漕粮正耗米折银二万九千六百九十五两五钱七分七厘，屡经严催，迄已逾限，并未完缴，请奏参严追并查抄家产备抵等情前来。臣查该故员陆祐勤系江苏阳湖县人，其短交银两均属钱漕正款，为数甚巨，前经奏参勒追，现已逾限，未据完解，实属玩延，亟应从严参追，以重帑项。除饬司即提该家属勒限严追，一面查明该员原籍及历过任所，有无

资财隐寄，照例办理。并咨户部暨江苏抚臣查照外，相应请旨敕下江苏抚臣即饬阳湖县，将该故员陆祐勤家产严密查封，估值造册，复鄂备抵。所有应行分赔各职名遵章随折开报，谨另缮清单，恭折具奏，伏祈皇上圣鉴。再：湖广总督系臣兼护，毋庸列衔，合并陈明，谨奏。

朱批："另有旨。"《宫中档光绪朝奏折》第9辑，第574—575页

恭报湖北省光绪二十一年十月分雨水粮价地方情形折光绪二十一年十二月初七日

头品顶戴兼护湖广总督、湖北巡抚臣谭继洵跪奏，为恭报湖北省光绪二十一年十月分雨水粮价地方情形仰祈圣鉴事。窃照光绪二十一年九月分各属雨水粮价地方情形，业经臣恭折奏报在案。兹据武昌等十府暨荆门直隶州所属各州县将光绪二十一年十月分雨水粮价开具清单呈报，由湖北布政使王之春汇造清折前来。臣复加查核，是月分晴多雨少，各属禀报得雪一次，江汉水势退落，二麦播种，粮价较上月增多减少，地方民情悉臻安谧，堪以仰慰宸廑，谨缮粮价清单恭折具奏，伏乞皇上圣鉴，谨奏。

朱批："知道了。"《宫中档光绪朝奏折》第9辑，第575—576页

查报湖北本年额征片光绪二十一年十二月初七日

再：据湖北督粮道岑春蓂详称，湖北省各州县卫光绪二十一年额征驴脚南折正耗共银四万一千四百七十五两零，内除挖压渍淹沙压被水豁减缓征共银三百九十六两零，并下忙应征银两外，实应征上忙银二万五百三十九两零，已完银一万三千六百六十七两零，未完银六千八百七十一两零，又额征随漕浅船军三安家正耗并闲丁帮津资役等款共银九万二千六百八两零，内除渍淹挖压沙压逃亡故绝被水豁减缓征共银三千七百四十二两零，并下忙应

征银两外，实应征上忙银四万四千四百三十三两零，已完银一万六千五百一十九两零，未完银二万七千九百一十四两零等情前来。除饬该道严催各州县卫迅将未完银两赶紧征解外，理合附片具陈，伏祈圣鉴。再：湖广总督系臣兼护，毋庸列衔，合并陈明，谨奏。

朱批："户部知道。"《宫中档光绪朝奏折》第9辑，第576页

委署汉黄德道片光绪二十一年十二月初七日

再：湖北汉黄德道员缺业经臣具奏，请以盐法武昌道瞿廷韶调补，该员现虽署理臬司篆务，惟汉黄德道监督江汉关税务，驻扎汉镇，华洋交涉，政务殷繁，转瞬日本议开商埠，事属伊始，尤为吃重，该员瞿廷韶才具开展，办事精详，在鄂年久，情形熟悉，既经请补斯缺，应饬先行署理，以重职守而专责成，所遗臬司篆务，查有现署汉黄德道、本任安襄郧荆道朱其煊，谨慎勤能，精习吏事，堪以署理。除分檄饬遵外，理合附片具陈，伏祈圣鉴。再：湖广总督系臣兼护，毋庸列衔，合并陈明，谨奏。

朱批："吏部知道。"《宫中档光绪朝奏折》第9辑，第576—577页

陈世卿留省补用片光绪二十一年十二月初七日

再：准部咨道府州县无论何项劳绩保奏归于候补班人员，令该督抚即以此项人员到省之日起，予限一年详加察看，认真考核，如系为守兼优，堪膺民社之员，出具切实考语，奏明分别繁简补用等因。兹查补用知府、黄州府武黄同知陈世卿，应以光绪二十年正月初六作为知府到省之日起，扣至二十一年正月初六日，试看一年期满。据该员呈请甄别在任补用，由署湖北布政使龙锡庆、署按察使瞿廷韶取造履历清册，会详请奏前来。臣查该员陈世卿明白稳练，办事勤能，堪以繁缺补用。除清册咨送吏部外，理合附片具陈，伏祈圣鉴，敕部查照施行。再：湖广总督系臣兼护，

毋庸列衔，合并陈明，谨奏。

朱批：“吏部知道。”《宫中档光绪朝奏折》第9辑，第577页

湖北省各标镇协营原额增添裁汰缺额兵丁马匹战船各数仍暂照案改题为折光绪二十一年十二月初八日

头品顶戴兼护湖广总督、湖北巡抚臣谭继洵跪奏，为湖北省各标镇协营原额增添裁汰缺额兵丁马匹战船各数□仍暂照案改题为奏恭折仰祈圣鉴事。窃查前□□咨各省经制原额调拨裁汰安塘驻防缺额实在兵丁马匹数目，应每年造册送部查核汇题，并酌定简明册式颁发照造等，因湖北省自兵燹后各营马匹年额倒毙，例由朋银买补者，因饷乾积欠未发，尚未添补足额，其额设战船亦均被毁无存，历经具奏，将前项数目暂请改题为奏在案。兹据湖北布政使王之春详称，湖北督标、抚标、提标，郧阳镇、宜昌镇、汉阳、黄州、竹山、施南各协，武昌、荆州、襄阳、郧阳各城守，兴国、德安、均光、荆门、远安、卫昌、蕲州、安陆、宜都、荆州堤防二十三标镇协营，自道光二十二年酌办崇阳善后事宜，及咸丰八年酌议裁马改步之后，旧设经制原额调拨裁汰安塘驻防缺额兵丁二万五百五名，营马二千二百二十三匹，船九十七支，内咸丰九年抽撤陆营兵丁备拨长江水师，暨同治八九年先后裁撤汉阳、荆州水师、武昌城守、黄州协道士洑等营兵二千一百五十七名，马二百一十八匹，又于光绪十一年奉文裁兵节饷案内裁兵二千九百二十一名，马二百八十一匹，现在实存营兵一万五千四百二十七名，内马战兵一千四百八十七名，步兵四千二百九十八名，守兵九千六百四十二名，又马步额外外委二百四十九名，共计一万五千六百七十六员名，骑操马一千七百二十四匹，内经制外委马一百三十匹，额外外委马一百七匹，兵丁马一千四百八十七匹。据各该营遵照部颁册式分晰造具，光绪二十一年分清册由司汇造总册，声明年额倒毙马匹仍因饷乾积欠未发尚未添补足额，以及

被毁战船应俟库款充裕分别筹备齐全，方可循例题报请，仍照案改题为奏等情前来。臣复核无异，除将各册送部外，理合会同湖北提督臣吴凤柱恭折具奏，伏祈皇上圣鉴。再：湖北巡抚系臣本任，毋庸会衔，合并陈明，谨奏。

朱批："该部知道。"《光绪朝朱批奏折》第34辑，第442—443页

拣员请补守备要缺以重营伍折光绪二十一年十二月初八日

头品顶戴兼护湖广总督、湖北巡抚臣谭继洵跪奏，为拣员请补守备要缺以重营伍恭折仰祈圣鉴事。窃准兵部咨："湖北卫昌营中军守备张开镛病故，遗缺系陆路题补第二轮第五缺，应用尽先人员行令迅即拣员请补"等因。移咨到臣，查斯缺驻扎鹤峰州城，地处苗疆，巡防弹压均关紧要，非精明干练、熟悉情形之员，难期胜任，兹查有蓝翎尽先补用守备王开顺，年五十岁，湖北江夏县人，由武童投效军营，随队征剿皖省，迭次打仗出力，历保以千总尽先拔补并赏戴蓝翎，旋于击退大股援贼、保固麻城、太湖两县城池案内，经前湖广督臣官文保奏，咸丰十一年十二月初一日奉上谕："千总王开顺着以守备尽先补用。"钦此。嗣因军务肃清，请假回籍，收入督标中营差遣。该员技艺出众，办事勤能，以之拟补斯缺洵堪胜任，且系隔府别营，与例亦属相符，饬查前在本省及他省均无参革蒙保情弊，合无仰恳天恩，俯念苗疆员缺紧要，准以尽先守备王开顺补授湖北卫昌营中军守备，实与边防营伍均有裨益。如蒙俞允，俟部复到日给咨送部引见，以符定制，除饬取履历咨部外，理合会同湖北提督臣吴凤柱恭折具奏，伏祈皇上圣鉴饬部核复施行。再：湖北巡抚系臣本任，毋庸会衔，合并陈明，谨奏。

朱批："兵部议奏。"《光绪朝朱批奏折》第45辑，第7页

奏报三省会哨事竣边界静谧折光绪二十一年十二月初八日

头品顶戴兼护湖广总督、湖北巡抚臣谭继洵跪奏，为三省会哨事竣边界静谧恭折仰祈圣鉴事。窃照湖北郧阳、宜昌、施南等府界连四川、陕西两省，山深林密，最易藏奸，向系责成郧阳、宜昌二镇于每年农隙时酌带兵丁各赴边界地方，与四川、陕西各镇协总兵、副将会同巡哨，年底专折奏报，历经奏报在案。今届光绪二十一年会哨之际，经臣照案咨会四川、陕西两省督抚并饬湖北郧阳、宜昌二镇总兵，各赴边界地方认真会哨去后，兹据湖北郧阳镇总兵何长清呈报，于本年十月初四日行抵陕、楚交界之莲花寺，与陕西陕安镇总兵姚文广见面会哨；又据湖北宜昌镇总兵傅廷臣呈报，本年十月二十五日行抵川楚交界之火峰界岭，与署四川川北镇总兵邓全胜见面会哨，并据该镇等声称所过地方及沿边一带均尚静谧，并无游匪混迹等情前来。臣查湖北郧阳、宜昌、施南等府边界，层峦叠嶂，道路纷歧，匪徒出没靡常，禁暴诘奸不容稍懈，且时值冬防，巡缉尤当严密，除仍饬各该镇暨地方文武员弁随时督率兵役认真巡防外，所有本年三省会哨事竣，边界静谧情形，谨会同湖北提督臣吴凤柱循例恭折具奏，仰慰宸廑，伏祈皇上圣鉴，谨奏。

朱批："知道了。"《光绪朝朱批奏折》第54辑，第655页

湖北省新旧各防营分别裁留改旗以节经费折光绪二十一年十二月二十一日

头品顶戴兼护湖广总督、湖北巡抚臣谭继洵跪奏，为湖北省新旧各防营分别裁留改旗以节经费恭折仰祈圣鉴事。窃照湖北前因倭人构衅筹办江防，并抽调凤字、铁字马步营北上应援，地方守御空虚，不敷分布，当经本任督臣张之洞暨臣先后添募营勇，

择要驻扎，借资捍卫，历经奏报在案。嗣和局既定，江防渐松，且风字马队奉旨饬令回防鄂省，饷需支绌，不能不量为裁减，以纾饷力。自九月后察度各营驻扎处所，分别首要次要，酌量抽撤裁汰，当将风字马队三营裁去二百人，选留精壮马勇三百名，分为中左两营，以一百五十人为一营，照旧分扎，饬委补用总兵萧世义管带中营，补用参将何官佑管带左营。其原扎之永清马队一营，鼎字步队一营，随即裁撤；又将武胜前营、武刚中营、镇南右营次第遣撤。因查楚军营制，每营以五百人为率，现经臣仿照甘肃章程，先将武胜中左两营、武刚左右两营、武防一营、镇南中前左三营共八营，每营改以三百六十人为一旗，饬令各该营官详加挑选，汰弱留强，所有裁汰勇粮均截至遣散之日止，另给恩饷一个月，以示体恤。综计裁撤马队两营四百五十人，步队四营共二千人，又该旗八营，每营裁减一百四十人，共减一千一百二十人，核与现准部咨裁减三成之数有盈无绌。此外，各营或分防要隘，或扼守沿江，现值各省散勇纷纷过境，本年湘鄂两省水旱交乘，灾民遍地，每易滋生事端，弹压巡防均关紧要，势不能再事裁减，臣惟有随时随处审度情形，如尚有可以议裁者，即当斟酌办理，务期事归核实，饷不虚靡，以仰副圣主整饬戎行之至意。除咨部查照外，理合恭折具陈，伏乞皇上圣鉴。再：湖北巡抚系臣本任，毋庸会衔，合并陈明，谨奏。

朱批："该部知道。"《光绪朝朱批奏折》第34辑，第443—444页

为总兵禀请代奏叩谢天恩并吁恳陛见折

光绪二十一年十二月二十一日

头品顶戴兼护湖广总督、湖北巡抚臣谭继洵跪奏，为总兵禀请代奏叩谢天恩并吁恳陛见恭折仰祈圣鉴事。窃据新授湖北汉阳镇总兵周芳明禀称，窃总兵在署汉阳镇总兵任内承准照会准兵部咨，光绪二十一年十一月十九日内阁奉上谕："湖北汉阳镇总兵□□着周芳明补授。"钦此钦（遵）。恭设香案望阙叩头谢恩，伏

念总兵三湘武夫，毫无知识，于咸丰初年投效军营，转战湘鄂江皖等省，荐保记名提督补授荆州营副将，涓埃未效，兢惕方深，兹复仰蒙简命，畀以专阃，受恩弥重，报称愈难。查汉镇为华洋杂处之区，总兵有整顿营伍之责，一切抚绥弹压控驭巡防，在在均关紧要，自惟驽钝，深惧弗胜，惟有禀请代奏吁恳天恩俯准趋诣阙廷跪聆圣训，俾诸务得所遵循，以期仰答高厚鸿慈于万一，所有感激下忱并叩谢天恩吁恳陛见缘由，禀请代奏前来。理合据情恭折具奏，伏乞皇上圣鉴训示，谨奏。

朱批："知道了。"《光绪朝朱批奏折》第45辑，第55页

恳请暂缓周芳明陛见片光绪二十一年十二月

再：据新授湖北汉阳镇总兵周芳明禀请代奏吁恳陛见，业经据情代陈，恭候谕旨遵行，惟查汉阳为长江上游重镇，现值海疆初□□路散勇纷纷过境，兼之汉镇地方华洋杂处，良莠不齐，虑有游勇会匪潜□□□□□□压均关紧要，该总兵自署理斯□□□□□□□□□□操防巡辑整顿极为认真，未便遽易生手，相应仰恳天恩俯准将周芳明暂缓陛见，俟江防稍松，再□□□□觐，以符定制，谨附片具陈，伏祈圣鉴训示，谨奏。

朱批："着照所请。"《光绪朝朱批奏折》第45辑，第56页

副将员缺紧要拣员调补以实营伍折光绪二十一年十二月二十一日

头品顶戴兼护湖广总督、湖北巡抚臣谭继洵跪奏，为副将员缺紧要拣员调补以实营伍恭折具陈仰祈圣鉴事。窃查湖北施南协副将熊朝鉴调补湖广督标中军副将，所遗员缺现准兵部咨行令拣员请补等因。臣查施南协副将系题调之缺，例应在于通省实缺副将内拣员调补。兹查有调补湖北汉阳协副将文汉章，年六十八岁，湖南凤凰厅人，由行伍出师著绩，历保以花翎提督衔记名总兵，

补授湖南岳州城守营参将，调补湖南抚标中军参将，旋因回避本省调补湖北德安营参将，光绪十年委署施南协副将，十一年经前署督臣裕禄奏请升补竹山协副将，给咨送部引见，于光绪十二年三月十五日到任，曾委署理郧阳镇总兵篆务，十八年经本任督臣张之洞奏请调补汉阳协副将员缺，现仍在竹山协副将署任，办理营务均称裕如，该员稳练老成，治军严肃，前在施南协副将署任于该处地方情形极为熟悉，以之调补斯缺洵堪胜任，合无仰恳天恩俯准以文汉章调补施南协副将，实与地方营伍有裨。如蒙俞允，该员系对品调补，邀免送部引见，并祈敕部颁给札付，以昭信守。除饬取该员履历咨部外，谨会同湖北提督臣吴凤柱恭折具陈，伏祈皇上圣鉴，敕部核复。再：所遗湖北汉阳协副将员缺亦系题调之缺，湖北省现有应补人员容臣另行拣员请补。又：湖北巡抚系臣本任，毋庸会衔，合并陈明，谨奏。

朱批："兵部议奏。"《光绪朝朱批奏折》第45辑，第56—57页

鄂省请购机器改造后膛枪炮现拟另筹闲款应用折 光绪二十一年十二月二十一日

头品顶戴兼护湖广总督、湖北巡抚臣谭继洵跪奏，为鄂省请购机器改造后膛枪炮现拟另筹闲款应用恭折具陈仰祈圣鉴事。窃臣前因湖北向有军火所制造抬枪、线枪、抬炮、劈山炮等项均系前膛，不及后膛着灵捷，拟向外洋购置机器改造各项后膛枪炮并制造炮弹、枪弹铜壳以及购基建厂，综计约需银六万余两，暂由司局挪凑，将来归火器新捐项下拨还，曾经奏，奉朱批："该部知道。"钦此。兹准户部咨议复臣前奏一事，光绪二十一年十月十四日奉旨："依议。"钦此。钞片咨行到臣，伏查户部奏称火器新捐所收捐项本系奏明随时咨报听候提拨，各省自不得率请留用，并以臣原奏汉阳枪炮厂渐次开造，讲求西法，规模宏远，是行军利器，不难次第制造，似无须另行购基建厂；且查安徽省前次截留火器新捐开厂制造抬枪，已经奏明停止，未便办理两歧，碍难照

准，请饬仍将火器新捐所收银两报部，听候提拨等因。在部臣综稽出纳，慎重饷需，自不能不力图撙节，但法久要贵思通，驾轻必期就熟，臣前请购械设厂改造后膛枪炮亦即遵照部议，奉天府府丞李培元请饬各省制办抬枪兼造内地火药之奏筹画办理。盖抬枪、抬炮本中国制胜之具，将弁兵勇素所习娴，改用后膛，操练易于精熟，且制造经费即就军火所常年支付之需移为新改后膛枪炮之用，款不多增，器可利用，不过目前购机设厂需款稍艰，日后可收大效，虽汉阳枪炮厂规模宏远，而机器种类各有不同，恐不能强楚材为晋用，若抬枪等项制造精纯，亦可为汉厂之一助。臣所以汲汲筹及者亦职是故，至火器新捐既系奏定备拨之款，自应遵照部议，随时咨报，听候提拨。所有此项购机设厂价值工料，容臣督同司道另筹闲款设法拨给，并不动用火器新捐暨正款银两，臣为储备军实借资利用起见，合无仰恳天恩俯赐俞允俾得刻期举办，早睹厥成。除咨部外，理合恭折具陈，伏祈皇上圣鉴训示。再：湖北巡抚系臣本任，毋庸会衔，合并陈明，谨奏。

朱批：“着照所请，该部知道。”《光绪朝朱批奏折》第60辑，第637—638页

拣员升补苗疆守备要缺以重营伍折光绪二十一年十二月二十二日

头品顶戴兼护湖广总督、湖北巡抚臣谭继洵跪奏，为拣员升补苗疆守备要缺以重营伍恭折具陈仰祈圣鉴事。窃准兵部咨：“湖南镇溪营中军守备李友胜补授都司，遗缺系题补第七轮第九缺，轮用应升人员行令照章拣员请补”等因。移咨到臣，查斯缺驻扎喜鹊营汛，系属苗疆，抚绥弹压均关紧要，非精明干练、熟悉边情之员，难期胜任，臣即在湖南省各营应升班内详加遴选。查有湖南镇筸镇标前营左哨千总徐承忠，年四十五岁，湖南乾州厅人，由期满恩骑尉世职拔补今职，光绪三年四月二十九日到任，八年军政案内经前督臣徐建瀛保荐卓异，扣至九年二月，六年俸满并

案给咨送部。十年八月初五日引见奉旨："着准其卓异加一级，回任候升。"十三、十八两年军政案内，又经前督臣裕禄、本任督臣张之洞保荐卓异，先后奉部复准在案，历署镇筸前营、绥宁营守备各事务，办理营伍、经管钱粮均极认真。该员朴勇勤能，操防得力，于苗疆情形最为熟悉，以之升补洵堪胜任。饬查前在本省及他省均无参革蒙保情弊，合无仰恳天恩，俯念苗疆员缺紧要，准以徐承忠升补湖南镇溪营中军守备，实与营伍有裨。如蒙俞允，该员前于俸满及军政卓异案内曾经在案引见，奉旨回任候升之员邀免送部，并请报部颁给札付，以昭信守。再：查定例守备遇升补时，系本府本营仍行升补，于现任合例人员拣选对调，该员籍隶本厅，应俟准补，后□行奏明对调，以符定制，除饬取履历咨部外，谨会同湖南巡抚臣陈宝箴、湖南提督臣娄云庆恭折具陈，伏祈皇上圣鉴饬部核复施行，谨奏。

朱批："兵部议奏。"《光绪朝朱批奏折》第45辑，第58页

筹拨淮军月饷片 光绪二十一年十二月

再：前准户部咨议复前直隶督臣李鸿章奏淮军月饷支绌，请将江汉关应解额款于四六成洋税项下通融匀拨案内，议令江汉关应解淮饷如六成洋税无款，即在四成洋税及五成二厘招商局税内按数提解等因，奉旨："依议。"钦此。咨行钦遵办理。查江汉关奉拨淮军月饷四成洋税银二万两、六成洋税银三万两，均解至光绪二十一年十月分止，随时奏报在案。兹应解本年十一月分四六成淮饷，即在第一百四十暨四十一两结所征四成洋税项下动支库平银二万两，并在是结五成二厘局税项下动支库平银三万两，作为直隶淮军月饷，委解湖北淮军收支转运局交收转解。据奏补湖北汉黄德道、监督江汉关税务瞿廷韶具详请奏咨前来。臣复核无异，除分咨外，谨附片具陈，伏祈圣鉴。再：湖北巡抚系臣本任，毋庸会衔，合并陈明，谨奏。

朱批："户部知道。"《光绪朝朱批奏折》第60辑，第600页

筹拨广西边军饷银片光绪二十一年十二月

再：前准户部咨议复护理广西巡抚李秉衡奏边防各营请拨的饷案内，令湖北省自光绪十三年起按月协解广西边军饷银一万两，业于光绪十三年分筹解银二万两。□□湖北库款支绌，力难续筹，咨准户部核复议令将调直武毅二营裁撤，腾出饷糈约银七万余两筹解广西军饷，并经北洋大臣李鸿章奏准自光绪十四年起武毅二营由直筹饷，旋于十四年分汇解划拨共银十万三千八百六十六两零，十五年分汇解划拨共银七万一千一百五十三两零，十六年分汇解划拨共银八万一千七百一十一两零，又筹解广东垫付镇南关炮费划抵协饷银一万两，共解银九万一千七百一十一两零。十七年分汇解银七万两，又解镇南关炮费划抵协饷一万两，共解银八万两。十八年分汇解银七万两。十九年分汇解银七万两。二十年分汇解银四万两。经本任督臣张之洞及臣随时奏报在案。兹据湖北布政使王之春会同善后局司道详称，前因倭氛不靖，鄂省供应北上援军饷项以及筹办本省江防支款甚巨，以致局库悉索一空，惟广西边军待饷孔殷，现于无可设法之中勉筹长沙平银二万两，于十一月二十六日发交广西催饷委员候补知州魏鑫领解回粤，以应要需。余俟鄂力稍裕，再行续拨等情，详请奏咨前来。臣复核无异，除分咨外，理合附片具陈，伏祈圣鉴。再：湖北巡抚系臣本任，毋庸会衔，合并陈明，谨奏。

朱批："户部知道。"《光绪朝朱批奏折》第60辑，第607—608页

筹拨协滇月饷片光绪二十一年十二月

再：前准户部咨议令四川省协滇月饷自光绪十五年起每月协解银二万三千两，下剩银七千两改拨湖北按月协解。光绪十五年二月二十一日具奏，奉旨："依议。"钦此。咨行钦遵办理。查前项改拨协滇月饷自光绪十五年至二十年共筹解银三十八万八千两，

均经附片奏明在案。兹据湖北布政使王之春会同善后局司道详称，筹拨本年分长沙平银二万两发交云南催饷委员知县吴本义转发百川通等商号领汇赴滇等情，详请奏咨前来。臣复核无异，除分咨外，理合附片具陈，伏祈圣鉴。再：湖北巡抚系臣本任，毋庸会衔，合并陈明，谨奏。

朱批："户部知道。"《光绪朝朱批奏折》第60辑，第610页

筹拨淮军月饷片光绪二十一年十二月

再：前准户部咨议复前直隶督臣李鸿章奏淮军月饷支绌，请将江汉关应解额款于四六成洋税项下通融匀拨案内，议令江汉关应解淮饷如六成洋税无款，即在四成洋税及五成二厘招商局税内按数提解等因，奉旨："依议。"钦此。咨行钦遵办理。查江汉关奉拨淮军月饷四成洋税银二万两、六成洋税银三万两，均解至光绪二十一年十一月分止，随时奏报在案。兹应解本年十二月分四六成淮军月饷，即在第一百四十一结所征四成洋税项下动支库平银二万两，六成洋税项下动支库平银三万两，作为直隶淮军月饷，委解湖北淮军收支转运局交收转解。据奏补湖北汉黄德道、监督江汉关税务瞿廷韶具详请奏前来。臣复核无异，除分咨外，谨附片具陈，伏祈圣鉴。再：湖北巡抚系臣本任，毋庸会衔，合并陈明，谨奏。

朱批："户部知道。"《光绪朝朱批奏折》第60辑，第645页

筹拨接济各路军饷片光绪二十一年十二月

再：前准户部咨会议总理各国事务衙门具奏统筹全局请由户部通盘筹画接济各路军饷案内，奏请在于江汉关解费经费项下格外撙节，每年匀拨银五千两以供军饷；又具奏议停京员津贴案内令各省关仍照原拨津贴之数按年全数解部搭放俸饷之用；又具奏各关应解抵闽京饷改为加放俸饷银两，江汉关仍于四成洋税项下

每结提银四千两各等因，均经转饬遵照办理。所有江汉关光绪二十年应解筹节关费银五千两，搭放俸饷银一万两，并第一百四十结应解抵闽京饷改为加放俸饷银四千两，委解赴京交纳均经奏咨在案。兹据署湖北汉黄德道、监督江汉关税务朱其煊详称，在于光绪二十一年分解费经费项下竭力筹节库平足色银五千两，作为本年应解筹节关费接济各路军饷银两；又在解费经费内筹备库平足色银一万两作为本年应解搭放俸饷银两；又在第一百四十一结所征四成洋税项下匀拨库平足色银□千两，作为本年加放俸饷银两，饬委试用知州赵毓楠、试用通判冼廷瑜搭解赴京交纳。所有江汉关本年应解筹节关费银五千两，搭放俸饷银一万两均已扫数解清等情，详请奏咨前来。臣复核无异，除分别给咨管解外，谨附片具陈，伏祈圣鉴。再：湖北巡抚系臣本任，应毋庸会衔，合并陈明，谨奏。

朱批："户部知道。"《光绪朝朱批奏折》第60辑，第646页

筹解湖北省抽裁绿营额兵饷银片 光绪二十一年十二月

再：湖北省抽裁绿营额兵饷乾米折等项，前准户部行令将每年节省银两自光绪十二年起陆续委员解部交纳，历经遵照办理。兹据湖北布政使王之春、督粮道岑春蓂详称，湖北前议裁减绿营额兵，奏明以光绪十二年春季止截清饷项，司库即于夏季起照数扣发，□各营额设马步守兵内共裁兵二千九百二十一名，原奏声明现在湖北章程督抚标、汉阳协、武昌城守等七营向支全饷，其余各营皆按八成开支，今应均照额支数目，核计每年共节省饷乾米折等银五万三千五百十一两一钱二分，业将十二年夏季起至二十年秋季止节存银两解部交纳在案。所有光绪二十年冬季分照奏定之数共应解部库银一万三千六百七十二两八钱三分，现于应支各营十成八成饷乾米折内共由司库扣出银一万九两二钱九分，粮道库扣出银一千七百七十两三钱，其现按八成支放各营照额支数

目扣解，计不敷银一千八百九十三两二钱四分，并于本年所收地丁项下动支按数凑足，以符奏定照额节省应解之数。所有前项银一万三千六百七十二两八钱三分，饬委补用知县何锦琮、大挑知县孔继镃管解赴部交纳等情，详请具奏前来。臣复核无异，除给咨管解外，理合附片具陈，伏祈圣鉴。再：湖北巡抚系臣本任，毋庸会衔，合并陈明，谨奏。

朱批："户部知道。"《光绪朝朱批奏折》第60辑，第667—668页

湖北省筹解光绪二十一年甘肃新饷折光绪二十一年十二月

头品顶戴兼护湖广总督、湖北巡抚臣谭继洵跪奏，为湖北省筹解光绪二十一年甘肃新饷恭折具陈仰祈圣鉴事。窃照承准军机大臣字寄光绪二十年八月二十三日奉上谕："户部奏筹拨甘肃新饷一折，甘肃关内外各军饷银关系紧要，现经该部将光绪二十一年新饷指拨湖北省银三十三万两，着该督抚等严饬司道按照部拨数目于本年十二月底赶解三成，至来年四月底止再解三成，其余四成统限九月底止扫数解清。"等因。钦此。旋准户部电开：军需甚急，年前应解新饷三成改解部库银五万两，又……（下缺）。《光绪朝朱批奏折》第60辑，第678页

筹解宜昌关征存税银片光绪二十一年十二月

再：前准户部咨议复宜昌关征存税银八十六结以前实存银两，准其照数解交藩库委员解部交纳，其自八十七结以后各结所存税银务于期满报解时先行详咨备查，一俟关税畅旺仍即查照奏案办理等因，行经遵照办理在案。兹据兼署湖北布政使瞿廷韶详准荆宜施道、监督宜昌关周懋琦咨称：宜昌关一百三十七结起至一百四十结止，四结一年期内应解户部京饷先行筹解库平足色银四万两，由司详请给咨搭解赴京交纳，以济要需，兹查有管解第九批

京饷银两补用知州赵毓楠、补用通判洗廷瑜堪以搭解，除俟该关将此四结期内银两截数解清，再由该关监督详请具奏等情，详请奏咨前来。臣复核无异，除给咨搭解外，理合附片具陈，伏祈圣鉴。再：湖北巡抚系臣本任，毋庸会衔，合并陈明，谨奏。

朱批："户部知道。"《光绪朝朱批奏折》第88辑，第89页

委解湖北本年第十批盐厘京饷片光绪二十一年十二月

再：前准户部咨豫拨光绪二十一年京饷案内提拨湖北盐厘银十五万两，又准户部咨续拨本年京饷案内拨湖北盐厘银五万两，行令分批起解等因，业经筹解本年第一批至九批共银十八万两，随时奏报在案。兹据湖北布政使王之春、署盐法武昌道赵滨彦，筹拨本年第十批京饷盐厘银二万两，饬委补用知县何锦琮、大挑知县孔继镃管解赴京交纳所有湖北省奉拨盐厘京饷银两，业经扫数解清等情，详请奏咨前来。臣复核无异，除分咨外，理合附片具陈，伏祈圣鉴。再：湖北巡抚系臣本任，毋庸会衔，合并陈明，谨奏。

朱批："户部知道。"《光绪朝朱批奏折》第88辑，第95页

筹拨内务府常年经费片光绪二十一年十二月

再：前准户部咨具奏筹拨内务府常年经费银五十万两案内指拨湖北省银一万两，于京协各饷外无论何款照数筹解等因，当经转饬遵照办理。兹据湖北布政使王之春、善后局司道会详称：在于盐厘项下勉筹银一万两，饬委管解第十批京饷委员补用知县何锦琮、大挑知县孔继镃搭解赴京交纳以济要需等情，详请奏咨前来。臣复核无异，除给咨搭解外，谨附片具陈，伏祈圣鉴。再：湖北巡抚系臣本任，毋庸会衔，合并陈明，谨奏。

朱批："该衙门知道。"《光绪朝朱批奏折》第88辑，第95页

湖北自光绪十九年正月起至十二月底止第十五案善后收支款目造册报销折光绪二十一年十二月二十二日

头品顶戴兼护湖广总督、湖北巡抚臣谭继洵跪奏，为湖北自光绪十九年正月起至十二月底止第十五案善后收支款目造册报销恭折仰祈圣鉴事。窃据委办湖北善后局报销事务湖北布政使王之春、候补道恭钊锡璋、截取道殷李尧详称：案照前奉谕旨："同治三年六月以前各处办理军务未经报销之案，准将收支款目总数分年分起开具简明清单奏明在案，免其造册报销。其自本年七月起，一应军需凡有例可循者务当遵例支发，力求撙节其例所不及，有应酌量变通者亦须先行奏咨备案，事竣之日一体造册报销，并令将应如何分年分起核实开报之处，先行妥议章程具奏。"等因。钦此。业将咸丰八年六月起至同治三年六月底止收支款目总数分作三起开具清单，续将同治三年七月起至光绪五年闰三月底归并善后之日止收支各款分作十一案，并将光绪五年四月起至十八年十二月底止作为善后第一案至第十四案造具细册分别开报，均经先后详请具奏部复核准在案。兹复督饬局员详细句稽所有十九年正月起至十二月底止作为善后第十五案报销，善后局旧管存银、新收藩司江汉关粮盐道拨解库款淮盐鄂厘，宜昌应行各盐课关税厘金等项银钱，并湖北督销淮盐局拨解鼎字营薪粮各款，共银二百一十三万九千二百八十四两五钱八分四厘零六丝七忽九微八纤，内拨解京饷协饷共银一百四十三万四千六百七十三两六钱零一厘六毫七丝零五微七纤，应支各营官弁兵勇薪费口粮马乾等银四十三万五千一百四十两零三钱五分六厘四毫四丝二忽七微；又支给问津测海金瓯轮船月需薪工油煤等款，共银六万三千六百八十四两五钱五分九厘七毫零二忽八微；又各营炮船修费银一千四百五十四两，更换篷索银一千七百零三两，峡江救生红船舢板炮船、官弁水勇薪费口粮等银一万零七百四十一两七钱五分八厘三毫四丝八忽，红船小修经费钱合银三百一十六两零四厘七毫零九忽，汉镇缉捕经费暨轮船煤价销并无浮冒应五百一十七两三钱□分八厘一毫七丝六忽，补发水师健捷生字等营欠饷银五万五千八百一十九两五钱；又支给遣勇游勇船价钱合银六千三百四十五两八钱零八厘二毫九丝零四微，购办外洋军火价值银三万六千三百七十一两一钱一分□厘一毫七丝三□，委员盘费银一十八两八钱四□□□□，送水脚银八百二十五两一钱□□□□□□□八丝，添制炮船药铅军火锅帐器械等件用过工料银三万六千三百一十九两四钱零七厘七毫九丝九忽一微，水路运送留防各营饷银、军火、支给委员盘费银六十九分，咨受协各省厘船户水脚银一百□□□两一钱八□□□五毫零九忽六微，以上各款通共支银二百一十万零二千一百三十九两二钱六分二厘三毫零一忽七微七纤，除拨解京饷共银四十八万零四百五十三两一钱二分九厘六毫二丝一忽五微七纤，拨解□□□省协饷并□□□费共银九十五万四千二百二□□□□□□□分二厘零四丝九忽，业经详请□□□□□□□自行入收造报外，实□□银六十□□□□□□百六十五两六钱□□□六毫三□□□□□。查前项支用银两俱系实用实□□□□，请准销此案报销，共收银二百□□□□□□□二百八十四两五钱□□□厘零六丝□□□微八纤，共支银二百一十万两零二千一百三十九两二钱六分□厘三毫零一忽七微七纤，尚存银三□□□□百四十五两三钱二分一厘七毫六丝六忽二微一纤，归于下□入收汇报，除兵勇花名清册另行详咨外，缮赍收支总散□□并绘具水路转运图说，详请奏销前来。臣复加查核，具系实用实销，并无浮冒，除将各册并图说分送部科外，理合恭折具陈，伏祈皇上圣鉴，敕部核销施行。再：湖北巡抚系臣本任，毋庸会衔，合并陈明，谨奏。

朱批：“该部议奏。”《光绪朝朱批奏折》第88辑，第107—109页

官员因公记过拟请援照陕甘章程酌罚银两以示儆戒折光绪二十一年十二月二十二日

头品顶戴兼护湖广总督、湖北巡抚臣谭继洵跪奏，为官员因公记过拟请援照陕甘章程酌罚银两以示儆戒恭折仰祈圣鉴事。窃照湖北大小各官办理一切案件，凡寻常因公过误，例无议处明文者，历经各前督抚臣查核案情，分别轻重，酌予记过，次数饬司注册，以儆怠忽而策后效。惟仅有记过之文，并无惩处之实，不免视为具文，自应量为变通，酌予罚惩，俾知愧奋。臣查陕西、甘肃两省官员遇有记过之案，均饬酌罚银两，借充公用。咸丰九年，经前陕甘总督臣乐斌奏奉谕旨允准有案。湖北事同一律，拟请仿照陕甘章程，嗣后各属文职，如有公事失错，除情节较重者仍照例分别奏咨参办外，其余寻常过失，知府、直隶州每过罚银三十两，州县每过罚银二十两，佐贰杂职等员每过罚银十两，随时饬缴司库，按季造册报部，以充公用。如此分别办理，似于吏治不无裨益。臣为整饬官方期归核实起见，是否有当，理合恭折具陈，伏乞皇上圣鉴训示。再：湖广总督系臣兼护，毋庸会衔，合并陈明，谨奏。

朱批："所请着毋庸议。"《宫中档光绪朝奏折》第9辑，第636—637页

彭觉先留省补用片光绪二十一年十二月二十二日

再：查定例捐纳试用道府，该督抚于分发到省后悉心察看，出具切实考语，奏明分别繁简补用等因。兹查试用知府彭觉先，年四十九岁，系湖南衡阳县人，由附贡生报捐县丞，指分广东试用，复遵例报捐知县，加捐知府，不论双单月选用，并捐戴花翎，光绪二十年遵新海防例报捐，以知府分发指省湖北试用。十一月

十四日由吏部带领引见，奉旨："着照例发往。"钦此。十二月十九日到省。兹自光绪二十年十二月十九到省之日起，连闰扣至二十一年十一月十九日，试用一年期满。据布政使王之春、署按察使朱其煊取造履历清册，详请具奏前来。臣查该员彭觉先，识见明通，办事勤奋，堪以繁缺留省补用，除清册咨送吏部查核外，理合附片具陈，伏祈圣鉴，敕部查照施行。再：湖广总督系臣兼护，毋庸列衔，合并陈明，谨奏。

朱批："吏部知道。"《宫中档光绪朝奏折》第9辑，第637—638页

翁守范留省补用片光绪二十一年十二月二十二日

再：准部咨道府州县无论何项劳绩保奏归于候补班人员，令该督抚即以此项人员到省之日起，予限一年详加察看，认真考核，如系为守兼优，堪膺民社之员，出具切实考语，奏明分别繁简补用等因。兹查候补班补用知县翁守范，应以光绪二十年十一月十六到省之日起，连闰扣至二十一年十月十六日，试看一年期满。据湖北布政使王之春、署按察使朱其煊取造该员履历清册，详请甄别具奏前来。臣随考验该员翁守范，才具明练，办事勤能，堪以繁缺留省补用。除清册咨送吏部查核外，理合附片具陈，伏祈圣鉴，敕部查照施行。再：湖广总督系臣兼护，毋庸列衔，合并陈明，谨奏。

朱批："吏部知道。"《宫中档光绪朝奏折》第9辑，第638页

湖北省光绪二十一年分例额应行甄别实缺教职佐杂均无应劾之员折光绪二十一年十二月二十二日

头品顶戴兼护湖广总督、湖北巡抚臣谭继洵跪奏，为湖北省光绪二十一年分例额应行甄别实缺教职佐杂均无应劾之员恭折陈

明仰祈圣鉴事。窃查定例甄别教职佐杂各按该省缺额以百之二三为率参劾，及数者免议，如该省果无应行参劾之员，令该督抚学政切实声明等因。湖北省教职一百四十缺，每年应甄别去任三四员；佐杂二百零五缺，每年应甄别去任四五员。兹查光绪二十一年分实缺教职佐杂两项人员，除现在大计案内参劾者不在年额之例，毋庸并计外，余俱循分供职，尚无应劾之员。据湖北布政使王之春、署按察使朱其煊会详请奏前来。臣复核无异，除仍随时察看、如有衰庸不职者另行参办外，理合会同湖北学政臣庞鸿文恭折具奏，伏乞皇上圣鉴。再：湖广总督系臣兼护，毋庸列衔，合并陈明，谨奏。

朱批："吏部知道。"《宫中档光绪朝奏折》第9辑，第638—639页

委署大冶知县片光绪二十一年十二月二十二日

再：部选大冶县知县延爕，于光绪二十一年九月初八日到省，经臣委署武昌县知县印务，附片奏明在案。兹据布政使王之春、署按察使朱其煊会详称，该员延爕到省后，未赴本任，委署别缺，请照章奏咨立案前来。除将文凭咨送吏部查销外，理合附片具陈，伏祈圣鉴，敕部查照施行。再：湖广总督系臣兼护，毋庸列衔，合并陈明，谨奏。

朱批："吏部知道。"《宫中档光绪朝奏折》第9辑，第639页

湖北省光绪二十一年春夏二季收支牙帖厘金银钱数目折光绪二十一年十二月二十二日

头品顶戴兼护湖广总督、湖北巡抚臣谭继洵跪奏，为湖北省光绪二十一年春夏二季收支牙帖厘金银钱数目恭折具奏仰祈圣鉴事。恭照同治七年十月钦奉上谕："厘金报部章程着照两淮盐厘格式，每年分两次奏报。"等因。钦此钦遵。办理历经奏报至光绪二

十年十二月底止在案。兹据湖北布政使王之春会同牙厘局司道详称，光绪二十一年正月起至六月底止，除洋药税厘银两另案造报外，货厘旧管项下实存市平荆沙银十四万零四百二十九两三钱三分五厘零，新收项下实收牙厘及药土坐票捐共市平荆沙银二十五万九千四百九十七两六钱二分二厘零；又收牙厘钱八十三万六千八百九十九串六百八十五文，开除项下实解湖北盐道转发长江水师二十一年春夏二季分俸饷共库平库色新宝银八万七千两，合市平荆沙银九万一千四百三十三两五钱二分，又奏拨织布局经费市平荆沙银六万两，实解湖北善后总局市平荆沙银十万一千零五十五两八钱一分八厘零；又遵奏案拨解二十一年春夏二季分善后总局委员薪水杂用银五千九百五十四两二钱，巡防保甲员弁薪水经费银一万三千一百九十一两五钱，发审委员薪水经费银一千八百九十两，武职操练弓箭月课奖赏银三千二百六十九两，救生红船水手口粮经费银三千三百六十两；又提牙厘各局局用八分经费银二万七百五十九两八钱九厘零，实解湖北善后总局钱七十六万九千九百四十七串七百十文，给牙厘各局八分经费钱六万六千九百五十一串九百七十五文，除解支外，钱款无存，实在项下存货厘市平荆沙银九万九千零十三两一钱九厘零，归入下半年造册报销等情，详请奏咨前来。臣复核相符，除清册咨送户部科外，所有光绪二十一年春夏二季收支牙帖厘金银钱数目，理合恭折具奏，伏祈皇上圣鉴。再：湖广总督系臣兼护，毋庸列衔，合并陈明，谨奏。

朱批："户部知道。"《宫中档光绪朝奏折》第9辑，第639—641页

委署湖北布政使片光绪二十一年十二月二十二日

再：湖北布政使王之春奉命使俄，所遗藩司篆务，亟应委员接署。查有新授湖北按察使恽祖翼，才识优长，体用兼备，堪以署理，除檄饬遵照外，理合附片具陈，伏乞圣鉴。再：湖广总督

系臣兼护，毋庸列衔，合并陈明，谨奏。

朱批："知道了。"《宫中档光绪朝奏折》第9辑，第641页

薛华培留省补用片光绪二十一年十二月二十二日

再：查定例捐纳试用道府，该督抚于分发到省后悉心察看，出具切实考语，奏明分别繁简补用等因。兹查花翎二品顶戴、新海防试用道薛华培，现年三十七岁，四川兴文县人，由附监生报捐同知，分发江苏试用，并捐花翎知府衔，嗣遵海防例捐升知府选用，复遵郑工例捐升道员选用，光绪十七年九月于海军出力员弁案内保加二品顶戴，是月初九日奉上谕："着照所请奖励。"钦此。二十年遵新海防例报捐，以道员分发省分试用，复遵例报捐，指省湖北试用，是年十月二十日由吏部带领引见，奉旨："着照例发往。"钦此。十一月初十日到省，连闰扣至二十一年十月初十日，试用一年期满。据布政使王之春、署按察使朱其煊取造履历清册会详前来。臣复查该道薛华培，精明稳实，干练有为，堪以繁缺留省补用。除清册咨送吏部外，理合附片具陈，伏祈圣鉴，敕部查照施行。再：湖广总督系臣兼护，毋庸列衔，合并陈明，谨奏。

朱批："吏部知道。"《宫中档光绪朝奏折》第9辑，第641—642页

遵照部议筹饷各条谨将办理情形缮具清单折光绪二十一年十二月二十三日

头品顶戴兼护湖广总督、湖北巡抚臣谭继洵跪奏，为部议筹饷各条谨将办理情形缮具清单恭折复陈仰祈圣鉴事。窃臣于光绪二十一年十二月初三日□准户部咨奏催各省未复筹饷各条一折，钦奉谕旨："着即咨催各省将军督抚迅速筹办，详细声复。"钦此。钞录原奏咨行到鄂。伏查部议筹饷十条均开源节流、力筹补救之

策，臣忝膺疆寄，蒿目时艰，自应竭力奉行，当即督饬司道按条筹办，如核扣养廉、盐斤加价当商捐□□□加厘□改烟酒税厘、土药行店捐输等六条均已次第举行，裁减制兵一条已将拟办情形于光绪二十一年十一月内□奏议复各臣工条陈时务事宜折内缕晰陈明，局员薪费叠经裁并，现在□支无多无可再减，至于考核□粮、整顿厘金皆臣专责，□时之剔弊稽征不容稍懈，此后之考核整顿尤必加严，总期粮赋税厘□有起色，俾饷裕而民不扰，法立而弊不生，以仰副宵旰忧勤之至意，所有办理情形谨按部议各条逐一声明，缮具清单，敬呈御览。除咨户部□照外，理合恭折复陈，伏祈皇上圣鉴。再：湖北巡抚系臣本任，毋庸会衔，合并陈明，谨奏。

朱批：“户部知道，单并发。”《光绪朝朱批奏折》第88辑，第109—110页

解交宜昌关征存税银片 光绪二十一年十二月

再：前准户部咨议复宜昌关征存税银八十六结以前实存银两，准其照数解交藩库委员解部交纳，其自八十七结以后各结所存税银务于期满报解时先行详咨备查，一俟关税畅旺仍即查照奏案办理等因，行经遵照办理在案。所有宜昌关一百三十七结起至一百四十结止四结一年期内应解户部京饷，业经先行委解银八万六千一百二十七两一钱八分赴京交纳，附片奏报在案。兹据湖北布政使王之春详准，荆宜施道、监督宜昌关周懋琦咨称：宜昌关一百三十七结起至一百四十结止，四结一年期内应解户部京饷续行筹解库平足色银六万两，由司详请给咨搭解赴京交纳，以济要需，兹查管解第十批京饷银两补用知县何锦琮、大挑知县孔继镃尚未禀报起程，所有前项银六万两自应饬委该员等一并搭解赴京交纳，除俟该关将此四结期内银两截数解清，再由该关监督详请具奏等情，详请奏咨前来。臣复核无异，除给咨搭解外，理合附片具陈，伏祈圣鉴。再：湖北巡抚系臣本任，毋庸会衔，合并陈明，谨奏。

朱批："户部知道。"《光绪朝朱批奏折》第88辑，第110—111页

筹拨甘肃军饷片光绪二十一年十二月

再：准户部咨议复陕西巡抚魏光焘电奏率师援甘请拨的饷案内行令，在于湖北川盐加价内拨银二万两，淮盐加价内拨银五万两，速解陕省粮台交纳等因，当经转饬遵照筹解去后。兹据湖北布政使王之春、署盐法武昌道赵滨彦详称：查此案前奉准户部来电，遵即在于川盐筹饷加价内拨兑库平、库色银二万两，因陕西现银缺乏票号，不允汇解，现经饬委管解甘饷之候补同知张价藩搭解赴护理陕西巡抚张汝梅衙门交收，转解新授陕西巡抚魏光焘行营应用，其淮盐加价银两前经解至金陵凑解北饷，应由金陵支应局筹解等情，详请奏咨前来。臣复核无异，除分咨外，理合附片具陈，伏祈圣鉴。再：湖北巡抚系臣本任，毋庸会衔，合并陈明，谨奏。

朱批："户部知道。"《光绪朝朱批奏折》第88辑，第121页

奏报湖北修疏堤河工程经费片光绪二十一年十二月

再：准工部咨□催湖北省光绪十一年以后修疏堤河等工，行令将历次奏报案据动用各款赶紧查明钞录送部等因，当经转饬遵办去后，兹据湖北布政使王之春详称：遵查湖北省各属光绪十一年以后修疏堤河闸座矶礴等工，惟沔阳州开疏冯姓河及黄梅县修筑江□□三省公共之同仁堤两项工程，先曾详请奏报有案，其余各处工程原办之初，或系以工代赈或因工程紧要，均以救灾急切与寻常之案不同，未及先期请奏，所有沔阳州开疏冯姓河折稿业于前办光绪元年起至十年止工程报销案内钞送，请免重录，合将黄梅县修筑同仁堤工奏稿钞录清折，详请奏咨核销前来。臣复核无异，除将赍到清折分送户、工二部查照外，谨附片具陈，伏祈

圣鉴，敕部核复施行。再：湖北巡抚系臣本任，毋庸会衔，合并陈明，谨奏。

朱批："该部知道。"《光绪朝朱批奏折》第99辑，第641页

卷四　奏议四 光绪二十二年至光绪二十四年

拿获强劫拒捕盗犯审明照章惩办折 光绪二十二年正月十八日

头品顶戴兼护湖广总督、湖北巡抚臣谭继洵跪奏，为拿获强劫拒捕盗犯审明照章惩办恭折具陈仰祈圣鉴事。案据谷城县详报武童宋选贤家被盗强劫拒伤事主一案，当经批饬缉究，该县旋获傅老八、白家猪、王豹子、韩苣沏四犯，讯供通禀，经臣批司饬府委员前往会同该县提犯复审明确，照章就地正法。兹该县录叙供招，议拟由襄阳府知府王贻清详经署湖北按察使朱其煊核明转详前来。臣复加查核，缘傅老八、白家猪、王豹子、韩苣沏，分隶均州、光化等州县，均先未为匪。光绪二十年十月二十三日，傅老八在光化县属老河口地方与素识现获之白家猪、王豹子、韩苣沏，并在逃之周梆子、张老大、张老二、蓝水牛、蓝加均、苏双得、黄荒张、刘歪嘴会遇，共道贫难。傅老八稔知谷城县属宋选贤家道殷实，起意行劫得财分用，众俱允从。即于是夜，各执刀械，一共十二人，偕抵宋选贤门首，用石撞开大门、房门，留白家猪、王豹子在外把风接赃，余俱拥进。宋选贤同母宋张氏及妻小宋张氏惊起喊捕，被张老大、张老二各用刀械拒伤，吓禁声张，搜劫银钱首饰衣物，分携至僻处查点按股俵分各散。该犯等各将分得赃物卖钱，同所分钱文一并花用，傅老八尚存青布女夹袄一件未卖。事主宋选贤投保，报经谷城县会营勘验详缉，旋比据兵役拿获白家猪、王豹子，并由光化县拿获傅老八、韩苣沏，并起获青布女夹袄解归谷城县传主认领，提犯讯供通禀，经臣批司饬府委员前往该县会同复审明确，照章就地正法。兹比缉逸犯无获，应即拟结。

查律载："强盗已行但得财者，不分首从皆斩"；又例载："盗劫之案把风接赃等犯，亦系同恶相济，照为首一律问拟"各等语；又光绪九年湖北省奏定章程："嗣后如有执持刀械强劫聚众五人以上，首从各犯仍照历次定章，委员会审明确，即行就地正法"等因，历经遵办在案。此案傅老八起意纠劫宋选贤家，得赃拒伤事主，实属凶暴昭著，白家猪、王豹子、韩莊溯各听纠行劫，或入室搜赃，或在外把风接赃，均属同恶相济，自应按律问拟。傅老八、白家猪、王豹子、韩莊溯，均合依"强盗已行但得财者，不分首从皆斩"律，拟斩立决，业已照章就地正法，应毋庸议。该犯等讯无父兄，其在外为匪，原籍牌保无从觉察，邀免传责。获赃已给事主认领，未获各赃照估追赔，买赃人不知姓名，无从传究。逸盗周梆子等获日另结。此案首伙十二人，仅获首盗一名、伙盗三名，获犯尚未及半，疏防职名仍应补参。所有拿获邻境罪应斩决首伙盗犯二名，应叙职名，系光化县知县梁沛英，相应随案开报。除供招送部外，理合恭折具陈，伏祈皇上圣鉴，敕部核复施行。再：湖广总督系臣兼护，毋庸列衔，合并陈明，谨奏。

朱批："刑部知道。"《宫中档光绪朝奏折》第9辑，第653—655页

委署沔阳知州片 光绪二十二年正月十八日

再：署沔阳州知州何葆修，调省差委，所遗该州印务，应即委员往署，以重职守。查有本任武昌县知县俞成庆，稳慎安详，办公奋勉，堪以署理。据布政使王之春、署按察使朱其煊会详前来。除檄饬遵照外，理合附片具陈，伏乞圣鉴。再：湖广总督系臣兼护，毋庸列衔，合并陈明，谨奏。

朱批："吏部知道。"《宫中档光绪朝奏折》第9辑，第655页

委署盐法武昌道片光绪二十二年正月十八日

再：湖北布政使王之春奉旨饬令回任，署布政使恽祖翼应即饬赴按察使新任。又署盐法武昌道赵滨彦另有差委，所遗篆务，查有本任安襄郧荆道朱其煊，才识明练，处事精详，堪以署理。除分檄饬遵外，理合附片具陈，伏乞圣鉴。再：湖广总督系臣兼护，毋庸列衔，合并陈明，谨奏。

朱批："吏部知道。"《宫中档光绪朝奏折》第9辑，第655—656页

湖北兴办蚕桑已著成效折光绪二十二年正月十八日

头品顶戴兼护湖广总督、湖北巡抚臣谭继洵跪奏，为湖北兴办蚕桑已著成效恭折具陈仰祈圣鉴事。窃维为政首在养民，农桑自古并重，湖北地本宜桑，而蚕织未经盛行，非关民力之不逮，实缘风气之未开。臣于光绪十六年到任，因念时事艰难，闾阎生计日蹙，欲为广辟利源，计惟兴办蚕桑，当即会同本任督臣张之洞，谕饬司道筹款设局办理。先经派员赴浙采购桑株，分发各属栽植；继复招募苏浙工匠制备应用器具，来鄂训授本省学徒翦接桑枝、饲蚕摘茧、缫丝织绸诸法，以开风气，曾于十九年三月会衔具奏在案。现计十九年起又已时阅三年，臣与督臣督饬司道局员实心经理，每届冬令，仍委员采运浙桑，分发各属广为树艺，并考察州县，劝课勤惰，随时分别奖罚，统计已发之桑先后共一千数百万株，先栽者业已成林，后植者亦皆灌溉剪接得法，滋生畅茂，小民见利乐趋，不惟向产丝茧之区推行益广，即历无蚕桑之处风气亦已渐开。汉口为湖北巨镇，商贾云集，现在驻汉收买者，岁计丝价不下百余万金，实已利源大开，成效共睹。臣复饬局增修房屋，广开织机，酌定课程，严为督责，现计开机二十五张，凡苏浙所有绸料皆能纺织，所出之绸随时销售，经费可期周

转，从学之徒计有八十余人，其中技艺已成者亦复不少。臣拟仍随时添招学徒，俟其成就较多，练习精纯，即将苏浙各匠资遣回籍，专用学徒，其费更省；并再择其最精者，派赴各属转相授受，总期愈推愈广，不懈不渝，冀蚕事之遍兴，补农功所不逮，以仰副朝廷教养兼施之至意。所有湖北兴办蚕桑已著成效缘由，理合恭折具奏，伏祈皇上圣鉴训示。再：湖广总督系臣兼护，毋庸列衔，合并陈明，谨奏。

朱批："知道了。"《宫中档光绪朝奏折》第9辑，第656—657页

志善等留省补用片 光绪二十二年正月十八日

再：准部咨道府州县无论何项劳绩保奏归于候补班人员，令该督抚即以此项人员到省之日起，予限一年详加察看，认真考核，如系为守兼优，堪膺民社之员，出具切实考语，奏明分别繁简补用等因。兹查候补班前补用直隶州知州志善，应以光绪二十年十一月初六到省之日起，连闰扣至二十一年十月初六日，试看一年期满；又理问衔候补班补用知县吕勋，应以光绪二十年十二月二十四到省之日起，连闰扣至二十一年十一月二十四日，试看一年期满。据湖北布政使王之春、署按察使朱其煊取造该员等履历清册，详请甄别具奏前来。臣随考验该员志善，心地明白，办事慎勤，堪以繁缺留省补用；该员吕勋，精明强干，练达有为，堪以繁缺留省补用。除清册咨送吏部查核外，理合附片具陈，伏祈圣鉴，敕部查照施行。再：湖广总督系臣兼护，毋庸列衔，合并陈明，谨奏。

朱批："吏部知道。"《宫中档光绪朝奏折》第9辑，第657页

荆宜施道因病出缺请旨简放并委员先行署理折 光绪二十二年正月十八日

头品顶戴兼护湖广总督、湖北巡抚臣谭继洵跪奏，为关道因

病出缺请旨简放并委员先行署理恭折具陈仰祈圣鉴事。窃臣接据署荆州府知府余肇康禀报，湖北荆宜施道周懋琦于本年正月初十日因病出缺。除另行恭疏题报外，臣查该道监督宜昌关并荆州钞关税务，中外交涉政极殷繁，且管辖三府，界连四川，地处边陲，水陆冲要，堤务巡防，均属关重，亟应遴员委署，俾资治理。查有遇缺前先补用道曹南英，老成谙练，任事精勤，实为深达治体之员，前曾两权斯篆，措置咸宜，舆情爱戴，堪以署理。除檄饬遵照外，所有湖北荆宜施道员缺相应请旨简放，以重职守，理合恭折具奏，伏祈皇上圣鉴。再：湖广总督系臣兼护，毋庸列衔，合并陈明，谨奏。

朱批："另有旨。"《宫中档光绪朝奏折》第9辑，第658页

恭报湖北省光绪二十一年十一月分雨水粮价地方情形折光绪二十二年正月十八日

头品顶戴兼护湖广总督、湖北巡抚臣谭继洵跪奏，为恭报湖北省光绪二十一年十一月分雨水粮价地方情形仰祈圣鉴事。窃照上年十月分各属雨雪粮价地方情形，业经臣恭折奏报在案。兹据武昌等十府暨荆门直隶州所属各州县将上年十一月分雨水粮价开单呈报，由湖北布政使王之春汇造清折前来。臣复加查核，是月分晴多雨少，江汉水势退落，二麦长发，粮价较上月增多减少，地方民情悉臻安谧，堪以仰慰宸廑，谨缮粮价清单恭折具奏，伏乞皇上圣鉴，谨奏。

朱批："知道了。"《宫中档光绪朝奏折》第9辑，第658—659页

叩谢天恩折光绪二十二年正月二十五日

头品顶戴兼护湖广总督、湖北巡抚臣谭继洵跪奏，为恭折叩谢天恩仰祈圣鉴事。窃臣赍折差弁回鄂，钦奉恩赏福字一方，当即恭设香案望阙叩头祇领。钦惟我皇调泰延洪，临宸播凯。天开

文运，销兵为日月之光；化洽春台，献岁纪星云之瑞。乃承宠颁巽，命福锡履，端宸章增重于箕畴，御墨共钦，夫义画自天申祉，伏地寅承。臣惟有慎固封圻，靖共职守，仰宣圣德，用征兆民，敷锡之原，永戴皇仁，虔伸万福，来同之颂。所有微臣感激荣抃下忱，谨缮折叩谢天恩，伏祈皇上圣鉴，谨奏。

朱批："知道了。"《宫中档光绪朝奏折》第7辑，第679—680页

滇省委员领运十五起头批京铜到鄂发给水脚银两换附轮船开行日期折光绪二十二年正月二十五日

头品顶戴兼护湖广总督、湖北巡抚臣谭继洵跪奏，为滇省委员领运十五起头批京铜到鄂发给水脚银两换附轮船开行日期恭折仰祈圣鉴事。窃查滇省委员、试用同知张书领运十五起头批正余京铜五十一万五千斤，于光绪二十一年十二月初六日由四川巫山县护送到湖北巴东县境，十二月二十七日全数运抵汉阳县，报经饬委汉阳府知府逄润古、汉阳县知县薛福祁，会同该运员张书将运到铜斤逐一盘验过秤，并无短少，换附轮船眼同过载，于二十二年正月初一、初三等日分起开行，取具运员无亏钤结，由该府县加结转详，其应领水脚在于藩司库存地丁项下动支银一千八百两，发给该运员具领。据湖北按察使恽祖翼具详请奏前来。除将册结咨送户、工二部暨钱法堂查照外，理合恭折具陈，伏祈皇上圣鉴。再：湖广总督系臣兼护，毋庸列衔，合并陈明，谨奏。

朱批："该衙门知道。"《宫中档光绪朝奏折》第9辑，第680页

委署东湖知县片光绪二十二年正月二十五日

再：署东湖县知县魏远猷，调省差委，所遗该县印务，亟应委员接署，以重职守。查有本任公安县知县余彬，才具明晰，勤慎趋公，堪以署理。据署布政使恽祖翼、署按察使朱其煊会详前

来。除檄饬遵照外，理合附片具陈，伏祈圣鉴。再：湖广总督系臣兼护，毋庸列衔，合并陈明，谨奏。

朱批："吏部知道。"《宫中档光绪朝奏折》第9辑，第681页

恭报湖北省光绪二十一年十二月分雨水粮价地方情形折光绪二十二年正月二十五日

头品顶戴兼护湖广总督、湖北巡抚臣谭继洵跪奏，为恭报湖北省光绪二十一年十二月分雨水粮价地方情形仰祈圣鉴事。窃照光绪二十一年十一月分各属雨水粮价地方情形，业经臣恭折奏报在案。兹据武昌等十府暨荆门直隶州所属各州县将光绪二十一年十二月分雨水粮价开单呈报，由湖北布政使王之春汇造清折前来。臣复加查核，是月分晴雨相间，江汉水势退落，二麦青葱，粮价较上月增多减少，地方民情悉臻安谧，堪以仰慰宸廑，谨缮粮价清单恭折具奏，伏祈皇上圣鉴，谨奏。

朱批："知道了。"《宫中档光绪朝奏折》第9辑，第681页

查报湖北省光绪二十一年中晚二稻收成分数折光绪二十二年正月二十五日

头品顶戴兼护湖广总督、湖北巡抚臣谭继洵跪奏，为查报湖北省光绪二十一年中晚二稻收成分数恭折仰祈圣鉴事。窃照湖北省光绪二十一年早稻收成分数，业经臣恭折奏报在案。兹据署湖北布政使恽祖翼查明各属中晚二稻收成分数，开单详报前来。臣复加查核，除武昌府属之咸宁、大冶，黄州府属之黄安、蕲州、广济，荆州府属之石首、松滋、枝江、宜都等州县不产晚稻，施南府属之宣恩、来凤二县不产中稻外，其余各属中晚二稻均能种植，计收成九分有余者一县，八分有余者二县，八分者二县，七分有余者六州县，七分者十二州县，六分有余者十三州县，六分者六县，五分有余者六州县，五分者六州县，四分有余者五县，

四分者五县，三分有余者一县，三分者一县，二分有余者一县，一分有余者一县，合计通省收成六分有余，谨缮清单，恭折具奏，伏祈皇上圣鉴。再：湖广总督系臣兼护，毋庸列衔，合并陈明，谨奏。

朱批："知道了。"《宫中档光绪朝奏折》第9辑，第682页

交卸兼护督篆日期折光绪二十二年正月二十八日

头品顶戴兼护湖广总督、湖北巡抚臣谭继洵跪奏，为恭报微臣交卸兼护督篆日期，仰祈圣鉴事。窃臣前准部咨光绪二十年九月初十日，内阁奉上谕："张之洞着来京陛见，湖广总督着谭继洵暂行兼护。"钦此。嗣本任督臣张之洞钦奉谕旨署理两江总督，臣接湖广督篆，遵将兼护日期恭折奏报在案。前准部咨光绪二十一年十一月十八日奉上谕："刘坤一着回两江总督本任，张之洞着回湖广总督本任。"钦此。现张之洞已交卸回鄂，臣即于上月二十八日谨将钦颁咸字十五号湖广总督银关防一颗并王命旗牌十面捍副暨文卷等项，饬委武昌府知府李方豫、督标中军副将熊朝鉴赍送本任督臣张之洞接收，臣即于是日卸事。除循例恭疏题报外，所有微臣交卸兼护督篆日期，理合缮折具奏，伏祈皇上圣鉴，谨奏。

朱批："知道了。"《光绪朝朱批奏折》第11辑，第348页

拣员请补守备要缺以重营伍折光绪二十二年正月十七日

头品顶戴兼护湖广总督、湖北巡抚臣谭继洵跪奏，为拣员请补守备要缺以重营伍恭折仰祈圣鉴事。窃准兵部咨："湖南永州镇标右营守备萧绍胜病故，遗缺系题补第八轮第四缺，应用尽先人员行令迅即照章拣员请补"等因。移咨到臣，查斯缺驻扎宁远县城，系属苗疆，非精明干练、熟悉情形之员，难期胜任。臣当即

在于湖南尽先守备班内逐加遴选，查有蓝翎尽先守备彭在上，年五十四岁，湖南长沙县人，由武童投效军营，叠次剿贼出力，历保今职。同治二年八月初二日奉旨允准在案，嗣因军务肃清，凯撤回籍，饬发湖南抚标右营差遣。光绪十五年十一月二十九日到标。该员明干有为，营务熟习，以之拟补斯缺，洵堪胜任，且系隔府别营，与例亦属相符，饬查前在本省及他省均无参革朦保情弊，合无仰恳天恩，俯念苗疆员缺紧要，准以彭在上补授湖南永州镇标右营中军守备，实与营伍有裨。如蒙俞允，俟部复到日给咨送部引见，以符定制，除饬取该员履历咨部外，谨会同湖南巡抚臣陈宝箴、湖南提督臣娄云庆恭折具陈，伏祈皇上圣鉴，敕部核复施行，谨奏。

朱批："兵部议奏。"《光绪朝朱批奏折》第45辑，第130—131页

查明光绪二十一年正月起至六月底止湖北各州县应行承袭接袭并发标学习各世职折光绪二十二年正月十七日

头品顶戴兼护湖广总督、湖北巡抚臣谭继洵跪奏，为查明光绪二十一年正月起至六月底止湖北各州县应行承袭接袭并发标学习各世职恭折具陈仰祈圣鉴事。窃照前准兵部咨：同治元年二月十六日奉上谕："军兴以来各省官绅士庶凡临阵捐躯、守义殉难者，一经统兵将帅及该地方督抚奏请旌恤，无不立予褒扬，嗣后着该督抚转饬各州县将应袭职名迅速查取，径报督抚，毋庸由府司转详，予限半年汇案具奏，以免烦扰。"钦此。历经钦遵汇奏在案，兹自光绪二十一年正月起至六月底止，据湖北竹山等县先后查详前来。所有承袭云骑尉世职发标学习之黄启桂、白开来、杨恩荣、罗国乾，又请接袭云骑尉世职发标学习之叶宗源、请接袭恩骑尉世职发标学习之李恢冉、田本义，又前已承袭云骑尉世职请发标学习之殷锦章，已接袭云骑尉世职请发标学习之张之仪共九员，均年已及岁，经臣验看，俱属年力强壮，堪以承袭接袭并

发标学习。又请承袭云骑尉世职程坤元、请接袭云骑尉世职闵庆云、黄耀起、杨宗汇、洪明忠、程元祚，请接袭恩骑尉世职贾鸿儒共七名，均年未及岁，亦经查明与例相符，应请准其承袭接袭，统俟接准部复分别办理。除钞录清单同宗图册结，及已故世职闵景星、贾学义各原领敕书，一并咨送吏户兵各部办理外，理合会同湖北提督臣吴凤柱恭折具陈，并缮具各世职姓名年贯清单恭呈御览，伏祈皇上圣鉴。再：湖北巡抚系臣本任，毋庸会衔，合并陈明，谨奏。

朱批："兵部议奏，单并发。"《光绪朝朱批奏折》第45辑，第131—132页

参革张家璜片光绪二十二年正月

再：据代理怀远县知县熊祖诒禀，据民妇王韩氏报称伊童养媳马氏被邻街武进士张家璜用言调戏，不从哭喊，张家璜逃跑，伊赶向理论，张家璜向伊服礼息事，□伊媳羞忿莫释，自缢身死等情，当经亲诣验讯属实。查张家璜原籍定远县，于光绪二十一年乙未科中式武进士，以卫守备用，在籍候选，乃竟不守官箴，调奸妇女，致酿人命，自应参革，以便审办等情，由署藩臬两司会详请参前来。臣复查无异，相应请旨将张家璜武进士候选卫守备革职，以便归案审办，理合附片具陈，伏乞圣鉴训示，谨奏。

朱批："着照所请，该部知道。"《光绪朝朱批奏折》第107辑，第96页

恭报湖北省光绪二十二年正月分雨水粮价地方情形折光绪二十二年三月初八日

头品顶戴湖北巡抚臣谭继洵跪奏，为恭报湖北省光绪二十二年正月分雨水粮价地方情形仰祈圣鉴事。窃照光绪二十一年十二月分各属雨水粮价地方情形，业经臣恭折奏报在案。兹据武昌等

十府暨荆门直隶州所属各州县将光绪二十二年正月分雨水粮价开单呈报，由湖北布政使王之春汇造清折呈赍前来。臣复加查核，是月分晴多雨少，江汉水势退落，二麦畅茂，油菜扬花，粮价较上月增多减少，地方民情悉臻安谧，堪以仰慰宸廑，谨缮粮价清单恭折具奏，伏祈皇上圣鉴，谨奏。

朱批："知道了。"《宫中档光绪朝奏折》第9辑，第745页

委解本年湖北省第一批厘金京饷片光绪二十二年三月初八日

再：湖北省厘金项下奉拨光绪二十二年京饷银十二万两，应即分批委解。兹据湖北布政使王之春会同善后局司道详称，在于厘金项下动拨第一批银三万两，饬委补用知县周钧、补用通判李华杰，管解赴京交纳等情前来。除缮咨转给该委员等小心管解，并饬将应解银两续筹委解外，理合会同湖广总督臣张之洞附片具陈，伏乞圣鉴，谨奏。

朱批："户部知道。"《宫中档光绪朝奏折》第9辑，第746页

道员试用期满堪以繁缺留省补用折光绪二十二年三月初八日

头品顶戴湖北巡抚臣谭继洵跪奏，为道员试用期满堪以繁缺留省补用恭折具陈仰祈圣鉴事。窃查定例捐纳试用道府，该督抚于分发到省后悉心察看，出具切实考语，奏明分别繁简补用等因。兹查二品顶戴新海防试用道庄兆铭，现年三十七岁，浙江秀水县人，由附贡生遵筹饷例报捐道员，不论双单月选用，光绪十三年十月奏调出洋，派充使署文案，三年期满销差，奏保以道员不论双单月选用，并加二品顶戴。十七年六月初五日奉朱批："着照所请奖励。"钦此。二十年七月遵新海防例报捐分发签掣广西，复遵例捐离原省，改指湖北试用，十月二十日由吏部带领引见，奉旨：

“照例发往。”钦此。十二月初七日到省，连闰扣至二十一年十一月初七日，试用一年期满。据布政使王之春、按察使恽祖翼取具履历清册，详请奏咨前来。臣复查该道庄兆铭，才具明练，办事安详，堪以繁缺留省补用，除清册咨送吏部查照外，理合会同湖广总督臣张之洞恭折具奏，伏祈皇上圣鉴，敕部查照施行，谨奏。

朱批：“吏部知道。”《宫中档光绪朝奏折》第9辑，第746—747页

委解本年湖北省第一批地丁京饷片光绪二十二年三月初八日

再：光绪二十二年京饷湖北省奉拨地丁银四十五万两，应即分批委解。兹据湖北布政使王之春详称，在于地丁项下动拨第一批银五万两，查有补用知县周钧、补用通判李华杰，堪以委解等情，请奏咨前来。除缮咨转给该委员等妥速起解，并饬将应解银两续筹委解外，理合会同湖广总督臣张之洞附片具陈，伏祈圣鉴，谨奏。

朱批：“户部知道。”《宫中档光绪朝奏折》第9辑，第747页

委解本年湖北省第二批地丁京饷片光绪二十二年三月初八日

再：光绪二十二年京饷湖北省奉拨地丁银四十五万两，业经委解第一批银五万两，赴京交收在案。兹据湖北布政使王之春详称，复于地丁项下动拨第二批银四万两，查有候补知县胡俊采、候补知县史久龄，堪以委解等情，请奏咨前来。除缮咨转给该委员等妥速起解，并饬将应解银两续筹委解外，理合会同湖广总督臣张之洞附片具陈，伏祈圣鉴，谨奏。

朱批：“户部知道。”《宫中档光绪朝奏折》第9辑，第747页

光绪二十年奏销案内未完一分以上之员续经全完请将原参处分免议折光绪二十二年三月初九日

头品顶戴湖北巡抚臣谭继洵跪奏，为光绪二十年奏销案内未完一分以上之员续经全完请将原参处分免议恭折仰祈圣鉴事。窃照光绪六年二月准户部咨：钱粮奏销各依定限，令各该督抚一面具题，一面先将未完一分以上各员，开具简明清单专折奏报，由部核定处分，先行复奏；其有奏后续完者，准其奏请归本案开复等因。臣于查办光绪二十年奏销时，已将民赋钱粮南粮米石各项下未完一分以上各员专折奏报在案。兹据湖北布政使王之春详称，民赋钱粮项下原报经征未完二分以上署监利县事、本任枝江县知县陈富文，现已全完，请将原参处分奏请免议前来。臣复核无异，除咨明吏部、户部查照外，理合会同湖广总督臣张之洞恭折具奏，伏祈皇上圣鉴，敕部核复施行，谨奏。

朱批："户部议奏。"《宫中档光绪朝奏折》第9辑，第747—748页

易学灏留省补用片光绪二十二年三月初九日

再：准部咨道府州县无论何项劳绩保奏归于候补班人员，令该督抚即以此项人员到省之日起，予限一年详加察看，认真考核，如系为守兼优，堪膺民社之员，出具切实考语，奏明分别繁简补用等因。兹查盐运使衔、候补班前先补用知府易学灏，应以光绪二十年十二月十一到省之日起，连闰扣至二十一年十一月十一日，试看一年期满。据布政使王之春、按察使恽祖翼取造该员履历清册，详请甄别具奏前来。臣随考验该员易学灏，精明练达，办事实心，堪以繁缺留省补用，除清册咨送吏部查核外，谨会同督臣张之洞附片具陈，伏乞圣鉴，敕部查照施行，谨奏。

朱批："吏部知道。"《宫中档光绪朝奏折》第9辑，第748页

委署江夏知县片光绪二十二年三月初九日

再：署江夏县事、武昌府通判恒荣饬回本任，所遗该县印务，亟应委员接署，以重职守。查有钟祥县知县徐嘉禾，识明才裕，干练有为，堪以调署。递遗钟祥县知县印务，查有本任江陵县知县刘秉彝，才具明晰，办事奋勤，堪以署理。据布政使王之春、按察使恽祖翼会详前来。除檄饬遵照外，谨会同督臣张之洞附片具陈，伏祈圣鉴，谨奏。

朱批："吏部知道。"《宫中档光绪朝奏折》第9辑，第749页

动支司库耗羡银两造办火药折光绪二十二年三月初九日

头品顶戴湖北巡抚臣谭继洵跪奏，为动支司库耗羡银两造办火药恭折仰祈圣鉴事。窃照湖北荆州满营每年常操需用火药铅弹工料脚价，循例动支司库耗羡银两给发荆州城守营具领制备，历经照办在案。兹据湖北布政使王之春详准，荆州城守营请领光绪二十二年常操火药一万一百五十四斤三两二钱，需硝八千一百二十三斤五两七钱六分，例价银三百八十九两三钱九分三厘；需磺一千一十五斤六两七钱二分，例价银四十七两三钱八厘；柳炭器具工料价值银七十一两五钱八分七厘；又应用黑铅三千五百三十三斤四两，例价银一百三十三两九钱一分五厘；工料银一十二两四钱二厘；又例定水脚银六两三钱八分七厘，共银六百六十两九钱九分二厘，已于司库耗羡款内动支，并就平扣收硝磺二项价银移知善后局分别支给余银给领制造，俟造办事竣由营造册报销等情，详请具奏前来。臣复核无异，除咨明户、兵、工部暨荆州将军查照外，理合会同湖广总督臣张之洞恭折具陈，伏祈皇上圣鉴，谨奏。

朱批："该部知道。"《宫中档光绪朝奏折》第9辑，第750页

报解本年东北边防经费银两折光绪二十二年四月十六日

头品顶戴湖北巡抚臣谭继洵跪奏，为报解本年东北边防经费银两恭折仰祈圣鉴事。窃准户部咨钦奉上谕："光绪二十二年东北边防经费照案指拨湖北厘金银八万两，着于五月前批解一半，年内全数解清，毋稍迟逾。"等因。钦此。臣当即转饬司局遵照分批委解。兹据湖北布政使王之春会同善后局司道详称，在于厘金项下动拨第一批银三万两，饬委候补知县胡俊采、候补知县史久龄管解赴京交纳等情前来。除缮咨转给该委员小心管解，并饬将应解银两续筹委解外，理合会同湖广总督臣张之洞恭折具奏，伏祈皇上圣鉴，谨奏。

朱批："户部知道。"《宫中档光绪朝奏折》第9辑，第841—842页

湖北光绪二十一年清查交代各案片光绪二十二年四月十六日

再：据湖北清查交代局布政使王之春、按察使恽祖翼、督粮道岑春蓂详称，湖北省各州县卫光绪二十年十二月以前各案交代，已按年详请分别奏咨在案。兹查自光绪二十一年正月起至十二月底止，共计交代各案四十三起，应造册结，均已详咨达部，内有已故署兴国州事、本任沔阳州知州陆祐勤交代一起欠款未清，业经奏参革职，勒限严追，余俱清结，谨将二十一年交代起数详请具奏前来。臣复核无异，除咨明户部查照外，理合会同湖广总督臣张之洞附片具陈，伏祈圣鉴，谨奏。

朱批："户部知道。"《宫中档光绪朝奏折》第9辑，第842页

巫国玉留省补用片光绪二十二年四月十六日

再：准部咨道府州县无论何项劳绩保奏归于候补班人员，令该督抚即以此项人员到省之日起，予限一年详加察看，认真考核，如系为守兼优，堪膺民社之员，出具切实考语，奏明分别繁简补用等因。兹查同知衔、候补班补用知县巫国玉，于光绪二十年十一月二十四日到省起，连闰扣至二十一年十月二十四日，试看一年期满。据湖北布政使王之春、按察使恽祖翼取造该员履历清册，详请甄别具奏前来。臣随考验该员巫国玉，守洁才优，结实可靠，堪以繁缺留省补用，除清册咨送吏部查核外，谨会同湖广总督臣张之洞附片具陈，伏乞圣鉴，敕部查照施行，谨奏。

朱批："吏部知道。"《宫中档光绪朝奏折》第9辑，第843页

恭报湖北省光绪二十二年二月分雨水粮价地方情形折光绪二十二年四月十六日

头品顶戴湖北巡抚臣谭继洵跪奏，为恭报湖北省光绪二十二年二月分雨水粮价地方情形仰祈圣鉴事。窃照光绪二十二年正月分各属雨水粮价地方情形，业经臣恭折奏报在案。兹据武昌等十府暨荆门直隶州所属各州县将光绪二十二年二月分雨水粮价开单呈报，由湖北布政使王之春汇造清折呈赍前来。臣复加查核，是月分晴雨相间，江汉水势稍长，秧苗播种，二麦结实，粮价较上月增多减少，地方民情悉臻安谧，堪以仰慰宸廑，谨缮粮价清单恭折具奏，伏祈皇上圣鉴，谨奏。

朱批："知道了。"《宫中档光绪朝奏折》第9辑，第843—844页

光绪二十年奏销案内未完一分以上之员续经全完请将原参处分免议折光绪二十二年五月初七日

头品顶戴湖北巡抚臣谭继洵跪奏，为光绪二十年奏销案内未完一分以上之员续经全完请将原参处分免议恭折仰祈圣鉴事。窃照光绪六年二月准户部咨：钱粮奏销各依定限，令各该督抚一面具题，一面先将未完一分以上各员，开具简明清单专折奏报，由部核定处分，先行复奏；其有奏后续完者，准其奏请归本案开复等因。臣于查办光绪二十年奏销时，已将民赋钱粮南粮米石各项下未完一分以上各员专折奏报在案。兹据湖北布政使王之春详称，民赋钱粮项下原报经征未完三分以上石首县知县刘邦道，现已全完，请将原参处分奏请免议前来。臣复核无异，除咨明吏部、户部查照外，理合会同湖广总督臣张之洞恭折具奏，伏祈皇上圣鉴，敕部核复施行，谨奏。

朱批："户部议奏。"《宫中档光绪朝奏折》第9辑，第894—895页

恭谢天恩折光绪二十二年五月初七日

头品顶戴湖北巡抚臣谭继洵跪奏，为恭谢天恩仰祈圣鉴事。窃准吏部咨光绪二十年八月十六日恭逢恩诏内开："文职在外三品以上各荫一子入监读书。"等因。钦此。行令将应荫子孙开明年貌送部，当以臣嫡长孙传赞例得承荫，造册咨部汇题，二十二年四月考试恭阅邸钞，是月十六日奉旨："谭传赞着外用。"等因。钦此。谨即恭设香案，望阙叩谢天恩。伏念臣湘江下士，农部备员，外任监司，洊膺疆寄，方策驽庸以报国，敢期燕翼以传家。臣孙传赞质本铨材，年逾弱冠，早嗟孤露，幸教养以成人，遭际熙朝，遽承恩而入仕，分光门荫，叨窃宠荣，愧无家学之渊源，一经徒抱，猥列世官之阀阅，五内滋惭。臣惟有勖以公忠，贻之清白，

俾克敦勉学行，谨供职守于庶僚，益矢慎勤，仰答生成于大造。所有微臣感激下忱，谨缮折叩谢天恩，伏乞皇上圣鉴，谨奏。

朱批：“户部议奏。”《宫中档光绪朝奏折》第9辑，第895—896页

委署远安知县片光绪二十二年五月初七日

再：署远安县知县黄廷松，调省另有差委，所遗该县印务，应即委员节接署，以重职守。查有潜江县知县杨倧超，安详谨慎，办事亦勤，堪以调署；递遗潜江县知县印务，查有现署蒲圻县事、本任孝感县知县沈星标，老成稳练，吏治留心，堪以署理；递遗蒲圻县知县印务，查有本任建始县知县姚学康，才识明达，干练有为，堪以署理。据湖北布政使王之春、按察使恽祖翼会详前来。除檄饬遵照外，谨会同督臣张之洞附片具陈，伏乞圣鉴，谨奏。

朱批：“吏部知道。”《宫中档光绪朝奏折》第9辑，第896页

委署德安知府片光绪二十二年五月初七日

再：德安府知府汪元庆，因病请假回省就医，所遗篆务，亟应委员接署，以重职守。查有补用知府徐家干，才识明敏，谙练有为，堪以署理。据湖北布政使王之春、按察使恽祖翼会详前来。除檄饬遵照外，谨会同督臣张之洞附片具奏，伏祈圣鉴，谨奏。

朱批：“吏部知道。”《宫中档光绪朝奏折》第9辑，第896—897页

恭报湖北省光绪二十二年三月分雨水粮价地方情形折光绪二十二年五月初七日

头品顶戴湖北巡抚臣谭继洵跪奏，为恭报湖北省光绪二十二年三月分雨水粮价地方情形仰祈圣鉴事。窃照光绪二十二年二月分各属雨水粮价地方情形，业经臣恭折奏报在案。兹据武昌等十府暨荆门直隶州所属各州县将光绪二十二年三月分雨水粮价开单

呈报，由湖北布政使王之春汇造清折呈赍前来。臣复加查核，是月分雨多晴少，江汉水势渐长，秧苗栽插，二麦黄熟，粮价较上月增多减少，地方民情悉臻安谧，堪以仰慰宸廑，谨缮粮价清单恭折具奏，伏乞皇上圣鉴，谨奏。

朱批："知道了。"《宫中档光绪朝奏折》第9辑，第897页

奏报湖北省光绪二十一年额征片光绪二十二年五月初七日

再：据湖北督粮道岑春蓂详称，湖北省光绪二十一年额征驴脚南折正耗共银四万一千四百七十五两零，内除挖压渍淹沙压缓征豁免共银三百九十六两零，并上忙应征银两外，计下忙应征银二万五百三十九两零，内除黄梅等州县坍占挖废沙压并被水受旱缓征共银一千七百一十两零，计已完银一万五千七百三十八两零，未完银三千九十四两零；又上忙原报未完银六千八百七十一两零，续完银四千六百八十三两零，尚未完银二千一百八十八两零，上下忙共未完银五千二百七十八两零；又额征随漕浅船军三安家正耗并闲丁帮津资役等款共银九万二千六百八两零，内除渍淹挖压逃亡事故缓征豁免共银三千七百四十二两零，并上忙应征银两外，计下忙应征银四万四千四百三十三两零，内除黄梅等州县卫沙压挖废坍占并被水缓征共银一万七千四百六十四两零，计已完银一万四千四百六十六两零，未完银一万二千五百二两零；又上忙原报未完银二万七千九百一十四两零，续完银八千九百七十九两零，尚未完银一万八千九百三十四两零，上下忙共未完银三万一千四百三十六两零等情具详前来。臣复核无异，除仍饬严催各属将未完银两赶紧催征完解外，理合会同湖广总督臣张之洞附片具陈，伏祈圣鉴，谨奏。

朱批："户部知道。"《宫中档光绪朝奏折》第9辑，第897—898页

查明各属应征光绪二十一年地丁等款钱粮下忙已未完数目折光绪二十二年五月初七日

头品顶戴湖北巡抚臣谭继洵跪奏，为查明各属应征光绪二十一年地丁等款钱粮下忙已未完数目恭折仰祈圣鉴事。窃照上下两忙钱粮例应将额征坐支及已未完数目分款造报，咸丰二年部议奏藩司功过章程：丰年以额征数目为准，蠲缓之年以应征数目为准，均按八分计算，责成藩司督催。上忙匀为三分征收，下忙匀为五分征收，其余二分归于奏销前扫数全完，随案议予功过等因，历经照办在案。兹据湖北布政使王之春详称，湖北省光绪二十一年额征起运存留驿站屯饷正项，共银一百一十万七千三百六十八两七钱一分八厘，内除坍没渍淹挖压沙压坍占挖废缓征豁免，共银一万五千一百六十七两二钱七分二厘，实应催银一百九万二千二百一两四钱四分六厘。内除上忙三分银两外，下余银七十六万四千五百四十一两一分二厘，内除各属被水受旱蠲缓银二十五万三百八十两四钱九厘，计应征银五十一万四千一百六十两六钱三厘；又除奏销应催二分银一十四万六千九百三两二分九厘，实应催下忙五分银三十六万七千二百五十七两五钱七分四厘，已完银二十四万一千七百四十三两七钱六分六厘，未完银一十二万五千五百一十三两八钱八厘，计已完分数三分二厘零，未完分数一分七厘零。又上忙未完银七万二千六十五两七钱八分二厘，共未完银一十九万七千五百七十九两五钱九分，核计上下两忙共完不及八分，除上忙未完职名前经开报外，所有应开下忙未完职名，系前兼署湖北布政使、署按察使、本任盐法武昌道调补汉黄德道瞿廷韶，前署湖北布政使、现任按察使恽祖翼，现任湖北布政使王之春。又额征光绪二十一年压征二十年分芦课正银一万二千一百三十四两九钱一分七厘，内除上忙三分银两外，下余银八千四百九十四两四钱四分二厘，内除各属被水受旱蠲缓银二千四百四两六分三厘；又除奏销应催二分银一千七百四十两一钱八厘，实应催下忙五分银四千三百五十两二钱七分一厘，已完银二千五百二十三两八钱四分二厘，未完银一千八百二十六两四钱二分九厘；又上忙未完银二千五十六两八钱四分六厘，共未完银三千八百八十三两二钱七分五厘；又额征光绪二十一年分田房牙当茶黄柏等税银九千七百五两七厘，内除上忙三分银两外，下余银六千七百九十三两五钱五厘；又除奏销应催二分银一千九百四十一两一厘，实应催下忙五分银四千八百五十二两五钱四厘，已完银一千四百二十三两二钱七厘，未完银三千四百二十九两二钱九分七厘；又上忙未完银二千七百八两九钱二分，共未完银六千一百三十八两二钱一分七厘等情，造册具详前来。臣复核无异，除饬藩司严饬各属迅将未完银两赶紧催征扫数全完，并将清册咨送户部外，理合会同湖广总督臣张之洞恭折具陈，伏祈皇上圣鉴，谨奏。

朱批："户部知道。"《宫中档光绪朝奏折》第9辑，第898—900页

遵旨查明复陈折光绪二十二年五月二十七日

头品顶戴湖北巡抚臣谭继洵跪奏，为遵旨查明复陈恭折仰祈圣鉴事。窃臣承准军机大臣字寄光绪二十一年十一月二十五日奉上谕："有人奏湖北襄阳县恶役李柏林于本年中秋日殴毙蒋姓身死，该县知县汤炳堃勒令和息，意欲含混了结，请饬查办等语，着谭继洵确切查明，据实奏参，原片着钞给阅看，将此谕令知之。"钦此。遵即派委候补知府吉尔哈春前往密访，并饬该管道府就近确查，旋据各将访查情形禀复，互相印证，尚属相符，随将案内犯证委提来省，行司饬发武昌府审办。兹据该府李方豫审明，议拟解由臬司勘转到臣，并据布政使王之春、按察使恽祖翼将该县汤炳堃被参各节复加查核会详前来。臣提齐犯证亲讯无异，复参以访查情形逐加确核。如原参恶役李柏林因徐姓孀妇向该役索欠，该役将徐孀殴詈，蒋姓为徐孀雇工，向前劝阻被殴毙命，该县知县汤炳堃反将徐孀夫弟打押，勒令和息一节。查李柏林曾充襄阳县差役，因误公斥革，该革役借用该县礼书徐明浩之母徐宋

氏钱六十千文，屡讨未偿。光绪二十一年八月十五日，徐明浩之孀嫂徐夏氏带同雇工蒋汶先往索，李柏林适患病卧床，伊子李三央缓，蒋汶先斥骗，致相争殴，李三踢伤蒋汶先下部，移时殒命。徐明浩邀同尸妻蒋李氏等报经该县汤炳堃诣验，因徐明浩到厂较迟，该县当予戒饬，交差管带，旋即省释，并非勒和责押。嗣李柏林将李三送案投首，该县即行讯供通详，按例拟解现讯，各供佥称蒋汶先实被李三踢伤身死，委非李柏林殴毙，供证确凿。复调核县卷，该县据报即验、获犯即办，其无勒和含混了结情事尚属可信。惟徐明浩到厂较迟，尚非大过，该县汤炳堃既经戒饬，又复交差管带，究有不合，相应请旨交部察议，以示薄惩。又：原参该县向有路差，最为凶恶，自经巡抚谭继洵访闻饬拿，焰始少息；该县汤炳堃到任收受班规，遂复分路，鱼肉乡里，与家丁勾结，无恶不作一节。查该县差役向系分路承充，遇有公事，各归各路承办，故有路差之名，历年既久，流弊滋多。臣到任后即经访闻饬拿，择尤惩办，并饬该管道府出示，将路差名目永远禁革，改定三班轮流值日章程，遇有应办之事，由县酌量佥派，不准各归各路办理，并按月造具三班卯册，分赍该管道府随时稽考，以除积弊。现经委员密访，并据该管道府查复，该县汤炳堃仍系遵守改定章程，并无收受班规，纵令分路，鱼肉乡里，及听丁役勾结，无恶不作各情事，惟是该县路差由来已久，锢弊甚深，访诸乡民，有谓官虽禁革而该役等奉票后仍间有各取熟习之乡，私相换票承办之事，切实追求未获确据，但既有此说，亟应严防，以期除弊务尽。汤炳堃本系署事之员，现已调省，饬令该本任知县梅冠林回任，臣业经严切面谕，再将换票之弊随时密查禁革，有犯即行重办，以示惩警，总期弊端悉绝，蠹除民安，毋任再蹈故辙，致滋扰累，并仍严檄该管道府认真考察，如果该县查禁不力，据实揭报，臣即从严参办，断不稍事姑容。至革役李柏林，现经讯非殴毙蒋汶先之正凶，惟查另有被控诈赃之案，其平日玩法蠹民，已可概见，自应严行究办，但屡经刑讯，该革役恃无质证，狡执不承，襄阳距省穹远，纷纷提质恐致拖累，本拟仍将该革役发回由该管道府就近传证质讯，从重惩办，适据江夏县详报，该革役已在押病故，无从追究，应毋庸议。除李三殴毙蒋汶先一案循例另行恭疏具题外，所有查明缘由，理合会同湖广督臣张之洞恭折复陈，伏祈皇上圣鉴训示，谨奏。

朱批："汤炳堃着交部察议，余依议。"《宫中档光绪朝奏折》第9辑，第982—984页

查明各州县额设马匹并无缺额疲瘦折光绪二十二年五月二十七日

头品顶戴湖北巡抚臣谭继洵跪奏，为查明各州县额设马匹并无缺额疲瘦恭折仰祈圣鉴事。窃准兵部咨同治元年闰八月二十日奉上谕："各直省驿站额设马匹接递公文，均关紧要，并着各该管大臣确切查核，年终具奏，如查有缺额及疲乏等弊，即着从严参办。"等因。钦此钦遵。办理在案。兹据湖北按察使恽祖翼详称，查明江夏等州县光绪二十一年分额设驿站马匹，均系膘壮足额，在站应差并无亏缺及疲瘦等弊，各具印结由该管道府层递加结，请奏咨前来。臣复查无异，除印结咨送兵部外，理合会同湖广总督臣张之洞恭折具陈，伏祈皇上圣鉴，敕部查核施行，谨奏。

朱批："兵部知道。"《宫中档光绪朝奏折》第9辑，第984页

湖北公安县光绪二十一年被水缓缺秋冬二季驿站坐支银两援案拨补折光绪二十二年五月二十七日

头品顶戴湖北巡抚臣谭继洵跪奏，为湖北公安县光绪二十一年被水缓缺秋冬二季驿站坐支银两援案拨补恭折仰祈圣鉴事。窃照湖北州县额设驿站夫马所需工食工料，向在征收驿站钱粮项下按数坐支，遇有展缓之年征不敷支，奏明拨补，由臬司造具应补

细册移送藩司，于查办是年奏销时核实给领，历经办理在案。兹据湖北布政使王之春、按察使恽祖翼会详称，光绪二十一年公安县驿站项下照额应支银五千九百二两三钱三分，已征银四千三百五十九两一钱八分六厘，尽数坐支，余因被水缓征，计缺银一千五百四十三两一钱四分四厘。该县地本瘠苦，又当孔道，驿递文报最关紧要，坐支既缺，应为拨补等情，详请具奏前来。臣复核无异，合无仰恳天恩俯准查照往届成案，所有公安县不敷坐支银两，于该年驿站本款内拨补，除造具细册咨送户、兵二部外，理合会同湖广总督臣张之洞恭折具陈，伏祈皇上圣鉴训示，谨奏。

朱批："该部知道。"《宫中档光绪朝奏折》第9辑，第985页

光绪二十一年耗羡银款收不敷支借项作收造报折光绪二十二年五月二十八日

头品顶戴湖北巡抚臣谭继洵跪奏，为光绪二十一年耗羡银款收不敷支借项作收造报恭折具陈仰祈圣鉴事。窃查湖北省额征起存驿站屯饷芦课等项耗羡暨田房商膏关税盈余并南漕脚耗等款，每年约计收银一十七万余两，以供一岁应支廪工祭品孤贫囚食暨各部饭食并文职各官养廉等项之用，如遇水旱缓征，耗羡随正俱缓，收数短绌，不敷支放，历系借动杂款供支，于查办奏销时，将借动缘由奏咨在案。兹据湖北布政使王之春详称：光绪二十一年分除总督巡抚并布政按察二司、武昌汉阳二府养廉归于正项案内造销外，其道府以下各官养廉及廪工等杂款，共实应支银一十一万八千九百九十八两三钱五分五厘，各属额征光绪二十一年起存驿站屯饷等款耗羡除蠲缓并坐支外，仅应解司银八万一千九百四两八钱八分一厘，今只解收银七万二千五百四十两三钱四分九厘；又二十一年芦课耗羡暨田房商膏盈余及节年耗羡并粮道移解南折随漕驴脚等款耗羡银二万四千三百五十四两二钱七分，又二十年奏销册报存银一百八两二钱一分五厘，通共收银九万七千二两八钱三分四厘，实不敷支银二万一千九百九十五两五钱二分一

厘。现值查办二十一年奏销，册内既难登造而例支之款不能不发，应请援案在于司库二十二年春拨册内存款项下借支银一万四千五百两，各税解费款内借支银一千两，质当捐款内借支银六千六百两，共银二万二千一百两，收入耗羡四柱册内造报，一俟本款续收有项，即行归还等情，详请奏咨前来。臣复核无异，除咨户部外，理合会同湖广总督臣张之洞恭折具陈，伏祈皇上圣鉴，谨奏。

朱批："户部知道。"《宫中档光绪朝奏折》第9辑，第985—986页

查明湖北省征收光绪二十一年钱粮漕南银米比较上届完欠实数开列清单折光绪二十二年五月二十八日

头品顶戴湖北巡抚臣谭继洵跪奏，为查明湖北省征收光绪二十一年钱粮漕南银米比较上届完欠实数开列清单恭折仰祈圣鉴事。窃照前准户部咨：奏令各直省征收丁漕统于各该年底开具比较清单专折奏报一片，于同治八年二月初五日奉上谕："着自同治八年为始，督饬藩司将全省一年上下两忙征收丁漕各实数及上届征收总数开具比较清单，详明专案奏报。"等因。钦此钦遵。转行遵办在案。兹据湖北布政使王之春详称：湖北省光绪二十一年额征起运存留驿站屯饷耗羡等款共银一百二十二万八千九百六十六两四钱一分四厘，内除渍淹挖压沙压坍没坍占挖废并被水受旱蠲缓豁免共银二十九万四千七百五十四两四钱二分，实应征银九十三万四千二百一十一两九钱九分四厘，已完银六十八万八千四两四钱六分三厘，未完银二十四万六千二百七两五钱三分一厘，查光绪二十年征收各款钱粮除缓征外，实征银一百万七千三百一十一两八钱七分九厘，已完银六十八万七千二百六十九两九钱二分九厘，未完银三十二万四十一两九钱五分，以光绪二十一年征数比较光绪二十年计少银七万三千九十九两八钱八分五厘，收数计多银七百三十四两五钱三分四厘，实因二十一年水旱灾区较宽，蠲缓银两较多，是以比较二十年征数短绌，而收数尚有盈余。又据湖北

督粮道岑春蓂详称：湖北省光绪二十一年额征漕粮正耗米一十六万三千八百三十一石九斗三升五合，折银二十一万二千九百八十一两五钱一分七厘，内除沙压坍没挖废挖压渍淹及被水受旱豁免缓征共银三万九千三百二十三两一钱八分五厘，实应征漕粮正耗米折银一十七万三千六百五十八两三钱三分二厘，已完正耗米折银八万五千四十两一钱九分二厘，比较光绪二十年少完银八十三两三钱五分九厘，未完正耗米折银八万八千六百一十八两一钱四分，现在催提。又二十一年额征南粮正耗米一十三万八千五百九十三石七斗一升一合四勺，折银二十万七千八百九十两五钱六分六厘，内除沙压挖压渍淹及被水受旱豁免蠲缓共银四万六千五百四十三两一钱八分六厘，实应征南粮正耗米折银一十六万一千三百四十七两三钱八分，已完正耗米折银一十二万八千一百四十四两五钱九分四厘，比较光绪二十年少完银四千五百九十一两六钱二分九厘，未完正耗米折银三万三千二百二两七钱八分六厘，现在催提。又二十一年额征随漕浅船军三安家正耗并闲丁帮津资役等款共银九万二千五百八十一两三钱七分五厘零，内除渍淹挖压沙压挖废坍占逃亡故绝被水受旱豁免缓征共银二万一千一百七十九两七钱七分一厘零，实应征正耗银七万一千四百一两六钱四厘，已完正耗银四万一千七百七十五两三钱七分五厘，比较光绪二十年多完银二千三百三十二两六钱一分九厘，未完正耗银二万九千六百二十六两二钱二分九厘，现在催提。又二十一年额征升科驴脚南折正耗共银四万一千二百九十五两四钱八分一厘，内除沙压渍淹挖压坍占挖废及被水受旱豁免缓征共银一千九百二十七两一钱六分五厘，实应征驴脚南折正耗银三万九千三百六十八两三钱一分六厘，已完正耗银三万七千五百四十四两四钱一分四厘，比较光绪二十年多完银四千六百七十五两五钱五分八厘，未完正耗银一千八百二十三两九钱二厘，现在催提。以上已未完各款，统俟该年奏销册内声明造报各等情，开单详请奏咨前来。臣复核无异，除咨户部外，所有湖北省征收光绪二十一年钱粮漕南银米截至年底比较上届完欠实数，理合缮具清单会同湖广总督臣张之洞恭折具奏，伏祈皇上圣鉴，谨奏。

朱批："户部知道，单五件并发。"《宫中档光绪朝奏折》第9辑，第987—989页

夏丙晖留省补用片光绪二十二年五月二十八日

再：准部咨道府州县无论何项劳绩保奏归于候补班人员，令该督抚即以此项人员到省之日起，予限一年详加察看，认真考核，如系为守兼优，堪膺民社之员，出具切实考语，奏明分别繁简补用等因。兹查同知衔、候补班补用知县夏丙晖，应以光绪二十一年五月初一到省之日起，连闰扣至二十二年四月初一日，试看一年期满。据湖北布政使王之春、按察使恽祖翼取造该员履历清册，详请甄别具奏前来。臣随考验该员夏丙晖，年力富强，才具稳慎，堪以繁缺留省补用，除清册咨送吏部查核外，谨会同督臣张之洞附片具陈，伏乞圣鉴，敕部查照施行，谨奏。

朱批："吏部知道。"《宫中档光绪朝奏折》第9辑，第989页

郭承举委署别缺片光绪二十二年五月二十八日

再：部选盐法武昌道郭承举于光绪二十二年四月初八日到省，经臣会同督臣委署安襄郧荆道篆务，附片奏明在案。兹据湖北布政使王之春、按察使恽祖翼会详称，该员到省后未赴本任，委署别缺，请照章奏咨立案前来。除文凭咨送吏部查销外，谨会同湖广总督臣张之洞附片具陈，伏祈圣鉴，谨奏。

朱批："户部知道。"《宫中档光绪朝奏折》第9辑，第989—990页

恭报湖北省光绪二十二年四月分雨水粮价地方情形折光绪二十二年五月二十八日

头品顶戴湖北巡抚臣谭继洵跪奏，为恭报湖北省光绪二十二年四月分雨水粮价地方情形仰祈圣鉴事。窃照光绪二十二年三月分各属雨水粮价地方情形，业经臣恭折奏报在案。兹据武昌等十府暨荆门直隶州所属各州县将光绪二十二年四月分雨水粮价开单呈报，由湖北布政使王之春汇造清折呈赍前来。臣复加查核，是月分晴雨相间，江汉水势汛涨，二麦登场，秧苗秀发，粮价较上月增多减少，地方民情悉臻安谧，堪以仰慰宸廑，谨缮粮价清单恭折具奏，伏乞皇上圣鉴，谨奏。

朱批："知道了。"《宫中档光绪朝奏折》第9辑，第990页

湖北省光绪二十一年秋冬二季收支牙帖厘金银钱数目折光绪二十二年六月二十七日

头品顶戴湖北巡抚臣谭继洵跪奏，为湖北省光绪二十一年秋冬二季收支牙帖厘金银钱数目恭折具奏仰祈圣鉴事。恭照同治七年十月钦奉上谕："厘金报部章程着照两淮盐厘格式，每年分两次奏报。"等因。钦此钦遵。办理历经奏报至光绪二十一年六月底止在案。兹据湖北布政使王之春会同牙厘局司道详称，光绪二十一年七月起至十二月底止，除洋药税厘银两另案造报外，货厘旧管项下实存市平荆沙银九万九千一十三两一钱九厘零，新收项下实收牙厘及药土坐票捐共市平荆沙银三十一万三百八十七两四钱三分九厘零；又收牙厘钱八十九万六千八百四十串六百四文，开除项下实解湖北盐道转发长江水师二十一年秋冬二季分俸饷库平库色新宝银八万七千两，合市平荆沙银九万一千四百三十三两五钱二分，实解湖北善后总局市平荆沙银十五万七千一百三十三两六钱八分六厘零；又遵奏案拨解二十一年秋冬二季分善后总局委员

薪水杂用银五千一百三两六钱，巡防保甲员弁薪水经费银一万一千三百七两，发审委员薪水经费银一千六百二十两，武职操练弓箭月课奖赏银二千八百二两，救生红船水手口粮经费银二千八百八十两；又提牙厘各局局用八分经费银二万四千八百三十两九钱九分五厘零，实解湖北善后总局钱八十二万五千九十三串三百五十五文，给牙厘各局八分经费钱七万一千七百四十七串二百四十九文，除解支外，钱款无存，实在项下存货厘市平荆沙银十一万二千二百八十九两七钱四分七厘零，归于二十二年上半年造册报销等情，详请奏咨前来。臣复核相符，除清册咨送户部科外，所有光绪二十一年秋冬二季收支牙帖厘金银钱数目，理合会同湖广总督臣张之洞恭折具奏，伏祈皇上圣鉴，谨奏。

朱批："户部知道。"《宫中档光绪朝奏折》第10辑，第57—58页

恭报湖北省光绪二十二年五月分雨水粮价地方情形折光绪二十二年六月二十七日

头品顶戴湖北巡抚臣谭继洵跪奏，为恭报湖北省光绪二十二年五月分雨水粮价地方情形仰祈圣鉴事。窃照光绪二十二年四月分各属雨水粮价地方情形，业经臣恭折奏报在案。兹据武昌等十府暨荆门直隶州所属各州县将光绪二十二年五月分雨水粮价开单呈报，由湖北布政使王之春汇造清折呈赍前来。臣复加查核，是月分晴雨相间，江汉水势盛涨，早稻结实，杂粮茂盛，粮价较上月互有增减，地方民情悉臻安谧，堪以仰慰宸廑，谨缮粮价清单恭折具奏，伏乞皇上圣鉴，谨奏。

朱批："知道了。"《宫中档光绪朝奏折》第10辑，第59页

刘徽典等留省补用片光绪二十二年六月二十七日

再：准部咨道府州县无论何项劳绩保奏归于候补班人员，令

该督抚即以此项人员到省之日起，予限一年详加察看，认真考核，如系为守兼优，堪膺民社之员，出具切实考语，奏明分别繁简补用等因。兹查候补班补用知县刘徽典，自光绪二十一年四月初一到省之日起，连闰扣至二十二年三月初一日；又候补班补用知县毛炘，自光绪二十一年五月十九到省之日起，连闰扣至二十二年四月十九日，均试看一年期满。据湖北布政使王之春、按察使恽祖翼取造该员等履历清册，详请甄别具奏前来。臣随考验该员刘徽典，才具稳练，办事奋勤，堪以繁缺留省补用；该员毛炘年力富强，事理通达，堪以繁缺留省补用，除清册咨送吏部查核外，谨会同督臣张之洞附片具陈，伏祈圣鉴，敕部查照施行，谨奏。

朱批："吏部知道。"《宫中档光绪朝奏折》第10辑，第59—60页

委署荆门直隶州知州片光绪二十二年六月二十七日

再：署荆门直隶州知州徐士彦，调省差委，所遗该州印务，应即委员往署，以重职守。查有本任江夏县知县诸可权，明白稳慎，历练最深，堪以署理。据布政使王之春、按察使恽祖翼会详前来。除檄饬遵照外，谨会同督臣张之洞附片具陈，伏祈圣鉴，谨奏。

朱批："吏部知道。"《宫中档光绪朝奏折》第10辑，第60页

查明湖北省征收光绪二十一年钱粮截至奏销止比较上三年完欠各数循例开单折光绪二十二年六月二十七日

头品顶戴湖北巡抚臣谭继洵跪奏，为查明湖北省征收光绪二十一年钱粮截至奏销止比较上三年完欠各数循例开单恭折具陈仰祈圣鉴事。窃照征收钱粮部议三年比较之法开单奏报，历经遵办在案。兹据湖北布政使王之春于光绪二十一年奏销截数后开单具

详请奏前来。臣复加查核，湖北省光绪二十一年新赋项下额征民屯地丁起运共银一百一十万七千五百七十四两七钱九分四厘，内除坍没渍淹挖压沙压展缓豁免共银一万五千一百六十七两二钱七分二厘；又除汉川县并武昌、武左二卫被水成灾蠲免银二千二百九十两九钱九分九厘，蠲剩缓征银九千一百六十三两九钱九分六厘，又除江夏、武昌、咸宁、嘉鱼、蒲圻、汉阳、黄陂、孝感、沔阳、黄冈、蕲水、黄梅、广济、钟祥、京山、潜江、天门、应城、江陵、公安、石首、监利、松滋、枝江、荆门等州县，并武昌、武左、沔阳、黄州、蕲州、荆州、荆左、荆右等卫，被水受旱勘不成灾缓征银二十三万八千九百二十五两四钱一分四厘外，实应征银八十四万二千二十七两一钱一分三厘，以十分计算，已完九分一厘零，银七十七万一千六百九十六两九钱四分六厘；未完八厘零，银七万三百三十两一钱六分七厘。比较光绪十八年征数，少征银七万二百四十二两二分六厘；比较光绪十八年完数，少完银七万四千七百七十一两二钱四分九厘；比较光绪十九年征数，少征银八万三千二百七十五两二钱二分二厘；比较光绪十九年完数，少完银九万三千四百四十一两三钱一分一厘；比较光绪二十年征数，少征银六万五千八百五十五两七钱三分七厘；比较光绪二十年完数，少完银五万九千六百六十两八钱八分五厘。除饬严催各属赶紧全完，并咨户部户科查照外，理合缮具清单，会同湖广总督臣张之洞恭折具奏，伏祈皇上圣鉴，谨奏。

朱批：“户部知道，单并发。”《宫中档光绪朝奏折》第10辑，第60—61页

审明谋杀胞兄并殴毙胞侄罪犯按律定拟折

光绪二十二年七月初三日

头品顶戴湖北巡抚臣谭继洵跪奏，为审明谋杀胞兄并殴毙胞侄罪犯按律定拟恭折仰祈圣鉴事。窃据宜城县知县黄佑麟详报民人张子立谋杀胞兄张子得并殴伤胞侄张和尚身死一案，当经批饬

缉究，按限开参，该县旋获犯审拟，由府解司提讯，犯供翻异，报委武昌府审办。兹据该府李方豫审明议拟，解由湖北按察使恽祖翼勘转到臣，随提犯亲讯，缘张子立籍隶宜城县系张子得之胞弟，张和尚系张子得之子、张子立之胞侄。张子得与张子立先因不睦早各分居，其母张任氏向随张子立度日。光绪十九年三月十七日，张子立因闻张子得欲将分受房屋变卖，往向阻止，致相争闹，张和尚执持铁禾叉趋护，张子立夺叉过手，殴伤张和尚右额角接连右太阳穴，张和尚扑向夺叉，张子立用叉吓戳，适伤张和尚咽喉左穿透项颈右倒地，张子立携叉跑走，张子得追赶不及，声言日后必将张子立杀害，讵张和尚伤重旋即殒命，张子立虑恐张子得报复，起意将张子得致死。随于次早携带铁斧前往张子得门首探望，适张子得之妻张何氏赴屋后山上砍柴，其媳张刘氏先回母家，仅张子得一人在床睡熟，张子立即潜入内，走至床边用斧砍伤张子得左腮颊，张子得声喊，张子立又用斧背狠殴致伤张子得顶心接连偏右，登时殒命。张何氏闻声赶回，张子立正由屋内携斧跑出，张何氏向追不及，转身进屋查看，张子得业已气绝，往向其姑张任氏告知，欲行报验。张任氏泣称伊现仅张子立一子，如果报官，必须抵偿，伊无人养赡，定行碰死。张何氏同媳张刘氏畏惧隐忍，张任氏随令张子立与族人张鸣盛将张子得、张和尚尸身掩埋各散。该县黄佑麟访闻差查，张子立逃逸，张何氏即倩族人张子富报县，验详差缉，按限开参，旋获犯讯供通详，批饬审解。该县黄佑麟提犯审拟，由襄阳府知府王贻清复审，解经前署臬司瞿廷韶提讯，犯供翻异，报委武昌府知府李方豫审拟，招解屡审，供认不讳，究无同谋加功之人，翻供系图轻罪，亦无别故，案无遁饰。

查律载："谋杀期亲尊长已杀者，凌迟处死。"又："叔殴杀侄，杖一百，徒三年"各等语。此案张子立先因口角争殴，戳伤张和尚身死，复虑其父张子得报复，起意谋杀张子得毙命。查张子得系张子立期服胞兄，张和尚系张子立期服胞侄，按以叔殴侄至死，罪止杖徒，自应从重，照谋杀胞兄本律问拟。张子立除殴毙期亲胞侄并听从母命私埋各轻罪不议外，合依“谋杀期亲尊长已杀者，凌迟处死”律，拟凌迟处死，照例先行刺字。该犯恭逢光绪二十年八月十六日恩诏，虽事犯在正月初一日以前，惟系谋杀胞兄，罪干寸磔，应毋庸查办。张鸣盛听从埋尸，不失罪有应得，已在家病故，应与迫于姑命隐忍匿报之张何氏、张刘氏，及例得容隐、现亦病故之犯母张任氏，均毋庸议，无干省释。各尸棺饬属领埋，凶器铁斧、禾叉供弃免起。此案于三参限内获犯，所有原参限缉之案应请查销。除供招送部外，理合会同湖广总督臣张之洞恭折具陈，伏祈皇上圣鉴，敕部核复施行，谨奏。

朱批：“刑部速议具奏。”《宫中档光绪朝奏折》第10辑，第83—85页

知县难膺民社呈请改就教职折光绪二十二年七月初三日

头品顶戴湖北巡抚臣谭继洵跪奏，为知县难膺民社呈请改就教职恭折仰祈圣鉴事。窃查定例分发各省进士举人出身之知县，到省后未经得缺，如有情愿改就教职者，毋庸定以年限等语。兹据湖北布政使王之春详据即用知县冯永图禀称，年五十一岁，广东顺德县人，由优附生应光绪元年乙亥恩科本省乡试中式举人，己丑科大挑二等以教职用，十八年壬辰科会试中式贡士，殿试三甲七十四名引见，奉旨：“以知县即用。”钦此。签掣湖北，是年闰六月十四日到省，历充文闱乡试差使，并无贻误。今自揣难膺民社，情愿改就教职，回籍候选等情，由司详请具奏前来。臣查该员冯永图年力尚强，自揣难膺民社，情愿改就教职，归部铨选。核与定例相符，除咨吏部暨广东抚臣查照外，理合会同湖广总督臣张之洞恭折具陈，伏乞皇上圣鉴，敕部核复施行，谨奏。

朱批：“吏部知道。”《宫中档光绪朝奏折》第10辑，第85—86页

查明湖北省光绪二十一年奏销案内未完一分以上各员职名缮具清单折光绪二十二年七月初三日

头品顶戴湖北巡抚臣谭继洵跪奏，为查明湖北省光绪二十一年奏销案内未完一分以上各员职名缮具清单恭折仰祈圣鉴事。案照光绪六年户部奏定章程：钱粮奏销各依定限，令各该督抚一面具题、一面先将未完一分以上各员职名，开具简明清单专折奏报，由部核定处分先行复奏，仍各于题本内将业经具奏各员声明备核，其有奏后续完者，准其续行奏请归本案开复等因，历经遵办在案。兹值查办光绪二十一年奏销，据湖北布政使王之春、督粮道岑春蓂查明开单具详前来。臣复核无异，所有经征未完一分以上各员职名，已于题本内声明备核，谨开具简明清单，恭呈御览。惟奏单应照题本开列，题本缮成后，未完各处有据续完者，仍注明声请免议减议。除咨户部外，理合会同湖广总督臣张之洞恭折具奏，伏祈皇上圣鉴，敕部核议施行，谨奏。

朱批："户部议奏，单并发。"《宫中档光绪朝奏折》第10辑，第86页

恭报湖北省光绪二十二年六月分雨水粮价地方情形折光绪二十二年七月二十八日

头品顶戴湖北巡抚臣谭继洵跪奏，为恭报湖北省光绪二十二年六月分雨水粮价地方情形仰祈圣鉴事。窃照光绪二十二年五月分各属雨水粮价地方情形，业经臣恭折奏报在案。兹据武昌等十府暨荆门直隶州所属各州县将光绪二十二年六月分雨水粮价开单呈报，由湖北布政使王之春汇造清折呈赍前来。臣复加查核，是月分晴多雨少，江汉水势盛涨，早稻登场，中稻吐穗，杂粮畅茂，粮价较上月互有增减，地方民情悉臻安谧，堪以仰慰宸廑，谨缮粮价清单恭折具奏，伏乞皇上圣鉴，谨奏。

朱批："知道了。"《宫中档光绪朝奏折》第10辑，第137—138页

委解本年第五批地丁京饷折光绪二十二年七月二十八日

头品顶戴湖北巡抚臣谭继洵跪奏，为委解本年第五批地丁京饷恭折具陈仰祈圣鉴事。窃照光绪二十二年京饷湖北奉拨地丁银四十五万两，业经委解四批共银十八万两，赴京交收在案。兹据布政使王之春详称，复于地丁项下动拨第五批京饷银五万两，查有候补知县曾传漳、候补知县袁珣，堪以委解等情，请奏咨前来。除缮咨转给该委员等妥速起解，并饬将应解银两续筹委解外，理合会同湖广督臣张之洞恭折具陈，伏祈皇上圣鉴，谨奏。

朱批："户部知道。"《宫中档光绪朝奏折》第10辑，第138页

恭报湖北省光绪二十二年七月分雨水粮价地方情形折光绪二十二年九月十一日

头品顶戴湖北巡抚臣谭继洵跪奏，为恭报湖北省光绪二十二年七月分雨水粮价地方情形仰祈圣鉴事。窃照光绪二十二年六月分各属雨水粮价地方情形，业经臣恭折奏报在案。兹据武昌等十府暨荆门直隶州所属各州县将光绪二十二年七月分雨水粮价开单呈报，由湖北布政使王之春汇造清折呈赍前来。臣复加查核，是月分晴雨相间，江汉水势盛涨，中稻登场，菜蔬畅茂，粮价较上月互有增减，地方民情悉臻安谧，堪以仰慰宸廑，谨缮粮价清单恭折具奏，伏乞皇上圣鉴，谨奏。

朱批："知道了。"《宫中档光绪朝奏折》第10辑，第231页

光绪二十一年奏销案内未完一分以上之员续经全完请将原参处分免议折光绪二十二年九月十一日

头品顶戴湖北巡抚臣谭继洵跪奏，为光绪二十一年奏销案内未完一分以上之员续经全完请将原参处分免议恭折仰祈圣鉴事。窃照光绪六年二月准户部咨：钱粮奏销各依定限，令各该督抚一面具题，一面先将未完一分以上各员，开具简明清单专折奏报，由部核定处分，先行复奏；其有奏后续完者，准其奏请归本案开复等因。臣于查办光绪二十一年奏销时，已将民赋钱粮南粮米石各项下未完一分以上各员专折奏报在案。兹据湖北督粮道岑春蓂详称，南粮米石项下原报经征未完三分以上之现任汉阳县知县薛福祁，原报经征未完一分以上之前署监利县事、本任枝江县知县陈富文，现均全完，请将原参处分奏请免议等情前来。臣复核无异，除咨明吏部、户部查照外，理合会同湖广总督臣张之洞恭折具陈，伏祈皇上圣鉴，敕部核复施行，谨奏。

朱批："该部议奏。"《宫中档光绪朝奏折》第10辑，第231—232页

委署监利知县片光绪二十二年九月十一日

再：监利县知县萧云调省，所遗该县印务，应即委员往署，以重职守。查有武昌府通判恒荣，才具明晰，办事奋勤，堪以署理。据湖北布政使王之春、按察使恽祖翼会详前来。除檄饬遵照外，谨会同督臣张之洞附片具陈，伏祈圣鉴，谨奏。

朱批："吏部知道。"《宫中档光绪朝奏折》第10辑，第232页

朱祖荫留省补用片光绪二十二年九月十一日

再：准部咨道府州县无论何项劳绩保奏归于候补班人员，令

该督抚即以此项人员到省之日起，予限一年详加察看，认真考核，如系为守兼优，堪膺民社之员，出具切实考语，奏明分别繁简补用等因。兹查补用知县朱祖荫，于光绪二十年七月十三到省之日起，连闰扣至二十一年六月十三日，试看一年期满，据布政使王之春、按察使恽祖翼取造该员履历清册，详请甄别具奏前来。臣随考验该员朱祖荫，才识练达，奋勉有为，堪以繁缺留省补用，除清册咨送吏部查核外，谨会同督臣张之洞附片具陈，伏祈圣鉴，敕部查照施行，谨奏。

朱批："吏部知道。"《宫中档光绪朝奏折》第10辑，第232—233页

滇省委员领运十五起二批京铜到鄂发给水脚银两换附轮船开行日期折 光绪二十二年九月十一日

头品顶戴湖北巡抚臣谭继洵跪奏，为滇省委员领运十五起二批京铜到鄂发给水脚银两换附轮船开行日期恭折仰祈圣鉴事。窃查滇省委员、补用知县时鸿文领运十五起二批正余京铜五十一万五千斤，于光绪二十二年六月初二日由四川巫山县护送到湖北巴东县境，七月初三日全数运抵汉阳县，报经饬委汉阳府知府逢润古、汉阳县知县薛福祁。会同该运员时鸿文将运到铜斤逐一盘验过秤，并无短少，换附轮船眼同过载，于七月初四、初七等日分起开行，取具运员无亏钤结，由该府县加结转详，其应领水脚在于藩司库存地丁项下动支银一千八百两，发给该运员具领。据湖北按察使恽祖翼具详请奏前来。除将册结咨送户、工二部暨钱法堂查照外，理合会同湖广督臣张之洞恭折具陈，伏祈皇上圣鉴，谨奏。

朱批："该部知道。"《宫中档光绪朝奏折》第10辑，第233页

查明湖北省光绪二十二年二麦收成分数折

光绪二十二年九月十一日

头品顶戴湖北巡抚臣谭继洵跪奏，为查明湖北省光绪二十二年二麦收成分数恭折具陈仰祈圣鉴事。窃照湖北省光绪二十二年二麦登场，现据布政使王之春查明各属收成分数，汇开清折具详请奏前来。臣逐加查核，湖北省共计六十八州县，内收成七分有余者七州县，七分者五州县，六分有余者二十州县，六分者十一州县，五分有余者十二州县，五分者六州县，四分有余者一县，四分者四县，三分有余者一县，三分者一县，合计通省收成五分有余，谨缮清单，会同湖广总督臣张之洞恭折具奏，伏祈皇上圣鉴，谨奏。

朱批："知道了。"《宫中档光绪朝奏折》第10辑，第234页

报解本年东北边防经费银两折

光绪二十二年九月十一日

头品顶戴湖北巡抚臣谭继洵跪奏，为报解本年东北边防经费银两恭折仰祈圣鉴事。窃准户部咨钦奉上谕："光绪二十二年东北边防经费照案指拨湖北厘金银八万两，着于五月前批解一半，年内全数解清，毋稍迟逾。"等因。钦此。臣当即转饬司局遵照，业经委解第一批银三万两赴京交纳，奏报在案。兹据湖北布政使王之春会同善后局司道详称，复于厘金项下动拨第二批银三万两，饬委候补知县曾传漳、候补知县袁珦管解赴京交纳等情前来。除缮咨转给该委员小心管解，并饬将应解银两续筹委解外，理合会同湖广总督臣张之洞恭折具奏，伏祈皇上圣鉴，谨奏。

朱批："户部知道。"《宫中档光绪朝奏折》第10辑，第234—235页

湖北厘金项下奉拨京饷银两扫数解清折

光绪二十二年十月二十二日

头品顶戴湖北巡抚臣谭继洵跪奏，为湖北厘金项下奉拨京饷银两扫数解清恭折具陈仰祈圣鉴事。窃照湖北省厘金项下奉拨光绪二十二年京饷银十二万两，业经委解三批，共银九万两，赴京交收在案。兹据湖北布政使王之春会同善后局司道详称，复于厘金项下动拨第四批银三万两，饬委候补知县庄则敬、候补知县徐冠瀛，管解赴京交纳等情前来。除缮咨转给该委员等小心管解外，所有湖北省厘金项下奉拨本年京饷银两扫数解清缘由，理合会同湖广总督臣张之洞恭折具奏，伏祈皇上圣鉴，谨奏。

朱批："户部知道。"《宫中档光绪朝奏折》第10辑，第347—348页

委解本年湖北省第六批地丁京饷片光绪二十二年十月二十二日

再：光绪二十二年京饷湖北省奉拨地丁银四十五万两，业经委解五批共银二十三万两，赴京交收在案。兹据布政使王之春详称，复于地丁项下动拨第六批京饷银四万两，查有候补知县庄则敬、候补知县徐冠瀛，堪以委解等情，请奏咨前来。除缮咨转给该委员等妥速起解，并饬将应解银两续筹委解外，理合会同湖广督臣张之洞附片具陈，伏祈圣鉴，谨奏。

朱批："户部知道。"《宫中档光绪朝奏折》第10辑，第348页

委解本年湖北省第七批地丁京饷片光绪二十二年十月二十二日

再：光绪二十二年京饷湖北省奉拨地丁银四十五万两，业经委解六批共银二十七万两，赴京交收在案。兹据布政使王之春详

称，复于地丁项下动拨第七批京饷银五万两，查有候补通判胡懋勋、候补知县亢廷镛，堪以委解请奏咨前来。除缮咨转给该委员等妥速起解，并饬将应解银两续筹委解外，理合会同湖广督臣张之洞附片具陈，伏祈圣鉴，谨奏。

朱批："户部知道。"《宫中档光绪朝奏折》第10辑，第348页

恭报湖北省光绪二十二年八月分雨水粮价地方情形折光绪二十二年十月二十二日

头品顶戴湖北巡抚臣谭继洵跪奏，为恭报湖北省光绪二十二年八月分雨水粮价地方情形仰祈圣鉴事。窃照光绪二十二年七月分各属雨水粮价地方情形，业经臣恭折奏报在案。兹据武昌等十府暨荆门直隶州所属各州县将光绪二十二年八月分雨水粮价开单呈报，由湖北布政使王之春汇造清折呈赍前来。臣复加查核，是月分晴雨相间，江汉水势盛涨，晚稻青葱，菜蔬畅茂，粮价较上月互有增减，地方民情悉臻安谧，堪以仰慰宸廑，谨缮粮价清单恭折具奏，伏乞皇上圣鉴，谨奏。

朱批："知道了。"《宫中档光绪朝奏折》第10辑，第350页

查明湖北省各属应征光绪二十二年地丁等款上忙钱粮已未完数目折光绪二十二年十一月初六日

头品顶戴湖北巡抚臣谭继洵跪奏，为查明湖北省各属应征光绪二十二年地丁等款上忙钱粮已未完数目恭折具陈仰祈圣鉴事。窃照上下两忙钱粮例应将额征坐支及已未完各数目分款造报，嗣于咸丰二年接准部咨议奏藩司功过章程，拟请丰年以额征数目为准，蠲缓之年以应征数目为准，均按八分计算，责成藩司督催。上忙匀为三分征收，下忙匀为五分征收，其余二分归于奏销前扫数全完，随案议予功过等因在案。兹据湖北布政使王之春详称，

湖北省光绪二十二年分额征起运屯饷存留驿站正项，共银一百一十万六千四百九十二两八钱三分八厘，内除坍没渍淹挖压沙压坍占挖废缓征豁免，共银一万五千一百六十七两二钱七分二厘，实应征银一百九万一千三百二十五两五钱六分六厘。核计上忙应征三分银三十二万七千三百九十七两六钱七分，已完二分九毫零，银二十二万八千九百二十九两六钱二分二厘；未完九厘零，银九万八千四百六十八两四分八厘，所有未完职名系现任湖北布政使王之春。又额征光绪二十二年芦课正银一万二千一百三十四两九钱一分七厘，核计上忙应征三分银三千六百四十两四钱七分五厘，已完银五百一两七钱二厘，未完银三千一百三十八两七钱七分三厘。又额征光绪二十二年田房牙当茶黄柏等税银九千八百一十九两一钱七厘，核计上忙应征三分银二千九百四十五两七钱三分二厘，已完银一百二十六两二钱七分八厘，未完银二千八百一十九两四钱五分四厘等情前来。臣复核无异，除仍饬严催各属赶紧催征，务于下忙期内完解外，理合会同湖广总督臣张之洞恭折具奏，伏祈皇上圣鉴，谨奏。

朱批："户部知道。"《宫中档光绪朝奏折》第10辑，第373—374页

滇省委员领运十六起头批京铜到鄂发给水脚银两换附轮船开行日期折光绪二十二年十一月初六日

头品顶戴湖北巡抚臣谭继洵跪奏，为滇省委员领运十六起头批京铜到鄂发给水脚银两换附轮船开行日期恭折仰祈圣鉴事。窃查滇省委员、补用知县张俊领运十六起头批京铜五十一万五千斤，于光绪二十二年九月二十三日由四川巫山县护送到湖北巴东县境，十月初三日全数运抵汉阳县，报经饬委汉阳府知府逄润古、汉阳县知县薛福祁，会同该运员张俊将运到铜斤逐一盘验过秤，并无短少，换附轮船眼同过载，于十月初七日由汉开行，取具运员无亏钤结，由该府县加结转详，其应领水脚在于藩司库存地丁项下

动支银一千八百两，发给该运员具领。据湖北按察使恽祖翼具详请奏前来。除将册结咨送户、工二部暨钱法堂查照外，理合会同湖广督臣张之洞恭折具陈，伏祈皇上圣鉴，谨奏。

朱批："该部知道。"《宫中档光绪朝奏折》第10辑，第374—375页

报解湖北省本年第三批东北边防经费片

光绪二十二年十一月初六日

再：湖北省厘金项下奉拨光绪二十二年东北边防经费银八万两，业经先后委解二批，共银六万两赴京交纳在案。兹据湖北布政使王之春会同善后局司道详称，复于厘金项下动拨第三批银二万两，饬委候补通判胡懋勋、候补知县亢廷镛管解赴京交纳等情前来。除缮咨转给该委员等小心管解外，所有湖北省厘金项下奉拨本年东北边防经费银两现已扫数解清缘由，理合会同湖广督臣张之洞附片具陈，伏祈圣鉴，谨奏。

朱批："户部知道。"《宫中档光绪朝奏折》第10辑，第375页

查报湖北省光绪二十二年额征片

光绪二十二年十一月初六日

再：据湖北督粮道岑春蓂详称，湖北省各州县卫光绪二十二年额征驴脚南折正耗共银四万一千四百七十五两零，内除挖压渍淹沙压被水豁减缓征共银三百九十六两零，并下忙应征银两外，实应征上忙银二万五百三十九两零，已完银一万九百九十一两零，未完银九千五百四十七两零；又额征随漕浅船军三安家正耗并闲丁帮津资役等款共银九万二千六百八两零，内除渍淹挖压沙压逃亡故绝被水豁减缓征共银三千七百四十二两零，并下忙应征银两外，实应征上忙银四万四千四百三十三两零，已完银一万四千八百六十九两零，未完银二万九千五百六十三两零等情前来。除饬该道严催各州县卫迅将未完银两赶紧征解外，理合会同湖广督臣

张之洞附片具陈，伏祈圣鉴，谨奏。

朱批："户部知道。"《宫中档光绪朝奏折》第10辑，第375—376页

委解本年湖北省第八批地丁京饷片光绪二十二年十一月初六日

再：光绪二十二年京饷湖北省奉拨地丁银四十五万两，业经委解七批共银三十二万两，赴京交收在案。兹据布政使王之春详称，复于地丁项下动拨第八批京饷银四万两，查有试用知州刘峻德、试用通判程颂万，堪以委解等情请奏咨前来。除缮咨转给该委员等妥速起解，并饬将应解银两续筹委解外，理合会同湖广督臣张之洞附片具陈，伏祈圣鉴，谨奏。

朱批："户部知道。"《宫中档光绪朝奏折》第10辑，第376页

委解本年湖北省第九批地丁京饷片光绪二十二年十一月初六日

再：光绪二十二年京饷湖北省奉拨地丁银四十五万两，业经委解八批共银三十六万两，赴京交收在案。兹据布政使王之春详称，复于地丁项下动拨第九批京饷银四万两，查有补用知县余鼎臣、补用知县朝汉，堪以委解等情请奏咨前来。除缮咨转给该委员等妥速起解，并饬将应解银两迅速续筹委解外，理合会同湖广总督臣张之洞附片具陈，伏祈圣鉴，谨奏。

朱批："户部知道。"《宫中档光绪朝奏折》第10辑，第376页

恭报湖北省光绪二十二年九月分雨水粮价地方情形折光绪二十二年十一月初六日

头品顶戴湖北巡抚臣谭继洵跪奏，为恭报湖北省光绪二十二年九月分雨水粮价地方情形仰祈圣鉴事。窃照本年八月分各属雨

水粮价地方情形，业经臣恭折奏报在案。兹据武昌等十府暨荆门直隶州所属各州县将本年九月分雨水粮价开单呈报，由湖北布政使王之春汇造清折前来。臣复加查核，是月分晴多雨少，江汉水势渐退，晚稻登场，粮价较上月互有增减，地方民情悉臻安谧，堪以仰慰宸廑，谨缮粮价清单恭折具奏，伏乞皇上圣鉴，谨奏。

朱批："知道了。"《宫中档光绪朝奏折》第10辑，第377页

恭报湖北省光绪二十二年十月分雨水粮价地方情形折光绪二十二年十一月初八日

头品顶戴湖北巡抚臣谭继洵跪奏，为恭报湖北省光绪二十二年十月分雨水粮价地方情形仰祈圣鉴事。窃照光绪二十二年九月分各属雨水粮价地方情形，业经臣恭折奏报在案。兹据武昌等十府暨荆门直隶州所属各州县将光绪二十二年十月分雨水粮价开具清单呈报，由湖北布政使王之春汇造清折前来。臣复加查核，是月分晴多雨少，江汉水势渐落，二麦播种，粮价较上月互有增减，地方民情悉臻安谧，堪以仰慰宸廑，谨缮粮价清单恭折具奏，伏乞皇上圣鉴，谨奏。

朱批："知道了。"《宫中档光绪朝奏折》第10辑，第384页

查报早稻收成分数折光绪二十二年十一月初八日

头品顶戴湖北巡抚臣谭继洵跪奏，为查报早稻收成分数恭折仰祈圣鉴事。窃照湖北省光绪二十二年分各属早稻登场，据湖北布政使王之春查明收成分数，开折呈报前来。臣复加查核，除德安府属之应山，郧阳府属之郧西、保康、竹山、竹溪，荆门直隶州属之远安等县，向不种植早稻外，其余各属核计：十分者一县，八分有余者四县，八分者二县，七分有余者七州县，七分者十四州县，六分有余者十一县，六分者八县，五分有余者七州县，五

分者二县，四分有余者一县，四分者四县，二分有余者一县。通省合计收成六分有余，理合缮具清单，恭折具奏，伏乞皇上圣鉴，谨奏。

朱批："知道了。"《宫中档光绪朝奏折》第10辑，第384—385页

湖北省光绪二十二年春夏二季收支牙帖厘金银钱数目折光绪二十二年十二月初一日

头品顶戴湖北巡抚臣谭继洵跪奏，为湖北省光绪二十二年春夏二季收支牙帖厘金银钱数目恭折具奏仰祈圣鉴事。恭照同治七年十月钦奉上谕："厘金报部章程着照两淮盐厘格式，每年分两次奏报。"等因。钦此钦遵。办理历经奏报至光绪二十一年十二月底止在案。兹据湖北布政使王之春会同牙厘局司道详称，光绪二十二年正月起至六月底止，除洋药税厘银两另案造报外，货厘旧管项下实存市平荆沙银十一万二千二百八十九两七钱四分七厘零，新收项下实收牙厘及药土坐票捐共市平荆沙银十一万五千九百五十一两一钱三分二厘零；又收牙厘钱八十四万一千八百五十七串二百九十六文，开除项下实解湖北盐道转发长江水师二十二年春夏二季分俸饷共库平库色新宝银八万七千两，合市平荆沙银九万一千四百三十三两五钱二分，实解湖北善后总局市平荆沙银六万九千九两二钱三分七厘零；又遵奏案拨解二十二年春夏二季分善后总局委员薪水杂用银五千一百三两六钱，巡防保甲员弁薪水经费银一万一千三百七两，发审委员薪水经费银一千六百二十两，武职操练弓箭月课奖赏银二千八百二两，救生红船水手口粮经费银二千八百八十两；又提牙厘各局局用八分经费银九千二百七十六两九分零，实解湖北善后总局钱七十七万四千五百八串七百十二文，给牙厘各局八分经费钱六万七千三百四十八串五百八十四文，除解支外，钱款无存，实在项下存货厘市平荆沙银三万四千八百九两四钱三分二厘零，归入下半年造册报销等情，请奏咨前来。臣复核相符，除清册咨送户部科外，所有光绪二十二年春夏

二季收支牙帖厘金银钱数目，理合会同湖广总督臣张之洞恭折具奏，伏祈皇上圣鉴，谨奏。

朱批："户部知道。"《宫中档光绪朝奏折》第10辑，第461—462页

汪应度留省补用片 光绪二十二年十二月初一日

再：准部咨道府州县无论何项劳绩保奏归于候补班人员，令该督抚即以此项人员到省之日起，予限一年详加查看，认真考核，如系为守兼优，堪膺民社之员，出具切实考语，奏明分别繁简补用等因。兹查补用知州汪应度，自光绪二十一年十月十九到省之日起，扣至二十二年十月十九日，试看一年期满，据湖北布政使王之春、按察使恽祖翼取具该员履历清册，详请甄别具奏前来。臣随考验该员年力富强，才具稳练，堪以繁缺留省补用，除清册咨送吏部查核外，理合会同督臣张之洞附片具陈，伏祈圣鉴，敕部查照施行，谨奏。

朱批："吏部知道。"《宫中档光绪朝奏折》第10辑，第462—463页

湖北地丁项下奉拨京饷银两扫数解清折

光绪二十二年十二月初一日

头品顶戴湖北巡抚臣谭继洵跪奏，为湖北地丁项下奉拨京饷银两扫数解清恭折仰祈圣鉴事。窃照光绪二十二年京饷湖北省奉拨地丁银四十五万两，业经先后委解九批共银四十万两，赴京交收在案。兹据湖北布政使王之春详称，复于地丁项下动拨第十批银五万两，查有候补直隶州知州志善、候补知县钱椝，堪以委解等情请奏咨前来。除缮咨转给该委员等妥速起解外，所有湖北省地丁项下奉拨本年京饷银两业经扫数解清缘由，理合会同湖广总督臣张之洞恭折具陈，伏祈皇上圣鉴，谨奏。

朱批："户部知道。"《宫中档光绪朝奏折》第10辑，第464—465页

遵旨以余肇康署理汉阳知府片光绪二十二年十二月初一日

再：湖北武昌府知府员缺前经奏请以汉阳府知府逢润古调补，所遗汉阳府知府，遵旨即以余肇康补授，应饬该员等先行署理，以重职守。据藩、臬两司会详前来。除分檄饬遵外，谨会同湖广总督臣张之洞附片具陈，伏乞圣鉴，谨奏。

朱批："吏部知道。"《宫中档光绪朝奏折》第10辑，第465页

委署兴国知州片光绪二十二年十二月初一日

再：兴国州知州宋熙曾调省差委，所遗该州印务，应亟委员接署，以重职守。查有本任黄梅县知县徐士彦，才具明干，奋勉有为，堪以署理。据布政使王之春、署按察使瞿廷韶会详前来。除饬遵照外，谨会同督臣张之洞附片具陈，伏祈圣鉴，谨奏。

朱批："吏部知道。"《宫中档光绪朝奏折》第10辑，第465—466页

述职届期吁恳陛见折光绪二十二年十二月二十日

头品顶戴湖北巡抚臣谭继洵跪奏，为微臣述职届期恭折吁恳陛见仰祈圣鉴事。窃臣仰蒙恩命补授湖北巡抚，于光绪十六年四月到任，前值三年期满曾经具折请觐，钦奉朱批："毋庸来见。"钦此。迄今又逾三载，复届述职之期，伏念臣忝寄鄂疆时逾六载，顾乏涓埃之报，弥积驽钝之惭，每引领于阙廷，冀亲承夫训诲。合无仰恳圣恩，准臣入都瞻觐天颜，跪聆慈训，俾抒犬马依恋之忱，无任屏营待命之至。如蒙俞允，所有湖北巡抚篆务并请简员署理，以专责成，谨恭折具奏，伏祈皇上圣鉴，谨奏。

朱批："着来见。"《宫中档光绪朝奏折》第10辑，第576—577页

密陈司道知府考语谨缮清单折光绪二十二年十二月二十一日

头品顶戴湖北巡抚臣谭继洵跪奏，为密陈司道知府考语谨缮清单恭折仰祈圣鉴事。窃照司道知府等官例应督抚于年终出具切实考语密行陈奏，臣仰蒙圣恩，忝膺疆寄，察吏是其专责，考核未敢稍疏，于所属各寮随时留心察看，非仅于语言觇其器识，尤必于政治考其设施，且观于其微则为守易著，核之以实则真伪亦分，逐一印证，虽不敢谓灼见无遗，而其才力之优绌，官声之贤否，均可陈其梗概。除新授臬司马恩培、盐道孟继壎均未到任，汉阳府知府余肇康甫经请补，黄州府知府高蔚光现请开缺回籍修墓，宜昌府知府存厚俸满赴部引见，德安府知府汪元庆因病请假，均不注考外，其由实任调署他缺者仍一律注考。谨就臣所知，出具切实考语，密缮清单，恭呈御览。仍容臣随时查察，如有初终异辙，即行揭参，以仰副朝廷整肃官常之至意。理合恭折密陈，伏祈皇上圣鉴，谨奏。

朱批："知道了，单片留中。"《宫中档光绪朝奏折》第10辑，第590页

恭报湖北省光绪二十二年十一月分雨雪粮价地方情形折光绪二十二年十二月二十一日

头品顶戴湖北巡抚臣谭继洵跪奏，为恭报湖北省光绪二十二年十一月分雨雪粮价地方情形仰祈圣鉴事。窃照光绪二十二年十月分各属雨水粮价地方情形，业经臣恭折奏报在案。兹据武昌等十府暨荆门直隶州所属各州县将光绪二十二年十一月分雨雪粮价开具清单呈报，由湖北布政使王之春汇造清折前来。臣复加查核，是月分晴多雨少，各属间有禀报得雪一次，江汉水势退落，二麦长发，粮价较上月有增无减，地方民情悉臻安谧，堪以仰慰宸廑，谨缮粮价清单恭折具奏，伏祈皇上圣鉴，谨奏。

朱批："知道了。"《宫中档光绪朝奏折》第10辑，第591页

光绪二十二年分甄别教职佐杂均未及额据实陈明折光绪二十二年十二月二十一日

头品顶戴湖北巡抚臣谭继洵跪奏，为光绪二十二年分甄别教职佐杂均未及额据实陈明恭折仰祈圣鉴事。窃查定例甄别教职佐杂各按该省额缺以百之二三为率参劾，及数者免议，如该省果无应行参劾之员，令该督抚学政切实声明等因。查湖北省教职一百四十缺，每年应甄别去任三四员；佐杂二百零五缺，每年应甄别去任四五员。今光绪二十二年分甄别佐杂，已届二次，俸满革职者一员，计教职佐杂两项仅参劾佐杂一员，其余均尚循分供职，是以参劾未经及额。据布政使王之春、署按察使瞿廷韶会详请奏前来。臣复查无异，除仍随时察看、如有衰庸不职之员另行参办，并将已劾之员开具清折咨送军机处、吏部查核外，理合会同湖广督臣张之洞、湖北学政臣庞鸿文恭折具奏，伏祈皇上圣鉴，谨奏。

朱批："吏部知道。"《宫中档光绪朝奏折》第10辑，第593—594页

委解满绿各营兵饷片光绪二十二年

再：前准户部咨豫拨湖北省乙未年满绿各营兵饷案内，拨江汉关洋税银十五万两等因，当经转饬遵照办理。兹据湖北汉黄德道、监督江汉关税务恽祖翼详称，在于第一百三十九结所征六成洋税项下动支库平足色银五万两，委员解赴藩司衙门交收以供支放等情，详请奏咨前来。臣核无异，除分咨总理各国事务衙门暨户部查照外，理合附片具陈，伏祈圣鉴。再：湖北巡抚系臣本任，毋庸会衔，合并陈明，谨奏。

朱批："该衙门知道。"《光绪朝朱批奏折》第61辑，第48页

委解满绿各营兵饷片光绪二十二年

再：前准户部咨豫拨湖北省乙未年满绿各营兵饷案内，拨江汉关洋税银十五万两等因，业经饬据该关道筹解银五万两，详经臣附片奏报在案。兹据湖北汉黄德道、监督江汉关税务恽祖翼详称，在于第一百三十九结所征六成洋税项下动支库平足色银五万两，委员解赴藩司衙门交收以供支放等情，详请奏咨前来。臣复核无异，除分咨总理各国事务衙门暨户部查照外，理合附片具陈，伏祈圣鉴。再：湖北巡抚系臣本任，毋庸会衔，合并陈明，谨奏。

朱批："该衙门知道。"《光绪朝朱批奏折》第61辑，第49页

叩谢天恩折光绪二十三年二月初十日

头品顶戴湖北巡抚臣谭继洵跪奏，为恭折叩谢天恩仰祈圣鉴事。窃臣赍折差弁回鄂，钦奉恩赏福字一方，谨即恭设香案望阙叩头祇领。钦惟我皇上学阐苞符，德隆帱载。位当阳而出治，运启珠囊；仰建极以绥猷，龢调玉烛。时逢献岁，恩锡先春。臣忝任封圻，渥膺赏赉。望三霄之喜气，箕畴瑞衍夫奎文；荷九陛之宠光，羲画荣增夫华衮。自天拜赐，伏地怀惭。臣惟有益矢靖共，勉图报称，庆升平于海宇，普迓和风甘雨之祥祝，禔福于皇躬，忻闻击壤歌衢之颂。所有微臣感激荣忭下忱，谨缮折叩谢天恩，伏乞皇上圣鉴，谨奏。

朱批："知道了。"《宫中档光绪朝奏折》第10辑，第643—644页

拿获强劫拒捕盗犯审明照章惩办折光绪二十三年二月十二日

头品顶戴湖北巡抚臣谭继洵跪奏，为拿获强劫拒捕盗犯审明照章惩办恭折具陈仰祈圣鉴事。案据随州详报民人江朝楷家被盗

强劫拒伤事主一案，当经批饬缉究，嗣因疏防限满，开列职名题参在案。该州旋获刘得莠、黄帼均二犯，讯供通禀，经臣与督臣批司委员前往会同提犯复审明确，照章就地正法。兹据该州张茂时录叙供招，议拟由署德安府知府徐家干详经署湖北按察使瞿廷韶核明转详前来。臣复加查核，缘刘得莠、黄帼均，俱籍隶河南桐柏县，先未为匪。光绪十八年十二月初三日，刘得莠、黄帼均在随州地方会遇素识在逃之刘家运，共道贫难。刘家运稔知江朝楷家道殷实，起意行劫得财分用，刘得莠等允从；刘家运又邀李毛头、李老么、徐老三、沈老二、刘别子、刘驴、余银、余萌，及不识姓名四人入伙，一共十五人。即于是夜，分带油捻刀棍，偕抵江朝楷门首，点燃油捻，用石撞开大门，一齐拥进。因误遗火种，致将江朝楷家棉絮衣被柜门等物烧毁，旋即扑灭。江朝楷与子江永清、孙江秀其惊起喊捕，刘别子、刘驴各用刀棍拒伤，与刘家运及刘得莠等搜劫银钱衣物，分携至僻处查点俵分各散。刘得莠、黄帼均随将所分赃物陆续卖与不知姓名人得钱，同分得钱文花用。江朝楷报经该前署州陈豪会营勘验详缉，按限开参；接署州宋熙会比据差役，协同河南桐柏、泌阳两县兵役先后拿获刘得莠、黄帼均到案，讯供通禀，经臣与督臣批司饬委补用知县汤炳堃赴州，会同提犯复审明确，照章就地正法。兹比缉逸犯无获，应即拟结。

查律载："强盗已行但得财者，不分首从皆斩"等语；又光绪九年湖北省奏定章程："嗣后拿获盗犯，如有持执刀械强劫聚众至五人以上、拒捕伤人者，该县获犯讯明后，禀请委员会同复审明确，即行就地正法"等因，历经遵办在案。此案刘得莠等听从在逃之刘家运起意纠劫江朝楷家，得赃拒伤事主平复，该犯等入室搜赃，实属凶暴昭著，同恶相济，赃虽未获，犯系先后到案，供吐如一，正盗无疑自应按律问拟。刘得莠、黄帼均均合依"强盗已行但得财者，不分首从皆斩"律，俱拟斩立决，业已照章就地正法，应毋庸议。该犯等讯无父兄，其在外为匪，原籍牌保无从觉察，应免置议。买赃人不知姓名，无从拘究。未获各赃同逸盗刘家运等获日另结。此案首伙十五人，仅获伙犯二名，仍应照例开参。除供招送部外，理合会同湖广总督臣张之洞恭折具奏，伏祈皇上圣鉴，敕部核复施行，谨奏。

朱批："刑部知道。"《宫中档光绪朝奏折》第10辑，第651—652页

恭报湖北省光绪二十二年十二月分雨雪粮价地方情形折 光绪二十三年二月十二日

头品顶戴湖北巡抚臣谭继洵跪奏，为恭报湖北省光绪二十二年十二月分雨雪粮价地方情形仰祈圣鉴事。窃照光绪二十二年十一月分各属雨雪粮价地方情形，业经臣恭折奏报在案。兹据武昌等十府暨荆门直隶州所属各州县将光绪二十二年十二月分雨雪粮价开具清单呈报，由湖北布政使王之春汇造清折前来。臣复加查核，是月分晴雨相间，各属禀报普霑雪泽，二麦滋培，菜蔬畅茂，粮价较上月增多减少，地方民情悉臻安谧，堪以仰慰宸廑，谨缮粮价清单恭折具奏，伏乞皇上圣鉴，谨奏。

朱批："知道了。"《宫中档光绪朝奏折》第10辑，第652—653页

委署麻城知县片 光绪二十三年二月十二日

再：署麻城县事、本任崇阳县知县黄承清，现经饬回本任，所遗麻城县印务，亟应委员接署，以重职守。查有武昌府同知长坦，稳练老成，办事结实，堪以署理。据布政使王之春、署按察使瞿廷韶会详前来。除檄饬遵照外，谨会同督臣张之洞附片具陈，伏祈圣鉴，谨奏。

朱批："吏部知道。"《宫中档光绪朝奏折》第10辑，第653页

欧阳定果留省补用片光绪二十三年二月十二日

再：准部咨道府州县无论何项劳绩保奏归入候补班人员，令该督抚即以此项人员到省之日起，予限一年详加察看，认真考核，如系为守兼优，堪膺民社之员，出具切实考语，奏明分别繁简补用等因。兹查花翎知府衔、补用直隶州知州欧阳定果，应以同治十三年七月初三日到省起，扣至光绪元年七月初三日，试看一年期满。据湖北布政使王之春、署按察使瞿廷韶取造该员履历清册，详请甄别具奏前来。臣随考验该员欧阳定果，老成稳练，办事认真，堪以繁缺留省补用，除清册咨送吏部查核外，谨会同督臣张之洞附片具陈，伏祈圣鉴，敕部查照施行，谨奏。

朱批："吏部知道。"《宫中档光绪朝奏折》第10辑，第653—654页

拿获强劫得财盗犯审明照章惩办折光绪二十三年二月十二日

头品顶戴湖北巡抚臣谭继洵跪奏，为拿获强劫得财盗犯审明照章惩办恭折具陈仰祈圣鉴事。案据宜城县知县黄佑麟详报民人段会清家被盗强劫一案，当经批饬缉究，疏防限满开列职名题参在案。该县旋获犯黄潮甲等，讯供通禀，经臣批行该管道府委员前往会审明确，照章就地正法。兹该县黄佑麟录叙全案供招，议拟由襄阳府知府王贻清详经署湖北按察使瞿廷韶核明转详前来。臣复加查核，缘黄潮甲、高七、杨二条、徐六、宁浮发、杨三条，均籍隶宜城县，彼此素识，杨二条与杨三条同族无服，均先未为匪。光绪十八年九月初三日，黄潮甲、高七、杨二条、徐六、宁浮发，与襄阳县另案已获正法之梁思宽、刘照，并在逃之龙澱蓮、解九、陈七、王老三、张大洪先后至杨三条家闲坐，共道贫难。梁思宽稔知段会清家道殷实，起意行劫得财分用，众俱允从。即

于是夜，分带刀械，一共十三人，偕抵段会清门首，黄潮甲、高七、杨二条、宁浮发、张大洪在外把风接赃，梁思宽、刘照、杨三条、徐六、龙溵蓮、解九、陈七、王老三，撞开大门进内。段会清惊起喊捕，梁思宽等吓禁声张，搜劫钱文首饰衣物，递交黄潮甲等分携至僻处查点俵分各散。该犯等各将分得赃物卖与不知姓名人得钱，同分得钱文一并花用。段会清投保报经该县会营诣勘详缉，按限开参；旋比据兵役先后拿获黄潮甲、高七、杨三条、徐六、宁浮发，并协同南漳县差役拿获杨二条到案，讯据供认不讳，移查襄阳县拿获首犯梁思宽、从犯刘照，供俱相符。禀经臣批行安襄郧荆道饬委补用通判段鸿猷前往会审明确，将该犯黄潮甲、高七、杨二条，照章就地正法；该犯徐六、杨三条、宁浮发，已先在监病故，由府委员验讯禁卒，并无凌虐，详经批饬归案议详。兹比缉逸犯无获，应即拟结。

查律载："强盗已行但得财者，不分首从皆斩"等语；又光绪九年湖北省奏定章程："嗣后拿获盗犯，如有执持刀械强劫聚众至五人以上者，该县获犯讯明后，禀请派员前往会审，即行就地正法"等因，遵办在案。此案黄潮甲等听从梁思宽伙同刘照行劫段会清家得赃，或入室搜劫或在外把风接赃，实属凶暴昭著，同恶相济，失赃虽未起获，犯系先后到案，供吐如一，正盗无疑，自应按律问拟。除梁思宽、刘照二犯已归襄阳县另案拟办外，黄潮甲、高七、杨二条、徐六、宁浮发、杨三条，均合依"强盗已行但得财者，不分首从皆斩"律，俱拟斩立决。恭逢光绪二十年八月十六日恩诏，事犯虽在正月初一日以前，惟系强盗拟斩，应不准援免。该犯黄潮甲、高七、杨二条，已照章就地正法，徐六、宁浮发、杨三条已在监病故，应与讯无凌虐之禁卒，均毋庸议。该犯徐六有父徐文海，杨二条有父杨文学，不能禁约其子为匪，又失察该犯等为匪之保甲，均罪有应得，事在恩诏以前，应免传责，保甲仍革役。买赃人不知姓名，无从拘究。逸犯龙溵蓮等获日另结。监毙盗犯三名，管狱官例得免议，邀免开报。此案首伙十三人，已于三参限内拿获八名，获犯过半，兼获盗首，原参限缉之案应请查销。除供招送部外，理合会同湖广总督臣张之洞恭折具奏，伏祈皇上圣鉴，敕部核复施行，谨奏。

朱批：“刑部知道。”《宫中档光绪朝奏折》第10辑，第654—656页

委解本年湖北省第一批地丁京饷片光绪二十三年二月十二日

再：光绪二十三年京饷湖北省奉拨地丁银四十五万两，应即分批委解。兹据湖北布政使王之春详称，在于地丁项下动拨第一批银五万两，查有试用通判童绚勋、试用知县冯嘉锡，堪以委解等情请奏咨前来。除缮咨转给该委员等妥速起解，并饬将应解银两续筹委解外，理合会同湖广督臣张之洞附片具陈，伏祈圣鉴，谨奏。

朱批：“户部知道。”《宫中档光绪朝奏折》第10辑，第656页

拿获叠次强劫得赃并拒杀捕役盗犯审明照章惩办折光绪二十三年二月十二日

头品顶戴湖北巡抚臣谭继洵跪奏，为拿获叠次强劫得赃并拒杀捕役盗犯审明照章惩办恭折仰祈圣鉴事。案据襄阳县先后详报，刀痞梁思宽拒捕枪伤差役王天贵身死暨生员王源海、民人陈新文等家被盗强劫各案，当经分别批饬缉究，嗣王天贵、王源海二案疏防限满，开列职名题参在案。该署县丁国桢旋获犯梁思宽等，讯供通禀，经臣批行该管道府督同提犯复审明确，照章就地正法枭示。兹据该县梅冠林录叙全案供招，议拟由襄阳府知府王贻清详经署湖北按察使瞿廷韶核明转详前来。臣复加查核，缘梁思宽、刘照、邵淙导，均籍隶襄阳县，彼此素识，梁思宽平日带刀游荡，扰害乡里，经该县梅冠林前在任时访闻差拿。光绪十八年七月初三日，差役王天贵踩至县属陈家集地方与梁思宽撞遇拢捕，梁思

宽逃跑，王天贵追至伍家畈地方，被梁思宽施放洋枪轰伤殒命而逸。是年八月二十五日夜，梁思宽起意纠允刘照并在逃之张染匠、散牛祸、张狗即张老三、王老四、周畜生、秦和尚、田导士、王继先，一共十人，分带洋枪刀械，行劫生员王源海开贸之京货铺，得赃俵分，并拒伤铺伙揭镜秋、邻人张辰等平复。二十年十一月初一日夜，梁思宽又起意纠允刘照、邵淙导，及在逃之敦狗即尚印、聂家沅，一共五人，分带油捻刀械行劫民人陈新文家，得赃俵分，并拒伤事主之弟陈安文平复。以上各案，何人分得何物，该犯等均记忆不清，所分赃物均各卖与过路不知姓名人得钱同分，得钱文花用。该尸亲、事主先后投保，报经该县会营勘验详缉，分别按限开参。旋经该前署县丁国桢会同营汛并缉捕委员、候补守备罗心溶，督率兵勇差役拿获梁思宽、刘照，邵淙导到案，讯据供认不讳，并究出该犯梁思宽、刘照另有纠劫宜城县民人段会清家钱物一案，移查宜城县拿获黄潮甲等犯，供情无异。该犯邵淙导即中导，另有听从已获正法之王赖子行劫襄阳县职员阎治臣泊船钱物一案，检查原案相符，禀经臣批行署安襄郧荆道清普、襄阳府知府王贻清督同复审明确，将该犯梁思宽、刘照照章就地正法枭示，该犯邵淙导先已在监病故，由府委员验讯禁卒并无凌虐，详经批饬归案议详。兹比缉逸犯无获，应即拟结。

查律载："强盗已行但得财者，不分首从皆斩"等语；又光绪九年湖北省奏定章程："嗣后拿获盗犯，如有执持刀械强劫聚众至五人以上者，获犯讯明后，解由道府复审，即行就地正法"，又光绪十三年刑部奏定章程："嗣后强劫之案，但有一人执持洋枪在场，不论曾否伤人，不分首从，均拟斩决枭示"各等因，遵办在案。此案梁思宽平日带刀游荡，扰害乡里，经县访闻差拿，胆敢施放洋枪拒伤差役王天贵身死，并迭次起意纠劫生员王源海等家得赃，执有洋枪拒捕伤人，实属凶暴昭著；刘照、邵淙导听纠叠劫得赃，均属同恶相济，失赃虽未起获，但叠经隔别研讯，供吐如一，正盗无疑，自应按律问拟。梁思宽除拒杀差役王天贵身死，罪止斩候，系属轻罪不议外，应与刘照、邵淙导均依“强盗已行但得财者，不分首从皆斩”律，俱拟斩立决，梁思宽、刘照并加以枭示，已于讯明后照章就地正法枭首示众，邵淙导已在监病故，应与讯无凌虐之禁卒，均毋庸议。该犯等均讯无父兄，其失察为匪之保甲，传案折责革役。买赃人不知姓名，无从拘究。逸犯获日另结。监毙盗犯一名，管狱官例得免议，邀免开报。王源海被劫一案，获犯尚未及半，仍应开参；陈新文被劫一案，首伙五人，已于疏防限内获犯过半，兼获盗首，疏防职名邀免开报。王天贵被杀身死一案，仅该犯梁思宽一人拒捕，已于三参限内拿获，原参限缉之案应请查销。阎治臣被劫一案，先经获犯拟办，于光绪二十年十二月内奏咨在案。宜城县段会清被劫一案，另折议结。除供招送部外，理合会同湖广总督臣张之洞恭折具陈，伏祈皇上圣鉴，敕部核复施行，谨奏。

朱批：“刑部知道。”《宫中档光绪朝奏折》第10辑，第656—658页

恭报交卸抚篆日期起程北上折光绪二十三年二月十六日

头品顶戴湖北巡抚臣谭继洵跪奏，为恭报微臣交卸抚篆日期起程北上仰祈圣鉴事。窃臣前因述职届期具折吁恳陛见，钦奉朱批：“着来见。”钦此。旋于光绪二十三年二月初四日接准吏部咨，正月十四日奉旨：“谭继洵已准其来京陛见，湖北巡抚着张之洞兼署。”钦此。臣遵于二月十六日，将湖北巡抚关防王命旗牌等件饬委武昌府知府逢润古、署抚标中军参将璞玉，赍送督臣张之洞接收任事。臣即于是日交卸，现在料理行装，赶即起程航海北上，趋诣阙廷跪聆圣训。除另行恭疏题报外，所有微臣交卸抚篆日期、起程北上缘由，理合恭折具奏，伏祈皇上圣鉴，谨奏。

朱批：“知道了。”《宫中档光绪朝奏折》第10辑，第666页

恭报回任日期叩谢天恩折光绪二十三年四月二十六日

头品顶戴湖北巡抚臣谭继洵跪奏，为恭报微臣回任日期叩谢天恩仰祈圣鉴事。窃臣前以述职届期奏蒙恩准入觐，遵即趋诣阙廷，叠蒙召见，训诲周详，跪聆之余，莫名感悚。陛辞后，束装出都，由天津航海南旋，于四月二十六日行抵湖北省城。准兼署抚臣张之洞将湖北巡抚关防王命旗牌文卷派委武昌府知府逄润古、署抚标中军参将璞玉赍送前来。臣即恭设香案，望阙叩头祇领任事。伏念臣忝膺疆寄时阅八年，自顾庸材，愧无寸效，乃蒙温谕仍回鄂疆，欣戴德以南来，益瞻天而北企，惟有懔遵圣训，弥矢愚诚，期图报于涓埃，冀稍酬夫高厚。所有微臣回任日期及感激下忱，理合缮折叩谢天恩，伏祈皇上圣鉴，谨奏。

朱批："知道了。"《宫中档光绪朝奏折》第10辑，第863页

滇省委员领运十六起二批京铜到鄂发给水脚银两换附轮船开行日期折光绪二十三年五月二十八日

头品顶戴湖北巡抚臣谭继洵跪奏，为滇省委员领运十六起二批京铜到鄂发给水脚银两换附轮船开行日期恭折仰祈圣鉴事。窃查滇省委员、试用知县王嘉福领运十六起二批京铜五十一万五千斤，于光绪二十三年四月初一日由四川巫山县护送到湖北巴东县境，四月十四日全数运抵汉阳县，报经饬委汉阳府知府余肇康、汉阳县知县薛福祁，会同该运员王嘉福将运到铜斤逐一盘验过秤，并无短少，换附轮船眼同过载，于四月十八日由汉开行，取具运员无亏钤结，由该府县加结转详，其应领水脚在于藩司库存地丁项下动支银一千八百两，发给该运员具领。据署湖北按察使瞿廷韶具详请奏前来。除将册结咨送户、工二部暨钱法堂查照外，理

合会同湖广督臣张之洞恭折具陈，伏祈皇上圣鉴，谨奏。

朱批："该衙门知道。"《宫中档光绪朝奏折》第10辑，第952—953页

周林留省补用片光绪二十三年五月二十八日

再：准部咨道府州县无论何项劳绩保奏归于候补班人员，令该督抚即以此项人员到省之日起，予限一年详加察看，认真考核，如系为守兼优，堪膺民社之员，出具切实考语，奏明分别繁简补用等因。兹查补用直隶州知州、五品衔候补班本班尽先补用知县周林，应以光绪二十二年正月二十六日到省起，扣至二十三年正月二十六日，试看一年期满。据湖北布政使王之春、署按察使瞿廷韶取造该员履历清册，详请甄别具奏前来。臣随考验该员周林，才具明练，办事实心，堪以繁缺留省补用，除清册咨送吏部查核外，谨会同督臣张之洞附片具陈，伏祈圣鉴，敕部查照施行，谨奏。

朱批："吏部知道。"《宫中档光绪朝奏折》第10辑，第953页

委署当阳知县片光绪二十三年五月二十八日

再：当阳县知县李元才，现经调署汉川县知县，所遗当阳县知县印务，即以现署汉川县知县何政祥署理。据湖北布政使王之春、署按察使瞿廷韶会详前来。除檄饬遵照外，谨会同督臣张之洞附片具陈，伏乞圣鉴，谨奏。

朱批："吏部知道。"《宫中档光绪朝奏折》第10辑，第953页

恭报湖北省光绪二十三年四月分雨水粮价地方情形折光绪二十三年五月二十八日

头品顶戴湖北巡抚臣谭继洵跪奏，为恭报湖北省光绪二十三年四月分雨水粮价地方情形仰祈圣鉴事。窃照光绪二十三年三月

分各属雨水粮价地方情形，业经前兼署抚臣张之洞恭折奏报在案。兹据武昌等十府暨荆门直隶州所属各州县将光绪二十三年四月分雨水粮价开具清单，报由湖北布政使王之春汇造清折前来。臣复加查核，是月分雨多晴少，江汉水势盛涨，二麦登场，秧苗秀发，粮价较上月互有增减，地方民情安谧，堪以仰慰宸廑，谨缮粮价清单恭折具奏，伏祈皇上圣鉴，谨奏。

朱批："知道了。"《宫中档光绪朝奏折》第10辑，第954页

查明湖北省征收光绪二十二年钱粮漕南银米比较上届完欠实数开列清单折光绪二十三年五月二十八日

头品顶戴湖北巡抚臣谭继洵跪奏，为查明湖北省征收光绪二十二年钱粮漕南银米比较上届完欠实数开列清单恭折仰祈圣鉴事。窃照前准户部咨：奏令各直省征收丁漕统于各该年底开具比较清单专折奏报一片，于同治八年二月初五日奉上谕："着自同治八年为始，督饬藩司将全省一年上下两忙征收丁漕各实数及上届征收总数开具比较清单，详明专案奏报。"等因。钦此钦遵。转行遵办在案。兹据湖北布政使王之春详称：湖北省光绪二十二年额征起运存留驿站屯饷耗羡等款共银一百二十二万七千九百九十四两一钱九分六厘，内除渍淹挖压沙压坍没坍占挖废并被水受旱蠲缓豁免共银二十八万三百三十八两四厘，实应征银九十四万七千六百五十六两一钱九分二厘，已完银六十三万六千二百八十八两三钱三分八厘，未完银三十一万一千三百六十七两八钱五分四厘。查光绪二十一年征收各款钱粮除缓征外，实征银九十三万四千二百一十一两九钱九分四厘，已完银六十八万八千四两四钱六分三厘，未完银二十四万六千二百七两五钱三分一厘，今以光绪二十二年征数比较光绪二十一年计多银一万三千四百四十四两一钱九分八厘，收数计少银五万一千七百一十六两一钱二分五厘，实因被水受旱歉收之处民力拮据，完纳不前，以致收数短绌。又据督粮道

岑春蓂详称：湖北省光绪二十二年额征漕粮正耗米一十六万三千八百三十一石九斗三升五合，折银二十一万二千九百八十一两五钱一分七厘，内除沙压坍没挖废挖压渍淹及被水受旱豁免缓征共银三万九千二百三十三两八钱八分七厘，实应征漕粮正耗米折银一十七万三千七百四十七两六钱三分，已完正耗米折银七万七百九十九两六钱九分，比较光绪二十一年少完银一万四千二百四十两五钱二厘，未完正耗米折银一十万二千九百四十七两九钱四分，现在催提。又二十二年额征南粮正耗米一十三万八千五百九十三石七斗一升一合四勺，折银二十万七千八百九十两五钱六分六厘，内除沙压挖压渍淹及被水受旱豁免蠲缓共银四万八千一百二十一两四分四厘，实应征南粮正耗米折银一十五万九千七百六十九两五钱二分二厘，已完正耗米折银一十万六千二百三十两二钱，比较光绪二十一年少完银二万一千九百一十四两三钱九分四厘，未完正耗米折银五万三千五百三十九两三钱二分二厘，现在催提。又二十二年额征随漕浅船军三安家正耗并闲丁帮津资役等款共银九万二千五百八十一两三钱七分五厘零，内除渍淹挖压沙压挖废坍占逃亡故绝被水受旱豁免缓征共银二万一千八十四两六钱九厘零，实应征正耗银七万一千四百九十六两七钱六分六厘，已完正耗银四万一千一百三十四两四钱一分一厘，比较光绪二十一年少完银六百四十两九钱六分四厘，未完正耗银三万三百六十二两三钱五分五厘，现在催提。又二十二年额征升科驴脚南折正耗共银四万一千二百九十五两四钱八分一厘，内除沙压渍淹挖压坍占挖废及被水受旱豁免缓征共银二千一百四十八两四钱一分七厘，实应征驴脚南折正耗银三万九千一百四十七两六分四厘，已完正耗银三万一千五百一十九两八钱八分七厘，比较光绪二十一年少完银六千二十四两五钱二分七厘，未完正耗银七千六百二十七两一钱七分七厘，现在催提。以上已未完各款，统俟该年奏销册内声明造报各等情，开单详请奏咨前来。臣复核无异，除咨户部外，所有湖北省征收光绪二十二年钱粮漕南银米截至年底比较上届完欠实数，理合缮具清单会同湖广总督臣张之洞恭折具奏，伏祈皇上圣鉴，谨奏。

朱批："户部知道，单五件并发。"《宫中档光绪朝奏折》第10辑，第954—956页

湖北省光绪二十二年秋冬二季收支牙帖厘金银钱数目折光绪二十三年五月二十八日

头品顶戴湖北巡抚臣谭继洵跪奏，为湖北省光绪二十二年秋冬二季收支牙帖厘金银钱数目恭折具奏仰祈圣鉴事。恭照同治七年十月钦奉上谕："厘金报部章程着照两淮盐厘格式，每年分两次奏报。"等因。钦此钦遵。办理历经奏报至光绪二十二年六月底止在案。兹据湖北布政使王之春会同牙厘局司道详称，光绪二十二年七月起至十二月底止，除洋药税厘银两另案造报外，货厘旧管项下实存市平荆沙银三万四千八百九两四钱三分二厘零，新收项下实收牙厘及药土坐票捐共市平荆沙银十八万六千八十七两四钱五分九厘零；又收牙厘钱九十二万五千一百五十八串七百五十八文，开除项下实解湖北盐道转发长江水师二十二年秋冬二季分俸饷库平库色新宝银八万七千两，合市平荆沙银九万一千四百三十三两五钱二分，实解湖北善后总局市平荆沙银九万八百六十三两七钱七分四厘零；又遵奏案拨解二十二年秋冬二季分善后总局委员薪水杂用银五千一百三两六钱，巡防保甲员弁薪水经费银一万一千三百七两，发审委员薪水经费银一千六百二十两，武职操练弓箭月课奖赏银二千八百二两，救生红船水手口粮经费银二千八百八十两；又提牙厘各局局用八分经费银一万四千八百八十六两九钱九分六厘零，实解湖北善后总局钱八十五万一千一百四十六串五十七文，给牙厘各局八分经费钱七万四千一十二串七百一文，实在项下银钱两款扫数解清无存等情，详请奏咨前来。臣复核相符，除清册咨送户部科外，所有光绪二十二年秋冬二季收支牙帖厘金银钱数目，理合会同湖广总督臣张之洞恭折具奏，伏祈皇上

圣鉴，谨奏。

朱批："户部知道。"《宫中档光绪朝奏折》第10辑，第957—958页

委解本年湖北省第二批东北边防经费片

光绪二十三年五月二十八日

再：光绪二十三年东北边防经费指拨湖北厘金银八万两，业经委解第一批银三万两，赴京交纳在案。兹据湖北布政使王之春会同善后局司道详称，复于厘金项下动拨第二批银三万两，饬委试用同知庄钟溥、试用通判余铄管解赴京交纳等情前来。除缮咨转给该委员小心管解，并饬将应解银两续筹委解外，理合会同湖广总督臣张之洞附片具陈，伏祈圣鉴，谨奏。

朱批："户部知道。"《宫中档光绪朝奏折》第10辑，第958页

委解本年湖北省第三批厘金京饷片光绪二十三年五月二十八日

再：湖北省厘金项下奉拨光绪二十三年京饷银十二万两，业经委解二批共银六万两，赴京交收在案。兹据湖北布政使王之春会同善后局司道详称，复于厘金项下动拨第三批银三万两，饬委候补知县陈福谦、试用通判何烜，管解赴京交纳等情前来。除缮咨转给该委员等小心管解，并饬将应解银两续筹委解外，理合会同湖广总督臣张之洞附片具陈，伏祈圣鉴，谨奏。

朱批："户部知道。"《宫中档光绪朝奏折》第9辑，第958页

湖北公安县光绪二十二年被水缓缺秋冬二季驿站坐支银两援案拨补折光绪二十三年五月二十九日

头品顶戴湖北巡抚臣谭继洵跪奏，为湖北公安县光绪二十二

年被水缓缺秋冬二季驿站坐支银两援案拨补恭折仰祈圣鉴事。窃照湖北州县额设驿站夫马所需工食工料，向在征收驿站钱粮项下按数坐支，遇有展缓之年征不敷支，奏明拨补，由臬司造具应补细册移送藩司，于查办是年奏销时核实给领，历经办理在案。兹据湖北布政使王之春、署按察使瞿廷韶会详称，光绪二十二年公安县驿站项下照额应支银五千五百三十两九钱八分八厘，已征银三千四百二十二两八钱四分，尽数坐支，余因被水缓征，计缺银二千一百八两一钱四分八厘。该县地本瘠苦，又当孔道，驿递文报最关紧要，坐支既缺，应为拨补等情，详请具奏前来。臣复核无异，合无仰恳天恩俯准查照往届成案，所有公安县不敷坐支银两，于该年驿站本款内拨补，除造具细册咨送户、兵二部外，理合会同湖广总督臣张之洞恭折具陈，伏祈皇上圣鉴，谨奏。

朱批："该部知道。"《宫中档光绪朝奏折》第10辑，第959页

光绪二十二年耗羡银款收不敷支借项作收造报折光绪二十三年五月二十九日

头品顶戴湖北巡抚臣谭继洵跪奏，为光绪二十二年耗羡银款收不敷支借项作收造报恭折具陈仰祈圣鉴事。窃查湖北省额征起存驿站屯饷芦课等项耗羡暨田房商膏关税盈余并南漕脚耗等款，每年约计收银一十七万余两，以供一岁应支廪工祭品孤贫囚食暨各部饭食并文职各官养廉等项之用，如遇水旱缓征，耗羡随正俱缓，收数短绌不敷支收，历系借动杂款供支，于查办奏销时，将借动缘由奏咨在案。兹据湖北布政使王之春详称，光绪二十二年分除总督、巡抚并布政、按察二司，武昌、汉阳二府养廉归于正项案内造销外，其道府以下各官养廉及廪工等杂款，共实应支银一十一万五千二百六两二钱九分八厘，各属额征光绪二十二年起存驿站屯饷等款耗羡，除蠲缓并坐支外，仅应解司银八万三千二百三十七两二钱五厘，今只解收银七万一千七十四两五钱九分三厘；又二十二年芦课耗羡暨田房商膏盈余，及节年耗羡并粮道移

解南折随漕驴脚等款耗羡银二万二千八百四十九两二钱七分八厘；又二十一年奏销册报存银一百四两四钱七分九厘，通共收银九万四千二十八两三钱五分，实不敷支银二万一千一百七十七两九钱四分八厘。现值查办二十二年奏销，册内既难登造而例支之款不能不发，应请援案在于司库二十三年春拨册内存款项下借支银一万三千二百两，质当捐款内借支银八千两，共银二万一千二百两，收入耗羡四柱册内造报，一俟本款续收有项即行归还等情，详请奏咨前来。臣复核无异，除咨户部外，理合会同湖广总督臣张之洞恭折具陈，伏祈皇上圣鉴，谨奏。

朱批："户部知道。"《宫中档光绪朝奏折》第10辑，第959—960页

恭报湖北省光绪二十三年五月分雨水粮价地方情形折光绪二十三年七月初三日

头品顶戴湖北巡抚臣谭继洵跪奏，为恭报湖北省光绪二十三年五月分雨水粮价地方情形仰祈圣鉴事。窃照光绪二十三年四月分各属雨水粮价地方情形，业经臣恭折奏报在案。兹据武昌等十府暨荆门直隶州所属各州县将光绪二十三年五月分雨水粮价开具清单，报由湖北布政使王之春汇造清折前来。臣复加查核，是月分晴雨相间，江汉水势盛涨，早稻结实，杂粮畅茂，粮价较上月增多减少，地方民情安谧，堪以仰慰宸廑，谨缮粮价清单恭折具奏，伏祈皇上圣鉴，谨奏。

朱批："知道了。"《宫中档光绪朝奏折》第11辑，第56—57页

查明湖北省光绪二十二年奏销案内未完一分以上各员职名缮具清单折光绪二十三年七月初三日

头品顶戴湖北巡抚臣谭继洵跪奏，为查明湖北省光绪二十二年奏销案内未完一分以上各员职名缮具清单恭折仰祈圣鉴事。案

照光绪六年户部奏定章程：钱粮奏销各依定限，令各该督抚一面具题、一面先将未完一分以上各员职名，开具简明清单专折奏报，由部核定处分先行复奏，仍各于题本内将业经具奏各员声明备核，其有奏后续完者，准其续行奏请归本案开复等因，历经遵办在案。兹值查办光绪二十二年奏销，据湖北布政使王之春、督粮道岑春蓂，查明开单具详前来。臣复核无异，所有经征未完一分以上各员职名，已于题本内声明备核，谨开具简明清单，恭呈御览。惟奏单应照题本开列，题本缮成后，未完各处有据续完者，仍注明声请免议减议。除咨户部外，理合会同湖广总督臣张之洞恭折具奏，伏祈皇上圣鉴，谨奏。

朱批："户部议奏，单并发。"《宫中档光绪朝奏折》第11辑，第57—58页

查明湖北省征收光绪二十二年钱粮截至奏销止比较上三年完欠各数循例开单折光绪二十三年七月初三日

头品顶戴湖北巡抚臣谭继洵跪奏，为查明湖北省征收光绪二十二年钱粮截至奏销止比较上三年完欠各数循例开单恭折具陈仰祈圣鉴事。窃照征收钱粮部议三年比较之法开单奏报，历经遵办在案。兹据湖北布政使王之春于光绪二十二年奏销截数后开单具详请奏前来。臣复加查核，湖北省光绪二十二年新赋项下额征民屯地丁起运共银一百一十万六千六百九十八两九钱一分四厘，内除坍没渍淹挖压沙压展缓豁免共银一万五千一百六十七两二钱七分二厘；又除江陵、监利二县并荆州、荆左、荆右三卫被水成灾蠲免银九千二百八十一两七钱二分四厘，蠲剩缓征银二万二千一百二十六两三分六厘，又除江夏、咸宁、嘉鱼、汉阳、汉川、黄陂、孝感、沔阳、黄冈、蕲水、麻城、罗田、黄梅、钟祥、京山、潜江、天门、应城、江陵、公安、石首、监利、松滋、枝江、荆门等州县，并武昌、武左、沔阳、黄州、蕲州、荆州、荆左、荆

右等卫，被水受旱勘不成灾缓征银二十万五千九百八十四两八钱九分五厘，实应征银八十五万四千一百三十八两九钱八分七厘。以十分计算，已完八分九厘，银七十五万九千五百八十四两七钱一分；未完一分一厘，银九万四千五百五十四两二钱七分七厘。比较光绪十九年征数，少银七万一千一百六十三两三钱四分八厘；比较光绪十九年完数，少银一十万五千五百五十三两五钱四分七厘；比较光绪二十年征数，少银五万三千七百四十三两八钱六分三厘；比较光绪二十年完数，少银七万一千七百七十三两一钱二分一厘；比较光绪二十一年征数，多银一万二千一百一十一两八钱七分四厘；比较光绪二十一年完数，少银一万二千一百一十二两二钱三分六厘。除饬严催各属赶紧全完，并咨户部户科查照外，理合缮具清单，会同湖广总督臣张之洞恭折具奏，伏祈皇上圣鉴，谨奏。

朱批："户部知道，单并发。"《宫中档光绪朝奏折》第11辑，第58—59页

查明各州县额设马匹并无缺额疲瘦折光绪二十三年七月初五日

头品顶戴湖北巡抚臣谭继洵跪奏，为查明各州县额设马匹并无缺额疲瘦恭折仰祈圣鉴事。窃准兵部咨同治元年闰八月二十日奉上谕："各直省驿站额设马匹接递公文，均关紧要，并着各该管大臣确切查核，年终具奏，如查有缺额及疲乏等弊，即着从严参办。"等因。钦此钦遵。办理在案。兹据署湖北按察使瞿廷韶详称，查明江夏等州县光绪二十二年分额设驿站马匹，均系膘壮足额，在站应差并无亏缺及疲瘦等弊，各具印结由该管道府层递加结，请奏咨前来。臣复查无异，除印结咨送兵部外，理合会同湖广总督臣张之洞恭折具陈，伏祈皇上圣鉴，敕部查核施行，谨奏。

朱批："兵部知道。"《宫中档光绪朝奏折》第11辑，第63页

湖北厘金项下奉拨京饷银两扫数解清折
光绪二十三年七月初五日

头品顶戴湖北巡抚臣谭继洵跪奏，为湖北厘金项下奉拨京饷银两扫数解清恭折具陈仰祈圣鉴事。窃照湖北省厘金项下奉拨光绪二十三年京饷银十二万两，业经委解三批，共银九万两，赴京交收在案。兹据湖北布政使王之春会同善后局司道详称，复于厘金项下动拨第四批银三万两，饬委试用通判林燕愉、试用知县吴琳，管解赴京交纳等情前来。除缮咨转给该委员等小心管解外，所有湖北省厘金项下奉拨本年京饷银两扫数解清缘由，理合会同湖广总督臣张之洞恭折具奏，伏祈皇上圣鉴，谨奏。

朱批："户部知道。"《宫中档光绪朝奏折》第11辑，第63—64页

委解本年湖北省第六批地丁京饷片光绪二十三年七月初五日

再：光绪二十三年京饷湖北省奉拨地丁银四十五万两，嗣钦奉懿旨特颁内帑银五万两，为施宜等处赈抚之用，即于京饷内扣抵，实应解银四十万两，业经委解五批共银二十一万两，赴京交收在案。兹据湖北布政使王之春详称，复于地丁项下动拨第六批银三万两，查有试用通判林燕愉、试用知县吴琳堪以委解等情，详请奏咨前来。除缮咨转给该委员等妥速起解，并饬将应解银两续筹委解外，理合会同湖广督臣张之洞附片具陈，伏祈圣鉴，谨奏。

朱批："户部知道。"《宫中档光绪朝奏折》第11辑，第64页

委署施南知府片光绪二十三年七月初五日

再：施南府知府额勒恒额因病请假回省就医，所遗该府篆务，

应即委员往署，以重职守。查有候补班前先遇缺即补知府鲁欲仁，才具明通，办事奋勉，堪以署理。据湖北布政使王之春、署按察使瞿廷韶会详前来。除檄饬遵照外，谨会同督臣张之洞附片具陈，伏祈圣鉴，谨奏。

朱批："吏部知道。"《宫中档光绪朝奏折》第11辑，第64—65页

乡试帘员现任州县不敷调充循例考选科甲出身之候补人员折光绪二十三年七月二十六日

头品顶戴湖北巡抚臣谭继洵跪奏，为乡试帘员现任州县不敷调充循例考选科甲出身之候补人员恭折仰祈圣鉴事。窃查湖北省乡试历用内帘房考十员，嗣由庚午科为始，奏明添设二员，共计十二员，应于科甲出身之现任州县先期调考承充。本年举行丁酉正科乡试，臣与藩司王之春于现任州县中逐加遴选，仅能征调数员，其余州县或现居要地、或办理堤防，均未便遽易生手致滋贻误，应遵照定例于科甲出身之候补人员详加遴选，与实缺人员一体充当，由臣认真考试，择其文理优长者派充内帘房考，其次无论现任候补派充外帘差使，以慎衡才而重试事。据该藩司王之春具详请奏前来。所有内帘房考以科甲出身之候补人员一体调充缘由，理合恭折具陈，伏乞皇上圣鉴，谨奏。

朱批："知道了。"《宫中档光绪朝奏折》第11辑，第121页

恭报湖北省光绪二十三年六月分雨水粮价地方情形折光绪二十三年七月二十六日

头品顶戴湖北巡抚臣谭继洵跪奏，为恭报湖北省光绪二十三年六月分雨水粮价地方情形仰祈圣鉴事。窃照光绪二十三年五月分各属雨水粮价地方情形，业经臣恭折奏报在案。兹据武昌等十府暨荆门直隶州所属各州县将光绪二十三年六月分雨水粮价开具

清单，报由湖北布政使王之春汇造清折前来。臣复加查核，是月分晴多雨少，江汉水势盛涨，早稻登场，中稻吐穗，杂粮畅茂，粮价较上月互有增减，地方民情安谧，堪以仰慰宸廑，谨缮粮价清单恭折具奏，伏祈皇上圣鉴，谨奏。

朱批："知道了。"《宫中档光绪朝奏折》第11辑，第121—122页

恭谢天恩折光绪二十三年八月二十八日

头品顶戴湖北巡抚臣谭继洵跪奏，为恭谢天恩仰祈圣鉴事。顷臣奉到钦颁《平定陕甘新疆回匪方略》、《平定云南回匪方略》暨《贵州苗匪纪略全书》，谨即恭设香案，望阙叩头祇领。钦惟皇上智规金镜，量括珍维。轩箓初膺，缵先帝垂成之绪；尧勋光被，秉慈宫届远之规。七德恢夫圣功，六师伸其天讨。丑兹回孽，既捡渠以歼魁；蠢尔苗顽，亦分背而来格。凡大食国之遗种，永息狼氛；举九黎氏之后人，无虞螗沸。在昔东南奠定，宪章神武之绥邦；及今西北廓清，纂辑大文而缛宙。奎璧腾辉于宸翰，炳著千秋；馨香报礼于庙谟，昭垂百世。臣陇中供职，敌忾曾闻；楚北分疆，编摩幸睹。四百十卷临风盥诵，莫赞高深；二万余程就日诚输，同深抃舞。所有微臣钦感荣幸下忱，恭折叩谢天恩，伏乞皇上圣鉴，谨奏。

朱批："知道了。"《宫中档光绪朝奏折》第11辑，第182页

乡试内帘房考实任州县不敷调充循例遴选候补即用试用人员调派折光绪二十三年九月初一日

头品顶戴湖北巡抚臣谭继洵跪奏，为乡试内帘房考实任州县不敷调充循例遴选候补即用试用人员调派恭折仰祈圣鉴事。窃照湖北省丁酉正科文闱乡试，臣循例于八月初六日入闱监临，因内帘考官实任州县不敷调充，奏明照例于科甲出身之候补即用、试用人员内一律调考选取在案。随据藩司王之春酌调科甲出身各员

详送考选前来。臣传集入署扃门认真考校，入闱之日择其文理较优，于实任人员中录取内帘同考官：蕲州知州凌兆熊，蕲水县知县陈夔麟，宜都县知县陈长樞，南漳县知县虞煊，竹溪县知县夏时泰，长乐县知县巢序镛六员；又选取即用知县王光棣，截取进士知县杨文勋，补用直隶州知州庆春，新海防试用知县陆震福，试用知县文炳彝，教习试用知县唐监金六员，均系进士举人出身，文理俱优，派令同实缺各员一体充当内帘考官。余俱派充外帘差使，理合恭折具奏，伏祈皇上圣鉴，谨奏。

朱批：“知道了。”《宫中档光绪朝奏折》第11辑，第198页

查明湖北省光绪二十三年二麦收成分数折

光绪二十三年九月初一日

头品顶戴湖北巡抚臣谭继洵跪奏，为查明湖北省光绪二十三年二麦收成分数恭折具陈仰祈圣鉴事。窃照湖北省光绪二十三年二麦登场，现据布政使王之春查明各属收成分数汇开清折，具详请奏前来。臣逐加查核，湖北省共计六十八州县，内收成八分有余者一县，八分者三州县，七分有余者五县，七分者二县，六分有余者七州县，六分者六州县，五分有余者十二州县，五分者九州县，四分有余者七州县，四分者五县，三分有余者五县，三分者二县，二分有余者一县，二分者三县，合计通省收成五分，谨缮清单会同湖广总督臣张之洞恭折具奏，伏祈皇上圣鉴，谨奏。

朱批：“知道了。”《宫中档光绪朝奏折》第11辑，第199页

据情代奏叩谢天恩折

光绪二十三年九月初一日

头品顶戴湖北巡抚臣谭继洵跪奏，为据情代奏叩谢天恩恭折仰祈圣鉴事。据三品卿衔前云南巡抚贾洪诏呈称，窃洪诏接奉行知光绪二十三年五月初五日奉上谕：“张之洞奏耆臣重遇鹿鸣吁恳

恩施一折，前云南巡抚贾洪诏早列甲科，出膺民社，洊擢封圻，旋经因事去官，现在年逾九秩，乡举重逢，洵属艺林盛事。贾洪诏着加恩赏给三品卿衔，准其重赴鹿鸣筵宴，以惠耆年。”钦此。当恭设香案，望阙叩头谢恩。伏念洪诏猥以弃材，谬获通籍。八千里滇池出宰，抚字无能；廿余年宦海迁官，策励滋愧。既膺巡道，适构回氛。五年徒困军书，七郡幸全城守。荷先帝殊常之遇，特畀封圻，憾微臣庸陋之资，不堪鞭策。合当罢斥，自省愆尤。乃以乡举重逢，渥蒙圣恩下逮，宠予礼宴，特锡卿衔，艺林纪作殊荣，闾里传为幸遇。鸿施逾格，鳌戴莫名。所有感激下忱，谨请代奏，叩谢天恩等情前来。理合恭折代陈，伏祈皇上圣鉴，谨奏。

朱批：“知道了。”《宫中档光绪朝奏折》第11辑，第199—200页

恭缴翻译乡试钦命题目片光绪二十三年九月初一日

再：翻译乡试钦命题目例应恭缴，本年举行丁酉正科乡试，准荆州将军咨送翻译乡试士子来省。臣谨遵旧例，俟民生三场考试完竣后，于八月十七日点名入场，实到旗生七十四名。随准湖北正考官黄绍箕、副考官熊亦奇恭交钦命题目，臣谨择严密处所刊刻刷印，十八日发题考试，亲督提调官署盐法武昌道、本任安襄郧荆道朱其煊、监试官截取候补道殷李尧暨旗汉委员等认真巡查，十九日各士子交卷后均各出场。除将试卷同题目纸封固、委员解交礼部外，所有钦命题目理合敬谨封送军机处恭缴，伏祈圣鉴，谨奏。

朱批：“知道了。”《宫中档光绪朝奏折》第11辑，第200页

陈兆葵留省补用片光绪二十三年九月初一日

再：查定例捐纳试用道府，该督抚于分发到省后悉心察看，

出具切实考语，奏明分别繁简补用等因。兹查新海防试用道陈兆葵，现年三十五岁，系湖南桂阳州人，由附生应光绪壬午科本省乡试中式举人，丙戌科会试中式贡士，殿试二甲进士，朝考一等，奉旨："着改为翰林院庶吉士。"钦此。己丑科散馆，奉旨："着授职编修。"钦此。二十年遵新海防例报捐知府，指分浙江试用。二十一年复遵新海防例加捐道员，指分湖北试用。二十二年六月十五日，由吏部带领引见，奉旨："照例发往。"钦此。七月二十八日到省，扣至二十三年七月二十八日，试用一年期满。据湖北布政使王之春、按察使马恩培取造履历清册，详请奏咨前来。臣复查该道陈兆葵，性情笃厚，品行端方，堪以繁缺留省补用，除清册咨送吏部外，理合会同湖广总督臣张之洞附片具陈，伏乞圣鉴，敕部查照施行，谨奏。

朱批："吏部知道。"《宫中档光绪朝奏折》第11辑，第201页

恭报湖北省光绪二十三年七月分雨水粮价地方情形折光绪二十三年九月初一日

头品顶戴湖北巡抚臣谭继洵跪奏，为恭报湖北省光绪二十三年七月分雨水粮价地方情形仰祈圣鉴事。窃照光绪二十三年六月分各属雨水粮价地方情形，业经臣恭折奏报在案。兹据武昌等十府暨荆门直隶州所属各州县将光绪二十三年七月分雨水粮价开具清单，报由湖北布政使王之春汇造清折前来。臣复加查核，是月分晴雨相间，江汉水势稍退，中稻登场，菜蔬畅茂，粮价较上月增多减少，地方民情安谧，堪以仰慰宸廑，谨缮粮价清单恭折具奏，伏祈皇上圣鉴，谨奏。

朱批："知道了。"《宫中档光绪朝奏折》第11辑，第201—202页

光绪二十二年奏销案内未完一分以上之员续经全完请将原参处分免议折光绪二十三年九月初二日

头品顶戴湖北巡抚臣谭继洵跪奏，为光绪二十二年奏销案内未完一分以上之员续经全完请将原参处分免议恭折仰祈圣鉴事。窃照光绪六年二月准户部咨：钱粮奏销各依定限，令各该督抚一面具题，一面先将未完一分以上各员，开具简明清单专折奏报，由部核定处分，先行复奏；其有奏后续完者，准其奏请归本案开复等因。臣于查办光绪二十二年奏销时，已将民赋钱粮南粮米石各项下未完一分以上各员专折奏报在案。兹据湖北督粮道岑春蓂详称，南粮米石项下原报经征未完三分以上之现任汉阳县知县薛福祁；原报经征未完一分以上之前任潜江县、另案参革知县杨倧超、前任监利县知县萧云，现均全完，请将原参处分奏请免议等情前来。臣复核无异，除咨吏部、户部查照外，理合会同湖广总督臣张之洞恭折具陈，伏祈皇上圣鉴，敕部核复施行，谨奏。

朱批："户部议奏。"《宫中档光绪朝奏折》第11辑，第203—204页

委署荆门直隶州知州片光绪二十三年九月初二日

再：署荆门直隶州知州、本任江夏县知县诸可权，现经饬回本任，所遗荆门州印务，查有现署江夏县事、本任钟祥县知县徐嘉禾，精明练达，办事认真，堪以署理。又署黄梅县知县李昌洵调省另有差委，所遗印务，查有本任武昌县知县俞成庆，心地慈祥，才具稳练，堪以署理。据布政使王之春、按察使马恩培会详前来。除檄饬遵照外，谨会同督臣张之洞附片具陈，伏祈圣鉴，谨奏。

朱批："吏部知道。"《宫中档光绪朝奏折》第11辑，第204页

委解本年湖北省第八批地丁京饷片光绪二十三年九月初二日

再：光绪二十三年京饷湖北省奉拨地丁银四十五万两，嗣钦奉懿旨特颁内帑银五万两，为施宜等处赈抚之用，即于京饷内扣抵，实应解银四十万两，业经委解七批共银二十八万两，赴京交收在案。兹据湖北布政使王之春详称，复于地丁项下动拨第八批银三万两，查有候补知县朱宗翙、试用知县朱承均堪以委解等情，请奏咨前来。除缮咨转给该委员等妥速起解，并饬将应解银两续筹委解外，理合会同湖广督臣张之洞附片具陈，伏祈圣鉴，谨奏。

朱批："户部知道。"《宫中档光绪朝奏折》第11辑204—205页

为卞绰昌请旨建坊片光绪二十三年九月初二日

再：查士民因地方善举捐银一千两以上者，例得请旨建坊，给予"乐善好施"字样。兹有江苏仪征县知府职衔附生卞绰昌因湖北各属被灾，待赈孔殷，遵其故生母卞白氏遗命，捐银一千两以助鄂赈，据湖北筹赈总局司道详请具奏前来。核与建坊之例相符。合无仰恳天恩，俯准该职卞绰昌在于原籍为其故生母二品命妇卞白氏建坊，给予"乐善好施"字样，以示旌奖，谨合词附片具陈，伏祈圣鉴，谨奏。

朱批："着照所请，礼部知道。"《宫中档光绪朝奏折》第11辑205页

拿获强劫得赃盗犯审明照章惩办折光绪二十三年九月初二日

头品顶戴湖北巡抚臣谭继洵跪奏，为拿获强劫得赃盗犯审明照章惩办恭折具陈仰祈圣鉴事。案据谷城县详报客民吴泰顺仁泊船被盗强劫银钱衣物一案，当经批饬缉究，该县旋获石得春、张

春山、熊莤得、李莤继四犯，讯供通禀，经臣与督臣批司移行该管道委员前往会同该县提犯复审明确，照章就地正法。兹该县录叙供招，议拟由襄阳府知府王贻清详经署湖北按察使瞿廷韶核明转详前来。臣复加查核，缘石得春、张春山、熊莤得、李莤继，分隶湖北郧县、河南淅川厅、陕西洵阳县，均先未为匪。光绪二十一年八月十三日，石得春、张春山、熊莤得、李莤继与素识在逃之姚怔江、曾百林、萧老五、黄老么即黄继浮、王老五、殷瞎子、刘老三，先后在谷城县属回流湾地方会遇，共道贫难。姚怔江因见客民吴泰顺仁船只停泊河下，起意纠约行劫得财分用，众俱允从。即于是夜，分携刀棍油捻，一共十一人，偕抵吴泰顺仁船傍，姚怔江令张春山、熊莤得、李莤继、殷瞎子、刘老三在岸把风接赃，自即点燃油捻同石得春、曾百林、萧老五、黄老么、王老五上船，撞开舱门入内，吴泰顺仁同船户水手惊起喊捕，姚怔江执刀吓禁声张，搜劫银钱衣物，上岸与张春山等分携至僻处查点俵分各散。石得春等各将所分银两卖与不知姓名人得钱，同分得钱文花用，熊莤得、李莤继各尚剩有银两携带在身。事主吴泰顺仁投保，报经该县会营诣勘，详报差缉，旋比据兵役先后在钟祥县及陕西安康县协同各该县兵役拿获石得春、张春山、熊莤得、李莤继到案，并在熊莤得名下起获原赃宝银一锭，李莤继名下起获宝银一锭、碎银五块、小锭四个，传主认领，提犯讯供通禀，经臣与督臣批司移道饬委补用同知方藻前往该县会同复审明确，禀经批饬，照章就地正法。兹比缉逸犯无获，应即拟结。

查律载："强盗已行但得财者，不分首从皆斩"；又例载："盗劫之案把风接赃等犯，亦系同恶相济，照为首一律问拟"各等语；又光绪九年湖北省奏定章程："嗣后拿获盗犯，如有执持器械聚众五人以上者，仍查照历次定章，派员前往会审，果系罪无可疑，即行就地正法"等因，历经遵办在案。此案石得春等听从在逃之姚怔江行劫客民吴泰顺仁泊船，或入舱搜劫，或在外把风接赃，实属凶暴昭著、同恶相济，赃经主认，正盗无疑，自应按律问拟。

石得春、张春山、熊苣得、李苣继，均合依“强盗已行但得财者，不分首从皆斩”律，拟斩立决，已于讯明后照章就地正法，应毋庸议。该犯等讯无父兄，其在外为匪，原籍牌保无从觉察，应免置议。买赃人不知姓名，无从拘究；获赃已给主领。未获各赃与逸盗姚怔江等获日另结。此案首伙十一人，仅获伙盗四名，尚未及半，盗首亦未拿获，疏防职名仍应补参。所有协获邻境斩决盗犯三名，应叙职名，系现署江夏县事、本任钟祥县知县徐嘉禾，协获邻省斩决盗犯一名，应叙职名，系署陕西安康县知县曹鸿儒，相应随案开报。除供招送部外，理合会同湖广总督臣张之洞恭折具陈，伏祈皇上圣鉴，敕部核复施行，谨奏。

朱批：“该部知道。”《宫中档光绪朝奏折》第9辑，第205—207页

报解本年第九批地丁京饷银两折 光绪二十三年十月初四日

头品顶戴湖北巡抚臣谭继洵跪奏，为报解本年第九批地丁京饷银两恭折具陈仰祈圣鉴事。窃照光绪二十三年京饷湖北省奉拨地丁银四十五万两，嗣钦奉懿旨特颁内帑银五万两，为施宜等处赈抚之用，即于京饷内扣抵，实应解银四十万两，业经委解八批共银三十一万两，赴京交收在案。兹据湖北布政使王之春详称，复于地丁项下动拨第九批银四万两，查有大挑知县陈瑜瑛、补用知县刘侗寿堪以委解等情，请奏咨前来。除缮咨转给该委员等妥速起解，并饬将应解银两续筹委解外，理合会同湖广督臣张之洞恭折具奏，伏祈皇上圣鉴，谨奏。

朱批：“户部知道。”《宫中档光绪朝奏折》第11辑296页

荆江三汛安澜万城大堤防护稳固折 光绪二十三年十月初四日

头品顶戴湖北巡抚臣谭继洵跪奏，为荆江三汛安澜万城大堤

防护稳固恭折具陈仰祈圣鉴事。窃照荆州府万城大堤滨临荆江，为阖郡及下游民田庐舍保障，最关紧要。本年轮应巡抚前往督防，时因臣奉命北上，兼署抚臣张之洞以省城事务重要，必须在省随时筹办，不克分身，奏明饬委荆州府知府舒惠代防，并饬荆宜施道俞钟颖随时查察督办。臣回任后又经檄饬该道府加意防护在案。兹据荆州府知府舒惠禀称，本年三汛期内水势盛涨，最大之时高过杨林洲石矶八尺七寸，兼之风狂浪涌，大雨时行，下游之水又顶托难消，以致各堤均甚危险，经该府亲驻堤所，督率在工文武汛委员弁随时设法抢筑防护，均保无虞。现已节届霜降，水渐消退，全堤稳固，普庆安澜等情，具禀前来。除仍饬实力防护，俟水落归槽，即将应修各工详细履勘，照章派土兴修，以御来年汛涨外，所有本年防护荆州万城大堤、三汛安澜缘由，理合会同湖广总督臣张之洞恭折具陈，伏祈皇上圣鉴，谨奏。

朱批："知道了。"《宫中档光绪朝奏折》第11辑，第297页

恭报湖北省光绪二十三年八月分雨水粮价地方情形折光绪二十三年十月初四日

头品顶戴湖北巡抚臣谭继洵跪奏，为恭报湖北省光绪二十三年八月分雨水粮价地方情形仰祈圣鉴事。窃照光绪二十三年七月分各属雨水粮价地方情形，业经臣恭折奏报在案。兹据武昌等十府暨荆门直隶州所属各州县将光绪二十三年八月分雨水粮价开具清单，报由湖北布政使王之春汇造清折前来。臣复加查核，是月分雨多晴少，江汉水势复涨，晚稻青葱，菜蔬畅茂，粮价较上月互有增减，地方民情安谧，堪以仰慰宸廑，谨缮粮价清单恭折具奏，伏祈皇上圣鉴，谨奏。

朱批："知道了。"《宫中档光绪朝奏折》第11辑，第297—298页

委署宜昌知府片光绪二十三年十月初四日

再：署宜昌府知府丁柔克调省，所遗该府篆务，前经饬委该府同知史从鉴暂行兼理，应即委员往署，以专责成。查有本任施南府知府额勒恒额，老成谙练，办事认真，堪以署理。又安陆府知府史书青因病请假回省就医，所遗篆务，查有试用知府彭觉先，明干有为，不辞劳瘁，堪以署理。据布政使王之春、按察使马恩培会详前来。除檄饬遵照外，谨会同督臣张之洞附片具陈，伏祈圣鉴，谨奏。

朱批："吏部知道。"《宫中档光绪朝奏折》第11辑，第298页

任邦翰留省补用片光绪二十三年十月初四日

再：查定例捐纳试用道府，该督抚于分发到省后悉心察看，出具切实考语，奏明分别繁简补用等因。兹查郑工试用道任邦翰，现年四十五岁，江苏荆溪县人，由监生遵筹饷例报捐同知，指分福建试用，并加知府衔，于光绪四年九月二十日到省；十四年在福建捐局遵郑工例捐升道员，指省安徽试用；二十年赴部，因安徽停止分发，改指湖北，九月十三日由吏部带领引见，奉旨："着照例发往。"钦此。二十一年五月十五日到省，扣至二十二年五月十五日，试用一年期满。据湖北布政使王之春、按察使马恩培取具履历清册，详请奏咨前来。臣查该道任邦翰，年富才明，办事妥慎，堪以繁缺留省补用，除清册咨送吏部查照外，理合会同湖广总督臣张之洞附片具陈，伏祈圣鉴，敕部查照施行，谨奏。

朱批："吏部知道。"《宫中档光绪朝奏折》第11辑，第298—299页

恭报湖北省光绪二十三年九月分雨水粮价地方情形折光绪二十三年十月二十一日

头品顶戴湖北巡抚臣谭继洵跪奏，为恭报湖北省光绪二十三年九月分雨水粮价地方情形仰祈圣鉴事。窃照光绪二十三年八月分各属雨水粮价地方情形，业经臣恭折奏报在案。兹据武昌等十府暨荆门直隶州所属各州县将光绪二十三年九月分雨水粮价开具清单，报由湖北布政使王之春汇造清折前来。臣复加查核，是月分晴多雨少，江汉水势消退，晚稻登场，粮价较上月互有增减，地方民情安谧，堪以仰慰宸廑，谨缮粮价清单恭折具奏，伏祈皇上圣鉴，谨奏。

朱批："知道了。"《宫中档光绪朝奏折》第11辑，第325页

拿获强劫拒捕杀人盗犯审明照章惩办折

光绪二十三年十月二十一日

头品顶戴湖北巡抚臣谭继洵跪奏，为拿获强劫拒捕杀人盗犯审明照章惩办恭折具陈仰祈圣鉴事。案据宜都县知县陈长樞详报亨裕大钱铺被盗强劫拒杀邻右并伤事主一案，当获盗犯四名，讯供通禀，经臣与督臣张之洞批司委员会审明确，照章就地正法在案。兹该县比缉逸犯无获，录叙全案供招，议拟由荆州府知府舒惠详经湖北按察使马恩培核明转详前来。臣复加查核，缘冯莅益、胡沅新、胡帼莉、林圹惧，分隶河南光山、湖北黄安、麻城等县，均先未为匪。光绪二十二年三月初三日，冯莅益带同伊子冯元至宜都县城外地方与素识已获之胡沅新、胡帼莉、林圹惧，在逃之应富章、邹发则，先后会遇，共道贫难。冯莅益起意纠劫得赃分用，众俱允从。即于是夜三更会齐，一共七人，分携洋枪刀械油捻，偕抵亨裕大钱铺门首，冯莅益令胡沅新用斧撞开铺门，一齐入室，事主庞永福惊起喊捕，邹发则用尖担拒伤庞永福左胳肘，

吓禁声张，胡沅新等打开箱柜搜劫钱文衣物，分携逃走。邻右刘体泉等闻声赶出帮捕，冯莛益等各用刀棍拒伤刘体泉左眼胞，吴大顺左肩甲、右胳膊，划伤鲁应荣额颅，戳伤陈德喜右胳膊，殴伤田焕庭偏左及右太阳穴，讵田焕庭伤重旋即殒命。因时在黑夜，不知何人拒伤何人何处，亦未查点赃数，各自逃逸。经该县访闻会督营汛，及驻防该县镇南营各带兵役勇丁追捕，当获冯莛益、胡沅新、胡帼萂三犯，起获原赃钱文衣物，并饬兵役协同枝江县兵役拿获林忙恍到案。事主庞永福投保，报县会勘，给赃认领，讯供通禀，经臣与督臣张之洞批司檄委本任建始县知县姚学康驰往会同该县验明事主暨邻佑刘体泉等伤俱平复，提犯复讯无异，禀经批饬，照章就地正法在案。兹饬缉逸犯无获，应即拟结。

查律载："强盗已行但得财者，不分首从皆斩"等语；又光绪九年湖北省奏定章程："嗣后拿获盗案，如有执持刀械强劫，聚众至五人以上，拒捕伤人者，仍照历次定章，派员前往会审，果系罪无可疑，即行就地正法"；又光绪十三年刑部奏定章程："嗣后强劫之案，但有一人执持洋枪在场者，不论曾否伤人，不分首从，均拟斩决枭示"等因，历经遵办在案。此案冯莛益起意纠约胡沅新等执持洋枪刀械行劫亨裕大钱铺，得赃拒捕杀人，实属凶暴昭著、同恶相济，赃经主认，正盗无疑，自应按律问拟。冯莛益、胡沅新、胡帼萂、林忙恍，均合依"强盗已行但得财者，不分首从皆斩"律，拟斩立决，加以枭示，已照章就地正法枭示，应勿庸议。该犯等均讯无父兄，其在外为匪，原籍牌保无从觉察，应免置议。尸棺饬属领埋，获赃给主认领，未获各赃与逸犯冯元等获日另结。此案首伙七人，已于疏防限内拿获首伙四人，获犯过半，兼获盗首，邀免开参。所有首先拿获邻境斩枭伙盗一名，应叙职名，系枝江县知县陈富文，协获斩枭首伙盗犯三名，系驻防该县镇南营后哨补用千总金友前，相应随案开报。除供招送部外，理合会同湖广督臣张之洞恭折具陈，伏祈皇上圣鉴，敕部核复施行，谨奏。

朱批："刑部知道。"《宫中档光绪朝奏折》第9辑，第327—329页

查明湖北省各属应征光绪二十三年地丁等款上忙钱粮已未完数目折光绪二十三年十月二十三日

头品顶戴湖北巡抚臣谭继洵跪奏，为查明湖北省各属应征光绪二十三年地丁等款上忙钱粮已未完数目恭折具陈仰祈圣鉴事。窃照上下两忙钱粮例应将额征坐支及已未完各数目分款造报，嗣于咸丰二年接准部咨议奏藩司功过章程，拟请丰年以额征数目为准，蠲缓之年以应征数目为准，均按八分计算，责成藩司督催。上忙匀为三分征收，下忙匀为五分征收，其余二分归于奏销前扫数全完，随案议予功过。又于光绪二十三年接准部咨奏定整顿各省钱粮章程，拟将藩司督催上下两忙分数定以九分，上忙匀为四分，下忙匀为五分，上忙能完四分，下忙能完至五分者，始准免其议处；如核计上下两忙征完分数在九分以上，仍给予议叙，其余所欠分数，复能于奏销前扫数全完，所有藩司及经催经征各员，应得议叙仍照旧例办理等因在案。兹据湖北布政使王之春详称，湖北省光绪二十三年分额征起运屯饷存留驿站正项，共银一百一十万六千四百九十二两八钱三分八厘，内除坍没渍淹挖压沙压坍占挖废缓征豁免，共银一万五千一百六十七两二钱七分二厘，实应征银一百九万一千三百二十五两五钱六分六厘。核计上忙应征四分银四十三万六千五百三十两二钱二分六厘，已完二分四丝一忽零，银二十一万八千七百一十九两八钱；未完一分九厘九毫五丝八忽零，银二十一万七千八百一十两四钱二分六厘，所有未完职名系现任湖北布政使王之春。又额征光绪二十三年芦课正银一万二千一百三十四两九钱一分七厘，核计上忙应征四分银四千八百五十三两九钱六分七厘，已完银一千一两七钱二厘，未完银三千八百五十二两二钱六分五厘。又额征光绪二十三年田房牙当茶黄柏等税银九千八百七十四两四钱五分七厘，核计上忙应征四分

银三千九百四十九两七钱八分三厘，已完银一百七十两一钱五分三厘，未完银三千七百七十九两六钱三分等情前来。臣复核无异，除仍饬严催各属赶紧催征，务于下忙期内完解外，理合会同湖广总督臣张之洞恭折具奏，伏祈皇上圣鉴，谨奏。

朱批："户部知道。"《宫中档光绪朝奏折》第11辑，第329—330页

湖北地丁项下奉拨京饷银两划拨委解清楚折 光绪二十三年十月二十三日

头品顶戴湖北巡抚臣谭继洵跪奏，为湖北地丁项下奉拨京饷银两划拨委解清楚恭折具陈仰祈圣鉴事。窃照光绪二十三年京饷湖北省奉拨地丁银四十五万两，嗣钦奉懿旨特颁内帑银五万两，为施宜等处赈抚之用，即于京饷内扣抵，实应解银四十万两，业经委解九批共银三十五万两，赴京交收在案。兹据湖北布政使王之春详称，复于地丁项下动拨第十批银五万两，查有补用知县戴立谦、试用知县侯昉堪以委解等情，请奏咨前来。除缮咨转给该委员等妥速起解外，所有湖北地丁项下奉拨本年京饷银两业经划拨委解清楚缘由，理合会同湖广督臣张之洞恭折具陈，伏祈皇上圣鉴，谨奏。

朱批："户部知道。"《宫中档光绪朝奏折》第11辑330—331页

奏报学政幕友姓名籍贯折 光绪二十三年十二月初一日

头品顶戴湖北巡抚臣谭继洵跪奏，为学政幕友姓名籍贯循例具陈恭折仰祈圣鉴事。窃查学政到任，署中阅文幕友例应开具姓名籍贯具奏，兹准湖北学政王同愈咨称，该学臣于光绪二十三年十月二十七日到任，共延幕友六人，均系籍隶直隶、江苏、湖南、河南等省，并无湖北本籍之人，循例开单咨送前来。臣复查无异，理合敬缮清单恭折具陈，伏祈皇上圣鉴，谨奏。

朱批："知道了。"《宫中档光绪朝奏折》第11辑，第421页

查报早稻收成分数折光绪二十三年十二月初一日

头品顶戴湖北巡抚臣谭继洵跪奏，为查报早稻收成分数恭折仰祈圣鉴事。窃照湖北省光绪二十三年分各属早稻登场，据湖北布政使王之春查明收成分数，开折呈报前来。臣复加查核，除德安府属之应山，郧阳府属之郧西、保康、竹山、竹溪，荆门直隶州属之远安等县，向不种植早稻，并郧阳府属之房县本年未收早稻外，核计通省：八分有余者三县，八分者二县，七分有余者七州县，七分者八州县，六分有余者九州县，六分者七州县，五分有余者十州县，五分者六县，四分有余者四县，四分者二县，三分有余者二县，二分有余者一县。通省合计收成五分有余，理合缮具清单，恭折具奏，伏祈皇上圣鉴，谨奏。

朱批："知道了。"《宫中档光绪朝奏折》第11辑，第421—422页

恭报湖北省光绪二十三年十月分雨水粮价地方情形折光绪二十三年十二月初一日

头品顶戴湖北巡抚臣谭继洵跪奏，为恭报湖北省光绪二十三年十月分雨水粮价地方情形仰祈圣鉴事。窃照光绪二十三年九月分各属雨水粮价地方情形，业经臣恭折奏报在案。兹据武昌等十府暨荆门直隶州所属各州县将光绪二十三年十月分雨水粮价开具清单，报由湖北布政使王之春汇造清折前来。臣复加查核，是月分晴多雨少，江汉水势退落，二麦播种，粮价较上月减多增少，地方民情安谧，堪以仰慰宸廑，谨缮粮价清单恭折具奏，伏祈皇上圣鉴，谨奏。

朱批："知道了。"《宫中档光绪朝奏折》第11辑，第422—423页

湖北省光绪二十三年春夏二季收支牙帖厘金银钱数目折光绪二十三年十二月初一日

头品顶戴湖北巡抚臣谭继洵跪奏，为湖北省光绪二十三年春夏二季收支牙帖厘金银钱数目恭折仰祈圣鉴事。恭照同治七年十月钦奉上谕："厘金报部章程着照两淮盐厘格式，每年分两次奏报。"等因。钦此钦遵。办理历经奏报至光绪二十二年十二月底止在案。兹据湖北布政使王之春会同牙厘局司道详称，光绪二十三年正月起至六月底止，除洋药税厘银两另案造报外，货厘旧管无项新收项下实收牙厘及药土坐票捐共市平荆沙银十四万六千五百八十五两一钱三分七厘零；又收牙厘钱七十九万六千一百八十八串二十文，开除项下实解湖北盐道转发长江水师二十三年春夏二季分俸饷共库平库色新宝银八万七千两，合市平荆沙银九万一千四百三十三两五钱二分，实解湖北善后总局市平荆沙银一万二千三百五十五两四钱八分六厘零；又遵奏案拨解二十三年春夏二季分善后总局委员薪水杂用银五千一百三两六钱，巡防保甲员弁薪水经费银一万一千三百七两，发审委员薪水经费银一千六百二十两，武职操练弓箭月课奖赏银二千八百二两，救生红船水手口粮经费银二千八百八十两；又提牙厘各局局用八分经费银一万一千七百二十六两八钱一分一厘零，实解湖北善后总局钱七十三万二千四百九十二串九百七十八文，给牙厘各局八分经费钱六万三千六百九十五串四十二文，除解支外，钱款无存，实在项下存货厘市平荆沙银七千三百五十六两七钱二分，归入下半年造册报销等情，请奏咨前来。臣复核相符，除清册咨户部科外，所有光绪二十三年春夏二季收支牙帖厘金银钱数目，谨会同湖广督臣张之洞恭折具陈，伏祈皇上圣鉴，谨奏。

朱批："户部知道。"《宫中档光绪朝奏折》第11辑，第423—424页

委署南漳知县片光绪二十三年十二月初一日

再：署南漳县知县李徵棠因病请假回省就医，所遗该县印务，应即委员往署，以重职守。查有竹山县知县姚濬昌，明练笃实，办事细心，堪以调署。据布政使王之春、按察使马恩培会详前来。除檄饬遵照外，谨会同湖广总督臣张之洞附片具陈，伏祈圣鉴，谨奏。

朱批："吏部知道。"《宫中档光绪朝奏折》第11辑，第424页

滇省委员领运十七起头批京铜到鄂发给水脚银两换附轮船开行日期折光绪二十三年十二月初二日

头品顶戴湖北巡抚臣谭继洵跪奏，为滇省委员领运十七起头批京铜到鄂发给水脚银两换附轮船开行日期恭折仰祈圣鉴事。窃查滇省委员、前先补用知县廖德明领运十七起头批京铜五十一万五千斤，于光绪二十三年九月二十二日入湖北巴东县境，十月初五日全数运抵汉阳县，报经饬委汉阳府知府余肇康、汉阳县知县薛福祁，会同该运员廖德明将运到铜斤逐一盘验过秤，并无短少，换附轮船眼同过载，于十月初九日由汉开行，取具运员无亏钤结，由该府县加结转详，其应领水脚在于藩司库存地丁项下动支银一千八百两，发给该运员具领。据湖北布政使王之春具详请奏前来。除将册结咨送户、工二部暨钱法堂查照外，理合会同湖广督臣张之洞恭折具陈，伏祈皇上圣鉴，谨奏。

朱批："该部知道。"《宫中档光绪朝奏折》第11辑，第431—432页

为王存善陈泽霖请旨建坊片光绪二十三年十二月初二日

再：查士民因地方善举捐银至一千两以上者，例得请旨建坊，给予“乐善好施”字样。兹有广东补用道王存善，山西潞安府知府、在任候补道陈泽霖，均因湖北被灾，遵其故祖父母暨故父母遗命，各捐银一千两以济赈需。据湖北筹赈总局司道详请具奏前来。核与建坊之例相符，合无仰恳天恩，俯准该员王存善为其故祖父一品封职王钧，故祖母一品命妇梁氏；该员陈泽霖为其故祖父二品封职陈乐朝，故祖母二品命妇陈胡氏，故父二品封职陈先芝，故母二品命妇陈胡氏，各于原籍建坊，均给予“乐善好施”字样，以示旌奖。谨合词附片具陈，伏祈圣鉴，谨奏。

朱批：“着照所请，礼部知道。”《宫中档光绪朝奏折》第11辑432页

部选人员到省后委署别缺折光绪二十三年十二月初二日

头品顶戴湖北巡抚臣谭继洵跪奏，为部选人员到省后委署别缺恭折具陈仰祈圣鉴事。窃照部选建始县知县沈俊，于光绪二十三年七月十七日到省，经臣饬委代理枣阳县知县印务。兹据布政使王之春、按察使马恩培会详称，该员沈俊到省后未赴本任，饬委代理别缺，照章应以到省之日作为到任日期，请奏咨立案前来。除将文凭咨送吏部查销外，理合会同湖广总督臣张之洞恭折具奏，伏祈皇上圣鉴，敕部查照施行，谨奏。

朱批：“吏部知道。”《宫中档光绪朝奏折》11辑，第433页

赵毓楠留省补用片光绪二十三年十二月初二日

再：准部咨道府州县无论何项劳绩保奏归于候补班人员，令该督抚即以此项人员到省之日起，予限一年详加察看，认真考核，如系为守兼优，堪膺民社之员，出具切实考语，奏明分别繁简补用等因。兹查候补知府赵毓楠，以光绪二十二年七月二十三到省之日起，扣至二十三年七月二十三日，试看一年期满。据湖北布政使王之春、按察使马恩培取具该员履历清册，详请甄别具奏前来。臣随考验该员赵毓楠才具开展，办事勤能，堪以繁缺留省补用。除清册咨送吏部查核外，谨会同督臣张之洞附片具陈，伏祈圣鉴，敕部查照施行，谨奏。

朱批："吏部知道。"《宫中档光绪朝奏折》第11辑，第433—434页

为谭启瑞请假调理片光绪二十三年十二月初二日

再：准广西副考官、翰林院编修谭启瑞函称，本年钦奉恩命典试广西，业已事竣，自粤起程回京复命，于十一月二十日行抵湖北省城，因沿途感冒风寒，染患病证，不克前进，拟请假一个月，就近在鄂调理，一俟假满即行北上等情，请代奏前来。理合据情代陈，伏乞圣鉴，谨奏。

朱批："谭启瑞着赏假一个月。"《宫中档光绪朝奏折》第11辑，第434页

密陈司道知府考语折光绪二十三年十二月二十日

头品顶戴湖北巡抚臣谭继洵跪奏，为密陈司道知府考语恭折

仰祈圣鉴事。窃照司道知府各官例应督抚于年终出具切实考语密行陈奏。臣渥蒙恩命，忝任封圻，职司考察，每念时事多艰，吏治日疲，亟思力挽积习，整饬官方，于所属各僚随时劝勉，认真考核，或因政事以觇其为守，或采舆论以审其声名，且严诫虚浮，冀言行之相顾，事求实效，自优绌之易分，逐一印证，固不敢谬谓真知，而循名核实，尚可悉其底蕴。除新授盐道孟继壎尚未到任，宜昌府知府存厚俸满赴部引见，尚未回省，均毋庸注考外，其有实任调署他缺者，仍一律注考。臣谨将司道知府各员出具切实考语，密缮清单，恭呈御览。臣仍随时察看，如有初终异辙之员，即行参劾，以仰副朝廷澄叙官方之至意。理合恭折密陈，伏乞皇上圣鉴，谨奏。

朱批："知道了，单片留中。"《宫中档光绪朝奏折》第11辑，第537—538页

恭报湖北省光绪二十三年十一月分雨雪粮价地方情形折光绪二十三年十二月二十日

头品顶戴湖北巡抚臣谭继洵跪奏，为恭报湖北省光绪二十三年十一月分雨雪粮价地方情形仰祈圣鉴事。窃照光绪二十三年十月分各属雨水粮价地方情形，业经臣恭折奏报在案。兹据武昌等十府暨荆门直隶州所属各州县将光绪二十三年十一月分雨雪粮价开具清单，报由湖北布政使王之春汇造清折前来。臣复加查核，是月分晴多雨少，各属禀报得雪一次，江汉水势退落，二麦长发，粮价较上月互有增减，地方民情悉臻安谧，堪以仰慰宸廑，谨缮粮价清单恭折具奏，伏乞皇上圣鉴，谨奏。

朱批："知道了。"《宫中档光绪朝奏折》第11辑，第539—540页

光绪二十三年分甄别教职佐杂均未及额据实陈明折光绪二十四年正月十五日

头品顶戴湖北巡抚臣谭继洵跪奏，为光绪二十三年分甄别教职佐杂均未及额据实陈明恭折仰祈圣鉴事。窃查定例甄别教职佐杂，各按该省额缺以百之二三为率，参劾及数者免议，如该省果无应行参劾之员，令该督抚学政切实声明等因。查湖北省教职一百四十缺，每年应甄别去任三四员；佐杂二百零五缺，每年应甄别去任四五员。今光绪二十三年分甄别教职已届，初次俸满革职者一员，计教职佐杂两项仅参劾教职一员，其余均尚循分供职，是以参劾未能及额。据布政使王之春、按察使马恩培会详请奏前来。臣复查无异，除仍随时查看，如有衰庸不职之员另行参办，并将已劾之员开具清折咨送军机处、吏部查核外，理合会同湖广总督臣张之洞、湖北学政臣王同愈恭折具奏，伏乞皇上圣鉴，谨奏。

朱批："吏部知道。"钦此。北京撷华书局光绪三十三年编印《谕折汇存》第1册，第349—350页，台湾文海出版社，1962年

调署恩施知县片光绪二十四年正月十五日

再：查恩施县为施南府附郭首邑，政务殷繁，现值灾歉之余，民情凋敝，抚绥尤难。该县知县虽经请补有人，尚未接准部复，亟应拣员调署，以资治理。查有理川县知县黄世棠，公正清勤，民情爱戴，堪以调署。据藩、臬两司会详前来。除檄饬遵照外，谨会同督臣张之洞附片具陈，伏乞圣鉴，谨奏。

朱批："吏部知道。"钦此。《谕折汇存》第1册，第350页

委解光绪二十三年湖北省第十批地丁京饷片光绪二十四年正月十五日

再：查湖北省应解光绪二十三年第十批地丁京饷银五万两，前经饬委补用知县戴立谦、试用知县侯昉管解，恭折奏报在案。兹据湖北布政使王之春详：戴立谦另有要差，改委试用知县朱广禄，会同原派之侯昉管解赴京交收等情前来。除另行缮给咨文饬发该委员等妥速起解外，理合会同湖广总督臣张之洞附片具陈，伏乞圣鉴，谨奏。

朱批："吏部知道。"钦此。《谕折汇存》第1册，第359—360页

查明湖北省丁酉正科乡试未经中式年老诸生折光绪二十四年正月十五日

头品顶戴湖北巡抚臣谭继洵跪奏，为查明湖北省丁酉正科乡试未经中式年老诸生循例恭折具奏仰祈圣鉴事。窃照乡试年老诸生三场完竣未经中式者，例准查明年岁奏请恩施，历经遵办在案。今查光绪二十三年湖北丁酉科乡试，有曾蒙恩赐副榜年届九十岁以上者，咸宁、兴国、孝感、蕲州、广济等州县老生钱式浩、蔡有水、余有壬、贡元龙、宋必胜，暨年届九十岁者黄陂县老生郭焱唐等六名；又年届九十岁以上者，监利县学附生陈楚臣；年届九十岁者，蕲水县学附生范昌梯；年届八十岁以上者，武昌县岁贡高献龙，咸宁县学附生余凤翔，兴国州学附生李鸿钧，大冶县学附生祝懋甲，黄冈县监生陶子荣，黄梅县监生余名芳，蕲水县学附生翟生涛，广济县学附生王引玉、于嘉澍，安陆县学附生吴从先，当阳县学附生杨益壮等十一名；年届八十岁者，武昌县学附生卢鸿绪，黄安县学附生钟以成，麻城县学附生程云，广济县附贡吴钟英，广济县学附生张玉衡，荆州府学附生王瀚钊等六名；以上共老生二十五名，俱系三场完竣揭晓时未经中式，经臣调阅

该老生等原卷，均字画端楷，文理明顺。复咨准湖北学政臣王同愈查复，该附生陈楚臣等年岁均属相符，入学在三科以前；监生陶子荣、余名芳二名捐监年分均在十科以前，已应乡试十一次，并据湖北布政使王之春查明取具各该州县印结具详前来。臣复查该老生钱式浩等齿臻耄耋，学尚编摩，志不坠于青云，经已穷于皓首。棘闱献艺，历三场而真草俱全；藜杖观光，阅九日而精神弥健。引年既符成例，允称人瑞于熙朝；吁恩宜荷殊荣，冀附宾兴之盛典。除各该生入学、报捐年分、学籍岁数清册执照咨部外，谨列名单，会同湖广总督臣张之洞、湖北学政臣王同愈恭折具奏，伏祈皇上圣鉴，敕部核复施行，谨奏。

朱批："礼部议奏，单并发。"钦此。《谕折汇存》第1册，第360—362页

叩谢天恩折 光绪二十四年二月初八日

头品顶戴湖北巡抚臣谭继洵跪奏，为恭折叩谢天恩仰祈圣鉴事。窃臣赍折差弁回鄂，钦奉恩赏福字一方，谨即恭设香案望阙叩头祗领。伏惟建中立极，敛时巩固夫皇图；与物为春，昌运永绥乎帝祉。臣专圻谬领，薄植怀惭，方殷就日之忱，复睹倬云之瑞。洪钧厘介，尧年宏神圣之谟；宸翰宠题，羲画启文明之治。综九畴而锡福星、焕奎章，妙八法以扬辉露、凝宝墨。自天申命，伏地寅承，惟有勉竭涓埃，益修疆理。愿垓埏草木，来同书百顺之祥；合江汉士民，受祜晋万年之颂。所有微臣感幸下忱，谨缮折叩谢天恩，伏祈皇上圣鉴，谨奏。

朱批："知道了。"《宫中档光绪朝奏折》第11辑，第608—609页

委署安襄郧荆道片 光绪二十四年二月初八日

再：现署安襄郧荆道清普调省，另有差委，所遗篆务，亟应委员接署，以重职守。查有部选盐法武昌道郭承举，现已到省，

堪以署理。除檄饬遵照外，谨合词附片陈明，伏乞圣鉴，谨奏。

朱批："吏部知道。"《宫中档光绪朝奏折》第11辑，第609页

拿获强劫得赃马贼审明照章惩办折光绪二十四年二月初九日

头品顶戴湖北巡抚臣谭继洵跪奏，为拿获强劫得赃马贼审明照章惩办恭折仰祈圣鉴事。案据随州知州张茂时详报布商万庆德号在州属河口地方被马贼拦劫银两一案，当经批饬缉究，该州旋比据兵役会同河南南阳县兵役拿获首盗李影山，讯供通详，批司饬府复审明确，禀经臣与督臣批饬照章就地正法枭示在案。兹据该州比缉逸犯无获，录叙供招议拟，由署德安府知府徐家榦详经湖北按察使马恩培核明转详前来。臣复加查核，缘李影山籍隶河南南召县，先未为匪。光绪二十三年二月间，李影山在籍会遇素识在逃之陕四旺，共道贫难。李影山起意骑马拦路强劫，可多得财分用，陕四旺允从。随各向戚友捏称投营，借得马匹，陕四旺携带洋枪，李影山携带马刀，骑马偕行。三月初四日，行至随州所属河口地方，适有布商万庆德号由德安府城雇夫冯国福等挑送银两赴州属厉山镇张义和布行交收。是日正行至彼，李影山等见而驱马进前拦住，陕四旺施放洋枪，李影山持刀吓禁声张，冯国福等畏惧弃担趋避，李影山、陕四旺即下马用刀割开银包，劫得宝银二十锭，仍各骑马同至僻处，李影山分得宝银十二锭，陕四旺分得宝银八锭，各散。李影山随将宝银一锭同马匹卖与过路不知姓名人，得钱花用，尚存宝银十一锭未卖。挑夫冯国福等回向事主万庆德号告知，遣伙李正锡前往投保，报州会营诣勘详缉。旋据兵役协同河南南阳县兵役拿获李影山，并起获赃银、马刀到案，传主认赃给领，讯供通详，批司饬府提犯督审明确，禀经臣与督臣批饬照章就地正法枭示在案。兹饬缉逸犯无获，应即拟结。

查律载："强盗已行但得财者，不分首从皆斩"；又例载："响马强盗执有军器白日邀劫道路赃证明白者，不分人数多寡、曾否

伤人，依律处决，于行劫处枭首示众”各等语；又光绪五年刑部奏定章程：“嗣后各省拿获马贼，就近解府，复审明确，禀候督抚批饬，就地正法”等因，遵办在案。此案李影山胆敢纠同陕四旺骑马执持刀枪，白日拦路强劫布商万庆德号银两，实属凶暴藐法，形同响马。赃经主认，正盗无疑，自应按律问拟。李影山合依“强盗已行但得财者，不分首从皆斩”律，拟斩立决，仍照响马强盗例于行劫处枭首示众，已于讯明后照章就地正法枭示，应毋庸议。该犯讯无父兄，其在外为匪，原籍牌保无从觉察，应免置议。买赃人不知姓名，无从拘究。获赃已给主领，未获赃银同逸盗陕四旺获日另结。马刀存库汇报。此案首伙二人，已于疏防限内拿获首犯一名，获犯及半兼获盗首，邀免开参。所有拿获邻境斩枭马贼一名，应叙职名，系代理河南南阳县事，即用知县潘守廉，河南南阳镇标右营都司高立本，六品顶戴候补外委贾珍，相应一并开报。除供招送部外，理合会同湖广总督臣张之洞恭折具奏，伏祈皇上圣鉴，敕部核复施行，谨奏。

朱批：“刑部知道。”《宫中档光绪朝奏折》第11辑，第610—611页

恭报湖北省光绪二十三年十二月分雨雪粮价地方情形折光绪二十四年二月初九日

头品顶戴湖北巡抚臣谭继洵跪奏，为恭报湖北省光绪二十三年十二月分雨雪粮价地方情形仰祈圣鉴事。窃照光绪二十三年十一月分各属雨雪粮价地方情形，业经臣恭折奏报在案。兹据武昌等十府暨荆门直隶州所属各州县将光绪二十三年十二月分雨雪粮价开具清单呈报，由湖北布政使王之春汇造清折前来。臣复加查核，是月分晴雨相间，各属禀报续霑雪泽，二麦滋培，菜蔬畅茂，粮价较上月减多增少，地方民情悉臻安谧，堪以仰慰宸廑，谨缮粮价清单恭折具奏，伏祈皇上圣鉴，谨奏。

朱批：“知道了。”《宫中档光绪朝奏折》第11辑，第612页

代奏冯金鉴乘坐轮船航海回京片光绪二十四年二月初八日

再：准前任广西学政臣冯金鉴函称：年来在粤按试各府，因地处烟瘴，水土不调，致患腹泻之疾，兹任满回京复命，力疾由水路行抵湖北省城，尚未就痊，若照例驰驿由陆前进，长途跋涉，医药不便，拟即自备资斧，由汉口乘坐轮船航海回京，以期便捷等情，请代奏前来。理合据情附片代陈，伏祈圣鉴，谨奏。

朱批："知道了。"《宫中档光绪朝奏折》第11辑，第612—613页

改委孙曾荫委解地丁京饷片光绪二十四年二月初八日

再：查湖北省应解光绪二十三年第十批地丁京饷银五万两，前经饬委试用知县侯昉、试用知县朱广禄会同管解，并据报明起程，分别奏咨在案。兹据湖北布政使王之春详称，试用知县侯昉在途患病，改委试用同知孙曾荫，会同原派之试用知县朱广禄管解赴京交收等情前来。除另行缮给咨文饬发该委员等妥速起解外，理合会同湖广总督臣张之洞附片具陈，伏祈圣鉴，谨奏。

朱批："户部知道。"《宫中档光绪朝奏折》第11辑，第613页

委署汉阳钟祥等县知县片光绪二十四年二月初八日

再：汉阳县知县薛福祁请升沔阳州知州，现已接准部复，应饬赴任，以重职守。又署钟祥县事、本任江陵县知县刘秉彝，应饬回本任，所遗钟祥县知县印务，查有孝感县知县沈星标，才具稳练，办事慎勤，堪以署理；递遗孝感县知县印务，查有江夏县知县诸可权，精明稳练，治理素谙，堪以署理。又郧西县知县吴

国恩调省，所遗印务，查有本任东湖县知县周瑞銮，安详稳慎，供职惟勤，堪以署理。据湖北布政使王之春、按察使马恩培会详前来。除分饬遵照外，谨会同湖广总督臣张之洞附片具陈，伏祈圣鉴，谨奏。

朱批："吏部知道。"《宫中档光绪朝奏折》第11辑，第613页

候补人员试看期满甄别留省补用折光绪二十四年三月初一日

头品顶戴湖北巡抚臣谭继洵跪奏，为候补人员试看期满甄别留省补用恭折具陈仰祈圣鉴事。窃准部咨：道府州县无论何项劳绩保奏归于候补人员，令该督抚即以此项人员到省之日起，予限一年详加察看，认真考核，如系为守兼优堪膺民社之员，出具切实考语，奏明分别繁简补用等因。兹查盐运使衔候补班尽先前补用知府洪超，应以光绪二十二年九月十六到省之日起，扣至二十三年九月十六日试看一年期满；又花翎候补班补用知府魏业钊，应以光绪二十二年十二月初八日到省之日起，扣至二十三年十二月初八日试看一年期满；又尽先补用知县张赞宸，应以光绪二十二年十一月二十六日到省之日起，扣至二十三年十一月二十六日试看一年期满；又同知衔候补班补用知县熊炳，应以光绪二十二年九月二十六日到省之日起，扣至二十三年九月二十六日试看一年期满，据湖北布政使王之春、按察使马恩培取造该员等履历清册，详请甄别具奏前来。臣随考验：该员洪超才识优长，办事奋勉；该员魏业钊勤敏有为，廉隅自饬；该员张赞宸才具稳练，办事奋勉；该员熊炳明白安详，办事稳练。均堪以繁缺留省补用。除清册咨送吏部查核外，理合会同湖广总督臣张之洞恭折具陈，伏乞皇上圣鉴，饬部查照施行，谨奏。

朱批："吏部知道。"钦此。《谕折汇存》第3册，第1509—1511页

恭报湖北省光绪二十四年正月分雨水粮价地方情形折光绪二十四年三月二十二日

头品顶戴湖北巡抚臣谭继洵跪奏，为恭报湖北省光绪二十四年正月分雨水粮价地方情形仰祈圣鉴事。窃照光绪二十三年十二月分各属雨雪粮价地方情形，业经臣恭折奏报在案。兹据武昌等十府暨荆门直隶州所属各州县将光绪二十四年正月分雨水粮价开具清单，报由湖北布政使王之春汇造清折前来。臣复加查核，是月分晴多雨少，二麦青葱，菜蔬畅茂，粮价较上月互有增减，地方民情悉臻安谧，堪以仰慰宸廑，谨缮粮价清单恭折具奏，伏祈皇上圣鉴，谨奏。

朱批："知道了。"《宫中档光绪朝奏折》第11辑，第700页

查报湖北省光绪二十三年中晚二稻收成分数折光绪二十四年三月二十二日

头品顶戴湖北巡抚臣谭继洵跪奏，为查报湖北省光绪二十三年中晚二稻收成分数恭折仰祈圣鉴事。窃照湖北省光绪二十三年早稻收成分数业经臣恭折奏报在案。兹据湖北布政使王之春查明各属中晚二稻收成分数，开单详报前来。臣复加查核，除武昌府属之咸宁、大冶，黄州府属之黄安、蕲州、广济，荆州府属之石首、松滋、枝江、宜都等州县不产晚稻，施南府属之宣恩、来凤二县不产中稻外，其余各属中晚二稻均能种植，计收成八分有余者五县，八分者三州县，七分有余者六州县，七分者七州县，六分有余者九州县，六分者十一州县，五分有余者八州县，五分者七县，四分有余者五县，四分者四县，三分有余者二县，一分有余者一县，合计通省收成六分，谨缮清单，会同湖广总督臣张之洞恭折具奏，伏祈皇上圣鉴，谨奏。

朱批："知道了。"《宫中档光绪朝奏折》第11辑，第702—703页

部选人员到省后委署别缺折光绪二十四年闰三月十三日

头品顶戴湖北巡抚臣谭继洵跪奏，为部选人员到省后委署别缺恭折具陈，仰祈圣鉴事。窃照部选兴国州知州牛棠，于光绪二十三年十月十七日到省，经臣饬委代理沔阳州知州印务。兹据布政使王之春、按察使马恩培会详称：该员牛棠到省后未赴本任，饬委代理别缺照章应以到省之日作为到任日期，请奏咨立案前来。除将文凭咨送吏部查销外，理合会同湖广总督臣张之洞恭折具奏，伏乞皇上圣鉴，敕部查照施行，谨奏。

朱批："吏部知道。"钦此。《谕折汇存》第4册，第2557页

委解本年湖北省第一批厘金京饷片光绪二十四年闰三月十三日

再：湖北省厘金项下奉拨光绪二十四年京饷银十二万两，应即分批委解。兹据湖北布政使王之春会同善后局司道详称，在于厘金项下动拨第一批银三万两，饬委试用知县戴立谦、试用知县蔡世佶管解赴京交纳等情前来。除缮咨转给该委员等小心管解，并饬将应解银两续筹委解外，理合会同湖广总督臣张之洞附片具陈，伏乞圣鉴，谨奏。

朱批："户部知道。"钦此。《谕折汇存》第4册，第2558页

委解本年湖北省第一批地丁京饷片光绪二十四年闰三月十三日

再：光绪二十四年京饷湖北省奉拨地丁银四十五万两，应即分批委解。兹据湖北布政使王之春详称：在于地丁项下动拨第一批银五万两，查有试用知县戴立谦、蔡世佶，堪以委解等情，请

奏咨前来。除缮咨转给该委员等妥速起解，并饬将应解银两续筹委解外，理合会同湖广总督臣张之洞附片具陈，伏乞圣鉴，谨奏。

朱批："户部知道。"钦此。《谕折汇存》第4册，第2558—2559页

恭报湖北省光绪二十四年二月分雨水粮价地方情形折光绪二十四年闰三月十六日

头品顶戴湖北巡抚臣谭继洵跪奏，为恭报湖北省光绪二十四年二月分雨水粮价地方情形仰祈圣鉴事。窃照光绪二十四年正月分各属雨水粮价地方情形，业经臣恭折奏报在案。兹据武昌等十府暨荆门直隶州所属各州县将光绪二十四年二月分雨水粮价开具清单，报由湖北布政使王之春汇造清折前来。臣复加查核，是月分雨多晴少，江汉水势稍长，二麦畅茂，油菜扬花，粮价较上月互有增减，地方民情悉臻安谧，堪以仰慰宸廑，谨缮粮价清单恭折具奏，伏祈皇上圣鉴，谨奏。

朱批："知道了。"《宫中档光绪朝奏折》第11辑，第776—777页

恭报兼署督篆日期叩谢天恩折光绪二十四年闰三月十七日

头品顶戴兼署湖广总督、湖北巡抚臣谭继洵跪奏，为恭报微臣兼署督篆日期叩谢天恩仰祈圣鉴事。窃臣承准总理各国事务衙门电开奉旨："张之洞着即来京陛见，有面询事件，湖广总督着谭继洵暂行兼署。"钦此。兹于闰三月十七日准督臣张之洞将湖广总督关防、王命旗牌、文卷，派委武昌府知府逢润古、署督标中军副将俞厚安赍送前来。当即恭设香案，望关叩头祗领任事。伏念臣湘南薄植，楚北分疆，忝膺重寄于九年，会护连圻于期月，愧无埃报，时惕冰兢。兹复渥荷恩纶，再权督篆，专司兵马，当筹饷以整军，交涉华洋，必审机而通变。虽暂时兼理，实逾格生成，闻命自天，感惭无地。况值海疆多事，宵旰忧勤，新设机厂学堂

为自强之根本，各属团防保甲乃经武之始基。或画一规随，或认真整顿，以及地方应办各事，在在均关紧要。臣才庸识暗，深惧弗胜，惟有勉竭驽骀，倍加策励，随时随事，实力实心，断不敢稍涉因循，以期仰答高厚鸿慈于万一。除循例恭疏题报外，所有微臣兼署督篆日期并感激下忱，谨缮折叩谢天恩，伏祈皇上圣鉴，谨奏。

朱批："知道了。"《宫中档光绪朝奏折》第11辑，第785—786页

恭报湖北沙市地方焚毁局关洋房一案获犯讯明拟办折光绪二十四年四月初四日

头品顶戴兼署湖广总督、湖北巡抚臣谭继洵跪奏，为湖北沙市地方焚毁局关洋房一案现已获犯讯明谨将拟办大概情形恭折具陈仰祈圣鉴事。窃照湖北荆州府属沙市地方商贾辐辏，五方杂处，往往易滋事端，前有湖南帮客民借端纠众放火焚烧局关洋房公寓船只，臣于本年闰三月二十日丑刻据英领事霍必澜来电，当即电饬荆宜施道查复，一面派委湖北候补道札勒哈哩、候补知县蔡国桢等前往查办，并檄调省城武防营暨宜昌镇标操防营兵驰往弹压保护，随将饬据查复情形迭次电达总理各国事务衙门代奏，钦奉谕旨："谭继洵三电同日递到，沙市案情重大，奏报已属迟延，现在麻城之宋埠复有抢掠教堂之案，鄂省民情浮动，匪党易于勾煽，不可不先事豫防，着该署督拣派干员于宜汉等处实力稽查，凡有教堂处，所饬各州县慎重保护，毋致再启衅端。"钦此。遵即派员在于宜、汉等处认真稽查，并通饬各州县，凡设有教堂处所，密派妥役随时慎重保护。暨查明前往宋埠传教之牧师斐美德等系自愿回汉，并无抢掠教堂之事，电达总理各国事务衙门代奏在案。旋据荆宜施道俞钟颖、荆州府知府舒惠、江陵县知县刘秉彝禀称，此案起衅根由，缘闰三月十八日晚间有湖南人杨与全由山货行挑行李赴洋马头转回，在招商局门外小便，该局更夫周顺兴即王姓瞥见喝阻不听，即持扁担将杨与全殴伤，当经保甲局委员候补县

丞冯序镛等前往弹压，给钱二串，饬令抬回调治，行至中途，杨与全之叔杨高明与同帮之曹品堂见而拦转，该委员冯序镛虑生事端，饬将杨与全交保正领调，并令将曹品堂看管，旋经湖南会首杨明阶保回。曹品堂与杨高明及湖南不识姓名多人，心怀不服，十九日午前，又将杨与全抬至招商局滋闹，其时营汛员弁齐到弹压，经沙关委员、候补知县马士庆等令招商局董张鸿泽将肇事之更夫交出当场责惩，张鸿泽当时未交，湖南帮亦未将杨与全抬回。是日酉初，又有湖南人余以仁倚醉欲在洋关验货厂门首小便，大关水手出拦不服，彼此扭殴，余以仁登时卧地图赖，于是凶徒聚集关前，沙防、荆江两营勇时尚未散，该委员等再三向南帮之人开导，人众语嚣，其势甚凶，嘱令营勇驱散闲人，三路守定路口，营勇并不照行，凶徒旋即放火。该县刘秉彝于十七日午刻接印，十九日午后三点钟接电，随同该道俞钟颖等出城，其时招商局税务司新修洋房已经起火，所有沙关洋务局、日本领事公寓及陈列样货所委员寓所暨附近民房数间同时均被延烧，招商局趸船扦手坐船亦经烧毁。该道到沙后，分饬沙防、荆江两营官暨会商参将守备，将康家桥之天主堂、老巡司巷之福音堂、荆州城外之教堂，妥为保护，毋致再生枝节；一面查明税务司暨日本领事等五人各乘小船避泊窑湾便河地方，该道亲至税司船上慰问。该税司聂务满旋赴汉口，日本领事等移住该道署中；英领事已先期赴沪，其所泊关前座船，当滋事时开往南岸，得以无恙。现经该县刘秉彝拿获要犯多名，容俟讯取确供再行禀办等情，当经批饬提犯严审拟办。兹据该道府会同委员等电禀讯，据余以仁供认因同乡杨与全被殴受伤，挟忿往闹招商局，起意放火，故烧华洋房屋，抢夺财物；并据李得胜、张太贞、袁辉煌供认，听从放火同抢各情不讳，起有外国衣服等件，赃据确凿，按例均应斩决，请照章就地正法前来。臣查该犯余以仁等胆敢借端挟忿，聚众放火，故烧官民房屋，抢夺财物，实属目无法纪，按例应照强盗律不分首从拟以斩决，既据起获赃据，罪无可疑。湖北地方民情浮动，沙市客帮从前又曾酿巨案，亟应从严示惩，以警凶顽而杜后衅，未便稍稽显戮。臣已电饬该道等即将余以仁、李得胜、张太贞、袁辉煌四犯，一并就地正法，从重枭示，以昭炯戒；其余各犯仍饬研审确供，另行分别拟办。招商局更夫周顺兴即王姓，倚势行凶，致酿重案，非寻常肇衅可比，饬令暂行监禁，俟案结再行照例治罪。该犯余以仁等讯由挟忿往闹招商局，非与洋人为难，故领事、税司、教堂、教士均各无恙，现饬地方文武各员将该处各教堂实力保护，不得再滋事端。沙市税关、邮政局，饬据该关道电复将关旁官银号房屋二重赶紧修理，权作办公之所；关上大红船一号，预备税司暂住，关署房屋、税司领事公馆，再当筹款次第修复。至沙防、荆江营勇前于该帮聚众滋事时，未能实力弹压解散；迨洋关委员商令各勇守定路口，驱散闲人，又未照行，该营官督率不严，实属咎无可辞，容俟查明，分别据实参办。除严饬该府县勒拿在逃各犯，务获惩办，其领事、税司等所失什物并陈列所货物及一切未尽事宜，俟查复会同本任督臣张之洞妥筹办理，续行奏报外，所有湖北沙市地方焚烧局关洋房一案，现已获犯讯明拟办大概情形，理合恭折具陈，伏乞皇上圣鉴训示。再：湖北巡抚系臣本任，毋庸会衔，合并陈明，谨奏。

朱批："该衙门知道。"《宫中档光绪朝奏折》第11辑，第823—825页

为沙市绅商捐助灾民恳请建坊奖励片光绪二十四年四月初四日

再：查接管卷内据湖北荆宜施道俞钟颖等禀称，江陵县地方光绪二十二年春麦无收，夏秋之交，襄河水势迭涨，堤塍多有漫溃，受灾之重为近年罕见，加以邻邑并川省同时被灾，饥民至沙市就食者不下数万人。是年冬令，经该道等督饬署江陵县知县张集庆，在于沙市上下地方设立粥厂两处，俾资安辑。因为时较久，省中所发银米尚属不敷，劝谕地方绅商乐输银三万二千余两，存活灾黎无算，禀请照例建坊等情，由湖北布政使王之春会同筹赈

总局司道复核，详请具奏前来。臣查士民因地方善举捐助银一千两以上者例准请旨建坊，给予“乐善好施”字样，沙市绅商前因上下两处粥厂经费不敷，共捐助银三万二千余两，均属好义急公，合无仰恳天恩俯准在于设立粥厂两处各建立总坊，给“乐善好施”字样，以昭激劝。理合附片具奏，伏乞圣鉴。再：湖北巡抚系臣本任，毋庸会衔，合并陈明，谨奏。

朱批：“着照所请，礼部知道。”《宫中档光绪朝奏折》第11辑，第826页

江汉关筹解本年第一批筹备饷需银两奏折

光绪二十四年四月初四日

头品顶戴兼署湖广总督、湖北巡抚臣谭继洵跪奏，为江汉关筹解本年第一批筹备饷需银两恭折仰祈圣鉴事。窃照前准户部咨戊戌年筹备饷需奏拨江汉关四成洋税银十二万两，六成洋税银十六万两等因，当经本任督臣张之洞转饬遵办去后。兹据湖北汉黄德道、监督江汉关税务瞿廷韶详称：在于第一百五十结所征四成洋税项下动支库平足色银三万两，六成洋税项下动支库平足色银四万两，共银七万两作为本年第一批筹备饷需，饬委补用通判张应燨、试用通判曾朝祜管解赴京交纳等情，详请奏咨前来。臣复核无异，除分咨外，恭折具陈。再：湖北巡抚系臣本任，毋庸会衔，合并陈明，伏祈皇上圣鉴，谨奏。

朱批：“户部知道。”《宫中档光绪朝奏折》第11辑，第827—828页

筹解湖北固本兵饷片

光绪二十四年四月初四日

再：前准户部咨原定各省应解固本兵饷，湖北省按月应解银五千两，改令径解部库交纳；又准户部咨酌定分年带解固本练饷欠款，拟定有闰之年解十五个月，计银七万五千两，无闰之年解

十四个月，计银七万两，即自光绪十一年正月起按年照数解清各等因。所有湖北省应解光绪二十二年三月以前固本兵饷银两，业经按年照数先后解部，附片奏报在案。兹据湖北布政使王之春详称，会同盐法道在于盐课项下筹拨银一万两，作为光绪二十二年四、五两个月分固本兵饷，饬委补用通判张应爔、试用通判曾朝祜管解赴京交纳等情，详请奏咨前来。臣复核无异，除咨部查照外，理合附片具陈，伏祈圣鉴。再：湖北巡抚系臣本任，毋庸会衔，合并陈明，谨奏。

朱批："户部知道。"《宫中档光绪朝奏折》第11辑，第828—829页

湖广所辖长江水师各员因事出缺拣员分别升补折光绪二十四年四月初四日

头品顶戴兼署湖广总督、湖北巡抚臣谭继洵，长江水师提督臣黄少春跪奏，为湖广所辖长江水师各员因事出缺拣员分别升补并照章声明请旨定夺恭折仰祈圣鉴事。窃查长江水师员弁出缺，向系开单会奏请补在案。兹臣谭继洵查接管卷内长江水师近日所出各缺，经臣黄少春遴选历练营伍、熟悉水师之王宗高、彭三泰、刘坤洪、王益谟四员，均由已经升借官阶，递请升转，相应照章声明，可否准其升补，恭候钦定，理合汇缮清单恭呈御览。如蒙俞允，俟接准部复，即将王宗高、彭三泰、刘坤洪、王益谟给咨送部引见，以符定制。除饬取该员等履历咨部外，谨会同两江总督臣刘坤一恭折具奏，伏祈皇上圣鉴，谨奏。

朱批："兵部议奏，单并发。"《宫中档光绪朝奏折》第11辑，第829页

恭报湖北省光绪二十四年三月分雨水粮价地方情形折光绪二十四年闰三月十六日

头品顶戴兼署湖广总督、湖北巡抚臣谭继洵跪奏，为恭报湖北省光绪二十四年三月分雨水粮价地方情形仰祈圣鉴事。窃照光

绪二十四年二月分各属雨水粮价地方情形，业经臣恭折奏报在案。兹据武昌等十府暨荆门直隶州所属各州县将光绪二十四年三月分雨水粮价开单，报由湖北布政使王之春汇造清折前来。臣复加查核，是月分晴雨相间，江汉水势渐长，秧苗播种，二麦结实，粮价较上月有增无减，地方民情尚属安谧，堪以仰慰宸廑，谨缮粮价清单恭折具奏，伏祈皇上圣鉴，谨奏。

朱批："知道了。"《宫中档光绪朝奏折》第11辑，第831页

委署均州知州片 光绪二十四年四月十三日

再：署均州知州李华杰调省差委，所遗该州印务应即委员往署，以重职守。查有通城县知县舒恭寿，才具稳练，办事实心，堪以调署；递遗通城县知县印务，查有本任竹溪县知县夏时泰，精明果断，奋发有为，堪以署理。又枣阳县知县李九江因病请假就医，前经饬委新选建始县知县沈俊代理，兹查该员沈俊心地明白，任事勤能，堪以接署。又准补沔阳州知州薛福祁业已病故，查有牛棠才具明练，措理裕如，堪以饬委接署。又京山县知县武延绪，因病请假回省就医，所遗印务，查有本任南漳县知县虞煊年力富强，事理通达，堪以署理。又署巴东县知县朱祖荫，现经调署黄安县知县，所遗巴东县印务，查有本任来凤县知县恩润，局度安详，实心任事，堪以署理。又署云梦县知县王奎照调省差委，所遗印务，查有本任长乐县知县巢序镛，谙练老成，志趣不苟，堪以署理。据湖北布政使王之春、按察使马恩培会详前来。除檄饬遵照并将薛福祁病故日期另行恭疏题报开缺外，谨会同湖广总督臣张之洞附片具陈，伏乞圣鉴，谨奏。

朱批："吏部知道。"钦此。《谕折汇存》第5册，第3288—3290页

报解本年地丁京饷银两折光绪二十四年四月十三日

头品顶戴湖北巡抚臣谭继洵跪奏，为报解本年地丁京饷银两恭折仰祈圣鉴事。窃照光绪二十四年京饷湖北省奉拨地丁银四十五万两，业经委解第一批银五万两赴京交收在案。兹据布政使王之春详称，复于地丁项下动拨第二批银四万两，查有补用通判张应爔、试用通判曾朝祜，堪以委解等情，详请奏咨前来。除缮咨转给该委员等妥速起解，并饬令将应解银两续筹委解外，理合会同湖广总督臣张之洞恭折具陈，伏乞皇上圣鉴，谨奏。

朱批："户部知道。"钦此。《谕折汇存》第5册，第3290—3291页

委解本年东北边防经费片光绪二十四年四月十三日

再：光绪二十四年东北边防经费指拨湖北厘金银八万两，应即分批委解。兹据湖北布政使王之春会同善后局司道详称，在于厘金项下动拨第一批银三万两，饬委补用通判张应爔、试用通判曾朝祜，管解赴京交纳等情前来。除缮咨转给该委员小心管解，并饬将应解银两续筹委解外，理合会同湖广总督臣张之洞附片具陈，伏乞圣鉴，谨奏。

朱批："户部知道。"钦此。《谕折汇存》第5册，第3291页

臬司马恩培因病恳请开缺回籍调理折光绪二十四年四月十四日

头品顶戴兼署湖广总督、湖北巡抚臣谭继洵跪奏，为臬司因病恳请开缺回籍调理恭折仰祈圣鉴事。窃据湖北按察使马恩培禀称，该司自上年七月莅任以来，兢业自持，事无巨细无不认真讲

求，乃自本年三月忽患腹胀之症，延医诊治迄未见效，近因绵延日久，以致气体亏弱，精神困惫，一时难冀速痊。臬司为刑名总汇，责任綦重，未便久旷职守，禀恳先行委员接署并奏请开缺回籍调理，俾得医治早痊，再行勉图报称等情具禀前来。臣查该司马恩培平日居官廉谨，气体素强，今因染患腹疾难期速愈，沥情具禀，出于至诚，除行遴员接署，附片奏报外，合无仰恳天恩俯准开缺调理。所有湖北按察使员缺，相应请旨迅赐简放，以重职守。所有臬司因病恳请开缺缘由，理合恭折具陈，伏乞皇上圣鉴。再：湖广总督系臣兼署，合并陈明，谨奏。

朱批：“另有旨。”钦此。《谕折汇存》第5册，第3313—3314页

附录：光绪皇帝上谕光绪二十四年四月十四日

上谕：“谭继洵奏臬司因病恳请开缺回籍调理一折，湖北按察使马恩培着准其开缺。”钦此。《谕折汇存》第5册，第3312页

岑春蓂接署湖北按察使片光绪二十四年四月十四日

再：湖北按察使马恩培现因患病，禀请开缺调署，业经臣恭折具奏，所有臬司篆务应即委员接署，以重职守。查有督粮道岑春蓂，才猷练达，局度宽宏，堪以署理；所遗督粮道篆务，查有候补道殷李尧心地朴诚，器识深稳，堪以递署。除分别檄饬遵照外，理合附片具陈，伏乞圣鉴。再：湖广总督系臣兼署，毋庸会衔，合并陈明，谨奏。

朱批：“吏部知道。”钦此。《谕折汇存》第5册，第3314—3315页

委署东湖知县片光绪二十四年四月十四日

再：署东湖县知县何厚康撤省，所遗该县印务应即委员往署，

以重职守。查有枝江县知县陈富文明练安详，留心吏治，堪以调署。据湖北布政使王之春、按察使马恩培会详前来。除檄饬遵照外，理合附片具陈，伏乞圣鉴。再：湖广总督系臣兼署，毋庸列衔，合并陈明，谨奏。

朱批："吏部知道。"钦此。《谕折汇存》第5册，第3315页

恭报湖北省光绪二十四年闰三月分雨水粮价地方情形折光绪二十四年四月十六日

头品顶戴湖北巡抚臣谭继洵跪奏，为恭报湖北省光绪二十四年闰三月分雨水粮价地方情形仰祈圣鉴事。窃照光绪二十四年三月分各属雨水粮价地方情形，业经臣恭折奏报在案。兹据武昌等十府暨荆门直隶州所属各州县将光绪二十四年闰三月分雨水粮价开单，报由湖北布政使王之春汇造清折前来。臣复加查核，是月分雨多晴少，江汉水势汛涨，二麦登场，因被雨渍收成较歉，秧苗秀发，粮价较上月增多减少，地方民情安谧，堪以仰慰宸廑。谨缮粮价清单恭折具奏，伏祈皇上圣鉴，谨奏。

朱批："知道了。"《宫中档光绪朝奏折》第11辑，第850—851页

奏报马恩培病故片光绪二十四年四月二十一日

再：湖北按察使马恩培前因患病呈请开缺回籍调理，业经臣恭折具奏，请旨简放所有臬司篆务，奏明檄委督粮道岑春蓂署理在案。兹据该家属呈报：该司马恩培于闰三月二十四日病故。除饬首府县督同该家属将身后事宜妥为料理外，理合附片具陈，伏乞圣鉴。再：湖北巡抚系臣本任，毋庸会衔，合并陈明，谨奏。

朱批："知道了。"钦此。《谕折汇存》第5册，第3404—3405页

要缺知县拣员请补折光绪二十四年四月二十二日

头品顶戴署湖广总督、湖北巡抚臣谭继洵跪奏，为要缺知县拣员请补恭折仰祈圣鉴事。窃准吏部咨，湖北监利县知县萧云告病，于光绪二十三年七月二十五日奉旨后第五日行文，按照限减半计算，应扣至八月二十五日为开缺日期，系要缺，应照例由外拣员请补。查例载知县应调缺出，俱令于现任人员内拣选调补；如果实无合例堪调之员，准以奉旨命往及曾任实缺候补并进士即用人员酌量补用等语。今监利县知县系繁疲难要缺，襟江带湖，地广赋繁，抚字催科，堤防水利，均关紧要，于兼三要缺中最为难治之区，非精明练达、才识兼优之员不足以资治理。臣在于通省实缺知县内逐加遴选，非现居要地即人地不宜，实无合例堪以调补之员，惟查有即用知县罗迪楚，年三十八岁，四川犍为县人，由廪生应光绪十四年戊子科本省乡试中式举人，十八年壬辰科会试中式贡士，殿试二甲，朝考二等，五月十四日引见，奉旨以知县即用，签掣湖北，六月初一领照起程，九月初六日到省；二十三年八月二十一日委署监利县事，十月初二日到任。复查该员罗迪楚精明谙练，办事勤能，现在署任措施一切，悉臻妥善，以之请补监利县知县要缺，洵堪胜任。惟调缺请补与例稍有未符，但人地实在相需，例得专折奏请，合无仰恳天恩，俯念监利县知县员缺紧要，准以即用知县罗迪楚补授，实于地方吏治大有裨益。该员系即用知县请补知县，衔缺相当，毋庸送部引见。据湖北布政使王之春、按察使马恩培会详前来。理合恭折具陈，伏乞皇上圣鉴，敕部核复施行。再：湖广总督系臣兼署，毋庸列衔，合并陈明，谨奏。

朱批："吏部议奏。"钦此。《谕折汇存》第5册，第3444—3447页

清瑞留省补用片光绪二十四年四月二十二日

再：准部咨道府州县无论何项劳绩保奏归于候补班人员，令该督抚即以此项人员到省之日起，予限一年，详加察看，认真考核，如系为守兼优，堪膺民社之员，出具切实考语，奏明分别繁简补用等因。兹查候补班前先补用知县清瑞，应以光绪二十二年十二月十七日到省之日起，至二十三年十二月十七日试看一年期满，据湖北布政使王之春、按察使马恩培取具该员履历清册，详请甄别具奏前来。臣随考验该员清瑞，安详稳练，办事勤能，堪以繁缺留省补用，除清册咨送吏部查核外，谨附片具陈，伏乞圣鉴，敕部查照施行。再：湖广总督系臣兼署，毋庸会衔，合并陈明，谨奏。

朱批：“吏部知道。”钦此。《谕折汇存》第5册，第3447—3448页

吴本义留省补用片光绪二十四年四月二十二日

再：准部咨道府州县无论何项劳绩保奏归于候补班人员，令该督抚即以此项人员到省之日起，予限一年，详加察看，认真考核，如系为守兼优，堪膺民社之员，出具切实考语，分别繁简补用等因。兹查候补班补用直隶州知州吴本义，应以光绪二十三年二月二十八日到省之日起，扣至二十四年二月二十八日试看一年期满，据湖北布政使王之春、按察使马恩培取造该员履历清册，详请甄别具奏前来。臣随考验该员吴本义，才具明练，勤干有为，堪以繁缺留省补用，除清册咨送吏部查核外，理合附片具陈，伏乞圣鉴，敕部查照施行。再：湖广总督系臣兼署，合并陈明，谨奏。

朱批：“吏部知道。”钦此。《谕折汇存》第5册，第3448—3449页

遵议改试武科章程谨就管见拟陈六条敬缮清单折光绪二十四年四月二十二日

头品顶戴兼署湖广总督、湖北巡抚臣谭继洵跪奏，为遵议改试武科章程谨就管见拟陈六条敬缮清单恭折仰祈圣鉴事。窃臣前准兵部咨会议奏改武科章程一案，光绪二十四年二月二十六日奉上谕：“前据荣禄、高燮曾、胡燏棻先后奏请设武备特科、酌改章程各折片，当经谕令军机大臣会同议奏，兹据该大臣等分别准驳详议复奏，并拟定大概章程开单呈览，朕详加披阅，尚属切实可行。国家设科，武备文事并重，原期遴拔真才，以备折冲之用，现在风气日新，虽毋庸另设特科，亦应参酌情形，变通旧制，着照该大臣等所议，各直省武乡试自光绪二十六年庚子科为始，会试自光绪二十七年辛丑科为始，童试自下届为始，一律改试枪炮，其默写五经一场，着即行裁去。所有一切未尽事宜暨各省应如何设立武备学堂之处，着该衙门随时奏明办理。现在时局艰难，朝廷厘定章程，专务振兴实学，武场改试枪炮，亦转移风气之一端，嗣后主试王大臣及各省督抚学政，尤当加意讲求，认真考核，务在作其忠勇，开其智识，平时则严督功课，校试则秉公去取，毋得奉行日久，又成具文，致负作育人材至意。该部相遵谕行。”钦此。当经恭录行司，通饬各属，并出示晓谕遵照在案。兹续准部咨议复广西巡抚黄槐森奏武场改试洋枪，并考取中式后分别选用案内，行令各省督抚就见闻所及，详细奏明酌办等因，于光绪二十四年三月二十八日具奏，奉旨：“依议。”钦此钦遵。咨行到臣，伏念武科改试枪炮，以士为勇，而所习各适其用；以勇为士，而应试不废所长。又以武生、武举，尽数充补勇弁，薪粮赡其身家，功名策其进取，合考试与操防通融定制，仰见圣明振作士气、鼓舞人才之至意。窃为改章之始，立法不厌审慎，防患尤贵周详，武生之在营者，得以兵法部勒之，惟武童散处乡间，部议拟责成武职官就近考试弹压，固为防弊起见，但火器之利与众共之，而营汛分设无多，不独教习难以遍及，防范亦恐难周，近来各省团练多视为具文，若认真整顿，以武童编入团丁，按保甲成法约束清查，似较专责成武职为密。团丁不必多练，少则易于钤制，经费亦易筹备。至武科枪炮，不宜购自外洋，当以维持官厂为要。而行伍科举早判分途，尤当化其町畦之见，明其赏罚之权。所有遵议武科改章缘由，谨就管见拟陈六条，除咨兵部，理合敬缮清单，恭折具陈，伏乞皇上圣鉴，饬部采择核复施行，谨奏。

朱批："兵部议奏，单并发。"钦此。《谕折汇存》第5册，第3453—3456页

附录：遵议改试武科章程约举六条

一　武童宜均归团练操演也。各州县武童，部议拟派就近武职官考课弹压，一州一邑武职不过一二员，现既改试枪炮，虽不准私自携回，而随时操演各持火器，地方辽阔，恐一二员武职防范有所不及，易滋事端。拟各省大县四乡，每乡团练四五十人；小县四乡，每乡团练三四十人。以年在二十五岁以下、躯干强壮者，尽数编列团丁，选其精明勤朴者为什长，每乡延教习一人，并遴派公正绅耆为团长，就各乡远近适中与操场附近之地，或庙宇或祠堂为小学堂，地方愿捐资公建学堂者，听之，统为存储枪械与教习什长、会议驻宿之所。团长随时稽查，或按四季责成武职官分投考课一次，以定优劣。其城厢办团章程与乡团等。所有武童、什长，三代姓名、年貌住址，并教习、团长履历清册，由团长造送州县武职衙门存案，每年一次，有更换者，随时报明，即由州县造具团练武童年貌各册，申送该管知府考试，转送学政甄录。武生未经到营、愿入团操演者，亦听其便。庶层层钤束武童，亦按籍可稽武职官弹压者，课有所责成，则团练不致滋事，并可保护、弹压地方，诚一举两得矣。

一　枪炮宜分别考试也。武生、武举既尽数入营，武童散处四乡，平时操演放枪，弹子易致伤人，宜择高冈或平地堆筑土阜，

安设靶位以为屏蔽，若演炮则巨弹分飞，患多不测。拟童试专练步枪、马枪，通用前膛、来复枪取进，武生入营后，再演炮位与新式小口径快枪；否则乡间武童贫乏者多，若缴价购买，不独新式小口径快枪价值昂贵，即所需药弹费亦不赀，力难措办，公款又无可代筹，且官厂制造快枪无多，各营尚未能一律改用，若各直省武童同时购买，官厂无以应付，势必购自外洋，近来中华物力漏卮已巨，再添此大宗枪价，彼族之商务日兴，吾华之生计愈促。似宜量为变通，饬各省枪炮厂赶造新定通用之快枪，先尽绿营、防营将旧式来复枪一律更换，窳败恶劣者废之，选其完善可用及旧存各局者，照原价酌减，留为武童缴价购买之需，枪竿仍补刻姓名，倘不敷发卖，再由官厂仿造补给。四乡操场、学堂，应饬各州县于各乡适中之地，分设四处，每月勤加操演，操毕将枪收存学堂，不准擅动；若私行取出与非在操场演放者，查出议罚，倘持以滋事，如律治罪。

一　兵勇乡试宜先录科也。若制兵练勇既准其报名乡试，或枪炮准式未能精一，虚縻饷需，滥应大典，不足以折服武生，且恐因此疑忌。宜于场前由学政先行考录，如演试枪炮，与武生考取章程相符，方准入闱，否则不准应试。其中靶太少者，由学政、营官立即裁汰，庶各营闻风鼓励，不能不实力讲求，转弱为强，不无裨益。

一　武生、武举宜通算学也。数为六艺之一，古人童而习之，泰西各国无论何等学堂、何种学问，皆以算学为先务。中国畴人子弟散失无传，虽极深研幾，非武人所能通晓。第枪炮一项，专重测量，若不粗通算学，则远近高下动失机宜，异日临阵必至胸无把握，贻误匪轻。拟于每营、每学堂延聘算学教习数人，专讲测量浅理，庶聪明特达之才皆知以讲求根柢为务，而天文地舆诸学，亦可由此类推。觥觥将才，或可拔十而得五也。

一　试场宜兼操技艺也。今既寓操防于考试，须择操防所最要者，兼资练习。近来西人教习最重体操，意在考验筋力，能任辛劳，与都中善扑营相仿，一经呈技而躯体之精壮与否，手足之灵捷与否，优劣立判。盖枪炮重在目力、手法，拟于枪炮之外，添考体操各技，则兼重身材矣。

一 训练宜定赏罚也。大器非勤练不能精，人心非激扬不能奋。武士入营，充补各项已得口粮，难保无勤惰不齐，转乏进境，拟定功课以励之。每月大操一次，以十二枪为度，全中者为上，十枪次之，八枪又次之，以上皆酌给奖赏；中六枪者免罚，六枪以下分别酌罚口粮。然罚至多不得逾口粮之半，即以罚款作为赏款，不必另筹。若逐月渐练渐精，罚款渐少，则以中八枪者免罚；更有进者，则以中十枪者免罚。炮之出数酌减赏罚。如之，果全营士气奋兴，竟练成百发百中，则折冲御侮，利赖实多，不妨全增口粮，以资观感，不必以赏罚绳之矣。《谕折汇存》第 5 册，第 3456—3462 页

恭报交卸兼署督篆日期折光绪二十四年五月九日

头品顶戴署湖广总督、湖北巡抚臣谭继洵跪奏，为恭报微臣交卸兼署督篆日期仰祈圣鉴事。窃臣前承准总理各国事务衙门电开，奉旨：“张之洞着即来京陛见，有面询事件，湖广总督着谭继洵暂行兼署。”钦此。遵将兼署督篆日期恭折奏报在案。兹于闰三月二十七日准本任督臣张之洞由上海来电，奉旨：“前据张之洞电奏，于十七日起程嗣后，尚未交卸来京之奏，此时计程当抵上海，惟现在湖北有沙市焚烧洋房之案，恐湘鄂匪徒勾结滋事，长江一带呼吸相连，上游情形最为吃重，着张之洞即日折回本任，俟办理此案克复，地方一律安静，再行来京。”钦此。现张之洞业已回鄂，臣即于四月十二日谨将钦颁咸字十五号湖广总督银关防一颗，并王命棋牌十面杆副暨文卷等项，饬委武昌府知府逄润古、署督标中军副将俞厚安，赍送本任督臣张之洞接收，臣即于是日卸事，除循例恭疏题报外，所有微臣交卸兼署督篆日期，理合恭折具奏，

伏乞皇上圣鉴，谨奏。

朱批："知道了。"钦此。《谕折汇存》第6册，第3890—3891页

据情代奏叩谢天恩折光绪二十四年五月十一日

头品顶戴湖北巡抚臣谭继洵跪奏，为据情代奏叩谢天恩恭折仰祈圣鉴事。据头品顶戴三品卿衔前云南巡抚贾洪诏呈称，窃洪诏接奉行知光绪二十四年三月初二日内阁奉上谕："张之洞等奏耆臣重遇恩荣筵宴吁恳恩施一折，三品卿衔前云南巡抚贾洪诏，早膺民社，洊陟封圻，退处乡闾，年登大耋，前因乡考重逢，赏加三品卿衔，现在重遇恩荣筵宴，洵属艺林盛事，着加恩赏给头品顶戴，准其重赴恩荣筵宴，以光盛典。"钦此。当即恭设香案，望阙叩头谢恩。伏念洪诏退居草莽，未报涓埃，晚景桑榆，自惭衰朽。前此秋闱，再遇丝纶，特锡卿衔；今当春榜，重逢顶带，宠膺头品。复恩荣之预宴，叠沛鸿慈；蒙高厚之生成，莫名鳌戴。所有感激下忱，谨请代奏叩谢天恩等情前来。理合恭折代陈，伏乞皇上圣鉴，谨奏。

朱批："知道了。"钦此。《谕折汇存》第6册，第3953—3954页

郑诗镇留省补用片光绪二十四年五月十一日

再：准部咨道府州县无论何项劳绩保奏归于候补班人员，令该督抚即以此项人员到省之日起，予限一年，详加察看，认真考核，如系为守兼优，堪膺民社之员，出具切实考语，奏明分别繁简补用等因。兹查补用知县郑诗镇，应以光绪二十二年十二月二十三日到省之日起，扣至二十三年十二月二十三日，试看一年期满。据湖北布政使王之春、按察使岑春蓂取造该员履历清册，详请甄别具奏前来。臣随考验该员郑诗镇，才长识卓，办事实心，堪以繁缺补用，除清册咨送吏部查核外，理合会同湖广总督臣张

之洞附片具陈，伏乞圣鉴，敕部查照施行，谨奏。

朱批："吏部知道。"钦此。《谕折汇存》第6册，第3954—3955页

查明湖北省各属应征光绪二十三年地丁等款下忙钱粮已未完数目折光绪二十四年五月十一日

头品顶戴湖北巡抚臣谭继洵跪奏，为查明湖北省各属应征光绪二十三年地丁等款下忙钱粮已未完数目恭折具陈仰祈圣鉴事。窃照上下两忙钱粮例应将额征坐支及已未完数目分款造报，嗣于咸丰二年接准部咨议奏藩司功过章程，拟请丰年以额征数目为准，蠲缓之年以应征数目为准，均按八分计算，责成藩司督催。上忙匀为三分征收，下忙匀为五分征收，其余三分归于奏销前扫数全完，随案议予功过。又光绪二十三年接准部咨奏定整顿各省钱粮章程，拟将藩司督催上下忙分数定以九分，上忙匀为四分，下忙匀为五分，上忙能完至四分，下忙能完至五分者，始准免其议处。如核计上下两忙征完分数在九分以上，仍给予议叙，其余所欠分数复能于奏销前扫数全完，所有藩司及经催各员应得议叙，仍照旧例办理等因在案。兹据湖北布政使王之春详称，湖北省光绪二十三年分额征起运屯饷存留驿站正项，共银一百一十万六千四百九十二两八钱三分八厘，内除坍没渍淹挖压沙压坍占挖废缓征豁免共银一万五千一百六十七两二钱七分二厘，实应催银一百九万一千三百二十五两五钱六分六厘。内除上忙应催四分银四十三万六千五百三十两二钱二分六厘，内已完银二十一万八千七百一十九两八钱，外下忙应催银六十五万四千七百九十五两三钱四分，内除各属被水受旱蠲缓银二十五万二千四百五十二两八钱六分一厘，又除奏销应催一分银六万七千五十七两外，实应催下忙五分银三十三万五千二百八十五两三钱九分九厘，又上忙未完银二十一万七千八百一十两四钱二分六厘，统共应催银五十五万三千九十五两八钱二分五厘。以九分为率，已完四分四毫零银二十四万八千二百八十三两二钱五分二厘，未完四分九厘零银三十万四千

八百一十二两五钱七分三厘，所有未完职名系现任湖北布政使王之春。又额征光绪二十三年压征二十二年芦课正银一万二千一百三十五两二钱二分五厘，内除上忙应催四分银四千八百五十四两九分内已完银一千一两七钱二厘外，下忙应催银七千二百八十一两一钱三分五厘，内除各属被水蠲缓银三千六百八十一两八钱五分六厘，又除奏销应催一分银五百九十九两八钱八分，实应催下忙五分银二千九百九十九两三钱九分九厘；又上忙未完银三千八百五十二两三钱八分八厘，共应催银六千八百五十一两七钱八分七厘，已完银三千九百一十二两九钱八分八厘，未完银二千九百三十八两七钱九分九厘；又额征光绪二十三年分田房牙当茶黄柏等税银九千八百七十四两四钱五分七厘，内除上忙应催四分银三千九百四十九两七钱八分三厘，内已完银一百七十两一钱五分三厘；又除奏销应催一分银九百八十七两四钱四分六厘外，实应催下忙五分银四千九百三十七两二钱二分八厘；又上忙未完银三千七百七十九两六钱三分，共应催银八千七百一十六两八钱五分八厘，已完银一千二百三十二两四分一厘，未完银七千四百八十四两八钱一分七厘等情，造册具详前来。臣复核无异，除饬藩司严饬各属迅将未完银两赶紧征解，扫数全完，并将清册咨送户部外，理合会同湖广总督臣张之洞恭折具奏，伏乞皇上圣鉴，谨奏。

朱批："户部知道。"钦此。《谕折汇存》第6册，第3955—3960页

报解光绪二十四年地丁京饷银两折光绪二十四年五月十一日

头品顶戴湖北巡抚臣谭继洵跪奏，为报解光绪二十四年地丁京饷银两恭折具陈仰祈圣鉴事。窃照光绪二十四年京饷湖北省奉拨地丁银四十五万两，业经先后委解第一、二批共银九万两赴京交收在案。兹据湖北布政使王之春详称，复于地丁项下动拨第三批银四万两，查有试用知县叶丙勋、试用知县马宗翰，堪以委解等情，请奏前来。除缮咨转给该员等妥速起解，并饬令将应解银

两续筹委解外，理合会同湖广总督臣张之洞恭折具奏，伏乞皇上圣鉴，谨奏。

朱批：“户部知道。”钦此。《谕折汇存》第6册，第3960—3961页

查报湖北省光绪二十三年交代各案片光绪二十四年五月十一日

再：据湖北清查交代局布政使王之春、署按察使岑春蓂、署督粮道殷李尧详称，湖北省各州县卫光绪二十二年十二月以前各案交代，已按年详请分别奏咨在案。兹查自光绪二十三年正月起至十二月底止，共计交代各案五十八起，应造册结，均已详咨达部等情，详请具奏前来。臣复核无异，除咨户部查照外，理合会同湖广总督臣张之洞附片具陈，伏乞圣鉴，谨奏。

朱批：“户部知道。”钦此。《谕折汇存》第6册，第3961—3962页

查报湖北省光绪二十三年额征片光绪二十四年五月十一日

再：据署湖北督粮道殷李尧详称，湖北省光绪二十三年额征驴脚南折正耗共银四万一千四百七十五两零，内除挖压渍淹河压缓征豁免共银三百九十六两零，并上忙应征银两外，计下忙应征银二万五百三十九两零，内除黄梅等州县坍占挖废河压并被水缓征共银三千八百一十二两零，计已完银一万三百一十八两零，未完银六千四百四两零；又上忙原报未完银八千九百七十六两零，续完银五千五百五十七两零，尚未完银三千四百一十九两零，上下忙共未完银九千八百二十四两零；又额征随漕浅船军三安家正耗并闲丁帮津资役等款共银九万二千六百八两零，内除渍淹挖压逃亡事故缓征豁免共银三千七百四十二两零，并上忙应征银两外，计下忙应征银四万四千四百三十二两零，内除黄梅等州县卫河压挖废坍占并被水缓征共银一万九千七百一十二两零，已完银一万

七千九百五两零，未完银七千三百五十五两零；又上忙原报未完银二万八千一百五十四两零，续完银八千二百三十四两零，尚未完银一万九千九百二十两零，上下忙尚未完银二万七千二百七十五两零等情，具详前来。臣复核无异，除仍饬严催各属将未完银两赶紧催征完解外，理合会同湖广总督臣张之洞附片具陈，伏乞圣鉴，谨奏。

朱批："户部知道。"钦此。《谕折汇存》第6册，第3962—3964页

委解本年湖北省第二批厘金京饷片光绪二十四年五月十一日

再：湖北省厘金项下奉拨光绪二十四年京饷银十二万两，业经委解第一批银三万两赴京交收在案。兹据布政使王之春会同善后局司道详称，复于厘金项下动拨第二批银三万两，饬委试用知县叶丙勋、马宗翰管解赴京交纳等情前来。除缮咨转给该委员等小心管解并饬将应解银两续筹委解外，理合会同湖广总督臣张之洞附片具陈，伏乞圣鉴，谨奏。

朱批："户部知道。"钦此。《谕折汇存》第6册，第3964—3965页

恭报湖北省光绪二十四年四月分雨水粮价地方情形折光绪二十四年五月二十七日

头品顶戴湖北巡抚臣谭继洵跪奏，为恭报湖北省光绪二十四年四月分雨水粮价地方情形仰祈圣鉴事。窃照光绪二十四年闰三月分各属雨水粮价地方情形，业经臣恭折奏报在案。兹据武昌等十府暨荆门直隶州所属各州县将光绪二十四年四月分雨水粮价开单，报由湖北布政使王之春汇造清折前来。臣复加查核，是月分雨多晴少，江汉水势盛涨，早稻结实，杂粮畅茂，粮价较上月增多减少。惟据各属禀报，滨江沿汉低洼田地间被漫淹，现饬赶紧设法疏消，以期涸复补种。地方民情安谧，堪以仰慰宸廑，谨缮

粮价清单恭折具奏，伏祈皇上圣鉴，谨奏。

朱批："知道了。"《宫中档光绪朝奏折》第11辑，第959页

请变通科举折光绪二十四年五月二十七日

头品顶戴湖北巡抚臣谭继洵跪奏，为请变通学校科举，以期讲求失学，拔取真才，敬陈管见，恭折仰祈圣鉴事。窃惟三代以上学校与选举合，三代以下学校与科举歧，此古今治乱之所由分，亦中西政法所自判也。伏读五月初五日上谕，考试废八股改策论，仰见宸衷独断，崇实黜浮，莫名钦佩。特是人才不出于学校，专恃科举以较文字之短长，凡士子应试，于内政、外政、法律与算诸学，尚可见诸策论。他若化电制造及有关实事之工艺，必陈图列器，亲手运用，非命题一试，即可详悉浅深。况品行心术，养之有素，乃察之易审，尤非仓猝所能辨别，上以实求，下以虚应，所取策论，纵极渊雅，究与八股时文同属空谈，揆诸圣明旁求俊乂之心，转觉相违，而鲜实效。臣不揣冒昧，妄拟以学校立科举之体，以科举成学校之用，谨画二策，曰立学校之规模，曰筹科举即出于学校，敬为我皇上陈之。

今各省亦竞言学堂矣。然而章程不同，则无其法；款项支绌，则无其费；教习难聘，则无其师。以臣观之，此三者，皆非所难也，难在规模未定耳。拟请于京师设立学部，总管各省学校事务，议定办理学校之章程，处分之则例，与教习之程式，生徒之功课，以及学成考试之法，分门别类，纲举目张，以之颁行天下，使其一律遵办，则法整齐矣。自宋以后，因学官不足以造士，而后书院之制度兴，今各省府厅州县，莫不有书院，虽多寡大小不一，皆宜一律改为学堂。而今之所谓学官者，但襄事丁祭，伺应学政，号为学校之官，究无与于教育之事，而又歧之为教谕、训导，临之以府学教授，终岁学田所入，亦颇不赀。计维有酌裁学官，而总其职事于学堂，即责成地方官管理。是学校即属于学堂之内，则凡养学官之费，如学田等类，酌量拨归学堂，窃意合书院学官

之费以办学堂，则费当无不足矣。古人云："师道立则善人多。"后世师范一学阙焉不讲，此亦失治之一端也。明臣王守仁曰："教之大端，尧舜禹之相授受，所谓道心惟微，惟精惟一，而其节目，则舜命契，所谓父子有亲，君臣有义，夫妇有别，长幼有序，朋友有信，五者而已。"又曰："学校之中，惟以成德为事，而才能之异，或有长于礼乐，长于政教、长于水土播植者，则就其成德，而因使益精其能于学校之中。迨夫举德而任，则使之终身其职而不易。"臣窃以纲常性理之本，原不出乎四书五经，当此人心锢蔽之时，赖此提撕，使天下晓然知君臣父子之伦，三纲之道明，则亲上死长，忠义自奋。各州县既立学堂，拟请于京师及各省城，设立师范学堂，择年长行优而根柢孔孟之学者，入为生徒，学习三年，使粗知内政外政法律舆算各学之门径。果其品学均足为人师表，即予以凭单，发往各府厅州县，充为学堂教习，其已聘得教习者，即毋庸发往。创办之时，应请先由京师同文馆挑选生徒之高才者，发往各省师范学堂为教习，不足则如广东、上海广方言馆之学生成材者，补充其选。其他化电制造方言武备各专门学堂，暂宜聘请西人为师，俟学生学成，然后自相传习，则师亦不难得矣。所谓立学校之规模者此也。

学校既已林立，人才亦必辈出，则当筹所以用之之道，使仍以科举考试之法求之，则所取者，未必出于学校，而学校转不如科举之可贵，是堕学者之志，而分其趋向也。此后考试，拟请以学堂中之功课分数为凭，先由学部明定章程，各学功课必须满至若干分，方为及格，及格者始给予凭单，注明所学何学，现已满足分数，及品行修饬，并无过犯等语。其县学堂，则由该县知县，会同该学堂教习，出具切实考语，汇册赍府转详学政，再由该学生亲赍凭单投验收考，学政面试所学，果与凭单相符，即作为生员，准入府学堂肄习稍深之学。府学堂肄业期满功课及格者，如前给予凭单，由该知府，会同该学堂教习，出具切实考语，汇册赍省，详送督抚。再由该学生亲赍凭单投验收考，督抚面试所学，果与凭单相符，即作为举人，准入省学堂肄习精深之学。省学堂肄业期满功课及格者，如前给予凭单由该省督抚、学政会同教习出具切实考语，汇册咨送京师学部。再由该学生亲赍凭单投验收考，学部大臣面试所学，果与凭单相符，即作为进士，准入京师大学堂肄业，以待皇上临轩而策之。其有所学与凭单不符者，即将该地方官及各教习严定处分，予以降革之罪，督抚学政亦加严议。

至于学成录用之法，则视其学某学，然后用于某部，如学内政者则用于吏部，学理财者则用于户部，学法律者则用于刑部，学兵学者则用于兵部及军营，学工艺制造者，则用于工部及各省机器局，学外政者则用于总理衙门及各使馆之参赞随员，各因其材而用之。使之终身迁转，不出于本部本衙门，则学者学其所用，用者用其所学，人无旷官，官无旷事，科举无倖进，而学校亦不虚设矣，所谓筹科举即出于学校者此也。

臣闻之，洁裘者振其领，举网者提其纲，以言凡事统之于上，则其势顺而易也。故学校科举合一之制，又必视学部为转移，苟学部大臣，能举其职，并翻译西国学部章程，仿照办理，则强学康时成效自速。故臣愚以为变法自强莫先于变通学校，变通学校又莫先于设立学部也。谨就管见所及恭折具陈，是否有当，伏祈皇上圣鉴训示，谨奏。国家档案局明清档案馆编《戊戌变法档案史料》，第231—234页，中华书局，1958年

委署麻城知县片 光绪二十四年六月十八日

再：署麻城县知县长坦调省另有差委，所遗印务亟应委员往署，以重职守。查有崇阳县知县黄承清，才具优长，尽心民事，堪以署理。据湖北布政使王之春、署按察使岑春蓂，会同湖广总督臣张之洞附片具陈，伏乞圣鉴，谨奏。

朱批："吏部知道。"钦此。《谕折汇存》第7册，第5053页

光绪二十三年耗羡银两款不敷支借项作收造报折光绪二十四年六月十八日

头品顶戴湖北巡抚臣谭继洵跪奏，为光绪二十三年耗羡银两款不敷支借项作收造报恭折具陈仰祈圣鉴事。窃查湖北省额征起存驿站屯饷芦课等项耗羡暨田房商膏关税盈余并南漕脚耗等款，每年约计收银一十七万余两，以供一岁应支廪工祭品孤贫囚食暨各部饭食并文职各官养廉等项之用，如遇水旱缓征，耗羡随正俱缓，收数短绌不敷支放，历系借动杂款供支，于查办奏销时，将借动缘由奏咨在案。兹据湖北布政使王之春详称，光绪二十三年分除总督、巡抚并布政、按察二司，武昌、汉阳二府养廉归于正项案内造销外，其道府以下各官养廉及廪工等杂款，其实应支银一十一万五千二百一十四两九钱五分一厘，各属额征光绪二十三年起存驿站屯饷等款耗羡除蠲缓并坐支外，仅应解司银八万一千五百八十两五钱七分九厘，今只解收银七万一千六十四两二钱二分二厘；又二十三年芦课耗羡暨田房商膏盈余，及节年耗羡并粮道移解南折随漕驴脚等款耗羡银一万三千一百五十五两一钱五分二厘；又二十二年奏销册报存银二十二两五分二厘，通共收银九万四千二百四十一两四钱二分六厘，实不敷支银二万九百七十三两五钱二分五厘。现值查办二十三年奏销，册内既难登造而例支之款不能不发，应请援案在于司库二十四年春拨册内存款项下借支银一万九千两，质当捐款内借支银二千两，共银二万一千两，收入耗羡四柱册内造报，一俟本款续收有项即行归还等情，详请奏咨前来。臣复核无异，除咨户部外，理合会同湖广总督臣张之洞恭折具陈，伏乞皇上圣鉴，谨奏。

朱批："户部知道。"钦此。《谕折汇存》第7册，第5058—5060页

滇省委员领运十七起二批京铜到鄂发给水脚银两换附轮船开行日期折光绪二十四年六月十八日

头品顶戴湖北巡抚臣谭继洵跪奏，为滇省委员领运十七起二批京铜到鄂发给水脚银两换附轮船开行日期恭折仰祈圣鉴事。窃查滇省委员试用通判刘世濬，领运十七起二批京铜五十一万五千斤，于光绪二十四年闰三月十六日入湖北巴东县境，闰三月二十四日全数运抵汉阳县，报经饬委汉阳府知府余肇康、署汉阳县知县李观涛，会同该运员刘世濬将运到铜斤逐一盘验过秤，并无短少，换附轮船眼同过载，于闰三月二十八日由汉开行，取具运员无亏钤结，由该府县加结转详。其应领水脚在于藩司库存地丁项下动支银一千八百两，发给该运员具领。据湖北布政使王之春具详请奏前来。除将册结咨送户、工二部暨钱法堂查照外，理合会同湖广总督臣张之洞恭折具陈，伏乞皇上圣鉴，谨奏。

朱批："该部知道。"钦此。《谕折汇存》第7册，第5060—5061页

委解本年湖北省第二批东北边防经费片

光绪二十四年六月十八日

再：光绪二十四年东北边防经费指拨湖北厘金银八万两，业经委解第一批银三万两赴京交纳在案。兹据湖北布政使王之春会同善后局司道详称，复于厘金项下动拨第二批银三万两，饬委候补知县白坻、试用通判曹受诏管解赴京交纳等情前来。除缮咨转给该委员等小心管解，并饬将应解银两续筹委解外，理合会同湖广总督臣张之洞附片具陈，伏乞圣鉴，谨奏。

朱批："户部知道。"钦此。《谕折汇存》第7册，第5061—5062页

委解本年湖北省第二批地丁京饷片光绪二十四年六月十八日

再：光绪二十四年京饷湖北省奉拨地丁银四十五万两，业经委解三批共银十三万两赴京交收在案。兹据布政使王之春详称，复于地丁项下动拨第四批京饷银五万两，查有候补知县白坻、试用通判曹受诏堪以委解等情，请奏咨前来。除缮咨转给该委员等妥速起解，并饬将应解银两续筹委解外，理合会同湖广总督臣张之洞附片具陈，伏乞圣鉴，谨奏。

朱批："户部知道。"钦此。《谕折汇存》第7册，第5063页

循例动支银两发给湖北荆州旗营制备火药片光绪二十四年六月十八日

再：湖北荆州旗营每年常操需用火药铅弹工料脚价，循例动支司库耗羡银两给发荆州城守营具领制备，历经照办在案。兹据湖北布政使王之春详，准荆州城守营请领光绪二十四年常操火药一万五十四斤三两二钱，需硝八千一百二十三斤五两七钱六分，例价银三百八十九两三钱三分三厘；需磺一千一十五斤六两七钱二分，例价银四十七两三钱八厘，柳炭器具工料价值银七十一两五钱八分七厘；又应用黑铅三千五百三十三斤四两，例价银一百三十三两九钱一分五厘，工料银一十二两四钱二厘；又例定水脚银六两三钱八分七厘，共银六百六十两九钱九分二厘，已于司库耗羡款内动支，并就平扣收硝磺二项价银移知善后局分别支给余银给制造，俟造办事竣，由营造册报销等情，详请具奏前来。臣复核无异，除咨明户、兵、工部暨荆州将军查照外，理合会同湖广总督臣张之洞附片具陈，伏乞圣鉴，谨奏。

朱批："该部知道。"钦此。《谕折汇存》第7册，第5063—5065页

湖北公安县光绪二十三年被水缓缺秋冬二季驿站坐支银两援案拨补折光绪二十四年六月二十日

头品顶戴湖北巡抚臣谭继洵跪奏，为湖北公安县光绪二十三年被水缓缺秋冬二季驿站坐支银两援案拨补恭折仰祈圣鉴事。窃照湖北州县额设驿站夫马，所需工食、工料向在征收驿站钱粮项下按数坐支，遇有展缓之年征不敷支，奏明拨补，由臬司造具应补细册，移送藩司于查办是年奏销时核实给领，历经办理在案。兹据湖北布政使王之春、署按察使岑春蓂会详称，光绪二十三年公安驿站项下照额应支银五千五百一十七两七钱二分六厘，已征银三千九百五十五两九钱七分二厘，尽数坐支，余因被水缓征，计缺银一千五百六十二两一钱五分四厘，该县地本瘠苦，又当孔道，驿递文报最关紧要，坐支既缺，应为拨补等情，详请具奏前来。臣复核无异，合无仰恳天恩俯准查照往届成案，所有公安县不敷坐支银两，于该年驿站本款内拨补，除造具细册咨送户、兵二部外，理合会同湖广总督臣张之洞恭折具陈，伏乞皇上圣鉴，谨奏。

朱批："该部知道。"钦此。《谕折汇存》第7册，第5172—5173页

查明湖北省征收光绪二十三年钱粮漕南银米比较上届完欠实数开列清单折光绪二十四年六月二十日

头品顶戴湖北巡抚臣谭继洵跪奏，为查明湖北省征收光绪二十三年钱粮漕南银米比较上届完欠实数开列清单恭折仰祈圣鉴事。窃照前准户部咨奏令各直省征收丁漕统于各该年底开具比较清单专折奏报一片，于同治八年二月初五日奉上谕："着自同治八年为始，督饬藩司将全省一年上下两忙征收丁漕各实数及上届征收总

数，开具比较清单详明专案奏报。”等因。钦此钦遵。转行遵办在案。兹据湖北布政使王之春详称，湖北省光绪二十三年额征起运存留驿站屯饷耗羡等款，共银一百二十二万七千九百九十四两一钱九分一厘，内除渍淹挖压沙压坍没坍占挖废并被水受旱蠲缓豁免共银二十九万七千五十四两八钱三分六厘，实应征银九十三万九百三十九两三钱六分，已完银七十一万五百二十四两五钱二分七厘，未完银二十二万四百一十四两八钱三分三厘。查光绪二十二年征收各款钱粮，除缓征外，实征银九十四万七千六百五十六两一钱九分二厘，已完银六十三万六千二百八十八两三钱三分八厘，未完银三十一万一千三百六十七两八钱五分四厘。今以光绪二十三年征数比较光绪二十二年，计少银一万六千七百一十六两八钱三分二厘，收数计多银七万四千二百三十六两一钱八分九厘，只因该年被水蠲缓钱粮为数较巨，故应征之数较上届减少而收数尚有盈无绌。又据署督粮道殷李尧详称，湖北省光绪二十三年额征漕粮正耗米十六万三千八百三十一石九斗三升五合，折银二十一万二千九百八十一两五钱一分七厘，内除沙压坍没挖废挖压渍淹及被水受旱豁免缓征共银三万九千三百九十九两五钱九分二厘，实应征漕粮正耗米折银一十七万三千五百八十两九钱二分五厘，已完正耗米折银八万五千四百五十四两二钱二分一厘，比较光绪二十二年多完银一万四千六百五十四两五钱三分一厘，未完正耗米折银八万八千一百二十七两七钱四厘，现在催提。又二十三年额征南粮正耗米一十三万八千五百九十三石七斗一升一合四勺，折银二十万七千八百九十两五钱六分六厘，内除沙压挖压渍淹缓征额免及被水蠲缓共银四万七千九百一十三两三钱七分三厘，实应征南粮正耗米折银一十五万九千九百七十七两一钱九分三厘，已完正耗米折银一十二万五百二十七两九钱二厘，比较光绪二十二年多完银一万四千二百九十七两七钱二厘；未完正耗米折银三万九千四百四十九两二钱九分一厘，现在催提。又二十三年额征随漕浅船军三安家正耗并闲丁帮津资役等款，共银九万二千五百八十一两三钱七分五厘零，内除渍淹挖压沙压挖废坍占逃亡故绝被水豁免缓征，共银二万二千八百八十七两二钱七分三厘，实应征正耗银六万九千六百九十四两一钱二厘，已完正耗银四万五千一百三十七两八钱五分六厘，比较光绪二十二年多完银四千三两四钱四分五厘；未完正耗银二万四千五百五十六两二钱四分六厘，现在催提。又二十三年额征升科驴脚南折正耗共银四万一千二百九十五两四钱八分一厘，内除沙压渍淹挖压坍占挖废及被水豁免缓共银四千三十三两三分，实应征驴脚南折正耗银三万七千二百六十二两四钱五分一厘，已完正耗银二万九千六百二两一钱九分八厘，比较光绪二十二年少完银一千九百一十七两六钱八分九厘；未完正耗银七千六百六十两二钱五分三厘，现在催提。以上已未完各款，统俟该年奏销册内声明造报各等情，开单详请奏咨前来。臣复核无异，除咨户部外，所有湖北省征收光绪二十三年钱粮漕南银米，截至年底比较上届完欠实数，理合缮具清单，会同湖广总督臣张之洞恭折具奏，伏乞皇上圣鉴，谨奏。

朱批："户部知道，单五件并发。"钦此。《谕折汇存》第7册，第5174—5179页

查明各州县额设马匹并无缺额疲瘦折光绪二十四年六月二十日

头品顶戴湖北巡抚臣谭继洵跪奏，为查明各州县额设马匹并无缺额疲瘦恭折仰祈圣鉴事。窃准兵部咨同治元年闰八月二十日奉上谕："各直省驿站额设马匹，接递公文，均关紧要，并着各该管大臣确实查核，年终具奏，如查有缺额及疲乏等弊，即着从严参办。"等因。钦此钦遵。办理在案。兹据署湖北按察使岑春蓂详称，查明江夏等州县光绪二十三年分额设驿站马匹均系膘壮足额，在站应差并无亏缺及疲瘦等弊，各具印结，由该管道府层递加结，请奏咨前来。臣复查无异，除印结咨送兵部外，理合会同湖广总督臣张之洞恭折具陈，伏乞皇上圣鉴，敕部查核施行，谨奏。

朱批："兵部知道。"钦此。《谕折汇存》第7册，第5192—5193页

为请恤之案查复逾限折光绪二十四年七月十七日

头品顶戴湖北巡抚臣谭继洵跪奏，为请恤之案查复逾限恭折具陈仰祈圣鉴事。窃查前准吏部咨：顺天府忠义局第一百三十七八两次请恤案内，阵亡之候选从九品左发祥、左金鸿，均先议给云骑尉世职袭次，完时各给予恩骑尉世袭罔替，仍令查明各该故员等官阶履历，报部查核相符，再行准其承袭等因，于光绪十九年五月十九日题二十一日奉旨："依议。"钦此钦遵。咨行到鄂。饬据该故员等原籍云梦县，查明取造册结详经咨送履历，旋准部咨以查复逾限，应令照章声叙请恤原案并逾限缘由，奏明办理等因，复经饬查去后。兹据云梦县详据监生左金兆呈称：嗣父左发祥，于道光年间遵豫工事例报捐候选从九品，领有执照；咸丰四年粤匪窜扰县境，办理团防，是年四月十二日在县属观音岗地方接仗阵亡。又据文童左相国呈称：嗣父左金鸿，于咸丰六年在本省捐局遵筹饷事例，由俊秀报捐监生，加捐候选从九品，领有执照；咸丰十一年粤匪窜扰县境，办理团防，是年四月十二日在县属小河司地方接仗阵亡。并据声明该故员等原领各执照均被匪焚毁无存，前奉行查该监生左金兆因赴广东教读，该文童左相国因赴江西探亲，数年始归，以致声复逾限，并非无故迟延等情，由县取结加结造册，详经湖北布政使王之春复核转详，请奏前来。臣查吏部奏定章程自同治十三年以后、光绪十七年以前，各省请恤之案作为旧案，均按其原报官阶先行核议仍承袭，倘至限外始行查出补报者，应令将因何不依限咨报缘由奏明办理等因，遵照在案。今左发祥、左金鸿请恤之案系于光绪十九年经部题准行，查二十二年始行声复到鄂，核计已逾二年定限，既据该故员嗣子左金兆等呈明各因赴馆探亲外出，以致逾限，并非无故迟延，自应照章奏明办理，除册结送部外，理合会同湖广总督臣张之洞恭

折具陈，伏乞皇上圣鉴，敕部核复施行，谨奏。

朱批："吏部知道。"钦此。《谕折汇存》第8册，第6025—6028页

刘侗寿留省补用片光绪二十四年七月十七日

再：准部咨道府州县无论何项劳绩保奏归于候补班人员，令该督抚即以此项人员到省之日起，予限一年，详加察看，认真考核，如系为守兼优，堪膺民社之员，出具切实考语，奏明分别繁简补用等因。兹查补用知县刘侗寿，于光绪二十三年五月初十到省之日起，连闰扣至二十四年四月初十日，试看一年期满。据湖北布政使王之春、署按察使岑春蓂取造该员履历清册，详请甄别具奏前来。臣随考验该员刘侗寿，局度安详，实心任事，堪以繁缺留省补用，除清册咨送吏部查核外，理合会同湖广总督臣张之洞附片具陈，伏乞圣鉴，敕部查照施行，谨奏。

朱批："吏部知道。"钦此。《谕折汇存》第8册，第6029—6030页

童绚勋留省补用片光绪二十四年七月十七日

再：准部咨丞倅佐贰杂职劳绩保举分发补用人员，应以到省之日起试看一年期满，详加甄别等因。兹查候补班补用通判童绚勋，于光绪二十二年十二月二十到省之日起，扣至二十三年十二月二十日，试看一年期满。据湖北布政使王之春、署按察使岑春蓂取造该员履历清册，详请甄别具奏前来。臣随考验该员童绚勋，年富力强，才具稳练，堪以留省补用，除清册咨送吏部查核外，理合会同湖广总督臣张之洞附片具陈，伏乞圣鉴，敕部查照施行，谨奏。

朱批："吏部知道。"钦此。《谕折汇存》第8册，第6030页

委署枣阳知县片光绪二十四年七月十七日

再：署枣阳县事本任建始县知县沈俊，现经委署襄阳县知县，所遗枣阳县知县印务，查有襄阳县知县梅冠林，老成稳练，心地慈祥，堪以调署。据湖北布政使王之春、署按察使岑春蓂会详前来。除檄饬遵照外，谨会同湖广总督臣张之洞附片具陈，伏乞圣鉴，谨奏。

朱批："吏部知道。"钦此。《谕折汇存》第8册，第6031页

湖北省光绪二十三年秋冬二季收支牙帖厘金银钱数目折光绪二十四年七月十七日

头品顶戴湖北巡抚臣谭继洵跪奏，为湖北省光绪二十三年秋冬二季收支牙帖厘金银钱数目恭折仰祈圣鉴事。窃照同治七年十月钦奉上谕："厘金报部章程着照两淮盐厘格式，每年分两次奏报。"等因。钦此钦遵。办理历经奏报至光绪二十三年六月底止在案。兹据湖北布政使王之春会同牙厘局司道详称，光绪二十三年七月起至十二月底止，除洋药税厘银两另案造报外，货厘旧管项下实存市平荆沙银七千三百五十六两七钱二分，新收项下实收牙厘及土药坐票捐共市平荆沙银二十万八两五钱四分六厘零；又收牙厘钱八十二万二千六百十四串十五文，开除项下实解湖北盐道转发长江水师二十三年秋冬两季分共库平足色实银八万七千两，合市平荆沙银九万一千四百三十三两五钱二分，实解湖北善后总局市平荆沙银七万六千二百十八两四钱六分四厘零。又遵奏案拨解二十三年秋冬两季分善后总局委员薪水杂用银五千一百三两六钱，巡防保甲员弁薪水经费银一万一千三百七两，发审委员薪水经费银一千六百二十两，武职操练弓箭月课奖赏银二千八百二两，救生红船水手口粮经费二千八百八十两；又提牙厘各局局用八分经费银一万六千两六钱八分三厘零，总共市平荆沙银二十万七千

三百六十五两二钱六分六厘零，实解湖北善后总局钱七十五万六千八百四串八百九十三文，给牙厘各局八分经费钱六万五千八百九串一百二十二文，银钱两款扫数解清无存等情，详请奏咨前来。臣复核相符，除清册咨送户部科外，所有光绪二十三年秋冬二季收支牙帖厘金银钱数目，谨会同湖广总督臣张之洞恭折具陈，伏乞皇上圣鉴，谨奏。

朱批："户部知道。"钦此。《谕折汇存》第8册，第6031—6034页

湖北省征光绪二十三年钱粮截至奏销止比较上三年完欠各数循例开单折光绪二十四年七月十七日

头品顶戴湖北巡抚臣谭继洵跪奏，为查明湖北省征光绪二十三年钱粮截至奏销止比较上三年完欠各数循例开单恭折具陈仰祈圣鉴事。窃照征收钱粮部咨三年比较之期缮单奏报，历经遵办在案。兹据湖北布政使王之春于光绪二十三年奏销截数后开单具详请奏前来。臣复加查核，湖北省光绪二十三年新赋项下额征民屯地丁起运，共银一百一十万六千六百九十八两九钱一分四厘，内除坍没积淹挖压沙压展缓豁免共银一万五千一百六十七两二钱七分二厘；又除汉川、孝感二县并武昌、武左二卫被水成灾，蠲免银三千七百八十两三钱九厘，蠲剩缓征银一万五千一百二十两一钱五分六厘；又除江夏、武昌、咸宁、嘉鱼、蒲圻、崇阳、大冶、汉阳、黄陂、孝感、沔阳、黄冈、蕲水、罗田、黄梅、广济、钟祥、京山、潜江、天门、应城、江陵、公安、石首、监利、松滋、枝江、荆门等州县，并武昌、武左、沔阳、黄州、蕲州、荆州、荆左、荆右等卫，被水受旱勘不成灾，缓征银二十三万三千五百五十二两六钱六分六厘，实应征银八十三万九千七十八两七钱八分一厘，以十分计算，已完八分九厘零，银七十五万一千三百七十八两四钱九分二厘；未完一分零，银八万七千七百两二钱八分九厘。比较光绪二十年征数，少银六万八千九百四两六分九厘；

比较光绪二十年完数，少银七万九千九百七十两三钱三分九厘；比较光绪二十一年征数，少银二千九百四十八两三钱三分二厘；比较光绪二十一年完数，少银二万三百一十八两四钱五分四厘；比较光绪二十二年征数，少银一万五千六十两二钱六厘；比较光绪二十二年完数，少银八千二百六两一钱一分八厘。除饬严催各属赶紧全完，并咨户部查照外，理合缮具清单，会同湖广总督臣张之洞恭折具奏，伏乞皇上圣鉴，谨奏。

朱批："户部知道，单并发。"钦此。《谕折汇存》第8册，第6034—6036页

查明湖北省光绪二十三年奏销案内未完一分以上各员职名缮具清单折光绪二十四年七月十八日

头品顶戴湖北巡抚臣谭继洵跪奏，为查明湖北省光绪二十三年奏销案内未完一分以上各员职名缮具清单恭折仰祈圣鉴事。案照光绪六年户部奏定章程，钱粮奏销各依定限，各该督抚一面具题、一面先将未完一分以上各员职名，开具简明清单专折奏报，由部核定处分先行复奏，仍各于题本内将业经具奏各员声明备核，其有奏后续完者，准其续行奏请归本案开复等因，历经遵办在案。兹值查办光绪二十三年奏销，据湖北布政使王之春、署督粮道殷李尧，查明开单具详前来。臣复核无异，所有经征未完一分以上各员职名，已于题本内声明备核，谨开具简明清单，恭呈御览。惟奏单应照题本开列，题本缮成后，未完各处有据续完者，仍注明声请免议。除咨户部外，理合会同湖广总督臣张之洞恭折具奏，伏乞皇上圣鉴，敕部核议施行，谨奏。

朱批："户部议奏，单并发。"钦此。《谕折汇存》第8册，第6071—6072页

委解第三批厘金京饷银两折光绪二十四年七月十八日

头品顶戴湖北巡抚臣谭继洵跪奏，为委解第三批厘金京饷银两恭折具陈仰祈圣鉴事。窃照湖北省厘金项下奉拨光绪二十四年京饷银十二万两，业经委解二批共银六万两，赴京交收在案。兹据布政使王之春会同善后局司道详称，复于厘金项下动拨第三批银三万两，饬委候补知县侯昉、试用通判郑庆麟管解赴京交纳等情前来。除缮咨发给该委员等小心管解，并饬将应解银两续筹委解外，理合会同湖广总督臣张之洞恭折具陈，伏乞皇上圣鉴，谨奏。

朱批："户部知道。"钦此。《谕折汇存》第8册，第6072—6073页

委解本年湖北省第五批地丁京饷片光绪二十四年七月十八日

再：光绪二十四年京饷湖北省奉拨地丁银四十五万两，业经委解四批共银十八万两赴京交收在案。兹据布政使王之春详称，复于地丁项下动拨第五批京饷银五万两，查有候补知县侯昉、试用通判郑庆麟堪以委解等情，请奏咨前来。除缮咨发给该委员等妥速起解，并饬将应解银两续筹委解外，理合会同湖广总督臣张之洞附片具陈，伏乞圣鉴，谨奏。

朱批："户部知道。"钦此。《谕折汇存》第8册，第6073—6074页

委解本年湖北省第六批地丁京饷片光绪二十四年七月十八日

再：光绪二十四年京饷湖北省奉拨地丁银四十五万两，业经委解五批共银二十三万两赴京交收在案。兹据布政使王之春详称，

复于地丁项下动拨第六批京饷银四万两，查有试用知县曾传禄、徐元瀛堪以委解等情，请奏咨前来。除缮咨发给该委员等妥速起解，并饬将应解银两续筹委解外，理合会同湖广总督臣张之洞附片具陈，伏乞圣鉴，谨奏。

朱批："户部知道。"钦此。《谕折汇存》第8册，第6074—6075页

为胡得中祖父母建坊旌奖片光绪二十四年七月十八日

再：□□民因地方善举捐银一千两以上者，例得请旨建坊，给予"乐善好施"字样。兹有河南汝阳县监生胡得中，原籍湖北孝感县，因上年湖北各属被灾，待赈孔殷，遵其故祖父四品封职胡天池、故祖母四品命妇胡樊氏遗命，捐银一千两，以济赈需。据湖北筹赈总局司道详请具奏前来。核与建坊之例相符，合无仰恳天恩，俯准该生胡得中为其故祖父四品封职胡天池、故祖母四品命妇胡樊氏，在于寄籍河南汝阳县地方建坊，给予"乐善好施"字样，以示旌奖。谨合词附片具陈，伏乞圣鉴，谨奏。

朱批："着照所请，礼部知道。"钦此。《谕折汇存》第8册，第6082页

附录：裁缺诸大僚擢用宜缓特保诸先进甄别宜严庶以重封疆而禁贪酷折节录　山东道监察御史杨深秀奏光绪二十四年七月二十九日

湖北巡抚谭继洵守旧迂拘，虽人尚无他，要非能奉行新政者。此等即不奉裁缺，亦当分别罢斥，或优之听其告休。兹既被裁，即请任其归去，勿汲汲别议擢用，庶免阻挠新政，实疆场之大幸。《戊戌变法档案史料》，第181—182页

遵旨酌保使才折光绪二十四年八月初六日

头品顶戴湖北巡抚臣谭继洵跪奏，为遵旨酌保使才谨就平日所知恭折胪陈仰祈圣鉴事。窃臣接准吏部咨：光绪二十四年四月二十三日内阁奉上谕："方今各国交通，使才为当务之急，着各直省督抚于平日所知品学端正、通达事务、不染习气者，无论官职大小，酌保数员交总理各国事务衙门考验带领引见，以备朝廷任使。"钦此。仰见皇上怀柔经国、延揽通才之至意，伏读之下，钦佩莫名！窃维才识学兼长，明体即能达用；恭敬忠无间，推己乃可及人。国家变法维新，殚精图治，联大小相维之形势，亲仁善邻，重中外交涉之事权。讲信修睦，有为有守，不论其职而论其人，曰富曰强，必务于大而务于远，是不独能称专对，尤贵乎洞达机宜。膺斯选者，其难其慎。臣久膺重寄，自揣庸愚，愧无真知灼见之明，常懔以人事君之义，但就平日留心物色、知之较深者，如在籍翰林院检讨宋育仁，四川富顺人，操履端方，学问优裕，曾充驻英参赞，于内政外交精心研究，以周官经世之术取证于外国富强之效，采风问俗，洞见本原，为讲求时务不可多得之员；又盐运使衔湖北候补知府洪超，安徽祁门县举人，才具干练，器识闳通，曾充出使日本国随员，于洋务素所究心，其言行以忠信笃敬为本，委办各事诚实不欺。以上二员拟请饬下总理各国事务衙门调取考验，恭候任使。所有遵保使才缘由，理合恭折胪陈，伏乞皇上圣鉴，谨奏。

朱批："另有旨。"钦此。《谕折汇存》第9册，第6795—6797页

附录：光绪上谕光绪二十四年八月六日

谭继洵奏《遵保使才》一折，在籍翰林院编修宋育仁、湖北候补知府洪超，着各该督饬知该员等来京预备召见。钦此。

委署汉川知县片光绪二十四年八月二十六日

再：署汉川县知县骆文彩调省差委，所遗该县印务应即委员往署，以重职守。查有新选郧县知县曾囿藻心境明白，才具稳慎，堪以署理。据湖北布政使王之春、署按察使岑春蓂会详前来。除檄饬遵照外，谨会同湖广总督臣张之洞附片具陈，伏乞圣鉴，谨奏。

朱批："吏部知道。"钦此。《谕折汇存》第9册，第7419—7420页

光绪二十三年奏销案内续完之员请将原参处分分别免议减议折光绪二十四年八月二十六日

头品顶戴湖北巡抚臣谭继洵跪奏，为光绪二十三年奏销案内续完之员请将原参处分分别免议减议恭折仰祈圣鉴事。窃照光绪六年二月准户部咨：钱粮奏销各依定限，令各该督抚一面具题，一面先将未完一分以上各员，开具简明清单专折奏报，由部核定处分，先行复奏；其有奏后续完者，准其奏请归本案开复等因。臣于查办光绪二十三年奏销时，已将民赋钱粮南粮米石各项下未完一分以上各员专折奏报在案。兹据署湖北督粮道殷李尧详称，南粮米石项下原报接征未完一分以上之署潜江县事、大挑试用知县刘震岳，原报经征未完三分以上之前署监利县事、本任武昌府通判恒荣，原报未完二分以上之经征前署荆门州事、准补随州知州诸可权，原报未完三分以上之接征署荆门州事、本任钟祥县知县徐嘉禾，现均全完。又原报未完一分以上之接征代理蕲水县事、补用知县苏贻英，已据续完九厘，实止未完九厘，请将原参处分奏请免议减议等情前来。臣复核无异，除咨吏部、户部查照外，理合会同湖广总督臣张之洞恭折具陈，伏乞皇上圣鉴，敕部核复施行，谨奏。

朱批："该部议奏。"钦此。《谕折汇存》第9册，第7420—7421页

部选人员到省后委署别缺折光绪二十四年八月二十六日

头品顶戴湖北巡抚臣谭继洵跪奏，为部选人员到省后委署别缺恭折具陈仰祈圣鉴事。窃照部选郧县知县曾囿藻，于光绪二十四年闰三月二十三日到省，当经臣饬委署理汉川县知县印务，另行附片陈明在案。兹据布政使王之春、署按察使岑春蓂会详称，该员曾囿藻到省后未赴任委署别缺，照章应以到省之日作为到任日期，请奏咨立案前来。除将文凭咨送吏部查销外，理合会同湖广总督臣张之洞恭折具陈，伏乞皇上圣鉴，敕部查照施行，谨奏。

朱批："吏部知道。"钦此。《谕折汇存》第9册，第7422页

附录：光绪皇帝上谕光绪二十四年八月

裁缺湖北巡抚谭继洵，着毋庸来京，即日回籍。《光绪朝东华录》第4册，第4209页

卷五　电稿　书信　杂件

宜昌关监督称荆宜施三府地方向无倭人寄寓文光绪二十年十一月十九日

署湖广总督谭继洵文称，案查接管卷内光绪二十年八月二十二日准北洋通商大臣李咨，八月初七日准总理衙门咨开，本衙门前以寓倭华人，倭廷已令报名注册，否则驱逐出境，则寓华倭人中国亦应一律照办，以相报施。当于本年七月二十九日照会美署使田夏礼，属其转行通商各口美领事，将倭人现寓中国者详查确数，注明籍贯行业，就近送交各该关监督，以便稽核；如有未经报册之倭人，一经地方官拿获，自当另行办理等因去后。兹于八月初一日准该署使照复，已饬美国驻各口领事官，按照来文之意办理等情前来。相应咨行贵大臣，转咨沿海将军督抚，并通饬各该关道监督一体遵办，并将办理情形由贵大臣咨复本衙门查核可也，等因到本阁爵大臣准此。除咨行外，相应咨请移行遵照办理见复转咨等因。当经本任部堂张转饬遵照办理详复核咨去后。兹据湖北荆宜施道监督宜昌关税务周懋琦详称，查荆宜施三府地方向无倭人生理寄寓，亦未见有倭人往来，历年游历亦未见有倭人报到，均属无从详查，理合具文详请查核等情，到本兼护部堂，据此相应咨呈，为此咨呈贵衙门，谨请查照施行。台湾“中研院”近代史研究所编《清季中日韩关系史料》第6卷，第3905—3904页

奏请饬联络会剿以资得力电光绪二十年十二月初三日

奏为陈明将才，请饬联络会剿，以资得力，恭电仰祈圣鉴事。

窃倭夷犯顺，普天同愤，我皇上赫然震怒，用伸天讨，凡属出征诸将，所当戮力同心，灭此丑类。乃自出师以来，警报频闻，事机屡误，良由将领不得其人，志趣未能合一，即有一二忠勇敢战之将，亦因有所牵制，同归不振。伏思选将不善，是弃其师；用将不善，是弃其将。不能联络，则不能齐心；有所羼杂，即有所掣肘。昔年发逆之乱，湘军诸将类皆同泽同袍，协力征剿，用能削平大难。现在北上诸将领，臣有识有不识，优劣未敢概论。第就臣所深知者，如新疆喀什噶尔提督董祥福，才气沉雄，识力坚定。曩者臣备员陇上，察其谋略，考其战绩，确知其能。又广东高州镇总兵余虎恩，忠勇性成，果毅强劲。贵州古州镇总兵丁槐，才雄志远，淬历无前。前新疆布政使魏光焘，戎机晓畅，纪律严明。记名提督熊铁生，胆识均优，明练果敢。前广东南韶镇总兵降补副将方友升，慷慨激昂，蹈厉风发。臣尝与该将等讨论军事，所言皆确有把握，深中窾要。现各分调北征，若使联为一气，合军会剿，自能奋勇歼敌。所虑归隶不当，或以他军羼杂其间，则牵制阻挠，转恐贻误事机。拟请皇上将董福祥等军调归一处，联络会剿，勿使散隶各部，声气阻隔，俾得齐心一志，各尽其杀敌致果之诚。大局幸甚！

抑臣更有请者，丁槐仅统五营，方友升仅统三营，兵力尚嫌单薄。该总兵等皆统将之才，似不足以展厥材能，发其志气。应否饬令添募数营，俾厚兵力，伏候圣裁。又总兵余福章，现隶魏光焘部下，管带一营。该总兵朴实果敢，骁勇绝伦，经新疆抚臣刘锦棠试用于昔日，屡立战功。虽才止偏将，亦营员之杰出者。合并附陈，以备采择。请代奏。汤锐辑自中国第一历史档案馆编《中日甲午战争档案》，《中国近代史资料丛刊续编·中日战争》，第2册，“1099”，第84—85页，中华书局，1989年。原书文后注明出自“宫中电报档”

奏请迁都西安坚持抗敌必能取胜电光绪二十一年四月初三日

臣接署两江督臣电，知和约要挟太重，万难允从。即如割下奉天七州县，则东三省危，而京师亦逼，防务仍不能松。台湾富庶，弃以资敌，东南从此多事，防不胜防。且此端一开，各国效尤，黑、吉、新疆、滇、黔、粤、藏均属垂涎已久，倘援此例，我何以应？又如赔费二万万两一款，公私搜括尚难取盈。又息借以供其苛索，倭得以经商有资，制器有资，练军有资，愈臻强盛，我则元气萧索，财尽民穷，欲购船械，整顿军实，更无所资。设一旦再生衅隙，又何以应？且此二万万不以饷军，而以豢敌，恐一敌之欲未满，群敌谓中国之易挟也，接踵而来，又何以应？又如添各口通商一款，倭人只图占尽中国利源，不顾地有关系，事有窒碍，而各国亦将借利益均沾之说，一律援办，恐事故日多，愈形棘手。其他款姑不具论，即此数端，已无可和之理。

查倭地小饷绌，势难久角；我则地大物博，尽堪坚持。且失地无多，无损大局；军民愤极，势有可乘。但能筹备约款四分之一，已足以购船械、充兵饷。加之制造各局赶造枪炮，各营加以训练，军务必有起色。倭所挟者不过谓海道易阻，密迩京师耳。若离海既远，则征调不灵，进退多阻，倭之伎俩必穷。中外议论，均愿皇上恭奉皇太后銮舆西幸长安。臣极知此事关系重大，诚未易言。但时势急迫之际，权衡轻重，亦未尝不可采取。总之，夺其所挟，坚持一年，倭必形见势绌，无难蹙之，即议和亦易就绪。若斯时曲从此约，谓可救目前之患，殊不知患即在目前，各国乘隙而起，为害尤烈。臣忧愤之至，谨披沥上陈。臣谭继洵谨奏。请代奏。汤锐辑自《中日甲午战争档案》，《中国近代史资料丛刊续编·中日战争》，第3册，“2140”，第130—131页。原书文后注明出自“宫中电报档”

谭继洵等七督抚联衔恳请展期签订马关条约致总理衙门电光绪二十一年四月初八日

奏云：传闻十四日烟台换约，此举一定，实关大局安危。各国现正商办，有已有办法者，有未得确音者，但有强国出为排解，总可挽回几分。伏恳宸衷务加审慎，迅饬总署使臣，力恳各国切商倭人，展限数旬，停战议约，以便详加斟酌。纵容数旬，各国必有真实情形，彼此交忌，必然相争，庶可因时变通，相机补救。此时恳各国助战则难，恳各国展期则易。若仓促换约，各国皆归责于我，岂不多树数敌？铸成大错，悔不可追。谨合词吁请，惶悚迫切，请代奏。两江总督张之洞、闽浙总督边宝泉、湖北巡抚谭继洵、江西巡抚德馨、山东巡抚李秉衡、台湾巡抚唐景崧、广西巡抚张联桂。《花岁人圣庵摭忆》（一），第293—294页，山西古籍出版社，1999年

奏湘勇应到湘再行遣散电光绪二十一年四月二十二日

十八日准两江总督刘坤一电开，奉旨："郑连拔五营着赏给恩赏一月，以示体恤。由湖广总督于裁撤时分别核给，及早遣散。"等因。钦此。谨当钦遵办理。惟湖北距宝庆府尚远，若在鄂遣散，饷项全数发迄，恐该勇得饷后无人管束，遂成游勇，沿途逗遛骚扰，另生枝节。且武汉水陆冲途，华洋杂处，教会各匪行踪诡秘，往来无定。虽叠经拿办，根株总未尽绝，万一勾结散勇滋事，或与洋人生衅，尤为可虑。现与郑连拔及各营官商酌，自成军日起，发给正饷两月，业已发过一半正饷，尚存正饷半月，并奉旨赏给恩饷一月。均咨会湖南巡抚吴大澂，俟该营到湘后核实连发，仍令郑连拔统带折回宝庆，妥为遣散。现于四月二十一日，自鄂派轮，统带启程。嗣后关内外及各处湘勇裁撤，应请旨饬令统带营

官，务各押送到湘，再行遣散，以免中途纷扰，致贻后患。谨请代奏。汤锐辑自《中日甲午战争档案》，《中国近代史资料丛刊续编·中日战争》，第3册，“2315”，第374页。原书文后注明出自“宫中电报档”

经查鄂湘两省并无日事被逮人犯光绪二十一年九月二十日

湖广总督谭继洵文称，光绪二十一年闰五月十九日准日本林使照称，查和约第二项云，中国约将认为军事间谍或被嫌逮击之日本臣民即行施放；并约将此次交仗之间，所有关涉本军队之中国臣民概予宽待，并饬有司不得擅为逮击，现在已否设法遵照之处，照请核复等因。查和约此条语意，系专指用兵之际日本人在中国形迹可疑致被拿办，或中国人与日本人交涉形迹可疑因而犯案者而言，此等人犯本署无案可查，咨行饬署查明。如有似此案件，即按名造册，列叙缘由，迅速咨报，以凭办理等因。当经咨行遵照查明详请核咨去后，咨准南抚部院吴咨复，湘省并无被嫌逮击之日本臣民，亦无交仗之时关涉日本军队之中国臣民等因；又据湖南布政使何枢、按察使俞廉三会详，遵查南省并无日本人在中国形迹致被拿办，亦无中国人与日本人交涉形迹可疑因而犯案之案。又据湖北荆宜施道、监督宜昌关税务司周懋琦详称，奉饬查明荆宜施三府所属凡日本人经过关津，虽有形迹可疑者，均有直隶上海等处所发游历护照，并未率拿。至中国人亦未据各属禀报有与日本人交涉形迹可疑因而犯案之案。又据湖北汉黄德道、监督江汉关税务恽祖翼详称，检查档案，只有上年七月间中日开战之际有倭人一名，剃发改装华服，在汉口租界外行走，经营勇上前盘诘查拿，该倭人持刀拘捕，避入租界，英领事不肯交出，谓系日本安分人，即时护送其登轮往沪了事。此外通省各州县俱未有禀报拿获日本奸细之事。详复核咨各等情，到部兼护本堂，准据此相应咨呈，为此呈贵衙门，谨请察核办理施行。《清季中日韩关系史料》第7卷，第4518页

致总署电光绪二十三年十二月十一日

德踞青岛，其志不测，即另予一地，或设法辩论，亦恐不能退还。如青岛不退，则山东危矣，海口亦危。现惟有请旨飞饬山东巡抚，整顿兵勇，并速令各属练团，各省海口及内地，均饬令编查保甲，选练壮丁，以办乡团。盖兵勇有限，民团众多，洋人藐视中国兵勇不足畏，于团众或存恐惧，知各处有备，当亦渐戢雄心。但团练亦须责令保护教堂，可以安洋人之心。并由官督率训练，旗帜器械操毕交官，乡镇缴总存储公所，不准擅动。民气一壮，众志成城，或尚有可恃耳

再：京师密迩海疆，宜赶练五大军，于近城十里内驻扎，择知兵将领统之，营哨官责其自选，剋期认真操练，随时命亲信大员前往查阅，得力者赏，不得力者罚斥惩办。盖严定赏罚，则五大军各自争奋，必成干旅，他处有事，即可调遣。至于各省营兵，饬提镇勤操防勇，饬各督抚臣奏派知兵文武数员，日夜驻营，专司训练。官不必大，官小则可与士卒同甘苦，联为一体。亦严定赏罚，赶速勤练，以备征调。臣焦愤忧思，急无良策，勉陈所见，以备采择。请代奏。汤锐辑自青岛市博物馆编《德国侵占胶州湾史料选编(1897—1898)》，第310—311页，山东人民出版社，1987年。原书文后注明出自“宫中电报档”

为瑞典国教士来宋埠建堂传教事致总署电
光绪二十四年闰三月二十三日

二十一电谨悉。湖北麻城县宋埠地方地近豫省，风气刚劲，民间不喜洋教。前数年瑞典国教士到宋埠传教，酿成重案，获犯奏结，原议限二十个月内开导明白，准其传教。无如民情固结，迄无转机。三月间教士定要冒险前往，建堂传教，劝阻不住，当派委员护送，沿途颇不安静。现在宋埠暂寓，责令团绅保护，一

面派委林令偕会伊地方官妥商筹办。察看情形，宋埠购地甚难，距县窎远，照料不易。且正五月两次大庙会，尤虑滋事。若先在县城建堂传教，地方官近在同城，保护较易。俟民教接洽，不难扩充。讵该教士不肯听劝，执意要在宋埠建堂，办理殊多棘手。容再与之磋磨，现又饬催地方官妥速筹办。正发电间，该教士等业已平安回汉。续查确情，再行电陈。汤锐辑自中国第一历史档案馆、福建师范大学历史系合编《清末教案》第2册，第748—749页，中华书局，1998年

致张之洞光绪二十年甲午二月十三日

初四启程，现到泸，二十可到宜，请派两轮，先至宜候，为感。洵顿。《近代史所藏清代名人稿本抄本》第二辑《张之洞档案》第69册，第223页，大象出版社，2014年

致张之洞甲午十月初一日

倭兵廿六、七过江，宋师先胜后败，寇逼凤凰城，电局人走，无续报。旨催豫军九营往援，数日可到。大连湾北亦有寇登岸，已拨兵抵御。《张之洞档案》第70册，第4页

致张之洞甲午十月初一日

文电敬悉，楚功当日开宁。咸电调总兵俞厚安，遵即转饬作速赴辕。洵叩，咸。《张之洞档案》第70册，第103页

致张之洞甲午十月十七日

接督办军务处电，前香港截留陕甘所购过山快炮十二尊，现董福祥需用，即派教习弁兵星夜由清江浦起运京交甘军应用等因。当查此炮已经贵任拨发恺字营带往北上，随即电复，惟京电来取，

应如何办理之处，祈酌夺。洵叩，篠。《张之洞档案》第70册，第140页

致张之洞甲午十月二十日

顷奉电旨严催熊铁生、吴元恺、余虎恩各军迅速北上，祈即飞饬沿途各州县严催各军遵旨兼程北上，毋稍迟延。洵，号。《张之洞档案》第70册，第185页

致张之洞甲午十月二十二日

北上诸军现奉谕旨，各省代雇车船。湖北现已派员于汉镇设局，凡由水道者即雇船用轮船拖带，径送镇江，请于交接处设局以备接替，而免迟误。洵叩，养。《张之洞档案》第70册，第185页

致张之洞甲午十月二十六日

昨准护湘抚王廉呈，娄提督添募六营驻岳，以备征调。有需饷万金无着，捐借之款无成数，难以周转，且军火缺乏，不如以原有之庆字中、左两营，并新添右营共三营，以应征调。拟再添募三营驻岳训练，合之新旧共成六营，俟原有三营调出，再由湘添募填防可以略节饷需，与娄军门意见相同，请代电奏并电达贵督部堂。查照电致两广督部堂，由粤借拨毛瑟后膛、哈乞开斯后膛两种洋枪共二千根，云者士得快枪一百根，车子洋炮数十尊，并配搭子药等件，惟由粤运湘难而且缓，如能由南洋酌拨快枪车炮尤妥速，或由鄂省酌拨济用等因。查鄂省现添募数营，购备军火须留用，无可拨。除电奏外，电请速复。洵谨肃，宥。《张之洞档案》第70册，第277—279页

致张之洞甲午十月二十六日

清帅瀛眷回苏，借兵轮装送，在鄂等候。即恳速饬楚材、测

海两轮旋鄂。洵，宥。《张之洞档案》第70册，第285页

致张之洞甲午十月二十八日

湘抚新标中、左三营，准廿九卯刻乘致远赴镇江，请飞饬镇江局预备船只接替。洵，俭。《张之洞档案》第70册，第311页

致张之洞甲午十月二十八日

感电悉。谢中协面称云：余镇多募集之营勇均带往北，无存留在鄂。洵，俭。《张之洞档案》第70册，第320页

致张之洞甲午十月二十九日

前准护湘抚王咨：湘营军火缺乏，拟由粤或南洋酌拨快枪车炮，嘱为电奏并先电咨贵督部堂，电致两广督部堂李，查照未准电复。兹承准总理衙门感电开，奉旨电："奏请以娄云庆三营分驻岳洋，再添募三营驻岳州训练等语，着照所请行。又请由粤或南洋借拨快枪车炮，着咨商李瀚章、张之洞办理。"钦此。除恭录分咨外，电请酌复。洵肃，俭。《张之洞档案》第70册，第332—333页

致张之洞甲午十月二十九日

艳电悉。湘抚三营已于今日卯刻乘致远东下，应请就近饬其自瓜洲陆行，军装水运。洵，艳。《张之洞档案》第70册，第339页

致张之洞甲午十一月初一日

湖南招勇无军械，昨电请广东酌拨若干，兹接回电，无从搜拨，应请阁下在江南多拨，以便开招应用。洵，先。《张之洞档案》第

70 册，第 355 页

致张之洞甲午十一月初三日

艳电悉。提督张仲春甚好，现调带鼎字营。王德胜前月中旬已饬赴湘募勇，其人毁誉参半，前在甘肃能打仗，亦有所闻也，容再酌。洵，江。《张之洞档案》第 70 册，第 405 页

致张之洞甲午十一月初五日

江电调刘国梁、黄效荣、张朝品、张彪四员，已先后来宁听候差委。谢中军并已饬知。洵，歌。《张之洞档案》第 70 册，第 440 页

致张之洞甲午十一月初六日

汪洪霆系王藩司奏调随同出使，查厂务紧要，似未便遽易生手，可否由尊处主稿挈衔会同奏留，即请速示。蒋声耀现扎田镇，已饬迅速料理，带勇前来，听候调遣。洵，鱼。《张之洞档案》第 70 册，第 462 页

致张之洞甲午十一月初九日

金明亮驻扎洋街最久，与华洋商民极为辑睦。自金明亮调开后，而俞镇所部营勇前月杪在洋街滋事，几酿衅端，以保护洋人者欺负洋人，英领事至今以为口实。日前复将金明亮调回汉镇，管带汉防，以期得力。汉镇匪类潜踪，动言将自洋街教堂下手，际此时局，何堪开衅。金明亮资望甚浅，无益于江南，而于汉镇洋人交涉各事驾轻就熟，甚为有益，询之司道，所见佥同，请留金明亮仍带营在汉镇弹压，至深感跂。洵，青。《张之洞档案》第 70 册，第 514—515 页

致张之洞甲午十一月十一日

昨准庚电开：钦奉寄谕冀广利源而济民痛，即并枪炮厂，该括在内“济民痛”三字电码当有误，该字相系“赅”字，祈示复饬知。洵肃，蒸。《张之洞档案》第70册，第533页

致张之洞甲午十一月十二日

真电悉。方友升等铁字后五营，已由鄂起程，取道信阳州矣。洵，文。《张之洞档案》第70册，第556页

致张之洞甲午十一月十三日

织布局专任蔡道甚属妥惬，请尊处下札知照，前彭道回鄂，恭道已回善后局，赵道本有善后局差令，其会办亦甚妥；锡道回省尚无期。洵，元。《张之洞档案》第70册，第578页

致张之洞甲午十一月十三日

刘提督鹤龄拟先来宁禀商一切，未知可否？一面先遣人往湘、黔两处募勇，张仲春派带鼎字营，日前已起程，已电知安陆、襄阳两府，令其折回，迅赴江南。洵，元。《张之洞档案》第70册，第579页

致张之洞甲午十一月十五日

准咨督办军务处飞催湖南所招各营，查魏光焘六营于九月杪，余虎恩十营于九月廿九日及十月初旬，均自鄂先后起程，曾电达督办军务处。李光久营准护湘抚王咨复：李光久来湘招勇，先未

奉有明文，饬查亦未派有营官来湘开募，是否即在江南就近招募，无从查悉。洵复，咸。《张之洞档案》第70册，第646—647页

致张之洞甲午十一月十六日

贵州丁镇本日抵鄂，其随带二千人亦陆续可到，拟由长江至瓜洲北上。鄂省现无轮船装运，应请速派较大之兵轮二只来鄂，尽数运送，以免迟滞。并请饬知瓜洲局预备接替。该军并无快利兵枪，可否由尊处拨给，并即候电示。洵，谏。《张之洞档案》第70册，第669页

致张之洞甲午十一月十七日

古州镇丁镇所带勇今日可到齐，昨请派轮来鄂装运至瓜洲，兹查福安、江安两轮现在鄂，请饬令托运至瓜洲，较便捷。洵，篠。《张之洞档案》第70册，第685页

致张之洞甲午十一月十九日

啸电恰。彭军门募十一营，拟调汉阳高镇、田镇协、许副将为分统，并拟将高镇与瓜洲谢镇、许副将，与江阴营李副将互相调署，所筹极为周妥，即请尊处拟稿会奏。洵复，皓。《张之洞档案》第71册，第1页

致张之洞甲午十一月二十日

效电悉。查邝国光因丁内艰，已于本月十六日奔丧回粤。洵复，号。《张之洞档案》第71册，第16页

致张之洞甲午十一月二十日

啸电悉。洋款绝无其事，否则司道何至前次禀商，因闻旅顺失守，虽奏咨亦不能借。夔帅尚未到省，田镇炮台承公一切亲临经营布置，日盼早成，无如蒋营既调，金明亮营亦调赴汉口，急切不能动工，不得已令常统、塘角两营前往填扎，责令专办炮台，若再抽调，则炮台无完工之日，亦非公素愿也。冬防水涸，正可赶办，必须三四月始可成功，至春水生时，有备无患。弟现拟亲往督催。张仲春委赴襄阳接带鼎营，奉电后已电饬不接事回省赴江，可否仍饬自募两营，田镇两营免调，无任感泐。洵复，号。《张之洞档案》第71册，第17—18页

致张之洞甲午十一月二十日

顷蒙罗凤鸣来电，测海至九江搁浅，楚富拖三日不济，鄂无轮可派，请即派楚材往拖，马力较大，盼切。洵，号。《张之洞档案》第71册，第33页

致张之洞甲午十一月二十一日

讲电悉。鄂省并未见洋款，惟上月借瑞记洋行一百五十万镑，系代户部借，而户部以五十年还清太久，故未借。昨恽道接户部电，只出四厘半周息，二三十年归清。已电询瑞记，未知允否？洵，箇。《张之洞档案》第71册，第58页

致张之洞甲午十一月二十一日

张仲春尚未回省，俟到即照专电转饬在汉。岳招三营来江，招电若干，问明再行电告。吴眷另雇民船，由楚富拖行极好，但

测海亦祈及早设法，恐冬水日涸，更难拖动。洵，马。《张之洞档案》第71册，第94页

致张之洞甲午十一月廿三日

马电悉。俟高镇等到汉，即派轮送湘。洵，梗。《张之洞档案》第71册，第113页

致张之洞甲午十一月廿四日

古州丁镇全队于廿三日自汉镇起程，派轮拖送至镇江瓜洲北上，请速饬镇江府接替前进。洵，敬。《张之洞档案》第71册，第114页

致张之洞甲午十一月廿九日

张仲春昨日回省，据称需招费六千两，请速汇寄。洵，艳。《张之洞档案》第71册，第223页

致张之洞甲午十一月廿九日

刘本桂勇已募齐，请即日派轮来鄂拖带。洵，东。《张之洞档案》第71册，第229页

致张之洞甲午十二月初一日

寄谕："有人奏湖北铁政等局甫有成效，该督行后，局员司事工匠，谭继洵概加裁撤，意欲停办"等因，不胜骇异，查节麾行时，铁政局交蔡道经理，织布局交赵道经理，随时电请尊示，经费不敷，嘱敝处设筹，均经照办，所有局事弟未尝干预，局员、司事、工匠更不知其人从何裁撤，不特局事不敢越俎，即省中诸事率由旧章，均未更易。想系宵小之谣诼传至京都，嗣后尤须防

其挑唆是非，转致多事。现须据实奏复，特先电达，请示复。王令廷珍已委署应山，此缺尚优。洵，东。《张之洞档案》第71册，第251—252页

致张之洞甲午十二月初一日

洪金标、李天榜二弁，廿九回鄂，卅日东下。所有批回原折均已赍呈尊处。洵，东。《张之洞档案》第71册，第253页

致张之洞甲午十二月初四日

江支两电谨悉。银元局归江南，并允协济余利，于鄂甚有益，即请电奏。汪守奏准留鄂，已谕知钦遵。洵，支。《张之洞档案》第71册，第301页

致张之洞甲午十二月初五日

现因湖北饷项支绌异常，调查善后局账，通筹年底出入。惟楚人多谣，恐有借此在公前播弄，请勿见听，相隔辽远，彼此相信以心，可耳！洵，微。《张之洞档案》第71册，第323页

致张之洞甲午十二月初七日

阳电敬悉，一切遵办。并转娄峻山军门，张仲春前垫发银四千，已往岳州等处招募矣。洵复，遇。《张之洞档案》第71册，第398页

致张之洞甲午十二月初九日

王夔帅眷船在临资口候轮拖带，鄂轮均不在省，请派两轮前来拖带，或饬问津、楚威等轮迅速回鄂。洵，青。《张之洞档案》第71

册，第445页

致张之洞甲午十二月十六日

娄军门来函，张仲春交阅，电音营照拨。惟各勇已支大饷，仍发小饷必不愿，且统辖非湘人亦不安。拟将新募驻岳四营交统带杜镇嵩龄率赴金陵，交彭纪南军门辖下，分驻何处悉由彭军门安置。四营旗帜号衣军装器械完备，惟火器全无，杜镇到后请发洋枪六百杆。杜镇处已饬料理，俟腊月饷到，即行由鄂派轮赴岳拖带到鄂，再电请派轮来接。驻岳防营拟再添募四营，以备调遣，嘱为电达。洵肃，铣。《张之洞档案》第71册，第583—584页

致张之洞甲午十二月十九日

娄军门来函，奉拨四营料理停当，拟十九启程，须用六轮拖带。鄂中轮少，已先后派三轮赴岳，嘱电请速派轮来鄂，赶年内到防。洵，效。《张之洞档案》第71册，第640页

致张之洞甲午十二月十九日

钦差许定购小口径连珠枪三千枝，无烟弹一百三十万，出尊议，俟到沪，由清江陆运各军，如何分拨，临时电奏。十七日，许来文并装单提单，文内据信义洋行报，已装所雇北洋二批运械船，于十月二十二日开行，汇运天津，北洋已封口，开冻尚早，或到沪等候。前敌需械甚急，应否将装单提单寄宁，请电商信义。如枪弹已到沪，即提出转至清江陆运，再由江汉关照约付价，似较妥速，如何办理，请速电复。洵，效。《张之洞档案》第71册，第641—642页

致张之洞甲午十二月廿五日

敬电悉。已饬二吴遵照速往。洵，有。《张之洞档案》第72册，第57页

致张之洞甲午十二月二十六日

娄军门复函：庆字两营途遇鄂员并尊电，已返轮回岳，当候咨调。所部若归阁下节制，不另派充，最为妥善，当遵办，嘱电复。洵，宥。《张之洞档案》第72册，第84页

致张之洞光绪二十一年乙未二月十八日

枪炮价银四十二万，除江西欠解五万外，余均饬局解，由恽道转汇江西五万，一到即解。洵，啸。《张之洞档案》第73册，第119页

为马关条约致张之洞电乙未四月十四日

蒸电悉。审公联衔电奏，展期换约，深中鄙意。顷恽道得其弟祖祁电称，曾奏上动宸听，和约展期，俄法均助我云云，大局冀可挽回。惟念彼所挟者，逼处燕京，必有以破其所挟，庶无他虑。西幸虽经敝处陈及，前接公电，亦云非定计西幸不可。此时若得公会同各疆臣合词吁请，则上意可坚，大局幸甚。展期一节，如未得有确音，可否一再联衔电陈，仍祈卓裁。继洵。《花岁人圣庵摭忆》（一）第294页

为马关条约致张之洞电乙未四月十七日

铣电，知展期将已办妥，乃为伊东恫愒迫挟，功败垂成，真堪恨叹。公卓见有何斡旋之法。俄、法、德各国，闻日来有动作否？湘省士民公愤，无不愿出死力争之，其如铸成大错何？继洵。《花岁人圣庵摭忆》（一）第295页

致张之洞乙未五月十七日

洋报台北兵乱，有抚台他走，衙门被毁之说；又福州电：唐与官共十二人被兵士扣留，驾时船被击，究竟如何，尊处必有确信，祈电示。洵，霰。《张之洞档案》第74册，第574页

致张之洞乙未五月廿五日

敬电悉。已分饬派轮雇船，俟散勇到汉，即由原船径过民船，恐该勇不尽湘人，问明籍贯，酌给口食，立即开行。在岳州以上者，拖送过湘湖，听留民船；岳州以下者，中途分遣回籍，并派妥员押送，临时分别给予口食，不准在汉、在岳登岸停留，以免勾结滋事。洵，有。《张之洞档案》第74册，第628页

致张之洞乙未五月廿七日

宥电敬悉。即传谕唐牧，据云前奉台电，由香港鲁麟洋行收到上海台运局二十万；十九得沪电，仍由鲁麟汇沪十万，尚余十万，因轮价拨出万余金，时已设法弥补，再交香港鲁麟十万汇沪，前收二十万之数已清楚。惟香港距省一日，稍迟数日即了案矣。特行奉复麟，沁。《张之洞档案》第74册，第639页

致张之洞乙未闰五月廿二日

马电悉。开济搁浅，鄂轮测海未回，余皆拖送散勇赴湘，并借楚富、宝源，现实无轮可派。昨恽道商雇江裕往拖未允，只可候镜清、保民回，或令雇过往商轮赶拖。再，南琛不肯送岳州，且不肯送沌口，只得雇民船用小轮拖上岳州。湖北小轮甚少，不敷拖送，以后运勇各兵轮务乞饬送岳州为祷。洵，养。《张之洞档案》第75册，第210—211页

致张之洞乙未六月十六日

吉林恩军帅来电，闻大岛在海城仿做蓝花旗、中国小衫裤、扎巾一万五千件，意似用诈，能预告台湾尤好，谨电达。洵，铣。《张之洞档案》第75册，第343页

致张之洞乙未七月初六日

瑞记代湖北购比柏地枪四千枝，并弹二百万，前准苏抚咨上海道：奉准制台电谕，枪已到沪，饬给护速运镇江等因，是此枪早已交收。据蔡道言，先因运沪费多，已电饬照原议运粤，旋因尊处需枪，奉谕允贴运费，仍电饬运沪，南洋借用，俟订购之枪运到即还云云。兹闻尊处购枪颇多，鄂甚缺少，望拨还，乞裁酌电复。洵，鱼。《张之洞档案》第75册，第436—437页

致张之洞乙未七月十九日

凤字马队暨陈镇马队赴甘协剿，谅已电奏，何日奉旨乞示知。弟昨日电复石帅，云我公商会吴、陈马队赴甘，谅石帅已接到，我公亦电知石帅否？洵，皓。《张之洞档案》第75册，第513页

致张之洞乙未七月廿一日

啸、效两电均悉。前电鄂认援甘饷三分之一，系合吴、陈两军一千二百名之饷并计，请即据以入奏。吴军门到宁，如不愿赴甘，可听其回襄，并请一并扶奏，不须再商矣。洵，号。《张之洞档案》第75册，第523页

致张之洞乙未七月廿二日

承准总署养电，奉旨：“吴、陈马队不必赴甘”；内有查铁路一节，尊处并未知照，望速将原电录示。洵，马。《张之洞档案》第75册，第535页

致张之洞乙未八月十四日

顷接实甫来电，尊处奉密旨接济刘军，如果属实，恐一时难筹巨款，鄂省淮饷五万暂可挪凑，将来由尊处筹还，请酌复。洵叩，寒。《张之洞档案》第75册，第622页

致张之洞乙未八月十六日

咸电悉。坚持卓见，佩甚！十五恽升道禀：申刻施总领事来文，已允删去七字，嘱赶紧书议签字，渠十六要回，故甚爽快。此事办理始末已详电总署，谨复。洵，铣。《张之洞档案》第75册，第629页

致张之洞乙未九月十六日

准来咨行行银元一节，嘱令出示晓谕，自应照办。惟洋价长落，随时随地各有不同，市面交易原可听其自便，照地方市价核

算；而交纳官款，似须限以定价，方免流弊。否则即征收厘金，各局作价低昂，员司可任意伸缩，无处稽查。鄙意鄂省如完官款，现时定以每洋一元作足制钱一千文，以后随时酌定示谕可矣。尊意何如？请速电，以便出示。洵，铣。《张之洞档案》第76册，第71—72页

致张之洞乙未八月二十日

查盐课厘金为善后局专款，局中枯窘，历年所无。此时应解之京协各饷尚有六七十万内未解，正在无法筹措，艰况早邀明鉴，但铁局亦系奏案，且洋行还款交涉攸关，岂容漠视？惟有遵电由铁局借款，由盐道厘局分给印票，按月筹还，尚有可勉力，然十万分摊为期过远，恐不取信，或先借五万，俟半年还清，再借再还，较有把握。洵督同司道再三筹措，别无善策，应请饬铁局总办会商司道，力筹借定，商定如何分摊，另电布答。洵，号。《张之洞档案》第76册，第88—89页

致张之洞乙未十月初五日

现沙市新开口岸，南北两省教案又多，蔡道洋务最熟，但不能分身。周道明暗参半，恐有贻误，昨右铭云：江苏候补道蔡钧洋务熟手，现在京无事，拟调来湖北帮办洋务，可否？乞裁示电复为盼。洵，歌。《张之洞档案》第76册，第157页

致张之洞乙未十月廿二日

鹿滋帅马电想达览，所筹倭约慎始之道，尊意谅亦为然，请挈弟衔电达总署为祷。洵，养。《张之洞档案》第76册，第252页

致张之洞乙未十一月十四日

汉口法领事照称，上年安教士在临湘关石团地方买屋改堂，被焚拆抢掠一案未结。近于八月间，复在城内买有房基一处，卖主情愿，而县令阻止。该领事与兵船主奉伊国上宪电札，着护送安教士赶紧乘兵轮赴临湘，将前案查办完结，俾居住传教。本月二十三日乘兵轮抵临湘，先派安教士赴县拜晤，并告知明日领事与兵船主谒商办理。刘令回云不敢应办，须立即赴府请示，约四日回署办理等语。安教士拜别出外，被人追骂掷石，头顶发际被击血流，疑似系差役串党所为。刘令已赴府，该领事只暂返汉。奉上宪电，着仍速赴追办，务俟办妥返汉等语。照请飞饬临湘县赶紧与该领事办结，以便乘坐兵轮再往请勿延宕等情。并据岳州府禀，领事带兵护送教士前来居住传教，事在必行，而民情汹汹，断不能因其有兵数百名遂即任其设立教堂，绅士尚可理论，愚民实难势禁，滋生事端，在所不免各等情。查临湘非通商口岸，领事乘兵轮径赴内地查办教案，为向章之所无，当经飞饬岳州府临湘县，务将两案妥速办结，毋许地方居民稍滋事端，并咨湘抚转饬保护弹压。一面力阻领事，勿再乘兵轮前往，允其秉公妥办完结去后。初一日，据岳州府钟英禀，已谕传该县绅士到郡，剀切开导，事有转机，可以办结，该领事兵轮不必重来等情。正在照会领事，阻其兵船再往。讵该领事已于初一乘坐兵轮，复往临湘，追阻不及。该领事不受商量，任意要挟，深恐激成事端。即经飞饬地方官并委员前往，会同竭力弹压，毋许滋事；并电总署照会法使，令其船速回汉口，允其教案必为办结，俾免民间诧异生事。初二日，准总署电奉旨："谭继洵电悉。临湘两案关系湖南大局，法船固系恫吓，亦须地方府县因应得宜，着谭继洵、陈宝箴遴派干员驰往办理。一面弹压匪徒，一面与该领事切实辨论，毋致激成事端。"钦此。冬。等因。查此案鄂省已委徐守家干、巫令国玉，驰往会同地方官弹压妥办，湘省亦已委庄道赓良同办。适新任湘抚在鄂，正在会同办理。临湘绅民已允于城内建堂，度不致匪徒滋事；惟该兵轮现尚未回汉，除电达总署代奏外，合并电闻。洵，江。《张之洞档案》第76册，第273—278页

致张之洞乙未十一月十四日

庚电谨悉。刘副将恩荣欠还马队饷项，请以垫款作抵，因查该将原禀，仅叙缉私捕匪购线川资赏犒等项，已经北洋缉务局于十九年分造册报销，嗣后即有垫款，亦何至二千余两之多？其所称赔累各节并随时开报，全无案据款开，军饷丝毫为重，故饬北善后局查照核明详复。今准来电，既经台端电达吴军门设法了结，省局不再发饷，即照尊指办理。洵，寒。《张之洞档案》第76册，第371页

致张之洞光绪二十二年丙申正月初三日

除日电敬悉。赈捐实收即寄，黄翔云处已致函，照加修火并钞电同寄矣，祗贺新禧。洵，冬。《张之洞档案》第77册，第8页

致张之洞丙申正月十四日

元电敬悉。黄令米船俟到汉皋，当为派小轮拖带，惟湖水浅涸，只能驰抵岳州，请转复。又顷得黄翔云初九复书，已允就鄂省讲席，并闻。洵，寒。《张之洞档案》第77册，第8页

致张之洞电光绪二十三年四月十一日戌刻发，亥刻到

弟准十三日抵津，乞即派楚材兵轮于十六、七抵沪，并饬该管带过南京在下关停泊，遣人至东关头七小儿寓所，约同下驰，

盼祷之至。洵，真。《张之洞存各处来电稿》，中国社会科学院近代史所藏

致张之洞光绪二十四年戊戌闰三月二十四日

沙市事据俞道等养电禀，日领共九人，无女眷，现日馆系官屋，陈列所系日民屋，询其货价，彼云现难约计，是天灾不要紧，俟政府饬我查复，必告贵署，决不为难，请放心。既如此说，未便进迫。又税司新屋，闻由赫德拨银七千，原租川船一，大副原租川船一，自造新船一，签手租川船一，均毁，俟税司回，方可问价。又英商怡和租天主堂屋一所亦毁，价约千两，货物未详，均待查明再禀等情。游击蒋声耀尚未去，驻沙领事昨来见，告以拿获要犯，照中国例严办。已照复总署，知念特陈。洵，漾。《张之洞档案》第77册，第111—112页

致张之洞戊戌闰三月二十五日

漾电想呈览。荆州俞道电禀，沙市闻日舰欲来，有谣言，仍请武防营去，准明早乘测海往。宜昌，川楚门户，乱民煽祸，俟武防营到沙，或练兵回宜防范，饬俞道酌度。日舰高雄，已由沪开，约廿八到汉，能否阻其赴沙，饬瞿道与兵官商办，一面电致裕朗西商阻，俟有要挟，再相机因应。江陵刘令续获九犯，共廿一名，札道等尚无来电。瞿道云，聂税司均平安到汉，宋埠因有匿名揭帖，教士自知恐惧，难片刻留。鹅笼施巡检封船遣兵役护送出境，平安回汉，尚给兵役等酒钱，实未被掠被逐，故到汉并无异言。长署令因赴东乡弹压斗殴案，闻信赶往，教士先六点钟已行，瞿道又委员往查。两事俟禀复再陈。洵，有。《张之洞档案》第77册，第119—120页

致张之洞戊戌闰三月二十七日

宥二电悉。荩筹佩慰！已切嘱瞿道，善为安抚。洵，沁。《张之

洞档案》第 77 册，第 121 页

致张之洞戊戌四月初二日

据俞道等朔电禀，拿获各犯问，据余以仁供，起意故烧华洋房屋，掠夺财物；又李得胜、张太贞、袁辉煌，听从放火掠物，已起获洋衣等件，先请不分首从斩决；招商局丁周兴顺即王姓，行凶酿祸请示等情。余以仁等四犯，供情确凿，已督同两司，电批就地正法枭示；周顺兴暂行锁系监禁；沙防营弹压不力，俟武防营到，即乘测海回省究办。除核奏外，已电达总署代奏。洵，冬。《张之洞档案》第 77 册，第 135—136 页

致张之洞

香涛仁兄大公祖大人阁下：顷奉来示并奏稿一件，均已读悉。以抢劫之痞匪乘机聚众为首，米商船户随同滋闹为从，将来办案则米商等罪只军流，庶情法均得其平最为妥善。奏稿不必再改，请即缮发为盼，原稿奉□肃复，祗请勋安！　治教弟谭继洵顿首。

《近代名人书札》（上）第 24 页，中国社会科学院近代史研究所藏

致伯兄谭继升光绪元年九月十八日

前寄呈五号信，谅已詧收。十二日揭晓，雁云、癸孙均未中，雁云即于十五日接嗣燕起程回南。雁云在京城相处两年，甚为相得，遽尔赋别，眷恋殊深。此时尚不甚寒，行路较为顺适，计十月杪可到家也。兹寄呈宋世焜执照一张，验看人员单一张，代替人所书履历一张，即乞转交。近年吏部新章，令本人书履历二张，一存吏部，一发交所指省分，俟该员到省时，当堂书写履历，核对笔迹是否相符，并将所书履历咨送吏部查核。今所寄来履历须

令本人临摹相似，以便核对笔迹，是为至要！共用贰百六十五两四钱八分，所短之数，乞代收足，另单呈阅。北闱湖南中四人：何维棣（道州何贞翁之孙），王以慜（武陵）、王超曾（长沙王益吾先谦之叔）、旷超一（衡山），余俟再达，敬请大、二兄大人福安！二兄及心畬等谅有喜信来途也，盼甚甚！　弟洵顿首，九月十八日。万简斋明府之侄亦中式。湖南图书馆藏《谭氏家书》稿本

致伯兄谭继升光绪元年十月十七日

……[①]兹由日升昌汇回长沙省平银陆百两，汇费已清，收到乞即赐回信。嗣彭定亲之事，须在南省访问，或细询罗恬波，其家风女德实在何如，俟伊回一切实确信，然后酌定。赵刺史名环庆，系湖南官赵子方同之弟也。敬请大兄、二兄大人大安！　弟洵顿首，十月十七日第六号信。《谭氏家书》稿本

致伯兄谭继升光绪元年十月二十五日

……兹由日升昌号汇回长沙省平足银贰百两，汇费已清，收到乞即赐回信。宋世焜执照、履历，于前月十九日交大牌陈开亮带交南轩，谅已收到，兹又寄呈履历，乞并交去。靖臣之事，俟有湖南官来京，或再为荐馆，或一面写信与云峰。其刑名一节，未知伊能学成否？须伊自行酌量。雁云于前月十五日回南，计月底可到家也。此请大兄、二兄大安。　弟洵顿首，十月二十五日第七号信。前十七日由日升昌寄银陆百两，收到亦乞赐信为盼！《谭氏家书》稿本

---

①书信中省略号表示原稿缺文，下文同，不另注。

致伯兄谭继升光绪二年三月五日于通州

……弟察看家人，各有不相下之意，势恐难共财产，弟将田产银钱，作四股均分：传赞一股，归少奶奶承管；嗣彭一股，伊自承管；嗣同气息奄奄，死生莫卜，将来必为伊立从，亦分一股，归大姨太太承管，将来嗣彭、嗣襞等生子，为嗣同立从，即交大姨太太抚养；嗣襞一股，归二姨太太承管。伊等能同爨分用，如曩年我兄弟同居之事更妙，如不能同爨，则分爨亦可。现时银钱租息出进，请大、二兄及心畬经理，每岁出进账目，每人均分出算清，毋令牵混，每岁结清告知，以免争竞。家中大小，乞大、二兄从优看待，如大、二姨太太，有不愿守者，即代觅好人家嫁之（此须出自本人之意，不可令其改嫁），不可索聘赀。其衣服首饰，均令其带往，每人再各给奁赀五百金，切不可违弟之意，然总以能守为上者也。京中账目，已告知嗣彭及少奶奶，其余查簿自知。惟蔚泰厚、蔚长厚、崇德当、黄恕皆、善成堂、翰宝斋、宝珍、文华、文光各书铺借项（共壹万二千金之数），均有字据，有写浏邑宾兴会名目者，其有字据各项，均未登簿。《大清会典》存文宝堂三部，善成堂二部，存会馆十余部，均应卖出。会馆所存书籍，可酌量卖去，殿版廿四史二部，每部本钱四百余金，现在每部可卖六七百金，其余书籍亦可酌卖。我祖宗父母坟墓祭祀，可于弟存项内提钱，以作岁用。此时弟病，颇觉自恐，又传赞、嗣嘉、嗣襞，均出麻疹；少奶奶、第二妾、嗣彭，体均不适。此刻诸事，无人料理。节吾兄今日已进城会试，徐寿吾于昨日来通，亦未能得力，弟此时苦况，不可言，不可言，务望大、二兄接信日，即遣心畬等作速来通，清理诸事，是为至要（如念弟万难之时，即速令能办事者，即日起程来通，如戚族有明白者，即多来一二人亦可，惟心畬等必须来）。弟现与家眷另赁房屋居住，惟大姨太太尚在署照料嗣同。前于廿五日发一号，计已收到。嗣彭已出从，系期年服，明年即择姻完娶。余再肃申，敬请大、二兄大人大安！　弟洵顿首，三月初五日第二号信。

再：弟家眷均年少不谙练，如我亲族中有老成女眷，敦请一位来通，与心畬等同来更好，庶内事得有率循。大兄所寄一号、二号信均收到，心畬等来，须由上海坐火轮船更速（总以速为妙），到上海可到制造局问李勉林，托其照料。到天津，可到天津道署内，问萧寿田，或到江苏局、浙江局，托其照料，亦可。有得力仆人，须多一二人来，纵少亦带二人来。《谭氏家书》稿本

致伯兄谭继升光绪二年三月七日于通州

……昨寄信嘱心畬等来通，弟思此时能来通者，惟心畬、雁云二人，馥峰等恐年少不谙练，未便令其远来，且亦不能办事，或于族戚中择牢靠、明白妥人，与心畬等同来，途中更为稳当。坐轮船较险，或取道樊城亦好（总以速来为祷），须多带老实仆人，二三人亦可，诸事均乞酌量行之。余再申，敬请大、二兄大人大安！　弟洵顿首，三月初七日第三号信。《谭氏家书》稿本

致伯兄谭继升光绪二年四月十一日于通州

顷接四号、五号手示，敬悉一是。弟运舛灾连，天不悔祸，前月廿三，幼子嗣褧又以天花殇，惨痛愈增。幸嗣同于万死之中，倖获一生，现尚辗转床间，未能起立，仅食稀粥、蒸饼，喉间似有物阻，必因溃烂尚未生肉复元也。弟自内子亡后，夜不成寐者一月有余，且寓中除大妾外无人不病，嗣彭咳嗽，喉中起泡，服药旋愈。黎媪喉痛时发，至今未痊愈。嗣嘉出疹后抽风，已不省人事，后用针法并服生蝎等药始苏。传赞出疹后即赶紧进城种牛痘。□清吉（二妾）亦咳嗽潮热，喉亦微痛。弟忧病交加，舌烂喉亦红肿，此时自觉万无生理，所以屡信嘱家中心畬等来者，恐此间事非嗣彭所能了，即银钱亦恐为仆人所侵蚀。即如内子亡时，京城用去一千余金，其不实不尽之处甚多，成衣工钱共开九百余

千，合银七十余两，不过缝家中上下人孝衣，尚除布匹在外，其浮开均似此，以弟不经管故也。现通州所用亦千余金，弟住公馆一月，署中用项均仆人经手。弟病已渐好，晚间颇能睡，三月廿八日开坝收粮，弟只是日上坝，廿九日遂因病未能到坝，至初六日病愈，始强起验米，现身体较强，饮食亦愈加，诸事均能照料。兹接来示云，着传采来通，此万不可，伊等子侄无一人有天良，传仁在山东一事不能办（只知要钱），弟遣贾二代伊上堂，具呈讯问，将银钱房产追出（在山东四个月零始将此事料理），传仁得钱到手，遂不搬灵榇，亦不想还账，竟写信来要捐官（实出情理之外，可恼，可恨，可虑，更可怕），不但图富厚，且欲图功名，此等毫无天良，皆出自伊等父子兄弟，弟恨之入骨！传采来亦不过此种心地，此等人万不可信，弟万不能用，如已来亦须追回，免得到通，使弟生厌恶，转生烦恼也。如心畲等不能来，即不必来，或雇二三仆人来亦可，有善于烹调者更好（此间无好厨子）。弟身体已健，万无他虑，诸事均可自行办理，无须人帮也。余俟续陈，敬请大、二兄大人福安！　弟洵顿首，四月十一日第三号信。《谭氏家书》稿本

致伯兄谭继升光绪二年六月廿八日于通州

前十四日寄呈一函谅入览矣，顷由刘更生处递到六月初三日手示，敬悉种切。更生一项拟即如数交清。会馆须将左邻右舍房屋买就，方好修理，现拟托人去问，俟有□成说再行酌度。泗荪婚事，弟拟令伊明春来京，若携眷行道，诸多不便，不如俟来京时，聘定在京人家之女，即行完娶，较为妥便。所说李寿亭处不必定妥，现已酉同年王信甫有女（名应孚，直隶人，刑部员外，中仓监督），托人来说媒，正月令老嬷至伊宅看过，云甚好，但伊须见泗荪方能定，此外尚有说媒者，但不知的确耳。余俟再陈，敬请大、二兄大人福安！　弟洵顿首，六月廿八日第五号信。《谭氏家书》稿本

致伯兄谭继升光绪二年八月二十五日于通州

……于九月初一日起程，由天津航海回，……可到县，乞于城内或城外近城之……以便存灵，京官眷属灵柩照例本可入城，内子等灵柩自京来通，现存通州西城内法华寺，此入城故事也。回南共有七柩，房屋须宽大，且须有住房，以便泗孙住此守灵。故房屋必须在城厢内外，较为谨慎，或新盖，或有现成房屋均可。此事万不可惜费，且须速办为要。或入城不便，须于城外人烟稠密之处买屋，或买地起造，细思总以在城外为妥。余再陈，敬请大、二兄大人福安！ 弟洵顿首。丙子八月二十五日第七号信。

《谭氏家书》稿本

致伯兄谭继升光绪二年九月七日

前信言存灵一节，但城内外难得妥当处，须于近城庄屋接起十余间，并可作学堂，延师教读子弟，嗣后虽不存灵，亦有用处。或于七里砳等处均可，龚家砳亦甚好（闻龚家砳距城尤近，更为稳便），乞择定即日兴工，万不可缓。如灵柩到时，尚未能完工，须先赁庙宇暂存，即行加漆，棺底尤宜详细加漆，须做沙底更好（底下未能漆得周到，以枕木处无从上漆，须于移动时，须设法另搁别处，莫搁枕木上，将木条一并加漆，方好）。葬地若有好处，须绘图寄京斟酌（弟将来须同穴，须稍宽大处），此事暂从缓，总求妥当为要。存灵之屋，须向南，堂屋宜甚宽大，须盖三个堂屋（均宜向南），分存各棺，须安放高登上，不必用砖砌沙台。须近庄屋者，以庄屋人多可照料，并须多雇佣人守护并伺候香灯一切。桌登均须多预备。桌围（蓝印花洋布的）、器皿、锡香炉、烛台五件，多置几份。灵柩到时，须备执事大杠起柩，执事须多预备。择日请礼生行家奠礼，须在到县数日内，又请僧唪经各十余日，焚烧灵屋（灵屋须大些）纸箱等件。此次共有七柩回南，所以房屋什物，须多预备，其有弟一时想不周到者，乞代为详思之。现灵柩已初三日由通州水路起程，弟亲送至天津。若由轮船回南，则本月廿前后，可抵长沙矣。余再续陈，敬请大、二兄大人福安！

弟洵顿首。丙子九月初七日丁沽舟次。第八号。

此信重写两封寄呈，恐遗失搁压也。

棺罩须即行做好，我邑无绣缎棺罩可租，即用绸与纸扎亦可。大杠亦须先为豫备，或六十四人一杠，或四十八，少亦须三十二人。至天津时改由运河回南，于十一日自津起程，大约十月底始可到瓜州，十一月中旬始可到县，所有存屋各事，亦须早为豫备。

九月十五日再启。《谭氏家书》稿本

致伯兄谭继升光绪二年九月二十七日

本月十五日寄上第八号信，计早收到。灵榇本拟由海道回南，弟送至天津时，探听运河尚可行，已改走运河，亦未卜何时可以到浏。嗣彭等带川资七百金（天津汇项在内），通钱百余串（合浏钱五十余千），零项银二十余两，伊等到浏时，乞饬令将路用账簿呈阅查核（昨接嗣彭在德州所发信云，崧镇卿送奠敬拾陆两，此外恐尚有送奠敬者）。徐寿吾计早已回浏，倘伊向我家借贷，乞勿发给。罗传发在通支京平银五两零，又分节账银四两，伊到浏时，乞再酌给工钱若干。张正亮乞给银壹百壹拾两，传采在通支京平银贰拾两，又买物件钱数串，是否再须给伊钱，俟斟酌再行信知。毛鹏飞、张名实、张占谷等轴照，已交嗣彭等带南，倘有遗漏，未寄南之件，乞信知。《大清会典》此间前数年卖五十余金，现在只可卖四十余金，前交嗣彭等带一部回南，倘归礼乐局用，可并路费算作五十金。弟此数日偶沾寒疾，已渐就愈可，余皆粆平，此请大、二兄大人福安！　弟洵顿首，九月二十七日。第九号，命嗣棨笔。宋世烺事前早致信李篁仙，现闻已得差委矣，又及。

《谭氏家书》稿本

致伯兄谭继升光绪二年十一月十日于通州

昨接到十四号家信，备悉一切。此间于上月廿二日发拾号信，谅蒙收入。县中放帐颇不容易，所有弟存项乞即于冬间概置产业，到底较为稳当。嗣彭等未卜何时可以到浏，此间现只接伊在临清州所发信也。坐粮厅满监督伯着之上月廿九日因公到署，本月初二日早起中痰，至酉刻出缺，现在亟须新任接办，但各衙门咨取带领引见尚须时日，仓宪已派中仓监督王信甫代理矣。仓宪延煦现调补热河都统，新任仓宪桂清以前做过户部侍郎，弟昨日来京谒见，颇言之，甚亲切也。此请大、二兄大人福安！　弟洵顿首，十一月初十日第十一号，命嗣棨笔。《谭氏家书》稿本

致伯兄谭继升光绪二年十二月三日

前月接十月初七日所发十四号手示以后，尚未接信。弟此刻所用家人多不可靠者，乞于县中雇二三人，或搭公事同来，或另行来。若毛尚春兄弟、张立心兄弟诚笃可靠，则请一二位与家人同来。邹明珠人甚诚实，若能来更好。弟现在事事必躬亲，无代劳者，虽小事亦必亲到，否则必致贻误。且各处家人唯利是图，全不顾公事，税口侵蚀甚多，明年必须整顿方好。各戚族友仍乞酌量馈送。顷接泗孙来信云，十一月初五日抵济宁州，大约十五前后可出瓜口，年内尽可到家。泗孙所用银钱账目须查明核算，恐伊乱花。传采在京用过贰拾两，未知途中亦取用否？昨伊致信雁云，嘱代嗣万捐从九衔，如途中用银，到家又支取，则不能代捐。伊到家后是否支用若干，乞即示知，以便酌度，若须捐则不可用银矣。传仁于前月来京，意欲捐官，弟严斥之，令伊回山东搬灵回家，未知肯听否，已于今日起程回东矣。徐雨楼家近日谅有余积，乞查问示知。专此布达，敬请大、二兄大人福安！　弟洵顿首，十二月初三日第十二号信。《谭氏家书》稿本

致伯兄谭继升光绪三年二月九日

十五、十六两号手示，俱于新正收到。昨接泗孙自安庆寄来一函，并湖北所寄信函，计此时已抵县矣。上年十二月，刘晓沧之子托罗湘泉来京具控，经会馆诸位劝止，伊因盘费短少，托节吾在弟处借去足银五十两，约到县即行归还，乞代为催问。又上年李鉴卿出京时，借足银六十两，未知已归还否，乞示知。现鉴卿业已来京，感冒寒疾，尚未晤见。熊瑞嵩、刘聘臣、刘桂珊均已到京。泗孙亲事如有相当者，即请示知，如不易择，或令泗孙回京再行定妥。上午所拨兴贤局刘瑄臣一项已概收清否？泗孙到县须严为管教，并乞将路上用账询问明白，毋令含混。所有诵经停灵一切，去冬计已布置，惟葬地须绘图来再定，须将各处均绘图寄京。各亲友均如常否？芾亭兄尚康健否？上午伊有来信，弟悲痛之余，不能执笔，故各亲友信均未复，乞代为婉达。我邑公车闻尚有易望农未到，进场恐止有十人，邵鄂秋今年不来，前次所移十金，已于上年来京时仍还十金，前信云已在县中还五吊文，不知何以多还，倘晤时须问清。其余各公车尚有清还者否？京寓均粒平，余容续陈，敬请大兄、二兄大人福安！　弟洵顿首，丙子[①]二月初九日第一号信。《谭氏家书》稿本

致□星源光绪九年正月于兰州　残件

……弟正月十日奉督宪檄饬署理臬篆，交卸后于二十四日驰抵省垣接印。……弟处友人彭焕斋于二月初六日物化。《谭氏家书》稿本

①应为丁丑，即光绪三年。

致李鸿藻禀稿

敬启者，尘踪迢隔，时企慈晖。驹隙颇移，又近逢夫元日，燕台引望，愿披拂于春风。敬惟宫保中堂夫子，庆翕履端，勋绥泰始。典礼重寅清之望，与物为春；迎年邀申锡之荣，授时行夏。际此香霏梅阁，预占诏贲；枫宸揆席重登，颂忱曷既。继洵鹄垣忝寄，麟纪屡经，幸岁事之粗平，祗弥觉神驰于绛帐，专笺敬贺年禧，祗请福安，伏惟霁察。 谭继洵谨启。《李鸿藻存稿》第三函第二册，中国社会科学院近代史研究所藏

致李鸿藻禀稿光绪九年

敬再禀者，窃继洵叩辞后，于十一月十三日旋省，十五日接篆。自维谫质庸材，叨蒙教育，镌感殊深，尚乞教训勤加，俾无陨越，是为吁祷。陇中连获祥霖，民情安谧，惟河州回民间或出外窃劫，亦因饥寒所迫而致，尚无关大局。各省协饷寥寥，关内外防军殊形支绌，除裁兵之外，无筹可展，而裁撤太甚，不独目前无以发积年之欠饷，且于边防太虚，毫无所恃，知关荩虑，合并禀明。再请钧安，统乞慈鉴。 继洵谨再禀。《李鸿藻存稿》第三函第二册

致李鸿藻禀稿光绪二十二年

敬再启者，鄂省上年水旱为灾，情形綦重。京山、钟祥、天门等属，被襄水决口至二十余处之多，此外被水被旱尚有十数州县。或工赈兼施，或分拨银米，为数不赀，库储搜括一空。虽经截暨质当捐等款十六万，官捐四万，仍苦不敷。现在募劝赈捐，已成弩末，加以米价翔贵，银贱钱荒，闾阎生计维艰，殊深焦虑。惟盼此后雨旸时若，转歉为丰，冀得稍宽咎责耳。小儿嗣同以知

府分指浙江，现来京验引，并挈同小孙传赞就便考荫，特命晋谒。崇墀衹聆钧诲，伏望指示一切，俾有遵循，是为切祷。再泐，附颂春祺。　洵谨又启。《李鸿藻存稿》第四函第一册

致李符曾侍郎光绪二十三年九月廿九日

电传噩耗骇悉，中堂夫子七月间薨于京第。梁木泰山，一朝颓坏，私衷悲痛，失措张皇。伏念我夫子揆席再登，仪型百群，中外识相公司马道德，钦老子犹龙，胡不慭遗。大星遽陨，读宫阙饰终之典礼；晋赠易名，崇贤良报祀之馨香。推恩锡类，哀荣备极，史册用光，面命追维，心丧曷罄。敬谛仁兄世大人孝思纯一，庭训闻三，空怀长荫灵椿，莫挽骑箕之仙驭，苫居骨立，夫复何言！惟念礼重守身，毁不夭性，勉当大事，稍节哀忱，是所切祷！弟歌闻薤露，德感秋阳，徒切束刍之愿，莫亲执绋之劳，谨寄白金足银贰百两，代营祭奠，乞献灵前，借伸敬意，专泐奉唁，衹请礼安，诸维素照不备。　世愚弟谭继洵顿首。《李鸿藻存稿》第二函第四册

致张百熙光绪二十一年

冶秋仁兄大人阁下：前月交折弁赏呈一函，计尘签阁。鄂中洋人开口岸，闻法、日两国不久即来，德总领事昨已先到，议口岸界址章程。唯租界住华人，弟坚执不允。盖一住华人，则藏奸匪，偷漏厘税，百弊丛生，不可稽查。费尽唇舌，始克签字画押，将华人不得同住一节注明。德领事又欲往湖南，弟亦力拒之，但洋人久有此意，今年有法国兵船，竟上驶过岳州、洞庭，幸遇浅而回。我省人痛恶洋人，上前年吴清帅到任，传闻有洋人同来，省中纷纷聚议，并不许中丞进城，若果有洋人到省，必滋事端。昨有商人制庆舲、吉舲两轮，往来湘鄂，装运货客，名为洞庭湖救生，其实来鄂揽货。查湘省非通商口岸，只准官轮行驶，若商

轮武昌省城即不准停泊，上年有商人禀制轮渡江者，亦经驳斥。又查裕前督任内，有湖南候选知府常璋等，禀请将申江小轮移泊岳州，专为送往迎来，当经咨商南抚院王，以湘省向非通商口岸，轮船行驶诸多窒碍，且于厘金偷漏，必难稽查，咨复批驳在案。嗣总理衙门咨詹事志锐，请饬各省招商，试行小火轮，并候选道黎福昌等暨留陕补用直隶州贺庆铨禀请添置内湖小轮船，不装货客，专为救生济险，复经南抚院以地势、民情多有窒碍，具折奏驳。是轮船之格于成议，未便试行，已可概见。无论装载货物，包揽厘金，行驶迅速，难于稽查，必多偷漏。且恐商人轮船往湘，洋人蓄意已久，必借此制轮往湘，则湘中从此多事，此德领事之言往湘，法国兵轮之过洞庭，早露其机，是安得不严杜其渐耶！现将庆舲两轮扣留，已咨湖南抚院核议，未知如何，酌定见复耳！手奉布，祇请台安，诸惟荃照不备。　愚弟谭继洵顿首，八月廿七日。中国社会科学院近代史研究所藏《同光年间名人书札》第六册

致新甫仁兄

聚首燕台，深荷隆情，恳挚握辞，鸿范复承，盛饯殷勤，寸私遥结，尺素难宣。敬维新甫仁兄大人，文章命世，经济匡时。敷奏千言，立朝之正色；趋承九陛，仰体国之公忠。翘企台垣，曷胜额颂！弟捧檄西来，勉供职守，喜边氛之净扫，咸庆鸠安；惟外吏之初膺，实惭蚊负。尚冀箴规遥锡，庶几弦佩有资，专肃道谢，恭叩蕃禧，敬请勋安，诸惟朗照不具。　愚弟谭继洵顿首。

致筱云仁兄

谊叨共楫，每企兰仪，拜纪平湖，猥承藻翰。敬维筱云仁兄大人，升祺日茂，履祉秋高，清风遍播于棠郊；欢胪五夜，思露浓承于枫陛。喜兆三迁，樨宴宏开，棨铺式协。弟鹄垣忝寄，蟀序频经，绥疆深兢惕之思；徒劳薪轴，在水切溯洄之念。托兴葭

湄，专复敬贺！秋禧祇请台安，附璧大版不具。　愚弟谭继洵顿首。

致龙湛霖二封

芝生仁兄亲家大人阁下：新正折弁回鄂，赍奉赐书，备聆一一，敝处贺岁一笺，谅已澈览。敬惟新韶□介，勋祉蕃绥，至为颂仰。客秋兼祧之请，荷蒙特旨恩俞，钦感无既，亦副至好关切之情，重辱齿芬，良深感佩！会馆鸠工修造，夏至前可一律告成，将来冠军裳萃集，清宴宏开，实一时之盛事。节吾去春北上补缺，尚未有期，乃岁底竟得补授实缺，为之喜跃。献岁以来，贵体当益康胜，弟诸叨粫适，起居饮食一切早已复元，小孙辈在署读书亦较有进境。手此奉复，祇请台安，诸惟爱照不具。　姻愚弟谭继洵顿首，小孙辈随叩，正月十六日。《近代湘贤手札》

芝生仁兄亲家大人阁下：上月折弁回鄂，赍到惠函具悉，种切借谂，履祺清泰，戬穀罄宜，式符私颂。承示一节，足征格外关切，无微不至。陈思老成稳慎，既与执事莫逆，自必深知其人，此次横遭物议，实因有求不遂者妄肆诋诬。来书所云，此间久有所闻，屡次查究竟属子虚。弟委用各员，皆于司道荐举及贫员内自行酌定，从不专听一人之言，旁人何能招権索贿。惟陈思专办局务多年，同乡诸人往往向之求差，不如所愿，则以为纳他人之贿，到处播散谣言，败人名节。弟已确知数人在大廷广众之中，造谣毁诬同乡，遂至哗然。此实有确证，但未便深究耳。近来事已平静，谣言亦息，即南院及司道均深谅其无他矣！手肃奉复，虔请台安，伏希亮照不具。　姻愚弟谭继洵顿首。《近代湘贤手札》

复龙湛霖

芝生仁兄亲家大人阁下：夏初一别，弹指新秋。顷奉廿一日惠书，知前泐寸函已彻台览。敬审京居增胜，勋履多绥，至为欣慰。弟前恙久痊，近体尚称健适，步履均已照常，堪纾爱系。双祧及一事，承费神代商前途，感何可言！顷接电音，前摺已经恭进，奉朱批："着照所请。"钦此。仰荷天恩之逾格，曲全臣子之苦衷，从此先叔母烝尝有托，泉壤增荣，感激涕零，真有生第一幸事。阁下至亲至好，非常关切，想亦为之喜跃也。如晤星叔、颂阁两世叔，望代谢关垂之意。南皮、高阳，或托埜秋兄转达谢忱。湘、鄂毗连之通城、临湘等处，前有土匪蠢动，经兵勇剿击，旋即溃散，头目现亦就获。襄阳前因疫疠盛行，有造言生事者，谓洋人使人投药井中，以致民情汹汹，烧毁教民房屋两处，几与教堂为难。经电饬地方文武弹压保护。近日天凉疫退，谣言已息，民气渐就敉绥矣。手此，祗请台安，并候秋祺，不既。姻愚弟谭继洵顿首。七月廿八日。汤锐辑自陈建明主编《湖南省博物馆馆藏百位湘籍名人手迹》，第141—143页，岳麓书社，2006年

致汪康年

穰卿仁兄大人阁下：天堑楼船，回帆改岁，朵云载冯，峤日祥开。敬维伟议匡时，寓公介祺，元辰茀禄，沪渎尊坛，式符臆颂。承示《蒙学新报》，词明义显，足开顽智而迪蒙功，当思提挈通行，以副尊意。时艰日棘，献岁维新，惟冀秋稔民苏，以扶国脉耳。泐复，奉贺新祺，并请文安，诸维雅察，不具。　愚弟谭继洵顿首。（元月廿五到）汤锐辑自上海图书馆编《汪康年师友书札（四）》，第3270页，上海古籍出版社，1986年

致吉林将军长顺二封

和亭将军麾下：天中节前，肃布一笺，谅尘签记。顷奉四月十二日赐书，猥以岁前奉使西行，重劳注饰，再三循诵，感怍良深。敬审荩履宣勤，蕃釐益茂。朝廷以北门寄重，特倚金城，故

以述职上陈，渥荷温纶优免，仰徵天眷，曷罄颂忱！弟蜀道言旋，晌将三月，鄂疆忝寄，愧乏寸长，幸公私尚托粗平，借以告纾爱注。程令鹄云暂办蚕桑差务，续有机会，仍当随事相关，以副盛意。专复，敬请勋安！诸惟爱照，不备。　愚弟谭继洵顿首。汤锐辑自郭富纯主编《旅顺博物馆藏晚清名人书札选》，第136—137页，万卷出版公司，2007年

和亭将军麾下：天终节前肃修芜贺，谅达典签。昨奉五月十九日赐书，敬审驻节辽防，勋勤懋著，统鸡林之劲旅，宣豹略于严疆，遥钦战守兼筹，辽沈均资保障，至为佩仰！倭事勉成款议，吃亏太甚，后患不可胜言。允归辽南失地一节，已否定期交割？台端乃以回纥助唐，深为将帅引咎，仰征渊抱虚怀。北徼筹防，非公莫属；既兵事大定，廷议亦未必允解兵符耳！台湾有林、刘各军屡获大捷之信，因电线已断，竟未得其详细。虽未卜究竟如何，似亦差强人意也。专复，敬请勋安，诸惟霁照不备。　愚弟谭继洵顿首。《近代史所藏清代名人稿本抄本》第1辑，第78册，第427—429页，大象出版社，2011年

甘肃巩秦阶道谭继洵查禁罂粟示光绪四年

为出示预为严禁、以杜萌蘖事。照得爱民以劝农为本，而妨农以罂粟为最。甘南地处偏隅，蚩氓贪利，向来多种植罂粟毒草，不惟有碍民食，抑且贻害地方。案查接管卷内，叠奉上宪严申禁令，本年毒草均已拔除殆尽，第恐贪利小民，仍萌故智，值此秋末冬初之际，复行偷种冬根，不得不预为严禁。以绝根株，除通饬查禁外，合行出示严禁。为此示仰所属各厅州县军民人等一体遵照，务须多种冬麦，毋得再栽罂粟。倘怀侥幸之心，仍行偷种，一经查出，本道必严行惩办，必将地亩入官，决不宽贷。各宜懔遵，切切特示！《秦州直隶州新志》卷二十一，页四十二

甘肃巩秦阶道谭继洵劝栽桑养蚕示光绪四年

为剀切劝谕事。照得养生之计，衣食为先；劝课之方，农桑并重。甘南风俗，勤俭务稼穑者多，务蚕桑者少，说者谓地气寒冷，不宜养蚕，是以不种桑树。抑知蚕桑政教，载在《豳风》，陕甘境地毗连，土气相似，岂宜于彼而不宜于此，宜于古而不宜于今耶！夫树谷必须终岁勤劳，犹有催科之费，树桑只用三农余隙，并无赋额之繁，工之难易攸分，利之多寡自别。则欲养蚕，曷先树桑。莫谓无地可植，路旁堤畔，尽是良畴；莫谓土性非宜，低隰高原，岂无佳荫。武侯居西蜀，有桑八百，即谓小县可小康；张咏治崇阳，拔茶种桑，遂使百姓皆富足。蚕桑成效，古人已有明征，特恐小民未知其利而不为耳！除通饬各属地方官劝办外，合行剀切示谕。为此示仰道属士庶人等知悉，尔等务各察看地势，树桑养蚕，果能实力奉行，三五年以后，将见桑荫稠密，蚕事渐兴，合属免夫布之征，四境无不毛之地，不但可以衣帛，亦且可以无饥矣。本道有厚望焉，特示！《秦州直隶州新志》卷二十一，页四十三至四十四

甘肃布政使谭继洵告示约光绪十四年

照得树桑养蚕其利甚溥。考之《蚕桑书》云：每桑一株约采叶三四十斤，有桑五株，可养一斤丝之蚕。每地一亩，种桑四五十株，收丝八九斤，值银十余两不等。以一亩地而获如此之多，利莫厚于此矣。现查甘省各属多贪种罂粟之利，而不知蚕桑之利更大。种罂粟一亩仅获银数两而止，种桑则加数倍；且种罂粟则废膏腴，种桑则路旁堤畔随处皆宜；种罂粟则妨农功，养蚕则家人妇子皆能从事；种罂粟则勤劳三时，养蚕则只用农隙；种罂粟则岁只一收，种桑则利可久享；种罂粟则旱涝易伤，种桑则凶荒有备。种罂粟则田有赋税，种桑则地无征输；种罂粟则流毒生民，

种桑则暖被天下。功孰难而孰易？利孰少而孰多？尔等试详思之，未有不恍然悟者。或谓甘省地气高寒不宜蚕桑，不知凡可以种树之处，即无不可以种桑，有桑即可以养蚕。况蚕事见于《豳风》，豳即今之邠州，距甘省不远。此甘省宜于蚕桑之明证也。或谓：蚕桑之利甚迟，不知地道敏树而桑又本易生之物。种桑子二三年，可长五六尺，即可采以饲蚕，若接桑枝压桑条则不过一二年耳，利亦何尝甚迟？或谓甘省桑叶必俟四五月始能发生，蚕出早无叶可喂。殊属不然。本司历年由甘南取来蚕种在省城试办，先放阴凉之处，蚕蚁不出。迨桑叶发出，将蚕移置暖处，蚕蚁即出。如法喂养，结茧均厚实光莹，缫丝亦好。此甘省试办蚕桑已验之成效也。本司前任巩秦阶道时，曾劝谕民间种桑，由汉中购买桑子，分给各属并颁发蚕桑简编，令地方官详细教导。现桑叶亦可饲蚕结茧，所获丝茧酌定价值收买。兹拟以此法行之通省，除将蚕桑简编并由汉中采买桑子分发各厅州县转发外，合行示谕。为此示仰军民人等知悉，即便遵照成法以种桑养蚕，如取获丝茧，在近省地方者，即送交本司衙门过秤给价。离省较远之处，即送至本地方官衙门。本司已饬令地方官收买，当面过秤，立时按照斤两核算，先行垫给。价值由本司如数发还，或银或钱均听尔等自便。经手人等如有秤多报少，勒抑短价情弊，许即□禀，以凭严究。并令即赴本管地方官衙门请领蚕桑简编并所发桑子，遵照成法布种。倘敢再行偷种罂粟，一经查出，定即严惩不贷。《古浪方志》

重修秦州志序 光绪十五年仲夏

余以咸丰己未通籍于朝，官农部，常纵观天下图籍户口之蕃衍，贡赋之出入，窃谓生齿繁则上之休养可知也，征敛薄则下之积储可知也。由是推之，民生遂而康乐之风怡然矣，民财阜而礼教之俗蔚然矣！然未乞外，迄无以自效。岁丁丑奉天子命来巡陇南，巡道曩治岷州，以秦州为适中地，今设行台焉。余思秦州固陇中一大都会也，其地宜麦间宜稻，气暖若南服，亦宜蚕，然暗于浴缫，故帛匹不为时重。余为募业此者，导以法，俾尽其利。乡曲染末俗，植阿芙蓉。先示禁之，届春暮，辄遣卒剷之，无使滋蔓。顾民俗质木而士气秀良，兵革之余，常不废弦诵。董研樵观察为建书院，置义塾，以育其材之美者，余稍扩之。计咸同以前，乡举岁不过一二人，今则七八人，捷南宫、入词馆者且相望也，毋亦劝学之薄效欤！

余不佞，每念治民之要，不外教养两端。窃欲以己之所见，证诸纪载之所传。检旧志则今昔不同，风会叠异，盖距修志时又百余年矣，乃属余牧泽春重修之。泽春刺秦久，夙悉其风物，聘任君其昌、王君权综纂辑。二君生长是邦，又皆博学能文，爰访逸事于遗献，搜稗说于名山，博采旁搜，骎骎大备。泽春旋以礼去官，匡牧翼之、张牧珩继之。逾年而蒇事，函来以序请。时余已屡膺恩命，擢任甘藩。受其书读之，分为十帙，喜其于山川之隘险、习俗之好尚、物产之通易，与夫学校战守诸大政，罔弗觙列。循是编而会通之，何者为教，所以与民行，何者为养，所以勤民事，是即化民成俗之权舆，亦余当日巡视陇南，及今日承宣全陇之借以自效者。爰濡笔而为之序。

光绪十五年己丑仲夏月浏阳谭继洵撰并书。《秦州直隶州新志》卷一，页五

慎甫先生四种跋光绪十五年冬月

吾邑朱慎甫先生遗书若干卷，壬子岁，先生族人携其稿示余，因录之，将付手民氏，适寇警不果。自后赴公车，宦京师，未暇及也。丁丑假归，觅其稿，已失之矣。今年夏，余侄心畬茂才以长沙丁君刻本见寄，始得复读其书。

因念先生浏邑人也，而邑中竟无有刻先生书者，恐其久而流传渐湮，故重刻焉。夫吾邑河水向西流三百余里，精堪舆者谓必有大贤生其间。乾嘉之际，陶春田先生以理学导后进，一时学行之士类能争自濯磨，其弟子如邱悜庵先生辈，尊闻行知，言动必

以法。余幼时见童馆中诸弟子，于师长朋友父母昆季间，均揖让雍容，彬彬有礼，此非教泽之所熏陶者久乎。先生生于嘉道之时，复能刻苦自励，专心以穷性命之旨，岂风气所感欤，抑山川所钟毓欤？虽然，至于今，吾邑礼教亦稍衰矣！既不得如先生者讲明性学以振兴之，因刻是书以遗乡人，俾读之者有所感发焉，则先生之泽孔长，而惠我乡人无疆也！此次校刊陈若愚观察之力居多。

光绪十五年己丑岁季冬月，同邑谭继洵敬跋。甘肃藩署刊本《慎甫先生四种》卷末

清故诰赠光禄大夫同知衔选用知县谭公海峤府君墓志铭并序光绪十八年春

吾兄既卒之六年，洵抚鄂北，嗣桀卜葬兄有日矣，走书来乞铭。於虖！洵之窃高位、忝厚禄，盖非吾兄之勤勤恳恳以教以养，无以有今日，则以一言表章吾兄之生平，其敢忘所自耶！抑兄之志事卓卓，又非洵不能深知而仆数也。

兄讳继升，字子惺，一字海峤。先世本福建清流，明新宁伯纶官湖广，有子留长沙，数传迁浏阳。曾祖讳文明，妣氏金；祖讳经义，妣氏黎、氏李；父讳学琴，妣氏毛。均赠光禄大夫，妣均夫人。洵兄弟四，兄其长也。年十三，先大夫卒，同怀七人均幼，吾母悲吾父之亡，而又念膝下茕茕无依，恒一恸昏绝，举室环哭，闻者堕泪。兄上慰慈亲，下抚群季，委曲周详，家以不堕。性颖异，读书能强记，以家中落，遂弃举业。理家政，惫心疲精，尝书“谨家节用”四字于座隅以自警。由是铢积寸累，日渐丰盈。

洵体素羸弱，兄保抱携持，体恤备至。稍长，得咯血症，兄求医调药，日夜惊扰，甚于己疾。延师教读，严立程式，师偶外出，则代为督课，手挟一册为谈忠孝节义事，娓娓不倦。所读唐诗皆兄手录。遇试，检点场具，亲自迎送。及官京师，犹必时寄资斧，俾无缺乏；月赐一书，俾无远念。病剧犹时诵“岂不尔思，室是远而”之句，以为恨不得一见洵面。於虖！兄之视洵如此其

笃，而洵之视兄将何以为报也！

兄友爱弟妹，经营婚嫁，奁具加丰。八姊在室日，薄有私积，兄代为营运，积卅余年，置产归之，岁入租百数十石。九姊病瘵，兄频看视，徒步数十里不为倦。大伯祖绝嗣，二伯祖仅遗一曾孙，兄抚养成人，兼为娶妇，不幸又亡。兄每谈及两房无后，悼叹不已。同宗戚属，虽疏必联，虽远不弃。贫者周之，老者敬之，弱者扶持之，孤寡不能自存者，尤恤之终身。族谱失修久矣，兄倡议修辑，体例规式，手自勘定，数年竣事。祖祠自吾父倡修后，经费绌，四叔捐祭费，兄经理有年，积赀置产。吾祖迁浏，初居城，继徙东乡，又徙南乡，后又居城。祖墓散于东南，且有遗失者，兄访寻修固，立碣志之。又创清明祀，立规条，酌予路费，分房轮扫。

尤以廉正为邑人士所推，先后莞诸义举，如军兴团练，兄以邑城居中，肆应尤扼要，因合近城十二小团为中立大团。廿余年练勇措饷，心力交瘁。其间叛勇犯界及土匪数次窃发，均赖以安。事平，以其余赀购产备用。文庙旧分礼乐二局，兄并为一，节縻费，以其余购藏书，兴经学。宾兴费绌，兄劝富室得数千金以济，又以其余购试馆京师，董修邑乘，节用有赢，用形家言甃南门外屏墙，而又以其余供京馆岁修。戊辰、己巳，连大水环城，民居多淹，兄漏夜倡众，呼舟拯溺，侵晨且运粥赈之，事定而又即募金设救生船。燕豫晋饥，兄解囊倡捐，集数万金，赍往赈。奉豫抚涂额以“勇于为义”、湘抚李额以“饥溺情殷”。谈如积谷、整圜法、清保甲、禁烟馆，利弊攸关，不辞劳，比避怨，邑侯冒额其堂曰“仁者寿”。管带威镇军，却薪金，权子母，甫年余积钱七百余缗，置田二十余亩，立案备防，邑侯汤批以“洁己奉公，实堪钦敬”。其设施类此。

洵远在外，凡自家乡来者，莫不啧啧颂兄之盛德不置也。兄由捐金助赈议叙九品顶戴，以团防功积保至同知衔，尽先选用知县。以子椝官封奉直大夫，以洵官累封至资政大夫，赠光禄大夫，配唐封至一品夫人。子三：曰嗣棨，邑附生，六品顶戴，江西试用府经历；次、三均先兄卒，曰嗣椝，廪生，五品顶戴，詹事府主簿衔，邵阳训导；曰嗣棻，增生，翰林院待诏衔。女三，适欧阳、彭、陶。孙九，传箕、传笈、传简、传箴、传筠、传笙、传笏、传簠、传篪；孙女七，曾孙今五，曾孙女今四。兄生于嘉庆二十一年七月二十六日子时，年七十有一，以光绪十二年六月十四日寅时卒，未卜葬地，暂存邑城外小水段茅坪庄屋，以今光绪十八年正月十八日未时，安葬邑西皂溪湾内之枧坡，金盆形顶，寅趾，申兼甲庚。洵既志之，又因而铭之。

铭曰：温温伯兄，怀宝不试。施于一家，一家听治。推之一邑，一邑受赐。衣寒食饥，日予汝济。双瞳禀精，不眩于视。兄灵安归，陟岗欲涕。其子则葬，其弟则志。志以抒情，铭以劝义。亦越子孙，绍德弗替。

同怀弟继洵谨撰于湖北抚署，姻世愚侄邹明沅书丹并篆盖。民国甲寅续修《谭氏族谱》卷十一

通奉大夫刘公桂林先生墓志铭

洵奉命抚鄂，公之曾孙广东少都转澍寄书及家乘来署，云曾祖父母迁葬有日，乞为志铭。洵，姻属也，不可辞。按公讳开甲，字宴琼，号桂林，州同衔。先是，由新昌迁徙楚，籍浏阳，人称西阳山刘氏。公曾祖讳应兆，祖讳大掟，父讳宏佑，副贡，官永定训导，皆以公赠奉直大夫。母陈，继母杨，公其仲子也。外严内宽，约己厚人。待佃户不取盈，助寒儒不少吝。正直之风，士林推重。夫人邱氏，县西任淮安盐运司运判生华公女。处丰能约，遇蹇能安。敬慎之德，勤朴之规，至老不替。公与夫人懿行，洵稔知之，家乘所纪不诬云。公生于雍正九年十月初三日卯时，以嘉庆十年四月二十七日未时卒，寿七十有五。赠儒林郎，晋武德佐骑尉，晋武翼都尉，晋通奉大夫。夫人生于雍正七年二月初三日申时，以嘉庆十六年二月初八日未时卒，寿八十有三，受赠如

例。子六：家升，附贡生，赠儒林郎。家琦，国学生，晋通奉大夫；家瑰，年十有八殁，葬公墓下右偏；家琨，晋中议大夫；家训，布政司经历衔，晋通奉大夫。家球，年二十殁，葬公墓下，与兄瑰共塚。女三：长适宋，次适周，季适邱。次女殁，葬公墓下左偏。孙六：运修，晋奉直大夫；运偦、运庄，均晋通奉大夫；运矩，晋中议大夫；运沅、运灵，均武显将军。曾孙二十人。元孙四十有九人。其来孙、晜孙、仍孙凡百五十余人。后嗣绳武亢宗，芸编相继，举乡榜者一，贡明经者二，入庠序者十有五，冠裳济济，叠荷恩纶，食报未艾也。卜光绪十八年十一月初八日子时，葬公于县西二十都西源戴嘉冲山，坤山艮向兼甲寅，以夫人祔。铭曰：西源之山祥云护，此乃公与夫人墓。毓秀钟灵后盖裕，我敬为铭庆永固。　姻再侄谭继洵顿首拜撰。此墓志铭于 1990 年仲夏出土，刊于浏阳南乡 1997 年六修《刘氏族谱》，汤锐补辑

王良汲墓志铭

翁姓王，讳良汲，字源瞻，号福泉，浏东山晓段人也。祖声远公，奉直大夫。父赐书公，中议大夫，生子四，翁其叔也。幼岐嶷，长超侪辈。邑庠生，援例贡入成均。性好施与，凡济困扶危，一切善举，皆乐为之。至迁建学宫，创修文塔，功为最著，事详县志、家乘。乾隆丁卯岁生，道光庚寅岁卒，寿八十有四。以孙应文州同衔，加级貤封奉直大夫。又以孙洪钧、派名应淦运司衔，加级诰赠中议大夫。德配欧太淑人。生长男才林，恩贡生，资政大夫。孙应文，州同衔，中议大夫；次应淦，咸丰辛亥恩科举人，例授主事，奏保运同衔，授中议大夫；应辰，奏保州司马，赏戴（中阙）署正资政大夫（中阙）次男才楫，太学（中阙）曾孙五，元孙（中阙）月初九日由（中阙）坡首戌趾辰（中阙）概如此（中阙）兮山苍苍翁（中阙）万古兮永流芳（中阙）　谭继洵顿首拜撰。汤锐辑自原件照片

清故光禄大夫河南补用道魏公墓志铭

皇帝纪元之十有七载，予驻节武昌，衡阳温云魏君之丧，自扬州溯江流而上，予方病足，莫往吊诸载𫐄之舟。其孤裕光赴告予，且请曰："某先君将以某年月日葬某原枕某趾某之山，声幽之文，阙不具，盍以属公！"予儿子嗣襄，君儿女姻也，夫焉辞？

君名纶先，一名丹诏，温云字。魏氏先世，自宋乾道时由黔迁衡阳，故为衡阳人。曾祖琼，岁贡生。祖瀛，以拔贡中乡举，选授山东定幽知县，迁福建淡水同知，历署鹿港同知，皆有政绩。父承樾，邑诸生，由军功洊保布政使衔安徽候补道，载孔雀翎。故君三世皆加级，以光禄大夫封。妣王太夫人，和顺俭勤。既生君兄爽勇巴图鲁、前署湖北粮道、安襄郧荆兵备道纲，次则君。

君生时，太夫人梦刘文定衣冠入室，因以文定名名君。及长，勤敏无子弟过，谓君当以文学侍从起家如文定矣。会粤难发，君父谢讲席治军，君由是出入兵尘间。同治甲子，太公奉檄防常昭，粤军大集，急围常熟，登陴才三四百人，君泣请曰："敌十数万，我寡不敌，大人即誓死守，不表里夹击，城且破矣！"请缒城乞援，左右力阻之，卒偕季父出，得援围解，遂复宜兴、荆溪、嘉定、溧阳、嘉善等城。江苏巡抚、今直隶总督、大学士合肥李公上其功，议叙知县，加同知衔，赏孔雀翎，是为君发名之始。旋援例为中郎，改道员，加三品衔。同治十年，天津大水，君出絮、衣、袴三万具，振给灾黎，李公持以入告，赏加布政使衔。十二年，中本省癸酉乡科举，魁其一经。

光绪元年，滇督刘公、巡抚潘公檄襄办腾越军务，有功。复檄办开采铜矿机器，悉如式，保以道员发河南补用。君课蚕织，刊诸验方，解鸦片毒，全活无算。八年，李公咨调赴津，委办北洋通商交涉事务。时西人方通商朝鲜，朝鲜内讧，朝议驻师其国，为安内攘外计。署直隶总督张公树声，奏以君办理朝鲜前敌行营事务。至则我军方壁城外，城内伏匪充斥，无敢径入。君曰："朝命也，义不得避！”遂入。师从之地雷发，仆一骑，君若有神相之者，竟无恙。匪复谋袭王宫，君严备得不遂。事平，诏以道员遇缺题奏。

君长才，无施不可，而尤劳于治河。曾文正公督两江，陈公士杰、张公曜先后巡抚山左，皆倚任君。君度地势，顺舆情，功不独居，劳则身任，昕昏栉沐，严寒必躬。尝开清河迁道，避居民冢墓，所全甚多，人呼“生佛”。利津、韩家垣河工，檄君总办，民忘其苦。黄河自咸丰间北汇大清河入海，不三十年海口复淤上游，溃决频仍，佥议南徙复徐淮故道，不可；议北徙循徒骇旧迹入海，又不可。乃议别开新口，筑长堤，束使趋海。事既创举，人皆难之，君独任无所诿。张公察君勤劳，奏奉恩旨，交军机处存记，而君病亟矣，请急就医扬州。以光绪辛卯九月初四日病卒，距其生道光甲辰三月十六日，得年四十有八。

君内行纯笃，母太夫人病殁，尽礼尽哀，睹遗物辄泣，不欲令太公知也。生平前枯后菀，忻戚不形，子弟稍即华靡，必举今昔丰啬情事，反覆陈戒。顾赒姻族、济孤嫠，贷粟散财，靡役不助，靡助不丰，其薄己而厚人，有足风者。适室王夫人，簉室高宜人、张宜人、赵宜人、梁宜人、朱宜人、潘宜人。丈夫子十：裕光，国子监生，花翎五品衔，两淮东台场盐大使，兼理河梁场事；业钊，籍金坛，廪贡生，花翎补缺，后以知府用，广东候补同知；业钧，国子监生，花翎候选同知；业铨，附贡生，候选同知，先卒；业镇，附贡生，分部行走郎中，出后季父绶先；业锐，附贡生，分部行走郎中；业铎；业铣；业镐；业镕。女子子七。孙三：诗诚，诗敬，诗兴。孙女四。铭曰：

有蚤成者曰魏君，英姿飚竖雄湘渍。上为君亲排难纷，城名两完赢霁云。勇而有仁声天闻，治河横海丰其勋。泽沦髊骨康啮坟，奉天命讨民遗殷，祝融观日俄斜曛。咨嗟南望夫何云，九幽光晶如此文！汤锐辑自蒋箸超编《民权素粹编》第一卷，第34—36页，民权出版部，1926年。题下注云“原载第十集”

李鸿章寿序光绪十八年

恭祝诰授光禄大夫宫太傅中堂一等肃毅伯七表寿序。皇帝御极之十有八年，八纮翔洽，百度贞明。维时居首揆者实惟傅相合肥公，文长纶阁，武镇畿疆，内掌海官，外综商政，有一德之美，兼四事之勤，赞成盛化，有自来矣。是年正月五日，为公七旬岳降之辰，圣上以公之纯嘏，为国之祯祥，尚齿尊贤，颁恩锡羡，天章巍焕，珍物便蕃，礼也！孔光俊乂之臣，锡之灵寿；杨彪宾客之礼，冠以进贤。矧乃任遇四朝，功在两社，受兹介福，佥曰惟宜。于时海内人士，所愿百龄锡寿，传张丞相柱史之方；从兹四国畏威，归仲山甫铭功之鼎。

赐进士及第，诰授光禄大夫、头品顶戴兵部尚书兼都察院右都御史、湖广总督年晚生张之洞顿首拜撰，赐进士出身、诰授光禄大夫、头品顶戴兵部侍郎兼都察院右副都御史、湖北巡抚治年晚生谭继洵顿首拜书。

浏阳娄氏合修族谱赠序光绪十九年七月

同邑娄峻山提帅自朗州邮寄家乘示予鄂州，属序纂述之旨。予与娄氏世同里闬，咸同之间，予通籍官农曹，峻山崛起戎行，从大帅鲍武襄公剿贼吴楚诸行省，积功跻专阃。迨予外任秦陇、擢抚鄂疆，峻山亦以潮州总戎简授湖南提督，驻节朗州。予与峻山宦辙分驰，踪迹迄未合并，晚乃各膺重寄，辖境接连，书问往复亦密迩因间。兹以谱序请，岂以谓悉娄氏之家世者莫予若，能言其谱之离合难易者亦莫予若乎？娄氏明初迁浏，蕃衍三支，各为谱。先世屡谋合修，峻山大父心安公尤亟亟经营，不遗余力，迄未集事。迨峻山昼锦归里，展祀宗祠，既输金式廓祠产，复力肩合谱之任，于是谱之屡合未果者，遂克日告成。

君子敦宗收族，反之吾心，万不容已，竭力争赴，济否仍俟诸天。今之宗谱，古宗法之遗也。古之宗子世受田禄，力能率族，故因宗立法，法行而谱寓其中。自世禄绝而宗法废，今之宗乃无法而有谱，或数十年而一修，或百年一修，族众竭蹶趋事，仅乃有济；或且屡议屡辍，展转补苴而卒无功，此无他，无宗子之力而强资群力，宜其至艰而鲜举也。兹谱之合，佥谋数世，阅时百年，不成于乾嘉之前而成于今日，天鉴心安公之劳，蓄全力以待峻山之绳武，岂偶然哉！且非独鉴心安公之劳而已，其假娄氏之缘，俾卒成先人之志者，又何笃也！峻山百战宿将，扬厉三朝，会岛夷内讧，出镇潮海，南越之人方倚以威远而慑迩，乃于辛卯岁奉命开府乡邦，始获与族之父老子弟修举废坠。或谓遭遇之殊非同时诸名将可及，抑亦心安公身教之行、流泽之远，有心牖之也！嗟乎！心安公赍志生前，收功孙子，虽未身尸其成，而志事之伟，久而益显。世之孝子慈孙，负追远收族之志，闻娄氏祖孙之风，可奋然兴矣！

光绪十有九年七月下浣，同邑谭继洵谨序。《浏阳娄氏合修族谱》卷首

浏阳胡氏一世建十公赞[①]

厥品峥嵘而蹇冲，金之南兮箭之东。霁月光风度春融，温和如玉学养充。书映牙签诗满筒，玉撞金舂吐白虹。烛奸摘伏水晶笼，虚堂悬镜鉴衡空。杜渐防微懔桃虫，不矜才智人与忠。植基创业斩蒿蓬，居然履厚而席丰。解衣推食周困穷，匪夸串朽与粟红。义不苟取财可通，清畏人知将毋同。德被乡邻望自崇，广行阴骘格苍穹。积之厚者光熊熊，环阶芬馥桂花丛。哲人虽往名未终，典型可征田舍翁。仰瞻遗像契我衷，愿肃冠裳拜下风。

赏戴头品顶戴、兵部侍郎、太子少保、钦命湖北巡抚谭继洵

①建十公即胡允钦，系浏阳胡氏家族迁浏始祖，为胡耀邦之先祖。

敬书。《浏阳安定胡氏大成谱》

题兰州甘肃贡院联

边塞起风云，喜紫气东来，会有輶轩随雁度；
苍生盼霖雨，问黄河远上，此中多少化龙才？

题兰州蔬香馆

几树棠甘，荫少难胜分陕任；一溪烟扑，飞花时起望湘心。

题兰州天香亭联

鸠归雨添三月翠；鼠姑风裹一亭香。

石古苔生遍；亭香草不凡。

题兰州承流阁

白露葭寒人宛在；碧波风定月初中。

题兰州乐寿堂

人影镜中，被一片花光围住；霜华秋后，看四山岚翠飞来。以上题兰州六联，夏剑钦辑自裴国昌主编《中国楹联大辞典》，江苏科学技术出版社，1991 年

题兰州城隍庙联

举目有神明，彼梼杌饕餮，浑敦穷奇，难逃鉴察；
满怀皆恻隐，凡疲癃残疾，茕独鳏寡，时切恫瘝。汤锐辑自解维

汉编选《中国佛道儒教楹联精选》，第180—181页，陕西人民出版社，2008年

题武侯殿联

余将有远行，溯十余年觞豆盘桓，客里光阴增缱绻；

此间得佳趣，看数千里河山环拱，堂前风月剧清华。汤锐辑自龚联寿编著《中华对联大典》，第557页，复旦大学出版社，1998年

题左文襄公祠联

恢复数万里版图，湘水多才，直同曾文正胡文忠功在社稷；

上下千百年人物，金城崇祀，当与赵卫尉邓卫国美并古今。汤锐辑自龚联寿编著《中华对联大典》，第557页，复旦大学出版社，1998年

题昆玉兄华构联残件

写翁□兄大大人昆玉华构志□：

□阁起勋□，□□□□□开，白水青山环华栋；

淮川绵世泽，旋看文人鹄立，光风霁月耀华堂。

敬甫谭继洵顿首拜题。原件藏浏阳文庙博物馆

哭子嗣同殉难联[①]

谣风遍万国九州，无非是骂；昭雪在千秋百世，不得而知。《浏阳文史》第11辑，第109页

①此挽联《谭氏族谱》未见记载。据谢雪松云，他于1947年肄业浏阳狮山中学时，听语文教师唐植梧先生所讲授。后流传甚广，影响颇大，故转录于此，以供参考。

附录一　函禀书信

左宗棠答杨石泉

甘省好官，道员以谭敬甫、周子岩为最，同知龙崑、萧毓英，知府王镇镛，知县李裕泽，候补知县汪椠，弟拟明保，以示优异，冀先升补，裨益吏事，不仅循照常例已也。汤锐辑自《左宗棠全集·书信三》，第650页，岳麓书社，1996年

沈玉遂禀谭继洵[1]五月初七

敬甫方伯大人阁下：叠奉麟函，如亲麈教。伏维崇勋日茂，景福时隆，式符瓣颂。承示兰山书院置产一事，查河洲四乡，惟东西南三川地亩为良，合购一二万金产业，固属不难。惟该处民风刁悍，无论官地民地，秋收租粮，殊多轇轕。且以地一斗，收租三斗，需价银十八两二十，合利息仅够六分，亦未免太见轻微。是以迟迟审量，未敢孟浪定议，虚废公款，实陈左右，乞裁度焉。李故牧交代青稞一件，俟秋收后还仓，伊家属感激不尽。环县抢劫票银一案，昨于初五日已由平善集回绅马茀禄拿获正犯马六十四一名，交州讯详，合并陈闻。肃此。虔请台安。惟希亮詧不备。

姻愚弟沈玉遂顿首五月初七日，五月十一日发。

①谭继洵朋僚函禀稿件共三十件，为甘肃静宁王少军先生所收藏，后提供给兰州市志办公室使用，选择其中八件分别发表于1988年第1、第2期《兰州古今》刊物上。上述函禀估计写于光绪十三年谭继洵就任甘肃布政使期间。此下八件即辑自《兰州古今》。沈玉遂，湖南湘乡人，时任河州镇总兵。

沈玉遂禀谭继洵

敬甫方伯大人阁下：睽违麈教，又过悬蒲佳节矣。伏维勋偕夏大，祉并日隆，式如颂仰。环县抢劫标银一案，前初五日拿获正犯马六十四一名，并起赃银三百余两，已由俞牧禀报冰案。兹又经敝部马队帮办马永祥在于案犯马满拉家中起出赃银一百九十余两呈缴前来。现查马满拉、马一布拉、马眷眷、于毛狗□□□勒各犯，均于四月半间回家，后随复走连城西路及甘凉一带。弟会商俞牧，密派营弁购有引线，发给路用，分途跟踪捕拿。仗赖德威，或不难于弋获，副慰厪系耳。肃此，虔请台安。祇希伟昭不宣。　姻愚弟沈玉遂顿首。

沈玉遂禀谭继洵六月初一

敬甫方伯大人阁下：叠奉笺教。伏簪缨笃祜，鼎履绥愉，式用忻颂。唐君兆萱，人甚谙练，仰承台嘱，已邀入署内矣。容缓为设法位置，上副大命耳。兰州书院置业一件，续查河州南乡上业地亩，异常昂贵，取息尚难及十之二分。自奉明示，拔十必得五。派弁采访并传谕各乡正绅，卖地问价者颇复少矣。肃复。虔请勋安。伏维伟照不备。　姻教弟沈玉遂顿首，六月初一日，六月初五发。

余泽春禀谭继洵[①]二封

……卑职于前专足赴汉中采购桑籽，已驮运回秦。除存留给发秦民外，特专丁驮运二百四十斤送呈宪辕，以备散给，附呈水鱼三十元，并乞赐收。是祷。肃此。具禀恭请钧安。伏乞垂鉴，

---

①余泽春，浙江遂安人，时任秦州知州。

卑职泽春谨禀。

敬再禀者：窃卑职接奉宪台札开：甘州吴守患病请假晋省就医，调卑职前往接署等因。遵奉之下，卑职即于四月二十六日交卸印务，匡牧即于是日接篆任事。所有一切事宜，自应赶紧料理，赴甘接事，以期仰副宪台栽培之至意。惟卑职在秦任内经手事件极为繁多，举凡地丁仓粮社粮采买储粮生息钱项未结词讼及续修志书蚕桑局义学孤贫等事，并地方一切应交事件，均须逐一分晰，列款造册移交，必须月余方能竣事。又必俟匡牧出具印结，始无轇轕。一俟交代清楚，卑职即行进省，面请训诲。…… 卑职泽春谨再禀，五月十一日发。

刘楚华禀谭继洵

敬甫方伯大人阁下：目前敝差旋汉，接奉环章，祗聆种切，收到纸价各费，并蒙优赏差弁，良深惭谢。辰谂茀躬集嘏，荩望延洪，引睇升华，殷心豫颂。弟如恒粟陆，乏淑足陈。惟地面敉平，兵民和洽，借藏鸠拙，堪以附慰注怀。承命代购纸张、桑籽，兹已采办齐全。京贡纸陆拾柒捆，计每捆十五合，每捆价银二两玖，合银壹佰玖拾肆两叁钱，此项比照付来纸样，质虽略薄，而色较白洁。据该店面称，一年有一年之货，不能前后一样。又黄罗纹纸壹佰刀，共银叁拾叁两，雇驼骡壹拾四头，付银柒拾两；又席绳小费钱七千七佰七十文，原票四纸附呈。桑籽净重弍佰陆拾弍斤，除派营勇摘采不计外，其余陆续收购及一切需用各物小费共付钱拾陆千五佰文，合上项席绳钱折作银十五两六钱六分。又前次驮价银拾两，通共付汉市平银叁佰壹拾玖两玖钱五分，比兰市平每佰约大壹两。特派千总成龄率勇一并解送前来。到时乞饬查验收，见覆为祷。肃此。敬请台安。诸维惠照不具。 乡教弟刘楚华顿首，六月十三日发。

黄自元禀谭继洵[1]二封

敬禀者：窃卑府睽违仁宇，恒企慈颜。昨逢蒲序届临，肃具芜禀申贺，计尘钧鉴。恭维大人鼎裀笃祜，履祉呈祥。翘首铃辕，倾心鼙鼓。卑府谬守宁夏，诸愧樗庸。幸地方安谧如常，入春以来，雨晡时若，渠流畅旺，夏秋禾苗华茂，丰稔似可预期，差足上慰廑念。前承宪示，饬为周巡检谋一枝栖，捧诵之余，随即接见，据周巡检面称，意欲留守听候差委。卑府当即禀商世道宪意以该员系分省巡检，并未留甘，格于成例，未便转详。亟思另图位置而一时尚乏机缘，只好从容设法，以纾宪廑。倘周巡检或另谋栖止，卑府亦当厚给川资，断不使落拓于此也。命书左文襄祠碑，屡写未工，勉书寄呈，仍形陋劣，尚乞教正，是所感祷。肃此。具禀恭请钧安。伏祈垂鉴。　卑府自元谨禀，五月廿一日发。

敬禀者：窃卑府于月初曾肃函恭请钧安，并寄呈左文襄公祠碑，计邀岩电。祗惟大人禔躬多福，庶绩咸熙，至深欣庆。前奉钧函，命为湘阴周巡检荣曜妥筹位置，卑府曾将此间差事无多只得从容设法各情于前禀具陈。兹该巡检见此间无可设措，拟即言旋，卑府未便再留，令其久候无着，况府中僚属宾席无多，此外亦无可荐引。仍恳大人大力扶持，俯加青睐。兹赠该巡检川资二十两，坚不承受，只得勉备车价，俾无濡滞之忧。区区下情，实有难形诸楮墨者。所有未能位置之处，伏乞大人曲予鉴原，不胜悚仄之至。专肃丹禀，虔请崇安。伏维垂鉴。　卑府自元谨禀，六月初三日发。

---

①黄自元，湖南安化人，进士，为晚清著名书法家。时以京官出任宁夏知府。

谭嗣棨致谭嗣棨[1]光绪二年六月上旬

大兄大人阁下：接手示知母亲病不复发，弟内病有起色，深慰深念！惟兄病要紧，来示欲勿药，恐未必可，尤望珍摄是幸。燕亭不与彤翁同回浏，将来何以能回？此人用心殊不可解。恢堂等须预谋师，为半岁课读计。四弟在城南，必能申补一课，回家避暑甚好。记得上年伏天，颇觉难过。弟于六月初五日随三叔[2]上京，初六日录科，拟初十日仍随三叔回通。现在将讣闻办好，发交各处，七月初五日在湖广馆开吊。此次弟等来京之人颇不称意，其实人甚稳练者，可谋江苏、浙江等局差委，数月之中不惟可得薪水一、二百金，且可得两次保举。李佑臣今年春间选华容教，因缺苦暂留京，仍在通署当书启，三叔荐伊江广局当委绅，已开保知县，但此间当差见道宪（粮道）及各风宪（仓场坐粮厅）须请安，佑臣初亦不甚愿意也。病体复元，若能燕雁代飞更好。至于搭保举一节，似属难行，容再禀商三叔，看明年可办否。六妹柩停京师长春寺，此时若不将伊柩运回南，则唐家永无盘柩回南之期，若径将伊柩运南，则到底伊系唐家人，此事颇费踌躇。三叔甚不是唐家，缘六妹病时，唐家惟恐惹病，遂置之不理。一切事均系三婶、癸生招扶，至死后亦复如是，故被祸独深。然癸生将六妹金银珠宝等件尽装入柩中，恐亦未必于死者有益，徒自取祸而已。徐寿吾此次随柩回南，三叔欲不令其复来，弟禀事能了安，并出条亦好。去年一等前列者亦未必能帮人捐教事，会馆人类皆知之。五嫂回南，三叔欲令其家居，黎八太太未必肯也。此请大安，并问四弟好，棨谨上。《谭氏家书》稿本

---

①谭嗣棨新畬、谭嗣棨雁云，分别为谭继洵伯兄谭继升之长子与次子；谭嗣贻癸生、谭嗣襄泗孙系谭继洵之长子与次子。

②指谭继洵。

谭嗣棨致谭嗣棨光绪二年六月廿三日

弟此次搬入城住，固因通署人多不清静，且有须密办之事，只得带传采、卜三等上京（三弟恐须来京），令伊等写写字（对伊等并未说出，只模糊说几句而已）。此事弟癸酉在京时曾经过手，现尚未了案，因有驳回之处，尚须更正再写一分。弟梼昧不能办事，仍恃三叔为主，且场期伊迩，弟亦不能专为此也。父母亲均康健如常否？寿文拟赶急办好带南，节吾前请黄观余写寿联送我家，已早寄南矣。徐寿吾人颇浮，三叔不甚喜欢，现伊求三叔递名条，谋明年差委，三叔口虽接应，其实未与伊递去也。寿吾亦知难靠，现亦自为谋，未知能得否。此间当差有南省委员、北省委员之分，北省委员系由仓帅札委，南省委员系由各粮道札委。徐寿吾系当南省委员，伊不住局中而长住署中者，亦省伙食及一切费用之故。其实自家有人要此差事，可求三叔递名条于南省粮道，伊碍人情，无不札委者，且亦不必去当差，今年李佑臣有样验来时，伊只去过两次，不过得一等薪水，得一个保举而已。此次同来之人，三叔不甚合意，不欲与伊等谋此差，弟亦不便求三叔谋此差者，以谋了此差反对伊不住，只是可惜机会而已。兄病若何？弟内病已愈否？春林病亦是否痊可（卜三耳较聋，弟在家时亦不知其耳聋也）？念念！此请大兄大人暨四弟安好！　梨顿首，六月廿三日。《谭氏家书》稿本

谭嗣棨致谭嗣棨光绪二年八月十四日

大兄大人赐览：九天辛苦又完了，场艺不见佳，未卜命竟如何？吾兄吾弟想必得意，二叔果入场否？南闱是何题目？阖家如常清泰否？彭外侄女病愈否？念念此问。大安并四弟近佳！梨、彭八月十四日亥刻（弟录科时托人补领贡照，若出条文书，即云在湖南协黔捐局报捐贡生，亦可禀事了妥费若干，便中示知。）《谭

氏家书》稿本

谭嗣棨致谭嗣棨光绪二年九月五日

大兄大人赐览：八月初四日家信云兄病复发，未卜速愈否？亦未卜赶入场否？念念！南省闱题系“射不主皮”一章，亦未知确否？八月廿五日，三叔发七号信，下人误交提塘，此信恐其迟到。现在灵柩已于初三日起程，伊等路上或亦有耽过，今故补述三叔前信之意。三叔意欲于县城内外或近城处，筑房屋数间（或赁房屋）停柩，万不可惜费。弟于八月廿三日始回通，后又因典黄恕翁房屋一事又上京，九月初二日，将六妹柩及义园两棺押解回通。到通时已晚，忙中忘未将京报交泗生等带南，容俟陆续补寄。所交伊等带回黄蓍共计拾叁斤（此次买回黄蓍尚多，我兄弟、岳家均有老人，可分送一等否，酌之），系扯用传采钱买的，因传采前在三叔处支银廿两买物件，尚剩京钱壹百零六吊，嘱弟缴回三叔处，弟故将此项概买黄蓍寄南，传采到浏时，乞还伊银七两正。又传采临行时托弟代伊父捐□九，拟俟三叔回署时禀商到底与伊捐否（弟尚云回家时须再寄一信来）。张正亮前存我家之项，伊回家后可令伊领去，免得劳神。正亮在此间大约弄了三百金之谱（亦未知其详，惟三叔处尚有百十金）。卜三已令其在门房照料，三叔若留任卜三，明年必多弄得几个钱。罗传发支京平银五百两（与卜三同支的），又分节账银四两，伊账如何算法，俟禀商三叔再行信知，余不赘。　九月初五日。《谭氏家书》稿本

谭嗣棨致谭嗣棨光绪二年九月廿七日

大兄大人鉴览：此间自接到八月初四日家信后尚未接信，兄病若何，心甚悬念！弟于九月初五、十二两次寄信回南，亦未知兄处收到否？三叔现沾寒疾未痊愈（不甚要紧），命弟写信，信内所云毛鹏飞等轴照，三叔记忆不清，是否均交嗣彭等带南，此事

弟亦未经手，故信内语涉含糊。传采或尚须给伊钱，三叔似不甚愿意，俟再禀商告知。徐寿吾海运差事，闻已托王乡云办好，伊在汉皋发来信云在江船上失去衣服钱□，故恐伊向我家借贷也。弟榜后颇惫无聊，细思泗生明年能回京与否，未可逆料。弟羁身此间，殊觉烦闷，惟日望南闱有中式者赶早来京，俾弟及期瓜代，何幸如之（南闱榜信此间想不数日必得闻矣）！弟现须置皮袍、皮马褂，其用费若干，拟开回明春账单，来京乞登入。卜三（过于老实）现派伊在门房，似乎诸事不晓得，反不如正亮在此间多年，尚能略知一二。外间干事须略刁灵者，兄与四弟若中式来京，所带工人须审择，免得途中累赘，乡间土块外间实不合用也。三叔留任与否，想仓帅不久必具奏矣。三叔所典黄恕翁房屋，在内城东单牌楼，弟数日后恐须搬往暂为看守，并可在此间了前所未了之件。父母亲如常康健否？阖家如常清泰否？均乞时常切实告知，余不赘。　九月廿七亥刻，棨率泐。《谭氏家书》稿本

谭嗣棨致谭嗣棨光绪二年十月十日

大兄大人赐览：家中发来十四号信，弟因现住内城，未及阅过。三叔前日来京，在内城歇一晚，仍回通州去了，嘱弟写家信只说买田一事，故弟亦只写数语而已。前信灵柩欲总葬一处，此事未必能行，或亦随父亲斟酌。传采到县或再酌给一二十金（须查伊途中支钱买物件否），未为不可。三叔事本无一定，替伊做过亦即算了。卜三工钱南省不得支发，伊在此间支银置衣服，已及四十余金，伊在门房向例无工钱，明年尚须扣还也。弟上京时，五嫂交弟银廿两，弟置皮袍马褂背心，几及卅金，此项大约即以此拨兑。张正亮到县时，乞交伊银四十两，弟若明年选缺，买马钱多，装马钱恐亦不少，如何是好，惟望得一好缺耳！兄病自后来发否？母亲冬间向有手裂之病，弟访之医者云药力难到，惟买油胭脂常搓可愈，弟现买有两罐，因未遇便，不能寄回，拟俟缓觅寄。信到即乞写信托省栈看省中有买否。如冠九观察现升长芦

盐司，浙江粮道已简放胡毓筠（胡介卿与三叔同年，对寿吾不必说），乞告知徐寿吾，伊明年海运差使恐难靠，伊所恃者浙江局总办王卿云耳，若新粮道到浙，王卿云自己事恐亦难恃，徐寿吾慎毋一心观望也。寿吾到长沙时，发有借钱信，早已收到。欧阳节吾接家信云，彭通裕一项，须写公信，节吾现已办稿，想不日寄南矣。余俟续陈。　十月初十日，嗣棨字。《谭氏家书》稿本

谭嗣棨致谭嗣棨光绪二年十月廿一日

……上月底得南闱榜信，知馥弟亦未获隽，为之愀然。嗣接到十三号家信及大兄手谕，备悉一切。兄新病就痊，旧病奚落，念甚！弟今年卷落十四房（郭从矩），仅批云：造语未尽妥惬，可见文本不佳，不能逃有目者之精鉴。然吾兄弟皆不得遇于时，亦足恨矣！去年捐项并今年注册，几及一杆之数，据三叔云：选缺必快。去年捐时，查前面只有数人，明年或可望选，现已请伯着之（坐粮厅西宅，名桢，吏部）确查去矣。刘夔斋到底说是大八成，但伊上捐时，前面有一二十人，此次所捐选缺，或较快也。张紫垣果一定捐否？五嫂今年因捡拾回南，须买物件，已在张正亮处挪用四十金，原拟将伊家所给五十金在南省兑交张正亮，昨接（十三号）家信，知此项家中已收入，五嫂即向弟说伊所挪张正亮之款，三叔并不知道，而今此项既已拨兑，来通殊不方便，再将此项拨回南，兑交张正亮，请弟写信与兄暂垫发浏平银四十两交张正亮，俟伊明年回家归还。弟以此事终不妥惬，即劝伊对三叔直说前已挪用张正亮一项，伊总总不允（且谓不放心，即存四十金在弟处），仍是请寄信回南暂行垫发等语。弟现拟在三叔处挪银置皮衣，或即与五嫂拨兑此项，但弟亦不须四十金，或留了明年回家时买些物件。弟回家时当有账呈父亲处，想见谅也。张正亮到浏，乞兑交伊四十金，其弟与五嫂果拨兑此项与否？俟缓再有确信，余俟再陈，此请大兄大人大安，并问四弟近佳。　十月廿一日，嗣棨字。《谭氏家书》稿本

谭嗣棨禀父亲谭继升光绪三年二月九日

男嗣棨敬禀父亲大人膝下：去腊望后因罗湘泉回南之便，寄上禀函，计入钧览。新正接到大兄十一月廿日手函，敬悉一切。恢堂等今年现延何师课读？大兄病已渐就痊愈否？男出学事想早已料理，选缺尚未知何时，已禀商三叔，拟四月中旬随公车一路出京。惟五嫂回南，原拟与黎心印结伴偕行，此刻尚未知心印上半年能回南与否。弟（男）在京身体平善，无劳慈注，此禀福安并禀母亲大人福安，二叔、二婶大人福安！　二月初九日。《谭氏家书》稿本

谭嗣棨禀父亲谭继升光绪三年三月五日

男嗣棨敬禀父亲大人膝下：前二月初于一号信中寄上禀函，谅蒙察入。昨连接家信，知大人暨母亲康健如常，阖家清泰，足释远念！男拟回南，前已禀商三叔，但行期尚莫定，俟安妥后，即先禀闻。男选期谅不远，去年禀云只需二缺者，实系双月须二缺，单月亦须二缺，现去年十一月选过一人，本年二月又选过一人，此后若有缺，不论双单月，殆即归男选矣。此禀福安，并禀母亲大人福安，二叔二婶大人福安！　三月初五日。《谭氏家书》稿本

谭嗣棨禀父亲谭继升光绪三年四月于通州

男嗣棨敬禀父亲大人膝下：上月初九男寄上禀函，未知已邀鉴否？前又接到手札，敬悉一切。男与五嫂回南，三叔欲令于端节后起程，然天气渐热，恐未必能起程。黎八太太事，七弟竟告知五嫂，现在五嫂急欲回南，然亦不能从心所欲，真莫可如何也！徐寿吾只身来通，虽在上海得朋友帮助川资，而衣服典质一空，现在通又不能得差，伊此行甚是孟浪也。男在通本无事，现惟谭

氏文卿一事，男京通往返，仆仆道……《谭氏家书》稿本

谭嗣棨禀父亲谭继升光绪三年五月廿二日于通州

男嗣棨敬禀父亲大人膝下：前四月十四日男寄禀函，计此刻已邀鉴。男等回南事，说是七月起程，葬坟事三叔尚游移莫决。六弟对亲事，王信甫必须俟六弟回京方能定妥，此处亦更无别人说媒也。宋敬生捐事前接到信时，即行上兑，本月方注册，大八成班次，伊前面只男与陈姓二人，男尚未选，故伊注册不妨稍缓。此禀福安并禀母亲大人福安！（李佑臣于五月初起程回南，伊有捐同知意，大约九、十月伊仍须来京。署中请师爷，现亦难得其人。徐寿吾闲住署中，终日浼求差使。三叔现仍荐伊江广局，谅必可行。三叔两次写信与传仁，令伊来捐官，现尚未到。朝弼等已起程来通否？）《谭氏家书》稿本

谭嗣棨禀父亲谭继升光绪三年六月十五日于通州

男嗣棨敬禀父亲大人膝下：男与五嫂拟于七月中旬起程回南，至于工人现尚未定果带何人。前接手札云，黎庚楼家发来男庚，男尚不能定，乞从缓议。刘艮生所拨银两，县中已收二数，其余卅金，艮生与男说俟伊回家时归楚，此时或不必再催问也。此禀福安，并禀母亲大人福安，六月十五日。《谭氏家书》稿本

谭嗣棨致谭嗣棨光绪三年六月十五日

……接读手示，备悉种切。琛喜同心印曾与弟说过，后改十一月廿九，伊尚未接到家信也。与节吾对亲事，兄尚未决，现在刘艮生亦欲与我家联姻，伊长女与恢堂年相当，似亦甚好，乞酌

之。前由王信余寄回轴照，谅早收入，六月初又由汪伟斋（名渠）昆仲寄上大红屏次青金字小屏各一架，七月初谅必收入矣。其余寿屏二架，或由弟带回，或觅便再寄。来示云：泰顺亏欠五、六数，现在如何？弟与五嫂拟于七月中旬回南，拟由海道转为便当，现时浮海者甚多，恬不为怪，然弟等航海与否，必须俟三叔临时斟酌，此时难以逆料也。此请大兄大人福安！　弟椝顿首，六月十五日。（此次三叔家信写伍号，弟记得是四号，或三叔另发有信，弟未及与知，亦未可定，合并陈明）《谭氏家书》稿本

谭嗣椝禀父亲谭继升光绪三年八月上旬

男嗣椝敬禀父亲大人膝下：八月初七[①]日三叔简放甘肃巩秦阶道，初八日具折谢恩并蒙召见，特此禀闻，敬请福安并禀母亲大人福安，二叔二婶大人福安。《谭氏家书》稿本

谭嗣椝禀父亲谭继升光绪三年八月八日通州

……巩秦阶道驻秦州，甘省道缺中，此缺尚是好缺，惟路程太远耳！三叔拟告假回籍修墓，今日召见时已对皇太后、皇上说了。三叔驻京多年，捡拾一切出京甚不易。今年河南、山东年成不好，汉[②]路均不好走，此刻惟海道尚可走，恐再迟海道亦不好走。三叔拟先将家眷由海道结伴回南（心印廿日出京），亦尚未定议。仓帅尚可奏留数月，若奏留，必俟明年春初起程矣，三叔现尚踌躇，俟定议后再行信禀。家中发来七、八号信，均已先后收到，徐寿吾三叔托朱云甫转荐衡阳煤局，已于上月中旬由通起程……《谭氏家书》稿本

①应为八月初六日。
②汉，疑“旱”之误。

谭嗣棨禀父亲谭继升光绪三年八月廿六日

男嗣棨敬禀父亲大人膝下：前初八日寄上禀函，计月杪谅达钧览。三叔先欲将家眷先行送回南，后又不果行，现在料理出京一切，颇不易，尚未卜何时能起程。本月十六日，仓宪奏留俟漕务告竣再行卸任，现在奉天米石已验完，接验江北米，亦可刻日了事。惟自家私事颇难捡拾一切，账目亦难于归收，书籍行李颇多，搬运回南亦非易易耳。泗生对亲之事，前月已发男庚，交张蔚亭（长沙人，江苏候补知县，泗生亦与伊认识），蔚亭有妹，陈蕴原知其甚好，蔚亭系托萧寿田来说，现在寿田往浙江，蕴原已回湖南，将来若对成，即可在南省办喜事。黎心印兄昨日出京，取道上海，谅九月廿间可到县矣。三叔明年赴甘，须请幕友，涂舜臣兄有老亲在堂，未知能去否？乞信问，看何如。此禀福安并禀母亲大人福安！　八月廿六日亥刻。《谭氏家书》稿本

谭嗣棨禀父亲谭继升光绪三年冬

……伊自天津来信云，上月底附轮舟与萧寿田同行，寿田求三叔与胡介卿说妥，派伊明年海运差使，故改省往浙江。刘艮生已于本月初七日在通起程，伊在上海、天津等处尚须张罗，恐到县尚须时日。艮生所拨银三数，早已如数兑交，伊临行时，又借去四十金。扬州黎姻翁此刻无信来，不知伊今年果能捡拾回浏否？此间并未寄去祭幛，因无妥便也。三叔告假回籍，在家亦不能久住，明年由湖北往省，行李辎重又是汉①道，颇不易易。此刻欲将家眷先行，嗣棨恐不能同行（须帮同捡拾），欲捡拾一切，举家同行，又届严冬，此事颇费斟酌，容俟再禀。《谭氏家书》稿本

①汉，疑“旱”之误。

谭嗣襄禀伯父谭继升光绪四年夏

侄嗣彭谨禀大伯父大人膝下：侄叩辞后，顺流而下，于十一日达汉皋，计起程时已月余矣。此因在省勾留，亦因南风不竞，是以迟迟耳。在此处亦不免有数日之流连也，探闻襄阳一带饥民不少，京子关尤重；北方岁事今年尚未卜若何，南方阴雨连朝，总非丰年气象，天意人事，深切担忧，但求各处丰稔，斯大局之厚幸也。生父由西安赴甘，欲令家眷由汉中，若京子关如是之荒，则均由汉中亦未可知，然亦未定，俟到襄阳有成议时再行函禀。关外军务一律肃清，不识左帅进关否，若回兰州，则免我生父往肃一行，岂不甚妙！但善后事宜，如须左帅布置，则暂时又不回兰，恐终不免一行也。忆在县时，生父欲得族间一人偕往，因选择而使万兄。当是时也，侄以为得其人焉，家中杂事可以总之一人，乃今观万兄，始知忠厚乃无用之别名之说，信不诬也。徐家诺询寿吾近状，即以平安为报，此间均清泰。生父昨日痰中带血，延李鹿生诊视，云风寒绕于阳明，因火而动，不要紧，服药数剂可愈。侄每记临行时，伯父以家事为念，嘱侄忍字一语，侄当谨佩，而侄落落之性，惟伯父知之，亦惟伯父能谅之。侄于骨肉间只取其有当，得乎此心之安而已。诸兄嫂均好否？恢堂等谅已延师，是否仍是辛樵？念念！请惟慈鉴是幸，余容再禀，此请福安，并请大伯母大人福安，二伯父母大人福安！《谭氏家书》稿本

谭嗣襄致谭嗣棨谭嗣棻谭嗣同光绪六年三月十九日

大兄、四兄、七弟大人足下：十四日在省栈写得一信并书三，即托焕堂寄县，谅已达览。彭十四日步行到省，肩舆就道，若逢雨天，亦有耽搁，十五上午秋船并到，退行过船，开至静港，次日抵岳州，十九日抵汉口，拟转小船，直达襄阳。盖小船轻便，

佥称十日之内可到。但凭借风力，恐终非人力所能主也。昨晤友人谈及孕妇于八九月之际，须服清补之剂，盖所生之儿，将来恐有胎毒也。如催生，则虎肠（邹家有之，询研卿即知）最妙，藏香（黎云峰有）亦好（正生则用，否则不可造次）。此言彭亦不识的确否。得伯母照料，彭心亦不甚牵系也。娄峻山未知赴任否？彭在省匆匆，亦未得询及。所存箱只，须设法另寄别处为要。毯子数块，在黄三房中，须晒了收起，若置之不问，归鸟……《谭氏家书》稿本

谭嗣襄致谭嗣棨光绪六年三月廿日于汉口

……有也。彭拟明日购洋镜数面寄家，第恐不胜便寄，若寄来再为信达。现在汉口茶信，尚不的确，传闻上海（较去年多）所来外国茶船，较去年多些，银子亦多来数十万，果尔，则今年之茶必胜于去年也。现在各处调兵，北直一带，五里一营，十里一寨，和战虽未可知，想亦不得不防备也。曾袭侯使俄，或谓尚未到俄，或谓到俄而俄留之不使归，或谓俄不理论曾袭侯，盖俄以崇厚使之言不能为定，曾之言想亦不能为定。人言甚多，究不知谁真谁伪也。张香涛先生奏稿，彭已阅之，不知县中传来否？弟已抄得一本，俟在舟中再抄一本，抵襄阳时，即行寄归也。此刻心中不静，觉得有许多事，都也忘了，记得时再为信达。手此即请大安！　彭谨启，廿日渤于汉口李琴山寓栈中。《谭氏家书》稿本

谭嗣襄致谭嗣棨谭嗣棻谭嗣同光绪六年四月二日于樊城

大兄、四兄、七弟大人足下：弟三月十一日托同春寄回一函，并徐甫冕钱票二纸，十五日由长沙寄回一函，并《辅轩语》等书三部，廿日由汉口回寄一函，廿一日又寄一函，并洋镜三块，洋花三枝，均收到否？乞回信寄甘为要。弟自汉口开行，于四月初

二日清早抵樊城，拟雇骡车西上。因此刻无车可雇，盖西军军装顷可□，各车行均无从措办，现只得三、四十辆耳。弟托黄司马、丁军门代雇，如亦无之，则坐船到荆子关再为设法。《周慎垒[1]先生遗书》、《女科新方》均未购得，在汉口时托李琴山缓缓代购寄甘，但亦不知能购得焉否。顷在樊城购得《女科仙方》一部，未知即此书乎，抑别有所谓新方者乎？均未可知也。二兄今岁印卷何如？卜六谅已回来，乞示知。兹抄得《香涛先生奏稿》一纸，阅之可知时事大概。彭、邹二公、黄、卜二人未及写家信，乞传语报平安也。手此即请大安！　弟彭顿首，四月初二日灯下。《谭氏家书》稿本

谭嗣襄致谭嗣棨谭嗣棻谭嗣同光绪六年四月于荆子关

大兄、四兄、七弟大人足下：初二日自樊城寄去一函，谅已达览。樊城不独无车可雇，即歪尾秋船亦未有也（惟此船可到荆子关），盖西军军装饷银均由樊城搭载也。彭不得已坐原船老河口，托周□卿军门封得歪尾秋船二号（每号官价仅三千耳）送至荆子关起汉。彭一路清泰，精神较在家转觉好之多多矣。彭、邹二公，黄、卜二人亦无恙，手此即请大安！　彭谨启。（娄峻山家之箱只未知尚可寄存否？前函已言之，但未知达览否？）《谭氏家书》稿本

谭嗣襄致谭嗣棨谭嗣棻光绪六年七月十一日于秦州

大、四兄大人尊前：上月奉到大兄四月廿八日书，前日又奉到四兄五月廿五日书，谨悉一切，足慰远思。弟自老河口以前所

---

①垒，疑“甫”之误。

发各信，均收入；嗣又荆紫关、龙驹寨、西安省各寄一函，到秦后又寄二函，是否达浏，乞示知。弟自阶旋署，仍温旧业，毫无寸进，所自慰者，尚未拂老人之意耳。父亲病已复元，时常服药，要不外芪党附桂者近是，现在精神尚好，惟公务繁多，且须赔钱，现已亏四、五千金。阶州捐赈一千金，坐粮赔款二千余金，报捐同知主事又二千金，计将在京存项弥补，则所剩亦无几矣。所幸署中均吉，潞生颇结实，且聪明，九弟亦肥胖。署内甚严肃，书启为黄秉均茂才（长沙人），朱幕为段秦初司马（甘肃人），刑席为于子俊比部（甘肃人，丙子进士），账房为许又垒，均是好人，于、许二君尤可靠，家人均诚实。惟郝二为人，尚未可知。卜三愚忠款款，但其归心甚切。同县诸人均好，后已另开（单寄回），以便伊家询问。刘云田亦在署中，此老实人，伊以师爷自命，亦不足责。盖甘肃大半如是，用数串钱，捐一从监，便来投效，化本不多，其利甚大，其胆尤大。弟常见小小厘局，每月只报数两，而其委员，则从者数人，骡马数匹，设非舞情弄敝，何自至如是之阔。有惠典史名熙者，得厘局差使，甫半年而家摊二千金，后被人告发，伊又逃走，现今在此拿办。而厘局亦有苦者，胆小则苦，胆大则阔。弟谓我邑朋友亲戚，来此不宜，胆小者必怨其苦，胆大者设有事又不便严办。现来此投效者，络绎不绝，金麟自京来投效，胡复顺有名中道者，亦来投效，均委百花川厘务矣。将来此间，须用引见验看之员，由省咨来方好。如用此等人，不亦难乎！各州县刁悍者多，父亲到任后，奉参数员。前日巡至岷州，因罂粟事将该州胡牧撤任。中堂之奏参与否，尚未可知。罗濂波亦刁悍。弟阅信簿内，有致罗信云“倘有蒙混，定当秉公参办，决不以桑梓情宽也”等语，现在稍知谨慎矣。此处民风愚而强悍，除弊之事，示之以威尚易，兴利之事则难。即婉言劝导，而伊等总不信，固无如何也。彭燕亭久客不归，弟已致信于伊，俟有回信，即当转寄。段秦初前年归自金营，颇知其颠末，云彭光景甚好，暂不能回，亦未可知，其女想已订婚。恢堂已订婚否？今冬大约必收亲也。七弟婚事，篁仙欲迟一二年，父亲已允之矣。其读书有进境否？望从实示知。涂师明年大约仍旧，其学俸之增与否，父亲谅已函云之矣。九弟取名嗣冏，父亲又欲改之；小女取名传瑜。去年覃恩诰封显祖，貤封曾祖，计三轴，已由联鹤汀领出寄秦矣。父亲有饬弟回家之意，弟欲缓一二年，俟七弟收亲来秦，弟再南归，未为晚也，两兄其为然否？或进之以大伯前，将此情况函达父亲何如？

大伯公事既少，正可优游自在，以娱暮年。弟观老辈人，日日□正，总无消遣之时，窃以为可怜耳。彭焕垒为人甚好，父亲令其读书，已作文数篇，将来或委一厘务差使。邹星城亦好，但欠谙练，尚未委事。卜孔章、黄得胜均好。手此即请文安！　弟彭顿首，七月十一日。（卜三管帐，现偕其侄押坐粮厅赔款至西安，月半后当旋署矣。唐昌福、邹如义、谢家培三人管厨。黄得胜种桑，缓日当另派差使，卜孔章往西安，郑闻学在杨家店厘局，光景甚好。伊等均平安。）《谭氏家书》稿本

欧阳中鹄致谭继升光绪五年十一月廿六日

海峤老伯大人：执事昨到省，得刘艮生书，有言会馆一事，节录如左，伏乞台览。　欧阳中鹄拜，十一月廿六日。

“会馆修理甚不易易，南院坍坏已拆，砌整砖墙一段，计用大开条砖五千余口，翻盖套房等处，共用石灰万斤，此皆自备料件，木厂但包工食，虽所费较多，尚未坚实耳。除应付租银外，尚少三、四十金，年终当汇细数报海翁也。此时各工均已告成，惟门闾及原议改造三间尚需二月量耳。前有书与海老，望再寄百金备用，不知如何？便中可言及之。”

以上五行系节录艮生书。杨石帅书来，云敬伯面言将泗孙附学，石帅允之，属转达，刻毋庸议，已令门人回复矣。　己卯十二月廿五交节吾寄京银一百两，庚辰正月始去。《谭氏家书》稿本

欧阳中鹄复甘肃谭文敬甫节录　光绪十一年十月十九日

前月杪奉读手书甚详细，……征输加耗过重，差徭用一摊十，为病民根本，此各省通病，恐不独甘肃为然。执事轸念民依，慨然舍旧图新，一洗因循积习，更始尚且如此，其难可见。南省榜发，县中仅中一副车，续五十四年之故事，此诚意料所不及。备中则至八人之多，泗荪亦与，然竟不能其一，其数也夫！《瓣姜未刊信稿抄本》第一册，湖南省社会科学院历史所藏

欧阳中鹄复谭嗣襄光绪十三年

吾弟此归专为经理家事，以尊府光景，但无妄费不患无余，无事尽可闭门读书，涵养德性，恢廓志气，不必买贱卖贵，效市人贩竖之所为，盖即俨然士君子矣！又居与人无求之地，谋道当易为力，船山遗书中《俟解》一卷，最为深切著明，可取而为严师之对。中鹄发然后禁□，大惧奢欲滔滔，无所底止，其尤稍能自克者，此书之力也！清泗物故，闻之使人恻然。《瓣姜未刊信稿抄本》第一册

欧阳中鹄复护湖广制台谭敬甫中丞光绪二十一年五月二十二日

日午中天，恢台届序。伏维柱躬崇祜，深慰驰仰。前奉复教，并从辛畬兄处恭读大疏，忠谋硕画，剀切详明，指陈害端，烛照数计，曷胜佩服。乃当轴诸公，褎如充耳，谋之其臧，则具是违。以北洋妄加恫喝，竟不能稍忍须臾，举天下社稷徇一人之私，人具有心，不解何以至此。自来有国之患，莫大于弃民，今弃之惟恐不速，四海之内，谁不解体？台湾百姓痛切剥肤，不能不拥巡

抚为自主之国。唐薇卿劫留视事，为民救死，亦复名正言顺。初七胜仗，所获多系淮勇，其为谁何之奸显然，不知梦梦者何词代为解免。惟倭以全力搏兔，台民既外无救援，兵力、财力不审能久支否？比来外间谣言，谓和约尚有未明发两条，恐动天下之怒。又谓根本之地日益孤危，未敢形诸言语，岂故甚其词耶？抑果有因也。大厦将倾，江河日下，非一手一足所能为烈，其奈之何耶？王代功校书薪水，既荷照留，感若身受。乞饬提调发交陈伯严诠部代领。舍弟于上月廿八经志仲鲁观察札调黄安，该局曾办半年，赔银至六百两。后办河口，除弥补亏空外，勉强敷历年家用，尚不甚足。此次仍还旧地，实属无力再赔。且运道极艰，时时有脱挡之虞，尤可危虑。不识能赐鼎言别调一比黄安销数较多又系自运之局否？盖官运弊端最大，入仓后盐化为水，从前黄安化盐至万余斤，其赔以此。若自运，则无此也。谭云觐宫保未申前请，闻仍虚左以待，欲俟尹佩之太史在京见面时再为敦劝。佩之不知中鹄行止，亦未缄约蜀行，初虽辞谢，意未断绝。及闻移节两广，遂决然不去。盖治蜀难，治粤尤难，自问才力实不足当此。且朝廷者，行省根本，今朝廷所谋，皆朝不保夕，欲从行省下手，所谓舍本治末，欲有更革，其势皆牵制不行。又今之督抚，权势虽重，而尺一简书，倏忽更调，并不能如古诸侯各君其国，各子其民，为子孙世守之业。虽有宏才，何从我行我法？其无救于天下之乱，如窦融、钱镠，保境息民，实势使然。中鹄本无宦情，自闻和议，愤恨欲死，此心更如槁木死灰。如舍弟或能别调，略济饘粥之资，便拟匿迹空山，静待时会。若无此路救援，势不能充陈仲子之操，饮泉食壤，恐须出门一行。如以同知分发，则择于蜀、桂、滇、黔四省，冀受祸较缓耳。县中团练办理有法，南乡尤为踊跃，辛畬兄想详陈之。　五月二十二日。《瓣姜未刊信稿抄本》第二册，转引自《谭嗣同研究资料汇编》第222—223页

欧阳中鹄致陈荇畇节录　光绪二十一年六月十日

和议为开辟以来奇闻。全权此次卖国，罪浮秦桧。谭复生谓孟浪主战者，罪浮全权一等，并非苛论。中鹄过鄂，曾发变法之论，谓非废今之科举，改习西法不行。彼时复生已归，未与相晤。顷闻敬甫中丞拟疏请变法，意盖出自复生。复生天挺异才，通知世变，起而救时，得管子申韩之法，方之近人，殆曾惠敏之匹而精锐殊甚。《瓣姜未刊信稿抄本》第二册，《谭嗣同研究资料汇编》第231页

欧阳中鹄致涂舜臣同年节录　光绪二十一年六月中下旬

居恒感念迁流，万端丛集，既思所以敝，又思所以兴，妄欲如贾谊《治安策》所言，衡阳王先生《黄书》所论，朝野内外，概请更新，而尤以变科举为急务。盖科举者，人材之所会归，致治之本，拨乱反正所从出也。鄂中中丞谭继洵初见及此，拟上变法疏，属稿已定，唐生才常，刘淞芙秀才善涵，肄业两湖书院，请先试于一县，中丞允之。其子门人嗣同，具函复鄙人，洋洋万数千言，乞速起任其事。已而中丞守老氏之宝，不欲为天下先，迟回未发。《瓣姜未刊信稿抄本》第二册，《谭嗣同研究资料汇编》第234页

欧阳中鹄复敬甫制军光绪二十一年八月二十二日

昨日奉惠教，伏承荩祉便蕃，福躬康豫，深慰驰仰。中鹄自去冬遄归，本拟窀穸既毕，仍行入京，料理改外。云觐宫保礼聘时，大局未定，不欲变其初心，据实辞谢。及闻款议既成，初非意料所及，孤愤菀结，益复无聊。视世事若浮云过太虚，无可措意。欲便以同知分发，且从吏隐。既以四方蹙蹙，择地为难，又

天灾流行，从桑梓筹赴引指省之资，苦无将伯。遂亦听其自然，不更着力。而区区救时之私衷，则固未能恝置。因拟于县中创兴算学，导格致先路，储异日有用之人材。顾非常之愿，难与虑始。经营数月，初见端绪。此事中鹄肇其端，复生畅其旨，舜臣赞其成。上东一团，岁提公费二百缗，余仿公学局面，每来学一人，出钱五十千。现已得十余人，信从者尚复不乏，正与复生商订一切。欲俟规模大定后，至西乡展高曾墓，于十月间首途至黄安度岁，一叙怡怡之乐，再图入京。近来意计，大约如此。乃蒙雅意殷勤，欲资器使。比来事变益亟，着手愈难，自惭谫劣，何足以细流土壤，赞助高深，厕论思机要之列。然承长者垂爱二十余年，武昌又北行道所必经，即无尊招，亦当小作勾留，以申情分。将来摄斋升堂，请但比之过客，不必计或暂或久，亦不必拘为幕为差也。惟此时算学一宗，正在吃紧，此事非异人可任，不得不为缔造章程，使资信守。又先高曾祖墓除中鹄外，舍间诸后辈无能识者。儿子现有感冒，俟其稍愈，当率以同往展拜。离县城约百里，往返须四日。以此推之，须九月半间，乃可扁舟出省。省中料理数日，附舟东下，大约在二十以后。彼时若有小轮因公至湘，饬至清洋公一问，即知行止。若此时遽办启行，实若不及，迟迟之故，当荷鉴原。

倭人设三口岸，必已指定。各国利益均沾，不问可想。公法待中国者如此，可叹可恨。然使中国发奋自强，固可援各国例以相争，何至公不公法不法，若此其甚耶！中国之贫弱，自贫之，自弱之也。胡芸楣廉访变法十条，事事切实可行，不知已否议复？铁路断不能不办，以由信阳州为是。然不治水不能修路，故水利必同时并举。湖北制兵骄纵已极，杀贼不足，为乱有余。此时裁减，必致生变，或汰其老弱，给以数月恩饷，留其勇壮，改为练兵。将来渐次移防，渐次更换。或外省征调，如甘肃回匪之变来鄂乞师，酌派数成以往，将来即从该处遣散，是或一道。徐中堂奏请将关道盈余尽提归公，盖因关道得缺，每动浮言，又现在偿款无出，故行此搜括之政。此公未经外任，不知外官之难，尚不及阎文介之平恕。关道与各国交涉，事事呕气，人多视为畏途。其入款虽富，而出款亦复极多，如应酬洋人一酒席，动用百金。遇地方利民之善举取之，遇交涉为难事件须设法处置者，又取之，其余若此类者尚多。若概提归公，不独办公竭蹶，抑且交涉棘手。此事似可合各省将军督抚各行据实奏复。以上数端，未得所以然，姑以鄙见论其大概如此。

县中亢旱，为六十年所无，西北两乡尤甚。其实早稻可收六成，晚稻有颗粒无收者，亦有可二三成者，通计可及七成。而乡间矜持太早，处处阻境，是以人情恇惧。前经各商户设法出境购买，约二万余石。此时河水稍长，可资转运，城中渐就安贴。但距来年新熟尚久，须设法善后。常年积谷，经两次提去，是否尚能领回，案颇含混。已令课程房抄录，将来寄呈。此事全系惺余兄一力经营，当必详述。当岁考时，考生等具禀抚藩报灾，业经委员勘踏。以实论，不能成灾，蠲免不能，缓征亦不合也。肃复。祇叩台安。

复生操守谨严，令名蔚起。论事极有见地，任事极有力量，实系达艺从政之才。如有机务，可令献谋，以备采择。方之古人，如祁奚之有祁午，非过誉也。二十二日。《瓣姜未刊信稿抄本》第二册，《谭嗣同研究资料汇编》第242—243页

欧阳中鹄致龙芝生少司寇节录　光绪二十一年九月七日

谭敬甫中丞于前月廿后，遽行专轮来迎，其书极为恳切，或久或暂，或加修或作幕，或兼差，均惟命，务请即行，而并未言所商何事。（计湖北要件，大约设口岸、裁制兵、修铁路三端。口岸无庸议，日本既增设，各国必陆续增设，公法有“一国有利，各国均沾”语。外国皆不然，独鱼肉中国若此，犹曰许中国享公法之利。湖北制兵骄纵甲天下，前月几于激变。一次未裁定，即

难着手。铁路则经行之处，多被水溢。不先治水，何从修路。外国有高脚铁路，可以避坟茔等处，然不能避水冲也。）《瓣姜未刊信稿抄本》第二册，《谭嗣同研究资料汇编》第246—247页

欧阳中鹄致谭敬甫中丞节录　光绪二十一年十二月四日

中鹄生平所处无如此时之难，关系亦无如此时之大。如所为有一毫私心，所言有一字虚捏，天地神明必速殛我。局务烦难，肆应支拙，民命攸关，稍纵即逝。欲派复生充提调，收得人之助。顷闻王芍棠方伯奏充使俄参赞，欲即召归，果尔则断我右臂，二中鹄愈成孤子。且煤金两事，皆其所发端，为新任县君及在事所属望，一去便无主持，世间求此材不易得，何况一县，（如尚未出奏）万望垂念乡闾，许留相辅，不胜迫切待命之至！《瓣姜未刊信稿抄本》第三册

欧阳中鹄复陈宝箴中丞节录　光绪二十一年十二月五日

复生本系世家，又有人望，其才实能办事，煤金两项皆其主持，于中鹄尤重沆瀣一气，拟派充局中提调，极愿自效。乃敬帅来书，以刘氏女公子骤夭，又王爵棠方伯出使俄国，奏复生充随员，促其即行回鄂。中鹄闻此，如断右臂，赖通守亦若有所失，竟日不怡。复生自得函丈所知，一见此函，犹如冷水浇背，绕室彷徨，毫无生人气。天生此才，乃令受尽磨折，不能自行其志，百万生灵所关，求其暂助而不可得，诚不知所遇何苦也！中鹄在省时即函请敬帅代假二万金为转运籴本，当即告知悍余。昨复生出示敬帅家书，内有与悍余书，言及此事，节录中鹄所致函，属于中鹄妥商办理，悍余闻中鹄知此，大骇失色，复生不敢再言。比闻敬帅廑念桑梓，不能无动，惟尚不知一切危迫实情，逢人谣

诼，惟恐不败，不解是何居心。中鹄日内有致敬帅书，备陈困苦，日内拟仍申前请，并渐发明龃龉之故。《瓣姜未刊信稿抄本》第三册

欧阳中鹄上陈宝箴中丞节录　光绪二十一年十二月十三日

复生想已来谒，函丈惜天下奇男子，不使贬辱，真所谓抑扬人杰，雕绘士林，令人感泣！复生才气横绝，为人所不能为，在前代近李文饶、张太岳，在国朝近李卫、田文镜。任天下事必日起有功，任乡党事或太刚则折，以辅中鹄，实为相济。《瓣姜未刊信稿抄本》第三册

欧阳中鹄上陈宝箴中丞节录　光绪二十二年二月中旬

谭生嗣同来书云，在鄂谤议之多，无所不至，几乎不堪入耳。去年张次珊侍御已将其名登诸白简，适李令昌洵在京，属人申辨，疏缉未上。兹闻为某御史所劾，派德中丞查办，事虽不确，万难在鄂随侍敬帅，以孙考荫，便命一同入京，办引赴浙江候补，将以本月启行，赋诗八章留别，其音酸楚。嗣同虽生为公子，而危苦甚于齐民，天下伤心之人，遂有天下伤心之事。即以一县论，方望其速归，为开利源，今力孤不能矣！天地之宝，当为天地惜之；干将莫邪，恐遂催折。函丈爱才如命，又尝亲近而教之，闻之当亦恻然也。《瓣姜未刊信稿抄本》第四册

欧阳中鹄上陈宝箴中丞节录　光绪二十二年二月中旬

复生以天伦之累，横被不白，比来谣言，视前较为寝息，不知究竟如何。君子所不可及者，人所不见，其保举知府，名实不

副，每引以为大耻，而又不能径遂弃之，孤独行其志，乃不得已，迫使以此赴引，其痛可想。函丈称之曰“吾儒尚志”，又曰“佛门初地”，又悯之曰“恭世子”，其知复生入微矣。“天之厄我，如不我克”，复生之谓也，莫非命也！顺受其正，复生所以为复生之谓也，悲夫！《瓣姜未刊信稿抄本》第四册

欧阳中鹄复艮生书 光绪二十五年二月十一日

谭生受厄家庭，毫无生人之趣。尝切戒以勿使血气用是，充积至诚，不下数百次（能与子言孝，不能与父言慈），故其心悦诚服，亦步亦趋，视予犹父者二十余年。《瓣姜未刊信稿抄本》第五册，《谭嗣同研究资料汇编》第250页

欧阳中鹄复蔚堂 节录　光绪二十五年五月二十六日

义宁公忠诚公允，罕与其匹，罢官竟无以自给。伯严立身有本末，学术亦复正大，视谭生通身倾入西学窠臼者，迥然不同。去年切责谭、熊等，几于药石成仇。义宁密疏所荐及，保经济特科共六十人，皆与参酌，凡康学删除殆尽。谭生入京叩别时，语以应办数事：一学堂以造就人才，须以十年为期，由京而省而州县，农工商局及学堂，择要而举；一铁路矿务，须速举办，使利权皆归于我；一强兵尤为目前要务，海军当复，陆军当练。语至此，谭生意颇不惬，曰：是诚大难。弟谓：海军不熸于倭，胶州何至遂踞于德？且几日，蹙数千里。谭生终不胜然，盖惑于康氏太平世之说，欲如虎哥等以空文维世，不知公法惟强国可用，弱国并不能用，缓急失序，宜致颠蹶。究之富强为经国要图，而强以人才，富以政事，此则直尽千古、横尽五洲，莫能弈之彀中。湖南省社会科学院藏《瓣姜杂文抄本》下册

涂启先上敬甫中丞书

去腊奉书干渎，莫名悚惶。今年冗病相兼，更不欲以寻常书问上恩钧聪，笺敬久稽，实增歉仄。接舍侄报，恭稔政躬康豫，疆境绥丰，天相吉人，身名俱泰，欢慰无量。武穴、宜昌教案，想已完结。数省一时蠢动，不约而同，游匪潜煽，耶民愤欲伸耶，侧闻外人借端赖赫，必思开埠湖南，一番发难，即肆一番诛求。譬诸人家子弟，毁碎过客器物，责令赔偿足矣，又责其出房室为逆旅，欺其可欺，他日必故召我子弟作难，以为要胁地。“谁生厉阶，至今为梗?”当轴者不据理以争，杞忧在抱，未知伊于胡底矣。洋烟毒我烝民，设馆者尤甚，明公毅然禁之，造福何穷。然州县玩泄成风，虑或奉行故事，又非士绅稽察，官亦实不能偏诘，此或当一为申儆者。区区之意，尤愿力请于朝，凡犯禁烟者，士不得与试，平人不得援例，兵不得入伍；烟馆户则不捐考，不得与良家通婚，州县有烟馆者，则不得补缺，如此深恶痛绝，章志贞教，二十年之后，或可尽除此害，明公倘有意乎？谨贡刍荛，伏惟采择。舍侄学而未成，蒙纳欧阳舍人之言，许其入幕，曲赐甄陶，并分鹤俸，诵《伐檀》之诗，能不郝然。肃布谢悃，恃爱冒渎。涂启先《大围山房文集》卷四，民国十三年同文书社校印

李兴锐致谭嗣襄光绪十四年十二月二十日

泗荪世兄大人阁下：别后承惠寄厦门一函、台湾两函，具聆一切，惟舒君所常一函尚未收到。辰惟宣勤鹾局，即事多胜为颂。台省需才正急，足下留此办事，引重上游，机会极好。初预外事，总贵勤慎，跂望前猷，曷胜忻慰。所存敝寓大小皮箱七口，帽笼一个，修好洋枪三枝，弹子一包，已代请关单，即交贵叶纪搭开封轮船赴厦门，以达台湾，到祈验收。舒君所常洋钱十六元，相系作盘费用，因舒君尚未送到，弟垫发洋十六元，俾叶纪早日成

行，俟舒君送到归还可也。四舍侄已往东洋，小儿五舍侄在沪，承询并及，手此复候升安，余惟炤察，不一。　愚弟期兴锐顿首，十二月廿日。《清代名人翰墨》续集，《近代中国史料丛刊续编》第六十三辑（629册），第12—13页

刘人熙复谭生嗣同书光绪十九年正月二十五日

得书，知为学日有新功，所言皆切己反躬之实，甚慰期望！所言师友之甚，足见取益宏多，此即亭林先生广师之意，末学詹詹，自以为足，其量之广狭浅深，为何如也！足下才气横溢，瞻视不凡，前与瓣姜先生书谓似陈同甫，非徒誉也，亦所以进之耳。来书言：往者不自揣，喜谈经世之略，乃正其不能自治之见端。此正道着同甫病处，亦冀足下久自见之，今知之矣，则知同甫之不足为学的矣！登高行远，讵有涯涘耶？来书言知内省不疚后，有不忧不惧工夫，思得用功之要；推本于戒慎恐惧，云以不忧不惧治忧惧，不如以忧惧治忧惧，非真为己者不能及此。然理虽可通，而于《司马牛问君子》一章本旨，则不免有牵合侊侗之弊。昔朱子说书，最苦心为分明，而及门诸子多喜为牵合之说，则力辨之。盖一本万殊，格物之功不可厌其详也。如此章不忧不惧，盖指得死生祸福而言；内省不疚，亦指一境一事而言。船山恐人不易明了，明言如司马牛兄弟之亡，岂内省有疚使然？无疚而忧惧，是庸人为利害所摇一大病，则不忧不惧，正有知言养气全副本领。至于古人所说忧盛危明，戒慎恐惧，是吾忧也；临事而惧，此忧此惧如何少得？来书未曙乎此，故不免支蔓。贝婿书末数语，亦是此处未莹未发之旨。朱子于此极费解释，几无定论，无怪贤者之疑，亦用功人必有之疑。至为中和定说，其论始定。程子曰：才思即是已发；又曰：俨若思时也。其言简要精纯，要学者自得之。船山《读四书大全说》：未发者，喜怒哀乐之未及乎发，而有言行声容之可征耳（此与俨若思时之旨相发）；又云：方其喜则为

怒，哀乐之未发；方其或怒或哀或乐，则为喜之未发（此与才思即是已发之旨相发）。然则至动之际，固饶有静存者焉，则于程朱之奥义微言，又已揭日月而行矣！古人胸中经纬粲然，故立言无弊，要归于得邹鲁之本义而止。学者博文约礼，俟其浃洽可也。足下英气已敛，正是由永嘉返濂洛途径，岂如曹蜍、李志奄奄如泉下人哉！则非退而进也，决矣！鄙人向学既晚，功力又疏，五十无闻，斯不足畏，所望后来之秀，振兴而光大之，则人心风俗之福也！秋风新凉，努力自爱！刘人熙《蔚庐文集》卷三，光绪丙申刊于大梁

附录二 日记传记资料

郭嵩焘日记[1]节录

光绪十二年丙戌二月十六日，接周丽忪一信，为其子寿藩（名荣曜）求信致谭剑甫、魏梧庄两君。

三月一日，致谭敬甫信，……谭敬甫信为周寿藩作。

三月十八日，为杨芾生致谭敬甫一信。

九月五日，复张干堂信。又为干堂致谭敬甫一信。

十二月五日，接谭敬甫信。

光绪十三年丁亥一月十五日，接谭敬甫信。

光绪十四年戊子三月二十五日，为董春元致谭敬甫一信。

九月十二日，接谭敬甫信。

九月十七日，接谭敬甫信。

光绪十六年庚寅三月十三日，由王益吾递到李正则（昌洵，李勉林之侄）寄到影北宋本《二李唱和集》，李文正公（昉）、李侍中（至）两人唱和诗，中国无传本，贵阳陈衡山（榘）得之日本，模刻之。……陈衡山与李正则同充黎莼斋随员。

六月十日，致谭敬甫信。

七月廿七日，接谭敬甫信。

八月十日，数日以芹酌具柬者，……刘善涵，浏阳新进生，亦援湘阴例具柬加送二千。《郭嵩焘日记》第4册，湖南人民出版社，1983年

---

①郭嵩焘，字伯琛，号筠仙，湖南湘阴人。郭氏曾助曾国藩创建湘军，后出任驻英法大臣，以熟悉洋务著称。谭继洵在甘肃、湖北任职期间，均与郭氏保持联系。

曾纪泽日记[1]节录

同治九年庚午四月廿六日，与云舲暨毕纯斋久谈。

四月廿七日，至余庆堂赴席，东家为同乡毕纯斋。

四月廿八日，此日引见。抄上谕云："本日引见之正二品荫生曾纪泽，着加恩以员外郎分部行走。"钦此。应得主事而赏员外，此莫大之天恩也。……谭敬甫、马雨农先后久谈。

四月廿九日，赴龙爪槐席，谭敬甫召也。终宴而散。

五月九日，酉刻至谭宅，与敬甫、云舲、毕纯斋久谈，夜亥初归。

五月十一日，傍夕至谭敬甫宅，与敬甫一谈，亥初归。

五月十三日，谭敬甫请在广和居小宴。

五月十五日，卯正偕谭敬甫入内城，首谒宝佩衡年丈于军机房窗下，又陆续见桂、延、董、李四公于景运门外。午正到户部署，见潘伯寅侍郎，又至宝、桂两宅投刺，至黄倬（恕）皆师处一谈。

五月十七日，许仙屏设酒饯余，李勉林同席，巳初席散。自许宅起程，仙屏、勉林、云舲送至彰义门外。

同治十年辛未：四月廿七日，饭后，写许仙屏一函，皮小聆一函，谭敬甫一函，……夜饭后，封许、皮、谭函。

光绪三年丁丑：七月二日，申正舟抵通州，入城拜客，谭敬甫、文彬如处各一谈。

八月十五日，谭敬甫来一谈。

八月十八日，拜谭敬甫，不晤。

---

①曾纪泽，字劼刚，湖南湘乡人，曾国藩长子。同治九年春，曾纪泽由保定赴京师引见，补户部员外郎，与时任户部主事的谭继洵有所交往。次年曾纪泽离京后，与继洵仍有书信往来。光绪三年夏，曾氏丁忧期满，赴京引见，与时任户部郎中、即将赴甘肃任职的谭继洵时有交往。

九月一日，拜谭敬甫，一谈。至广和居便饭，坐甚久。

九月廿四日，出城，至乐椿园，赴萧屺山之招，未正散，同席者谭敬甫、陈云舫、余搢珊、欧阳捷吾、思臣弟暨沈姓客也。

十月五日，同至安徽会馆客厅中饮宴，周瀛樵为主人，客则子元、沈铉（号炉青）、谭敬甫、黄堇腴、周茗生暨思臣弟也。

十月八日，为谭敬甫写六行条一张，计录旧作七律诗四首。

十月九日，出城，拜谭敬甫，一谈。

十月十九日，过李幼眉、谭敬甫两处，各一谈。《曾纪泽日记》，岳麓书社，1998 年

李兴锐日记[①]节录

同治九年庚午：五月十五日，进京城。至户部谭敬甫宅（顺治门外北半截胡同内库堆胡同广和居对过，即浏阳新会馆），晤贺云舲大令宏勋，浏阳人；毕醇斋户部大琛，善化人，敬甫西席。

五月十七日，送劼刚彰仪门。偕云舲游天宁寺（彰仪门外）。局面宏敞，殿宇轩昂，花木繁盛，池水甘洁，隋塔屹立，其制甚古。仕宦多宴饮寺中，壁间字画，故多佳者。

五月十八日，闲坐寓斋，时与云舲、醇斋谈。

五月二十一日，早起，拜周荇农庶子寿昌，长沙人；皮小舲户部宗瀚，善化人；魏赓臣兵部纲，衡阳人；黎心印兵部宗曦，浏阳人；蒋致轩户部休嘉，蒋竹云户部国璪，皆耒阳人。魏、黎得见，馀到门而已。

五月二十二日，偕醇斋、云舲至广和居小饮。

五月二十三日，傍晚，偕云舲、醇斋闲步南下洼。

---

①李兴锐，字勉林，湖南浏阳人，为曾国藩幕僚。李与谭继洵情属乡谊，关系密切。同治九年夏，时在直隶总督曾国藩幕府的李兴锐赴京引见，寓浏阳会馆。与时任户部主事的谭继洵等湘籍京官往来甚多，两人同赴宫中引见和谢恩。此时发生了著名的天津教案，谭、李曾私下谈论此事。李兴锐离京后，赴天津，随曾国藩处理天津教案。次年，曾国藩任两江总督，李兴锐随之南下，与在京的谭继洵仍有联系。

五月二十四日，拜同乡郑小山尚书敦谨，黄恕皆侍郎倬、张竹汀侍御、周云煦吏部庆恩、涂星畲吏部觉纲。

五月二十五日，闻天津百姓二十三有烧天主堂之变。其先洋人迷拐汉人小孩无数，谓之排花，吸髓取睛以供药味，凶惨万状。民间愤烧其堂，并毙其领事与其党二十余人。洋人来京控案。朝廷柔远保赤，不知何以两全。

五月三十日，下午与醇斋、云舲赴敬甫陶然亭之招。皮小舲户部宗瀚、李伯初司马光莹、李鉴吾公车世德咸在。鉴吾酒兴豪，对饮至醉。亭为都城游览最佳处，四窗轩豁，秀挹西山，雨后沟浍盈盈，丛苇蛙鼓。堂联云：客醉共陶然，四面凉风吹酒醒；人生行乐耳，百年几日得身闲。超脱乃尔。

六月二日，赴毕醇斋余庆堂之招。同席为许仙屏、周坛樵两编修（周磬澍，长沙人）、胡厚斋司马、李镜仙兵部、贺云舲、许秋槎世兄。……夜与云舲、敬甫谈家乡事，丑正乃寝。

六月三日，夜，复与谭、贺谈甚久。

六月五日，夜与敬甫、云舲谈。知天津民夷之变，都中尚无一定办法。疑虑之心居多，主少故也。闻曾侯将从初六赴天津，而眩晕未愈，带病冒暑，中国一人。

六月七日，夜与敬甫、云舲为编诗对字之戏。

六月八日，赴黎莘印余庆堂之招。贺云舲、毕醇斋、张竹汀、黄子寿、黄槿腴咸在。子寿，名彭年，丁未庶常，官编修，有道之士。竹汀则侍御，劾李申夫者。

六月十一日，夜与云舲、醇斋、敬甫为斗诗之戏。

六月十四日，敬甫知余将置妾，而择年在二十五岁以上下。适有送婢求卖者，敬甫邀余一看，遣之去。

六月十六日，夜，与敬甫、云舲酌。开会馆捐数，余以实缺知府拟三百金，从来未有此种出手，为一邑计也。

六月十七日，同邑罗恬波带到叔弟安书及三叔信。

六月二十日，戌刻，赴周荇农庶子之招。同席黄芍岩、醇斋、云舲、敬甫、欧阳佶人（名宗佶，永州人，官户部主事）。六月二十五日，寅初起，沐，饭毕上车。敬甫、云林皆衣冠偕行。至东华门栅栏外，下舆步行，至景运门朝房小坐。进景运门（仆从在门外不得入），坐九卿朝房闲步观保和殿庭院二、三处。午初叫起，吏部带九排十四员，余与安徽知府马文梦为第五排，齐入乾清门（带领主事，一为白健侯桓，一为沈叔眉源深）。挨次诣养心殿，跪于阶下，口背：李兴锐，年四十岁。起，趋而出。天颜仰觐，英武巍严。两宫坐纱帘之内，不得瞻仰。旋奉旨：李兴锐署（着）准其补授大名府知府，以道员用。钦此。君恩优渥，如何报称！……赴云舲广和居之招。敬甫、恬波更番拇战，不觉过醉。

六月二十七日，寅初起，沐。与敬甫上朝谢恩，预备召见。在九卿房待至四刻（李吉言、寻鉴伟、谢膺祷皆在坐）。苏拉报，不叫起，送绿头牌至。遂出景运、东华、东安门至聚丰堂早饭。敬甫为东，左楚英后至，留饮。谈天津夷务，清议莫不归咎曾中堂，甚矣！任天下之重，岂不难哉！诣恭亲王府及军机大臣宝佩衡尚书鋆、沈经笙侍郎桂芬、李兰生侍郎鸿藻。宅内降舆，投刺（王府在十刹海，宝宅在大佛寺，沈宅在东厂胡同，李宅在烂面胡同）。

六月二十八日，夜与敬甫、云舲、恬波露坐，谈至子刻。

七月一日，与松竹、天成、西大赐、仁昌各店结帐，不敷，借敬甫银百两。酉刻，敬甫、云舲、恬波、醇斋、心荫、叔鸿在广和居为余饯行。酣饮薄醉。适谢立夫兵部宝缪至，入席谈天津夷务，意似怫然。然其人则正士也。

七月二日，早饭，敬甫私饯，不敢多饮以废事。……申刻，衣冠辞敬甫、云舲、恬波、醇斋。

七月三日，早晨出城，敬甫、云舲、恬波送至永定门外，拳拳可感。

八月九日，寄谭敬甫信，托查军需报销部复。

九月二十一日，作谭敬甫信，还其借款百金，浏阳会馆捐项百金，皆托高聚卿带交京寓。

同治十年：四月三日，谭敬甫自都中来信，代捐二级。《李兴锐日记》，中华书局，1987年

湘绮楼日记[①]节录

同治十年辛未：六月廿七日，（许）仙屏要饮，豹岑、云生及余为梦神，马雨农学士、谭敬甫、敖金甫、黄晓岱及仙屏展梦，不居招客之名也。

七月六日，入城，……访谭敬甫、王补庵不遇。

七月八日，晓岱、豹岑、云生、马雨农、谭敬甫载酒饯仙屏及余于寺，金甫本约为主人，酒罢乃至。

光绪三年丁丑：十二月十八日，谭敬甫来，报董研樵父子之丧，为之凄惋。

十二月十九日，晨起答访敬甫，未起。敬甫昨言起甚早，故试之也。

十二月廿日，敬甫暮来，设食，与伯屏同做主人，余有疾不能多食。敬甫访杨玉田，余略知之，而无以应。亥散。

十二月廿一日，锡九来，言杨玉田与马子政婚姻，遣告敬甫。敬甫自云访其家少知之者矣。……竹师来，言零陵令复有一匿名帖事，与浏阳同，而引浏阳为证。观此疑有造假印者居于城中。

光绪十年甲申：十月廿九日，看京报，……劼刚兵右，谭敬甫甘藩，刘锦棠新疆巡抚。

光绪十五年己丑：十二月八日，步过一梧，……士夫渐有官派，谈谭敬甫，甚有贬词，以得鄂抚为怪。

---

①王闿运，字壬秋，湖南湘潭人。晚清湖南著名学者、文人，学者称湘绮先生。同治十年春夏，王闿运赴京会考期间，与时任户部主事、寓居城南阑眠胡同的谭继洵有所交往。光绪三年冬，已补授甘肃巩秦阶道的谭继洵，挈家返湘修墓，在长沙曾拜访王闿运。谭继洵升任按察使、巡抚，及赴四川查办总督刘秉璋，王闿运在日记中亦有所记载。

光绪十九年癸巳：十一月五日，闻谭敬甫往蜀，竹崖故事耶？少荃故事耶？安徽大人费调停。王闿运《湘绮楼日记》，岳麓书社，1997 年

翁同龢日记[①]节录

光绪九年癸未：九月二日，甘藩谭敬甫（继洵）来谈关外饷绌，今年截至七月初，只解到一百十万，（共四百万）。金顺、张曜营额多虚，刘……腿疾，替人极难；关内抚回，终未妥帖，皆可虑。

九月廿三日，谭敬甫送礼，受豹皮一张，绒皮套裤一双。

光绪十年甲申：五月十二日，致谭方伯函，为汤子澄也，可厌。(送礼四以答之：燕菜二，佩带一合，靴，藏香。)

光绪十六年庚寅：三月九日，借孙兄车拜谭敬甫中丞未晤(静默寺)。

三月十五日，谭敬甫中丞来谈西事，云皋兰库积二百余万，文卿之功也，然切不可提拔。

三月廿七日，乙酉数人公请谭敬甫，自未初待至酉初二始来，数簋即散。

三月廿九日，归，邀谭敬甫中丞、丁次棠方伯（荫霖）饯，钱子密、孙燮臣、徐颂阁陪，午正集，申初集，皆便衣，以今日斋戒也。

三月三十日，谭敬甫有赠，受羊皮甬二，余却之。

光绪二十二年丙申：四月廿三日，谭嗣同（号复生，行三，敬甫同年子，江苏府，卅二岁）通洋务，高视阔步，世家子弟中桀傲者也。

光绪二十三年丁酉：三月十五日，访芝庵于户部公所（公所

---

①翁同龢，常熟人，咸丰状元，官至刑部、工部、户部尚书，军机大臣，光绪帝师。谭继洵于光绪九年、十六年、二十三年进京陛见时，都曾拜访翁氏。翁同龢与谭继洵同为道光二十九年乙酉举人，故称乙酉同年。

本在马厂门，今移直庐左近）。散步田间。谭敬甫中丞住隔壁，欲过谈，值已夜，辞之。

三月十六日，访谭敬甫。

三月廿二日，谭敬甫送礼，受建绒八匹。

三月廿七日，谭敬甫中丞来谈，此人拘谨，盖礼法之士，从前不知。

三月三十日，新访闽臬李兴锐（勉林），粹然循吏也，曾文正所重用。

四月一日，到钱子密处公请谭敬甫，尚早因归。未初集，主人徐荫轩、孙燮臣、麟芝庵、许筠庵、子密及余也，己酉同年惟此而已，麟、许以事未到，尚有绵佩卿一人则漏未约。

四月四日，午邀谭敬甫，麟、徐两公，孙燮臣、钱子密陪，仍乙酉同年之集也，筠庵请假，故未邀。

四月六日，谭敬甫留别，却之。

四月十一日，送谭敬甫、马植轩、李勉林，皆未晤，申初归。

《翁同龢日记》第4—6册，中华书局，1997年

刘人熙未刊日记稿本[1]节录

光绪五年己卯：四月二十七日，是日作复敬甫道台书。

光绪十年甲申：七月十四日，又得谭泗生书。

八月三十日，接谭敬甫廉访书，由易同年处付。

九月初三日，复敬甫书。

十月十四日，晚得谭敬甫藩台书。

十一月二日，复敬甫藩台书。

十一月十四日，接敬甫方伯书，并炭敬廿金。

---

①刘人熙，字艮生，号蔚庐，湖南浏阳人。光绪进士，初任工部主事，后改任河南直隶州。刘氏为“浏阳三先生”之一，与谭继洵“故旧卅年”，平时交往甚多，日记中多有记载。

光绪十二年丙戌：五月二十三日，得谭方伯书。

六月十四日，得敬甫藩台书。

八月八日，复谭方伯书，由节吾寄。

十月二十三日，得谭藩台来书。

十二月十四日，得谭敬甫方伯书，并馈炭敬三十金。

光绪十三年丁亥：六月七日，作与谭方伯书。

九月七日，得甘肃谭方伯书，随作书复谭方伯。

十二月十二日，谭敬甫方伯书来，馈炭敬卅金，作书谢之。

光绪十四年戊子：六月十八日，得谭方伯书。

六月二十日，复谭方伯书。

十一月六日，接谭方伯与节吾书。

十一月七日，发寄谭方伯书。

十一月二十九日，发复谭方伯书。

光绪十五年己丑：一月十三日，接谭敬甫方伯书，随作书复之。

三月一日，寄谭方伯、家书二函件；致台湾谭泗生，并作书与泗生。

三月二日，得谭方伯书。

三月四日，发复谭方伯书。

三月六日，又接敬甫方伯书。

三月七日，又复敬甫方伯书。

四月五日，得敬甫方伯书。

四月七日，发复谭方伯书。

四月十八日，谭敬甫方伯之家孙聘龙砚仙舍人之女为室，是日纳采，仆与唐次谋太史掌判，砚仙设宴湖广馆，适方伯之子佛生亦至京。

四月二十日，佛生宴次谋及仆，同县五孝廉与事。

五月三日，谭复生，少年振奇人也。

十二月十七日，得节吾亲家、谭敬甫中丞等书。

光绪十六年庚寅：三月二十日，得节吾江西书并所撰《谭泗生墓志铭》。

五月十七日，余与某中丞[1]同乡，故旧卅年，其子又余徒也。当摄鄂抚时，以书贺之，告以身所经湖北榷厘之害一启，以便可兴革者。末曰："至于更相进贤退不肖，不为长者家儿所用，此在宪台自有权衡，非末吏所敢赞词。"亦可谓恭而有礼。昨接铁珊书，言彼甫见书，大怒曰："他教训我，我何用他教训！"则甚矣，形之以颜色，拒人千里之外矣。昔也我犹不敢以不肖待人，今而后知道此人不可与言者，吾失言矣。

十月三十日，复节吾书、谭嗣同书、贝婿书。

光绪十七年辛卯：二月二十九日，作家书，并托节吾舍人发，由马封递鄂抚衙门。

七月五日，得节吾、谭生书。

七月十六日，驿发复节吾、谭生、贝婿书。

八月九日，复贝婿允昕书。[2]

八月二十五日，寄节吾书。该信云："来书谓武昌又毁天主教堂二处，皆因迷戕幼孩起衅。此事自天津以来，……遂成积重难返之势。中丞公当此，可谓盘根错节，以云棘手，诚乎棘手也，然为匹夫匹妇请命，又乌可以已哉！执事宜商之中丞，先致书总署，申其迷戕幼孩之辜，使知教堂被毁，灾由自取，一火尚未足蔽辜，维事有権□，未能尽如人意。然引吭一鸣，使正论犹在人间，庶几覆盆之下，尚有秉烛之明，万世瞻仰，在此一举，中丞得无意乎？"

十二月二十三日，发与谭嗣同书，复节吾、信余书。

光绪十八年壬辰：十月二十四日，由河淀邮寄家书，托谭公子寄转浏阳。

---

①当指谭继洵。

②贝信云刘氏"久不上谭敬甫中丞书，似非交际之道"。刘氏复信已载《刘人熙文集》。

十二月七日，得谭生嗣同书，知吾弟十一月初六日到汉皋，核甚通也，为之欣慰。

光绪十九年癸巳：正月二十五日，作家书、欧阳婿书、复生书，三书递寄湖北抚署，托复生代寄浏阳。

三月十四日，自作家书一函，交谭生寄由驿发至湖北抚署。

光绪二十年甲午：二月二十二日，跋王子楹帖“密云松径午，凉雨竹窗秋”：船山先生之在湖南，犹水之洞庭，山之衡岳，吉光片羽，偶落人间，皆足宝贵。谭生嗣同得此于汉皋，献其师欧阳舍人中鹄，余瞻仰赞叹，属薛生家骏精勒传世，公之艺林。光绪甲午　后学浏阳刘人熙谨识。

三月二日，读邸抄谭巡抚继洵查复总督刘秉璋一疏，庶几不欺矣，大吏中之翘楚也。

光绪二十五年己亥：三月二十二日，瓣姜寄我谭生狱中题壁诗……，又云：英教士李提摩太故与生善，属迎其至英使馆避乱，固不往，坐待引颈，临刑谈笑自若，可谓壮，惜乎未闻道也。余闻而悲之，因悼以诗，亦为子弟前车之鉴云：谭生意气横天下，不忍逋逃累老亲。他日老韩漫同传，董狐良史要分明。闻生谢李提摩太之言：“余父受国厚恩，位至巡抚，且中国之法，臣子之与君父，生死惟命，则岂可逃乎！”此与康有为有别，瓣翁书所未详。生谢李提摩太招入英使馆，又在县馆焚往来信札，惟留其父训诫之书，故其父仅免官。湖北省图书馆藏《刘人熙未刊日记稿本》

郑孝胥日记[①]节录

光绪二十二年丙申：五月二十四日，黄海楼言，在医院闻西人言，湖北所戕二西人支解极惨，南皮震怒，欲究治诛戮百余人，谭中丞不可，曰严办三人足矣。谓戮张标并免督抚也。《郑孝胥日记》第1册，第564页，中华书局，1993年

姚锡光江鄂日记[②]节录

光绪二十二年丙申：三月六日，赴抚辕谒谭敬甫抚军继洵，候至十二点钟方得见。同见者共五人，四为地方州县。与余言只三句，盖疑余为制府私人也。抚军老态龙钟，颓唐万状，精爽已失，其何以任封圻？《姚锡光江鄂日记》第90页，中华书局，2010年

横乡山人日记[③]节录

光绪二十三年丁酉：七月二十九日，薄晚，过东关头谭复生处（名嗣同，江苏候补知府，现为筹防局提调），渠言南洋兵轮裁人极多，蚊艇仅有五人，至不能驶行。今年苏抚赵展如（名舒翘）大阅，檄调会操，至不能应。狼福、苏、松三镇巡洋大兵轮如登州、瀛洲之类，以存人过少，遇海盗无人追逐，皆不敢随巡。往年尚派水师学生至练船操演，巡至新加坡；今年刘岘帅（坤一）核算各轮需煤至七千金，遂决不举行，可惜也。

---

①郑孝胥，字苏戡，号太夷，福建闽县人。光绪举人，曾任驻日领事，时为湖广总督张之洞幕僚。

②姚锡光，字石泉，江苏丹徒人。拔贡，举人。时为湖广总督张之洞幕僚，任湖北武备学堂总稽查。

③陈庆年，字善余，号横乡山人，江苏镇江人。肄业于江阴南菁书院，应张之洞聘至湖北武昌两湖书院任教。

十一月丙戌朔，江汉关税务司与谭抚军（名继洵，字敬甫，湖北巡抚）有信来说，德国既据地，俄人所出马队，亦多以保护东三省铁路为名，意亦在据我地，英恐亦欲照办云云。《近代史资料》总76号，第201、205页

光绪二十四年戊戌：闰三月十七日，往谭敬甫中丞处贺护督印。

闰三月二十日，两湖书院开馆，谭敬帅亲自行礼。

七月二十六日，以湖北、广东、云南三省督抚同城裁撤巡抚，以总督兼管。

八月二日，是日，湖北巡抚谭敬甫（名继洵）交印裁缺。

八月五日，晚间，至王息存处谈宴。同座者为姚石荃、梁节庵、陈叔伊诸君。席上得王芍棠方伯抄示谭复生自京来电与其尊人敬甫抚帅，云："英俄开战，各国兵船布满北洋，恐有奇变，缓行为妙。"此昨日辰刻电也。

八月七日，梁节庵来书云：初六日逆贼康有为革职，天下快心。英、俄并未开战，此贼党嗣同欺其父之词也。《近代史资料》总81号，第110、120页

敬甫公五旬晋八寿文

巩昌府知府颜士璋　光绪六年庚辰秋月

谈农政于理财之日，与谈榷政于兵燹之后，岂时宜乎！抑既各得其宜以制之，而无实心实力求济于民，良法犹具文耳！海内人才辈出，拥旄建节，非不声施煜然，乃或虚美相高，贤豪不免，而彼一二能肩天下之重者，端在贞固足以干事。即领数州郡，规模已自不同，此所以易统乾元，而资始之生机，胥无时或释也。

惟我敬甫宪台，世承通德，诞自浏阳。为诸生即不囿于俗学，表里澄澈，文名藉甚。迨掇巍科，观政户部，储书数万卷，益博古今掌故，推究其作用，而读律以会通之。当是时也，东南俶扰，蔓及西陲，物力维艰，帑费转巨，度支条例之司，丛杂而不可问。

自公充正主稿，剔蠹导窾，多所区划，前议政王及枢部大臣相依如左右手。故八旗现审处、井田科、捐铜局、收铜局、捐输局、军需局、则例馆，委任络绎，复总理八省漕务，杜尺一准斛面，岁稍早登，回空之艘驶于途。积资晋二品冠服，再留任。

寻奉命出巡甘肃巩秦阶道，地据川陕喉舌，环以羌戎，史称棋劫之势。往者用兵果当其冲，率因资粮不济，战守无功。恃川陕担囊为转运，而悍将滑吏犹日搒略括搜，趋民转徙沟壑。嗟乎！布帛菽粟，日用常经，至于乱时之食，治时之衣，皆仰给于他邦，纵上之人率属以廉，民财几何而不竭也！为今之计，非积谷无以备边，非禁罂粟无以积谷。公嫉恶卉，芟薙净尽，为邻疆冠，即道光中严刑惩戒，莫与比。由是农有盖藏，社仓之议易集。俗旷女工，教之饲蚕，并刊布山蚕说，募匠煮茧，陈缫车于堂，俾民纵观，知所则效。授植桑苗四十万，采棉盈亩，可粥（鬻）钱八缗，下及薯芋，备荒之属皆身先试种，以次繁蔚。

又税厘一役，路莫歧于甘南。首罢洋药之征，正人心以正百货之来辙，仍规其远近，按其扼塞，所析置洮岷榷市，尤便莞算盐商，不便于民者更之。和钧关石，私枭遂戢；官吏则列功过簿，使自相牵制，为程督焉。盖公从户部来，食货其精熟也，不必轻易成法，第审择一是，以宜于时而已。夫利有本末，而逐末者流，苟且目前，反谓务本之失时，纵居奇致富，不过彼绌此赢，于无业贫民如故也。况不均即所以不安乎！公取鉴前车，剂物产之不平，犹虑民隐未宣，遣使再三访证，或单骑微服，按部在外而人不知，瓦砾荒寂之区，碥栈悬绝之境，触冱寒盛暑，与乡之父老为伍，习知其疾苦，及山川之可置屯寨资水利者。载笔而归，则取兴革诸大政，分条钩稽，昕晡靡辍，伏案如书生，身处一室而轸念全局，所以匡襄于湘阴相侯者，至周至当。岂好劳哉，实心实力，积发于不自觉也。公佥事已两稔矣。始公出都见河南馑饥，经一州一县辄留金二百助赈而去。其救灾恤邻视若己饥己溺，何论职分中事？故阴平灾，隘于俸，犹倡赉千金，使陈平宰天下，不如是耶！自顷海夷思逞，朝廷方求能肩天下者，修政令而固本根，如公足以当之矣。公年五十有八，而励精自强，士璋等为时务计，则旦夕企之，而天亦佽以雨旸，时若获奏其绩然，则贞固干事之说，非犹夫台莱称颂之常情也。异时之富贵寿考日盛而未艾者，请即以斯言为券。谨序。

巩昌府知府颜士璋顿首拜撰，秦州直隶州知州王镇墉顿首拜书，阶州直隶州知州文治等同顿首拜祝。光绪六年岁次庚辰季秋月。民国四年甲寅续修《谭氏族谱》卷十二

秦州直隶州新志续编·谭继洵传

谭继洵，字敬甫，湖南浏阳进士。光绪三年，任巩秦阶道，四年抵任。为政务辟利源，严禁种烟，提倡蚕桑，远致浙江桑苗，并召湘南丝工，教民纺织。时地方尚不知有牛痘，公设局劝种，民不之信，以己子先之，有从之者奖以彩帛，遣人日往看问，民感其诚，久之始兴。凡此皆捐廉为之，其勤惠爱民如此。今道署后桑阴扶疏，民比之如甘棠焉。官至湖北巡抚，子嗣同曾侍游秦州，与狄道李景豫有酬唱之雅，后死戊戌变法之难。《秦州直隶州新志续编》卷二，页十五，兰州国民印刷局民国二十三年排印

敬甫公传谭传赞

先大夫光禄公讳继洵，字子实，号敬甫，又号剑芙。先代自闽徙浏阳，曾祖讳文明，祖讳经义，考讳学琴，兼祧考讳学新。三世俱未仕，以公贵累赠封至光禄大夫。兄弟四人，公次居三。生有夙慧，家素寒苦，承庭训，笃志于学，以君子自励。年弱冠，补县学生员。清道光二十九年己酉，举于乡。咸丰九年己未成进士，明年庚申补殿试，改户部主事、洊历员外郎、郎中。朝廷知其才，授甘肃巩秦阶道，升按察使、布政使，至湖北巡抚兼署湖广总督。公学优品端，精析理义，详究前人言行政绩，故事理通

达，无盘错之难。性澹泊，操持谨确，义利之辨断如也。处事中诸道，不意为同异，所见既审，莫可摇夺。

方其初任农曹也，慨然曰："农曹者，度支所总，国用民生所系也，善其职诚有裨于世，顾非习掌故、达机宜者不能。"于是储书数万卷，以资博览，又采舆论、揆时势，以变通之。时东南不靖，蔓及西陲，帑藏既绌，费用不支，出纳条例之丛脞，当事叹为棘手。公明赡有部，分治文书，动中窾要，十余年间，弊剔废举，凡民部机务肩任殆遍，当道诸公相倚如左右手。有清三大政，曰盐、河、漕，而漕粮为天庾正供，尤关重要。大率由南而北，汇于畿东通州，特设粮厅总之。辨燥湿、准斗斛、谨盖藏、重仓储，所以厚根本也。然粮舸之行，历程数千，历期累月，陈朽者半，霉润者半，而奸胥蠹役，又因以为利，强则攫取，弱则侵蚀，其弊不胜防察。卒无人举发者，非以请托行，即以货贿进也。自公任监督差，秉明廉之姿，治之以至正无私，由是涓滴归公，举向日积习为之一新。寻拜分巡陇南之命，阎文介公管部务，重公廉能，资公谙练，以借冠请。疏上之日，或谓文介曰："上方大用谭公，特以陇南居民困于兵燹，将以谭公拯之，请胡为者?"命下，果寝其议论。

公之持节而西也，下车即以整饬吏治为本。叨愦爽侮者，黜之；夙夜浚明者，扬之。以陇南厘税独重，为政不平，且半归中饱，严禁私罚，并牍请减免，商民称便。又以洋药之祸，流毒天下，陇民中之最深，毅然禁绝。尝单骑按部，虽严寒盛暑之日，僻壤之区，必躬历其地。廉民生之病利，政事之得失，召父老而告以洋药之害，其受命者爰慰勉之，不率者立惩创之，一时陇南居民咸憬然悔悟。岁遣伻诣汉中，货桑籽桑苗归，躬亲种植，以率官民，勒为蚕桑。成书诞告所属，募匠于浙，缫丝煮茧，陈杼轴于堂，纵民观之。于是汧陇之间有豳馆风，秦人肃将祗欢，号其茧曰"谭公茧"。案牍余暇，辄以审地势、稽水利为事，凡险者夷之，淤者疏之，桥堤倾圮者规复之。岁暮则以工代恤，岁歉则以工代赈，陇南居民者赖以生活者亿万计。初莅甘南时，道经河南、陕西，见民阻饥多瘠，罔诏𧍨然，伤之，所过县四、州二、厅一，各捐金二百以助赈。阶文地震，荡析离居，首倡千金，绥爰有众。番人屡不靖，瓜子沟之役，官军进讨，公密陈于大府，谓首逆只古旦巴一人，余皆胁从可悯，宜禁革诸军焚掠，毋胥戕虐。畜产之放佚者衹复之，毋敢越逐。大府深纳其言，番人感服，乱旋定。是时，左文襄公督陕甘，最重公，尝谓人曰："敬甫天性严重，胸中纯是爱民之忱。"故密疏荐公："器识闳深，吏畏民怀。"陇中风气刚劲，益以羌戎杂沓，命盗案叠出，公治狱以恕，戒深文周纳，尝谓："凡民皆吾赤子，吾无以教养之，一旦罹吾法网，忍坐视乎?"陈臬三年，参处律意，狱多平反，人自以为无枉滥。总藩时，以西陲自军兴以来，民失职无常性，筹经费给州县，偫粮虞灾，薄征苏困。以转饷之难也，改运道里车法，尤便关内外。经费不足，岁倚它省协济，而藩库实出纳之委藏，往恒虑殚竭，公遴员立新饷所，裁处周密，条绪秩然，辏及代，府帑丰溢，军旅恃以无恐。

其巡抚湖北也，量时度宜，勤求教养之方，用人行政之要，首撰《告诫》十六条，反复详究，至为亲切。廉得胥役之尤蠹民者，尽法治之，时时使人密侦州县，何者当兴，何者当革，一符之下，牧令肃然，相惊以神明。至于课蚕桑，教树艺，一如教陇民者教鄂民，一时成绩丕著，民争艺之，惟恐后。鄂地向濒大江，岁恒苦水潦，公乃饬治堤防，必慎必戒，简吏之通敏有操者董其役，故功就而民不知劳。鄂俗向易嚣动，椎埋萑苻、稗贩妇女之徒蜂起，为闾阎害。公乃钩钜购治，宵小于焉敛迹，而良善咸赖以苏息。鄂关市征例繁苛，胥吏倚薮为奸，公严禁曰："钱立程限，货不及五十缗者悉蠲之。"商贾无扰，而国课益以饶裕。鄂有教堂，向兼育婴，事久弊生，远近哗噪，几酿交涉巨案。公识烛幾先，慨然自任，故奸宄无所于容，而讹言遂以永息。治鄂九载，兼署总督者再，鄂以大治，闾阎喁喁，以为实与胡文忠后先媲美焉。光绪二十四年戊戌，朝议裁撤与总督同城之巡抚，鄂抚缺裁，公奉命来京候简，遂两疏老病，乞休回籍。杜门扫轨，坐无杂宾，唯架上理学及经济书数百卷，晨夕翻阅，如对故人；常谈讨古今，惟以天下善人君子得行其志为快。又朝中录一正人，必欣然曰："天下苍生有福也！"身虽引退，而惓惓于用人行政，以奠国家于久安长治，类如此。

先是，合肥刘公秉璋总督四川，台谏连章，纠其吏治污浊，骫法营私，德宗震怒，命公前往查办。故事钦差之选，皆大学士、九卿及枢府要人充之，封疆外吏，鲜得膺者。上信公深，故特简之。刘公领疆寄久，姻党遍津要。命下之日，中贵人以私书嘱公转圜者络绎，公悉置之，曰："吾何敢徇友欺君！"抵川后，严密详查，一秉大公，罢苛政，禁非刑，劾文武之贪酷不职者，自监司、镇将至州县数十员弁，刘公亦获罪革职。折发，中外翕然称之，谓查办之公，为四十年来所仅见。然公亦由是见忌当路，虽上意向用甚殷，而辄有阻尼，不得竟其所用矣！

公早岁究心宋儒之书，践履笃实，迨通籍官京师，得尽交当世贤人君子，相与讲求修己治人之学，碻乎有所依据。故其为政，壹意与民休息，不务赫赫之名，晏坐衙斋，蔬食敝衣，休休若行所无事。及临大政，则又沈谋独断，坚决而不可挠。以是扬历中外三十余年，清操干局，人皆仰之。而尤笃内行，孝友睦姻，腾声里鄙。幼育于叔母彭太夫人，终身事之如孺子慕。尝以公车至北京，试未终，有讹传彭太夫人疾者，遽束装归，同人欲少留以蒇事，公不可。及为巡抚，首疏于朝，求兼祧以为之后，特旨俞允。支子例不能兼祧，盖异数也。公幼撄羸疾，禀资甚弱，凡声色货利之务严戒之，无一于身，故卒能转羸而丰。及年愈尊，而精神矍铄，身体康强，终日接见僚属，钩稽簿书，夜分不寐，见明即兴。少壮之人，多叹为不可及云。光绪二十六年九月十二日未时，以疾薨于里第。以道光三年九月二十九日卯时生，年七十有八。

传赞年幼愚顽，虽随宦秦陇燕鄂，而于公之政绩行谊，百未知其一二。又迭遭家难世变，册籍档案荡然，无可稽考。今谨就记忆所得，撮述为传，以实吾家乘。呜呼！不肖之罪，诚握发难数矣！　孙传赞谨述。《谭氏族谱》卷十一，转载于《谭嗣同研究资料汇编》，第92—95页

敬甫公像赞王猷美

赞曰：清德既极，延于道咸；笃生哲人，智绝尘凡。始掇巍科，委蛇京邑；陈臬开藩，陇民和辑。汉回叫嚣，国困师劳；群盗如毛，不可爬搔。振拔疮痍，宣布脂膏；移节江汉，江汉滔滔。南皮明哲，庶政聿新；公与规随，万汇归仁。乃眷梓里，被以湖桑；衣我烝民，泽永召棠。余生公后，识公容光；貌则清癯，气则肃霜。节如鹤翥，德比鸾翔；典型未远，怀永不忘。　乡晚生王猷美敬题。《谭氏族谱》卷一

甘肃新通志·谭继洵传

谭继洵，字敬甫，湖南浏阳人。光绪三年，任巩秦阶道。以秦州地暖宜蚕，设局募业帛者，导以法，渐收成效。禁植罂粟，必亲巡视，违者官为劚之。旋升臬司，未几授甘藩。洁己，率属勤接见，访利弊，御之以严，吏治为之整饬；购桑秧桑子，颁发各州县，劝民广种。及升任乃尽废，论者惜之。《甘肃新通志·职官志·大吏传下》

近代名人小传·谭继洵沃丘仲子

谭继洵，嗣同父也。由翰林外任甘肃道员，谭钟麟荐于左宗棠，屡保遂擢疆寄。任湖北巡抚，适张之洞作督，事多专决，继洵不敢与抗，谨饬自保而已。间亦委任乡人或私亲故旧，在任十

年，吏治益坏。素宠妾，嗣同以嫡出，故不得父欢。戊戌初变法，继洵不敢附从，每之洞约联衔条陈新政，皆谢不敏。及嗣同晋卿衔，值军机，始知言新政迁官之速，乃为疏举宋育仁等使才。奏入，已政变，坐嗣同父裁缺，竟不复诏。忧惧殁于家。字敬甫，浏阳人。沃丘仲子《近代名人小传·官吏》，第78页

湖南通志·谭继洵传

谭继洵，字敬甫，清浏阳县人。道光三年生。二十九岁中举人。咸丰九年成进士。同治十三年官户部员外郎。次年转户部郎中。旋监督坐粮厅，驻通州，主办验收漕粮、催督转运事务。光绪三年由谭钟麟荐于左宗棠，得由京官外放，补授甘肃巩秦阶道，加二品衔。后擢甘肃按察使、布政使。十五年升任湖北巡抚。在政期间，人称办事唯谨。湖广总督张之洞办事专断时，他也不敢违抗。中日甲午战争后，维新变法思潮激荡，谭继洵思想偏于保守。湖广总督张之洞每约其联衔陈奏新政，皆谢不敏，与张之洞论事每多相左。其子嗣同，锐意维新，父子间意见亦不合。谭嗣同和唐才常倡导变法，计划在浏阳设立算学格致馆，推广新学，唐才常与刘善涵曾婉请其出名首倡，借资号召，而谭继洵表示："守老氏之宝，不欲为天下先。"张之洞条陈新政时，也不予会衔。"百日维新"期间，为山东道监察御史杨深秀所参劾，在所奏不称职官僚折中，指出："即湖北巡抚谭继洵守旧迂拘，虽人尚无他，要非能奉行新政者。此等即不逢裁缺，亦当分别罢斥，或优之听其告休。"及至谭嗣同以主张变法得入军机，谭继洵又疏荐宋育仁为人才，但奏入时已发生政变。戊戌政变发生后，谭嗣同遇害，谭继洵被连坐革职，勒令回籍，交地方官吏管束。光绪二十七年九月十二日忧惧而卒。《湖南省志》第三十卷《人物志》上册，第423—424页

秦州直隶州新志·食货

罂粟花，州属旧有之，千页起楼，色红而艳，民家园圃种以为玩，间或鬻于市。其绛红白三色，而单瓣者则未有也。自道光末年始有种者，至咸丰以后，吸者日多，种者亦日众，利厚工省，又不择土之肥瘠，故趋若鹜焉。取液煮膏，既谙其法，遂自食而沿及妻孥，久之，厮丐亦然，其倾家而致死者，不可屈指数。呜呼！天生毒卉，祸生人乃至此与！光绪二、三年间，制府禁种者，惟州治奉行为力，其他率文具。四年，前巡道谭继洵力振宿弊，示所属府州县，先禁冬种，后禁春种；又于二、三月间，饬各州县官率乡总历行查禁，并量给乡总口食，夏初结报，其查禁不力者，委员踏勘即请参斥。其年秋，禁开烟馆，谕民种棉种桑，以裕本业。五年，请奖查勘出力印委各员。六年，又张四字简明告示。五月，亲行查禁，惩抗违者。七年，制府奏请重抽土烟厘税，民以为弗禁也，复纷纷然起，因请制府出示再行禁绝。此数年中，民颇畏法，无敢偷种，后法稍弛，又复萌。

州境旧有桑，紫椹者叶大而薄，白椹者叶小而厚，然甚少。妇女间饲蚕，得茧则剪花样，无所为缫丝也。帛则贩自吴楚蜀豫，丝则贸自阆利、兴元。光绪四年，巡道谭禁种罂粟，思所以易之者。州旧种棉解织布而不知蚕桑，因于汉中购桑子，在道署及州署隙地试种二年，约得数万株，又在汉中历年续购桑子数千斤，桑秧十万余株，分交各州县谕民栽种。七年，出示收买民间生丝，分上中下三等，价银自一两八钱至一两二钱；茧亦分上中下，价钱自三百至二百。嗣募河南工匠缫丝及试织生绢及绉，谕令民人学习。后又购浙江桑秧、茧子，雇江南人饲蚕缫丝，又于州城四乡租地载桑，令民就近移植，谕乡绅经理。前后凡四、五年，擘画约束，曲尽心力。然乐成易，虑始难，民无知也，在牧民者有以引而伸之耳。《秦州直隶州新志》卷三食货，页十三至十四

秦州直隶州新志续编·职官

谭继洵，为政务辟利源，严禁种烟，提倡蚕桑。时地方尚不知有牛痘，公设局劝种，民不之信，以己子先之，有从之者奖以彩帛，遣人日往看问，民感其诚，久之始兴。凡此皆捐廉为之，其勤惠爱民如此。今道署后桑阴扶疏，民比之如甘棠。《秦州直隶州新志续编》卷二

湖北通志·建置

巡抚署在省城忠孝门门内前所营，旧在布政司右，明景泰四年建，隆庆五年都御史张仲羽迁凤凰山南，明季兵毁。清顺治十二年，巡抚刘兆麟徙建前所营常居敬故宅，拓民居宅址为头门、辕门及左右围墙。康熙初，巡抚王新命修；五十二年，巡抚张连登重修。咸丰二年，粤逆陷城，署三堂火余颓；三年，贼下窜，略事修葺。同治六年十月，省垣火药局灾，阖署震□，委武昌府知府监修，并购民基，略拓照墙，一律修复，其款由军需局在善后项下支给。是年冬，署内东偏五福堂火，巡抚曾国荃修复，由护院何璟委武昌府知府监修。光绪二十年，巡抚谭继洵护督，委中衡挑选标兵充卫队，建营房于辕门内，加购民基，展拓照墙，外修石路，其款由军需局拨用。二十九年，巡抚端方奏请裁缺，署址改建法政学堂。《湖北通志·建置志二·廨署》

北京浏阳会馆缘起 杨德钧

京师宣武城南北半截胡同（原名库堆胡同，民国十一年改今名）浏阳会馆，清同治九年庚午六月，我邑宾兴会价购谭敬甫中丞第宅所设置也。第宅原为兵部主事刘聚中于同治五年丙寅认买张文霖之父原任刑部侍郎时扣俸官房，给有户部执照。迨同治六

年丁卯正月，经刘韫斋中丞售于长郡会馆；是年九月，郡馆又出售与敬甫中丞，由是辗转而为我邑京师会馆矣。自时厥后，乡人士计偕北上、筮仕入都，车殆马烦之余，颇有宾至如归之乐。顾多历年所数事修饬与原有契据所载不无详略之殊，光绪三十年丁未夏月，刘君鸿仪等爰将馆舍购置修建缘由缮禀绘图，呈请外城巡警右分区立案，俾垂久远，意至善也。民国以来邑人于役京华者日益众，负笈游学者亦踵趾相接，佥以往事之艰勤，应有未阴之绸缪，于是有纂辑《浏阳会馆志略》之议，盖将以彰前美而励方来也。迁延未果，数稔于兹矣！民国十三年，同乡会委员曾君蔚云等重申斯旨，并绘馆舍精图刊志，属予为识缘起备观览焉。夫会馆之集事，固不可不书而记其颠末，以冀夫适斯馆者公共为心，去如始至，有冥冥合于始事者广厦万间之志量，尤为从事斯役之微意也夫！　杨德钧识。《北京浏阳会馆志略》第8—9页，民国十四年编印

北京浏阳会馆财产录

一　浏阳会馆坐落于北京宣武门外菜市口路南外右四区北半截胡同南头路西，门牌二十号，计房屋大小二十九间。

一　会馆后面房屋一所，在南半截胡同北头路东，门牌三十四号，计房屋大小十二间。

以上房屋两所相连，原为一所，由谭敬甫先生售出。至张文霖、刘韫斋二先生所交旧字据大约相同，契约后均粘有户部执照，谭敬甫先生售出时，仅在谢栗夫契尾批明，未另立契。兹录原契于后：

立转交房契长郡值年谢栗夫，今因新旧两馆急需修理之费，公议将承买官房一所坐落北半截胡同，情愿转交同郡谭敬甫承受居住，收到原买价银并修理房屋及扣俸银两，共京秤足色纹银壹千弍百九十二两二钱，所有户部执照并张文霖、刘韫斋转交字据弍张、房折二个，一并交付。至从前张姓共欠户部扣俸租银肆百

式十七两，又查案五年春季欠租银三拾六两，共欠未完银肆百六十三两，议由谭敬甫完缴，在此项内扣银一百二十五两，立此存照。门窗户壁均照房折一概点交。凭人：张竹订、郑小珊、黄恕皆、龚湘浦、蔡兴询、李篁仙、涂华畲、左楚英、黄晓岱、童子承、周杏农、周瀛樵、黄翰仙、毕诚斋、谭青城、欧建吾、徐寿洪、龙仁堦、梁梅青、黄艺甫、皮筱舲、周桂干、周葆珊。同治六年九月二十日长郡馆值年谢栗夫笔。此业转交本邑宾兴会作为浏阳会馆价银两楚　凭：李兴锐、贺宏勋、黎宗曦。同治九年六月十六日　谭继洵亲笔。《北京浏阳会馆志略》第16—17页，民国十四年编印

三叠韵送谭敬甫方伯汉阳黄小鲁

灞桥烟雨浣征尘，官阁开尊喜浃旬。紫气遥临秦塞树，绿波犹忆锦江春。龙堆马邑传闻近，虾市蜃楼结构新。不见临边班定远，玉关仗钺更何人？

万里风沙易白头，汉家天子重防秋。归家岂尽遗金重，国计还应借箸筹。谢傅功名余鹤洞，吴王宫殿有麋游。羽书新报龙城捷，漫拟燕云十六州。

五马清风拂画旗，二难同日侍彤闱。帆开巴峡烟波渺，雁隔秦云音信稀。春草池塘看隐隐，玉门杨柳远依依。双旌更欲朝天去，清瘦东阳久未归。

金台旧侣数□皤，风雨蓬庐砚共磨。三世簪裙郎署老，五陵裘马故人多。佩囊往事怜安石，短榻天涯拜伏波。异地相逢更远别，渭城杯酒费吟哦。汉阳黄小鲁著《鲁叟诗存》卷一，页十九，民国元年刊本

谭敬甫中丞亲家七十李寿蓉

避节制遵讲，十数年朱邦旧谊；为使君寿辰，重九日黄花晚香。《天影庵联语》，长沙府正街谦善书局民国二十三年刊

戊戌闻见录节录 唐才质

复生失欢于敬帅者，盖敬帅夫人卢氏间之也。敬帅纳小星四，即卢氏、王氏、张氏、魏氏。卢氏年居长，然明慧多能，且生子，故敬帅甚宠之。泗生黠，与卢氏虚与委蛇，故见容；而复生则狷，遇卢氏辄嘿，而于其矜且横，不能恝置，悁悁之忿，常形于色。是以卢氏甚憎之，哭诉于敬帅，所以抵罅谗诋者无不至。先是，敬帅闻卢氏言，即召复生诃之，复生不自解，盖服膺恭世子也。后泗生卒，敬帅怆然不怡者久，以是慈于复生，不复苛切矣。然乙未、丙申间，复生以兴算及拟强学会于湘，为拘虚者流所訾，复以告讦贪冒者而开罪簪缨，言官将登白简。斯时也，复生可谓穷矣。顾卢氏闻而益憎之，乃于敬帅前媒蘖其短。敬帅怒，迫复生赴京引见，且送传赞考荫。复生怏怏，然不能违父命，故借此而北游访学焉。卢氏固遇复生薄，然秦生、嘉贞，卢氏所出也，以弗善其母之所为，故常昵复生。嘉贞适湘乡刘氏，病瘵，复生往视其疾，见其瘠甚，泣数行下。及闻其物故，哭失声，终朝辍食。长沙市政协文史委编《谭嗣同研究资料汇编》第268页，1988年

近代湘贤手札注谭延闿

敬甫年丈自恨拙于书，己未会试中式，请告一年，闭户书卷折，不接外事。以示先公，问进否？先公笑曰："不觉有他，惟拙处转益坚定耳！"及殿试日，疑所书乃空其处，将出问人。肃顺方监试，遽钤印空处，遂置三甲。时先公方待于中左门，见丈垂涕出，顿足曰："虚此一年矣！"

此戊戌秋壮飞归榇时书也。当时敬甫丈亦坐罢归，其家人秘不以告，亦不以朝报示之，逾月后有何人来书云："七公子党祸婴身，从容就义。"丈始索《申报》尽阅知始末，抵几曰："噫！"更无他言。盖其时家人尚谓系狱也。吾闻之壮飞弟秦生云。

复生为李篁仙年丈婿，少从之居鄂，又师（从）瓣姜、蔚庐两先生，有复古之思，用世之志，薄视时文不屑为，敬甫年丈督教之，乃自题课本答曰：“岂有此理!”吾闻此时年十二，同在兰州也。谭延闿《近代湘贤手札注》，摘自《近代湘贤手札》，上海中华书局，民国二十四年

乱楮间杂忆节录　李景侨

浏阳清季显者，谭继洵、李兴锐二人。李号勉林，谥勤恪。勤恪廉谨慎，不事权贵。……为天津兵备道时，……朝士大夫知不可干以私，终其身，京中私函不多见。谭敬帅每得京函辄珍藏之，与李勤恪颇相反。湖南图书馆藏李景侨《抱一遗著》

龙萸溪先生遗书节录　龙绂瑞

谭文勤丈与先世父、先府君为道义交，数十年如一日。后简外任，一以陈文恭为法，整饬吏治，颇著贤声。顾性执拗，不以新政为然。晚与府君政见不合，其致谭敬甫丈书，有“龙某老不更事”之语。页四

谭复生先生，癸巳赴北闱乡试，寓余家者两月，朝夕谈宴，有如昆弟。榜发被黜，欲留京过夏，其父促之归，遂回武昌。谭敬甫丈老成拘谨，君则发扬蹈厉，不守绳墨，故父子颇异趣。平居辩论锋起，声若洪钟，目上视，能望远，异于常人。于书无所不观，诗文不落寻常蹊径。后以知府官江苏，与杨仁山研究佛学，大有所得。迨丁酉在长沙相见，于西洋政学，探讨綦详，尤深于哲学。《仁学》一出，闻者咋舌。顾其人，侍父极孝，于兄弟友爱甚笃。读《寥天一阁》之《城南思旧铭》，可见一斑。一日偶与余论及节孝，君颇訾诋，谓守节为宋人谬说，父子天性，色养乃应尽之责，无所谓孝。余曰：“君此言乃《淮南子》引嫁女者云，善尚不可为，而况不善乎。陈义太高，可为智者道，难为俗人言

耳。”一笑而罢。页八。此书1952年12日长沙龙氏校印一百部，分寄家人戚友以为纪念

阅先外舅与李勤恪公谭敬甫中丞赠答之作

刘善泽

玄中耆献推谭李，扬历三超各老苍。独喜妇翁风谊挚，不曾新咏削山王。汤锐辑自刘善泽《天隐庐诗集》卷二，第35页，湖南大学出版社，1989年

铜墨盒题字[①]

敬甫先生惠存。甲戌仲冬，霞秋赠于都门。汤锐辑自顾鹤鸣编著《清风堂藏刻铜墨盒》，上册，第35页，文物出版社，2007年

谭嗣同传节录　胡思敬

其父继洵，方巡抚湖北，年七十矣，知嗣同必以躁进贾祸，一月三致书，促之归省。嗣同报父书，言老父昏耄，不足与谋天下事，闻者无不怪骇。《戊戌履霜录》卷四

英国传教医师马尚德墓碑文光绪二十二年秋　魏宝珍

马先生为爱中国百姓朝夜奔驰，可惜善士早亡，上帝之旨也。马先生为我治病，不惜劳苦，因此痛之。立碑人：谭抚台之侧室魏宝珍。转引自邝兆江《马尚德——谭嗣同熟识的英国传教医师》，《历史研究》1992年第2期

---

①《清风堂藏刻铜墨盒》一书记载有“谭继洵用盒”，墨盒长9厘米，宽5.8厘米。正面刻山水人物图，上方题字。

立爱堂记

立爱堂者，祥瑞公六世孙敬甫公所减禄以为一族义庄之名也。敬甫公官京师者二十年，岁丁丑，擢甘肃巩秦阶道，以省墓假旋。虑族人有无告当赡者，乃割西乡石坳田屋为义庄，谋积其租以待用，且曰：“他日吾与宗人皆当附益之，以遂亲亲之心耳！”因名之曰“立爱”。其赡之之法，必因时以制宜，不预定也。用述其缘起于家牒，以告宗人之能亲亲而恤无告者，从此善为经营，加添产业，俾义举得行诸久远焉！　光绪六年庚辰孟冬月谷旦，合族公记。《谭氏族谱》卷十一

清谭复生先生嗣同年谱节录　谭训聪

北半截胡同浏阳会馆，此屋原是刘崐（韫斋）故宅，刘为先曾祖座师，特廉让之，敬甫公移作浏阳会馆。长沙市政协、浏阳市政协文史委与谭嗣同纪念馆合编《谭嗣同研究资料汇编》，第5页，1988年

光绪八年，敬甫公任甘肃巩秦阶道，主持安定军事。安定今甘肃省定西县，地近渭水源，陇中重地。余曾见一模糊相片，旌旗行行，百余健儿罗立，公立其中。第7页

先曾祖敬甫公日记，仅存一本，其中记载：“七儿好弄，观近作制艺文，不合式。”第7页

光绪九年三月，敬甫公升任甘肃按察使。嗣同奉父命赴鄂，就婚李氏（闰）。是时李公寿蓉（篁仙）以道员需次鄂。李公名进士，工乐府诗词。其赠婿联云：“两卷道书三尺剑，半潭秋水一房山。”上联言养气，下联言定心，含意至深。第7—8页

浏阳八仙桥天井坡老屋，为先高祖学琴公晚年所置产业，在深山之中，形略如天井。高祖三子继升、继墉、继洵同居其中。三子析产分居前，人丁繁衍，且深山地多虎豹，傍晚闭门。第10页

光绪十六年春，敬甫公由甘肃之鄂抚任。嗣同先期由浏阳县

启程抵汉。时嗣同外舅李公篁仙适属汉黄德道，公寓署中，预为布置一切，恭迎老父。第11页

光绪十八年，敬甫公七十整寿。九月初旬，亲朋毕集。敬甫公率亲朋子侄辈于抚署留影，此像片于民国十九年遗失。第12页

光绪十九年冬十一月，敬甫公奉朝命，赴四川查办事件，越年二月返鄂。嗣同留武昌抚署管理家政。第12页

光绪二十年，湘乡刘襄勤公卒于故里，敬甫公命嗣同赴湘乡祭吊。第12页

光绪二十二年春，敬甫公虑嗣同在汉多预外事，故命其上京引见，并送胞侄传赞赴京考荫，入国子监读书。第16页

光绪二十三年二月中旬，嗣同赴上海，送老父敬甫公入京陛见。第21页

嗣同不敢向敬甫公请款，因敬甫公对成年儿女均有一定之日费，不多予也。第27页

敬甫公待子弟严肃。光绪十八年，敬甫公患足疽，嗣同身不解带侍疾，其他子孙仅白天侍候，入夜归寝。嗣同侍疾半月，病少瘳，老仆杨媪向余言公精神真好，然神采则不如前矣！第28页

光绪二十四年七月，光绪上谕裁撤冗官。御史杨深秀弹劾敬甫公："守旧拘迂，虽人尚无他，要非能奉行新政者。"第30页

敬甫公以戊戌年七月裁撤冗员故，凡督抚同城者裁缺（湖北、广东、云南三省巡抚均裁），敬甫公本应入京陛见。戊戌政变后，八月奉朝旨："谕裁缺湖北巡抚谭继洵，着毋庸来京，即日回籍。"钦此。公即率居武昌眷属回籍，得免罪戾。

当时人谓公得无罪，实因笃守旧学，不崇新知；且杨深秀于戊戌七月劾公，谓公："守旧迂拘，虽人尚无他，要非能奉行新政者。"余曾闻宗老言：戊戌年七月，公命亲随四川人陆和（玉生）怀奏章三本北上，言其子少不更事，不堪军机章京之选。至京刚上两本，值政变作，陆被缇卒搜身询质，陆言我乃谭巡抚之人，入京呈递章奏，随即以章奏出示，陆得免于搜索。盖先曾祖知朝

廷党争日亟，舐犊之情，油然而生，故有此举。

嗣同灵榇返浏时，敬甫公正罢职居浏城北城永清街（旧名永清街，后改为北正街），公自置产业。公于戊戌年秋冬间尚不知子死，是时敬甫公门生某适有书来，云“七公子党祸缨身，从容就义”。公责季子（嗣冏）、长孙（传赞）交出全部《申报》，细阅始末。时家人尚以嗣同系狱闻，报章亦剪呈送阅，言其年迈应以保身为第一义。至此已无法隐秘。公细阅后，用手抵书案，长噫垂泪，更无他语。事后仅言事须秘密，畏吾祖母知道。此段记载，见《近代湘贤手札》中茶陵谭公延闿题敬甫年丈致龙侍郎（芝生）信之跋语，谭自言此语闻于十弟秦生（嗣冏）。第35—36页

光绪二十二年，李玉成假冒武弁大员，扯湖北抚署旗号，任意撞骗。案破后，敬甫公罪嗣同所召，即令赴浙江候补，不得与闻外事。第42—43页

嗣同公生平事迹补遗节录　谭恒辉

嗣同公殉难后，敬甫公仅被开缺而没有受到其他处分，也没有株连全家，据祖母、母亲所告，其原因在于：一、当九门提督派兵逮捕嗣同公时，抄走了他仿照父亲的笔迹而写的训斥自己不忠不孝、要脱离父子关系的一封信，清廷信以为真。慈禧对群臣说：“湖北巡抚谭继洵，原非平日不训斥儿子者。”遂有开缺回籍之命。二、清廷在庸中堂查出继洵公于光绪帝电召嗣同公进京引见时，以嗣同公年轻缺少经验，不足以胜重任为辞，婉言谢诏的一个奏折，因而慈禧太后没有加罪于继洵公。三、据说，张之洞、谭钟麟两个总督上奏折营救继洵公，才使之幸免于难。四、因继洵公“笃守旧学，不崇新知”，且杨深秀于是年七月劾公，谓其“守旧迂拘，虽人尚无他，要非能奉行新政者”（这条至关重要，得免罪戾，就在于此）。《谭嗣同研究资料汇编》，第73—74页

记祖父谭嗣同二三事节录　谭吟瑞

嗣同公殉难后，继洵公告老还乡，住浏阳县城大夫第，次年二月去世。他在弃官隐居的这段生活中，痛心疾首，自不待言。尤其是嗣同公夫人李闰，每当朔望，必焚香燃烛相祭奠，并作悼亡诗，书于纸钱之上，裹着头上竹簪焚化，以寄托哀思（这是古代妇女悼念亲人的一种仪式）。祖母李闰经常痛哭不已，继洵公听了格外难过，便在祖母窗外说："七嫂（祖父嗣同公行七），你不要这么伤心，我也同样不好受，你要知道，老七将来的名望在我之上呀！"其意是自己堂堂一品总督，未必为世所知，而四品京卿的儿子，却将名垂青史。《谭嗣同研究资料汇编》，第89页

先祖母李闰二三事节录　刘萍君

祖母李闰来归嗣同公后，也带来了她那完整的"不逾矩"的作风，家中上下人等，无不曰贤。据说有一次先曾祖继洵公与亲家篁仙公见面，劈头一句话就是："你的女儿是个好女儿，我的儿媳也算是个好儿媳！"二人抚掌大笑。

嗣同公英年捐躯，膝下犹虚，曾祖父继洵公乃以次子嗣襄公之子传炜兼祧为嗣，又将其两女归其教育婚配。并语云："汝兄嫂为人老实，不识书文，以后管理家务，教育子女，由你一概承担。"《谭嗣同研究资料汇编》，第96—97页

步襄公传涂启先　光绪六年庚辰仲秋

公姓谭氏，讳学琴，字步襄。本明崇安侯裔。嘉靖间，新宁伯纶有子留长沙，数传迁浏阳。乾隆中，邑诸生文明徙南乡吾田市，公大父也。父讳经义，家贫授徒于乡，以还遗金为人所称。生子四，公实仲氏。稍长，辍读。伯兄居城为县吏，公亦时入佐

西户，科理推收册。父病瘵，食必甘美，则典质以供，至浣衣必以夕。父卒，母早病丧明，诸弟幼，旋徙家城中。诸弟已立，而后析居，独奉母，曲事之不懈。久之，家渐裕。公质重寡言笑，无赖子恒避公，而乞人知公慈，踵门者不绝；出则环而丐，公亦辄与之。族戚求贷尤不吝，有讼争，且或倾私囊以解。乡有窘者，见之，必托故使入城赠以钱粟。公先兆侧有某氏墓，谋迁葬而货地于公，却之，又谋他鬻，公乃使书券予之值，而不听迁，其墓至今存。尝过市，见或刲羊而趋，羊逸而跪公前，反救之不得，遂终不食羊。盖拂其所不忍则不快如此。初，谭氏有祠在东城，无祀资，公倡展先墓，岁必徒步往，斩棘覆箦以为常，既醵金息之以供祀。晚岁，益集金，新其祠。当是时，公家西城，日膳于家而监于役，相木数甓必躬亲，暇则助运土石，寒暑风雨弗间。祠成而劳疾作，明年遂卒，年六十三。公之事母也，母卞急，初不令怫，旦伺门启入，问安否必敬，询所欲，亲求诸市；出入必以告，暇则负母遍历宅内外，告以所至，告以所有；时或作小儿嬉，欢笑声达户外，母无目而不知苦者十余年。又常资诸昆乏，母益喜，诸子迎之往，不旬日留也。公年五十始举子，人以为孝征。及疾革，召其孤，汲桶水榻前，令展诸债券焚之。公妻毛夫人止之不得，亟呼公季弟至，则灰沉水矣，大诟曰：“兄不念藐诸孤乎?”公曰：“吾子当不贫也!”生平自奉俭约，独喜儒术，族戚应试者，恒乐为之主，岁必延文人赏花吟雪为乐。至是语夫人曰：“我死，勿令儿子废学，十年后，汝当稍安。”公亦信其有以诒之矣。子四，长继升，同知衔候选知县；次继墉，例贡生；次继洵，己未进士，今官甘肃巩秦阶道；次继猷，早卒。公援例入监，以子贵，累赠至资政大夫。叔弟学新，字绍泗，初亦佐南粮科事，旋弃去，愤就学，夜欲寐，热香枕以臂，灼臂辄起复读。既数试不利，尝一题夹为二艺，学使激赏之，卒以非例黜，不复试。其后，公力强之往入县学。论曰：公没五十余年矣，子姓过故居，乡人犹或询而款之曰：“吾祖若父尝亟述公德也!”其见思如此。

其竭力事亲，不尤见所谓孺慕者耶。余久钦公轶事，往与修邑志，议不合，不问人物志，时友人欲为先君子立传，引嫌却之，而海峤丈实主志馆事，即公子升也。余谓亦当代为引嫌，而公竟不著。今年，馆敬甫观察家，适谭氏修家乘，亟传之以补吾过，且俾来者，知志所以阙焉。 时光绪六年岁次庚辰仲秋月穀旦，世再侄涂启先顿首拜撰。《谭氏族谱》卷十一

海峤公暨配唐恭人六十寿文涂启先 光绪元年乙亥七月

同治中，余与修邑乘，得炙海峤先生，亲见其行事，又时时于二三朋旧处闻其他行，心向往之。今年秋，先生暨德配唐恭人六十大寿，矢不受祝，邑人士无以伸其悰，告启先撰言于屏。余惟昌黎有言曰："博爱之谓仁。"以余所闻见，先生庶几能博爱者矣。盖闻先生生十三年而孤，当是时，太夫人在堂，弟妹且幼。甫成童即弃举业，管家政，以赡事畜独，督幼弟学，尝晨起走送题书舍，夕促其艺不懈。久之，令弟敬甫先生以进士官户曹，发名成业，诸子侄并蜚声庠序，可以慰先生志。先生愈不倦于善，尝赡族之孤寡无依者，米盐有经，医药有费，凡窘迫吁告，无亲疏皆称情给予。其贫而无业者，为谋其生；其没而无后者，为治其茔，可不谓爱及宗族乎！

岁壬戌，浏城粜贵，募金亟转籴江西萍、袁诸属，减价以粜。明年，适大吏檄置积谷，遂力任其事。越四年丁卯，大水，因出谷为米，如壬戌。又明年己巳，水患尤甚，淹近城庐舍无数，疾雇舟，救垂溺者百余人，且漏夜奔告诸好义家为粥，甫曙，分所待灾民之不能炊者，又以扁舟运至鲍家湖诸村，事既定，即敛金赈米数旬。是岁也歉，念积谷少，则别措金豫储之，明年粜果贵，卒赖以济。今年水应之一如己巳，且白官预造救生轻舟矣，可不谓爱及乡党乎！

书传所载古之好行其德者，迪吉有征矣。孔子曰："仁者寿。"

爱之理亦仁也，仁，天地生物之心也。体天地之心，天之寿之，斯必然之理已。抑余尝慨先王孝友睦姻任恤之教，之所以兴民行者，其废已久也。上之人给求养欲，不免博济之病；一州一邑，独赖有所谓一切义举，佐教养之穷，躬其事者，乃挟私逞意气，避怨惮劳；不则，拘泥不识机宜，以率旧为无过；下者，且侵渔干没之，义举之弊，恒由于此。此亦不仁之甚矣！

以余见，先生之在邑也，宾兴费绌，劝富室得数千金以济，且有赢；闻敬甫先生买第都门为吉宅，则以金使易为浏试邸；学宫募产供祀曰礼局，其后兴乐舞，募产曰乐局，不能合并，先生力合之，则以其息岁购书藏之，且议诱学子治经。军兴，团练法行，以邑城居中，肆应尤扼要，因团近城者为一，曰中立；奸宄迭作，防御有方，始事敛金为团费，省啬而善息，其赢近亦购产矣。有恭衍《圣谕广训》大旨者，则以其赀敬镂而播之，且授义塾之蒙。修志之役，敛金减戊寅之役，相传戊寅费且二万，先生节冗抑奢，又集所敛权子母，得子钱几及二千缗，志成乃有赢。形家言南门宜培土筑郭以利仕者，遂挹以成之，犹赢三千七百余缗，则白官为京邸岁修赀。其嘉惠士林类此。其综理之密、区画之详，往往一转移间而利赖无穷，可不谓仁心行仁术哉！布衣粗食，夜寐晨兴，受成问策者踵相接也。温颜款语，无不得其欲；手疏详尽，尤无一字一语或苟，党同伐异之徒即流诽谤，自问无他，终无懈志，事所当为，必成乃已。於乎，令天下大有力者皆如先生存心，其仁岂有涯涘耶！惜乎先生仅小试于桑梓也，然而桑梓实嘉赖之，又可以知天之必寿先生以从民欲也！

恭人温懿淑慎，内外无间言。咸丰以来，先生移家天锦山，公事埤遗，视家如逆旅，恭人指挥家政，井井有条，俾先生得专力行仁于外，其眉寿而偕老也，又宜也。用述所见闻，要诸孔子“仁者寿”三言之意为祝，书以质诸当世，将使处宗族乡党，与有义举之责者，庶推广先生仁爱之意于无穷，则又先生之寿世无量也夫！　光绪元年乙亥七月世愚侄涂启先顿首拜撰，熊焌顿首拜

书，世愚弟贺祥麟等同顿首拜祝。《谭氏族谱》卷十二

海峤公暨配唐恭人六旬晋一寿文节录　大理寺少卿周家楣

春秋榜同年生例有齿录，有兄弟之义焉。今我同年之长于敬甫者，视敬甫犹弟，其视先生莫非兄弟也；其稚于敬甫者，其视敬甫犹兄，即视先生犹兄也。家楣齿稚于敬甫，复同出鄞县章大司成之门，是于兄弟为尤昵也。《谭氏族谱》卷十二

海峤公暨配唐夫人七秩双寿文节录　陕甘总督谭仲麟

余与先生介弟敬甫方伯，同年同官又为同宗，悉先生家事最稔。《谭氏族谱》卷十二

海峤公配唐太夫人八帙寿文节录　署两江总督张之洞

光禄为敬甫中丞之长兄，之洞与中丞同官湖北，相得欢甚，间尝互询家世，饫闻光禄之贤。《谭氏族谱》卷十二

海峤公传谭嗣同　光绪二十年甲午春月

光绪十二年六月十四日寅时，海峤府君没，距生嘉庆二十一年七月二十六日子时，年七十一。以助振议叙九品顶戴，以团练奏保即选盐运司经历，加同知衔、加保尽先选用知县，以弟封为朝议大夫，累赠光禄大夫，以子封为奉直大夫。没既八年，其弟之子嗣同谨为府君传曰：

府君讳继升，字子惺，别字曙冈，海峤其号也。当道光、咸

丰间，天下骚然用兵，然兵日益少，盗贼日益多，府厅州县乃始各为团练，或以在籍大臣领之，蹙则守，纾则援，使贼无往不遇敌，名材辈出，卒集于大功。浏阳团练则府君为主，奸外犯，宄内讧，连创之不得逞。洪秀全犯长沙，分党疾窜浏阳，夜抵城西北二十里之蕉溪岭下，官民汹惧，不知所为，府君遣卒遍张灯岭上，熊熊林谷，光焰彗天，杂以金鼓阗聒，贼大震，即夜遁去。府君管带威镇营，既禀一不入己，息而取赢，得田二十余亩，出以佐防守费。县之公费且尽，综其出入，月丰而岁有余。治礼乐局，贸藏书，课经学，拓宾兴费，创会馆于京师，修县志，实义仓，数十年用无弗给，一县大和。岁大水，又出己赀以振，兼集群力，以饱直隶、河南、山西之饥，而家亦未尝或乏。固才智之过人与？抑仁者必有勇其笃挚之性，有以发之也？

光禄公兄弟四人，府君实伯，生有奇表，目深碧，久视日不眩；临事速决，应繁无跲。然先祖考见背，年十三耳，家政丛蔟，一埤遗我，日用斗匽将不支，府君愤而弃学，悉贷先业为居积，忘其身以图之。养亲当大事，佽诸弟诵读，完婚姻，遣嫁诸妹，食指累数百，坐而仰之。又以其余易先墓，增祭田，出资宗族，赡内外戚属，济孤寒之无告者。晚更新家庙，订族谱，兴清明祀，广始迁之祖宅，其心以为一不具，即无以见祖宗于地下，故虽癃老笃病，数展坟陇，流涕唏嘘，移时不忍去。苦念光禄公官甘肃，垂殁犹诵诗曰："岂不尔思，室是远而。"声噤而气绝。乌虖！吾世父海峤府君，可以传矣。　时光绪二十年甲午春月穀旦，胞侄嗣同谨述。《谭氏族谱》卷十一墓志

海峤公像赞涂启先　光绪十二年丙戌孟秋

赞曰：睟乎其色，温而能直。肃乎其貌，庄而不傲。视日不眩，奚羡王戎。危坐不倚，有似茅蓉。展丹青以如觌，胡遽颓夫梁嵩。君不见陈仲弓、郭有道，小隐而以利物为心，危行而以全身为宝。入细入粗，不矜不躁，用能恢盛举以惠梓桑，积阴功以

格苍昊。吁嗟乎！芳名兮无歇，口碑兮难灭，仰止者定想像乎九原，永一帧兮示来哲。　光绪十二年丙戌孟秋月穀旦，世侄涂启先顿首拜题。《谭氏族谱》卷一

浏阳正一品封典谭继升夫妇捐赈款银一千两移县请建坊文欧阳中鹄

该故绅谭继升为前兼护督部堂、现任湖北巡抚部院谭继洵之胞兄，行洁品端，才长心细，乡闾依赖垂四十年。县中公事，如礼乐局、兴贤局、监修县志、兴举礼乐局经课，成终创始，综理咸宜。又如管带防勇，以所余勇饷月息捐充团防总局经费，缔造城团中立局，置产储谷，积累至二万缗，规模久远，团费扩充，为通县各团之冠，遇有缓急，取之裕如，厥功尤伟。《瓣姜未刊文稿》抄本第四册

子朴公传刘人熙

我国自衰周以还，神徂圣伏，大人世及以为礼，城郭沟池以为固，数十年一小乱，数百年一大乱。当其小康，以法术驾驭国民，耳目心思集于权势，仕途之猥琐，志士仁人无不齿冷，是以有隐逸之民，有独立之传人，有恒言天下无好官，官昏于朝，教衰于野，泯泯棼棼，习非胜是。王船山有言：“衰世之朝廷，贤于平世之草野，考十姓百家之言，以求其异于禽兽者，不易得也。”此亦二千年之历史所不能诬也，岂不痛欤！黄帝四千六百九年秋八月，武昌起义反正，长沙继之，南北响应，余迫众望，司湘中民政，擢邑子谭嗣穆令桂东。当是时，民气初伸，横溢轨度之外，桂东士绅要求撤任，余力持之。受事半年，孰杀之歌易为孰嗣，惟恐其去，如赤子之恋慈母也。余自免去职，代者非人，植党营私，跳梁啸室，民牧之图，无殊禹鼎。二次革命之难作，为世诟病，祸亦惨焉，惟嗣穆巍然独存。民国三年，得令嘉奖，兼锡文

虎章，则知无好官之说非也。桂东政成人和，嗣穆寄其先君行实，求作家传，寿其家谱。余乃叹：非此父不能生此子矣！又闻其母闻嗣穆因仕减产不忧，闻其爱民有声则色然喜，则谓世无好人者，尤僭言也。

君讳继墉，字子朴，自闽迁浏阳为望族。考讳学琴，有令名，生君兄弟三人。兄继升，为团绅领袖，功在桑梓；弟继洵，官至湖北巡抚，署湖广总督。君素位隐居，施于有政，读书课子，不营仕进，曰：吾林泉中自有乐趣也。幼孤，事母孝，侍疾衣不解带，夜以继日，居丧哀毁尽礼。母殡谢家冲，卜吉待葬，庐其侧三年。性俭约，衣不重裘，食不贰味，所居岚烟村，乡人慕之，号九千岁，盖祝其难老云。境苦盗伐，不敢有森林，君倡立禁约，讲求种植，至今无童山。村以外曰纯口段，筑坝潴水，有卖田不卖甲之习。旱时分灌，号为甲者，得以操纵居奇，君约众革之。北岸泉塘可溉数百亩，争讼百年不解，君经画均水之策，至今赖之。他多类此。而睦姻任恤，情义常溢才力之外。嗣穆有所往，命之徒步，命之学技击，曰：吾甚恐其文而弱也。以弟官累贻封光禄大夫。夫人曹氏，举一子出后叔祖。嗣穆，副室张母出也。教子有方，安得谓天下无好人乎？无好官，责在官人者；无好人，亦长人者之失道也，观于谭氏益信。嗣穆年少补县学生员，驰马试剑，未为乡里重。余于清季，思以立宪政体小试于乡，因于乱后改良团练法，激励人士以自治自卫。有绳嗣穆于余者，因相见于县垣，奇赏之。以语诸老辈，未之许也，以为是纨绔少年耳。既嗣穆所以设于乡里，崭然见头角；又独立建小学，以教其乡人，名誉益光。余委以桂东之人民社稷，乃果不失民望。嗣穆容貌辞气不足动人，非知之有素则失之宰予，失之子羽，良不免矣。又以见知人之难，而皮相者或失之，若无周公吐握之心，而居百尔具瞻之地，官不及私昵，爵罔及恶德，盖戛戛乎难之。又念父兄不以身教而望子弟之贤，亦难幸获也。因为君作家传，以寿家谱，其教盖通于国，且愿嗣穆念兹在兹，以不忝先人，而入民国循良

之传，以风有位，庶不虚生云尔。　刘人熙撰并书。《谭氏族谱》卷十一墓志

子朴公像赞周振藻

赞曰：端庄其貌，中正其行。德全五福，心醉六经。惟澹泊以明志，久不乐乎虚名。於戏！安乃素，守乃真，则较彼显达者，转觉尊荣。　世愚侄周振藻敬题。《谭氏族谱》卷一

徐夫人墓志铭欧阳中鹄　光绪四年戊寅五月

同治甲戌，中鹄计偕至京师，时父执同县谭君继洵，字敬甫，以进士官户部员外郎，居浏阳会馆。中鹄往见，主其家。是年七月，中鹄官中书，谭君延教其子嗣襄、嗣同，因得请见其夫人。夫人恭俭诚朴，居常梱内肃然，家人皆秩秩有法，以是心常敬之，窃谓其有古贤女之风。未几，谭君转本部郎中，旋监督坐粮厅，夫偕至署。岁丙子，夫人唐氏女得喉疾，入京师，往视，染焉，遂卒于故所居浏阳会馆内寝。是疾也，夫人之女先之，元子继之，前后六日间，皆不起，谭君悲不自胜，几成疾。其年九月，归夫人丧于浏阳。明年八月，谭君奉旨补授甘肃巩秦阶道，加二品衔，乃请假回籍修墓。即将之任，豫卜期葬夫人，属志于中鹄，为其志要者。

夫人氏徐，讳五缘，浏阳人。父韶春，国子监生，从九品职衔，貤封中宪大夫；母熊，貤封恭人。夫人年十九，适谭君，以夫官累封恭人，赠夫人。子三：长嗣贻，附贡生，中书科中书衔，后夫人一日殁；次嗣襄，国子监生，候选通判，为叔祖学新后；三嗣同。女二：长嗣怀，字候选府经历同县宋德康，在室殇；次嗣淑，适翰林院庶吉士灌阳唐景葑，先夫人四日殁。孙一，传赞，嗣贻出。夫人生于道光九年十一月二十五日寅时，卒于光绪二年二月初一日卯时，春秋四十有八。以光绪四年五月二十九日，安

厝本县南乡十五都石山下之原，艮山坤向，礼也。呜呼！夫人之归谭君也，食贫者十余年，随于京师者十余年，佐夫治家，条理毕具，一旦遘厉虐疾以死，且死其克家子。自时厥后，谭君巨细必亲，隐然有内顾之忧，虽欲勿悲也，得乎？既志且铭，铭曰：夫人之行，殆女中贤耶！何女先子后相弃捐耶？岂修德获报而亦有不然耶？《谭嗣同全集》，第53—54页，中华书局，1998年

先妣徐夫人逸事状谭嗣同

光绪纪元二年春，京师痧疫熛起，暴死喉风者，衡宇相望。城门出丧，或哽咽不时通。遭家凶害，笃贾颠虐，所尤残割腐心，欿邑不忍言者，则先妣徐夫人卷德遘蹇，遂以斯疾委弃不肖等弗子，伯兄仲姊亦先后数日殁。“悠悠昊天，曰父母且。何辜于天，我罪伊何？”然则古言疟不病君子，虚也。嗣同伊蒿之质，生既十二年，染疫独厚，曾不能一起侍先夫人之困危创楚，亲承末命。且使向少自力，颇调剂汤液，或不遽罹摧裂；若此擢发之辜，故应万有余死。然短死三日，仍更苏，戕其根而弗槁，此棘荆之所以丛恶，大人以是字嗣同复生矣。

先夫人性惠而肃，训不肖等谆谆然，自一步一趋至植身接物，无不委曲详尽。又喜道往时贫苦事，使知衣食之不易。居平正衿危坐，略不倾倚，或终日不一言笑。不肖等过失，折葼操笞不少假贷。故嗣同诵书，窃疑师说，以为父慈而母严也。御下整齐有法度，虽当时偶烦苦，积严惮之致，实阴纳之于无过之地，以全其所事。一旦失荫庇，未尝不或流涕思之。光禄公起家寒畯，先夫人佐以勤慎作苦，鸡鸣兴爨，氾扫浣涤，纫绩至夜分不得息。恒面拥一儿，背负一襁，提罂自行汲，筋力强固，十余年不以厌倦。迨随光禄公官京朝，禄入日丰，本无俟先夫人之操劳，而先夫人不欲忘弃旧所能力之可及，则勉没如故。食仅具蔬笋，亦不得逾三四肴。每食以布自卫，云恐涴衽。衣裙俭陋，补绽重复。有一丝蕴衣，缕缕直裂，依稀出蕴，自嗣同知事即见之，卒未一

易。家塾去内室一垣，塾师云南杨先生，闻纺车轧轧，夜彻于外。嗣同晨入塾，因问汝家婢媪乃尔劬耶？谨以母对，则大惊叹，且曰："汝父官郎曹十余年，位四品，汝母犹不自暇逸，汝曹嬉游惰学，独无不安于心乎？"是以嗣同兄弟所遇即益华腆，终不敢弛于慆淫非辟，赖先夫人之身教夙焉。方嗣同七岁时，先夫人挈伯兄南归就婚，置嗣同京师，戒令毋思念。嗣同坚守是言，拜送车前，目泪盈眶，强抑不令出。人问终不言，然实内念致疾，日羸瘠。逾年，先夫人返，垂察情状，又坚不自承。先夫人顾左右笑曰："此子倔强能自立，吾死无虑矣！"嗣同初不辨语之重轻，乌知其后之果然耶？哀哉！名德不昌，所生以忝，及今遂俨然三十矣。每思恭述懿范，辄愧怆不自持。两兄两姊皆不幸早世，先夫人逸事将无有见知者，遂茹痛状之。　三子嗣同谨状。《谭嗣同全集》，第52—55页

敬甫公侧室卢太淑人墓志铭 邹明沅

太淑人氏族直隶蓟州，卢姓，前清同治二年于归谭光禄公敬甫为副室。维时光禄公官燕北，厥后历随陇、鄂升任，侍奉光禄公，殷勤无少懈。自光绪丙子嫡太夫人徐身故，太淑人负任尤重，偕其嫡冢媳黎夫人助理家政，及照料嫡子诸辈，无不周到，于是光禄公得无内顾忧。其淑慎温恭，操持勤俭，生于性成，家庭中罔有间言，更难仆数。惟所生子女各一，子嗣冏，年方壮，官安徽霍山县，女嗣茀，适湘乡刘襄勤公锦棠之三子国祉，皆先太淑人逝。倦残暮年，哀病交加，卒于民国元年壬子阴历八月二十日亥时，距生于前清道光丁未年十二月初六日戌时，春秋六十有五。以卒年阴历十二月丁酉安葬于邑西水围段山内庚首甲趾为茔。呜呼，生寄死归，太淑人远矣！幸有孙三，长传绶，次传闾，三传裘，均头角峥嵘，继起家声，正未有艾。其女传修、传第、传玉、传庆，俱尚幼，环聚一堂，得黄宜人以母道而兼父道，昊天罔极，可图报于万一矣！余愧不能文，受太淑人嫡孙传赞之命，勉为志

而并铭。铭曰：幽闲贞静，彤管流芳。女中君子，作则闺房。以顺为正，坤道有常。徽音克嗣，厥后弥昌。　同邑邹明沅鞠躬敬撰，黎庆覃书丹篆盖。《谭氏族谱》卷十一

癸生府君传谭传赞

府君讳嗣贻，字癸生，别字桂荪。赋性通敏，究心经籍，为文浩浩乎、渊渊乎，若叔度之澄清。会清廷以制艺取天下士，典试使者嘉定廖公寿恒，视学湘南，见则称之，年方十九，遂得补县学生员。逾年，取中书科中书。吾谭氏自明季由长沙迁浏阳，家世微薄，未有显者。至清咸丰朝，先王考敬甫太府君始获掇巍科，以主事官户部。光绪丙子，转本部坐粮厅监督，府君随侍居京师。是年，京师疫疠熛起，患喉风暴死，衡宇相望。寓中遘戾斯疾，六日不起者三人，而府君遽后先王妣徐太夫人一日而没，年二十有三。自先王妣弃世后，总持内政，惟吾先妣黎夫人是赖。夫人讳玳珍，年二十来嫔谭门，孝事舅姑，曲得庶姑欢；生子二人，长早殇，传赞其次也。居恒俭以饬己，宽以御下，遇穷乏多所援助，从无德色，雍雍然有古贤女风焉。所尤欿邑难堪者，府君见背，绝粒数日，痛不欲生，继念捐生无补身后，始稍进勺饮，起而力任其艰，抚孤成立，不遗余力。及侍先王考燕秦陇鄂，西北相随，部署有条，见者靡不肃然起敬，而初不以声色加诸婢仆也。府君没三十三年，夫人亦没，年五十七。府君生于清咸丰三年二月八日，没于光绪二年二月二日，以子官诰赠荣禄大夫。夫人生于清咸丰二年冬月十日，没于光绪三十四年八月二日，以子官诰封二品夫人。呜呼！悠悠昊天，曰父母且，何辜于天，我罪伊何！府君同怀兄弟三人，仲曰泗生，叔曰复生，女弟二人，今无一人存焉。噫，可悲矣！府君弃养，传赞生方九阅月，不得尽识至言懿行，惟闻疾革时，戒诸叔父曰："其善事父。"又曰："吾一疾不起，岂非天乎！"欧阳瓣姜先生表先王妣徐太夫人之墓则曰"死克家之长子"，盖知绍闻衣德而内行交修，有可概见。爰谨述

一二，于吾先妣孤苦伶仃之状，以示后世子孙，观者兴焉。　男传赞谨述。《谭氏族谱》卷十一

举报黎夫人节孝呈词浏阳绅士宋炎

胡增辉　曾德昕　孔广宇

已故节妇谭黎氏，清故荣禄大夫、中书科中书、附贡生嗣贻之妻也。其父讳华翥，清两淮草堰场盐大使，家世以儒学闻。该氏聪明有训识，年二十，嫔于谭。其舅讳继洵，清咸丰己未进士，诰授光禄大夫，原任湖北巡抚兼署湖广总督；其姑徐氏，清诰封一品夫人，该氏善事之，曲得庶姑欢。居恒不以华饰为意，然遇穷乏多所散赡，雍雍然有古贤女风焉。清光绪丙子，其舅以主事官户部，转本部坐粮厅监督，其夫随侍居京师。是年京师疫疠熛起，患喉风暴死者衡宇相望，寓中遘戾斯疾，六日不起者三人，而其夫遽后其姑一日而没。时该氏年二十有四耳，子二，长传觉，早殇；次传赞，呱呱在抱，方九阅月。该氏以其夫继姑见背，绝粒数日，痛不欲生，继念捐生无裨身后，始进勺饮，起而强任其艰。抚孤成立，心力俱瘁，且支持内政，纤微无忽。及其舅历任陇、鄂，西北奔驰，该氏随侍，部署有条，识者交誉之。清光绪癸卯，其子以正二品荫生、刑部员外郎改补用知府，之江宁迎养六载，遂于戊申八月二日病没于宁，年五十有七，以子官诰封夫人。而其茹苦含辛，守节三十三年，有足多者。《谭氏族谱》卷十二节孝

清故直隶州知州谭泗生府君墓志铭并叙欧阳瓣姜

中鹄门人曰谭嗣襄，浏阳人，光禄大夫赐进士出身今甘肃布政使升任湖北巡抚继洵公次子也。其先春秋时列于诸侯，自宋以下为闽人，明季迁湘，家于兹土。世有隐德，令闻不炤。至光禄

公策名天府，称洪族焉。光禄公悯从父之不祀，援义继绝，命嗣襄后。七岁，母夫人徐氏携从京师，初尝怯羸，日寖其伎，执梃跳踉，夜起升屋，驰马绝尘，穷力不止。陆润庠对策第一之岁，光禄公令受业门下，观听有移，遽自敛戢。以古方今，殆周处之遇二陆也。间二年，唐氏姊卒死喉风，徐夫人与伯兄嗣贻，三日继殒，泣血还殡，差葬九棺，耇长达人嘉其诚信。未几，光禄公授甘肃巩秦阶道，嗣襄送至襄阳，任辇道亡，事豫无废。光禄公度堪家政，命归经纪，明发愀焉。度陇中者再，途中览战争之山川，察兴废之吏治，规夷夏之得失，权烟茶之消长，骎骎乎有远志矣。夫其禀性精明，赋才磊落，善劝而易迁过，攻而知改，故尝戒以太察则伤于仁，轻疑则损于恕，徐度所为，信足以发。嗣襄之生，徐夫人梦有蛇异，故其体修而癯，行文蜿蜒，方物惟肖，居恒卷坐曲卧，若不自振，倏忽感触蹶兴，狂歌裯座，发议锋颖四出，尚气独前，大事尤奋。法越之役，倡义助边，会和而止，愤惋滋厉。郁居乡闾，靡可自试，造端取譬，慨振乏绝。然以不有私财，礼在难越，若酌行潦，歉然不自愉快。光绪十有四年，乡贡罢黜，求自创业，言游九门，以戚属唐景崧为台湾道，渡海从之假资。台湾自改行省，有才难之叹，布政使沈应奎一见奇之，进于巡抚刘公铭传，与语大悦，即委榷凤山县盐税。兴革数月，刘公曰能，宜荐于朝，而以改委台南府盐务为信。官牍始下，疵疠已深，以十有五年五月庚戌没于台南府安平县蓬壶书院，春秋三十有三。上官闻之，嗟悼弥日。

嗣襄初名嗣彭，字泗生，国子监生，以实录馆誊录议叙通判，加盐运使司提举衔，旋保直隶州知州。所后王父讳学新，县学附生，赠光禄大夫；妣彭氏，赠一品夫人；妻黎氏，有子一人，曰传炜，女二人。逾年二月壬午，窀穸十四都冷水井之原，艮首坤趾为茔，礼也。昔者嗣贻疾革，示诸弟曰：“其善事父。”又曰：“岂非天乎！”今嗣襄亦云，若合符节。同母弟嗣同迓孤棺于沧海，图正首于山丘，痛死伤之何威，横八表以安俦；睇白云于秦陇，揽遗书而百忧，请为铭以刊石，傥捐憾于重幽。铭曰：悠悠昊天，是生才士。如何忌之，不予修齿？齿则不修，名则信美。季布之诺，重于乡邻；平原之风，歆于贵人。被服荣问，实文其身；风流悼叹，没世相保。谁曰牖下，安于远道？谁曰百年，多于速夭？土中玉树，昔人伤心。杉山之阴，无复人琴。松声四起，墓门萧条。《谭氏族谱》卷十一

附：谭训聪跋

嗣襄公卜葬冷水井至计将百年，训聪居浏城时，年年清州节上冢，读石华表上联句："依然如待表阡人。"训聪不肖，未能有所建树，惭对先人。今者留滞蓬岛，年逾七十，带病生涯，更增愧疚。嗣襄公居台事，报章杂志有记载，闻《台湾通史》亦列于流寓篇。公殁后训有遗嘱一篇，首段言："余一病不起，岂非天乎！尚望复生善事吾父，以慰我九泉之心。吾儿尚幼，他日为盐为枭，全视之复生之教导耳。开笔不宜过早，先必求其明白书中含义，较易入门。"训聪幼年拜观，今日仅记首段。遗嘱原存先兄训彝处，先兄民国十九年殁于汉口市，后又屡经兵燹匪劫，遗嘱之保全，实可虑也。　一九七八年六月十四日夜，训聪谨记。台湾《湖南文献季刊》第6卷，第3期

谭泗生哀辞涂启先

光绪十四年，谭子泗生与其弟复生应秋试，均不售。复生将回侍亲于甘藩，泗生则谋北上博一官，谒余于长沙杨氏馆，谈移晷，惘惘若不忍别。余以泗生疏敏之才，气盛而志远，平居慷慨，谈经济咸能见其大，此行固必有合也。益究心于道以立其基，其学方进而未已，其用殆未可量，遂勉以不朽而别。其明年，泗生竟卒于台湾。呜呼！泗生盖北行资竭，折而南，立谈动台抚听，试以事而事治，台抚将闻于朝，而泗生遂以病死也，岂非天哉！

泗生伉爽不羁，喜任事，往者闻马江之役，裂眦切齿若私愤。方与余谋募邑中万金助海防饷，为行省倡，走书促索檄，不数日而和耗至，事虽未成，然余颇服其义。向使天假之年，动心忍性，操尺寸柄以报国，视世之营营利禄者，必大有异也。呜呼！何天夺之速耶。泗生长兄癸生，恂恂儒雅，多究心当世事。岁甲戌，余应贡京师，癸生遇我特厚。明年，癸生以喉疾暴卒，余闻之怆然。今十六年耳，泗生又怀才将遇而死。死何足恸，一门之中，生才不偶如泗生伯仲，皆吾浏后来之秀，而皆不永其年，斯真可恸也！泗生既卒，复生归其丧，余道远不及会葬，触绪生哀，乃为之辞曰：剑气腾云不可掩兮，孰则阏之豫章。生其不可御兮，孰则札之天。既畀子之一淑姿兮，志郁郁而弗施。瞻皇路以求一遇兮，涉瘴海其如饴。苍苍者信难测兮，嗟人生之如客。叶埙篪于九泉兮，任夜鹃之啼血！涂启先《大围山房文集》卷九，民国十三年同文书社校印

先仲兄行述谭嗣同

兄讳嗣襄，初名嗣彭，字泗生。系出春秋时谭子，以国为氏。自宋为闽人，明季迁今湖南浏阳县。曾祖讳经义，赠光禄大夫；妣氏黎、氏李，赠一品夫人。祖讳学琴，赠光禄大夫；妣氏毛，赠一品夫人。父继洵，光禄大夫，赐进士出身，今甘肃布政使，升任湖北巡抚；妣氏徐，赠一品夫人。咸丰七年九月辛卯，徐夫人梦蛇而生兄。主后从祖，祖父讳学新，县学附生，赠光禄大夫；妣氏彭，赠一品夫人。兄生四岁，始能言。同治二年侍徐夫人至京师，教以《诗》、《书》，初不在意，及责其默诵，朗朗不失。为陈大旨，略指示，即领悟。然颇选事，好攀登屋脊上，又善骑，挥鞭绝尘，穷马力然后止。父师约束严，终不自戢，鞭挞之余，随以嬉笑。或嗤其材劣，或称其天全，而识者则以为志高才挺，阔达不矜细节也。

光绪二年，五日之间，徐夫人及伯兄仲姊先后亡。兄哀毁逾

恒，而部署丧事，有条不紊。是年，护徐夫人丧归，亲属殁京师者六人，皆以归。京师去家几四千里，林麓之阻，江河之险，南北行者咸惴惴。兄以好弄为人轻，皆惧其不胜任。而兄戒惧镭翣有虔，祖荐至家，营葬丰俭，不失其宜。卜兆高爽，时促而事举。前后共葬九棺，久暂有序，厚薄有差，而皆坚实可经久，乡先生翕然称之曰才。而向之轻之者，亦稍稍惊异焉。四年，光禄公之官甘肃，送于襄阳。时襄阳乏车，载行装皆挽辂，御夫亡去。乃并所载于他车，车迟重，御夫嗟怨不前，俄又亡数人。税车旷野，彷徨无策。远见虚车辚辚然，方谋僦以任重，至则兄遗也。其谋划周详，而切中机宜，大率类此。归理家政，勤敏异常。米盐钱刀琐屑之事，儒生或鄙而不为，兄乃并核兼综，算无遗策，出纳弃取，权时之赢绌而消息之，条理粲然，人莫能欺。未及十年，增置田百余亩，益务为慷慨好施，以义自任。尝言曰："用财之道，必留有余，以纾一己之力，乃能补不足，以济万物之穷。"从子某学贾折阅，贷数百金偿所负。族子某死无以殓，为贷钱治丧。外家贫窘，岁时助之。凡义举必争先为人倡，而爱才尤切。秀才陶甄，仰以举火，频数不厌。族戚告匮乏者，无弗应。由是获奇士称，而忌其才者，窃窃讥议，以为耗祖父业。然所费实自己出，己无所出，不得不称贷于人。人既以信义重兄，咄嗟之顷，千金立办，然亦颇负累矣。两次省亲甘肃，均能有所服助。四方函牍，及书记得失，僮仆勤惰，下逮烹饪洒扫之役，莫不亲察而详课之。

读书精研义理，不屑为章句之学，工制艺，精密沉郁，近明大家。偶为诗，辄鲜明可喜，顾不自惜，有作旋弃去。尤究心经世学，与客谈天下事，终日不倦。其论海防，主联络海军，首尾一贯。其论通商，以为红茶出口，洋烟入口，宜皆由官经理。盖彼所需者茶，价值低昂，权操于彼，而我以困。洋烟之来，既不能止，则当核其出入，使其权亦操于我。可视烟茶之低昂多寡，使两相当，以定其值。其论兵法尤详，书策所纪战事，殚思详讨，究其兴废之故，发而为论，皆具卓识。所经山川险阻，指画形胜，以决主客胜败之势。证之古书，询之父老，以及宿将老兵，若合符节。其于兵制，则主用乡兵，而以武科所得士为将，以武生为兵，斯兵不劳择，而武科亦不虚设。十年，法犯闽、粤，当道有民自为战之议，兄倡义助饷，旋闻议和，遂中止。为之扼腕太息，以为失此机，则长为人役矣。

三就乡试不第，十有四年，试罢，发愤出游。初欲上京师谒选，因乏资，折而至台湾。台湾道唐景崧，戚属也。以兄进于布政使沈应奎，沈进于巡抚刘铭传，刘一见奇之，与纵论时事，移晷乃退。明日，即委榷凤山县盐税。凤山地居台南，民贫赋重，莅斯土者，皆视盐税为利薮。分局二十有余，辗转膠葛，不可究诘。兄语人曰："数月之间，司榷者三易其人，择而使我，我必有以报命。"乃严约章，杜侵蚀，亲会计，勤考核，不数月而弊绝。当道深赏其才，遂留台湾候补，且欲荐于朝，而以改委台南府盐务为信，比公牍至，而兄殁矣。初，兄至台湾道署，患寒疾，医云无伤。兄笑曰："吾肾经绝矣，其能久乎？"作书与其弟嗣同曰："吾一病不起，岂非天乎？愿汝善事父，以慰我九原之心。吾别无长物，惟文徵明画，为友人物，当畀还。吾负累已偿，有质剂可证。"既而欲移居，挽之不可，盖不欲殁于官廨，以身累人也。殁之日，犹与宾从笑谈，怡然自得。卓午，移居蓬壶书院，逾时而殁。时十有五年五月庚戌也，年三十有三。

夫圣人不轻言命，惟于颜渊则曰天，于伯牛则曰命。岂不以反诸心无可死之道，而死及之，则诚哉乎其为天命也。昔伯兄之殁也，曰："吾一病不起，岂非天乎？"今兄亦云。兄孝友英笃，至性过人，弥留之际，首以老亲为念。平生好交游，重然诺，虽一图画之微，濒死犹恐遗失，以负其初心。聪明才力，颠沛不衰，顺受正命，而无偷安畏恋之情，是可以觇其所养矣。羸弱多疾，不彻药物。自幼至长，每食辄逆。遭遇不偶，居恒忽忽，悲歌感慨，以发其堙郁之气。不祥之机，兆于曩昔。称之曰天，与伯兄皆无愧辞尔。以国子监生充实录馆誊录，议叙通判。于河南赈捐报捐盐运使司提举衔，嗣由新疆巡抚刘锦棠奏保以直隶州知州用。妻黎氏，子传炜，女二人。兄长身玉立，容光照人，目炯炯如岩下电，颖悟绝伦。幼见人围棋，试下数子，辄胜其偶。台湾语类鸟音，久客者莫辨，兄数日即能效其言。善诙谐，能言难言之理，往往出人意表。每当朋好聚谈，议论风生，四座披靡。好苦思，探索精奥，无微不入。读书为文，呻吟如病，好学短命，有余恫焉。其殁也，台湾大吏叹息不置，沈布政尤惜其才。乡之长老曰："未必非一乡之运也。"呜呼悲哉！他人且尔，况其亲焉者乎。

叔弟嗣同以丧归葬于冷水井之原，谨述行谊，俟秉笔者采焉。《谭嗣同全集》，第91—94页

泗生府君传谭传赞

……侄传赞曰：闻昔者吾父之疾革也，示诸叔父曰："吾一病不起，岂非天乎，其善事父，以慰我九原之心。"今从父亦云，若合符节。夫圣人不轻言命，惟于颜渊则曰天，于伯牛则曰命，岂不以返诸心无可死之道，而死及之，则诚哉乎其为天命也。呜呼！好学短命若吾从父泗生府君者，称之曰天，与吾父皆可谓无愧辞矣。谨案：府君初名嗣彭，字泗生，清国子监生，以实录馆誊录议叙通判加盐运使司提举衔，旋保直隶州知州。所后王父讳学新，县学附生，赠光禄大夫；妣彭氏，赠一品夫人；妻黎氏，有子一人，曰传炜。　胞侄传赞谨述《谭氏族谱》卷十一

复生府君传谭传赞

府君讳嗣同，字复生，别号壮飞，光禄公三子也。少倜傥有大志，博学强识，性孝友，能文章，见义勇为，好任侠，善剑术。生十一年，遭母徐太夫人丧，哀恸孺慕，临奠遵礼，有逾成人。年十二，遘疠死，死三日苏，神气湛然，智慧顿增，有识者咸目为异才焉。弱冠从新抚刘襄勤公军，西域底定，刘大奇之，特荐

于朝，以知府归浙江补用。府君兄弟三人，皆博学多能，有称于时。伯早丧，仲以知州需次台湾，见重当道，未几遽殒，时公在京师候试京兆，未及期，闻丧悲恸，申旦不寐，即戒行罢试南返，扶榇首丘。光绪辛卯，光禄公左足生疽，医久不瘳，数濒于危，府君口吮其毒而愈，此其天性笃挚有过人者。公自遭家多难，感人事之靡恒，乃澹经求，肆力于学，博览精研，目不窥园者数年。于是志量益宏，学业益修，而名亦益发显矣。自甲午战后，府君睹外患之日迫，时事之寖非，深怀剥床及肤之国之种之惧，就官为候补知府，需次江苏，思得当以报国。往来上海，与诸志士提倡新学，奔走呼号，不惮以先觉为己任。会义宁陈公宝箴巡抚湖南，励精图治，欲以开化湖南为天下倡，闻府君名，敦促回湘，赞助一切新政。于是佐陈公开南学会、保卫局及时务学堂，网罗人材，极一时选，故湖南全省风气之开，推陈公为首功，而实皆府君所擘画也。戊戌六月，以侍郎李公端棻、学士徐公致靖、湘抚陈公宝箴等荐，被征入都。召对垂询新政，条对称旨，赏四品衔军机章京上行走，参预新政事宜。时同值者为刘公光第、杨公锐、林公旭，号四卿，如四相焉。乃未及旬，党祸猝发，以八月十三日成仁于京师，春秋三十有四。就义之日，神色慷慨。方府君之未被逮也，日本志士多人劝公东游，不听，再四强之，府君曰："各国变法，无不从流血而成，吾中国数千年来未闻有因变法而流血者，此国之所以不昌也。有之，请自谭嗣同始！"卒不去，故及于难，其视死如归如此。呜呼！烈矣！府君于学无所不窥，而以日新为宗旨，不沾滞于一端。少时曾为考据辞章之学，三十以后悉弃去，壹意于泰西天算格致政治历史有用之学，自汇三十以前诗文若干卷，付之剞劂，颜曰《旧学四种》，示不复作也。又究心宗教，于孔佛耶三家精意奥义，无不深窥体悟，豁然贯通。官江苏时，日夜冥搜三家之书，著《仁学》二卷，其学术宗旨大端皆见于此。其外，尚有《兴算学议》一卷、《浏阳谭氏谱》四卷、《壮飞楼治事十篇》、《秋雨年华之馆丛脞书》四卷、《剑经衍葛》一卷，《印录》一卷、政论数十篇、师友论学论事书数十篇，稿皆散佚于京师，存于家者仅十之一二而已。妻长沙李氏，前清进士、安徽安庐滁和道寿蓉之次女。子一，传怿，殇，以仲兄嗣襄子传炜兼祧焉。　胞侄传赞谨述。《谭氏族谱》卷十一

壮飞公像赞刘善渥

赞曰：有所为而为之为欲，无所为而为之为仁。公以望族据高位，怀绝世之学；独舍生以取义，不和光而同尘。诸葛公逊其澹泊，加富尔愧其精诚。佛言自我作佛，孔言能致其身。本忠厚以作则，甘尺蠖以求伸。维民国之肇造，士景附而如鳞。或邂逅而致命，比负涂而积薪。若鷫鷞与鸾凤，何譬喻其不伦。余小子读公书、瞻公像，知烈士之洵有真，顽懦欣以廉立，奋百世兮相亲。　姻世愚侄刘善渥敬题。《谭氏族谱》卷一

先祖嗣同公家传谭训聪

先祖嗣同死国难六十年矣！孤孙训聪流离转徙，间关亡命，居台亦六年，怅望故园，悲切身世。今者文献湮灭，家乘遗著，尽付劫灰，值此荡析播迁之时，痛曷可言。余生之年，距公就义十载，公之大节、文章、学术、事功，已见于新会梁先生所为传记，然亦有未尽详者。兹特不揣鄙陋，不辞烦琐，谨将公之言行，备陈缕述，虽不免有耳食传闻，然征之故老，考之行事，信而审焉。

公谭嗣同，字复生，三十后自号壮飞，先曾祖继洵公之三子也。清同治四年二月十三日生于京邸（北平宣武门外阑眠胡同）。五岁受书，能审声属对，见者奇之。光绪二年京师大疫，时先曾祖以进士官户部，监督坐粮厅，驻通州，家仍留京师（北平宣武门外北半截胡同浏阳会馆）。不幸，曾祖母徐太夫人染疫卒，家属死者五日三丧，公时年十二，病且死，仅三日而苏，先曾祖因字

之曰复生矣。公丧母后，备尝孤孽之苦，然禀性坚定，不馁不言，更肆力于学，故德慧智术渐增长焉。越岁，先祖补授甘肃巩秦阶道，公随至任所。此后往来于秦陇湖湘之间，涉世日深，见识日广。公弱娴技击，善驰驱，奔走风尘，崎岖关塞。居甘肃时，年方弱冠，尝于隆冬朔雪，挟骑疾驰，凡七昼夜，行千六百里，载饥载渴，斧冰作糜，遇西北风大作，砂石击人，如中强弩，公意气自若，殊不觉苦。公幼时不喜帖括之学，墨选之文视之藐如也，但先曾祖督教严，公愤而题其课文曰“岂有此理”。是时，公肆力于考据词章之学，喜为骈俪文，且好谈名理。光绪十五年五月，先本生祖嗣襄公卒于台湾安平县之蓬壶书院。时公方奉父命有事于棘闱，居京师，闻耗素车星奔，迎榇海上，正首丘山，死丧之威，拂郁之辞，形于言表，乃作《远遗堂集外文》以纪其痛，哀思深矣！公同母兄姊五人，至此凋丧殆尽，于是内顾诸家，外顾诸世，弥深感焉。

当斯时也，清廷失政，外侮日迫，求和割地，堂奥洞开。公处此瓜分鱼烂之时，更晰穷达变通之理。且公之学，以日新为宗者，惟其日新，故勇于进取，惟其进取，故不主故常，勇猛精进，日新其德，故新会梁氏称之曰“每十日不相见，则议论学识必有增长”。信而有征。光绪二十年中日战起，公时侍父居湖北巡抚署中，深慨天下多故，民贫国蹙，富强之策亟须讲求，不变无以求通，不通何以利国。乃于浏阳故里设算学馆，讲求致用之学，欲小试一邑以资取法。翌年，强学会倡于京师，天下贤士翕然从风。时和议初定，人怀国耻，公溯江东上至上海，旋赴京师，与志士仁人讲求救国之策，因而获交南海康氏、新会梁氏。越年春，奉父命，就官江苏候补知府。公需次金陵一年，闭户研读，鲜趋谒，谢酬酢，独与学者过从。时金陵有居士石埭杨文会者，博览佛乘，公常与之游。又常往来沪渎，与当时贤豪学者相接，尽读“格致”类之译书。公本精历数，对之若有神悟，于是博览会通，旁搜详引，尽通其旨，因此学术思想为之一变，遂自集其少作诗文，刻之金陵，名曰《旧学四种》，示不复作也。公尝曰：“作吏一年，无异入山。”光绪二十三年，会应湖南巡抚陈公宝箴之召，弃官归湖南，与诸同志谋欲以湖南一省倡导新政。时江公标、徐公仁铸，先后来湘督学，黄公遵宪亦臬湖南，湘中豪杰闻风奋起，云雷屯集，道以时行。其举办诸务，全以启民智、阜民财、便民保民为事，如南学会、时务学堂、湘学报、保卫局等等；并谋通小火轮，建湘粤铁路，开矿务，兴商业，以期造福乡梓为帜志，树立风声，一新朝野耳目。斯时湖南新政，有蒸蒸日上之象矣。

越年四月，定国是之诏下，公因内阁学士徐公致靖之荐被征。公五月离湖南，至鄂值大病，不能行。会电旨交驰，至七月始赴金陵领取咨文，扶病北上。入觐后，授以四品衔军机章京行走，与杨锐、林旭、刘光第三公同参预朝政。公入军机处后，毅然以天下为己任，不敢自暇自逸，思有以自效。时朝臣水火，皇帝无权，改革之图，徒见明诏，旧党挟太后淫威，欲乘天津阅兵之举以启非常之变，天下汹汹，公等忧之。斯时太后嬖人荣禄实握重兵，居近地，其鹰犬袁世凯固一时之奸雄，实足以左右荣禄，公为救帝救国计，密奏帝以恩结之，盖以袁居朝鲜久，颇晓中外事，且曾力主变法之说，冀缓急可一用也。独杨公锐主用甘军董福祥。政变前数日，公径造袁寓说之，动之以忠义，袁佯诺，不意狼子野心，竟向荣禄告密，而事变生矣。八月初六日，抄捕南海会馆，顷闻太后垂帘之诏，公知事已不可为，从容坐待捕者。于是公乃检点书牍，凡同志往来函札全付祝融，独留先曾祖告诫之手谕。越日，捕者不至，公乃赴日本使馆，劝梁氏（任公）东行，并询康氏行止，兼以文稿一箧奉托。此后杜门不出，至初十日始被逮，呜呼！烈矣。公被逮后四日，遂赴东市。成仁之日为光绪二十四年八月十三日，春秋三十有四。同日成仁者，有杨、林、刘三京卿，杨深秀御史，及康氏幼弟广仁先生六人，史称戊戌六君子。

训聪宿闻，公被捕之前一日，日本友人劝其东行，为公所却。观其焚书毁稿，独留老亲手谕，其从容镇定，非学佛有得，何能臻此。公死难后，其师刘蔚庐（人熙）先生作诗哭之，有“谭生意气横天下，不忍逋逃累老亲”之句，盖纪实也。公成仁时有二仆相随，一名罗升、一名胡理臣，殡殓资之，扶榇亦资之。读公狱中致仆人书，有“尔等满怀忠爱，可嘉之至！谢得军机折，不用递了”寥寥数语，读罢怆然，公入军机才十余日耳！虽然死生昼夜事也，无喜无嗔，然平庸人何堪语此。公被征束装北上，作诗留别夫人，有句：“婆娑世界普贤劫，净土生生此缔缘。十五年来同学道，养亲抚侄赖君贤。”公行抵长沙，致夫人书中有云：“我此行真出人意外，绝处逢生，皆平日虔修之力，故得我佛慈悲也。夫人亦当自勉，视荣华如梦幻，视死辱为常事，无喜无悲，听其自然，惟必须节俭，免得人说闲话，至要至要。”种种说法仔细思量，公于此行成败，固已计之审矣，不然何作此付托语？公居狱中四日，常绕室闲步，取狱卒相代之更香烬余就壁作书，狱吏询之，应曰作诗耳。公卒后，谨传“望门投止思张俭”一绝，浩气丹心，以诗见志，言之可悲，亦可壮也。公十五岁学诗，童年之作，仅传送仲兄北上省亲诗五首，此诗系公试笔，其中有句：“我愿将身化明月，照君车马度关河。”出语惊人，长老均服其夙慧。公之韵语，均从千锤百炼中思考而来，不愿作一泛语，真情往复，浑脱自然，读公三十以前诗文可知其梗概矣。

公生性纯笃，事亲孝，抚侄慈，待人接物豪爽磊落。先曾祖抚鄂时，尝患足疽，浓毒苦不能拔，公亲口吻而引之，因之病喉多日。抚侄尤慈爱，居金陵时，僦居三山街民舍，奉寡嫂抚孤侄同居，嘱先祖母李太恭人善为抚教，并延师课读，视之如己子。故戊戌北上留别内子诗，对养亲抚侄二者三致意焉。公卒后，先曾祖遂命先父兼祧，亦缘此耳。公素与幽燕大侠王正谊（王五）善，难作，公系刑部，王君奔走呼号，为之疏通饭食，使无苦，狱吏之尊由此可见。公墓在浏阳南乡唐家铺前石山下，距邑城十五华里，有碑记。城西建专祠，民国二年，茶陵谭公（延闿）督湘，拨故戎署前楹为祠址，先祖母鬻产成之，堂构□燕，国人共仰。先祖文学不主故常，不乐小成，故毕生孳孳，无日不在进取中。少之时从欧阳瓣姜（中鹄）、涂大围（启先）两先生游，求桐城派义法之旨，刻意为文数年；既而进窥魏晋□，盖笃好之，于是喜为骈俪文。弱冠后，从刘蔚庐先生游，服膺船山王氏之学，知天下之物理无穷无尽，变而通之始符其正，不可守一先生说以自隘。三十以后，始治新学，研佛法，会痛群学之理，成《仁学》一书，其宗旨乃发挥大同之奥义，以爱力吸力互感互同，通则仁，不仁则塞，通则能通天下之故，不仁则手足痿痹，非但骨肉行路而已。故仁者以天地万物为一体，不忧不惧，即仁即勇，有勇则能行，故能摩顶放踵利天下为之也。其说主旨在冲决网罗，不以世法佛法为极轨，言辞悍利，俗学陋儒为之咋舌。公诋薄名教，盖以名者人所创立，上以制下，以便其私，失平等之义；仁者天下之共名，天下之达道，通达之象为平等，无钳制之苦，仁为天地万物之源，故唯心故唯识。公之政治思想，见于《仁学》下篇，言大同之治，反君主，伸民权，以期彼我亡，平等出，平等通则仁矣。观公政论所述，一为鼓吹种族革命，一为提倡世界主义，其言曰："吾华人慎毋言华盛顿、拿破仑矣，志士仁人，求为陈涉、杨玄感以供圣人之驱除，死无憾焉。"又言："春秋大一统之义，天地间不当有国也。"诵其言知其志，公之捐躯殉国，乃素志也。不然，公何忧于富贵利达邪！公遗著多佚，流传于世者，《仁学》二卷外，尚有《寥天一阁文》二卷，《莽苍苍斋诗》二卷，《石菊影庐笔识》二卷，《远遗堂集外文》二卷（称曰《旧学四种》）。公殁后先祖母集其残稿刻于浏阳，名曰《秋雨年华之馆丛脞书》，集中之文，乃三十以后所作诗文也。1957年6月8日谭训聪撰于台湾

先祖母李闰家传 谭训聪

先祖母李氏，讳闰，字韵卿。清进士长沙李公寿蓉（篁仙）之长女，母宛平王夫人，早卒。祖母姊妹三人，幼年随父居京师，

秉礼知书，慷慨有丈夫气。后李公婴户部宝钞案，为户部尚书肃顺所罗织下狱，昭雪后改官湖北。光绪九年，先祖（嗣同公）奉命就婚李氏，婚后同赴甘肃。时先曾祖（继洵公）任甘肃按察使；越数年，升任布政使。甘肃故产牡丹，而布政使署中所植为冠，当盛开时，每本着花以百计，林亭之盛，夐绝一时。先祖母夙解吟韵，闺中唱和，积有诗数十章，不幸毁于民国十九年之难。光绪二十三年，先祖居金陵，与同志多人筹设女学堂于沪上，基金困乏，先祖母捐簪饰助之，出任中国女子学堂倡办董事，并对于不缠足会尤致力焉。戊戌先祖奉电旨北上，作诗别夫人，其序曰："戊戌四月初三日，余治装将出游，忆与内子李君为婚，在癸未四月初三日，恰一十五年，颂述嘉德，亦复欢然，不啻已生西方极乐世界，生生世世，同住莲华，如比迦陵毗迦同命鸟，可以互贺矣。但愿自求精进，自度度人，双修福慧。诗云："婆娑世界普贤劫，净土生生此缔缘。十五年来同学道，养亲抚侄赖君贤。"读先祖诗文，可知伉俪之笃，期许之深，付托之重矣。先祖成仁后，家人秘不以闻，忠榇归浏，乃仓猝迎于河干，一恸几绝。此后绝意吟哦，虔依佛法。遵先曾祖命抚先父为嗣，自更其字曰"臾生"，志痛也。民国肇造后，先祖母悯妇女之愚蒙，建议政府拨县有公产就迎佛寺废址创立浏阳公立女子学校，守旧之士起而嗤之，先祖母怡然开示，强聒而不舍。呜呼！祖母之心亦良苦矣。祖母任女校董事十年（民国二年至民国十一年），十二年春，邑中各公法团体以校长一职见畀，祖母以年老辞，不获命，勉任半年。是年祖母五十有八，孤独衰病，仗而后行。翌年邑中各公法团体以生平行谊呈报内务部，蒙政府特予银质奖章，并颁发"巾帼完人"匾额一方。越年，先祖母卒于浏阳故第，时值民国十四年重阳节前两日也。呜呼！半生苦节，白发辛勤，六十年来，为家庭、为社会悉心殚力，无改厥初，以期己立立人，己达达人，此乃先祖仁之一念而已。训聪生十九年，祖母弃养，回忆方孩提时，依依膝下，煦煦之爱如坐春风中；及长就外傅，督教之严过于师保，晨昏考其课业，促其背诵，略无宽假。训聪十龄丧父，家运屯艰，时长兄训彝仅长余两岁，祖母下絜孤稚，训勉寡媳，并忍痛劝慰先本生祖母；偶抚先父棺一恸，余兄弟亦随之而哭，悲乎痛哉！先祖母晚年夜不能寐，每于中夜坐起读书，训聪常恭请其少休。先祖母曰："胸中块垒何以消之，予殆将死也！汝巽弱，何足以继先人之业，幸自爱！"今祖母逝世三十三年矣！训聪浮沉人海，一事无成，差幸未堕落者，守先祖母自爱之教而已。今日谨撰此文，以备来日重修家乘之选择，并俟史公秉笔者采焉！

先祖母生一男二女，女均不育。四叔传铎，光绪十五年诞于甘肃兰州，仅一岁殇。先父讳传炜，字怀仙，长四叔一岁，清邑庠生，入民国毕业于上海法政大学，返湘后，任湖南督军公署参议官，卒年三十。遗子二，长恒鍼，字训彝，民国十九年秋七月病殁汉皋。次即训聪，名恒锐。先父以长兄承本支祧，而以训聪为先祖后。特附于此。　孙男训聪谨撰。

训聪附记

家传所言，均从大处着笔。至于戊戌秋间舟次跃河，抚署殉夫各节，实出流言。先祖殉难后，祖母仍居浏邑。民国十一二年，梁（启超）、熊（希龄）二公忽然联名致书先祖母，大意云："近闻两孙已届志学之年，超等以乡间虽得良师，然见闻鄙陋，甚冀世嫂携之北来，就学一节较有程序，教育之资，超等自当尽力为之。"民国十四年祖母弃养，梁氏仅发来一唁电，未寄挽词，今日思之，殆艰于立言也。台湾《湖南文献季刊》第六、七期合刊

谭氏族谱三修序涂启先　光绪六年庚辰孟冬

吾浏谭氏不一族，其一祠在治城梅花巷，人称梅花巷谭。其先自长沙来，实明崇安侯渊裔也。渊故家闽之清流，当永乐间封侯，子忠嗣，封新宁伯，袭者凡八世，明亡乃已，事具《明史》

本传。嘉靖中，侯元孙纶官湖广，留子功安长沙，数传至天启间，来浏者凡五公，遂为浏人。自是以来，君子敦礼，小人勤力，隐于野者协乡评，列于位者懋治绩，以胜国乔木世家，赫然为一邑右族，盛矣哉！其世德远矣。今年，五公之裔聚其人，续为谱。其先功安公一子徙浏，曾孙二徙江西，旧谱既莫能详，惟留长沙者二公其裔，犹同谱；近又不复相闻，乃仅谱在浏五宗。启先素稔谭氏诸君子，每论及此，诸君子辄若有隐憾也。窃以为宣尼有兄，未闻别族，物莫两大，自昔已然。以谭氏五宗之盛，谱其所知，而阙其所不知，礼也。抑宗法不行久矣！今之家庙，犹古大宗之祀也；今之分房，犹古小宗之亲也。盖自伊川先生立祭，始祖、先祖之论，辟汉唐以来言礼者之拘，伸天下后世报本反始之念。礼缘义起，圣人不易。而世人遂往往喜通谱举百世上焜耀史册之一人而宗之，以联异州异郡之同姓，诩诩然以为甲族，不过差异崔、卢、丁、吕之同祀太公耳。滥杂纷纭，其谱不足令有目者见，孰若今谭氏之宗，其所可稽而亲其在近，元元本本，为情洽而志孚也哉。是故，以功安公为别子，同祀一祠，而联以今谱五宗之同高曾祖祢者，亲也，同出功安公者亦亲也。春秋享祀之余，致美而救乏，贺善而同恶。贤者相与，益图其远大；朴者相与，益勉为善良。和气熏蒸，世德弗替，百世称梅花巷谭，可为一邑光，且不仅为一邑光也。然则是谱也，尊祖敬宗收族，固无憾也。诸君子以序属，不可辞，用述所见于端。　光绪六年庚辰孟冬穀旦，同邑涂启先顿首拜撰并书。《谭氏族谱》卷一

谭氏族谱三修序 谭继升　光绪六年庚辰孟冬

我谭氏世传出高阳氏，书缺有间矣。旧谱载：宋靖康中思永公自新建迁鄱江，三世铭盘公迁上华，十二世渊公当明永乐初，以死事封崇安侯，自是袭封新宁伯者八世。嘉靖之世，纶公为渊公元孙，官湖广，留二子功安、功完长沙，繁衍至今。嘻，何泽之长也！功安公生国垣、国表、国秀三公；垣公长子懋文有子二，

曰凤、曰象；次子懋武有子四，曰琪、琳、琅、玓；三子懋学有子二，曰龙、曰虎；表公之子懋宁有子一，曰梧秀公，早徙浏，无考。自凤及梧凡九公，为功安公曾孙。万历中，凤、象徙江西矣。天启间，我琪公与弟琳、琅、玓及梧公子贤，先后徙浏阳，龙、虎仍留长沙，是为七宗。鼎革之际，未及为祠。顺治十三年，我太高祖长发公辈，因功安公手编之牒，缮为族谱，序中即称凤、象里居莫详，盖明季之流离可知矣。乾隆十四年，我曾大父行续修族谱，七宗犹合为一，其时丁口颇繁，今犹可按谱而稽其后。长沙二宗音问渐疏。乾隆四十二年，在浏五宗之人，即琪公旧宅之左为祠。道光中，先君子既率宗人毁其旧而新之，因谋修谱未果。同治初，得醵金储谱费待用，则尝遍访长沙二宗，至揭单通衢，招之不可得。今年，吾五宗之人乃支所储费为谱，长沙二宗既不可合并，五宗丁口往往有不如雍乾时者，岂盛衰循环固有数存欤？抑余尝观当世世家巨族，莫不以惰游骄佚而衰，以勤俭谨厚而盛，天心与人事恒相应不爽，兹可念也！昔苏明允有言：服止于缌，无服则亲尽，亲尽则情尽，情尽则喜不庆，忧不吊，相视为途人。斯言也，余久薄之，岂不以祖宗一人之身，其视千百世子孙皆如一乎？吾与族人同为一祖之子孙，相视顾忍如途人，则夫系姓缀食、百世婚姻不通者，于途人何为也！然则，谱以辨亲疏之差，而祠以联族姓之涣，睦之以诚，亲之以礼，教其不率，恤其不逮，使其乐不至骄，约不至滥，虽千百世，服畴食德，昌炽弗替，理也。理之所在，夫数岂能违之哉。余老矣，徙江西者既莫可稽，守长沙者又不相闻问，赖圣朝休养生息，无往代流离之嗟，区区五宗犹得以聚族于斯者，合祠焉而同为一谱，谁非功安公之子孙，追维祖宗彪炳史册之功绪，近抚同宗散处草野之丁男，先泽可延，深有望于族之君子矣！谱成用序，述其意于端，其缮修之章程，考核之审慎，有例言在，余无可赘云。　时光绪六年岁次庚辰孟冬月榖旦夕，裔孙继升敬撰。《谭氏族谱》卷一

浏阳谭氏谱叙例节录　谭嗣同　光绪二十年甲午冬

旧谱颇崇严谨，不骛繁缛，上溯仅及宋靖康而止。始祖思永府君孝成，避金乱，自宋之江西南路洪州新建县樵舍本籍，迁宋之福建路汀州长汀县。再传铭盘府君承新，迁清流县。十四传以绥府君功安，迁明之湖广长沙府长沙县。又三传祥瑞府君逢琪昆弟及族子世贤，避明季之乱，乃迁今浏阳县。谱始成于绥府君。顺治十三年，修于濬轩府君世昌，佐者世禄、世贤。乾隆十四年，再修于熙亭府君文明，佐者文开、文章、文徵、文阜、文卓、文庠、文翠、经邦、经济、经权、经诗、经书、经恒、经庸、经方、经世、经正、经鼎、经渭、经铎、经体、学纲、学诚、学姬、学奎、学荣、学博。光绪六年，三修于海峤府君继升，佐者继芨、继墉、继棠、继权、嗣棨、嗣楚、嗣曦、嗣煌、嗣炯、嗣德、传信、传甲、传绮，及兹又十四年矣。

起光绪二十年仲冬，讫岁除，成《浏阳谭氏谱》四卷，凡为世系十，图十，家传十三，叙例目录终焉。《谭嗣同全集》，第51—52页

谭氏族谱四修序节录　谭嗣棨　民国四年乙卯

我谭氏立族，系出高阳，其后以国为氏，世代遥遥，迹难深考。兹谨自宋靖康时孝成公为迁鄞江之始祖。十七传至明嘉靖间，功安公为迁湖南之祖；又四传万历朝，逢琪公昆季及逢梧公子世贤，为先后迁浏之祖。以前纪载简要，迁浏以后至于今，兹族居不一地，而子姓繁衍，齿录详明，要皆本先人清顺治丙申谱暨乾隆己巳谱。至光绪庚辰，先君子率族人从事续修之谱，所宗宋庐陵欧阳氏仿古之图表，创为谱式，横而左行，从原竟委，分派别支，五世则迁，相与转圜，而世纪之昭，垂累累若贯珠焉。先人

之经营悉善，原序之述录綦详，固毋庸复赘也。迄今又历三十有六年矣，昔先仲父继洵府君通籍后，内而郎署，外而督抚，历官数十载，国而忘家，恒兢兢以修族谱为念。其子嗣同从弟，纂《谭氏谱》四卷，夙抱雄才，爱国忠君，卒以成仁，未竟厥志，岂不惜哉！迩来世故日更，生齿日盛，族中老成日益颓迈。三十年为一世，例三十年一修，以时考之，久已不可缓矣。乃值民国初建，变乱相乘，未遑急务。今幸国体大定，五族共和。传曰："虽有智慧，不如乘势。"使不于此时而亟谋所以复修之，将何以能数典不忘而忝所生也。用是会族集议，督梓人而赓续成之，历年余蒇厥事，视庚戌谱较备焉。夫续修之意，必考之宗法而不紊，揆之体例而不违，合之旧谱而不倍，而于远祖近宗皆有可征信而不疑，斯为家乘实录耳。余老矣，无能为也。重以族众之委任，始总其成，然则谱之可观，赖有襄理之精勤也，纂修之严谨也，编辑校阅之审慎周详斟酌尽善也，余何力之有焉？但余之所以继武先君子，而于斯谱之成而叙之者，则惟冀吾族昆仲子弟，咸思夫繇祖而有宗，繇宗而有族，则祖宗之本本原原，子孙之绳绳辑辑，历千百世而有条不紊，其于尊祖敬宗收族之义，更昭然若揭矣。

《谭氏族谱》卷一

谭氏族谱四修序 节录　谭传赞　民国四年乙卯夏月

吾族旧谱颇崇严谨，不骛繁缛，上溯仅及宋靖康而止，始祖思永府君孝成避金乱，自宋之江南西路洪州新建县樵舍本籍，迁宋之福建路汀州长汀县；再传铭盘府君承新迁清流县，十四传以绥府君功安迁明湖广长沙府长沙县，又三传祥瑞府君逢琪昆弟及房侄世贤，避明季之乱，乃先后迁今浏阳县。谱始成于以绥府君；清顺治十三年，修于濬轩府君世昌；乾隆十四年，再修于熙亭府君文明；光绪六年，三修于海峤府君继升。及清末宣统二年庚戌，适届三十年增修之期，时传赞奉母讳家居读礼，父老晤予者数及之，遂亟加讨论，约期从事。会反正师起，宇内骚然不靖，因以中辍。今者民国肇兴，四方底定，传赞亦倦游而归，无心问世，与诸父兄弟共申前议，乃会推传赞主总纂之任。传赞质在凡近弇陋，自知举凡缮修之章程，考核之审慎，谨依旧例，罔敢妄易。是役也，置局于甲寅二月，竣事今年夏五月，刊易再三，编摩况瘁，阅十余月而书成，都凡十二卷。夫然后系世之源流，昭穆之近远，恩荣之覃被，祠庙之宗禋，坟瘗之阡原，美恶之登削，遗轶之甄寻，直而不汙，信而有征，不侈前人，勿废后观，虽不敢自美备，而要之规模亦粗具矣！吾谭氏自明天启间先后徙居浏阳，历明清两朝，赫然为邑右族，子姓恩义绵结，习尚醇庬，其仕者精白一心以从王事，而不有其家；其父老教让教谦，敦长者之行，其子弟以读以耕，鲜谚诞之失；即一二宦裔贵游，自奉丰腆，号称豪宕，然究之循循规矩，亦无遗鲜克有礼之讥者，故数邑中搢绅家法优莫吾族若也。嗟乎！传赞行四方，久窃慨风俗日益以敝，而亲情日益衰，不啻汉史所称“斗粟尺布而骨肉不相容”者，吾宗人独能深明大义，豫醵巨金，储待修谱之用，殆所谓义重千钧、利轻一羽者非与，于以见吾先人之遗泽长也！《诗》不云乎：“戚戚兄弟，莫远具迩。”又曰：“岂无他人，不如我同姓。”自兹以往，愿我族众，咸喻于古者宗谱相维遗意，而使内外有别，长幼亲疏有序，有无相赒，吉凶患难相恤，膢腊祭飨饮食相周旋，毋以财失义，毋以忿废亲，则吾家世德作求，安见不如浦江郑氏、江州陈氏诸义门，书之史册以为美谭者。《谭氏族谱》卷一

浏阳会馆记 刘人熙　光绪六年庚辰十月

礼有公馆、有私馆。馆者，宫室之通名，至后世则非公勿名。若京师之会馆，即汉时郡国邸舍之遗制也。浏阳为长沙属县，远在南服，士之应举谒选而来者，渡洞庭，过泰山，乱黄河，历宋卫陈蔡齐鲁之郊，而至于幽燕，聚粮三月而行，更寒暑而后返，亦云劳矣。长沙有新旧二郡馆，每届会试，后至者恒苦人满无下

榻地。同治庚午，今甘肃巩秦阶道谭君继洵为部郎，请之县中父老，集赀购宅立县馆宣武门外库堆胡同，几榻庖爨之具悉备，宾至如归焉。盖密朋良友居里巷时，有经年不一面者，至是皆共聚一堂，衔杯话旧，促膝论文，人人有负山因水之思，忘其为旅人也。越壬申，部郎之兄谭君海峤，以修县志余财购田为岁修费，求久远也。迄光绪庚辰，始高大馆门，榜其上曰：浏阳试馆，乃部郎昔年求今浙抚谭君书者，岁星一周乃竣厥事，盖其难也。县人黎兵部宗曦、易刑部炳奎，同官京师，王乡贡扬芳待试春明，议正室祀乡先辈，在晋曰易忠愍侯（雄），在元曰欧阳楚国文公（玄），在国朝曰处士朱慎甫先生（文炑），而人熙命其堂曰“德馨”，数千年间，而祀三人，盖亦隘矣！诸君之意，岂不以忠义如忠愍，文学如楚国，闇然自修若处士，皆非乡曲一得之长，为其有可益，勿为其有可损也！入主释菜，兼移昔所题名于此，因备记之，使来者有稽焉。 光绪六年庚辰十月十一日。刘人熙《蔚庐文集》卷二，光绪丙申刊于大梁

朱慎甫先生传

刘人熙 光绪十一年乙酉四月五日

先生讳文炑，字慎甫，浏阳人也。曾大父移家省城，父朗斋客游湖北久不归，先生卖卜养母，自号伊蔚子。生乾隆季年，民物康庶，天子稽古右文，搜罗岩穴，冢书蠹简毕出，学者以训诂考据相高，诋程朱为孤陋；晚进之士负高才而植朋广誉者，不谋而同辞。先生早弃科举，博极群书，而必原本六经，折衷濂洛，精思力践，辨陆王似是之非，持论精审。道光初，奉母亲渡湖省父，授徒养亲，若将终身；与举人胡君大章字实堂者订交逆旅，共讲习数年。奉亲归，父殁营葬，思哀思敬，蔬食三年。从父疾革，距家数里，躬调医药，日五六往返，月余从父殁，先生足为溃烂，几不能临丧。既归家，益贫，复奉母渡湖依胡君，分宅解衣，恩如兄弟，事如严师，一语失当，涕泣请罪。先生清标绝俗，

微胡君亦不能安之也。未几，先生卒，年五十二。胡君葬之武昌南郊之石牌岭下，而躬养其母。又三年，母殁。当是时，钟人杰倡乱崇阳，警报叠至，胡君仓皇中经纪其丧，仍葬石牌岭下，无违礼。先生著述有《大易粹言》、《春秋本义》、《三传备说》、《中庸笺玩》、《罪述内外篇》，皆亡失。卒之日，胡君请其遗稿于母，仅存《易图正旨》一卷、《五子见心录》二卷，《从学札记》一卷、序说书记若干篇。善化萧仲虎先生显寅，先生友也，序其遗书，授其高第弟子长沙丁秩臣取忠。先生再至湖北，丁君送至舟中问故，受乐律中声之说者，梓其书行世。光绪初，乡人之官于朝者，上其学行，祀乡贤祠。

刘人熙曰：谓世有直道乎，何以非势不交、非利不合，十而六七也？谓世无直道乎，何以陋巷肥遯之士，至不能畜妻子，绵似续发其幽光，崇祀乡贤？论者谓两庑外无斯人，栗主无以洗近世乡贵祠之谤也。善化唐先生鉴之言曰：“天下人皆谓理不易见，将并暗修真积者，亦等闲视之，谓为枯槁人、寒酸子，慎甫先生之不见知于天下，岂足怪哉！”及读先生书，有曰：“世俗多言尘世苦海，不知世并不尘，海并不苦，是人心自尘自苦也！”又言：“缺陷世界，不知世界不缺陷，人心自缺陷也！”又爽然自失矣。

大围山房文集序 刘人熙　民国四年七月

浏阳文运，至清季而始昌。明政不纲，神州陆沉，县中黎献，痛祖国之沦亡，抗异族之髡辫。吴三桂既死，清兵剿洗县竟，火北郊，八日夜不绝。诸生里正，方巾圆领，坐通衢，引领待刃，事载邑乘，生气凛然。然因是户口流亡，田荒赋重，弦诵声殆绝；宋明文献，如汤氏、李氏、欧阳氏、胡氏、刘氏之流风余韵，盖阒寂焉。惟礼俗如故，尊师敬老，祭用朱子家礼，丧用梁冠麻衣，敛以方巾圆领。嘉庆道光之际，邱之芬以程朱遗书引后进，邱之稑以雅乐名家，修文庙、二丁之乐舞，浏阳之乐，遂名海内。朱文炑以孤寒遗逸，契遗经于湘鄂逆旅之间，为名流所推服。咸丰之后，士乃学为桐城派古文。同治时，乃竞尚阮元考订之学。李汝勤不事科举，浏览古籍，好为古近体诗；陶甄少作，颇近吴伟业。自是以来，彬彬多文学矣。欧阳中鹄游京师，好骈俪之文，又仿蔡邕碑版，颇涂泽以经义，而书亦专仿李邕。其门下士谭嗣同，交友肫挚，通都大邑多交闻人，所遇名山大川，往往助其文思之磅礴，《莽苍苍斋诗文集》，纵心孤往，盖不名一师。同时有涂舜臣明经，名启先者，与中鹄同年称石交。明经为文，根据事理，尤长干济，其公牍文字，尤为余丁卯领解乡举、房考桂林麻师维绪击节赞赏，延誉甚力。六安涂宗瀛总督两湖，聘为幕宾，未几谢去。终身尽力于团练，防寇兴学，至今浏阳上东大团，犹为自治之模范。曾同修县志，余分辑艺文，明经分田赋，钩稽详密，行文得马班体。命不偶时，终老牖下，中鹄为铭其墓。民国改元，其孤儒鬻等，集遗文请叙，余诺之，久未下笔。四年秋，儒鬻上书言："伏念先君下世，遂十有六载，编次遗文，尚多散失者。颜光禄以家世文章，不传于世，衔酷汝恨，彻于心髓，儒鬻不才，能无悚惧，诚得大文，弁冕简端，至为荣幸；至志幽之石，已有瓣姜先生之作，惟表墓尚缺，既许赐叙，何敢渎请，惟先生权二者之轻重，赐其一焉，感且不朽。"余嘉儒鬻之有辞，喜明经之有子，感一邑荣枯之有命，述少壮交游之迹，叙其遗文，而人熙亦年逾七秩矣！一阳复，而天下知春；一叶落，而天下知秋。览斯文者，旷百世而相感，殆可卜矣！　中华民国四年七月，同县公府咨议刘人熙叙。涂启先《大围山房文集》卷首，民国十三年同文书社校印

谭继洵墓简介 任新民

谭继洵墓位于湖南省长沙市浏阳市集里街道办事处龚家桥社区毛坪组浏阳市人武部院内，是一座按清代一品大员葬制修建的、具有湖南地方特色的品官墓葬。据考证：该墓始修于清光绪二十六年（1900），建成于二十九年（1903）。谭继洵（1823—1900），

原名继淳，字子实，号敬甫，又号剑芙。谭嗣同之父，湖南浏阳人。曾历任户部郎中，甘肃巩秦阶道，湖北巡抚兼署湖广总督等职，为官40余载。因三子谭嗣同参与维新变法，遭贬还乡，住浏阳“大夫第”。1900年忧郁而薨，与夫人徐氏合葬同冢（即今址）。谭继洵墓坐东北朝西南，砖石结构，分布面积900余平方米。半球形墓冢表面镶嵌扁卵石，墓冢后立有五通汉白玉石墓碑，五重顶碑帽，主碑阴刻“皇清诰授光禄大夫兼署湖广总督湖北巡抚谭公敬甫府君、诰封一品夫人谭母徐太夫人之墓”，墓围由麻石构件砌筑围成半圆形，墓冢前设香炉，拜台两侧分立石翁仲、石马、石虎、石羊等石像生，石望柱一对镌有墓联。该墓于2007年7月由长沙市人民政府公布为长沙市级文物保护单位，8月市政府拨专款对谭继洵墓进行了全面维修和复原。谭继洵墓是研究谭嗣同家族史以及清代官员等级葬制的实物例证，具有重要的历史价值、艺术价值和考古价值。2011年1月24日，墓葬晋级为湖南省省级文物保护单位

谭继洵墓历史上曾多次被盗，于2007年维修后，现保存状况较好。规模宏大，墓地四周设有花岗石栏杆，墓冢区域移植有大量的常青树木和草皮等，墓前两边设石人、石马、石虎、石羊各二，石望柱上阴镌“为官秉正济世惠民传青史，育子成才维新流血醒国人”墓联一副。谭继洵墓现已成为浏阳市人武部院内的一个重要的历史人文景点。浏阳市文物局任新民供稿

附录三　谭继洵年谱简编

谭氏是一个古老的姓氏，相传它是皇帝之孙颛顼高阳氏的后裔。春秋时期，齐、鲁之间有郯国，系出嬴姓，后为齐桓公所灭，其地址在今山东郯城以北。郯即谭的通假字，其子孙遂因国以谭为姓。此后谭氏便由此向各地辗转迁移，不断繁衍，支系众多。由于年代久远，文献散失，宋代以前谭氏宗族的演变状况已经无可稽考。据《浏阳谭氏族谱》记载，北宋时，谭氏已在江南西路洪州新建县樵舍定居。北宋末，谭氏一世祖谭孝成（思永府君）为避战乱，率族由江西本籍迁往福建路汀州长汀县，此为谭氏迁鄞江之始，亦是浏阳谭氏宗族有确切记载的始祖。稍后，又由长汀迁往清流定居，遂为福建清流人。自南宋至元，皆为闽西普通农耕之家，未有显达者。明洪武年间，第十一世祖谭如嵩“宦游北平”，官燕山右护卫副千户。其子谭渊（溥泉公）继承父职，靖难之役随明成祖朱棣在北平起兵，于夹河之役阵亡，死后追封崇安侯，入《明史》列传。其子谭忠（荩臣公），随明成祖入南京，以战功封新宁伯，其后历代世袭。嘉靖年间，第十六世祖谭宗纶（诏音公），佩平蛮将军印，充总兵官，镇守湖广。谭氏“以武功著望于有明，二百余年间，位侯伯者九世十人”。

明嘉靖年间，第十七世祖谭功安（绥府君）留居长沙府长沙县，立宅于四方塘，并首次编成《谭氏族谱》，是为谭氏迁湘之祖。天启年间，第二十世祖谭逢琪（祥瑞公）、逢琳、逢琅、逢玓兄弟四人及侄谭世贤，先后由长沙迁往浏阳定居，是为谭氏迁浏之祖，人称“浏阳谭氏五宗”。谭逢琪一支在浏阳县城梅花巷丹桂坊下，购屋聚族而居；至清乾隆年间，合族在梅花巷建立第一个谭氏祠堂，故称“梅花巷谭氏”。入清之后，谭氏成为浏阳普通农户，耕作之余，不忘读书，以耕读起家，“率是而有问学之士”。清顺治年间，第二十一世祖谭世发（浚轩府君）发起修谱，“因嘉靖遗编，成国朝新谱”，是为《谭氏族谱》第一次续修。继洵曾祖谭文明（熙亭府君），为县学生员（秀才），于乾隆十四年，再次发起修谱，完成谭氏族谱第二次续修。祖父谭经义教授乡里，“见称于时”。继洵父亲谭学琴，字步襄，别字贵才，生于乾隆三十一年（1766），因家贫不能终读，入城为县吏，“入佐西户科，理推受册”，日久家境渐裕。继洵母亲毛开，生于乾隆五十三年（1788）。

道光三年癸未（1823）　一岁

九月二十九日，生于浏阳八仙桥天井坡老屋。初名继淳，后改名继洵，字子实，号敬甫，又号剑芙。老屋为父学琴晚年所置产业，在深山之中，形略如天井，地多虎豹，傍晚闭门。

时伯兄谭继升，字子惺，别字曙冈，号海峤，年 7 岁（生于嘉庆二十一年七月二十六日）；仲兄谭继墉，字子朴，年 2 岁（生于道光二年正月十七日）。

道光四年甲申（1824）　二岁

继洵幼时体弱多病，是年兼祧叔父谭学新，由叔母彭氏抚养。

道光八年戊子（1828）　六岁

九月十二日，父学琴于浏阳东城督建谭氏家庙成后，因劳疾而卒，临终遗言：“我死，勿令儿子废学！”终年 63 岁。其时诸弟妹皆幼，伯兄继升 13 岁即弃学持家，奉养母亲，照顾弟妹。

△　据继洵云：“洵兄弟四，兄其长也。年十三，先大夫卒，同怀七人均幼，吾母悲吾父之亡，而又念膝下茕茕无依，恒一恸昏绝，举室环哭，闻者堕泪。兄上慰慈亲，下抚群季，委曲周详，

家以不堕。性颖异，读书能强记，以家中落，遂弃举业。理家政，惫心疲精，尝书‘谨家节用’四字于座隅以自警。由是铢积寸累，日渐丰盈。”谭继洵《清故诰赠光禄大夫同知衔选用知县谭公海峤府君墓志铭并序》，载《谭氏族谱》卷十一

道光十三年癸巳（1833） 十一岁

是年，伯兄继升成婚，娶浏阳唐家洲邑庠生唐瞻云之三女唐世科为妻。

道光二十年庚子（1840） 十八岁

是年，林则徐在广东禁烟，中英鸦片战争爆发。

道光二十二年壬寅（1842） 二十岁

是年，继洵补县学生员。

△ 继洵幼时生活、教育端赖伯兄一手操持，方得以完成学业。据继洵回忆：“洵体素羸弱，兄保抱携持，体恤备至。稍长，得咯血症，兄求医调药，日夜惊扰，甚于己疾。延师教读，严立程式，师偶外出，则代为督课，手挟一册为谈忠孝节义事，娓娓不倦。所读唐诗皆兄手录。遇试，检点场具，亲自迎送。”谭继洵《清故诰赠光禄大夫同知衔选用知县谭公海峤府君墓志铭并序》，载《谭氏族谱》卷十一

道光二十三年癸卯（1843） 二十一岁

七月五日，伯兄继升长子嗣棨（字肇谷，号莘畬，又号心畬）生于浏阳，因在谭氏三兄弟所生十一位男孩中排行第一，故称“大公子”。

道光二十六年丙午（1846） 二十四岁

四月十四日，伯兄继升次子嗣梨（字甲林，号雁云）生于浏阳，排行第二，称“二公子”。

道光二十七年丁未（1847）　二十五岁

是年，继洵娶同邑国子监生徐韶春之女徐五缘为妻。徐氏为浏阳北乡芦烟洞人，生于道光九年己丑（1829）十一月二十五日。

△　徐夫人生活勤俭，持家严谨。据家传云：“夫人恭俭诚朴，居常梱内肃然，家人皆秩秩有法，以是心常敬之，窃谓其有古贤女之风。”“夫人之归谭君也，食贫者十余年，随于京师者十余年，佐夫治家，条理毕具。”欧阳中鹄《徐夫人墓志铭》，载《谭嗣同全集》第53页

道光二十九年乙酉（1849）　二十七岁

八月十七日，伯兄继升三子嗣棻（字月樵，号馥峰）生于浏阳，排行第四，称“四公子”。

八月，继洵赴长沙乙酉科乡试，中举人；与茶陵谭仲麟为同年。继洵为浏阳谭氏家族有史以来首位举人，其座师为湖南巡抚刘昆（字韫斋），业师为鄞县章大司。

约是年，继洵长女嗣怀（怀贞）出生，后字同县宋德康。

此后十年间，继洵在浏阳以教私塾为生，并准备参加会试。

道光三十年庚戌（1850）　二十八岁

六月二十日，母亲毛氏卒，终年63岁。

咸丰元年辛亥（1851）　二十九岁

是年，洪秀全、杨秀清领导的太平天国运动在广西爆发。

咸丰二年壬子（1852）　三十岁

七月至十月，太平军久攻长沙不克，解围东走。

△　太平军分兵向浏阳。时仲兄继升任浏阳团总，于县城西北之焦溪岭率团练御退之。后以团练功奏保即选盐运使司经历，加同知衔，加保尽先选用知县。

是年，继洵究心宋儒之书，服膺程朱理学。是时，嘉道时期浏阳理学家朱文炑（慎甫）族人携其遗稿示之，继洵抄录并拟付刻，适兵兴而不果。

咸丰三年癸丑（1853）　三十一岁

二月八日，继洵长子嗣贻生于浏阳，字癸生，族中排行第五，称“五公子”。

二月，太平天国定都南京，改名天京。

是年，曾国藩在湖南组织湘军，以对抗太平天国。浏阳谭氏先后随湘军出征战死者十有二人，其他出征不知下落者尚有十数人。

△　浏阳周国虞发动征义堂起事，为湘军江忠源部所镇压。

咸丰四年甲寅（1854）　三十二岁

是年，继洵次女嗣淑（淑贞）生于浏阳。

咸丰六年丙辰（1855）　三十三岁

五月二十日，叔母彭氏卒，终年81岁。

咸丰七年丁巳（1857）　三十五岁

九月十九日，继洵次子嗣彭生于浏阳，后改名嗣襄，字泗生，族中排行第六，称“六公子”。

咸丰九年己未（1859）　三十七岁

三月，继洵赴京师，参加咸丰十年庚申恩科会试，中式贡士。

△　据云：“敬甫年丈自恨拙于书，己未会试中式，请告一年，闭户书卷折，不接外事。以示先公，问进否？先公笑曰：‘不觉有他，惟拙处转益坚定耳！’及殿试日，疑所书乃空其处，将出问人。肃顺方监试，遽钤印空处，遂置三甲。时先公方待于中左门，见丈垂涕出，顿足曰：‘虚此一年矣！’”谭延闿《近代湘贤手札注》

同年，继洵报捐主事，签分户部。

咸丰十年庚申（1860）　三十八岁

四月，补殿试，以三甲八十六名录取，赐同进士出身。同科进士有刘秉章、高心夔、祁世长、黄毓桂等人。引见奉旨："俟学习期满后，作为候补主事，以该部主事即补。"继洵在京师居阑眠胡同，长子嗣贻随侍。

八月，英法联军攻占北京，咸丰皇帝逃往热河。

约是年，在浏阳购柴氏大夫第。

咸丰十一年辛酉（1861）　三十九岁

是年，咸丰帝病死热河。慈禧太后与恭亲王奕䜣发动祺祥政变，两宫太后听政。

同治元年壬戌（1862）　四十岁

七月，补授户部广西司主事。（广西司为户部四大司之一，兼稽广西省矿政厂税，及京省钱法、内仓出纳等。）

△　继洵初入户部，搜集各种资料，努力钻研业务。据家传云："方其初任农曹也，慨然曰：'农曹者，度支所总，国用民生所系也，善其职诚有裨于世，顾非习掌故、达机宜者不能。'于是储书数万卷，以资博览，又采舆论、揆时势，以变通之。"谭传赞《敬甫公传》，《谭嗣同研究资料汇编》第92页

同治二年癸亥（1863）　四十一岁

是年，娶直隶蓟州（今天津蓟县）女子卢氏为妾。卢氏时年16岁，为继洵第一房侧室。

△　夫人徐五缘携长女嗣怀、次女嗣淑、次子嗣襄至京师。

同治三年甲子（1864）　四十二岁

约是年，继洵任职户部八旗现审处，该处主"平八旗户口田

房诤讼”。

同治四年乙丑（1865）　四十三岁

二月十三日，继洵三子嗣同生于京师宣武门外阑眠胡同（后称烂漫胡同）府邸，族中排行第七，称“七公子”。

约是年，卢氏长女嗣苐（苐贞）出生。

是年六月，湘军攻克天京（南京），太平天国运动失败。

同治五年丙寅（1866）　四十四岁

约是年，继洵任职户部井田科，该科主“典八旗土田、内府庄户”。

△　长女嗣怀卒于京师，年17岁。

△　卢氏次女嗣嘉（嘉贞）出生。

同治六年丁卯（1867）　四十五岁

九月二十日，继洵以银一千二百九十二两，购置京师宣武城南库堆胡同房屋一所为府邸，全家移居于此。

同年，娶顺天府武清女子王氏为妾。王氏时年16岁，为继洵第二房侧室。

是年，陕甘总督左宗棠任钦差大臣，督办陕甘军务，率湘军入陕镇压回民起义。

同治七年戊辰（1868）　四十六岁

八月六日，侧室王氏因病卒于京师。

约是年，继洵任职户部捐铜局。

是年，东西捻军均告失败。

同治八年己巳（1869）　四十七岁

继洵在京师，任职户部，交游日广。据家传云：“迨通籍官京师，得尽交当世贤人君子，相与讲求修己治人之学，碻乎有所依据。”但其交往主要仍在湘籍京官范围之内。一时交往者有：曾纪泽、张竹订、郑小珊、黄恕皆、龚湘浦、蔡兴询、李篁仙、涂华畲、左楚英、黄晓岱、童子承、周杏农、周瀛樵、黄翰仙、毕诚斋、谭青城、欧建吾、徐寿洪、龙仁堦、梁梅青、黄艺甫、皮筱舲、周桂干、周葆珊、李兴锐、贺宏勋、黎宗曦等。

同治九年庚午（1870）　四十八岁

三月，因办理捐铜局出力，奉旨赏加道衔。

六月十六日，继洵将库堆胡同府邸转让给浏阳宾兴会，作为浏阳会馆。

约是年，继洵任职户部收铜局。

△　在家中设私塾，请毕纯斋为师，为其子嗣襄、嗣同教授启蒙。

是年五月，天津教案发生。

同治十年辛未（1871）　四十九岁

是年，继洵任职户部捐输局。

△　徐夫人挈长子嗣贻返浏阳。嗣贻旋补县学生员（秀才），并娶同县黎氏之女玳珍为妻。

是年，湘军刘锦棠部攻破金积堡，平定宁夏。

同治十一年壬申（1872）　五十岁

十月，升补户部山西司员外郎，任职户部军需局。

是年，娶四川女子张清吉为妾，是为继洵第三房侧室。徐夫人挈长子嗣贻及长媳自湘返京。长子嗣贻取中书科中书。次女嗣淑适广西灌阳进士、翰林院编修唐景葑。卢氏长女嗣茀（茀贞）卒。

同治十二年癸酉（1873） 五十一岁

是年，继洵任职户部则例馆，京察一等加一级。据记载："迨掇巍科，观政户部，储书数万卷，益博古今掌故，推究其作用，而读律以会通之。当是时也，东南俶扰，蔓及西陲，物力维艰，帑费转巨，度支条例之司，丛杂而不可问。自公充正主稿，剔蠹导窾，多所区划，前议政王及枢部大臣相依如左右手。"颜士璋《敬甫公五旬晋八寿文》，载《谭氏族谱》卷十二

△ 在户部任职期间，继洵对于国计民生，形成了比较传统的"教养"思想。据其自述："余不佞，每念治民之要，不外教养两端。窃欲以己之所见，证诸纪载之所传。""余以咸丰己未通籍于朝，官农部，常纵观天下图籍户口之蕃衍，贡赋之出入，窃谓生齿繁则上之休养可知也，征敛薄则下之积储可知也。由是推之，民生遂而康乐之风怡然矣，民财阜而礼教之俗蔚然矣！然未乞外，迄无以自效。"谭继洵《重修秦州志序》，《秦州直隶州新志》卷一，页五

同治十三年甲戌（1874） 五十二岁

二月，升补户部山东司郎中。

三月，捐免历俸截取，奉旨记名以繁缺知府用。

十月，奉旨简放坐粮厅监督，驻通州，全家随往，仍不时来往京师。

是年，浏阳举人、学者欧阳中鹄至京师，住浏阳会馆。继洵命其子嗣襄、嗣同拜欧阳为师。

光绪元年乙亥（1875） 五十三岁

是年，因全漕告竣，办运出力，奉旨俟升四品，后加三品衔。据家传记载："有清三大政，曰盐、河、漕，而漕粮为天庾正供，尤关重要。大率由南而北，汇于畿东通州，特设粮厅总之。辨燥湿、准斗斛、谨盖藏、重仓储，所以厚根本也。然粮艑之行，历程数千，历期累月，陈朽者半，霉润者半，而奸胥蠹役，又因以为利，强则攫取，弱则侵蚀，其弊不胜防察。卒无人举发者，非

以请托行，即以货贿进也。自公任监督差，秉明廉之姿，治之以至正无私，由是涓滴归公，举向日积习为之一新。”谭传赞《敬甫公传》，《谭嗣同研究资料汇编》第92页

△　长孙传赞（嗣贻之子）生于通州，字潞生。

是年，清廷任左宗棠以钦差大臣督办新疆军务。

光绪二年丙子（1876）　五十四岁

是年，京察一等，奉旨记名以道府用；因全漕告竣，办运出力，奉旨专以道员用。

是年春，京师白喉流行，家中多人感染，“五日三丧”。一月二十九日，次女嗣淑（唐景葑夫人）病卒，年22岁。二月一日，夫人徐五缘病卒，年48岁。二月二日，长子嗣贻病卒，年23岁。

春夏，三子嗣同亦染疾濒死，昏死三日后苏醒，至四月中旬以后，始能起床行走，继洵遂字之曰“复生”。在全家染病期间，继洵“颇觉自恐”，且察看家人，各有不相下之意，势恐难共财产，遂将田产银钱，作四股均分，预为准备，并在信中自叹：“弟此时苦况，不可言！”徐夫人身故后，以侧室卢氏及长媳黎玳珍主持家事，“自时厥后，谭君巨细必亲，隐然有内顾之忧”。

秋九月，命次子嗣襄扶徐夫人等灵柩南下，归葬浏阳。

是年，左宗棠攻占乌鲁木齐，平定天山北路。

光绪三年丁丑（1877）　五十五岁

八月六日，奉旨补授甘肃巩秦阶道。奉上谕：“甘肃巩秦阶道员缺着谭继洵补授。”钦此。八月八日，具折谢恩，并蒙慈禧太后和光绪皇帝召见。

△　继洵在户部，深得户部尚书阎敬铭信任重用。据云：“寻拜分巡陇南之命，阎文介公管部务，重公廉能，资公谙练，以借冠请。疏上之日，或谓文介曰：‘上方大用谭公，特以陇南居民困于兵燹，将以谭公拯之，请胡为者？’命下，果寝其议论。”谭传赞《敬甫公传》，《谭嗣同研究资料汇编》第92—93页

冬，挈家返湘修墓，取道天津，浮海经烟台至上海，易舟溯江，经江苏、安徽、九江至湖北，又易舟仍溯江泛洞庭，溯湘至长沙，陆抵浏阳。在长沙时，曾拜访湖南著名学者王闿运。居乡约半年，其间曾请欧阳中鹄为徐夫人撰墓志铭，并捐产为谭氏宗祠设立义庄，取名“立爱堂”。

约是年，次子嗣襄以国子监生充实录馆誊录，议叙通判；并娶同县黎氏之女为妻。

光绪四年戊寅（1878）　五十六岁

春，挈家赴甘肃就任，命次子嗣襄留乡管理田产。舟至长沙，易舟流湘泛洞庭，流江经湖北，溯汉至襄阳，陆径洛阳入函谷、潼关至陕西。途中备极艰辛，继洵至陕州卧病，秋始抵兰州，旋返秦州任所。时河南、陕西大旱，道经豫、陕所辖县四、州二、厅一，各捐二百金以助赈。

△　巩秦阶道是甘肃按察使派出的分巡道，为整饬兵备道，监管茶马屯田等事务，下属一府（巩昌）、二州（秦州、阶州）、十四县，道员驻秦州。秦州（今天水）“固陇中一大都会”，位于甘肃省南部陕、甘、川、青交界处。此时，历经战乱之后，甘肃地方残破，民众困苦。秦州“地据川陕喉舌，环以羌戎，史称棋劫之势。往者用兵果当其冲，率因资粮不济，战守无功。恃川陕担囊为转运，而悍将滑吏犹日搒略括搜，趋民转徙沟壑”。

秋，力振宿弊，严禁种植罂粟，示所属州县，先禁冬种，后禁春种。

约是年，次子嗣襄以河南赈济报捐盐运司提举衔。

是年，左宗棠率部收复和田，平定新疆。

光绪五年己卯（1879）　五十七岁

春，为禁种罂粟，饬各州县官率乡总历行查禁，并量给乡总口食，夏初结报，其查禁不力者，委员踏勘即请参斥。其年秋，又禁开烟馆，谕民种棉种桑，以裕本业；并请奖查勘出力印委各员。“又以洋药之祸，流毒天下，陇民中之最深，毅然禁绝。尝单骑按部，虽严寒盛暑之日，僻壤之区，必躬历其地。廉民生之病利，政事之得失，召父老而告以洋药之害，其受命者爰慰勉之，不率者立惩创之，一时陇南居民咸憬然悔悟。”谭传赞《敬甫公传》，《谭嗣同研究资料汇编》第93页

闰三月十一日，侧室张氏卒于秦州。

五月十二日，四川、甘肃发生强烈地震。继洵积极筹集资金，抚恤灾民。“阶文地震，荡析离居，首倡千金，绥爰有众。”

夏，命三子嗣同返湘，从浏阳学者涂启先（字舜臣，号大围）读书。

十一月一日，卢氏子嗣冏生于秦州，字“秦生”，称“十公子”。

是年，继洵在秦州任上，整顿吏治，减免税赋。“公之持节而西也，下车即以整饬吏治为本。叨愦爽侮者，黜之；夙夜浚明者，扬之。以陇南厘税独重，为政不平，且半归中饱，严禁私罚，并牍请减免，商民称便。”谭传赞《敬甫公传》，《谭嗣同研究资料汇编》第93页

△　继洵自京官外任后，与京中人士多保持联系，“每得京函辄珍藏之”。

光绪六年庚辰（1880）　五十八岁

春，在城乡张贴四字简明告示，饬令禁种罂粟，禁吸鸦片。五月，又亲行查禁，惩抗违者。“公嫉恶卉，芟薙净尽，为邻疆冠，即道光中严刑惩戒，莫与比。”

三月，甘肃洮州瓜子沟番民古旦巴聚众起事，清军重兵镇压，史称瓜子沟之役。进剿中，继洵建议只诛起事首领，禁止军队滥杀及焚掠，以安抚少数民族，屡获陕甘总督左宗棠嘉奖。“番人屡不靖，瓜子沟之役，官军进讨，公密陈于大府，谓首逆只古旦巴一人，余皆胁从可悯，宜禁革诸军焚掠，毋胥戕虐。畜产之放佚者祇复之，毋敢越逐。大府深纳其言，番人感服，乱旋定。是时，

左文襄公督陕甘，最重公，尝谓人曰：‘敬甫天性严重，胸中纯是爱民之忱。’故密疏荐公：‘器识闳深，吏畏民怀。’”谭传赞《敬甫公传》，《谭嗣同研究资料汇编》第93页

△ 为预防天花，鼓励民众种牛痘，以其子嗣同为示范。“时地方尚不知有牛痘，公设局劝种，民不之信，以己子先之，有从之者奖以彩帛，遣人日往看问，民感其诚，久之始兴。”《秦州直隶州新志续编·职官》，《秦州直隶州新志续编》卷二

九月二十九日，为继洵五十八岁生日，属官撰文祝寿。文中称述其治民思想：“盖公从户部来，食货其精熟也，不必轻易成法，第审择一是，以宜于时而已。夫利有本末，而逐末者流，苟且目前，反谓务本之失时，纵居奇致富，不过彼绌此赢，于无业贫民如故也。况不均即所以不安乎！”巩昌府知府颜士璋《敬甫公五旬晋八寿文》，《谭氏族谱》卷十二

孟冬，伯兄继升在浏阳率族人续修《谭氏族谱》，继洵捐钱三十串以助之。此时浏阳谭氏已成为“胜国乔木世家，赫然一邑右族”，跻身浏阳四大家族之首（清末，谭、宋、黎、刘号称浏阳四大家族）。

光绪七年辛巳（1881） 五十九岁

春，秦州地区种罂粟、吸鸦片之风复起，因请制府出示再行禁绝。“此数年中，民颇畏法，无敢偷种”。

是年，在秦州任上大力提倡种桑养蚕。“岁遣伻诣汉中，货桑籽桑苗归，躬亲种植，以率官民，勒为蚕桑。成书诞告所属，募匠于浙，缫丝煮茧，陈杼轴于堂，纵民观之。于是汧陇之间有豳馆风，秦人肃将祇欢，号其茧曰‘谭公茧’。”谭传赞《敬甫公传》，《谭嗣同研究资料汇编》第93页

继洵后来回忆称：“曩者备员陇右，数往还豳、岐间，窃怪风诗所咏物产，独枣实犹蕃，而蚕桑之利无闻焉，岂果今古异宜，殆因循坐废。因于甘肃司道任内督民芟罂粟而树桑，现在秦州等属桑株成林。”《湖北提倡农桑折》，《光绪朝东华录》第3册，第3220—3221页

△　同时兴修水利，察访民情，不辞辛劳。“公取鉴前车，剂物产之不平，犹虑民隐未宣，遣使再三访证，或单骑微服，按部在外而人不知，瓦砾荒寂之区，碥栈悬绝之境，触冱寒盛暑，与乡之父老为伍，习知其疾苦，及山川之可置屯寨资水利者。载笔而归，则取兴革诸大政，分条钩稽，昕晡靡辍，伏案如书生，身处一室而轸念全局”。巩昌府知府颜士璋《敬甫公五旬晋八寿文》，《谭氏族谱》卷十二

光绪八年壬午（1882）　六十岁

春夏，主持安定军事。安定即今甘肃省定西县，地近渭水源，为陇中重地。

△　在当地招募兵勇500人，由原回民起义首领崔伟率领，以维持治安。“大人（继洵）虑回民滋多，无所系属，且召乱，募强健五百人，召崔（伟）长之，使捕不法者。尝召至左右，与坐语，结以恩信，后平贵德番民之乱，卒得其力。”《谭嗣同全集》第144页

夏，率员行县伏羌（今甘肃甘谷县），三子嗣同随行。

九月二十六日，赴兰州，嗣同随行。

十月二十三日，还秦州道署。

是年，继洵任巩秦阶道四年，颇有政绩，获得好评。其回忆称：“岁丁丑奉天子命来巡陇南，巡道曩治岷州，以秦州为适中地，今设行台焉。余思秦州固陇中一大都会也，其地宜麦间宜稻，气暖若南服，亦宜蚕，然暗于浴缫，故帛匹不为时重。余为募业此者，导以法，俾尽其利。乡曲染末俗，植阿芙蓉。先示禁之，届春暮，辄遣卒剷之，无使滋蔓。顾民俗质木而士气秀良，兵革之余，常不废弦诵。董研樵观察为建书院，置义塾，以育其材之美者，余稍扩之。计咸同以前，乡举岁不过一二人，今则七八人，捷南宫、入词馆者且相望也，毋亦劝学之薄效欤！”谭继洵《重修秦州志序》，载《秦州直隶州新志》卷一，页五

光绪九年癸未（1883）　六十一岁

正月十日，奉命署理甘肃按察使。二十四日，交卸后，驰抵兰州接印。

三月一日，奉旨补授甘肃按察使，其职责为“掌一省刑名按劾之事，振扬风纪，澄清吏治”。全家由秦州徙居兰州。继洵奏请陛见，四月十六日奉旨：“着来见。”接旨后起程赴京。

三月，命三子嗣同赴鄂就婚李氏。四月三日，嗣同与长沙进士、湖北候补道李寿蓉（篁仙）之女李闰在汉阳道署成婚。婚后，夫妇即返兰州。

八月二十九日抵京，九月一日陛见，二十二日请训。在京期间，曾拜访大学士李鸿藻、翁同龢等。

十月四日，离京返陇。

十一月十三日，抵达兰州，越二日接印。往返京陇随行者有黄秉钧等。

光绪十年甲申（1884）　六十二岁

正月下旬，命子嗣襄、嗣同入设在兰州的新疆甘肃总粮台谋职，新疆钦差大臣刘锦棠允以疏荐；并以卢氏次女嗣嘉（嘉贞）适刘锦棠之三子、新疆疏附县知县刘国祉。

△　继洵待子弟严肃，对成年儿女均有一定之日费，不多予也。

春至夏秋，在按察使任上，力避以往之严刑峻法，而代之以宽松，以防枉滥。“陇中风气刚劲，益以羌戎杂沓，命盗案叠出，公治狱以恕，戒深文周纳，尝谓：‘凡民皆吾赤子，吾无以教养之，一旦罹吾法网，忍坐视乎？’陈臬三年，参处律意，狱多平反，人自以为无枉滥。”谭传赞《敬甫公传》，《谭嗣同研究资料汇编》第93页

十月一日，升任甘肃布政使，“掌一省行政，总全省之钱谷出纳，并承宣政令，考核所属州县”。时谭钟麟任陕甘总督，“二谭”同驻兰州，交往密切。

是年，马尾海战，中法战争爆发。

△　清政府在新疆建立行省，设置州县，任刘锦棠为甘肃、新疆巡抚，督办新疆事务。

光绪十一年乙酉（1885）　六十三岁

是年，在兰州藩署关帝庙开办纺织局，聘请匠工教授妇女丝纺、棉纺，无成效，旋停办。

△　在甘肃布政使任上，以任本圭为幕僚，依为左右手。并重修布政使署内库。“（布政使署）大堂左右为外库，二堂则内库也，故无二堂。大人（继洵）重修内库，因辟其中为二堂，而气象一新。”《谭嗣同全集》第144页

△　中法签订合约，中法战争结束。次子嗣襄与老师涂启先在浏阳筹画倡议助边，闻和议而止。

△　清政府改台湾府为行省，任刘铭传为台湾巡抚。

光绪十二年丙戌（1886）　六十四岁

六月十四日，伯兄继升卒于浏阳，终年七十一岁。继洵闻耗大恸，哀悼不已，谓“洵之窃高位、忝厚禄，盖非吾兄之勤勤恳恳以教以养，无以有今日”！

是时，甘肃军粮每年480万，皆仰给东南诸省。继洵在甘藩任上，筹集经费，改善运输方法，设立新饷所，以接济、运输新疆军饷，获得成效。“总藩时，以西陲自军兴以来，民失职无常性，筹经费给州县，偫粮虞灾，薄征苏困。以转饷之难也，改运道里车法，尤便关内外。经费不足，岁倚它省协济，而藩库实出纳之委藏，往恒虑殚竭，公遴员立新饷所，裁处周密，条绪秩然，锛及代，府帑丰溢，军旅恃以无恐。”谭传赞《敬甫公传》，《谭嗣同研究资料汇编》第93页

光绪十三年丁亥（1887）　六十五岁

约是年，新疆巡抚刘锦棠以嗣襄、嗣同在甘肃新疆粮台效力，

向朝廷疏荐，奏保嗣襄以直隶州知州用，奏保嗣同以候补知府补用。

△　此时，继洵、嗣同父子之间产生矛盾。嗣同有复古之思，用世之志，薄视时文不屑为。继洵查其作业甚不满意，在日记中记载：“七儿好弄，观近作制艺文，不合式。”乃亲自督教之，嗣同自题课本曰：“岂有此理！”据了解内情者云：“复生失欢于敬帅者，盖敬帅夫人卢氏间之也。敬帅纳小星四，即卢氏、王氏、张氏、魏氏。卢氏年居长，然明慧多能，且生子，故敬帅甚宠之。泗生黠，与卢氏虚与委蛇，故见容；而复生则狷，遇卢氏辄嘿，而于其矜且横，不能恝置，悁悁之忿，常形于色。是以卢氏甚憎之，哭诉于敬帅，所以抵罅谗诋者无不至。”唐才质《戊戌闻见录》，《谭嗣同研究资料汇编》第268页

光绪十四年戊子（1888）　六十六岁

冬，次子嗣襄欲自谋创业，渡海投亲戚台湾道唐景崧，唐进之于布政使沈应奎，沈进之于巡抚刘铭传，即委台南府凤山县盐榷。

是年，在任上整饬吏治，鼓励农桑。“未几授甘藩。洁己，率属勤接见，访利弊，御之以严，吏治为之整饬；购桑秧桑子，颁发各州县，劝民广种。及升任乃尽废，论者惜之。”《甘肃新通志·谭继洵传》

光绪十五年己丑（1889）　六十七岁

二月，命三子嗣同赴京应考，并从工部主事、浏阳学者刘人熙学习。嗣同四月抵京。

五月五日，次子嗣襄卒于台南府安平县蓬壶书院，年三十三岁。嗣同随即赴沪迎榇，秋，送榇归葬浏阳。

五月，《秦州直隶州新志》编成，为之撰书序言，谓：“循是编而会通之，何者为教，所以与民行；何者为养，所以勤民事，是即化民成俗之权舆，亦余当日巡视陇南，及今日承宣全陇之借

以自效者。”

十二月一日，升任湖北巡抚。当即具折谢恩，吁请入都陛见，奉旨：“着来见。”钦此。

十二月，在甘肃重刊浏阳学者朱文炑遗著《慎甫先生四种》，并跋其后，谓：“至于今，吾邑礼教亦稍衰矣！既不得如先生者讲明性学以振兴之，因刻是书以遗乡人，俾读之者有所感发焉，则先生之泽孔长，而惠我乡人无疆也！”

是年，嗣同之子传铎（兰生）生于兰州，越年殇。

光绪十六年庚寅（1890）　六十八岁

二月十二日，次子嗣襄安葬于浏阳。葬事毕，次子嗣同即自湘赴汉，预为父亲就任布置一切。此时，继洵、嗣同父子关系有所缓和，据云：自“泗生卒，敬帅怆然不怡者久，以是慈于复生，不复苛切矣。”

三月，赴京引见，蒙光绪皇帝召见二次，训诲周详。在京期间，曾拜见大学士李鸿藻、翁同龢等，乙酉同年亦约集宴请谭氏。陛辞后束装起程，由天津航海至沪，溯江而上。

四月十八日，行抵湖北省城。二十日，正式就任湖北巡抚一职。在谢恩折中称：“伏念臣湘水庸材，农曹微秩，嗣膺外任，洊领专圻。查湖北为上游扼要之区，巡抚有全省统辖之责，用人行政积弊须除，筹饷整军当务尤亟。”

△　于时，张之洞任湖广总督，陈宝箴任按察使；总督、巡抚同驻武昌，张、谭二人颇异趣，论事每相左，常赖陈宝箴从中调和之。

五月十八日，上奏折称：湖北汉黄德道候补道李寿蓉与己姻亲（李氏之女为继洵三子嗣同之妻），同官一省，应予回避。后李氏改指安徽，任安庐滁和道。

五月，与刘人熙发生龃龉。据刘氏称：“余与某中丞同乡，故旧卅年，其子又余徒也。当摄鄂抚时，以书贺之，告以身所经湖北榷厘之害一启，以便可兴革者。末曰：‘至于更相进贤退不肖，不为长者家儿所用，此在宪台自有权衡，非末吏所敢赞词。’亦可谓恭而有礼。昨接铁珊书，言彼甫见书，大怒曰：‘他教训我，我何用他教训！’则甚矣，形之以颜色，拒人千里之外矣。昔也我犹不敢以不肖待人，今而后知道此人不可与言者，吾失言矣。”《刘人熙未刊日记》

七月底，欲延请涂启先入幕府主章奏，因涂病未果；复请欧阳中鹄抵鄂担任幕僚。

是年，筹款设立蚕桑局，鼓励种桑养蚕缫丝，先后发放桑苗一千万株，成活数达十之六七。

△　于武昌城东洪山之南原访得浏阳学者朱文炑（慎甫）之墓，代为修缮之。

光绪十七年辛卯（1891）　六十九岁

春夏，就任后首先整饬吏治，颁布《告诫》十六条，派员查访各州县政绩。“其巡抚湖北也，量时度宜，勤求教养之方，用人行政之要，首撰《告诫》十六条，反复详究，至为亲切。廉得胥役之尤蠹民者，尽法治之，时时使人密侦州县，何者当兴，何者当革，一符之下，牧令肃然，相惊以神明。”谭传赞《敬甫公传》，《谭嗣同研究资料汇编》第93—94页

十二月初，因左足生疽，久治不愈，数濒于危，遂请假三月治疗调理。其子嗣同衣不解带，侍疾半月，口吮其毒而愈。

是时，湖广总督张之洞在湖北大刀阔斧推行洋务运动，先后创办了湖北枪炮厂、汉阳铁厂、湖北织布局、湖北纺纱局、大冶铁矿等企业，使武汉成为南方洋务重镇。但张之洞对洋务把持甚严，上述企业自总办以下皆为其一人委派，他人概不得插手。继洵深知洋务之重要，称“伏查湖北创设铁政局，开采煤铁，造轨炼钢，规模宏远，枪炮系行军利器，设厂制造尤属目前急务；织布等局亦所以济民用而收利权，凡此数端，本任督臣张之洞数年经营，方著成效，自应力求精进，以竟全功。所有总办铁政等局

道员蔡锡勇等，均系张之洞派委，局中司事洋匠人等亦俱酌定雇募”，但鉴于张之洞防范甚严，而自己“未预其事”，且缺乏这方面知识与经验，故采取了不参与的态度，以避嫌疑。张之洞每约其联衔陈奏洋务新政，“皆谢不敏”。谭继洵《湖北铁政等局委员司事工匠并未裁撤遵旨据实复陈折》，《宫中档光绪朝奏折》第8辑，第638—639页

光绪十八年壬辰（1892）　七十岁

三月二十六日，病愈销假。

春，伯兄继升在浏阳安葬。应侄谭嗣棨之请，在湖北抚署撰《谭公海峤府君墓志铭并序》，称：“兄之视洵如此其笃，而洵之视兄将何以为报也！”

九月二十一日，继洵七十寿辰，亲朋宾从毕集，设宴庆祝，率亲朋子侄辈于抚署摄影留念。其子嗣同称：“家大人开府湖北，宾从文宴，盛极一时。”

△　在省城东北隅，创设湖北公桑园。“湖北公桑园，大人所创。今抚湖北，地本宜桑，民苦无所得种，率作兴事，不劳而成。购浙桑遍树郡县。复园于会城东北隅，以养其萌蘖，既长则易树所宜土。其曰‘公桑’，《祭义》‘古者天子诸侯必有公桑’也。棘垣外闭，朴而不陋，小有楼台，可休游屐。欧阳瓣姜师代撰楹联曰：‘美利尽田园，许万家生意平分，微行试辟豳诗地；成功告缫组，有五色天章可织，厥篚新呈荆贡时。’措辞雅切。又代题武昌湖南会馆楹帖曰：‘此山曾几建祠堂，天启中兴，独许湖南清绝；过客或暂为逆旅，时当公宴，应怀平楚苍然。’”《谭嗣同全集》第147页

年终，严密考察司道知府等官员。称“为政首重得人，疆臣职司察吏，楚鄂为南北枢纽，六省要冲，水患频仍，华洋错处，四境风气不一，政教亦各异，宜是非勤求治理，地方难期安谧。司道有综核之责，知府乃表率之官，所系于国计民生尤非浅鲜，臣每于晤商公事及文牍往还，留心考察，或征诸实迹，或采自舆论，随事随时将各员才识操守密为笔记，务期各如本量”。

光绪十九年癸巳（1893） 七十一岁

四月十八日，上奏折请为湖北提倡农桑。称："湖北向称泽国，农民终岁勤动，田畴所入，为利甚微，一遇偏灾，立形匮乏。欲为代谋生业，广辟利源，酌土地之宜，筹经久之策，计惟有兴办蚕桑，广以阜物丰财，补农功所不逮。"

五月，其子嗣同赴京应顺天府乡试。"榜发被黜，欲留京过夏，其父促之归，遂回武昌。谭敬甫丈老成拘谨，君则发扬蹈厉，不守绳墨，故父子颇异趣。"龙绂瑞《龙萸溪先生遗书》

七月，撰《浏阳娄氏合修族谱赠序》。

△ 为浏阳胡氏迁浏始祖胡允钦撰写赞语。

十月二十日，御史钟德祥奏称四川总督刘秉璋"治蜀最久，饕餮最甚，由其用人最私，是以侵牟百姓最酷"。奉光绪皇帝上谕："着谭继洵驰驿前往四川确切查办。"

十一月十五日，奉命任钦差大臣赴川查办四川总督刘秉璋一案，由张之洞兼署湖北巡抚。行前命子嗣同留鄂署管理家政。

十一月十七日，率同随带各员溯大江而至宜昌，复自宜昌入川江以达万县，改由陆路取道顺庆府城一带前进。奏余肇康随行，"为传檄诫守土官吏过境勿得供张馈遗，所过肃然"。

光绪二十年甲午（1894） 七十二岁

正月四日，行抵成都，即调核案卷，委员密查。

二月四日，查办川案毕，由川起程返鄂。

同日，就川案查明复奏。建议将候选道徐春荣即行革职，永不叙用；重庆总兵钱玉兴、直隶试用道叶毓荣二人交部分别议处；富顺县知县陈锡鬯、遂宁县知县黄允钦、阆中县知县费秉寅三人一并革职；至于四川总督刘秉璋，则听候朝廷处分。光绪上谕："四川总督刘秉璋，措置失当，任用非人，致招物议，着交部议处。"

△ 该案处理，获得当时舆论好评。刘人熙读谭氏复奏后，

称"庶几不欺矣，大吏中之翘楚也"。但亦因此案得罪朝中权贵，此后仕途受到影响。据家传云："刘公领疆寄久，姻党遍津要。命下之日，中贵人以私书嘱公转圜者络绎，公悉置之，曰：'吾何敢徇友欺君！'抵川后，严密详查，一秉大公，罢苛政，禁非刑，劾文武之贪酷不职者，自监司、镇将至州县数十员弁，刘公亦获罪革职。折发，中外翕然称之，谓查办之公，为四十年来所仅见。然公亦由是见忌当路，虽上意向用甚殷，而辄有阻尼，不得竟其所用矣！"谭传赞《敬甫公传》，《谭嗣同研究资料汇编》第94页

二月二十七日，行抵武昌。次日，回湖北巡抚任。

三月，在武昌延请英国传教医师马尚德为家人治病。

四月四日，为述职届期恳请入都陛见，奉上谕："毋庸来见。"

七月一日，中日甲午战争爆发。

七月，亲家刘锦棠病逝于故里，命子嗣同赴湘乡吊唁。嗣同旋返浏阳撰写《浏阳谭氏谱》。

九月十日，清廷召张之洞入觐，旋署两江总督，以继洵兼护湖广总督。

十月八日，张之洞移交湖广总督关防卷宗，继洵接领任事。

是月，甲午战争爆发后，形势日趋紧张。湖北地当要冲，奉调北上诸军络绎过境，运送军需，沿途照料等事，迎接不暇。继洵特遴派大员设立湖广营务处，于抚署西首公廨略加修葺为其办公议事之所，以便联络各营及委员妥商须办事宜；后以黄忠浩领武靖营，管营务处。并调集湖北诸军，奉命北上；设法就地筹款，以接济军饷；赶制火器，筹拨军火，紧急委解赴京，"办理军务，极为认真"。

△　欧阳中鹄由京返湘，路过武昌，面晤继洵，"曾发变法之论，谓非废今之科举，改习西法不行"。

十一月，有人奏报：自张之洞调署两江总督后，谭继洵对湖北铁政局局员司事工匠概加裁撤。奉光绪上谕："着谭继洵据实复奏，此事既统交张之洞接办，谭继洵不得从中掣肘，且近在省垣，

凡张之洞闻见不及之处，尤应妥为照料，以尽和衷共济之道。”继洵奏复：“并无檄饬裁停纷更之事”，“跪诵之下，钦悚莫名！”

冬，湘鄂遭遇水旱灾害，力主赈济灾民。

十二月，年终考核湖北道府官员，出具考语。“署布政使、汉黄德道恽祖翼，谙练老成，办公详慎，于中外交涉事宜尚能力持大体。署按察使、盐法武昌道瞿廷韶，才具明敏，肆应咸宜，历练既深，于公事最为谙习。督粮道岑春蓂，持躬端谨，年力富强，遇事讲求，日臻深稳。署盐法武昌道、安襄郧荆道朱其煊，事机晓畅，器局宏深，办事结实可靠。荆宜施道周懋琦，才猷练达，智虑周详，办理洋关措施得当。武昌府知府李方豫，宅心静细，莅治勤明，于发审案件讯断尚称平允。汉阳府知府逄润古，质性朴实，政事明通。黄州府知府高蔚先，才识闳远，心地光明，治体人情俱极通达，于地方一切利弊尤能认真讲求。安陆府知府史书青，精明干练，率属以勤。德安府知府汪元庆，稳慎勤能，事理通达。荆州府知府舒惠，性行仁恕，操守清廉，经理堤工殚心竭力，劳苦不辞，民情极为爱戴。襄阳府知府王贻清，政平讼理，舆论翕然。郧阳府知府许有麟，识见明远，气质和平。宜昌府知府存厚，持守公正，吏肃民安。施南府知府额勒恒额，明练安详，供职惟谨。”《光绪二十年密考片》，中国第一历史档案馆编《光绪朝朱批奏折》第10辑，第381—382页

是年，新旧之争起。继洵友人龙湛霖（芝生）任江苏学政，引入格致新法，购置译书、仪器，分科立规程，以培养西学人才。谭钟麟致函继洵，称“龙某老不更事”，表示讥讽。

△ 扩建武昌抚署。“光绪二十年，巡抚谭继洵护督，委中衡挑选标兵充卫队，建营房于辕门内，加购民基，展拓照墙，外修石路，其款由军需局拨用。”《湖北通志·建置志二·廨署》

光绪二十一年乙未（1895） 七十三岁

一月，北洋水师全军覆灭。

三月，李鸿章与日本签订丧权辱国的《马关条约》。

四月七日，康有为、梁启超发动各省在京举人联名上书都察院，要求拒约自强。是为著名的“公车上书”。

四月八日，继洵与署理两江总督张之洞、闽浙总督边宝泉、赣抚德馨、鲁抚李秉衡、台抚唐景崧、桂抚张联桂等七督抚，联名致电北京总理衙门，主张展期换约，请强国出为排解。

四月十四日，致电张之洞请会同各疆臣合词吁请朝廷定计西幸，以破日本要挟。

四月十七日，致电张之洞，告知《马关条约》签订后，“湘省士民公愤，无不愿出死力争之”。

五月，清政府割让台湾，日本出兵占领之。

闰五月上旬及下旬，光绪皇帝两次上谕，要求中外臣工“图自强而弭祸患”，究心时务，讲求“天文地舆算法格致制造诸学”，分别条陈时务。

是月，继洵拟疏请变法，请求变革科举，其稿由嗣同草拟，属稿已定，既而“守老氏之宝，不欲为天下先，迟回未发”。

△　唐才常、刘善涵具禀继洵，请于浏阳建立格致书院，购置书籍仪器，先导之算学，再及其他；但经费困难，婉请捐廉以为倡导，继洵“深韪是言，慨然允许”。

六月，沙市、武汉及湖南帮会纠众械斗，二十日，聚众至万数，死者约二三百人。湖北抚署派数营兵勇始得弹压解散。继洵上折具奏：“此事不能不具奏，而弥封掩饰，措辞极难。”

八月下旬，德国总领事至武汉，与继洵商订《口岸界址章程》。继洵在致友人信中称：“德总领事昨已先到，议口岸界址章程。唯租界住华人，弟坚执不允。盖一住华人，则藏奸匪，偷漏厘税，百弊丛生，不可稽查。费尽唇舌，始克签字画押，将华人不得同住一节注明。德领事又欲往湖南，弟亦力拒之，但洋人久有此意。”《致张百熙》，《同光年间名人书札》第六册，中国社会科学院近代史研究所藏

△　时有各省招商，试行小火轮之议。继洵以湖南向非通商口岸，反对在湘鄂间通行火轮，谓“（小火轮）无论装载货物，包

揽厘金，行驶迅速，难于稽查，必多偷漏。且恐商人轮船往湘，洋人蓄意已久，必借此制轮往湘，则湘中从此多事”。

九月，陈宝箴就任湖南巡抚，开始在湘大力推行新政。

秋，英国传教医师马尚德在武昌病逝。继洵侧室魏宝珍亲为立碑，以表纪念。

十一月，光绪上谕：张之洞着回湖广总督本任。

十二月，嗣同因参与维新活动，险遭御史弹劾查办；继洵即命嗣同随王之春出使俄国任参赞，后因故未果。据云：“光绪二十二年，李玉成假冒武弁大员，扯湖北抚署旗号，任意撞骗。案破后，敬甫公罪嗣同所召，即令赴浙江候补，不得与闻外事。”谭训聪《清谭复生先生嗣同年谱》，《谭嗣同研究资料汇编》第42—43页

光绪二十二年丙申（1896）　七十四岁

一月十八日，上《湖北兴办蚕桑已著成效折》，谓在湖北鼓励种桑养蚕、缫丝织绸，已历三年；先后发放桑株一千数百万棵，滋生畅茂，业已成林；已开织机二十五张，学徒有八十余人；汉口收买丝价岁计不下百余万金，“实已利源大开，成效共睹”。

一月二十八日，张之洞回湖广总督任，谭继洵卸兼护职。

二月，命嗣同送侄传赞赴京参加荫生考试，并赴吏部办理前往浙江候选手续，不得干预外事。嗣同甚为不愿，但以父命难违，被迫成行，临行前赋诗留别师友云“睡触屏风是此头”，以西汉陈万年、陈咸父子异趣的典故来比喻自己的父子关系。据称：“乙未、丙申间，复生以兴算及拟强学会于湘，为拘虚者流所訾，复以告讦贪冒者而开罪簪缨，言官将登白简。斯时也，复生可谓穷矣。顾卢氏闻而益憎之，乃于敬帅前媒蘖其短。敬帅怒，迫复生赴京引见，且送传赞考荫。复生怏怏，然不能违父命，故借此而北游访学焉。”唐才质《戊戌闻见录》，《谭嗣同研究资料汇编》第268页

五月七日，以嫡长孙传赞入监读书，承荫外用，上折谢恩。

十二月二十日，就任湖北巡抚为期六年，又届述职之期，特吁请入京陛见，奉旨：“着来见。”

光绪二十三年丁酉（1897）　七十五岁

一月十四日，奉上谕：“命湖北巡抚谭继洵来京陛见，以湖广总督张之洞兼署湖北巡抚。”

二月十六日，交卸鄂抚职务，起程航海北上，其子嗣同送至上海。

三月二十三日，抵京入觐，在京迭蒙光绪召见，训诲周详。

三月二十七日，在京拜谒大学士翁同龢，翁氏日记云：“谭敬甫中丞来谈，此人拘谨，盖礼法之士，从前不知。”

四月十一日，起程离京，由天津航海南旋。

四月二十六日，行抵武昌，回湖北巡抚任。

十月，德国借口巨野教案，出兵强占胶州湾，列强借此掀起瓜分狂潮。

十一月，在与人信中云：“德国既据地，俄人所出马队，亦多以保护东三省铁路为名，意亦在据我地，英恐亦欲照办云云。”

十二月，考核湖北司道知府，力图整饬吏治。奏称：“每念时事多艰，吏治日疲，亟思力挽积习，整饬官方，于所属各僚随时劝勉，认真考核，或因政事以觇其为守，或采舆论以审其声名，且严诫虚浮，冀言行之相顾，事求实效。”

是年，浏阳筹建朱子（熹）祠，继洵欲捐万金建“实学书院”，以讲明性理之学，拟请涂启先任讲习，涂谢不敏，其事遂寝。

△　继洵任湖北巡抚职历时九载，仍以注重教养，提倡农桑为主，“一如教陇民者教鄂民”。至其政绩，则褒贬不一。据家传云：“至于课蚕桑，教树艺，一如教陇民者教鄂民，一时成绩丕著，民争艺之，惟恐后。鄂地向濒大江，岁恒苦水潦，公乃饬治堤防，必慎必戒，简吏之通敏有操者董其役，故功就而民不知劳。鄂俗向易嚣动，椎埋萑苻、稗贩妇女之徒蜂起，为闾阎害。公乃钩钜购治，宵小于焉敛迹，而良善咸赖以苏息。鄂关市征例繁苛，

胥吏倚薮为奸，公严禁曰：‘钱立程限，货不及五十缗者悉蠲之。’商贾无扰，而国课益以饶裕。鄂有教堂，向兼育婴，事久弊生，远近哗噪，几酿交涉巨案。公识烛幾先，慨然自任，故奸宄无所于容，而讹言遂以永息。治鄂九载，兼署总督者再，鄂以大治，闾阎喁喁，以为实与胡文忠后先媲美焉。”谭传赞《敬甫公传》，《谭嗣同研究资料汇编》第94页

然亦有史家云：“（继洵）任湖北巡抚，适张之洞作督，事多专决，继洵不敢与抗，谨饬自保而已。间亦委任乡人或私亲故旧，在任十年，吏治益坏。”沃丘仲子《近代名人小传·谭继洵》

光绪二十四年戊戌（1898） 七十六岁

正月，其子嗣同在南京撰成《仁学》后，应湖南巡抚陈宝箴邀请，辞去南京候补知府，返湘从事新政，湖南维新运动进入高潮。

闰三月十七日，光绪召张之洞进京陛见，面询事件，由继洵兼署湖广总督。继洵上奏称：“兹复渥荷恩纶，再权督篆，专司兵马，当筹饷以整军，交涉华洋，必审机而通变，虽暂时兼理，实逾格生成，闻命自天，感惭无地，况值海疆多事，宵旰忧勤，新设机厂学堂为自强之根本，各属团防保甲乃经武之始基；或画一规随，或认真整顿，以及地方应办各事，在在均关紧要。”

是月，发生沙市教案。奉上谕：“沙市案情重大，不可不先事预防。凡有教堂处，所饬各州县慎重保护。”继洵即命当地官府复查，并派员前往查办，饬调省城武防营驰往弹压，将肇事者四人就地正法，枭首示众，其他暂行监禁，分别拟办。

四月十二日，张之洞返回湖广总督本任，继洵即日卸兼署事。

四月二十二日，上折就改试武科章程拟具六条建议。

四月二十三日，光绪皇帝下“明定国是诏”，宣布变法，百日维新开始。

四月二十五日，侍读学士徐致靖上疏光绪，举荐谭嗣同等人，请“破格委任”。光绪立即下诏擢用，令谭嗣同等进京引见。

五月上旬，嗣同离长沙赴鄂，准备进京。抵汉后即大病，住抚署休养。致夫人李闰信云："父亲慈心更甚于昔，亦甚惦念我等，曾问我家眷到底在何处住好？我对云：暂在浏阳住甚好，若浏阳不安静，即可令其来署中住。大人深以为然。"六月十六日，嗣同启程北上；七月五日，抵达北京。

五月二十七日，奏请变通学校科举，以期讲求实学，拔取真才。

七月十四日，诏命裁撤督抚同城之湖北、广东、云南三省巡抚。

七月二十日，光绪皇帝召见谭嗣同，任命其为"军机章京上行走，参预新政事宜"。

七月二十九日，御史杨深秀弹劾继洵："守旧迂拘，虽人尚无他，要非能奉行新法者。此等即不逢裁缺，亦当分别罢斥，或优之听其告休。"而与此同时，湖南守旧绅士叶德辉却云"贵介如浏阳，耳目旁皇，随波逐流"，亦对继洵表示不满，可见其处境之尴尬。见《叶吏部与段伯猷茂才书》，载《翼教丛编》

七月，据传，本月继洵"命亲随四川人陆和（玉生）怀奏章三本北上，言其子少不更事，不堪军机章京之选。至京刚上两本，值政变作，陆被缇卒搜身询质，陆言我乃谭巡抚之人，入京呈递章奏，随即以章奏出示，陆得免于搜索"。盖继洵"知朝廷党争日亟，舐犊之情，油然而生，故有此举"。谭训聪《清谭复生先生嗣同年谱》，《谭嗣同研究资料汇编》第36页

八月二日，交卸职务，拟进京陛见候命。

八月五日，嗣同在京致电其父云："英俄开战，各国兵船布满北洋，恐有奇变，缓行为妙。"似以京城政局难测，欲阻止其父于此时北上。

八月六日，慈禧太后发动戊戌政变，囚禁光绪，百日维新失败。

同日，上奏保举翰林院检讨宋育仁、湖北候补知府洪超，堪以充当驻外使节。

八月十三日，谭嗣同等六人在北京菜市口英勇就义，史称“戊戌六君子”。

八月十七日，政变后，连坐革职，勒令回籍，交地方官吏管束。是日奉上谕：“裁缺湖北巡抚谭继洵，毋庸来京，即日回籍。”

△　戊戌政变后，继洵所以得免罪戾，约有以下数因。“嗣同公殉难后，敬甫公仅被开缺而没有受到其他处分，也没有株连全家，据祖母、母亲所告，其原因在于：一、当九门提督派兵逮捕嗣同公时，抄走了他仿照父亲的笔迹而写的训斥自己不忠不孝、要脱离父子关系的一封信，清廷信以为真。慈禧对群臣说：‘湖北巡抚谭继洵，原非平日不训斥儿子者。’遂有开缺回籍之命。二、清廷在庸中堂查出继洵公于光绪帝电召嗣同公进京引见时，以嗣同公年轻缺少经验，不足以胜重任为辞，婉言谢诏的一个奏折，因而慈禧太后没有加罪于继洵公。三、据说，张之洞、谭钟麟两个总督上奏折营救继洵公，才使之幸免于难。四、因继洵公‘笃守旧学，不崇新知’，且杨深秀于是年七月劾公，谓其‘守旧迂拘，虽人尚无他，要非能奉行新政者’（这条至关重要，得免罪戾，就在于此）。”谭恒辉《嗣同公生平事迹补遗》，《谭嗣同研究资料汇编》第73—74页

秋，率眷属由武昌返浏阳，居县城北城永清街（后改为北正街）大夫第。

△　此时嗣同灵柩归榇浏阳，继洵方获悉其子就义消息。“当时敬甫丈亦坐罢归，其家人秘不以告，亦不以朝报示之，逾月后有何人来书云：‘七公子党祸婴身，从容就义。’丈始索《申报》尽阅知始末，抵几曰：‘噫！’更无他言。盖其时家人尚谓系狱也。吾闻之壮飞弟秦生云。”谭延闿《近代湘贤手札注》

△　继洵虽因丧子而痛心疾首，但还经常强忍悲痛劝慰儿媳李闰。“李闰经常痛哭不已，继洵公听了格外难过，便在祖母窗外说：‘七嫂（祖父嗣同公行七），你不要这么伤心，我也同样不好受，你要知道，老七将来的名望在我之上呀！’其意是自己堂堂一品总督，未必为世所知，而四品京卿的儿子，却将名垂青史。”谭

吟瑞《记祖父谭嗣同二三事》，《谭嗣同研究资料汇编》第 89 页

△ 据传，继洵曾私下为悼念其子嗣同作挽联云："谣风遍万国九州，无非是骂；昭雪在千秋百世，不得而知。"《浏阳文史》第 11 辑，第 109 页

光绪二十五年己亥（1899） 七十七岁

是年，在故里府邸闭门谢客，隐居度日。据家传记载："乞休回籍。杜门扫轨，坐无杂宾，唯架上理学及经济书数百卷，晨夕翻阅如对故人，常谈讨古今，惟以天下善人君子得行其志为快。又朝中录一正人，必欣然曰：'天下苍生有福也！'身虽引退，而惓惓于用人行政，以奠国家于久安长治，类如此。"

是年春，华北爆发义和团运动。

三月二十二日，刘人熙在日记中赋诗悼念学生谭嗣同："谭生意气横天下，不忍逋逃累老亲。他日老韩漫同传，董狐良史要分明。"并自注云："闻生谢李提摩太之言：'余父受国厚恩，位至巡抚，且中国之法，臣子之与君父，生死惟命，则岂可逃乎！'此与康有为有别，瓣翁书所未详。生谢李提摩太招入英使馆，又在县馆焚往来信札，惟留其父训诫之书，故其父仅免官。"《刘人熙未刊日记稿本》第十八册

光绪二十六年庚子（1900） 七十八岁

晚年多病，自知来日无多，着手安排家中后事。以三子嗣同英年捐躯，而无后嗣，乃以次子嗣襄之子传炜兼祧为嗣，又将其两女并归儿媳李闰教育婚配。并语李闰云："汝兄嫂为人老实，不识书文，以后管理家务，教育子女，由你一概承担。"刘萍君《先祖母李闰二三事》，《谭嗣同研究资料汇编》第 96—97 页

九月十二日，病卒于浏阳，终年七十八岁。三年后，与夫人徐五缘合葬于浏阳龚家桥毛坪。

是年，八国联军攻占北京，慈禧太后与光绪皇帝逃往西安。

图书在版编目(CIP)数据

谭继洵集/(清)谭继洵著;贾维,谭志宏编. --长沙:岳麓书社,2024.9.
ISBN 978-7-5538-2247-1

Ⅰ. Z429.52

中国国家版本馆 CIP 数据核字第 2024J1A813 号

TAN JIXUN JI

谭继洵集

作　　者:〔清〕谭继洵
编　　者:贾　维　谭志宏
特邀审稿:夏剑钦
出 版 人:崔　灿
出版统筹:马美著
责任编辑:刘　文
责任校对:舒　舍
封面设计:戴　宇

岳麓书社出版发行
地址:湖南省长沙市爱民路 47 号
直销电话:0731-88804152　0731-88885616
邮编:410006

版次:2024 年 9 月第 1 版
印次:2024 年 9 月第 1 次印刷
开本:640mm×960mm　1/16
印张:53.25
字数:682 千字
书号:ISBN 978-7-5538-2247-1
定价:266.00 元

承印:长沙超峰印刷有限公司

如有印装质量问题,请与本社印务部联系
电话:0731-88884129